Anja Steinbeck

Vereinsautonomie und Dritteinfluß

1749
Walter de Gruyter
250
Berlin · New York
1999

Anja Steinbeck

Vereinsautonomie und Dritteinfluß

Dargestellt an den Verbänden des Sports

1999

Walter de Gruyter · Berlin · New York

Als Habilitationsschrift auf Empfehlung des
Fachbereichs Rechts- und Wirtschaftswissenschaften
der Johannes Gutenberg-Universität Mainz
gedruckt mit Unterstützung der Deutschen Forschungsgemeinschaft

Gedruckt auf säurefreiem Papier,
das die US-ANSI-Norm über Haltbarkeit erfüllt.

Die Deutsche Bibliothek – CIP-Einheitsaufnahme

Steinbeck, Anja:
Vereinsautonomie und Dritteinfluß : dargestellt an den Verbänden des Sports / Anja Steinbeck. – Berlin ; New York : de Gruyter, 1999
Zugl.: Mainz, Univ., Habil.-Schr., 1998
ISBN 3-11-016476-0

Printed in Germany
Datenkonvertierung: buslau intercom services, 12161 Berlin
Druck und Bindearbeiten: Hubert & Co., 73079 Göttingen

Für Thomas und Jan Philipp

Vorwort

Die vorliegende Untersuchung wurde im Wintersemester 1998/99 von der Rechts- und Wirtschaftswissenschaftlichen Fakultät der Johannes Gutenberg-Universität in Mainz als Habilitationsschrift angenommen. Rechtsprechung und Literatur konnten bis November 1998 berücksichtigt werden.

Das Erstgutachten hat mein verehrter akademischer Lehrer, Herr Prof. Dr. Walther Hadding, gefertigt. In den Jahren meiner Tätigkeit an seinem Lehrstuhl hat er meinen wissenschaftlichen Werdegang angeregt, gefördert und stets fürsorglich begleitet. Ihm gilt mein ganz besonderer Dank. Herrn Prof. Dr. Horst Konzen danke ich für das zügige Erstellen des Zweitgutachtens und für fruchtbare Anregungen, die in die vorliegende Arbeit noch einfließen konnten.

Danken möchte ich auch meiner Mutter, Frau Stephanie Altmann, Frau Dorothea von Borries und Frau Katharina Sobotka für die wertvolle Hilfe beim Korrekturlesen.

Ohne die vielfältige Unterstützung meines Ehemanns, Herrn Dr. Thomas Menke, wäre die Arbeit so nicht zustande gekommen. Er hat durch hilfreiche Gespräche und zahlreiche Anregungen zum Gelingen der Arbeit beigetragen.

Wiesbaden, im Januar 1999

Inhaltsübersicht

DRITTES KAPITEL
Das Rechtsverhältnis zwischen Mitgliedsverein und Dachverband

Inhaltsverzeichnis

ZWEITES KAPITEL
Statutarischer Dritteinfluß

DRITTES KAPITEL
Das Rechtsverhältnis zwischen Mitgliedsverein und Dachverband

Verzeichnis der Abkürzungen

a.A.	anderer Ansicht
a.M.	am Main
Abs.	Absatz
AcP	Archiv für die civilistische Praxis (Band (Jahr), Seite)
AG	Aktiengesellschaft
AGB	Allgemeine Geschäftsbedingungen
AGBG	Gesetz zur Regelung des Rechts der Allgemeinen Geschäftsbedingungen
AktG	Aktiengesetz
Allg. Teil	Allgemeiner Teil
Anh.	Anhang
Anm.	Anmerkung
AP	Arbeitsrechtliche Praxis, Nachschlagewerk des Bundesarbeitsgerichts, herausgegeben von Hueck, Nipperdey und Dietz (Entscheidungsnummer und Gesetzesstelle)
Arch f. BürgR	Archiv für bürgerliches Recht (Band (Jahr), Seite)
ArchRWiPhil	Archiv für Rechts- und Wirtschaftsphilosophie (Band (Jahr), Seite)
Art.	Artikel
BAG	Bundesarbeitsgericht
BAGE	Entscheidungen des Bundesarbeitsgerichts (Band, Seite)
BayObLG	Bayerisches Oberstes Landesgericht
BayObLGZ	Sammlung von Entscheidungen des Bayerischen Obersten Landesgerichts in Zivilsachen (Jahr, Seite)
BB	Betriebs-Berater (Jahr, Seite)
BFV	Bayerischer Fußball-Verband e.V.
BGB	Bürgerliches Gesetzbuch
BGH	Bundesgerichtshof
BGHZ	Entscheidungen des Bundesgerichtshofes in Zivilsachen (Band, Seite)
BVerfG	Bundesverfassungsgericht
BVerfGE	Entscheidungen des Bundesverfassungsgerichts (Band, Seite)
BVerwG	Bundesverwaltungsgericht
BVerwGE	Entscheidungen des Bundesverwaltungsgerichts (Band, Seite)
BVRP	Badmintonverband Rheinhessen-Pfalz e.V.
bzw.	beziehungsweise
CTB	Commission für Traberzucht und Rennen
DB	Der Betrieb (Jahr, Seite)
DBV	Deutscher Badminton-Verband e.V.
DEB	Deutscher Eishockey-Bund e.V.
ders.	derselbe
DEV	Deutscher Eissport-Verband e.V.
DFB	Deutscher Fußball-Bund
d.h.	das heißt
DHB	Deutscher Handball-Bund e.V.
DHockeyB	Deutscher Hockey-Bund e.V.
dies.	dieselbe/n
DLV	Deutscher Leichtathletik-Verband e.V.
DÖV	Die öffentliche Verwaltung (Jahr, Seite)

DR	Deutsches Recht (Jahr, Seite)
DRiZ	Deutsche Richterzeitung (Jahr, Seite)
DSB	Deutscher Sportbund
DTB	Deutscher Tennis Bund e.V.
DTTB	Deutscher Tischtennis-Bund e.V.
DVBl	Deutsches Verwaltungsblatt (Jahr, Seite)
DVV	Deutscher Volleyball-Verband e.V.
DZWir	Deutsche Zeitschrift für Wirtschaftsrecht (Jahr, Seite)
EGBGB	Einführungsgesetz zum Bürgerlichen Gesetzbuch
eG	eingetragene Genossenschaft
evtl.	eventuell
EWiR	Entscheidungen zum Wirtschaftsrecht (Gesetzesstelle und Entscheidungsnummer)
ff.	fortfolgende/r
FN	Deutsche Reiterliche Vereinigung e.V., Hauptverband für Zucht und Prüfung deutscher Pferde – Fédération Equestre Nationale –
Fn.	Fußnote
FS	Festschrift
GenG	Gesetz betreffend die Erwerbs- und Wirtschaftsgenossenschaften
GG	Grundgesetz für die Bundesrepublik Deutschland
GmbH	Gesellschaft mit beschränkter Haftung
GmbHG	Gesetz betreffend die Gesellschaften mit beschränkter Haftung
GmbHR	GmbH Rundschau
GRUR	Gewerblicher Rechtsschutz und Urheberrecht (Jahr, Seite)
GWB	Gesetz gegen Wettbewerbsbeschränkungen
HandWO	Handwerksordnung
HBV	Hessischer Badminton-Verband e.V.
HHV	Hessischer Handball-Verband e.V.
h.M.	herrschende Meinung
HRG	Hochschulrahmengesetz
Hrsg.	Herausgeber
HRR	Höchstrichterliche Rechtsprechung (Jahr, Nummer)
Hs.	Halbsatz
HTTV	Hessischer Tischtennis-Verband e.V.
HVT	Hauptverband für Traber-Zucht und -Rennen e.V.
HVV	Hessischer Volleyballverband e.V.
i.d.R.	in der Regel
IherJB	Iherings Jahrbücher der Dogmatik des bürgerlichen Rechts (Band (Jahr) Seite)
i.S.	im Sinne
i.V.m.	in Verbindung mit
JA	Juristische Ausbildung (Jahr, Seite)
JuS	Juristische Schulung (Jahr, Seite)
JW	Juristische Wochenzeitschrift (Jahr, Seite)
JZ	Juristen Zeitung (Jahr, Seite)
LM	Nachschlagewerk des Bundesgerichtshofes, Leitsätze und Entscheidungen mit Anmerkungen, herausgegeben von Lindenmaier und Möhring (Entscheidungsnummer und Gesetzesstelle)
LSB	Landessportbund
LVNordrhein	Leichtathletik-Verband Nordrhein e.V.
MDR	Monatsschrift für Deutsches Recht (Jahr, Seite)
m.	mit
m.weit.Nachw.	mit weiteren Nachweisen

Nds. Rpflege	Niedersächsische Rechtspflege (Jahr, Seite)
NJW	Neue Juristische Wochenschrift (Jahr, Seite)
NJW-RR	Neue Juristische Wochenschrift – Rechtsprechungsreport Zivilrecht (Jahr, Seite)
NZG	Neue Zeitschrift für Gesellschaftsrecht (Jahr, Seite)
OAG	Oberappellationsgericht
OLG	Oberlandesgericht
OLGE	Die Rechtsprechung der Oberlandesgerichte auf dem Gebiete des Zivilrechts (Band (Jahr), Seite)
OLGZ	Entscheidungen der Oberlandesgerichte in Zivilsachen einschließlich der freiwilligen Gerichtsbarkeit (Jahr, Seite)
PHB SportR	Praxishandbuch Sportrecht
RdA	Recht der Arbeit (Jahr, Seite)
RG	Reichsgericht
RGZ	Entscheidungen des Reichsgerichts in Zivilsachen (Band, Seite)
RPERV	Rheinlandpfälzischer Eis- und Rollsportverband e.V.
Rpfleger	Der Deutsche Rechtspfleger (Jahr, Seite)
Rdnr.	Randnummer
S.	Seite
SeuffA	Seufferts Archiv für Entscheidungen der obersten Gerichte in den deutschen Staaten (Band (Jahr) Nummer)
Sp.	Spalte
SpuRt	Zeitschrift für Sport und Recht (Jahr, Seite)
TSV Bleidenstadt	Turn- und Sportverein Taunusstein-Bleidenstadt e.V.
TVG	Tarifvertragsgesetz
UWG	Gesetz gegen den unlauteren Wettbewerb
Vhdlg.	Verhandlungen
Vorbem.	Vorbemerkung/en
WarnR	Rechtsprechung des Reichsgerichts, herausgegeben von Warneyer (Jahr, Nummer)
WiB	Wirtschaftliche Beratung (Jahr, Seite)
WM	Wertpapier-Mitteilungen Teil IV, Zeitschrift für Wirtschafts- und Bankrecht (Jahr, Seite)
WRP	Wettbewerb in Recht und Praxis (Jahr, Seite)
WRV	Weimarer Reichsverfassung
WTB	Württembergischer Tennis-Bund e.V.
WuB	Entscheidungssammlung zum Wirtschafts- und Bankrecht (Teilziffer, Gesetzesstelle und Entscheidungsnummer)
WuW	Wirtschaft und Wettbewerb (Jahr, Seite)
z.B.	zum Beispiel
ZfA	Zeitschrift für Arbeitsrecht (Jahr, Seite)
ZfgG	Zeitschrift für das gesamte Genossenschaftswesen (Jahr, Seite)
ZGR	Zeitschrift für Unternehmens- und Gesellschaftsrecht (Jahr, Seite)
ZHR	Zeitschrift für das gesamte Handelsrecht und Wirtschaftsrecht (Band (Jahr) Seite)
ZIP	Zeitschrift für Wirtschaftsrecht (Jahr, Seite)
ZRP	Zeitschrift für Rechtspolitik (Jahr, Seite)
z.T.	zum Teil
ZVT	Zentralverband für Traberzucht

Einleitung

§ 1 Einführung in die Problemstellung

In der Bundesrepublik Deutschland gibt es eine unüberschaubar große Anzahl von Vereinen. Viele dieser Vereine haben sich mit anderen Vereinen, die den gleichen oder einen ähnlichen Zweck verfolgen, zu neuen Vereinen, den sog. Dachverbänden (oder auch Vereinsverbänden), zusammengeschlossen. Häufig, insbesondere im Bereich des Sports, trifft man sogar auf eine mehrstufige, pyramidenförmige Struktur. Der kleine, nur örtlich tätige Sportverein ist Mitglied im Landesverband, der Landesverband ist Mitglied im Bundesverband und der Bundesverband ist wiederum Mitglied in einem internationalen Dachverband. Mit Ausnahme des internationalen Dachverbands sind die genannten Verbände auf Landes- und auf Bundesebene als nichtwirtschaftliche Vereine im Sinne des § 21 BGB organisiert.

Die Möglichkeit derartiger Organisationsformen von Vereinen hatte der Gesetzgeber des Bürgerlichen Gesetzbuchs nicht vor Augen. Er ging vielmehr davon aus, mit dem Verein werde eine Organisationsform geschaffen, in der sich natürliche Personen zum Zwecke der Verfolgung gleichgerichteter Interessen zusammenschließen können. Der Verein des Bürgerlichen Gesetzbuchs ist als kleiner, vorwiegend geselliger Verein mit freiwilliger Mitgliedschaft und allenfalls lokaler Bedeutung konzipiert. Anschaulich kommt dies in dem Ausspruch des Reichstagsabgeordneten *Stadthagen* zum Ausdruck, das Vereinsrecht sei dem „Skat-, Kegel-, Rauch- und Saufverein“[1] vorbehalten.

Dieses Vereinsbild vor Augen, haben die Väter des Bürgerlichen Gesetzbuchs den Vereinen weitgehende Autonomie eingeräumt. Diese gibt den Vereinen das Recht, ihre inneren Angelegenheiten in großem Umfang eigenverantwortlich zu regeln. Die Vereinsautonomie schützt die Vereine darüber hinaus auch vor staatlicher Beeinflussung und Bevormundung. Dementsprechend ist das Vereinsrecht im Gegensatz zum Recht anderer Personenvereinigungen nur fragmentarisch und zudem weitgehend dispositiv ausgestaltet. Die §§ 21 ff BGB enthalten zwingendes Gesetzesrecht nur insoweit, als die Stellung und das Auftreten des Vereins im Rechtsverkehr betroffen sind (z.B. die Vertretungsmacht des Vorstands und die Außenhaftung des Vereins, vgl. §§ 26, 28 Abs. 2, 29, 31 BGB). Die innere Ordnung des Vereins und die Rechtsstellung der Mitglieder dagegen ist in nur wenigen, zumeist dispositiven gesetzlichen Vorschriften geregelt (vgl. § 40 BGB).

Die tatsächlichen Entwicklungen haben deutlich gemacht, daß die fragmentarischen und weitgehend dispositiven Vorschriften des Vereinsrechts als rechtliche Rahmenbedingungen des Vereinslebens nicht ausreichend sind und insbesondere schutzwürdigen Belangen der Mitglieder nicht gerecht werden. So haben sich Vereine entwickelt, die eine derartige Machtstellung erreicht haben, daß die Mitgliedschaft in ihnen von größter Wichtigkeit für

---

[1] *Mudgan* I, 995.

ein Mitglied oder einen Bewerber um die Mitgliedschaft ist. Dies gilt insbesondere, wenn der Verein in einem Lebensbereich eine Monopolstellung inne hat. Darüber hinaus gibt es zahlreiche Großvereine, in denen die den Mitgliedern eingeräumten Mitverwaltungsrechte (Teilnahme an Mitgliederversammlungen, Rede- und Stimmrecht) als Instrumente zur Wahrung der Interessen des Mitglieds versagen, weil die Bedeutung des Einzelnen bei einer Vielzahl von Mitgliedern abnimmt. Beides – die steigende Bedeutung der Mitgliedschaft im Verein und die Mediatisierung der Mitwirkungsmöglichkeiten des Mitglieds im Großverein – hat dazu geführt, daß das Bedürfnis an staatlicher Kontrolle der eigenverantwortlichen Gestaltung der Vereinsangelegenheiten durch die Mitglieder zugenommen hat. Dementsprechend hat die Rechtsprechung der zunächst unbeschränkt gewährten Vereinsautonomie Grenzen gezogen. Der Aufnahmefreiheit als Teil der Vereinsautonomie folgte der Aufnahmezwang für Vereine, die eine Machtstellung in einem wirtschaftlichen oder sozialen Bereich inne haben; der „Strafgewalt" folgte die gerichtliche Überprüfung von Vereinsstrafen und der Satzungsautonomie folgte die inhaltliche Kontrolle der Satzung.

Ausgangspunkt dieser Entwicklungen war und hauptsächlicher Gegenstand heutiger vereinsrechtlicher Diskussionen ist immer noch der Schutz des einzelnen Mitglieds gegenüber der Ausübung von Autonomie durch den Verein. Rechtsprechung und Literatur haben dabei allerdings im Regelfall nur die natürliche Person als Mitglied des Vereins und deren Schutzbedürftigkeit in bestimmten Angelegenheiten vor Augen. Weit weniger im Mittelpunkt des Interesses steht das Spannungsverhältnis zwischen der Vereinsautonomie und dem Schutz des korporativ verfaßten Mitglieds. Dies ist um so erstaunlicher, als in der vereinsrechtlichen Praxis zahlreiche Dachverbände bestehen, in denen sich Vereine zum Zwecke der gemeinsamen Interessenwahrnehmung zusammengeschlossen haben. In diesen Dachverbänden steht nicht mehr ausschließlich der Schutz der natürlichen Person als Mitglied, sondern auch der Schutz der Autonomie des Mitgliedsvereins in Frage. Das im Verhältnis von Dachverband zu Mitgliedsverein liegende Konfliktpotential soll folgender Beispielsfall vor Augen führen:

Der Verein „Eintracht Braunschweig" war zu Beginn der 80er Jahre ein relativ bekannter Verein, der mehrere Jahre mit einer Mannschaft am Spielbetrieb der 1. Fußball-Bundesliga teilnahm. Hauptsponsor des Vereins war zu dieser Zeit ein bekannter Spirituosen-Hersteller. Um höhere Sponsorengelder zu erhalten, entschied sich der Verein, seinen Vereinsamen zu ändern; der Verein sollte fortan „Jägermeister Braunschweig" heißen. Der Deutsche Fußball-Bund (DFB), der Spitzenverband im Bereich des Fußballsports, drohte dem Verein mit der Ausschließung vom Spielbetrieb der 1. Fußball-Bundesliga. Zur Begründung verwies der DFB auf eine Bestimmung, die er zuvor in seine Satzung eingefügt hatte. Die Bestimmung sieht vor, daß verbandsangehörige Vereine ihren Namen nicht zu Werbezwecken ändern dürfen.

Der Verein Eintracht Braunschweig fühlte sich in seiner Vereinsautonomie beeinträchtigt und zog gegen den DFB vor Gericht. LG und OLG Frankfurt[2] wiesen die Klage jedoch ab. Ausgangspunkt der Überlegungen des Oberlandesgerichts war, daß es dem Dachverband im Rahmen seiner Vereinsautonomie freistehe, seinen Satzungsinhalt zu bestimmen.

---

[2] OLG Frankfurt, WRP 1985, 500 ff. Der Bundesgerichtshof hat zur materiellen Wirksamkeit dieser Satzungsbestimmung nicht Stellung nehmen müssen, weil er der Ansicht war, der satzungsändernde Beschluß des DFB sei schon aus formellen Gründen nichtig, vgl. BGHZ 99, 119.

Zwar habe auch der klagende Verein grundsätzlich das Recht, seinen Namen frei zu bestimmen, dieses Recht müsse aber im Rahmen einer Interessenabwägung hinter der Vereinsautonomie des Dachverbands zurücktreten. Der Dachverband habe ein berechtigtes Interesse an der neu eingeführten Bestimmung, weil die wirtschaftliche Abhängigkeit eines Mitgliedsvereins von einem Sponsor die Funktionsfähigkeit des Spielbetriebs der Fußball-Bundesliga gefährde. So könne der Rückzug des Sponsors zum Konkurs des Vereins und damit zum Ausscheiden aus dem Ligawettbewerb führen. Darüber hinaus erschwere ein wegen eines Sponsorwechsels häufig wechselnder Vereinsnamen die Veranstaltung des Ligabetriebs und verhindere die Identifikation der Anhänger mit ihrem Verein.[3]

Das Beispiel macht deutlich, daß auch das Rechtsverhältnis eines Vereins (Dachverband) zu seinen korporativ verfaßten Mitgliedern (Mitgliedsvereine) Gegenstand rechtlicher Auseinandersetzungen sein kann. Diese Untersuchung hat es sich zur Aufgabe gemacht, einige der Rechtsfragen zu untersuchen, die zwischen Dachverband und Mitgliedsverein eine besonders gewichtige Rolle spielen. Dabei wird sich zeigen, daß die Möglichkeit der Einflußnahme durch den Verein (Dachverband) auf ein korporativ verfaßtes Mitglied in anderer Weise besteht als bei einer natürlichen Person als Mitglied. Einer natürlichen Person kann der Verein beispielsweise nicht die Verwendung eines bestimmten Namens vorschreiben, und auch eine Einflußnahme auf die Willensbildung des Mitglieds ist nicht möglich. Handelt es sich dagegen bei dem Mitglied um eine Personenvereinigung, kann der Verein (Dachverband) weitreichenden Einfluß auf dessen Organisation und seine Willensbildung nehmen.

Aus diesen Besonderheiten ergibt sich, daß für das Verhältnis von Dachverband zu Mitgliedsverein die Vereinsautonomie des Mitgliedsvereins eine ganz zentrale Rolle spielt. Denn die Vereinsautonomie des Mitgliedsvereins verbietet eine übermäßige Fremdbestimmung durch außenstehende Dritte, d.h. durch Nichtmitglieder. Zu diesen zählt auch der Dachverband, der aus der Sicht des Mitgliedsvereins außenstehender Dritter ist. Die Autonomie des Mitgliedsvereins setzt also der Freiheit des Dachverbands bei der Gestaltung seiner Angelegenheiten Schranken.

Die Frage nach den Grenzen des zulässigen Dritteinflusses stellt sich jedoch nicht nur im Verhältnis eines Vereins zu seinem Dachverband, sondern im gesamten Vereinsrecht. Zahlreiche Beispiele aus der Rechtsprechung belegen, daß Vereine aus den verschiedensten Bereichen zunehmend dem Einfluß außenstehender Dritter ausgesetzt sind. Damit wird die Autonomie des Vereins, verstanden als Freiheit von Fremdbestimmung, erheblich eingeschränkt. So hatte das Bundesverfassungsgericht[4] einen Fall zu entscheiden, in dem es um eine Religionsgemeinschaft der Bahà'i, einer aus dem schiitischen Islam entstammenden Religionsgemeinschaft, in der Rechtsform eines eingetragenen Vereins ging. Die Religionsgemeinschaft hatte in ihrer Satzung vorgesehen, daß die Wirksamkeit von Satzungsänderungen von der Genehmigung eines anderen Vereins (einer aus religiösen Gründen übergeordneten Instanz) abhängen sollte. Das Bundesverfassungsgericht hielt einen solchen Genehmigungsvorbehalt bei Satzungsänderungen für zulässig. Auch zahlreiche andere Entscheidungen und Stellungnahmen in der Literatur befassen sich mit statutarischen Einflußrechten Dritter auf den Verein. Die Grenze des zulässigen Dritteinflusses wird jedoch in Rechtsprechung und Literatur nicht einheitlich gezogen. Während beispielsweise einige

---

[3] OLG Frankfurt, WRP 1985, 500, 504.
[4] BVerfGE 83, 341, 360 f.

Stimmen einen Verstoß gegen die Vereinsautonomie bejahen, wenn die Satzung einem außenstehenden Dritten das Recht einräumt, den Verein aufzulösen, befürworten andere die Zulässigkeit dieser Satzungsgestaltung.[5] Ähnlich kontrovers wird das Zustimmungsrecht eines Dritten zur Auflösung des Vereins[6] oder das Recht zur Bestellung des Vorstands durch einen Dritten beurteilt.[7]

In der folgenden Untersuchung sollen daher neben den Problemen, die die Rechtsverhältnisse zu einem Dachverband aufwerfen, auch die Grenzen der Vereinsautonomie, verstanden als Freiheit von Fremdbestimmung, konkretisiert werden. Bevor in § 3 der Gang der Darstellung beschrieben und der Gegenstand dieser Untersuchung weiter konkretisiert werden, sollen zunächst in § 2 die wichtigsten in dieser Untersuchung verwandten Begriffe hinsichtlich ihres Bedeutungsinhalts erläutert und definiert werden.

§ 2 Begriffsbestimmungen

Eine eindeutige Erfassung und Abgrenzung des Untersuchungsgegenstands ist nur möglich, wenn zuvor die zentralen Begriffe der Untersuchung inhaltlich bestimmt werden. Zu diesen Begriffen zählen zunächst der *„Verein“*, der *„Verband“* und die *„Vereinigung“*.

In der Praxis haben sich verschiedene Organisationsformen herausgebildet, mit deren Hilfe sich mitgliederstarke Vereine (sog. Großvereine) strukturieren. Hier ist zum einen der *„Gesamtverein“* (auch genannt „Zentralverband“) und zum anderen der *„Dachverband“* (auch genannt „Vereinsverband“ oder „Vereinsverein“) zu nennen. Die Verwendung dieser Begriffe ist insbesondere deshalb problematisch, weil ihnen weder in der Literatur noch in der Praxis ein einheitlicher Inhalt zugeordnet wird. Wenn im folgenden eine inhaltliche Bestimmung dieser Begriffe vorgenommen wird, so dient dies nur dazu, den Untersuchungsgegenstand zu beschreiben und abzugrenzen. Es ist nicht das Ziel, allgemeingültige Definitionen aufzustellen oder aus den Umschreibungen konkrete Rechtsfolgen abzuleiten. Gleiches gilt für die Begriffe *„Autonomie“* und *„Vereinsautonomie“*, die im Anschluß erläutert werden.

I. Verein, Verband und Vereinigung

Der Begriff „Verein“ ist vom Gesetzgeber nicht definiert worden. Es wird daher in aller Regel an eine Definition angeknüpft, die von der Rechtsprechung entwickelt wurde. Danach ist ein bürgerlichrechtlicher Verein eine zur Erreichung eines gemeinsamen Zwecks privatautonom gegründete, körperschaftlich verfaßte Personenvereinigung, die einen Gesamtnamen führt und deren Existenz vom Wechsel der Mitglieder unabhängig ist.[8]

---

[5] Siehe dazu unten § 8 IV 2.

[6] Siehe dazu unten § 8 IV 3.

[7] Siehe dazu unten § 8 VII.

[8] RGZ 60, 94, 99; 74, 371, 372; 76, 25, 27; 143, 212, 213; 165, 140, 143; BGH, LM Nr. 11 zu § 31 BGB; so auch *Reichert* in *Reichert/v. Look*, Rdnr. 1; *Soergel-Hadding*, § 21 BGB Rdnr. 44; *Müko-*

Der Begriff „Verband", als Bezeichnung für einen Personenzusammenschluß, trat in der deutschen Sprache erst in der Mitte des 19. Jahrhunderts auf. Er löste das zuvor gebräuchliche Wort „Assoziation" ab[9] und bezeichnet einen Zusammenschluß von Personen oder Personengesamtheiten zur Verfolgung gemeinsamer Interessen[10] und zur Erreichung eines gemeinsamen Zwecks[11]. Folglich bedeuten die Worte „Verein" und „Verband" etymologisch dasselbe.

Mit dieser sehr weit gefaßten Definition ist es zwar möglich, die Gesamtheit der unterschiedlichen Erscheinungsformen des Verbands zu erfassen. Daraus folgt aber auch, daß sie zur näheren Erläuterung des Begriffes nur wenig beiträgt. In den verschiedenen Wissenschaftsdisziplinen wird daher der Begriff des „Verbands" für die jeweiligen eigenen Zwekke bestimmt. So versteht man in der Politikwissenschaft unter einem Verband eine auf Dauer angelegte Vereinigung von Personen, Gruppen, Unternehmen oder Institutionen zur organisierten Interessenvertretung gegenüber Dritten, d.h. gegenüber konkurrierenden Vereinigungen, staatlichen Einrichtungen, Parteien und der Öffentlichkeit.[12] In der Wirtschaftswissenschaft dagegen wird der Verband als eine nicht kommerzielle Organisation („Non-Profit-Organisation") beschrieben, die von der sog. „Unternehmung", einer profitorientierten Organisation, abzugrenzen ist.[13]

Der Versuch, für den Bereich der Rechtswissenschaft einen einheitlichen Verbandsbegriff zu definieren, erscheint wenig erfolgversprechend. Führt man sich die unterschiedlichen sozialen Gebilde vor Augen, die im öffentlichen Recht einerseits und im Privatrecht andererseits von dem Begriff des Verbands erfaßt werden sollen, so erweist sich ein alle Erscheinungsformen umfassender juristischer Verbandsbegriff als rechtlich unbrauchbar.[14] Man denke hier nur an die Gemeindeverbände zum einen und die Sportverbände zum anderen.

Auch wenn man den Blick ausschließlich auf privatrechtlich organisierte Verbände konzentriert, muß man feststellen, daß keine Einigkeit darüber besteht, was unter einem Verband zu verstehen ist. Insbesondere ist eine klare Grenzziehung zu den Vereinen nicht möglich. Zwar verwenden verschiedene Gesetze den Begriff „Verband" (vgl. Art. 164 EGBGB, § 35 Abs. 3 GWB, § 13 Abs. 2 Nr. 2 u. 3 UWG, § 13 Abs. 2 Nr. 1 u. 2 AGBG oder § 2 TVG). Eine Definition oder Erläuterung des Verbandsbegriffs fehlt jedoch. Eine Auslegung der genannten Vorschriften führt ebenfalls zu keinem einheitlichen Ergebnis, denn der Begriff „Verband" hat in den einzelnen Gesetzen verschiedene Aufgaben. So sind die in Art. 164 EGBGB genannten Verbände vorwiegend in der Rechtsform der Genossenschaft organisiert und haben nur einen örtlich begrenzten Wirkungskreis.[15] In anderen Vorschriften wiederum wird der Verband als Sammelbezeichnung für privatrechtliche

---

Reuter, §§ 21, 22 BGB Rdnr. 1; *Staudinger-Weick*, Vorbem. zu §§ 21 BGB Rdnr. 43; *Kübler*, Gesellschaftsrecht, § 10 I; *König*, S. 66. Eine weitere Definition vertritt Grunewald 2.A.I.. Sie versteht unter einem Verein eine rechtsfähige Körperschaft, die nach dem Willen ihrer Mitglieder als rechtsfähiger bürgerlichrechtlicher Verein organisiert sein soll.

9 *U. Schmidt*, S. 15, unter Verweis auf *Grimm*, Deutsches Wörterbuch, Bd.12 I. Abteilung, Leipzig 1956, Bd. 25 des unveränderten Nachdrucks 1984, S. 91.

10 *Brockhaus*, Dtv Lexikon, Band 19, S. 111.

11 *Reichert* in *Reichert/v. Look*, Rdnr. 12 u. 2662.

12 *Weber*, Staatslexikon, Fünfter Band, Sp. 593; ähnlich *Reichert* in *Reichert/v. Look*, Rdnr. 2662.

13 *Blümle*, Handwörterbuch der Organisation, Band 2 , Sp. 2514.

14 *Weber*, Staatslexikon, Fünfter Band, Sp. 597.

15 *Reichert* in *Reichert/v. Look*, Rdnr. 2662.

Körperschaften verwendet. So können Verbände nach § 13 Abs. 2 Nr. 2 UWG oder § 13 Abs. 2 Nr. 1 AGBG eingetragene oder konzessionierte Vereine, aber auch Genossenschaften oder Gesellschaften mit beschränkter Haftung sein.

In der Rechtsprechung wird der Begriff „Verband" zur Bezeichnung von Vereinen i.S.v. §§ 21 ff BGB verwendet, die besondere, qualifizierende Merkmale aufweisen. Diese Merkmale sind, da sie sich nicht aus dem Gesetz herleiten lassen, aus dem allgemeinen Sprachgebrauch und aus den Vorstellungen des Rechtsverkehrs entnommen. Als kennzeichnend für einen Verband wird es angesehen, wenn einem Verein entweder eine größere Anzahl von Mitgliedern angehört oder wenn in einem Verein mehrere Vereine oder andere Körperschaften zusammengeschlossen sind.[16] Dementsprechend sind Verbände meist Massenorganisationen mit großer Mitgliederzahl. Neben der Größe muß ein Verein, um Verband zu sein, eine ausgeprägte Organisation aufweisen und eine bedeutende Stellung im wirtschaftlichen, gesellschaftlichen, sozialen oder politischen Bereich innehaben.[17]

In der Literatur werden die einen Verband kennzeichnenden Merkmale unterschiedlich beschrieben. So charakterisiert *Vieweg*[18] die Verbände als körperschaftliche Organisationen, in denen sich natürliche und/oder juristische Personen, die allerdings nicht überwiegend Hoheitsträger sein dürfen, freiwillig zusammengeschlossen haben. Die für einen Verband erforderliche Verselbständigung gegenüber seinen Mitgliedern finde ihren Ausdruck in einem eigenen Namen, einer eigenen Binnenstruktur, einer eigenen Zielsetzung, einer eigenen Willensbildung und der Schaffung eigener Normen sowie deren Anwendung. Verbände verfolgten den Zweck, gemeinsame Interessen sozialer, kultureller, wirtschaftlicher oder politischer Art zu fördern. Einen anderenVerbandsbegriff vertritt *Teubner*[19]. Er bezeichnet als Verband den überregionalen, freiwilligen Zusammenschluß einzelner Vereine zum Zweck der Einflußnahme im politischen oder ökonomischen Bereich.

Diesen Begriffsbestimmungen, die überwiegend aus der vereinsrechtlichen Diskussion stammen, steht schließlich ein Verbandsbegriff aus dem allgemeinen Gesellschaftsrecht gegenüber. So heißt es in dem Lehrbuch von *K. Schmidt*[20] zum Gesellschaftsrecht: „Ein privatrechtlicher Verband ist eine durch Gesellschaftsvertrag oder Satzung verfaßte, auf Mitgliedschaft beruhende und gegenüber den Mitgliedern verselbständigte, einem Verbandszweck (sog. „gemeinsamen Zweck") dienende Organisation". Unter den gesellschaftsrechlichen Verbandsbegriff fallen daher neben den Vereinen auch andere körperschaftlich organisierte Vereinigungen, wie Gesellschaften mit beschränkter Haftung, Aktiengesellschaften und Genossenschaften.

In der nachfolgenden Untersuchung wird an diese rechtsformübergreifende Terminologie angeknüpft. Allerdings werden die von *K. Schmidt* als „Verbände" beschriebenen Gesellschaftsformen als „Vereinigungen" bezeichnet. Der Begriff „Verband" bleibt dem „Dachverband" als besondere Organisationsform, die sich in der Praxis des Vereinslebens herausgebildet hat, vorbehalten. Die Begriffe „Verband" und „Dachverband" werden also synonym verwandt.

---

16 BayObLGZ 1974, 299 = Rpfleger 1975, 18 ff m. Anm. *Kirberger*, 1857; LG Mainz, BB 1956, 936 ff; *Reichert* in *Reichert/v. Look*, Rdnr. 2662; *Stöber*, Rdnr. 9; *U. Schmidt*, S. 23; *Kohler*, S. 19.

17 *Reichert* in *Reichert/v. Look*, Rdnr. 2662.

18 Normsetzung, S. 23.

19 S. 58 ff.

20 *K. Schmidt*, Gesellschaftsrecht, § 7 I 1.

II. Gesamtverein und Dachverband

Für Vereine mit Mitgliederzahlen, die in die Tausende gehen, ist die vom Vereinsrecht des Bürgerlichen Gesetzbuchs vorgeschlagene Organisationsstruktur in der Praxis nicht oder nur mit erheblichen Schwierigkeiten handhabbar. Eine Aufgabenteilung allein zwischen den vom Gesetzgeber vorgesehenen Organen Mitgliederversammlung und Vorstand kann eine rationelle und erfolgreiche Verfolgung der Interessen nicht gewährleisten. Die Großvereine haben daher verschiedene Organisationsmodelle entwickelt, die die Vielzahl der Mitglieder in kleineren Untergliederungen zusammenfassen. Umgekehrt haben sich zahlreiche örtliche oder regionale Vereine mit gleicher oder ähnlicher Zwecksetzung zu überörtlichen und überregionalen Vereinen zusammengeschlossen. Man unterscheidet insoweit den „Gesamtverein" und den „Dachverband". Mischformen, die Merkmale beider Organisationsmodelle enthalten, sind selten.[21]

1. Gesamtverein

Der Gesamtverein[22] ist ein rechtsfähiger oder nichtrechtsfähiger Verein. Mitglied in einem Gesamtverein sind grundsätzlich nur natürliche Personen. Wegen der großen Anzahl der Mitglieder bildet der Gesamtverein allerdings Untergliederungen, in denen die einzelnen Mitglieder organisatorisch – meist gebietsweise – zusammengefaßt sind. Diese Organisationsform ermöglicht es, zur Entlastung der Organe des Vereins bestimmte Aufgaben an örtliche Repräsentanten abzugeben und auf diese Weise eine sachnähere Bewältigung der Aufgaben und eine größere Mitgliedernähe zu erreichen.[23]

Bei den Untergliederungen handelt es sich entweder um selbständige (rechtsfähige oder nichtrechtsfähige) Vereine (sog. Zweigvereine oder auch nachgeordnete Vereine) oder um bloße organisatorische Außenstellen oder Verwaltungseinheiten. Die Abgrenzung bestimmt sich danach, ob die Untergliederungen die für einen eingetragenen oder nichteingetragenen Verein erforderlichen Merkmale erfüllen. Dies ist anhand der Umstände des Einzelfalls zu beurteilen. Von maßgeblicher Bedeutung ist, ob die Untergliederung eine eigene körperschaftliche Organisation, d.h. eine Mitgliederversammlung und einen Vorstand aufweist, vom Bestand der Mitglieder unabhängig ist, zu einer eigenständigen Willensbildung in der Lage ist und ob sie einen Gesamtnamen führt. Ferner muß die Untergliederung – um ein selbständiger Verein zu sein – neben den Aufgaben für den Gesamtverein auch eigenständige Aufgaben wahrnehmen.[24]

---

21 *Schaible*, S. 18.

22 *Reichert* in *Reichert/v. Look*, Rdnr. 40; *Sauter/Schweyer*, Rdnr. 328; *Stöber*, Rdnr. 879; *Müko-Reuter*, vor § 21 BGB Rdnr. 119 u. 126; RGRK-*Steffen*, vor § 21 BGB Rdnr. 26; *Schaible*, S. 10.

23 *Sauter/Schweyer*, Rdnr. 328.

24 RGZ 118, 196, 198 = JW 1927, 2363 ff m. Anm. *Kaskel*; BGHZ 73, 275, 278 = NJW 1979, 1402 ff; BGHZ 90, 331, 333 = NJW 1984, 2223 ff; BGH, LM Nr. 25 zu § 50 ZPO; BAG, AP Nr. 25 zu § 11 ArbGG; BayObLGZ 1977, 6, 8; OLG Karlsruhe, OLGZ 1978, 226, 227; OLG Bamberg, NJW 1982, 895; KG, OLGZ 1983, 272, 273; OLG Düsseldorf, NJ 1506, 1507; LG Bonn, NJW 1976, 810; LG Bremen, Rpfleger 1989, 202; *Reichert/v. Look*, Rdnr. 2666; *Sauter/Schweyer*, Rdnr. 329; *Stöber*, Rdnr. 878; *Soergel-Hadding*, vor § 21 BGB Rdnr. 52; zur Definition des Vereins vgl. Fn 1.

Handelt es sich bei der Untergliederung um einen selbständigen Zweigverein, so kann dieser entweder als rechtsfähiger oder nichtrechtsfähiger Verein bestehen. Bei einem nichtrechtsfähigen Verein ist es nicht erforderlich, daß Zweck und Organisation des Vereins in einer von den Mitgliedern beschlossenen schriftlichen Satzung festgelegt sind. Die Satzung der Untergliederung kann von dem Gesamtverein vorgegeben werden oder in der Satzung des Gesamtvereins selbst geregelt sein.[25] Es genügt sogar, wenn die Satzung des Gesamtvereins durch ständige Übung als Vereinsgewohnheitsrecht (Observanz) entstanden ist.[26] Aufgrund dieser geringen Anforderungen bereitet die Abgrenzung von Untergliederungen in der Rechtsform des nichtrechtsfähigen Vereins von bloßen Verwaltungsstellen ohne eigene Rechtspersönlichkeit erhebliche Schwierigkeiten. Einfacher gestaltet sich die Einordnung der Untergliederung, wenn es sich um rechtsfähige Vereine handelt, da diese nach § 21 BGB in das Vereinsregister eingetragen sein müssen.

Da nur die einzelnen natürlichen Personen Mitglieder im Gesamtverein sind, besteht zwischen der Untergliederung und dem Gesamtverein keine mitgliedschaftliche Beziehung.[27] Für die natürlichen Personen besteht demgegenüber, sofern es sich bei der Untergliederung um einen Zweigverein handelt, eine sog. „gestufte Mehrfachmitgliedschaft“[28] oder „Doppelmitgliedschaft“[29]. Sie sind zum einen Mitglied im Gesamtverein und zum anderen Mitglied im Zweigverein. Die Mitgliedschaft im Gesamtverein wird durch den Beitritt zum Zweigverein erworben.[30] Ebenso hat der Ausschluß oder Austritt aus dem Zweigverein regelmäßig die Beendigung der Mitgliedschaft im Gesamtverein zur Folge.[31] Anderes gilt für den Fall, daß der Austritt aus dem Zweigverein nur erfolgt, um in einen anderen Zweigverein zu wechseln. In diesem Fall besteht die Mitgliedschaft im Gesamtverein fort.[32]

Ist die Untergliederung nicht als Verein, sondern nur als unselbständige Verwaltungseinheit des Gesamtvereins organisiert, so besteht für die natürlichen Personen nur eine Mitgliedschaft im Gesamtverein.

---

[25] RG, JW 1927, 2363; BAG, AP Nr. 25 zu § 11 ArbGG; RGZ 118, 196, 198; BayObLGZ 1977, 6, 9; OLG Karlsruhe, OLGZ 1978, 226, 227; OLG Bamberg, NJW 1982, 895; BGHZ 90, 331, 334 = NJW 1984, 2223 ff.

[26] BGHZ 63, 282, 290; OLG Frankfurt, ZIP 1985, 213, 215; *Reichert* in *Reichert/v. Look*, Rdnr. 2475; *Schaible*, S. 37.

[27] BGHZ 89, 152, 156; *Sauter/Schweyer*, Rdnr. 329; *Schaible*, S. 78; *Kunadt*, S. 109; *König*, S. 223.

[28] BGHZ 73, 275, 278 = NJW 1979, 1402 ff; *Sauter/Schweyer*, Rdnr. 329; *Soergel-Hadding*, vor § 21 BGB Rdnr. 53; *Schaible*, S. 62.

[29] BGHZ 105, 306, 312 = NJW 1989, 1724 ff.

[30] Siehe dazu unten § 9 I 2 d).

[31] *Sauter/Schweyer*, Rdnr. 329; *Schaible*, S. 65.

[32] *Schaible*, S. 65.

2. Dachverband

Der Dachverband (zum Teil in der Literatur auch als Vereinsverband bezeichnet)[33] ist ein rechtsfähiger oder nichtrechtsfähiger Verein, dessen Mitglieder Körperschaften des privaten oder des öffentlichen Rechts sind. Die Zulässigkeit dieser Organisationsform ergibt sich daraus, daß Mitglieder eines Vereins sowohl natürliche als auch juristische Personen des Privatrechts oder des öffentlichen Rechts sein können.[34]

Sind ausschließlich körperschaftlich organisierte Rechtsträger Mitglieder in dem Dachverband, so spricht man von einem rein korporativen Dachverband. In der Regel handelt es sich bei den korporativen Mitgliedern um Vereine des bürgerlichen Rechts (sog. Mitgliedsvereine oder angeschlossene Vereine). Hier sind als Beispiel die Spitzenverbände des Sports zu nennen, die nur rechtsfähige Vereine zu ihren Mitgliedern zählen. Es ist aber ebenso möglich, daß nichtrechtsfähige Vereine die Mitgliedschaft in einem Dachverband erwerben.[35] Zulässig sind auch Mischformen dergestalt, daß neben Körperschaften auch natürliche Personen als Einzelmitglieder aufgenommen werden. Man spricht dann von einem gemischten Dachverband. Hierzu zählen z.B. der Arbeitskreis für Jugendliteratur e.V. mit 43 korporativen Mitgliedern und 219 Einzelmitgliedern[36] oder der deutsche Museumsbund e.V. mit 512 korporativen und 612 Einzelmitgliedern.[37]

Die Satzung des Dachverbands kann vorsehen, daß neben den bürgerlichrechtlichen Vereinen auch andere selbständige Organisationen, wie etwa Genossenschaften oder Körperschaften und Anstalten des öffentlichen Rechts als Mitglied aufgenommen werden. Hier sind z. B. die genossenschaftlichen Prüfungsverbände zu nennen, die nur Genossenschaften als Mitglieder haben (§ 63 b GenG). Der Deutsche Sparkassen- und Giroverband e.V. wiederum vereint als Mitglieder nur Körperschaften und Anstalten des öffentlichen Rechts. Eine Mischform stellt der Deutsche Verein für öffentliche und private Fürsorge e.V. dar, dessen Mitglieder die Bundesländer, Gebietskörperschaften, Bundes- und Landesverbände der Wohlfahrtspflege sowie natürliche Personen sind.

Mitglied in einem Dachverband sind in der Regel nur die körperschaftlichen Organisationen selbst. Im Unterschied zu dem Organisationsaufbau in einem Gesamtverein stehen die Mitglieder der Mitgliedsorganisation also in keinem mitgliedschaftlichen Verhältnis

---

33 *Reichert* in *Reichert/v. Look*, Rdnr. 2663; *Sauter/Schweyer*, Rdnr. 873; *Stöber*, Rdnr. 293; *Soergel-Hadding*, vor § 21 BGB Rdnr. 54; *Müko-Reuter*, vor § 21 BGB Rdnr. 119 u. 120; RGRK-*Steffen*, vor § 21 BGB Rdnr. 25.

34 Bei der Gründung muß ein Verein gemäß § 56 BGB sieben Mitglieder aufweisen. Der Regelungsgehalt dieser Vorschrift ist umstritten für den Fall, daß die Mitglieder des Vereins juristische Personen sind. Teilweise wird es als ausreichend angesehen, daß weniger als sieben korporative Mitglieder vorhanden sind, wenn diesen wiederum mehrere Einzelmitglieder angehören, so daß zumindest diese „mittelbaren Mitglieder" die Zahl sieben erreichen (LG Mainz, MDR 1978, 312; *Staudinger-Coing*, § 56 BGB Rdnr. 2.) Dem kann nicht gefolgt werden, da allein die Anzahl der „mittelbaren Mitglieder" eine körperschaftliche Struktur des Dachverbands nicht gewährleisten kann. Entscheidend ist vielmehr, daß zumindest bei der Gründung sieben selbständige Willensträger vorhanden sind (LG Hamburg, Rpfleger 1981, 198; *Reichert* in *Reichert/v. Look*, Rdnr. 2683; *Soergel-Hadding*, § 56 BGB Rdnr. 2; *Staudinger-Weick*, § 56 BGB Rdnr. 2). Eine Ausnahme für kirchliche Vereine macht das OLG Hamm, NJW-RR 1997, 1397 ff.

35 *Reichert* in *Reichert/v. Look*, Rdnr. 35; *Sauter/Schweyer*, Rdnr. 323; *Stöber*, Rdnr. 873.

36 Staatshandbuch Verbände 1996, S. 313.

37 Staatshandbuch Verbände 1996, S. 325.

zum Dachverband. Nur ausnahmsweise sind diese Mitglieder gleichzeitig auch Mitglieder im Dachverband.[38]

3. Abgrenzung von Gesamtverein und Dachverband

Reuter vergleicht den Gesamtverein mit einem Bundesstaat, wohingegen der Dachverband einem Staatenbund ähneln soll.[39] Dieser Vergleich soll zum Ausdruck bringen, daß die rechtliche Bindung und die Abhängigkeit der Zweigvereine von dem Gesamtverein enger ist als die Bindung der Mitgliedsvereine an den Dachverband.

Der weiteren Verdeutlichung dient die Beschreibung des Dachverbands als Zusammenschluß von Körperschaften, der sich horizontal vollzieht, während der Gesamtverein seine Organisation „nach unten", also vertikal, gliedert.[40] Diese Differenzierung wird insbesondere deutlich, wenn man sich den unterschiedlichen Vorgang der Entstehung eines Dachverbands und eines Gesamtvereins vor Augen führt. Die Gründung eines Dachverbands vollzieht sich, indem sich mehrere selbständige Vereine oder andere Körperschaften, die den gleichen oder einen ähnlichen Zweck verfolgen, zu einem Verein zusammenschließen. Der Gesamtverein dagegen entsteht in „umgekehrter Richtung". Es besteht zunächst ein Verein mit natürlichen Personen als Mitgliedern. Der Mitgliederzuwachs, der wachsende Umfang der Vereinsgeschäfte sowie die Erkenntnis, daß sich die Ziele des Vereins wirksamer in kleineren Organisationseinheiten erreichen lassen, führen dazu, daß die Mitglieder im nachhinein in Untergliederungen zusammengefaßt werden. Diese Untergliederungen fassen die Mitglieder in der Regel nach räumlichen Gesichtspunkten zusammen. Sie haben eigene Organe, die für die Erledigung der innerhalb der Einheit anfallenden Angelegenheiten zuständig sind.[41] Der Gesamtverein ist bei der Entscheidung, ob und mit welcher Aufgabenbestimmung Untergliederungen gebildet und in die Organisation des Gesamtvereins integriert werden, völlig frei.

Diese Unterschiede in der Entstehung wirken sich auch auf die Zuordnung der Kompetenzen innerhalb des Dachverbands oder Gesamtvereins aus. Ein Verein, der sich mit anderen Vereinen zu einem Dachverband zusammenschließt, behält alle diejenigen Kompetenzen, die er nicht ausdrücklich aufgibt und auf den Dachverband überträgt, während umgekehrt ein Gesamtverein, der sich zum Zwecke der Dezentralisierung Untergliederungen schafft, diesen Untergliederungen nur die Kompetenzen überträgt, mit denen er sie ausdrücklich betraut.[42] Der Gesamtverein ist somit mehr zentralisiert als der Dachverband.

Schließlich zeigen sich auch Unterschiede im Hinblick auf die Auflösung des Dachverbands und des Gesamtvereins. Tritt ein Mitgliedsverein aus dem Dachverband aus, so kann er ohne weiteres als selbständiger Verein rechtlich weiterbestehen. Der Austritt berührt seine Organisation als rechtsfähiger Verein nicht.[43] Komplizierter gestaltet sich die

---

38 Zur Doppelmitgliedschaft siehe unten § 9 I 2 b).
39 *Müko-Reuter*, vor § 21 BGB Rdnr. 119; *ders.*, ZHR 151 (1987), 355, 393.
40 *Sauter/Schweyer*, Rdnr. 328.
41 *König*, S. 45.
42 *Kaskel*, JW 1927, 2363.
43 *Stöber*, Rdnr. 877.

Rechtslage für den Zweigverein.[44] Er kann nicht aus dem Gesamtverein austreten, da nicht er – sondern nur seine Mitglieder – Mitglied im Gesamtverein sind. Fraglich ist jedoch, ob der Zweigverein die Möglichkeit hat, sich durch eine „Ausgliederung"[45] organisatorisch von dem Gesamtverein zu trennen. Die Antwort hierauf hängt wiederum davon ab, ob der Zweigverein ohne Eingliederung in den Gesamtverein existieren kann. Dies wird zum Teil im Zusammenhang mit der Frage, ob die Auflösung des Gesamtvereins auch die Auflösung des Zweigvereins zur Folge hat, verneint. Zur Begründung wird geltend gemacht, aus der in der Satzung des Zweigvereins verankerten Bindung an den Gesamtverein folge, daß der nachgeordnete Verein seine Existenz von dem Bestehen des Gesamtvereins abhängig mache.[46] Gegen eine derartige Auslegung der Satzung spricht jedoch die Qualifizierung der Untergliederung als selbständiger Verein. Selbst wenn die Beziehungen des Zweigvereins zum Gesamtverein für den Zweigverein von grundlegender Bedeutung sind, folgt daraus nicht ohne weiteres eine existentielle Abhängigkeit. Dementsprechend bleibt der Zweigverein zunächst von der Auflösung des Gesamtvereins unberührt.[47] Darüber hinaus ist auch eine auf die Initiative des Zweigvereins zurückzuführende Trennung vom Gesamtverein möglich. Allerdings wird diese Trennung in der Regel eine Zweckänderung für den Zweigverein bedeuten, die nach § 33 Abs. 1 Satz 2 BGB einen einstimmigen Beschluß der Mitgliederversammlung des Zweigvereins erfordert.[48]

Ein bedeutender Unterschied zwischen Dachverband und Gesamtverein ergibt sich schließlich aus ihrer rechtlichen Beziehung zu den Mitgliedern der Mitgliedsvereine bzw. der Zweigvereine. Die Einzelmitglieder der Mitgliedsvereine werden im Regelfall nicht gleichzeitig auch Mitglied im Dachverband, wohingegen die Mitglieder der Zweigvereine eine Mitgliedschaft sowohl im Zweigverein als auch im Gesamtverein erwerben.

III. Autonomie und Vereinsautonomie

Das Wort „Autonomie" setzt sich aus den griechischen Wörtern *autos* (= selbst) und *nomos* (= Gesetz) zusammen. Autonomie heißt übersetzt somit zunächst Selbstgesetzgebung oder Selbstgesetzlichkeit.[49] Im Gegensatz zur Autonomie steht die Heteronomie, also die Fremdbestimmung (*heteros* = anders, fremd).

Der Begriff der Autonomie hat unterschiedliche Bedeutungen. Er war zunächst allein politisch geprägt und bezeichnete das Ziel von Stadtstaaten, ihre Selbständigkeit zu wahren, insbesondere das Recht, ihre inneren Angelegenheiten unabhängig von anderen Mächten bestimmen zu können.[50] Erst später fand der Begriff der Autonomie Eingang in das Recht. Hier bedeutet Autonomie das Recht von Personen oder Institutionen, be-

---

44 Eine unselbständige Verwaltungsstelle kann selbstverständlich nicht aus dem Gesamtverein austreten.

45 So die Terminologie bei *Schaible*, S. 84. Sie hat nichts zu tun mit der Ausgliederung nach dem Umwandlungsgesetz.

46 *Sauter/Schweyer*, Rdnr. 329; *Müko-Reuter*, vor § 21 BGB Rdnr. 128; RGRK-*Steffen*, vor § 21 BGB Rdnr. 26; *Fessler/Keller*, S. 24.

47 *Reichert* in *Reichert/v. Look*, Rdnr. 2675; *Soergel-Hadding*, vor § 21 BGB Rdnr. 53.

48 *Schaible*, S. 84.

49 *Oberreiter*, Staatslexikon, Erster Band, Sp. 490.

50 *Oberreiter*, Staatslexikon, Erster Band, Sp. 491.

stimmte eigene Angelegenheiten oder Rechtsverhältnisse selbst zu regeln und eigene Rechtsnormen zu erlassen.[51]

Für eine konkretere Bestimmung des Begriffsinhaltes erscheint es angebracht, zwischen der Autonomie im Zivilrecht und der Autonomie im öffentlichen Recht zu unterscheiden.

Im öffentlichrechtlichen Bereich bezeichnet die Autonomie die Fähigkeit einer dem Staat eingegliederten, von ihm aber organisatorisch selbständigen Vereinigung, zur Regelung ihrer Angelegenheiten Sätze objektiven Rechts zu schaffen. Die Autonomie im öffentlichen Recht geht von der Dezentralisierung öffentlicher Aufgabenerfüllung aus und dient dem Zweck, örtlich und sachlich interessierte Bürger zur Mitarbeit bei der Erfüllung öffentlicher Aufgaben heranzuziehen.[52] So kennt das öffentliche Recht z.B. die grundgesetzlich verankerte Autonomie der Gemeinden und Gemeindeverbände, aufgrund derer sie „alle Angelegenheiten der örtlichen Gemeinschaft in eigener Verantwortung zu regeln" berechtigt sind (Art. 28 GG) oder die Autonomie der Religionsgemeinschaften, die in Art. 140 GG i.V.m. Art. 137 Abs. 3 Satz 1 WRV grundgesetzlich verankert ist. Darüber hinaus gibt es eine Reihe von einfachgesetzlich verbürgten Autonomien. Als Beispiel können hier die Hochschulen (§ 58 HRG), die Rundfunkanstalten (§ 1 Abs. 2 ZDF-Staatsvertrag) oder die Berufsverbände, wie z.B. die Handwerkskammern (§ 55 HandwO), genannt werden.

Ist die Autonomie im Zivilrecht gemeint, so spricht man gemeinhin von der Privatautonomie. Sie umfaßt die Befugnis von Rechtssubjekten, im Rahmen der staatlichen Rechtsordnung die für ihre Rechtsbeziehungen geltenden Regeln selbst festzulegen. *Flume* beschreibt die Privatautonomie anschaulich als das „Prinzip der Selbstgestaltung der Rechtsverhältnisse durch den einzelnen und nach seinem Willen"[53]. Als Instrument zur Gestaltung der Rechtsverhältnisse steht hauptsächlich das Rechtsgeschäft zur Verfügung, insbesondere der Vertrag. Dementsprechend wird die Privatautonomie häufig mit der Vertragsfreiheit gleichgesetzt.[54] Die Vertragsfreiheit umfaßt das Recht der Privatrechtssubjekte, frei darüber zu entscheiden, ob und mit wem sie einen Vertrag abschließen (Abschlußfreiheit) und welchen Inhalt sie ihm geben (Inhaltsfreiheit).

Neben der Vertragsfreiheit umfaßt die Autonomie im Zivilrecht auch die Tarifautonomie, die als Teil der Koalitionsfreiheit in Art. 9 Abs. 3 GG verankert ist.[55] Nach § 1 Abs. 1 TVG umfaßt die Tarifautonomie das Recht der Tarifparteien, Abschluß, Inhalt und Beendigung von Arbeitsverhältnissen sowie betriebliche und betriebsverfassungsrechtliche Fragen durch Tarifvertrag zu regeln.

Ebenfalls der Autonomie im Bereich des Zivilrechts zuzuordnen ist schließlich die Vereinsautonomie, die als ein Unterfall der allgemeinen Privatautonomie bezeichnet werden kann.[56] Die Vereinsautonomie bezeichnet in wortgetreuer Übersetzung zunächst die Be-

---

[51] *Oberreiter*, Staatslexikon, Erster Band, Sp. 491.

[52] BVerfGE 33, 125, 156 f; *Maunz* in *Maunz/Dürig*, Art. 80 GG Rdnr. 47 ff; *Oberreiter*, Staatslexikon, Erster Band, Sp. 492.

[53] *Flume*, Allg. Teil, Band II, § 1 1.

[54] Zu Recht weist *v. Look*, S. 62 darauf hin, daß die Gleichsetzung von Privatautonomie und Vertragsfreiheit eine verkürzende Sichtweise widerspiegelt, weil zu den Rechtsgeschäften auch die einseitigen Rechtsgeschäfte (Testament, Ausübung von Gestaltungsrechten) und das mehrseitige Rechtsgeschäft (Beschluß) zählen.

[55] BVerfGE 50, 290, 369 = NJW 1979, 699 ff.

[56] BayObLGZ 1977, 6, 9; *Flume*, in: FS für Bötticher, S. 101 ff; *Coing*, in: FS für Flume Band I, S. 429, 430; *Soergel-Hadding*, vor § 21 BGB Rdnr. 79; ders., FS für Fischer, S. 165, 188 ff; *Staudinger-Weick*, Vorbem. § 21 BGB Rdnr. 38; RGRK-*Steffen*, vor § 21 BGB Rdnr. 32; *Enneccerus/*

fugnis und die Fähigkeit des Vereins, sich selbst Rechtsnormen zu geben.[57] Die Rechtsetzung im Verein erfolgt in erster Linie durch die Errichtung einer Satzung, so daß die Vereinsautonomie jedenfalls die Satzungsautonomie umfaßt.[58] Die Befugnis zur „Selbstgesetzgebung“ besteht jedoch nur insoweit, als sich sein Inhaber im Rahmen der vorgegebenen rechtlichen Ordnung hält.[59]

Mit dieser allgemeinen Begriffsbestimmung sind weder der Inhalt noch die Grenzen der Vereinsautonomie endgültig bestimmt. So stellt sich beispielsweise die Frage, ob zum Inhalt der Vereinsautonomie neben der „Selbstgesetzgebung“ auch die Anwendung und die – gegebenenfalls zwangsweise – Durchsetzung der selbstgesetzten Normen gehört.[60] Ebenso läßt der allgemeine Hinweis auf den Rahmen der „rechtlichen Ordnung“ die konkreten Grenzen der Vereinsautonomie offen. Die Beantwortung dieser Fragen ist jedoch nicht die Aufgabe einer allgemeinen Begriffsbestimmung. Sie bleibt dem ersten Kapitel dieser Untersuchung vorbehalten.

§ 3 Gang der Darstellung und Eingrenzung des Untersuchungsgegenstands

Die Untersuchung gliedert sich in drei Kapitel. Im ersten Kapitel werden die Grundlagen der Vereinsautonomie dargestellt. Zu den Grundlagen zählen die rechtlichen Anknüpfungspunkte, der Inhalt und die Grenzen der Vereinsautonomie. Im Rahmen dieser Darstellung werden sowohl die verfassungsrechtlichen als auch die einfachgesetzlichen Bezüge der Vereinsautonomie angesprochen. Es wird sich zeigen, daß die Vereinsautonomie zwei gegenläufige Tendenzen enthält. Zum einen gewährleistet die Vereinsautonomie den Mitgliedern die Möglichkeit, den Inhalt der Satzung frei zu bestimmen und damit auch Nichtmitgliedern Einfluß auf das Vereinsleben einzuräumen. Zum anderen setzt die Vereinsautonomie voraus, daß die Fremdbestimmung des Vereins durch außenstehende Dritte Grenzen unterliegt, die den Mitgliedern ein Mindestmaß an Selbstbestimmung im Hinblick auf die Gestaltung der Vereinsangelegenheiten garantieren. Anknüpfend daran wird der Frage nachgegangen, welche dogmatische Grundlage für die Begründung des zuletzt genannten Inhalts der Vereinsautonomie (Freiheit von Fremdbestimmung) herangezogen werden kann. Es werden die in Rechtsprechung und Literatur vorgeschlagenen Anknüpfungspunkte aufgezeigt. Im Mittelpunkt der Erörterungen steht die Frage, inwieweit sich das für natürliche Personen geltende Verbot der Selbstentmündigung nach § 138 BGB auf

---

Nipperdey, Allg. Teil, § 108 II; *Wiedemann*, Gesellschaftsrecht Band I, § 1 I 1; *Schlosser*, S. 100; *Habscheid*, S. 158, 159; *Leßmann*, S. 207; *Lutter*, AcP 180 (1980), 84, 94; *Nicklisch*, S. 24; *Lukes*,in FS für H. Westermann, S. 325, 329; *Säcker*, S. 12; *Baecker*, S. 25; *Beuthien*, ZGR 1989, 255, 257; *Reemann*, S. 116; *v. Look*, S. 70; *Vieweg*, Normsetzung, S. 151 Fn. 36.

[57] *Vieweg*, Normsetzung, S. 147.

[58] Damit wird noch nicht zu der Frage Stellung genommen, ob es sich bei den im Rahmen der Vereinsautonomie getroffenen Regelungen um Rechtsnormen oder um vertragliche Regelungen handelt.

[59] *Oberreiter*, Staatslexikon, Erster Band, Sp. 491.

[60] Zu dieser Frage siehe unten § 4 II 3.

die juristische Person übertragen läßt und welche Anhaltspunkte sich daraus gewinnen lassen, um die Grenzen des Dritteinflusses auf einen Verein zu konkretisieren.

Anhand der gewonnenen Ergebnisse werden im zweiten Kapitel die Grenzen aufgezeigt, innerhalb derer außenstehende Dritte Einfluß auf das Geschehen in einem Verein erlangen können. Es werden in erster Linie *statutarische* Einflußrechte untersucht, d.h. Einflußrechte eines Dritten, die in der Satzung des Vereins verankert sind. Möglicher Dritteinfluß im Rahmen von Stimmbindungsvereinbarungen wird nicht behandelt. Bevor einzelne Einflußrechte auf ihre Zulässigkeit hin untersucht werden, wird zunächst die Rechtsstellung des Dritten dargestellt und rechtlich bewertet. Es wird der Frage nachgegangen, ob ein außenstehender Dritter, der Einflußrechte in der Satzung des Vereins erhält, zwingend zum Organ des Vereins wird oder ob eine andere rechtliche Einordnung der Position des Dritten denkbar ist. In der anschließenden Überprüfung verschiedener Einflußmöglichkeiten eines Dritten liegt der Schwerpunkt der Untersuchung auf dem Recht eines Dritten, bei der Gestaltung der Satzung und den Vereinsordnungen mitzuwirken. Weitere Untersuchungsgegenstände sind u.a. statutarische Mitwirkungsrechte eines Dritten bei der Auflösung des Vereins, bei der Aufnahme und Ausschließung von Mitgliedern und bei der Bestellung des Vorstands.

Das dritte Kapitel beschäftigt sich mit dem Rechtsverhältnis zwischen Mitgliedsverein und Dachverband. Es werden zunächst die rechtstatsächlichen, in der Praxis anzutreffenden Gestaltungen einzelner Satzungen, die das Verhältnis von Mitgliedsverein zum Dachverband betreffen, dargestellt. Da die Einflußmöglichkeiten des Dachverbands auf den Mitgliedsverein in der Regel in der Satzung des Dachverbands verankert sind, wird der Frage nachgegangen, im welchem Verhältnis die Satzung des Dachverbands zur Satzung des Mitgliedsvereins steht. Besonderes Gewicht legt die Untersuchung auf die Frage, ob und unter welchen Voraussetzungen das Regelwerk des Dachverbands in das Regelwerk des Mitgliedsvereins inkorporiert wird. Des weiteren wird untersucht, ob die Satzung des Dachverbands widersprechende Regelungen in der Satzung des Mitgliedsvereins überlagert. Es wird sich zeigen, daß sowohl eine Inkorporation als auch eine Überlagerung der Satzung des Mitgliedsvereins durch die Satzung des Dachverbands möglich ist, doch daß die rechtlichen Voraussetzungen hierfür in der Praxis in der Regel nicht erfüllt werden.

Anschließend steht der *schuldrechtliche* Einfluß des Dachverbands auf den Mitgliedsverein im Mittelpunkt der Untersuchung. Insbesondere die Frage nach Zulässigkeit und Umfang der Inhaltskontrolle von Vereinssatzungen wird ausführlich besprochen. In diesem Zusammenhang setzt sich die Untersuchung kritisch mit der in der Literatur vertretenen Ansicht auseinander, eine Inhaltskontrolle von Satzungen sei bei allen Vereinen vorzunehmen. Es wird ein eigener Lösungsansatz entwickelt und ein Maßstab für die Inhaltskontrolle von Vereinssatzungen aufgezeigt. Abschließend werden beispielhaft einige Satzungsbestimmungen ausgewählter Dachverbände auf ihre Wirksamkeit überprüft.

Zur Eingrenzung des Untersuchungsgegenstands sei schließlich folgendes festgehalten. Die Untersuchung beschäftigt sich ausschließlich mit den Dachverbänden des Sports. Es ist darauf hinzuweisen, daß sich ähnliche Fragestellungen in anderen Organisationen, wie etwa den Gewerkschaftsverbänden, ergeben können. Nicht eingegangen wird auf kartellrechtliche Fragestellungen, die die Rechtsverhältnisse in Dachverbänden aufwerfen können. Des weiteren beschränkt sich die Untersuchung auf die Rechtsverhältnisse innerhalb nationaler Dachverbände. Internationale Verbände werden nicht in die Erörterungen einbezogen.

ERSTES KAPITEL

Vereinsautonomie

§ 4 Grundlagen der Vereinsautonomie

Die Darstellung der Grundlagen der Vereinsautonomie umfaßt die rechtlichen Anknüpfungspunkte, die die Vereinsautonomie in der Verfassung und in den einfachen Gesetzen gefunden hat, den Inhalt der Vereinsautonomie sowie deren Grenzen.

I. Rechtliche Anknüpfungspunkte der Vereinsautonomie

Rechtliche Anknüpfungspunkte der Vereinsautonomie lassen sich sowohl aus der Verfassung als auch aus den einfachen Gesetzen gewinnen.

1. Vereinigungsfreiheit nach Art. 9 Abs. 1 GG

Verfassungsrechtliche Grundlage der Vereinsautonomie ist Art. 9 Abs. 1 GG. Das dort umschriebene Grundrecht gewährleistet allen Deutschen das Recht, Vereine und Gesellschaften zu bilden. Die hier untersuchten Vereine nach §§ 21 ff BGB sind Vereine i.S. von Art. 9 Abs. 1 GG.[1]

Die Vereinigungsfreiheit trägt dem Menschenbild des Grundgesetzes Rechnung. Das Grundgesetz geht nicht von einem isolierten und selbstherrlichen Individuum aus, sondern – so das Bundesverfassungsgericht[2] – von dem gemeinschaftsbezogenen und gemeinschaftsverbundenen Menschen, der zu seiner Entfaltung auf vielfältige zwischenmenschliche Kontakte angewiesen ist. Es gehört daher zu den elementaren Äußerungsformen der menschlichen Handlungsfreiheit, sich zu beliebigen Zwecken mit anderen in Vereinen, Vereinigungen und Assoziationen aller Art zusammenzuschließen.[3]

Die Vereinigungsfreiheit nach Art. 9 Abs. 1 GG ist das speziellere Grundrecht im Verhältnis zu der in Art. 2 Abs. 1 GG gewährleisteten allgemeinen Handlungsfreiheit.[4] Mit dem Grundrecht der allgemeinen Handlungsfreiheit wird auch die Privatautonomie verfas-

---

[1] *Scholz* in *Maunz/Dürig*, Art. 9 GG Rdnr. 57.

[2] BVerfGE 4, 7, 15 = NJW 1954, 1235 ff; BVerfGE 45, 187, 227 = NJW 1977, 1525 ff; BVerfGE 50, 290, 355 = NJW 1979, 669 ff.

[3] BVerfGE 17, 306, 314 = NJW 1964, 1219 ff; BVerfGE 38, 281, 303 = NJW 1975, 1265 ff.

[4] *V. Münch-Löwer*, Art. 9 GG Rdnr. 85; *Scholz* in *Maunz/Dürig*, Art. 9 GG Rdnr. 111.

sungsrechtlich garantiert.[5] Bei der in Art. 9 Abs. 1 GG verankerten Vereinsautonomie handelt es sich somit um einen besonderen Teilbereich der allgemeinen Privatautonomie.

2. Vereinsautonomie des Privatrechts

Während die Vereinsautonomie in Art. 9 Abs. 1 GG eine verfassungsrechtliche Grundlage hat, findet sich im einfachgesetzlichen Recht keine ausdrückliche Vorschrift, die die Vereinsautonomie garantiert. Rechtsprechung[6] und Literatur[7] greifen daher zu ihrer Begründung auf die Gesamtheit der Vorschriften des Bürgerlichen Gesetzbuchs zurück, aus denen sich ergibt, daß die Konstituierung und Organisation des Vereins sowie die Wahrnehmung der Vereinsangelegenheiten auf den Willen der Vereinsmitglieder zurückzuführen ist und von diesen durch rechtsgeschäftliche Handlungsformen verwirklicht werden kann. Zu diesen Vorschriften zählen die §§ 25, 32 Abs. 1 und 58 BGB.[8] § 25 BGB gibt dem Verein das Recht, seine Verfassung durch die Vereinssatzung selbst zu regeln. Bei der Gestaltung der Satzung sind die Vereinsmitglieder weitgehend frei. Das folgt aus § 40 BGB, der die Vorschriften der §§ 26 ff BGB in großem Umfang für dispositiv erklärt.[9] Gemäß § 32 Abs. 1 Satz 1 BGB werden die „Angelegenheiten des Vereins" durch Beschlußfassung der Mitgliederversammlung „geordnet", soweit nicht ein anderes Organ zuständig ist. Schließlich läßt sich auch § 58 BGB als Hinweis auf die Gestaltungsfreiheit deuten. Diese Norm enthält Angaben über den Inhalt der Satzung. Da § 58 BGB als bloße Ordnungsvorschrift zu verstehen ist, können die Mitglieder abweichende Regelungen treffen und haben insoweit einen Gestaltungsspielraum.[10]

Der den Vereinsmitgliedern zur Verfügung gestellte Gestaltungsspielraum und die möglichen rechtsgeschäftlichen Handlungsformen (Satzungserrichtung und Beschlußfassung) zeigen, daß die Vereinsautonomie im Bürgerlichen Gesetzbuch stillschweigend vorausgesetzt und anerkannt wird. Ohne das Bestehen der Vereinsautonomie wären die Gestaltungsfreiheit der Mitglieder und die Formen des rechtsgeschäftlichen Handelns weitgehend ohne Bedeutung. Die Tatsache, daß die Vereinsautonomie im Bürgerlichen Gesetzbuch nicht ausdrücklich geregelt ist, ist damit zu erklären, daß der Gesetzgeber sie als selbstverständlich vorausgesetzt hat. Zu Recht weist *Flume*[11] darauf hin, daß eine ausdrückliche Festlegung der Vereinsautonomie nicht dem Stil des Bürgerlichen Gesetzbuchs

---

[5] BVerfGE 12, 341, 347; 60, 329, 339; 65, 196, 210; 70, 115, 123; 72, 155, 170; BVerfG, JZ 1987, 874 ff; BVerfG, NJW 1996, 2021 ff.

[6] BVerfGE 83, 341, 358 = NJW 1991, 2623 ff.

[7] *Soergel-Hadding*, vor § 21 Rdnr. 79; *Teubner*, S. 29; *Vieweg*, Normsetzung, S. 156; *Schaible*, S. 33.

[8] Vgl. RGZ 49, 150, 155; 73, 187, 194; BGHZ 29, 352, 355; KG, OLGZ 1974, 385, 387 = Rpfleger 1974, 394 ff; OLG Stuttgart, NJW-RR 1986, 995, 996; OLG Celle, Nds. Rpflege 1995, 48 ff.

[9] Zwingend sind nur das Recht, den Vorstand bei Vorliegen eines wichtigen Grunds abzuberufen (§ 27 Abs. 2), das Recht einer Minderheit, die Einberufung der Mitgliederversammlung zu verlangen (§ 37 BGB), das Austrittsrecht der Mitglieder (§ 39 BGB) und das Recht, den Verein aufzulösen (§ 41 BGB).

[10] *Soergel-Hadding*, § 58 BGB Rdnr. 1.

[11] JZ 1992, 238, 239.

entsprochen hätte. Dementsprechend hat auch die Privatautonomie keine ausdrückliche Regelung erfahren.

Neben diesen gesetzlichen Anknüpfungspunkten beruht die Anerkennung einer umfassenden Vereinsautonomie auch auf einer Rechtsentwicklung in der zweiten Hälfte des 19. Jahrhunderts.[12] Im Zuge der politischen Liberalisierung war die Forderung nach Vereinsfreiheit, im Sinne der Freiheit von staatlicher Einmischung in innere Vereinsangelegenheiten, erhoben worden. Die Autonomie der Vereine wurde vornehmlich als Freiheit von Fremdbestimmung durch den Staat verstanden.[13] Es ging somit allein um die Frage, wieviel Macht dem Staat gegenüber den Vereinen zukommen sollte. Vor diesem Hintergrund wurde das Fehlen eines staatlichen Aufsichtsrechts im Bürgerlichen Gesetzbuch als ein bewußter Gegensatz zum Preußischen Allgemeinen Landrecht gesehen[14] und folglich als Hinweis auf die Anerkennung einer umfassenden Autonomie der Vereine gewertet[15].

Neben diese Rechtsentwicklung trat eine gewisse Unsicherheit der Gerichte bei der Beurteilung vereinsinterner Probleme. Die Verwendung des Autonomiearguments ermöglichte es ihnen, sich bei der Entscheidung über innere Angelegenheiten des Vereins zurückzuhalten. Kennzeichnend für die Zurückhaltung der Gerichte sind folgende Ausführungen des OAG Darmstadt: „Da im internen Vereinsleben naturgemäß gewisse, dem Richter unbekannte Imponderabilien mitwirken, können nur die Vereinsmitglieder selber auf Grund ihrer beim persönlichen Verkehr mit den betreffenden Mitgliedern gemachten Erfahrungen die entscheidenden Mitgliedschaftsvoraussetzungen richtig beurteilen." [16] Die Unsicherheit der Richter war begleitet von der Tatsache, daß die Richter der damaligen Zeit sich nur mit Vereinen zu befassen hatten, die keine große wirtschaftliche oder gesellschaftliche Bedeutung hatten. Es erschien daher nicht notwendig, daß die Gerichte zum Schutz der Mitglieder in die Vereinsautonomie eingreifen.

II. Inhalt der Vereinsautonomie

Bei der Konkretisierung des Inhalts der Vereinsautonomie ist zwischen zwei Rechtsträgern zu unterscheiden. Die Vereinsautonomie begründet zum einen Rechte der natürlichen Person als Vereinsmitglied oder -gründer und zum anderen Rechte des Vereins. Der zweifache Regelungsgehalt spiegelt sich in der Bezeichnung der Vereinigungsfreiheit nach Art. 9 Abs. 1 GG als sog. „Doppelgrundrecht" wider.[17]

---

[12] Ausführlich dazu *Simon*, S. 114.

[13] BGHZ 87, 337, 345, wonach die beschränkte richterliche Überprüfung von Vereinsstrafen gewährleisten solle, „daß die interne Gestaltung des Vereinslebens und die Vereinspolitik nicht auf staatliche Wertvorstellungen festgelegt werden."

[14] Das Preußische Allgemeine Landrecht sah eine weitgehende Staatsaufsicht über Vereine vor, vgl. ALR II. 6 § 44.

[15] RGZ 49, 150, 155; *Simon*, S. 114 f; *v. Look*, S. 35; *Baecker*, S. 24.

[16] OLGE 2/490 (1901), zitiert nach *Simon*, S. 121.

[17] *V. Münch-Löwer*, Art. 9 GG Rdnr. 32, *Hesse*, Verfassungsrecht, Rdnr. 414; kritisch zu der Qualifizierung als Doppelgrundrecht: *Krogmann*, S. 65 ff.

1. Gründungs-, Beitritts- und Austrittsfreiheit

Als Individualgrundrecht gewährleistet Art. 9 Abs. 1 GG allen Deutschen das Recht, sich im Rahmen der Gesetze, insbesondere der Typenordnung, in Vereinen und Gesellschaften zusammenzuschließen.[18] Mit dieser sog. Gründungsfreiheit ist jedoch der individualrechtliche Regelungsgehalt von Art. 9 Abs. 1 GG noch nicht erschöpft. Der Schutzbereich der Vereinigungsfreiheit umfaßt auch den Beitritt zu einem bereits bestehenden Verein,[19] die Betätigung innerhalb eines Vereins, den Verbleib in einem Verein (positive Vereinigungsfreiheit) und – zumindest nach überwiegender Meinung – auch das Recht, einem Verein fernzubleiben oder aus ihm auszutreten (negative Vereinigungsfreiheit)[20].

Dem verfassungsrechtlich verankerten Grundrecht jedes Deutschen, sich in einem Verein zusammenzuschließen, korrespondiert im Privatrecht die Gründungsfreiheit. Der Einzelne kann autonom, d.h. frei nach seinem Willen entscheiden, ob er mit anderen Rechtssubjekten zusammen einen Verein gründen möchte. Zur Erreichung dieses Ziels stellt ihm die Privatrechtsordnung das Mittel des Rechtsgeschäfts zur Verfügung. Es besteht insoweit eine Parallele zur Abschlußfreiheit im Rahmen der Privatautonomie.[21] In unmittelbarem Zusammenhang mit der Gründungsfreiheit steht das Recht des Einzelnen, einem bestehenden Verein beizutreten (Beitrittsfreiheit) oder die Mitgliedschaft zu beenden, d.h. aus dem Verein auszutreten (Austrittsfreiheit).

Anders als in Art. 9 Abs. 1 GG werden weder die Gründungs- noch die Beitrittsfreiheit im Bürgerlichen Gesetzbuch ausdrücklich genannt. Nur die Austrittsfreiheit hat in § 39 BGB eine Regelung erfahren. Das Bürgerliche Gesetzbuch setzt die Gründungs- und die Beitrittsfreiheit in den §§ 21 ff, 55 ff BGB jedoch stillschweigend voraus, indem es in diesen Vorschriften die Voraussetzungen bestimmt, unter denen ein Verein die Eigenschaft als juristische Person erlangen kann.[22]

2. Externe Betätigung des Vereins

Neben dem Recht des Einzelnen, Vereine zu bilden und sich in ihnen zu betätigen, gewährt Art. 9 Abs. 1 GG auch den Vereinen selbst ein Recht auf Fortbestand und Tätigwerden. Zwar gewährleistet der Wortlaut des Art. 9 Abs. 1 GG ausdrücklich nur das Individualgrundrecht, sich in Vereinen zusammenzuschließen. Im Wege einer teleologischen und an der Grundrechtseffektivität ausgerichteten Interpretation gelangen Rechtsprechung[23] und Literatur[24] aber zu der Ansicht, daß nicht nur der Einzelne, sondern auch der Verein selbst Grundrechtsträger ist (kollektive Vereinigungsfreiheit). Die Rechtsordnung gewährleistet

---

18 BVerfGE 38, 281, 302 = NJW 1975, 1265 ff.

19 BVerfGE 10, 89, 102 = NJW 1959, 1675 ff; BVerfGE 50, 290, 354 = NJW 1979, 699 ff; *Scholz* in *Maunz/Dürig*, Art. 9 GG Rdnr. 42.

20 BVerfGE 10, 89, 102 = NJW 1959, 1675 ff; BVerfGE 30, 415, 426; BVerfG, NJW 1979, 706 ff; *Scholz* in *Maunz/Dürig*, Art. 9 GG Rdnr. 42; *Krogmann*, S. 56; a.A. *Friauf*, in: FS für Reinhardt, S. 389, 392.

21 *V. Look*, S. 65.

22 *V. Look*, S. 65.

23 BVerfGE 13, 174, 175 = NJW 1961, 2251 ff; BVerfGE 30, 227, 241 = NJW 1971, 1123 ff; BVerfGE 50 290, 354 = NJW 1979, 669 ff.

24 *Scholz* in *Maunz/Dürig*, Art. 9 GG Rdnr. 23.

damit, daß nicht nur dem Einzelnen die freie Entfaltung seiner Persönlichkeit ermöglicht wird. Vielmehr wird der Einzelne auch als Glied einer Vereinigung anerkannt und erhält die Möglichkeit zur „Persönlichkeitsentfaltung in Gemeinschaft“[25]. Die kollektive Grundrechtsausübung ist daher letztlich Ausdruck der freien Entfaltung derjenigen natürlichen Personen, die als Mitglieder hinter dem Verein stehen. Dem Verein kommt also in unmittelbarer Anwendung von Art. 9 Abs. 1 GG Grundrechtssubjektivität und eigene Vereinsautonomie zu, wobei es hier dahingestellt bleiben kann, ob sich die Grundrechtsinhaberschaft direkt aus Art. 9 Abs. 1 GG[26] oder erst aus Art. 19 Abs. 3 GG ergibt[27]. Der Schutzbereich des Art. 9 Abs. 1 GG umfaßt insoweit auch das Recht eines Vereins, sich selbst mit anderen wiederum zu einer Vereinigung i.S. von Art. 9 Abs. 1 GG zusammenschließen.[28] Im folgenden geht es um die so gekennzeichnete Vereinsautonomie der Vereine selbst.

Auch auf einfachgesetzlicher Ebene können Personenvereinigungen als Rechtssubjekte am Rechtsverkehr teilnehmen. Die Rechtsfigur der juristischen Person ermöglicht es der Personenvereinigung, wie eine natürliche Person (§ 1 BGB), Träger von Rechten und Pflichten zu sein. Die Voraussetzungen, die erfüllt sein müssen, damit ein Verein als juristische Person rechtsfähig wird, ergeben sich aus dem einfachen Gesetz (§§ 21, 22 BGB).

Grundsätzlich kann eine juristische Person mittels der rechtsgeschäftlichen Gestaltungsformen die gleichen Rechte und Pflichten begründen wie eine natürliche Person, soweit diese ihrem Sinn und Zweck nach nicht ausschließlich natürlichen Personen vorbehalten sind. So hat z.B. auch ein Verein das Recht, einem anderen Verein beizutreten oder die Mitgliedschaft in diesem wieder zu beenden. In Ausnahmefällen sieht die Rechtsordnung sogar besondere Rechte für Personenvereinigungen vor, die einer natürlichen Person nicht zustehen. Hierzu zählt die Verbandsklagebefugnis nach § 13 Abs. 2 Nr. 1 u. 2 AGBG und § 13 Abs. 2 Nr. 2 u. 3 UWG.

3. Interne Selbstbestimmung

Die freie Betätigung eines Vereins nach außen ist nur dann in effektiver Weise möglich, wenn dem Verein die Freiheit zukommt, über den Vereinszweck und den Vereinsnamen zu entscheiden. Er hat außerdem das Recht, sich selbst diejenige Organisation zu geben, die er für geeignet hält, um auf Dauer im Hinblick auf den Vereinszweck erfolgreich tätig zu sein. Der Verein muß in der Lage sein, das Vereinsleben autonom zu gestalten und dabei das Verfahren der internen Willensbildung und die Art und Weise der Geschäftsführung eigenverantwortlich zu regeln.[29] Das Bundesverfassungsgericht hat in einem Urteil zum Mitbestimmungsgesetz ausdrücklich zum Umfang der Vereinsautonomie Stellung genommen. Das Gericht führt aus, der Schutz des Art. 9 Abs. 1 GG umfasse „für die Vereinigung die Selbstbestimmung über die eigene Organisation, das Verfahren ihrer Willensbildung und die Führung ihrer Geschäfte. Denn ohne solche Selbstbestimmung könnte von einem frei-

---

[25] *Leßmann*, S. 207; *W. Schmidt*, ZRP 1977, 255, 258, bezeichnet dies als „Grundrechtsverwirklichung durch Organisation“; vgl. auch *v. Look*, S. 70.

[26] BVerfGE 50, 290, 354 = NJW 1979, 699 ff.

[27] *Scholz* in *Maunz/Dürig*, Art. 9 GG Rdnr. 25.

[28] *Scholz* in *Maunz/Dürig*, Art. 9 GG Rdnr. 55; *Beuthien*, Gesellschaftsrecht der Konzerne, S. 138 f.

[29] *Scholz* in *Maunz/Dürig*, Art. 9 GG Rdnr. 82.

en Vereinigungswesen keine Rede sein; Fremdbestimmung würde dem Schutzzweck des Art. 9 Abs. 1 GG zuwiderlaufen".[30] In ähnlicher Weise hat das Bundesverfassungsgericht in dem „Bahà'i"- Beschluß vom 5.2.1991 zum Inhalt des internen Selbstbestimmungsrechts Stellung genommen: „Es gehört zu dieser Autonomie, den mit dieser Autonomie ausgestatteten Einrichtungen das Recht einzuräumen, sich die ihren Zwecken entsprechende Organisation selbst zu geben und diese frei zu bestimmen, soweit dem nicht zwingende Vorschriften oder dem Wesen der entsprechenden Institution zu entnehmende Grundsätze entgegenstehen".[31]

Auf einfachgesetzlicher Ebene war zunächst umstritten, wie weit die Freiheit des Vereins zur Organisation seiner Angelegenheiten reicht. Das Reichsgericht[32] hat insoweit zunächst die Auffassung vertreten, die Vereinsautonomie umfasse nicht das „ganze Gebaren des Vereins", sondern – einer wortgetreuen Übersetzung des Worts „Autonomie" entsprechend – nur das Recht zur Selbstgesetzgebung, also zur Satzungsgebung. Das Recht der Vereine zur Selbstverwaltung, also das Recht zur Anwendung und Durchsetzung der selbst gegebenen Normen im Verhältnis zu den Mitgliedern, sollte nicht zum Bestandteil der Vereinsautonomie zählen. Einfachgesetzlicher Anknüpfungspunkt war insoweit § 25 BGB, wonach der Verein sich nur seine Satzung selbst geben kann. Nach dieser Ansicht wäre es zwar als Ausübung der Vereinsautonomie zu verstehen, wenn in der Satzung beispielsweise Einzelheiten hinsichtlich der Abberufung des Vorstands festgelegt würden. Die Abberufung des Vorstands selbst fiele jedoch nicht in die Vereinsautonomie.

Dieses Verständnis „stellt eine im Rechtsleben unbrauchbare Konstruktion dar"[33]. Die effektive Regelung der inneren Vereinsangelegenheiten auf der Grundlage der Satzung ist vielmehr nur dann möglich, wenn neben der Befugnis zur Rechtsetzung für den Verein auch die Möglichkeit besteht, das selbst gesetzte Recht – gegebenenfalls mit Hilfe von Sanktionen gegenüber den Mitgliedern – durchzusetzen. Es besteht ein unlösbarer, funktionaler Zusammenhang zwischen dem Aufstellen der Satzung und deren Vollzug. Dementsprechend gehört zur Vereinsautonomie neben dem Recht zur Selbstgesetzgebung auch das Recht zur Selbstverwaltung.[34]

Auch die neuere Rechtsprechung versteht die Vereinsautonomie in einem weiten Sinne und faßt darunter sowohl die Satzungsautonomie als auch die Selbstverwaltung.[35] Nach Ansicht der Gerichte ist es Sache eines Vereins, seine Angelegenheiten im Wege der Rechtsetzung und Selbstverwaltung eigenständig zu regeln. Die Befugnis, eine Regel zu setzen, umfasse notwendigerweise das Recht zur Anordnung von Sanktionen und zu deren Vollzug im Falle der Regelverletzung. Autonomie bedeutet damit inhaltliche Gestaltungsfreiheit

---

[30] BVerfGE 50, 299, 354 = NJW 1979, 699 ff.

[31] BVerfGE 83, 341, 359 = NJW 1991, 2623 ff. Der Beschluß betrifft einen religiösen Verein, der der international verbreiteten Religionsgemeinschaft der Bahà'i angehört und der in seiner Satzung weitreichende Mitwirkungsrechte zugunsten eines außenstehenden, religiös übergeordneten Gremiums vorsieht.

[32] RGZ 73, 187, 191.

[33] *Lukes*, in: FS für Westermann, S. 325, 328; vgl. auch *Vieweg*, Normsetzung, S. 149.

[34] *Soergel-Hadding*, vor § 21 BGB Rdnr. 79; *Habscheid*, S. 158, 159; *Lukes*, in: FS für Westermann, S. 325, 327; *v. Look*, S. 32; *Vieweg*, Normsetzung, S. 149; *Krogmann*, S. 60.

[35] RG, JW 1928, 2208 u. 2209; RGZ 107, 386, 387; 125, 338, 340; 147, 11, 14; 152, 228, 231; BGHZ 21, 370, 373; 28, 131, 133; 29, 352, 355; 47, 172, 174; 47, 381, 384; 49, 396, 398; BGHZ 128, 93, 105.

hinsichtlich aller vereinsinternen Regelungsgegenstände.[36] Versteht man die Vereinsautonomie in diesem umfassenden Sinne, dann unterliegen der Vereinsautonomie unter anderem folgende Regelungsgegenstände: die Ausgestaltung des Verhältnisses zwischen dem Verein und seinen Mitgliedern, die Regelung der inneren Organisation des Vereins durch das Aufstellen einer Satzung nach § 25 BGB, die Verwirklichung dieser Organisation durch die Bestellung von Organen nach §§ 27 Abs. 1, 30 BGB, die Geschäftsführung nach § 27 Abs. 3 BGB sowie die Regelung der sonstigen Angelegenheiten des Vereins i.S. von § 32 Abs. 1 Satz 1 BGB. Darüber hinaus umfaßt die Autonomie das Recht des Vereins, sich jederzeit aufzulösen (§ 41 BGB).

Als Regelungsformen für diese vereinsinternen Angelegenheiten steht den Mitgliedern neben der Satzung auch der Beschluß (vgl. §§ 27 Abs. 1, 28 Abs. 1, 32 Abs. 1 Satz 1, 33 Abs. 1 Satz 1 BGB) zur Verfügung, mittels dessen der Wille der Mitgliederversammlung, des Vorstands oder eines anderen Organs gebildet wird. Des weiteren können organisatorische und mitgliedschaftliche Regelungen in einer – gesetzlich nicht ausdrücklich vorgesehenen – Vereinsordnung[37] getroffen werden. Neben diesen vereinspezifischen Regelungsformen können die Mitglieder auch auf Willenserklärungen und Rechtsgeschäfte i.S. der §§ 104 ff BGB und auf Verträge i.S. der §§ 145 ff, 241 ff, 305 ff BGB, sowie Realakte zurückgreifen.[38]

Die inhaltliche Gestaltungsfreiheit bezieht sich nicht nur auf die Organisation des Vereins, sondern – wie dargelegt – auch auf das Verhältnis des Vereins zu seinen Mitgliedern. Sie umfaßt auf seiten des Vereins das Recht, über die Aufnahme neuer Mitglieder frei zu entscheiden,[39] und das Recht, Mitglieder aus dem Verein auszuschließen oder Vereinsstrafen zu verhängen[40].

Schließlich sei noch auf einen weiteren – im Zusammenhang mit dieser Untersuchung besonders wichtigen – Bestandteil der Vereinsautonomie hingewiesen, den das Bundesverfassungsgericht im Bahà'i-Beschluß hervorhebt. Dort führt das Gericht aus, „daß die Autonomie auch in der Weise ausgeübt werden kann, daß das Selbstverwaltungsrecht satzungsgemäß beschränkt wird; auch eine solche Beschränkung stellt die Ausübung von Autonomie dar; es bedeute daher eine Beschneidung der Autonomie, wenn solche Regelungen für unzulässig erklärt würden...“.[41] Damit wird deutlich, daß das Recht auf interne Selbstbestimmung grundsätzlich auch die Möglichkeit des Vereins umfaßt ist, sich einem fremden Willen zu unterwerfen.

---

36 *V. Look*, S. 68.

37 Zu den Vereinsordnungen siehe unten § 8 III u. § 9 II 5.

38 *V. Look*, S. 67.

39 Zum möglichen Anspruch auf Aufnahme in einen Verein vgl. RGZ 106, 120 ff; BGH, NJW 1969, 316 ff; BGHZ 63, 282 ff = NJW 1975, 771 ff; BGH, NJW 1980, 186 ff = GRUR 1979 m. Anm. *Gaedertz*; BGHZ 93, 151 ff = NJW 1985, 1216 ff; BGHZ 101, 193 ff = NJW 1987, 2502 ff; OLG Celle, NJW-RR 1989, 313; KG, NJW-RR 1993, 183 ff = JuS 1993, 420 m. Anm. *K. Schmidt*; *Birk*, JZ 1972, 343 ff; *Nicklisch*, JZ 1976, 105 ff; *Grunewald*, AcP (1982), 181 ff; *Traub*, WRP 1985, 591 ff; *Bartodziej*, ZGR 1991, 517 ff; *Steinbeck*, WuW 1996, 91 ff.

40 Zur eingeschränkten Überprüfbarkeit von Vereinsausschlüssen und Vereinsstrafen durch die Gerichte vgl. RGZ 107, 386 ff; RGZ 140, 23; 147, 11 ff; RG, JW 1928, 2208 u. 2209; BGHZ 13, 5; 21, 370 ff; 29, 352 ff; 47, 172 ff = NJW 1967, 1268; BGH, NJW 1973, 35 ff; BGHZ 71, 126 ff; BGHZ 75, 158 ff; BGH, NJW 1981, 2178 ff; BGHZ 87, 337 ff = NJW 1984, 918; BGHZ 102, 265 ff = NJW 1988, 552 ff; BGH, ZIP 1997, 1501.

41 BVerfGE 83, 341, 359 = NJW 1991, 2623 ff.

III. Grenzen der Vereinsautonomie

Die Vereinsautonomie bedarf in zweierlei Hinsicht einer Begrenzung. Zum einen muß eine Grenze gefunden werden, die den Höchstgehalt der Vereinsautonomie festlegt (sog. Maximalgrenze). Zum anderen muß der Mindestgehalt der Vereinsautonomie bestimmt werden (sog. Minimalgrenze).[42] Der Höchstgehalt der Vereinsautonomie umfaßt das Maß an Vereinsautonomie, das ein Verein gegenüber Dritten, aber auch gegenüber seinen Mitgliedern bei der Ausgestaltung seiner Rechtsverhältnisse höchstens in Anspruch nehmen darf. Geht es um die Maximalgrenzen der Vereinsautonomie, steht also vor allem der Schutz der Mitglieder und außenstehender Dritter vor belastenden Satzungsregelungen und anderen Maßnahmen des Vereins in Rede. Der Mindestgehalt der Vereinsautonomie dagegen kennzeichnet den unantastbaren Kernbereich der Vereinsautonomie, der weder durch staatliche Gewalt noch durch privatautonome Gestaltung eingeschränkt werden darf. Die Minimalgrenzen der Vereinsautonomie haben nicht das Ziel, die Macht des Vereins gegenüber seinen Mitgliedern oder Dritten zu begrenzen. Es geht hier in erster Linie um die Frage, welchen Grenzen das Recht der Gründer und der Vereinsmitglieder unterliegt, die für das Vereinsleben notwendigen Entscheidungen unter Mitwirkung oder gar ausschließlich von Dritten treffen zu lassen. Die Vereinsautonomie, die das Recht zu einer eigenverantwortlichen Regelung und Verwaltung gewährleistet, wird hier verstanden als „die Freiheit vom Einfluß Außenstehender“[43]. Der Mindestgehalt der Vereinsautonomie soll also die Selbstbestimmung des Vereins sichern.

Im folgenden werden der Höchstgehalt und der Mindestgehalt der Vereinsautonomie dargestellt. Die Ausführungen zu dem Höchstgehalt der Vereinsautonomie sind für die weitere Untersuchung nur in Teilbereichen von Bedeutung (so z.B. die Grenze, die § 25 BGB der Vereinsautonomie steckt). Sie dienen an dieser Stelle vornehmlich der Vervollständigung der Grundlagen der Vereinsautonomie. Die Erläuterungen zu dem Mindestgehalt der Vereinsautonomie bilden demgegenüber die Grundlage für die weitere Untersuchung der Grenzen des Dritteinflusses. Sie enthalten zunächst nur eine erste Einführung in die Problematik. Eine Konkretisierung werden die folgenden Abschnitte der Untersuchung (§§ 5, 8) liefern.

1. Höchstgehalt der Vereinsautonomie

Bei der Bestimmung des Höchstgehalts der Vereinsautonomie lassen sich verfassungsrechtliche und einfachgesetzliche Grenzen unterschieden.

a) Verfassungsrechtliche Grenzen

Auf verfassungsrechtlicher Ebene ergeben sich ausdrückliche Schranken der Vereinigungsfreiheit aus Art. 9 Abs. 2 GG. Für die vorliegende Untersuchung sind diese Schranken jedoch ohne Relevanz. Grenzen der Vereinigungsfreiheit könnten sich auch aus der sog. Schrankentrias des Art. 2 Abs. 1 GG oder der Vorbehaltsklausel des Art. 5 Abs. 2 GG

---

42 So die Terminologie bei *Vieweg*, Normsetzung, S. 166 ff.

43 *Soergel-Hadding*, vor § 21 BGB Rdnr. 79.

(Vorbehalt des allgemeinen Gesetzes) ergeben. Nach überwiegender Auffassung[44] sind die dort genannten Schranken aber nicht auf andere Grundrechte und damit auch nicht auf die Vereinigungsfreiheit anwendbar. Gegen eine Übertragung sprechen bereits systematische Argumente, denn Art. 2 Abs.1 GG ist subsidiär zu den spezielleren Einzelfreiheitsrechten.

Weitere Grenzen der Vereinigungsfreiheit lassen sich aus allgemeinen verfassungsrechtlichen Prinzipien herleiten. Hier ist insbesondere an die grundrechtsimmanenten Schranken zu denken. Grundrechtsimmanente Schranken ergeben sich aus kollidierenden Grundrechten Dritter und anderen mit Verfassungsrang ausgestatteten Rechtswerten. Wenn diesen Rechtsgütern im konkreten Einzelfall das höhere Gewicht zukommt, können sie mit Rücksicht auf die Einheit der Verfassung und die von ihr geschützte Wertordnung andere Grundrechte begrenzen.[45] Dementsprechend findet die Vereinigungsfreiheit ihre Grenze dort, wo ihre Ausübung die Grundrechte anderer verletzt.[46] Anhaltspunkte zur Konkretisierung der grundrechtsimmanenten Schranken lassen sich aus dem bereits genannten Mitbestimmungsurteil des Bundesverfassungsgerichts gewinnen. Dort heißt es: „Die Vereinigungsfreiheit ist in mehr oder minder großem Umfang auf Regelungen angewiesen, welche die freien Zusammenschlüsse und ihr Leben in die allgemeine Rechtsordnung einfügen, die Sicherheit des Rechtsverkehrs gewährleisten, die Rechte der Mitglieder sichern und den schutzbedürftigen Belangen Dritter oder auch öffentlichen Interessen Rechnung tragen".[47]

Auch wenn das Bundesverfassungsgericht diese Regelungen als Ausgestaltung des Inhalts und nicht als Schranken der Vereinsautonomie versteht (sog. Ausgestaltungsvorbehalt), lassen sich aus den Ausführungen Kriterien entnehmen, die für die Bestimmung des Umfangs der Vereinsautonomie von Bedeutung sind. Insbesondere die genannten „Rechte der Mitglieder" und „schutzbedürftigen Belange Dritter" weisen auf die grundrechtsimmanenten Schranken der Vereinsautonomie hin.

Umstritten ist in diesem Zusammenhang, ob sich der Verein auch im Verhältnis zu seinen Mitgliedern auf Art. 9 Abs. 1 GG berufen kann, ob mit anderen Worten die Autonomie des Vereins ihrerseits eine Schranke für die Grundrechte der Mitglieder darstellt. Dies wird zum Teil mit dem Argument verneint, daß die kollektive Vereinigungsfreiheit aus Art. 9 Abs. 1 GG nur die individuelle Vereinigungsfreiheit selbst stärken solle, so daß die Vereinigung in Entstehung und Fortbestand von der freiheitlichen Grundrechtsausübung ihrer Mitglieder abhängig sei. Sei das kollektive Grundrecht jedoch individualschutzorientiert und aus der Effektivierung des Individualschutzes allein gerechtfertigt, müsse es in dieser Legitimation auch seine Grenze finden.[48] Die kollektive Vereinigungsfreiheit könne folglich nicht herangezogen werden, um die Grundrechte der Mitglieder zu beschränken. Ähnliche Bedenken äußert *v. Look*, der befürchtet, die Wertentscheidung und Wertordnung des Grundgesetzes, das den Freiheitsbereich des Einzelnen durch die Zulassung kollektiver Rechtsausübung erweitern wollte, würden in ihr Gegenteil verkehrt, wenn man aus Art. 9 Abs. 1 GG eine Form der Autonomie herleitet, kraft derer die einzelnen Mit-

---

[44] *Scholz* in *Maunz/Dürig*, Art. 9 GG Rdnr. 114; *Vieweg*, Normsetzung, S. 176; vgl. auch BVerfGE 30, 173, 192 (zu Art. 5 Abs. 3 GG); 32, 98, 107 (zu Art. 4 GG).

[45] BVerfGE 28, 242, 261 ff.

[46] V. *Münch-Löwer*, Art. 9 GG Rdnr. 33.

[47] BVerfGE 50, 290, 354 = NJW 1979, 669 ff.

[48] *Jötten*, S. 320.

glieder nunmehr einer Fremdbestimmung durch das übergeordnete Kollektiv unterworfen sind.[49]

Diese Argumentation überzeugt nicht. Zuzustimmen ist zwar dem Gedanken, daß die Institutionsgarantie des Art. 9 Abs. 1 GG dem Verein keine Vorrangstellung gegenüber seinen Mitgliedern einräumt. Es wäre daher nicht gerechtfertigt, das Verhältnis zwischen Verein und Mitglied als ein Über-Unterordnungsverhältnis zu qualifizieren. Vielmehr ist davon auszugehen, daß sich Verein und Mitglied auf der Ebene der Gleichordnung begegnen. Allerdings erscheint es bedenklich, unter Hinweis auf den „Effektivierungsgedanken", dem Verein gegenüber seinen Mitgliedern jeglichen Grundrechtsschutz zu versagen. Auch der Verein kann sich in einer schutzwürdigen Position befinden, die gegenüber den Grundrechten der Mitglieder abgewogen werden muß. Dies wird deutlich, wenn man sich die typische Konstellation eines Konfliktes zwischen Verein und Mitglied vor Augen führt. In einem solchen Fall schützt die Institutionsgarantie die Grundrechtsausübung der Mehrheit, die den Willen des Vereins bildet. Man würde die Grundrechtsausübung durch die Mehrheit ignorieren, wenn die Institutionsgarantie keine Geltung gegenüber den Mitgliedern beanspruchen könnte. Dementsprechend stellt es keine Verkehrung der Werte dar, wenn die Grundrechte des einzelnen Mitglieds in diesem Fall nicht schrankenlos bestehen, sondern gegenüber der institutionell garantierten Vereinigungsfreiheit (als zusammengefaßte Grundrechtsausübung der Mehrheit) abgewogen werden müssen. Dem Verein muß daher gegenüber seinen Mitgliedern Grundrechtssubjektivität zuerkannt werden.[50] Hervorgehoben sei jedoch, daß damit noch keine Aussage über den etwaigen Vorrang der einen oder der anderen Position getroffen ist.[51]

Einen weiteren Ansatz zur Bestimmung der verfassungsrechtlichen Schranken der Vereinsautonomie hat *Vieweg* herausgearbeitet. Er leitet eine verfassungsrechtliche Maximalgrenze der Vereinsautonomie aus einer „allgemeinen Justizgewährungspflicht"[52] her. Ausgangspunkt seiner Überlegungen ist die These, daß es sich bei der Vereinsautonomie um eine vom Staat abgeleitete Kompetenz zur Normsetzung und Normanwendung in eigenen Angelegenheiten handele,[53] die einer ausdrücklichen Legitimation bedürfe[54]. Die geforderte Legitimation sieht *Vieweg* in den Grundrechten, insbesondere in Art. 9 Abs. 1 und 3 und Art. 2 Abs. 1 GG. Die Grundrechte seien insoweit nicht nur Abwehrrechte gegen den Staat, sondern begründeten gleichzeitig eine staatliche Befugnis, private Normsetzung und -anwendung zuzulassen. Leite sich die Befugnis des Staats, private Normsetzung und -anwendung zuzulassen, aus den Grundrechten ab, so folge daraus, daß der den Privaten

---

49 *V. Look*, S. 70.

50 Im Ergebnis ebenso *Vieweg*, Normsetzung, S. 192; *Baecker*, S. 59; *Reemann*, S. 204 f; OLG Frankfurt a.M., WRP 1985, 500, 503: „Der Vereinsautonomie des Klägers (Verein) steht die Vereinsautonomie des Beklagten (Verband) gegenüber; a.A. *Jötten*, S. 325.

51 A.A. *Reemann*, S. 205, der davon ausgeht, daß die Abwägung in der Regel zugunsten des Vereins ausfällt.

52 *Vieweg*, Normsetzung, S. 169.

53 *Vieweg*, Normsetzung, S. 149; ebenso *Lukes*, in: FS für Westermann, S. 325, 327.

54 *Vieweg*, Normsetzung, S. 144, unter Verweis auf *Kirchhof*, S. 506 f. Zum einen mindere der Staat seine eigene Stellung als Träger der Rechtsordnung und Inhaber der Geltungsgewalt und gefährde damit seine Souveränität, wenn er privater Normsetzung und -anwendung rechtliche Wirkung zukommen lasse. Zum anderen überschreite der Staat seine demokratische Legitimationsbasis, wenn er private Normsetzung und -anwendung zulasse, denn diese stelle eine allenfalls mitgliedschaftliche, aber nicht demokratisch legitimierte soziale Macht dar.

gewährte grundrechtlich geschützte Freiheitsbereich für den Umfang der Befugnis maßgeblich sei.[55] Da die grundrechtlich verbürgten Rechtspositionen jedoch nicht ohne Schranken bestünden, sei der Gesetzgeber verpflichtet, die jeweils verschiedenen Grundrechtspositionen gegeneinander abgrenzen. Daraus ergebe sich wiederum, daß der Staat die private Rechtsetzung nicht vorbehaltslos gewähren dürfe. Vielmehr stehe die Vereinsautonomie insoweit unter dem Vorbehalt weiterer Konkretisierung durch staatliche Gesetzgebung und Rechtsprechung.[56]

Wenn und soweit der Staat aber zur Konkretisierung der Vereinsautonomie verpflichtet sei, müsse er diese Grenzen auch überwachen. Der generelle staatliche Konkretisierungsvorbehalt sei somit durch einen Kontroll- und Korrekturvorbehalt zu ergänzen. Grundlage eines solchen Kontroll- und Korrekturvorbehaltes sei eine – aus dem Rechtsstaatsprinzip abgeleitete – „allgemeine staatliche Justizgewährungspflicht".[57] Die Justizgewährungspflicht verbiete es dem sozialen Rechtsstaat, seine Bürger in einen von ihm nicht kontrollierten Raum zu verstoßen. Die Justizgewährungspflicht bestehe jedoch nicht unbeschränkt. Ihr Umfang bestimme sich nach ihrer Funktion, das materielle Recht durchzusetzen. Hierbei sei maßgebend, daß der Staat die grundrechtlich geschützten Positionen abgrenzen müsse, um so den Grundrechten zu größtmöglicher Effektivität zu verhelfen. Im Rahmen seiner Justizgewährungspflicht obliege es daher dem Staat, gerichtlichen Rechtsschutz zur Verfügung zu stellen, um sog. „Grundrechtsfehlabgrenzungen"[58] zu korrigieren. Schließlich folgert *Vieweg* aus dem Subsidiaritätsprinzip die Pflicht des Staates, den Vereinen zunächst eine „Chance zur endgültigen Selbstregulierung"[59] zu gewähren. Erst wenn die Vereine diese Chance vergeben haben, sei der Staat legitimiert, von seinem Konkretisierungs-, Kontroll- und Korrekturvorbehalt Gebrauch zu machen. Die Vereine hätten ihre Chance vertan, wenn die Normsetzung und -anwendung seitens der Vereine zu einer Gefährdung grundrechtlich geschützter Positionen (i.S. einer möglichen Fehlabgrenzung) führe.[60]

Bereits der Ausgangspunkt der Argumentation von *Vieweg* wird nicht geteilt. Die Vereinsautonomie als besonderer Teilbereich der Privatautonomie ist keine „vom Staat abgeleitete Kompetenz". Sie hat ihre Wurzel vielmehr in der Privatautonomie. Ebenso wie dem Individuum die Privatautonomie auch ohne eine ausdrückliche gesetzliche Regelung zukommt, steht den Vereinen die Vereinsautonomie originär zu. Die gesetzliche Verankerung der Vereinsautonomie in Art. 9 GG ist daher eine deklaratorische Anerkennung vorgegebener Autonomie.

Darüber hinaus erscheint es problematisch, allein aus der Pflicht des Staates, die von ihm vorgenommene Konkretisierung der Grundrechte zu überwachen, eine allgemeine Justizgewährungspflicht herzuleiten. Vielmehr gibt es im Rahmen der Privatautonomie Bereiche, die einer gerichtlichen Kontrolle entzogen sind. Man denke hier nur an die Angemessenheit von Austauschverträgen. Privatautonomie bedeutet gerade, daß die Rechtsordnung in bestimmten Bereichen keine eigenen zwingenden Regelungen vorgibt, sondern statt dessen private Vereinbarungen und Entscheidungen gelten läßt. Nun fordert zwar

---

55 *Vieweg*, Normsetzung, S. 147.
56 *Vieweg*, Normsetzung, S. 160.
57 *Vieweg*, Normsetzung, S. 162.
58 *Vieweg*, Normsetzung, S. 170.
59 *Vieweg*, Normsetzung, S. 182.
60 *Vieweg*, Normsetzung, S. 195.

auch *Vieweg* keine umfassende staatliche Kontrolle. Vielmehr beschränkt er die aufgrund staatlicher Justizgewährungspflicht für notwendig befundene gerichtliche Nachprüfung auf die Ermittlung etwaiger „Grundrechtsfehlabgrenzungen“. Dagegen läßt jedoch sich einwenden, daß im Rahmen der Privatautonomie „Fehlabgrenzungen“ grundrechtlich geschützter Positionen durchaus zulässig sind.[61] Befürwortet man dennoch die Sanktion von Grundrechtsfehlabgrenzungen durch die Gerichte, so ist der inhaltliche Unterschied zu einer unmittelbaren Drittwirkung der Grundrechte nicht recht ersichtlich.[62]

Insgesamt bleibt es daher auf verfasssungsrechtlicher Ebene bei der Begrenzung der Vereinsautonomie durch die grundrechtsimmanenten Schranken.

b) *Einfachgesetzliche Grenzen*

Einfachgesetzliche Grenzen der Vereinsautonomie ergeben sich zunächst aus den zwingenden Vorschriften des Vereinsrechts des Bürgerlichen Gesetzbuchs. Das Vereinsrecht ist jedoch in nur wenigen und zudem weitgehend dispositiven Vorschriften geregelt. Zwingende Vorschriften gibt es nur wenige. Sie betreffen entweder das Außenverhältnis des Vereins, wie die Vertretungsmacht und die Außenhaftung (§§ 26, 28 Abs. 2, 29 bis 31 BGB) oder die Ausgestaltung der Satzung (§§ 27 Abs. 2, 39 und 41 BGB). Nach letzteren Vorschriften ist das Recht, den Vorstand aus wichtigem Grund abzuberufen, ebensowenig abdingbar wie das Austrittsrecht der Mitglieder und das Recht, den Verein aufzulösen. Von diesen Grenzen abgesehen genießen die Vereinsmitglieder weitgehende Freiheit bei der Gestaltung des Vereinslebens. Zu berücksichtigen bleibt jedoch, daß die Vereinsautonomie ein Teilbereich der Privatautonomie ist.[63] Infolgedessen lassen sich weitere Schranken der Vereinsautonomie aus den allgemeinen Grenzen der Privatautonomie herleiten. Von weiterführendem Interesse sind hier die Vorschriften der §§ 134, 138 und 242 BGB.

Satzungsregelungen oder andere Vereinsmaßnahmen sind vom Umfang der Vereinsautonomie nicht mehr gedeckt und damit unwirksam, wenn sie gegen ein gesetzliches Verbot (§ 134 BGB) oder gegen die guten Sitten (§ 138 BGB) verstoßen. Ein sittenwidriger Eingriff in die Rechte der Mitglieder wird beispielsweise von der Rechtsprechung angenom-

---

[61] Müko-*Reuter*, vor § 21 BGB Rdnr. 93, der zu Recht die Existenz einer allgemeinen Justizgewährungspflicht leugnet.

[62] Die ganz herrschende Meinung lehnt eine unmittelbare Drittwirkung der Grundrechte ab und spricht sich für eine mittelbare Drittwirkung der Grundrechte aus: BVerfGE 7, 198, 206; 60, 234, 239; 61, 1, 6; 62, 230, 242; 63, 181, 184; 66 116, 135; BVerfG, JZ 1990, 691, 692; JZ 1994, 408, 409; BGHZ 26, 217, 223; *Dürig* in *Maunz/Dürig*, Art. 1 GG Rdnr. 132; *Erichsen*, Verfassungsgerichtsbarkeit, S. 44 ff; *v. Münch*, Art. 1-19 GG Vorb. 31; *Hesse*, Verfassungsrecht, Rdnr. 351 ff; *Canaris*, JuS 1989, 161, 163; *Vieweg*, Normsetzung, S. 191; *Baecker*, S. 58 f. A.A.: BGHZ 33, 145, 150; 38, 317, 319; *Enneccerus/Nipperdey*, Allg. Teil, § 15; *Leisner*, Grundrechte und Privatrecht, S. 403; *Schwabe*, S. 157; *Bleckmann*, DVBL 1988, 938 ff; *Beitzke*, RdA 1953, 281.

[63] BayObLGZ 1977, 6, 9; *Flume*, in: FS für Bötticher, S. 101 ff; *Coing*, in: FS für Flume Band I, S. 429, 430; *Soergel-Hadding*, vor § 21 BGB Rdnr. 79; *ders.*, in: FS für Fischer, S. 165, 188 ff; *Staudinger-Weick*, Vorbem. § 21 BGB Rdnr. 38; RGRK-*Steffen*, vor § 21 BGB Rdnr. 32; *Enneccerus/Nipperdey*, Allg. Teil, § 108 II; *Wiedemann*, Gesellschaftsrecht Band I, § 1 I 1; *Schlosser*, S. 100; *Habscheid*, S. 158, 159; *Leßmann*, S. 207; *Lutter*, AcP 180 (1980), 84, 94; *Nicklisch*, S. 24; *Lukes*, in: FS für Westermann, S. 325, 329; *Säcker*, S. 12; *Baecker*, S. 25; *Beuthien*, ZGR 1989, 255, 257; *Reemann*, S. 116; *v. Look*, S. 70; *Vieweg*, Normsetzung, S. 151 Fn. 36.

men, wenn die Satzung für Vereinsstreitigkeiten einen völligen Ausschluß des Rechtswegs vorsieht.[64]

Neben den Grenzen, die sich aus §§ 134 und 138 BGB ergeben, kann auch die an § 242 BGB geknüpfte Inhaltskontrolle von Vereinssatzungen[65] zu einer Einschränkung der Vereinsautonomie führen. Eine Inhaltskontrolle ist nach überwiegender Meinung jedenfalls bei den Vereinen zulässig, die eine Monopolstellung oder zumindest eine überragende Machtstellung in einem wirtschaftlichen oder sozialen Bereich innehaben. Neben der Satzung werden bei diesen Vereinen auch andere Maßnahmen, wie etwa die Verweigerung der Aufnahme eines Mitglieds[66] oder der Ausschluß eines Mitglieds[67], einer Angemessenheitskontrolle durch die Gerichte unterzogen.

Eine weitere Grenze der Vereinsautonomie ergibt sich schließlich aus § 25 BGB. Diese Vorschrift ist nicht nur rechtlicher Anknüpfungspunkt der Vereinsautonomie.[68] Sie legt darüber hinaus auch eine Grenze der Vereinsautonomie fest, indem sie vorschreibt, daß Regelungen, die materiell die Verfassung des Vereins bilden, nur wirksam in der Satzung geregelt werden können (sog. Satzungsvorbehalt).[69] Die Gestaltungsfreiheit des Vereins ist folglich insoweit eingeschränkt, als die betreffende Regelung nicht in einer Vereinsordnung oder einer anderen, der Satzung nachrangigen, rechtlichen Grundlage getroffen werden darf.

2. Mindestgehalt der Vereinsautonomie

Nach der Festlegung des Höchstgehalts der Vereinsautonomie soll nun der Mindestgehalt der Vereinsautonomie mit dem Ziel bestimmt werden, einen rechtlich garantierten Kernbereich der Vereinsautonomie herauszuarbeiten. Der Kernbereich legt fest, wieviel an Selbstbestimmung einem Verein mindestens verbleiben muß. Auch bei der Konkretisierung des Mindestgehalts der Vereinsautonomie erscheint eine Differenzierung zwischen verfassungsrechlichen und einfachgesetzlichen Grenzen dienlich.

a) Verfassungsrechtliche Grenzen

Positivrechtlicher Anknüpfungspunkt auf Verfassungsebene für die Bestimmung des Kernbereichs der Vereinsautonomie ist die Wesensgehaltsgarantie des Art. 19 Abs. 2 GG. Damit ist jedoch noch nicht viel gewonnen, denn der unantastbare Wesensgehalt eines Grundrechts läßt sich nur schwer bestimmen.[70] Einen Anhaltspunkte zur Konkretisierung des Kernbereichs liefert erneut das Mitbestimmungsurteil des Bundesverfassungsgerichts.[71] Das Gericht hat ausgeführt, der Gesetzgeber dürfe die Ausgestaltung der Vereinigungsfreiheit

---

64 OLG Celle, WM 1988, 495 m. Anm. *Grunewald* = WuB II L. § 38 BGB 2.88 (*v. Look*).
65 Zur Inhaltskontrolle von Vereinssatzungen siehe unten § 11.
66 Vgl. Fn. 39.
67 Vgl. Fn. 40.
68 Siehe dazu oben § 4 I 2.
69 BGHZ 47, 172, 177; zum Satzungsvorbehalt siehe unten § 8 III 3.
70 *Maunz* in *Maunz/Dürig* Art. 19 Abs. 2 GG Rdnr. 1 ff; *v. Münch-Krebs*, Art. 19 GG Rdnr. 22; *Hesse*, Verfassungsrecht, Rdnr. 332.
71 BVerfGE 50, 299 ff = NJW 1979, 699 ff.

nicht nach Belieben vornehmen, sondern habe sich hierbei an dem Schutzgut des Art. 9 Abs. 1 GG zu orientieren. Die Ausgestaltung müsse auf einen Ausgleich gerichtet sein, der geeignet sei, die Selbstbestimmung des Vereins unter Berücksichtigung der Notwendigkeiten eines geordneten Vereinslebens und der schutzbedürftigen sonstigen Belange zu ermöglichen und zu erhalten. Der Mindestgehalt der Vereinsautonomie sei insbesondere dann nicht mehr gewährleistet, wenn durch die Einflußnahme außenstehender Dritter die organisatorische Funktionsfähigkeit der Vereine oder deren Selbstbestimmung im Hinblick auf die Satzungsgebung oder Selbstverwaltung aufgehoben werde. Im Hinblick auf die Selbstbestimmung betont das Bundesverfassungsgericht weiter, daß nicht jegliche Fremdbestimmung einen unzulässigen Eingriff in die Autonomie eines Vereins darstelle. In dem konkreten Fall entschied das Gericht, daß Art. 9 Abs. 1 GG den Gesetzgeber nicht verpflichte, bei der Ausgestaltung des Rechts der Kapitalgesellschaften jegliche Fremdbestimmung bei der Organbestellung und Willensbildung der Gesellschaften auszuschließen. Vielmehr sei ein gewisses Maß an Fremdbestimmung in Kauf zu nehmen, sofern die gesetzlichen Regelungen nicht sachfremd seien und im Interesse schutzwürdiger Belange ergingen.[72]

b) *Einfachgesetzliche Grenzen*

Aus dem Wortlaut der wenigen zwingenden Vorschriften des Vereinsrechts des Bürgerlichen Gesetzbuchs lassen sich Grenzen für den Einfluß außenstehender Dritter nicht ermitteln. Vielmehr ist die Binnenstruktur des Vereins und damit die Art und Weise der innerorganisatorischen Willensbildung weitgehend zur Disposition der Mitglieder gestellt (vgl. § 40 BGB). So ist beispielsweise auch die in § 32 Abs. 1 Satz 1 BGB vorgesehene Zuständigkeit der Mitgliederversammlung für alle Angelegenheiten des Vereins dispositiv. Die Satzung kann also eine andere Zuständigkeit begründen. Dennoch besteht in Rechtsprechung[73] und Literatur[74] Einigkeit darüber, daß der Dritteinfluß auf einen Verein gewissen Schranken unterliegt. Diese sind erreicht, wenn die Mitglieder das Schicksal des Vereins völlig in fremde Hände legen. Das wiederum ist der Fall, wenn dem Verein keine eigene Bedeutung mehr zukommt, weil keine genügende Selbständigkeit zur eigenen Willensbildung und gemeinsamen Zweckverfolgung der Mitglieder mehr vorhanden ist, er vielmehr nur noch ein rechtlich verselbständigtes Sondervermögen des Dritten darstellt.[75]

---

[72] BVerfGE 50, 290, 360 ff = NJW 1979, 699 ff.

[73] BVerfGE 83, 341, 360 = NJW 1991, 2625 ff; KG OLGZ 1974, 385, 387 = Rpfleger 1974, 394 ff; BayObLGZ 1975, 435, 440; BayObLG, NJW 1980, 1756, 1757= Bay ObLGZ 1979, 303 ff; OLG Frankfurt a. M., NJW 1983, 2576; OLG Stuttgart, NJW-RR 1986, 995, 996; OLG Köln, NJW 1992, 1048; LG Hildesheim, NJW 1965, 2400; LG Siegen, Rpfleger 1964, 267; LG Krefeld, Rpfleger 1968, 17; LG Aachen, DVBl 1976, 914, 915; LG Bremen, Rpfleger 1989, 202; LG Schweinfurt, KirchenE 1987, 189.

[74] *Bondi*, in: FS für Liebmann, S. 278, 283 „willenloses Werkzeug in den Händen Dritter Personen"; *Dütz*, in: FS für Herschel, S. 55, 57; *Wiedemann*, in: FS für Schilling, S. 105, 111; *Priester*, in: FS für Werner, S. 657, 663; *v. Look* in *Reichert/v. Look*, Rdnr. 418 a; *Sauter/Schweyer*, Rdnr. 39 a; *Stöber*, Rdnr. 30; *Soergel-Hadding*, vor § 21 BGB Rdnr. 79; RGRK-*Steffen*, vor § 21 BGB Rdnr. 25; PHB SportR-Summerer 2/4; *Schaible* S. 34.

[75] So oder ähnlich die in Fn. 73 u. 74 Genannten.

Das Bundesverfassungsgericht hat im Bahà'i-Beschluß den Standpunkt der zivilrechtlichen Rechtsprechung wie folgt beschrieben: „In der Rechtsprechung wird hervorgehoben, daß diese Autonomie auch in der Weise ausgeübt werden kann, daß das Selbstverwaltungsrecht des Vereins satzungsgemäß beschränkt wird.....[76] ... Die Grenze ist erst dort erreicht, wo die Selbstbestimmung und Selbstverwaltung des Vereins nicht nur in bestimmten Hinsichten, wie sie sich aus der religionsrechtlich vorausgesetzten hierarchischen Einordnung ergeben, sondern darüber hinaus in weitem Umfang ausgeschlossen werden; der Verein würde dann nicht mehr vornehmlich vom Willen der Mitglieder getragen, sondern zur bloßen Verwaltungsstelle oder einem bloßen Sondervermögen eines anderen."[77]

Die Grenzen des Dritteinflusses werden in Rechtsprechung und Literatur also weitgehend mit gleichen Worten beschrieben. Doch bürgen die nahezu übereinstimmenden Formulierungen nicht für eine Übereinstimmung in der Sache. Hinter der vordergründig einheitlichen Sichtweise verbergen sich bei näherer Betrachtung sehr unterschiedliche Auffassungen im Hinblick darauf, mit Hilfe welcher dogmatischen Grundlage sich der Mindestgehalt der Vereinsautonomie konkretisieren läßt und wo die Grenzen im Einzelfall verlaufen. Diese Fragen sollen der folgenden Untersuchung vorbehalten bleiben.[78]

IV. Zusammenfassung und Ausblick auf den Fortgang der Untersuchung

Die Vereinsautonomie hat eine verfassungsrechtliche Grundlage in Art. 9 Abs. 1 GG. Im einfachgesetzlichen Recht wird die Vereinsautonomie nicht ausdrücklich erwähnt, doch hat der Gesetzgeber sie als selbstverständlich vorausgesetzt. Andernfalls wären die rechtsgeschäftlichen Handlungsformen, die den Vereinsmitgliedern zur Verfügung stehen – wie die Satzungsgestaltung (§ 25 BGB) und die Beschlußfassung (§ 32 Abs. 1 Satz 1) -, nicht erklärlich.

Zum Inhalt der Vereinsautonomie gehört zum einen das Recht des Einzelnen, einen Verein zu gründen, einem bestehenden Verein beizutreten oder die Mitgliedschaft zu beenden. Zum anderen gewährt die Vereinsautonomie dem Verein selbst die Möglichkeit, als Rechtssubjekt am Rechtsverkehr teilzunehmen. Daneben steht dem Verein die Freiheit zu, seine internen Angelegenheiten durch Aufstellen einer Satzung und durch Vollzug derselben eigenständig zu regeln.

Die Ausübung der Vereinsautonomie unterliegt jedoch gewissen Maximal- und Minimalgrenzen. Auf verfassungsrechtlicher Ebene werden diese Grenzen durch die grundrechtsimmanenten Schranken und die Wesensgehaltsgarantie des Art. 19 Abs. 2 GG gezogen. Auf einfachgesetzlicher Ebene lassen sich die Grenzen der Vereinsautonomie aus den allgemeinen Schranken der Privatautonomie herleiten, insbesondere aus den §§ 134, 138 BGB und 242 BGB. Daneben folgt aus dem in § 25 BGB verankerten Satzungsvorbehalt eine weitere Schranke der Vereinsautonomie.

---

[76] BVerfGE 83, 341, 359 = NJW 1991, 2623 ff.

[77] BVerfGE 83, 341, 360 = NJW 1991, 2623 ff, bezugnehmend auf KG, OLGZ 1974, 385, 390; BayObLGZ 1979, 303, 308 ff.

[78] Zu den dogmatischen Grundlagen siehe unten § 5 II; zu den konkreten Grenzen der Vereinsautonomie siehe unten § 8.

Ein besonderes Spannungsverhältnis zwischen Inhalt und Grenzen der Vereinsautonomie ergibt sich bei der Frage, inwieweit die Mitglieder eines Vereins die Entscheidungen über die Vereinsangelegenheiten auf außenstehende Dritte übertragen können. Die Vereinsautonomie läßt hier „zwei nicht notwendig parallel laufende Tendenzen“[79] erkennen. Zum einen umfaßt die Vereinsautonomie die Freiheit der Vereinsmitglieder, bei der Bildung und organisatorischen Gestaltung des Vereins, den Inhalt der Satzung frei zu bestimmen. Dementsprechend gehört zur Vereinsautonomie auch die Möglichkeit der Mitglieder, Dritten Einfluß auf die Organisation und die Verwaltung des Vereins einzuräumen. Zum anderen kann aber von Vereinsautonomie nur gesprochen werden, wenn den Mitgliedern ein Mindestmaß an Selbstbestimmung verbleibt. Die Vereinsautonomie muß den Verein und seine Mitglieder vor einer völligen Entäußerung der eigenen Willensbestimmung bewahren. Es bedeutet daher einerseits eine Beschneidung der Vereinsautonomie, wenn Regelungen, die einen Dritteinfluß begründen sollen, für unzulässig erklärt werden.[80] Andererseits ist diese Beschränkung der Vereinsautonomie aber notwendig, um ihren Mindestgehalt zu wahren. Die Problematik, die sich aus diesem Spannungsverhältnis ergibt, liegt auf der Hand. Für diese Untersuchung folgt aus ihr die Notwendigkeit, zwischen zulässiger Ausübung von Vereinsautonomie und unzulässiger Einräumung von Fremdbestimmung abzugrenzen.

Besonderheiten weisen in diesem Zusammenhang die Rechtsverhältnisse in einem Dachverband auf. Der Dachverband kann sich – als Verein des Bürgerlichen Rechts – auf die Vereinsautonomie berufen. Ihm steht also das Recht zu, frei über den Inhalt seiner Satzung und über das Verhältnis zu seinen Mitgliedern zu entscheiden. Die Gestaltungsfreiheit des Dachverbands unterliegt jedoch einer besonderen Schranke, da es sich bei den Mitgliedern des Dachverbands nicht um natürliche Personen, sondern ebenfalls um Vereine handelt. Dementsprechend wird der Höchstgehalt der Vereinsautonomie des Dachverbands durch den Mindestgehalt der Vereinsautonomie des Mitgliedsvereins begrenzt. Es handelt sich um eine Schranke, die bei einem Verein, der nur natürliche Personen als Mitglieder hat, nicht existiert. Auf verfassungsrechtlicher Ebene läßt sich dieses Spannungsverhältnis mit einer Abwägung der Grundrechtspositionen beider Vereine lösen.[81] Welche Konsequenzen sich auf einfachgesetzlicher Ebene für das Verhältnis der Vereinsautonomie des Mitgliedsvereins zu der Vereinsautonomie des Dachverbands ergeben, wird ausführlich zu untersuchen sein.[82]

---

[79] BVerfGE 83, 341, 359 = NJW 1992, 2623 ff.

[80] BVerfGE 83, 341, 359 = NJW 1992, 2623 ff; KG, OLGZ 1974, 385, 387 = Rpfleger 1974, 394 ff; *Dütz*, in: FS für Herschel, S. 55, 73.

[81] OLG Frankfurt a. M., WRP 1985, 500, 503.

[82] Siehe dazu unten § 8.

§ 5 Mindestgehalt der Vereinsautonomie

I. Allgemeine Erwägungen

1. Spannungsverhältnis zwischen Gestaltungsfreiheit und notwendiger Selbstbestimmung

Wirft man die Frage auf, ob und inwieweit die Gestaltungsfreiheit der Mitglieder bei der organisatorischen Ausgestaltung des Vereins Grenzen unterliegt, so sind Maximalgrenzen, die das höchst zulässige Maß an Vereinsautonomie aufweisen und Minimalgrenzen, die den Mindestgehalt der Vereinsautonomie bestimmen, zu unterscheiden.[83] Diese beiden Eckpfeiler der Vereinsautonomie stehen insoweit in einem Spannungsverhältnis, als die Festlegung eines unabdingbaren Mindestgehalts der Vereinsautonomie letztlich die Vereinsautonomie – verstanden als Recht zur freien Gestaltung der Vereinssatzung – einschränkt. Es bedeutet gerade die Ausübung von Gestaltungsfreiheit, wenn die Vereinsmitglieder ihre Zuständigkeitenordnung in der Satzung selbst regeln und sich in diesem Zusammenhang dazu entschließen, einen außenstehenden Dritten an der internen Willensbildung zu beteiligen, indem sie ihm statutarische Mitwirkungsrechte einräumen. Wird nun eine solche, den Dritteinfluß vermittelnde Satzungsregelung verboten, weil sie den Mindestgehalt der Vereinsautonomie beeinträchtigt, wird gleichzeitig die Vereinsautonomie beschnitten.[84]

Damit ist die Frage aufgeworfen, ob und wie sich eine solche Beschneidung der Vereinsautonomie dogmatisch rechtfertigen läßt (dazu unten II) und wo die konkreten Grenzen der Vereinsautonomie verlaufen. Diese Grenze trennt die zulässige Ausübung von Vereinsautonomie von der unzulässigen Einräumung von Fremdbestimmung, wenn es darum geht, außenstehenden Dritten in der Satzung das Recht zur Mitwirkung bei der Willensbildung im Verein einzuräumen (dazu unten § 8).

Zur begrifflichen Klärung sei angemerkt: Wenn in der folgenden Untersuchung von „Vereinsautonomie" die Rede ist, so ist damit nicht der gesamte Inhalt der Vereinsautonomie gemeint, sondern nur der Mindestgehalt der Vereinsautonomie. Unter die so verstandene Vereinsautonomie fällt also nur die körperschaftliche Selbstbestimmung im Sinne einer Freiheit von Fremdbestimmung (auch als Vereinssouveränität[85] bezeichnet). Ist im Einzelfall die Vereinsautonomie, verstanden als Gestaltungsfreiheit der Mitglieder gemeint, so wird dies kenntlich gemacht.

---

83 Siehe dazu oben § 4 III.

84 BVerfG 83, 341, 359 = NJW 1991, 2623 ff.

85 So auch die Terminologie bei *Flume*, Allg. Teil Band I/2, § 7 I 3; *Schockenhoff*, AcP 193 (1993), 35 ff; *Priester*, in: FS für Werner, S. 657, 659, spricht von Satzungsautonomie. Überwiegend ist vom „Grundsatz der Verbandssouveränität" die Rede (*K. Schmidt*, Gesellschaftsrecht, § 5 I 3; *Wiedemann*, in: FS für Schilling, S. 105; *Teubner*, ZGR 1986, 565 ff; *Voormann*, S. 111; *Hommelhoff/Priester*, ZGR 1986, 463, 499; *Herfs*, S. 53).

2. Anlaß der Untersuchung

Der Grundsatz der Vereinsautonomie wird – meist ohne nähere Begründung – als ein grundlegendes Prinzip des privaten Organisationsrechts verstanden,[86] das in allen Rechtsformen Geltung beanspruchen kann. Wenn dennoch nach einer Rechtfertigung und damit nach einer dogmatischen Grundlage für die Vereinsautonomie gefragt wird, so geschieht dies zum einen um der Klarheit im Ausgangspunkt willen. Zum anderen können im Einzelfall aus den dogmatischen Grundlagen Folgerungen für die Konkretisierung der Grenzen der Vereinsautonomie hergeleitet werden. Schließlich scheint es auch deshalb erforderlich, ein besonderes Augenmerk auf die dogmatischen Grundlagen der Vereinsautonomie zu richten, weil neuere Stimmen in der Literatur Zweifel an der allgemeinen Geltung der Vereinsautonomie hegen. So wird die Ansicht vertreten, die Vereinsautonomie sei nicht geeignet, den Dritteinfluß in einem Verein zu beschränken. Vielmehr unterlägen die Mitglieder bei der Gestaltung ihrer Satzung keinerlei Grenzen, wenn es darum gehe, Außenstehende an der Willensbildung zu beteiligen. Der Verein könne sich seines Selbstbestimmungsrechts völlig begeben und die Mitgliederversammlung alle Rechte auf Vereinsfremde übertragen.[87] Dieses Ergebnis werde auch durch die Praxis bestätigt. Zwar proklamierten Literatur und Rechtsprechung das Gebot der Vereinsautonomie, aber dies geschehe „nur auf dem Papier". In der Sache hätten die Gerichte mit zunehmender Gefolgschaft in der Literatur diesen Grundsatz demontiert und die völlige Abhängigkeit eines Vereins von einem Vereinsfremden gebilligt.[88] Es wird sich zeigen, daß diese Aussagen nicht ohne weiteres zutreffen.

3. Erfordernis einer rechtsformübergreifenden Betrachtungsweise

Die Ermittlung der dogmatischen Grundlagen der Autonomie einer privatrechtlichen Personenvereinigung und die Konkretisierung der Grenzen eines zulässigen Dritteinflusses sind Aufgabenstellungen, die nicht auf das Vereinsrecht beschränkt sind, sondern in allen Rechtsformen auftreten. Der Grundsatz der Autonomie einer Personenvereinigung beansprucht nach einhelliger Meinung[89] nicht nur Geltung im Vereinsrecht, sondern – als Grundsatz der sog. Verbandsautonomie – im gesamten Gesellschaftsrecht. Er ist gleichsam als „grundlegendes Prinzip des privatrechtlichen Organisationsrechts"[90] anerkannt. Dementsprechend findet die wissenschaftliche Diskussion über die Grenzen des zulässigen Dritteinflusses überwiegend nicht im Hinblick auf die Vereine des bürgerlichen Rechts, sondern im Zusammenhang mit den Kapitalgesellschaften, insbesondere der GmbH,

---

[86] *U.H. Schneider*, ZGR 1975, 253, 269; *Wiedemann*, in: FS für Schilling. S. 105, 112 f; *Voormann*, S. 111; *Priester*, in: FS für Werner, S. 657, 663; *Mertens*, in: FS für Stimpel, S. 417, 420; *Teubner*, ZGR 1986, 565, 567; *Loritz*, ZGR 1986, 310, 319; *Zöllner*, 100 Jahre GmbHG, S. 85, 119.
[87] *Schockenhoff*, AcP 193 (1993), 35, 66.
[88] *Schockenhoff*, AcP 193 (1993), 35, 67.
[89] Zur Autonomie im Kapitalgesellschaftsrecht vgl. *U.H. Schneider*, ZGR 1975, 253, 269; *Wiedemann*, in: FS für Schilling, S. 105, 111; *Priester*, in: FS für Werner, S. 657, 659; *Loritz*, ZGR 1986, 310, 317; *Hommelhoff/Priester*, ZGR 1986, 463, 499; *Teubner*, ZGR 1986, 565, 567; *Voormann*, S. 111.
[90] *Teubner*, ZGR 1986, 565, 567.

statt.[91] Ebenso wie das Vereinsrecht läßt das Recht der GmbH den Gesellschaftern weitgehende Freiheit bei der Gestaltung des Gesellschaftsvertrags (vgl. § 45 GmbHG). Daher erlangen in der Praxis des GmbH-Rechts nicht selten Beiräte, die mit Nichtgesellschaftern besetzt sind, erheblichen Einfluß auf die Geschehnisse innerhalb der Gesellschaft. Die Frage nach Geltungsgrund, Inhalt und Grenzen der Autonomie der Personenvereinigung stellt sich somit auch hier. Im Rahmen der rechtlichen Beurteilung wird daher über das Vereinsrecht hinaus bisweilen ein Blick auch auf andere Gesellschaftsformen, insbesondere auf das Recht der GmbH, geworfen werden.

II. Dogmatische Grundlagen der Vereinsautonomie

Die dogmatischen Grundlagen der Vereinsautonomie werden in Rechtsprechung und Literatur nicht einheitlich beurteilt. Die Tragfähigkeit der verschiedenen Begründungsmodelle soll im folgenden näher untersucht werden.

1. Verfassungsrechtliche Ansätze

Zur Begründung der Vereinsautonomie werden zum Teil verfassungsrechtliche Prinzipien, insbesondere die Wertungen der Grundrechte[92] und das allgemeine Demokratiegebot,[93] herangezogen.

a) Grundrechte

Sofern die Grundrechte zur Begründung der Vereinsautonomie herangezogen werden, steht der Gedanke im Vordergrund, daß die Verfassung eine allgemeine, materielle Wertordnung enthält, die auch für das Privatrecht von Bedeutung ist. Dementsprechend lasse sich die Frage, ob und wieweit die Mitglieder eines Vereins Dritteinfluß zulassen können, anhand verfassungsrechtlicher Wertentscheidungen, insbesondere unter Heranziehung der Grundrechte aus Artikel 2, 12 und 14 GG, bestimmen.[94] Handele es sich bei den Mitgliedern des Vereins wiederum um Vereine, so sei Art. 9 Abs. 1 GG zusätzlich zu beachten.

Insbesondere *Leßmann*[95] tritt dafür ein, das gesamte private Vereinsrecht grundrechtlich zu überformen. Seiner Auffassung nach enthalten die Grundrechte nicht nur die rechtliche Basis für private Vereine, sondern auch deren „institutionelle und wertrechtliche" Begrenzung. Das private Vereinsrecht sei somit funktionell-verfassungsrechtlich zu verstehendes

---

[91] Teilweise werden sogar die Vereine als Untersuchungsgegenstand ohne Begründung ausdrücklich ausgeschlossen (*Priester*, in: FS für Werner, S. 657, 666 Fn. 59). Andere Stimmen in der Literatur befürworten eine Sonderbehandlung der Vereine (*Herfs*, S. 81 f).

[92] LG Aachen, DVBl 1976, 914 ff; *Leßmann*, NJW 1978, 1545, 1548; *Vollmer*, S. 127; *Nicklisch*, in: FS für Schiedermair, S. 459, 470 spricht sich für eine „Gemengelage von öffentlichrechtlichen und privatrechtlichen Ordnungselementen" aus.

[93] *Föhr*, NJW 1973, 617 ff.

[94] *Vollmer*, S. 127.

[95] *Leßmann*, NJW 1978, 1545, 1548.

Privatrecht.[96] Den Unterschied zwischen einer Verbindung von materiell-öffentlichen Verfassungsgrundsätzen mit dem privatrechtstheoretischen Ansatz und einer unvermittelten Übernahme staatsrechtlicher Grundsätze auf privatrechtlich organisierte Träger sieht *Leßmann* darin, daß bei ersterem die privatrechtliche Interessenabwägung den Ausgangspunkt bilde.[97] Damit könne den privatrechtlichen Besonderheiten Rechnung getragen werden kann.

Gegen einen Rückgriff auf die Grundrechte spricht, daß diese in erster Linie Abwehrrechte des Bürgers gegen den Staat sind. Sie wirken daher nicht zwischen Subjekten des Privatrechts; und zwar auch dann nicht, wenn diese sich zu einem Verein zusammengeschlossen haben. Daran ändert auch eine mittelbare Drittwirkung der Grundrechte[98] im Privatrecht nichts. Danach sind zwar die Wertungen der Grundrechte auch dann zu berücksichtigen, wenn wertorientierte unbestimmte Rechtsbegriffe und Generalklauseln ausgelegt werden müssen. Die Vorschriften des Vereinsrechts betreffend die innere Organisation enthalten jedoch keine solchen „Einbruchstellen", so daß eine grundrechtsorientierte Auslegung nicht möglich ist. Hinzu kommt, daß sich mit einem Rückgriff auf die Grundrechte keine konkreten Ergebnisse gewinnen lassen. So können aus Art. 9 Abs. 1 GG keine Anhaltspunkte entnommen werden, *welche* Strukturmerkmale ein Verein im Hinblick auf seine Willensbildung aufweisen muß.[99]

b) Demokratieprinzip

Konkretere Vorgaben für den notwendigen Inhalt der Vereinsautonomie lassen sich eventuell aus dem allgemeinen Demokratiegebot herleiten. So folgert *Teichmann:* „Die materielle Funktion, das Hineindringen demokratischer Selbstverständlichkeiten in das Privatrecht verbietet, daß Gesellschaftsfremde den Willen der Gesellschaft bilden. ..... Mitgliedschaft als Legitimation der Mitwirkung in einem Gemeinwesen gehört zu den demokratischen Selbstverständlichkeiten, die sich an zahlreichen Stellen, an Staat und in den Verbänden, nachweisen lassen" [100].

Die meisten Befürworter einer demokratischen Binnenstruktur im privaten Organisationsrecht fordern diese jedoch nicht bei allen Vereinen, sondern nur bei Vereinen, die ein besonderes Tätigkeitsgebiet und eine besondere Machtstellung haben. Dazu zählen u.a. Vereine mit öffentlichen Funktionen, Vereine, die auf die politische Willensbildung Einfluß nehmen und Vereine, die existentielle Interessen der Mitglieder wahrnehmen und repräsentieren und denen daher eine besondere gesellschaftliche Macht zukommt.[101] Diese Vereine seien kraft ihrer wirtschaftlichen oder sozialen Macht „aus dem Bereich der durch

---

[96] *Leßmann*, NJW 1978, 1545, 1547.

[97] *Leßmann*, NJW 1978, 1545, 1547.

[98] BVerfGE 7, 198, 206; BverfG 60, 234, 239; 61, 1, 6; 62, 230, 242; 63, 181, 184; 66 116, 135; BVerfG, JZ 1990, 691, 692; BverG, JZ 1994, 408, 409; BGHZ 26, 217, 223; *Dürig* in *Maunz/Dürig*, Art. 1 GG Rdnr. 132; *Erichsen*, Verfassungsgerichtsbarkeit, S. 44 ff; *v. Münch*, Art. 1-19 GG Vorb. 31; *Hesse*, Verfassungsrecht, Rdnr. 351ff; *Canaris*, JuS 1989, 161, 163; *Vieweg*, Normsetzung, S. 191; *Baecker*, S. 58 f.

[99] *Schockenhoff*, AcP 193 (1993), 35, 59.

[100] S. 191.

[101] *Föhr*, NJW 1975, 617, 619; *Leßmann*, NJW 1978, 1545, 1549; Müko-*Reuter*, Vor § 21 BGB Rdnr. 115; *Göhner*, DVBl 1980, 1033 ff; *Krogmann*, S. 168 ff.

das Vertragsmodell gekennzeichneten Privatheit herausgewachsen",[102] so daß sie gegenüber dem Einzelnen vielfach eine Machtstellung innehaben, die mit der hoheitlichen Macht des Staats vergleichbar sei.[103] Aus dieser besonderen Situation folge, daß das Instrumentarium des Zivilrechts versage, denn die Zivilrechtsdogmatik weise eine mangelnde „Sensibilität" für das Phänomen der Macht auf. Dieser Mangel wiederum ergebe sich aus der Verhaftung mit den Kategorien der Privatautonomie, des Paktierens und des freien Aushandelns gegenseitiger Rechte und Pflichten unter rechtlich Gleichgestellten.[104]

Führt man sich die ursprüngliche Schutzrichtung vor Augen, die die Befürworter einer demokratischen Binnenstruktur verfolgen, so kann diese als dogmatische Grundlage für die Vereinsautonomie nicht überzeugen. Die demokratische Binnenstruktur soll die Vereinsmitglieder in erster Linie gegenüber der Macht der Großvereine und den häufig wenig am Mitgliederinteresse interessierten Vorständen schützen. Der durch das Demokratieprinzip angestrebte Schutz der Mitglieder vor dieser „quasi-hoheitlichen" Macht der Großvereine ist somit zunächst ein rein innerverbandliches Problem. Der Schutz des Vereins vor Fremdherrschaft durch außenstehende Dritte spielt dabei keine unmittelbare Rolle. Auswirkungen auf den Umfang der Vereinsautonomie, verstanden als Schutz vor Fremdherrschaft, kommen daher nur im Rahmen einer Reflexwirkung in Betracht. Dies ergibt sich aus folgendem Gedanken: Wenn die Mitwirkung der Mitglieder durch eine Willensbildung „von unten nach oben" gesichert sein muß, dann schließt dies auch eine Beeinflussung des Willensbildungsprozesses durch Dritte aus. Bereits aufgrund dieses nur mittelbaren Zusammenhangs erscheint ein Rückgriff auf das mit anderer Zielsetzung entwickelte innerverbandliche Demokratiegebot zur Begründung eines Schutzes vor Dritteinfluß wenig geeignet.[105]

Gegen die Übertragung staats- und verfassungsrechtlicher Prinzipien auf das Privatrecht bestehen darüber hinaus auch grundsätzliche Bedenken. „Demokratische Selbstverständlichkeiten" sind Bestandteile des staatlichen Organisationsrechts, die nicht ohne weiteres aus dem staatlichen Bereich auf das private Organisationsrecht übertragen werden können.[106] Die Anwendung öffentlichrechtlicher Grundsätze ist nur dann gerechtfertigt, wenn Vereine auf der Grundlage einer gesetzlichen Regelung formell öffentlichrechtliche Aufgaben wahrnehmen oder wenn Vereine sog. „staatsentlastende Tätigkeiten"[107] wahrnehmen, also öffentliche Aufgaben erfüllen, die andernfalls in den Aufgabenbereich des Staates fallen würden (wie etwa die Technischen Überwachungsvereine, die freie Wohlfahrtspflege oder die Wissenschafts- und Forschungsvereinigung).[108]

Über diesen Bereich hinaus läßt sich eine Anwendung des Demokratiegebots nicht allein unter Hinweis auf die dargelegten Machtstrukturen rechtfertigen. Zwar ist das Verhältnis der Gleichordnung und die daraus resultierende Möglichkeit, Rechtsgeschäfte unter den Beteiligten frei auszuhandeln, das wesentliche Charakteristikum des Privatrechts. Dies läßt jedoch nicht den Umkehrschluß zu, daß in den Bereichen, in denen die Privatautonomie

---

102 *Nicklisch*, in: FS für Schiedermair, S. 459, 469.

103 *Biedenkopf*, in: FS für Ballerstedt, S. 13, 16.

104 *Burmeister*, DÖV 1978, 1, 4.

105 So im Ergebnis auch *Beuthien/Gätsch*, ZHR 156 (1992), 459, 471.

106 *Reuter*, Perpetuierung, S. 173 f; *Beuthien/Gätsch*, ZHR 156 (1992), 459, 471.

107 *Nicklisch*, in: FS für Schiedermair, S. 459, 461.

108 So auch *Staudinger-Weick*, Vorbem. zu §§ 21 ff BGB Rdnr. 42; allgemein zu diesen Vereinen, *Müller-Thoma*, Der halbstaatliche Verein, 1974.

infolge sozialer Machtbildung eingeschränkt ist, die privatrechtliche Ordnung und ihre Möglichkeiten enden.[109] Vielmehr ist dann die ebenfalls unmittelbar zum Privatrecht gehörende Frage aufgeworfen, inwieweit die grundsätzlich geltende Privatautonomie „kanalisierenden Regeln“[110] unterliegt. Die Erkenntnis, daß die Satzung eines großen und mächtigen Vereins nicht zwangsläufig die Gewähr der Richtigkeit in sich trägt, kann nicht unmittelbar zu einer Flucht in das öffentliche Recht führen. Vielmehr kennt auch das Zivilrecht „Ungleichgewichtslagen“ und Mittel und Wege, um diese zu beheben oder zu reglementieren. Eine konsequente Anwendung der Grenzen der Privatautonomie ermöglicht es, der Gestaltungsfreiheit und damit der Macht privater Großvereine Grenzen zu ziehen.[111]

Darüber hinaus ist zu bedenken, daß es sich bei den unter dem Postulat der Vereinsdemokratie erhobenen Anforderungen an die Binnenstruktur um Wertungen handelt, die auch im Privatrecht zu finden sind. So handelt es sich bei dem mittels des Demokratieprinzips angestrebten Schutzes der Minderheit, der Forderung nach Transparenz und Vorhersehbarkeit der innerverbandlichen Vorgänge, insbesondere der Kommunikations- und Willensbildungsprozesse, oder bei der Forderung nach einer Beteiligung der Mitglieder am Entscheidungsprozeß, um originär privatrechtliche Prinzipien.

Schließlich läßt sich eine demokratische Binnenstruktur der privatrechtlichen Vereine auch nicht mit einer analogen Anwendung des Art. 21 Abs. 1 Satz 3 GG begründen.[112] Schon die erheblichen Unterschiede zwischen Parteien und privatrechtlichen Vereinen im Hinblick auf die Zielsetzung und die Wirkungsweise verbieten eine analoge Anwendung.[113] Ein Umkehrschluß liegt hier näher als eine analoge Anwendung.[114] Hätten die Verfassungsgeber gewollt, daß die innere Ordnung aller Vereinigungen demokratischen Grundsätzen entsprechen muß, so hätten sie dieses Erfordernis in Art. 9 Abs. 1 GG geregelt, nicht in Art. 21 Abs. 1 GG.

Als Ergebnis bleibt festzuhalten, daß die Vereinsautonomie als Freiheit von Fremdbestimmung sich nicht mit verfassungsrechtlichen Prinzipien begründen läßt. Was die Mitglieder privatautonom vereinbaren, muß keineswegs ein Spiegelbild der staatsrechtlichen Ordnung sein.[115]

2. Wesen, Typus oder Institutionenlehre

Insbesondere in den 70er Jahren wurde der Versuch unternommen, aus den dispositiven gesetzlichen Normen einen zwingenden allgemeinen Rechtsgedanken herzuleiten, der als „Wesen“ oder als „Typus“ der Vereinigung beschrieben wurde. Das so herausgebildete Wesen oder der Typus der Vereinigung sollte dazu dienen, der privatautonomen Freiheit der Mitglieder bei der Gestaltung des Innenverhältnisses der Vereinigung Schranken zu

---

[109] *Coing*, in: FS für Flume, S. 429, 434; für eine Geltung der Ordnungskräfte des Privatrechts auch *Möschel*, S. 6.

[110] *Coing*, in: FS für Flume, S. 429, 434.

[111] *Staudinger-Weick*, Vorbem. zu §§ 21 ff BGB Rdnr. 42.

[112] So aber *Wimmer*, DVBl 1977, 401, 402.

[113] Siehe dazu *Leßmann*, NJW 1978, 1545, 1546.

[114] So auch *Schockenhoff*, AcP 193 (1993), 35, 60.

[115] V. *Münch-Löwe*, Art. 9 GG Rdnr. 34; *Westermann*, AcP 175 (1975), 375, 400; *Reuter*, Perpetuierung, S. 173 f; *Härer*, S. 161; *Beuthien/Gätsch*, ZHR 156 (1992), 459, 471; *Schockenhoff*, AcP 193 (1993), 35, 61.

setzen. Auch heute wird, insbesondere in der Rechtsprechung,[116] das Wesen des Vereins herangezogen, um einen übermäßigen Fremdeinfluß Dritter zu verhindern. Neben Wesen und Typus könnte schließlich die Institutionenlehre ein weiteres Instrument zur Rechtfertigung der Vereinsautonomie sein.

a) Wesen

Die Rechtsprechung greift zur Begründung der Vereinsautonomie oft auf das Wesen des Vereins oder der Gesellschaft zurück.[117] So hat das Reichsgericht[118] eine Satzungsbestimmung der Rumänischen Eisenbahn AG als unvereinbar mit dem Wesen der Aktiengesellschaft angesehen, in der die Verwaltung der Gesellschaft auf eine Direktion übergehen sollte, deren Mitglieder von der rumänischen Regierung ernannt werden sollten. Darüber hinaus sollte die Arbeit der Direktion nach den Weisungen eines Ministeriums erfolgen. Das Reichsgericht hielt diese Satzungsbestimmung für unwirksam. Jede Aktiengesellschaft müsse ein willensbildendes Organ, die Hauptversammlung, und ein ausführendes Organ, den Vorstand, haben. Die Direktion der Rumänischen Eisenbahn AG könne jedoch nicht als Vorstandsorgan bezeichnet werden, da die Hauptversammlung der Aktiengesellschaft keinen Einfluß auf sie nehmen könne. Daher entbehre die beklagte Gesellschaft „der zur Wesenhaftigkeit der Gesellschaft erforderlichen Organisation."[119]

Auch in instanzgerichtlichen Entscheidungen finden sich Ausführungen, nach denen satzungsmäßig begründete Einflußrechte eines Dritten als mit dem Wesen des Vereins unvereinbar und deshalb als nichtig angesehen werden, wenn sie rechtlich einen so weitgehenden Fremdeinfluß begründen, daß der Verein nicht mehr vornehmlich von der Willensbildung und -betätigung der Mitglieder getragen wird.[120]

Die Berufung auf das Wesen des Vereins ist jedoch kein geeignetes Mittel zur Begrenzung des Dritteinflusses. Unter dem Wesen eines Rechtsinstituts wird die das Rechtsinstitut prägende Struktur verstanden, die nicht allein aus einer Zusammenfassung der begrifflichen Merkmale ermittelt werden kann, sondern aus der „Quintessenz der ihm untrennbar anhaftenden Eigenarten"[121] folgt. Die Abstraktheit des Wesens erweist sich jedoch als problematisch im Rahmen der konkreten Rechtsanwendung. Will man eine Rechtsfolge unmittelbar aus dem Wesen eines Rechtsinstituts ableiten, so kann das nur gelingen, wenn dessen charakteristische Züge ganz offenbar und sofort überzeugend die behauptete Rechtsfolge mit enthalten, so daß deren Unentbehrlichkeit auf der Hand liegt.[122] So kann man aus dem Wesen der Ehe folgern, daß der Anspruch auf eheliche Lebensgemeinschaft nicht abtretbar ist (vgl. § 1351 Abs. 1 BGB), denn mit der ehelichen Gemeinschaft nach

---

[116] RGZ 3, 123, 132; KG, OLGZ 1974, 385, 387 = Rpfleger 1974, 394 ff; BayObLGZ 1975, 435, 440; BayObLG, NJW 1980, 1756, 1757 = BayObLGZ 1979, 303 ff; OLG Köln, Rpfleger 1992, 112, 113 = NJW 1992, 1048 ff; LG Aachen, DVBl 1976, 914, 915; LG Bonn, Rpfleger 1991, 156, 157; *Reuter*, ZGR 1978, 633, 640.

[117] Siehe Fn. 116.

[118] RGZ 3, 123, 132.

[119] RGZ 3, 123, 132.

[120] OLG Köln, Rpfleger 1992, 112, 113 = NJW 1992, 1048 ff.

[121] *Westermann*, Vertragsfreiheit, S. 93.

[122] *Wiedemann*, Übertragung, S. 279; *Fleck*, in: FS für Fischer, S. 107, 110; ebenfalls kritisch gegenüber dem „Wesen" *Teichmann*, S. 3 ff; *Westermann*, Vertragsfreiheit, S. 57 ff.

christlichem Vorbild verbindet sich die Vorstellung einer höchstpersönlichen Gemeinschaft. Der Verein dagegen ist keine wertdurchdrungene Institution des sozialen Lebens.[123] Es erscheint somit zweifelhaft, ob es für den Verein oder andere Gesellschaftsformen Bestimmungen gibt, die als einzelne oder im Gefüge so *wesen*tlich sind, daß man sie nicht ausschalten oder verändern kann, ohne die gerechte Balance der Teile zum Ganzen und der Teile untereinander zu zerstören.[124]

Versucht man die Unzulässigkeit einer Satzungsbestimmung mit dem Wesen des Vereins zu begründen, so könnte schließlich eine Parallele zu § 241 Abs. 1 Nr. 3 AktG weiterhelfen. Danach ist ein Beschluß der Hauptversammlung einer Aktiengesellschaft nichtig, wenn er mit dem Wesen der Aktiengesellschaft nicht zu vereinbaren ist. Allerdings ist die Auslegung von § 241 Abs. 1 Nr. 3 AktG und damit die Frage, was zu dem Wesen der Aktiengesellschaft gehört, umstritten.[125] Mit einem Rückgriff auf das Aktienrecht ersetzt man daher eine Unsicherheit durch eine andere und verstellt sich den Weg zu überzeugenderen Sachargumenten.[126]

Zutreffend hat bereits *Scheuerle*[127] in seinem Aufsatz „Das Wesen des Wesens“ den „Kryptocharakter“ der Argumentation mit dem Wesen kritisiert. Mit dem Hinweis auf das Wesen einer Vereinigung wird im Regelfall nur eine andere Argumentation verdeckt, eine solche gar ersetzt oder der Versuch unternommen, eine Entscheidung nach dem Judiz zu rechtfertigen.

b) Typus

Die Lehre von der Typengesetzlichkeit geht davon aus, daß die dispositven Bestimmungen des Gesetzes nur „die Ermächtigung zur Entfaltung der Privatautonomie unter Wahrung der essentiellen Merkmale des Typus“ [128] enthalten. Die für den Typus unerläßlichen Merkmale sind somit von den Parteien nicht abänderbar. Um die Typenvorstellung des Gesetzgebers zu ermitteln, sollen alle Einzelnormen ausgelegt werden, damit das Sinnganze eines Rechtsinstituts, das dem Typus trotz Verschiedenheit der Ausprägungen im Einzelfall innewohnt, aufgedeckt werden kann.[129] Läßt sich für eine Rechtsform ein bestimmter Typus feststellen, so ist im Einzelfall zu prüfen, ob der Grad an Fremdeinfluß mit diesem vereinbar ist oder in Widerspruch zur gesetzgeberischen Vorstellung steht.[130]

Es erscheint zweifelhaft, ob der Typus einer Rechtsform etwas beitragen kann zur Abgrenzung zwischen einer zulässigen und einer unzulässigen Gestaltungsform. Diese Zweifel stützen sich darauf, daß man einen Typus nicht definieren, sondern nur beschreiben kann. Der Typus beschreibt nur das Normalbild einer Rechtsform, von dem der Gesetzgeber ausgegangen ist und dessen normaltypische Interessenkonstellationen er bei der Schaffung der Normen zugrundegelegt hat.[131] Kennzeichnend für ein Typenmerkmal ist zudem, daß

---

[123] So *Westermann*, Vertragsfreiheit, S. 94, im Hinblick auf die Personengesellschaft.
[124] *Wüst*, in: FS für Duden, S. 755, 757.
[125] Vgl. *Geßler*, ZGR 1980, 427, 443; Großkommentar-*K. Schmidt*, § 241 AktG Rdnr. 58.
[126] *Beuthien/Gätsch*, ZHR 156 (1992), 459, 471; ähnlich *Schockenhoff*, AcP 193 (1993), 35, 51.
[127] AcP 163 (1964), 429 ff.
[128] *Paulick*, S. 38.
[129] *Westermann*, Vertragsfreiheit, S. 107.
[130] *Dütz*, in: FS für Herschel, S. 55, 57.
[131] *Westermann*, Vertragsfreiheit, S. 101.

die Parteien von ihm abweichen können. Kommt einem Merkmal ein zwingender Charakter zu, verdichtet es sich also zu einem Begriffsmerkmal, so verliert es seine spezifische typologische Natur.[132] Einzelne Merkmale können den Typen lediglich zugeordnet, aber nicht logisch untergeordnet werden.[133] Die Lehre versagt daher, wenn es darum geht zu entscheiden, ob die eine oder andere Ausgestaltung einer Gesellschaftsform noch typengerecht ist oder nicht.[134]

Verdeutlicht wird dies durch die gesellschaftsrechtliche Praxis, die im Laufe der Zeit (mit anschließender Anerkennung durch den Gesetzgeber) zu einer Typenmischung und Typendehnung geführt hat. Namentlich die Publikumskommanditgesellschaft, die Personengesellschaft ohne natürliche Person als unbeschränkt haftendem Gesellschafter (GmbH & Co KG) oder die Einmann-Gesellschaft sind hier zu nennen.

Im Ergebnis ist es daher nicht möglich, die Gestaltungsfreiheit der Mitglieder unter Hinweis auf die Typizität einer Rechtsform einzuschränken.[135]

c) *Institutionenlehre*

Die Rechtfertigung der Vereinsautonomie – verstanden als Mindestmaß der Gestaltungsfreiheit der Mitglieder – könnte schließlich mit Hilfe der Institutionenlehre erreicht werden. Ausgangspunkt ist die Annahme, daß die Vertragstypen einen Prozeß der Institutionalisierung, d.h. der Verfestigung durchlaufen, der die Vertragsfreiheit zunehmend eingrenzt.[136] Diese Entwicklung beruht auf verschiedenen „Motiven“.[137] Zu diesen Motiven zählt die Institutionenlehre die Sicherung der Funktionsfähigkeit des Vereins, das öffentliche Interesse sowie das Bedürfnis des Gläubiger- und Gesellschafterschutzes.[138]

Im Hinblick auf die Funktionsfähigkeit des Vereins lassen sich eine formelle und eine materielle Funktion unterscheiden. Stellt man auf den Gesichtspunkt der formellen Funktionsfähigkeit ab, so spricht dieser zunächst weder für noch gegen die Einwirkungsmöglichkeit eines Dritten. Für das formelle Funktionieren im Sinne einer sachgerechten Organisation ist es gleichgültig, ob ein Vereinsmitglied oder ein Nichtmitglied die Geschicke der Körperschaft bestimmt.[139] Rückt man die materielle Funktion in den Vordergrund, so gewinnt die Tatsache Bedeutung, daß die heute gültigen selbstverständlichen Anschauungen menschlichen Umgangs auch im Vertrags- und Gesellschaftsrecht ihren Niederschlag finden müssen. Prägend für diese Anschauungen sind auch die Staatsprinzipi-

---

132 *Ott*, S. 89.

133 *Teichmann*, S. 139.

134 *Teichmann*, S. 140.

135 *Wiedemann*, Gesellschaftsrecht, § 1 IV 1 b; *K. Schmidt*, Gesellschaftsrecht, § 5 III 3; *Mertens*, NJW 1966, 1049 f; *Westermann*, Vertragsfreiheit, S. 122; *Sack*, DB 1974, 369, 372; *Schultze-v. Lasaulx*, ZfgG 1971, 325, 343; *W. Ott*, S. 87; *Mummenhoff*, S. 168; *Koller*, S. 126 ff; *Voormann*, S. 74.

136 *Teichmann*, S. 46. Zur Unterscheidung zwischen Typus und Institution führt Westermann, Vertragsfreiheit, S. 62, aus : „Die Institution symbolisiert den Brückenschlag von der Norm zu den sie beeinflussenden Wertüberzeugungen, der Typus konkretisiert die Norm in Richtung auf das Lebensverhältnis, auf das sie zugeschnitten ist.

137 *Teichmann*, S. 51.

138 *Teichmann*, S. 96 ff.

139 *Fleischer*, S. 104.

en, in denen sich der menschliche Umgang vollzieht.[140] Hinter der materiellen Funktion verbirgt sich also eine Anlehnung nichtstaatlicher Gemeinschaftsformen an demokratische Prinzipien. Ein Gedanke, der an anderer Stelle bereits abgelehnt wurde.[141]

Auch der Gläubigerschutz als Motiv zur Begründung der Vereinsautonomie kann nicht überzeugen.[142] Die Vorschriften über die Regelung der Willensbildung im Verein, die im Falle statutarisch begründeten Dritteinflusses betroffen sind, berühren keine schutzwürdigen Gläubigerinteressen. Da ein Gläubiger nicht weiß, auf welche Weise eine Entscheidung in einem Verein zustande kommt, kann ihm die Mitwirkung eines unbekannten Dritten gleichgültig sein. Dementsprechend hat kein Gläubiger ein schutzwürdiges Interesse an einer bestimmten Binnenstruktur des Vereins oder gar an einer Beschränkung des Einflusses Dritter an der Willensbildung. Schutzwürdige Interessen werden nur berührt, wenn von den gesetzlichen Regeln über die Haftung des Vereins oder seiner Organe abgewichen wird. Nur insoweit ist das Vertrauen der Gläubiger auf eine bestimmte Vereinsstruktur schutzwürdig.

Als Anknüpfungspunkt für eine Begründung der Vereinsautonomie bleibt also nur der Schutz der Mitglieder des Vereins und das öffentliche Interesse. Damit weist die Institutionenlehre jedoch nur die Richtung, aus der sich eine Beschränkung der Gestaltungsfreiheit herleiten läßt.[143] Allein das Vorliegen eines Motives besagt jedoch noch nichts über die Begrenzung der Autonomie im Einzelfall.[144] Ob und inwieweit diese Kriterien tatsächlich zu einer Einschränkung der Gestaltungsfreiheit führen, muß in einem weiteren Schritt untersucht werden. Darüber hinaus lassen sich verbindliche Aussagen für die Rechtspraxis erst treffen, wenn sich der Prozeß der Institutionalisierung vollzogen hat. Das ist der Fall, wenn Gesetzgebung und Rechtsprechung die Kriterien aufgegriffen haben.

Zusammenfassend läßt sich festhalten, daß weder Wesen, noch Typus oder Institution als dogmatische Rechtfertigung für ein notwendiges Mindestmaß an Selbstbestimmung und damit als Begründung für die Vereinsautonomie herangezogen werden können.[145] Die verschiedenen Ansichten haben viele Gemeinsamkeiten.[146] Die von ihnen verwendeten Leitbegriffe wie Wesen, Typus, Institution weisen alle einen hohen Abstraktionsgrad auf, so daß sie mehr oder minder versagen, wenn es darum geht, feste Konturen der Gestaltungsfreiheit der Mitglieder eines Vereins zu ermitteln und konkrete Antworten auf die Frage nach der Zulässigkeit einer bestimmten Satzungsgestaltung zu geben.[147]

---

[140] *Teichmann*, S. 114.

[141] Siehe dazu oben § 5 II 1 b).

[142] *Teichmann*, S. 190; ihm folgend *Fleischer*, S. 68.

[143] *Schultze-v. Lasaulx*, ZfgG 1971, 325, 349 „Wegweiser"; *Exner*, S. 79, *Beinert*, S. 43.

[144] *Geßler*, ZHR 135 (1971), 90, 94; *Schultze- v. Lasaulx*, ZfgG 1971, 325, 339; *Exner*, S. 78; *Beinert*, S. 43; *Wüst*, in: FS für Duden, S. 755, 756, sieht in den Ergebnissen der Institutionenlehre eine Empfehlung an Gesetzgeber und Rechtsprechung.

[145] *Wiedemann*, Gesellschaftsrecht, § 1 IV. 1. b); *Schultze-v. Lasaulx*, ZfgG 1971, 325, 347 ff; *Wüst*, in: FS für Duden, S. 755, 761; *Mummenhoff*, S. 168; *Hönn*, JA 1987, 337, 339; *Beinert*, S. 41.

[146] *Westermann*, Vertragsfreiheit, S. 61; *Wüst*, in: FS für Duden, S. 755, 759; *Schockenhoff*, AcP 193 (1993), 35, 58.

[147] *Mertens*, NJW 1966, 1049; *Schultze-v. Lasaulx*, ZfgG 1971, 325, 332; *Konzen*, AcP 172 (1972), 92; *Kreutz*, ZGR 1983, 109, 119; *Grunewald*, Ausschluß, S. 127.

3. Sonstige Ansätze

Loritz[148] stützt die Vereinsautonomie und damit die Notwendigkeit der Begrenzung des Dritteinflusses auf die Grundprinzipien der Eigentumsordnung. Er geht dabei von der Ansicht des Bundesverfassungsgerichts[149] aus, auch bei gesellschaftsrechtlich vermitteltem Anteilseigentum handele es sich um Eigentum i.S. von Art. 14 GG. Daher müsse sichergestellt werden, daß die Befugnis des Eigentümers, mit seinem Eigentum nach Belieben zu verfahren, nicht auf Dauer entzogen werde. Dieser Gedankengang läßt sich jedoch schon deswegen nicht auf das Vereinsrecht übertragen, weil die Mitglieder eines Vereins – abgesehen vom einem etwaigen Anteil am Liquidationserlös – keinen Anteil am Vereinsvermögen haben.[150]

Schließlich können weder § 317 Abs. 1 BGB noch § 137 BGB zur dogmatischen Rechtfertigung der Vereinsautonomie herangezogen werden. § 317 Abs. 1 BGB beschränkt die Gestaltungsfreiheit von Vertragsparteien dergestalt, daß die Bestimmung der Leistung durch einen Dritten dem Gebot der Billigkeit entsprechen muß. Setzt man das Mitspracherecht eines Dritten in Vereinsangelegenheiten mit der Bestimmung der Leistung durch einen Dritten gleich,[151] so unterliegt auch die Rechtsausübung des Dritten dem Gebot der Billigkeit. Damit setzt § 317 Abs. 1 BGB aber nur der Ausübung schon bestehender statutarischer Drittrechte Schranken. Eine Grenze für den zulässigen Umfang ihrer Begründung wird nicht gegeben. Darüber hinaus kann § 317 Abs. 1 BGB einen Mindestgehalt der Vereinsautonomie schon deshalb nicht rechtfertigen, weil er als Auslegungsregel nur Ausdruck, aber keine zwingende Grenze der Privatautonomie ist. Die Vorschrift läßt daher ab weichende vertragliche Regelungen zu.[152]

Auch aus § 137 BGB läßt sich eine dogmatische Grundlage für die Vereinsautonomie nicht einleiten. § 137 BGB garantiert die Verfügungsfreiheit des Einzelnen in der Weise, daß er dem Verpflichteten die Möglichkeit beläßt, auch bei entgegenstehenden vertraglichen Bindungen wirksam anderweitig über ein Recht zu verfügen. Einer vertraglichen Verfügungsbeschränkung kommt somit keine dingliche Wirkung zu. Mit dieser Regelung soll in erster Linie die Verkehrsfähigkeit von Rechtsgütern gewahrt werden. Daneben wird die Aktionsfreiheit des Einzelnen geschützt, indem ihm der Weg offen bleibt, trotz einer vertraglichen Verpflichtung anderweitig über eine Sache oder ein Recht zu verfügen.[153] In Anlehnung an den letzt genannten Schutzzweck könnte man z.B. statutarische Weisungsrechte Dritter hinsichtlich der Geschäftsführung als Verstoß gegen § 137 BGB ansehen,[154] weil diese Einflußrechte die Entscheidungsfreiheit des Vereins beschränken. § 137 BGB schützt aber nur die rechtsgeschäftliche Aktionsfreiheit; es zählt nicht zu seinem Regelungsgehalt, die Freiheit der Willensbildung und damit das „Verbot der Fremdsteuerung" zu gewährleisten.[155]

---

148 ZGR 1986, 310, 325.

149 BVerfGE 50, 290, 341 = NJW 1979, 699 ff.

150 *Reichert* in *Reichert/v. Look*, Rdnr. 1507.

151 BGH, LM Nr. 6 zu § 109 HGB = JZ 1960, 490 f; das Gericht bejaht hier die Zulässigkeit eines zusätzlichen Stimmrechts für einen Dritten.

152 *M. Wolf*, RdA 1988, 271; *Vieweg*, Normsetzung, S. 259.

153 Motive III, S. 77; *Teichmann*, S. 198; *Wiedemann*, in: FS für Schilling, S. 105, 114.

154 *Teichmann*, S. 198.

155 *Flume*, Allg. Teil Band I/1, § 14 VII; *Wiedemann*, in: FS für Schilling, S. 105, 114.

4. Das Verbot der Selbstentmündigung nach § 138 BGB

Ausgehend von der Erkenntnis, daß die Vereinsautonomie sowohl auf verfassungsrechtlicher als auch auf einfachgesetzlicher Ebene als ein Teilbereich der Privatautonomie anzusehen ist,[156] kommt man zu der Folgerung, daß die Vorschriften und Wertungen, die herangezogen werden, um die Grenzen der Privatautonomie zu bestimmen, auch Geltung beanspruchen können, wenn es darum geht, den Umfang der Vereinsautonomie zu konkretisieren. Zu denken ist hier insbesondere an das Verbot der Selbstentmündigung.

a) Das Verbot der Selbstentmündigung bei natürlichen Personen

Zur Selbstbestimmung des Menschen gehört die Privatautonomie, d.h. die Befugnis des Menschen, seine Rechtsverhältnisse nach seinem Willen selbst zu gestalten.[157] Die Privatautonomie umfaßt somit auch das Recht des Einzelnen, rechtsgeschäftliche Bindungen einzugehen und sich insoweit seiner Handlungsfreiheit zu begeben. Allerdings wird die Privatautonomie nicht schrankenlos gewährleistet, sondern ihr sind in verschiedener Hinsicht Grenzen gesetzt. Neben den gesetzlich ausdrücklich genannten Schranken (z.B. das Schikaneverbot gemäß § 226 BGB oder das Verbot der vorsätzlichen sittenwidrigen Schädigung gemäß § 826 BGB) ist das auf § 138 Abs. 1 BGB beruhende Verbot der Selbstentmündigung zu nennen. Ausgangspunkt des Verbots der Selbstentmündigung ist die Erwägung, daß es zum Inhalt der Privatautonomie gehört, durch rechtsgeschäftliche Bindungen gegenüber Dritten einen Teil der eigenen Selbstbestimmung aufzugeben. Durch eine wirksam eingegangene vertragliche Bindung verliert der Einzelne zwangsläufig einen Teil seiner Autonomie, da er sich an die vertragliche Absprache halten muß. Es ist somit unauflöslich mit dem Begriff der Privatautonomie verbunden, daß der Mensch in dem Augenblick der Willensäußerung an seinen Entschluß gebunden ist und dementsprechend durch Ausübung insoweit einen Teil seiner Privatautonomie verliert.

Jedoch ist es dem Einzelnen verwehrt, sich durch rechtsgeschäftliche Bindungen allumfassend zu binden und sich seines Selbstbestimmungsrechts vollständig zu begeben. Eine übermäßige Beschränkung der persönlichen oder wirtschaftlichen Bewegungs- und Entscheidungsfreiheit ist sittenwidrig.[158] Das Verbot der Selbstentmündigung soll den Einzelnen daher vor übermäßigen Freiheitsbeschränkungen schützen. Zutreffend formuliert *Robert Fischer*: „....die Vertragsfreiheit kann in Wirklichkeit nur beschränkt auftreten, schrankenlos hebt sie sich als Institut selbst auf“[159]. Die Privatautonomie enthält somit nicht nur eine positive Komponente, die es dem Einzelnen ermöglicht, seine privaten Lebensverhältnisse selbstbestimmt zu regeln, sondern gleichsam als Negativum das an den Einzelnen gerichtete Verbot, seine Selbstbestimmung gänzlich aufzugeben[160]. Jede andere Betrachtungsweise stünde im Widerspruch zum Menschenbild des Grundgesetzes, daß von einer frei handelnden und mit Würde versehenen Person ausgeht.

---

156 Siehe oben § 4 I.

157 *Flume*, Allg. Teil Band II, § 1 1.

158 *Soergel-Hefermehl*, § 138 BGB Rdnr. 26.

159 DRiZ 1974, 209.

160 *Säcker*, S. 14; in diesem Zusammenhang weist *Flume*, Allg. Teil Band II, § 18 2, auf Art. 27 Abs. 2 SchwZG hin. Dort heißt es: „Niemand kann sich seiner Freiheit entäußern oder sich in ihrem Gebrauch in einem das Recht oder die Sittlichkeit verletzenden Grade beschränken“.

Die Parallele zu den beiden gegenläufigen Tendenzen der Vereinsautonomie ist unverkennbar. Wie bereits erwähnt,[161] gewährt die Vereinsautonomie den Vereinsmitglieder einerseits die Möglichkeit, den Inhalt der Vereinssatzung frei zu bestimmen und auch vereinsfremden Dritten Einfluß auf die Organisation und die Verwaltung des Vereins einzuräumen. Andererseits verlangt die Vereinsautonomie, daß den Mitgliedern ein Mindestmaß an Selbstbestimmung verbleibt, so daß ein übermäßiger Fremdeinfluß als unvereinbar mit der Vereinsautonomie angesehen werden muß.[162]

Die folgenden Überlegungen gelten nun der Frage, inwieweit die Erwägungen, die herangezogen werden, um einer natürlichen Person zu verbieten, ihre Privatautonomie aufzugeben, nutzbar gemacht werden können, um das Verbot der völligen Aufgabe der Selbstbestimmung durch einen Verein und damit den Grundsatz der Vereinsautonomie – verstanden als Mindestgehalt der Vereinsautonomie – zu begründen. Darüber hinaus können eventuell aus dem Verbot der Selbstentmündigung erste Anhaltspunkte für eine Konkretisierung des Mindestgehalts der Vereinsautonomie gewonnen werden.

b) Übertragung des Verbots der Selbstentmündigung auf den Verein

aa) Vergleichbarkeit von natürlicher und juristischer Person?

Die Literatur steht einer Parallele zwischen der natürlichen und der juristischen Person (Verein) zum Teil kritisch gegenüber. Ein Rückgriff auf die selbstbestimmte natürliche Person und auf die Grenzen der Privatautonomie sei unzulässig, wenn es darum gehe, die Notwendigkeit eines Mindestgehalts der Vereinsautonomie zu begründen und ihren Inhalt zu konkretisieren. Die Privatautonomie einer natürlichen Person sei in grundsätzlich anderer Weise zu schützen als die Autonomie eines Vereins.[163] Dem Verein könne als Vertragspartner eine viel weitergehende Bindung auferlegt werden als der natürlichen Person. Folglich sei der Verein an einer Unterwerfung dahingehend, daß ihm praktisch kein eigener Wille mehr zukomme, nicht gehindert.[164]

Diese These verwundert zunächst, wenn man sich vor Augen führt, daß im Bürgerlichen Gesetzbuch eine grundsätzliche Gleichstellung von natürlicher und juristischer Person angelegt ist. Beide können im Außenverhältnis Träger von Rechten und Pflichten sein, und beide genießen das Recht zur Selbstbestimmung. Die Auffassung, daß sich ein Verein – anders als eine natürliche Person – gleichwohl völlig seines Selbstbestimmungsrechts begeben könne, bedarf daher einer Rechtfertigung. Diese wird zum Teil darin gesehen, daß es anders als bei einer natürlichen Person bei einem Verein nicht ethisch zu mißbilligen sei,

---

161 Siehe oben § 4 II 3.

162 Siehe oben § 4 III 2.

163 *Wiedemann*, in: FS für Schilling, S. 105; *ders.*, WM 1975, Sonderbeilage Nr. 4, 13. *Teichmann*, S. 191, steht dem „in Vielem hinkenden Vergleich zwischen Person und Gemeinschaft“ zwar skeptisch gegenüber, doch räumt er ein, daß der Blick auf die natürliche Person nützlich sein kann, weil „was dort völlig unproblematisch ist, schon einer schwerwiegenden Begründung bedarf, wenn man eine entsprechende Regelung im Gesellschaftsrecht als unzulässig ansehen wollte“.

164 *Würdinger*, Vhdlg. des 42 Dt. Juristentages, Band II, F 15; *Schockenhoff*, AcP 193 (1993), 35, 55; kritisch gegenüber einer Gleichstellung auch *Kraft*, in: FS für Hubmann, S. 201 ff.

wenn dieser seine eigene Persönlichkeit weitgehend aufgebe.[165] Während die Rechtsordnung für die natürliche Person die Willensfreiheit verbürge und den Schutz der Menschenwürde gewähre, habe die Verleihung der Rechtspersönlichkeit an ein Sondervermögen keinen derart umfassenden Inhalt. Darüber hinaus habe ein Verein immer die Möglichkeit, sich der Fremdbestimmung im Wege der Auflösung zu entziehen.[166]

bb) Schutzwürdiges Interesse vor übermäßiger Fremdbestimmung

Wenig überzeugend ist zunächst der Einwand, einem Verein sei es möglich, sich durch Auflösung der Fremdbestimmung zu entziehen. Die durch Art. 9 Abs. 1 GG gewährleistete Vereinigungsfreiheit garantiert nicht nur das Recht, eine Vereinigung zu bilden, sondern verbürgt ebenso das Recht auf Fortbestand und Tätigwerden der Vereinigung. Mit dem Schutzbereich des Grundrechts ist es nicht vereinbar, eine Selbstentmündigung des Vereins mit dem Argument zuzulassen, dieser könne sich notfalls auflösen und damit aufhören zu existieren.

Ebensowenig kann gegen eine Übertragung des Verbots der Selbstentmündigung und der damit einhergehenden Gleichstellung von natürlicher und juristischer Person eingewandt werden, ein Verein sei rechtlich anders ausgestattet als eine natürliche Person. Zwar gibt es zweifelsfrei Rechte, die allein einer natürlichen Person vorbehalten sind. Hierzu zählen etwa Familienrechte oder Rechte, die die leibliche Natur des Trägers voraussetzen, wie etwa die Unversehrtheit von Leben, Körper und Gesundheit.[167] Darüber hinaus kommt dem Verein keine „Würde“ zu. Die unterschiedliche Ausstattung mit Rechten verbietet allerdings nicht ohne weiteres eine Übertragung des Verbots der Selbstentmündigung von der natürlichen Person auf den Verein. Die unterschiedliche Ausstattung kann nur zur Folge haben, daß die Vereinsautonomie im Einzelfall einen anderen Inhalt und andere Grenzen aufweist als die Privatautonomie. Eine Aussage, inwieweit der Verein sich seiner Rechte im Einzelfall begeben kann, ist darin nicht enthalten.

Dieses Ergebnis wird bestätigt durch einen Blick auf die Diskussion zu der Frage, inwieweit der juristischen Person ein allgemeines Persönlichkeitsrecht zukommt. Auch hier greift eine Argumentation dahingehend, daß der juristischen Person keine Würde zukomme und daß somit auch eine Verletzung des Persönlichkeitsrechts nicht möglich sei, zu kurz. Es geht im Ergebnis nicht darum, „die Persönlichkeit der juristischen Person zu erforschen, die, wie treffend formuliert wurde, eine Vorstellung ist, die das Gebiet menschlichen Erkennens überschreitet. Es ist vielmehr schlicht zu fragen, ob juristische Personen einerseits als rechtspositive Gebilde, andererseits als Gebilde sozialer Realität nicht ebenso Interessen haben, die vor Verletzungen und Angriffen geschützt werden müssen, wie natürliche Personen“.[168] Überträgt man diesen Gedanken auf die Frage, inwieweit sich eine juristische Person selbst entmündigen darf, so kommt es entscheidend darauf an, ob sie ebenso wie eine natürliche Person ein schutzwürdiges Interesse daran hat, vor übermäßiger Fremdbestimmung geschützt zu werden. Dabei muß man sich vor Augen führen, daß in die Autonomie einer juristischen Person in einer differenzierteren Art und Weise eingegriffen

---

165 *Würdinger*, Vhdlg. des 42. Dt. Juristentages, Band II, F 15; im Ergebnis ebenso *Schockenhoff*, AcP 193 (1993), 35, 55.

166 *Wiedemann*, WM 1975, Sonderbeilage Nr. 4, 13.

167 *Klippel*, JZ 1988, 625, 629.

168 *Kraft*, in: FS für Hubmann, S. 201, 216.

werden kann als in die Privatautonomie einer natürlichen Person. Anders als bei einer natürlichen Person unterliegen bei einer juristischen Person nicht nur die Beziehungen zur Außenwelt, sondern auch die „inneren Beziehungen", d.h. die Beziehungen der Mitglieder untereinander und der Mitglieder zur juristischen Person, einer rechtlichen Regelung.[169] Dieser Unterschied bringt es mit sich, daß die Selbstentmündigung einer natürlichen Person nur durch externe rechtsgeschäftliche Bindung erfolgen kann, während bei einer juristischen Person zwei Arten möglich sind, eine Fremdbestimmung zu begründen: Neben einer „Entmündigung durch Außenbindung" ist auch eine „Beeinflussung des internen Willensbildungsvorgangs" möglich. Die Besonderheit besteht also darin, daß bei einer juristischen Person durch objektiv und äußerlich erkennbare Mittel auf den Prozeß der internen Willensbildung Einfluß genommen werden kann. Die zweifache Möglichkeit der Einflußnahme führt zu folgender differenzierten Beurteilung im Hinblick auf den Verein:

(1) Entmündigung im Außenverhältnis

Im Hinblick auf eine „Entmündigung im Außenverhältnis" ist es unstreitig, daß ein Verein genauso wie eine natürliche Person dem Verbot der Selbstentmündigung unterliegt. So steht z.B. einem Verein als Vertragspartei eines Dauerschuldverhältnisses das Recht zur Kündigung aus wichtigem Grund ebenso zu wie einer natürlichen Person, ohne daß dieses Recht vertraglich beschränkt werden kann. In diesem Zusammenhang kann auf ein Urteil des Bundesgerichtshofs[170] hingewiesen werden, in dem entschieden wurde, daß bei einem Anstellungsvertrag mit einem Vorstandsmitglied einer Genossenschaft die außerordentliche Kündigung des Anstellungsverhältnisses nicht von der Zustimmung eines Dritten abhängig gemacht werden darf. Der Bundesgerichtshof zog zur Begründung dieses Verbots § 40 GenG heran. Aus dieser Norm ergebe sich, daß die Generalversammlung der Genossenschaft das allein zuständige Organ für die Kündigung des Anstellungsvertrags sei. Die vertragliche Beschneidung der Zuständigkeit der Generalversammlung sei daher nicht wirksam.

Dieses Urteil überzeugt nur im Ergebnis, nicht in der Begründung. Bei dem der Klage zugrundeliegenden Sachverhalt ging es nur um die Frage, ob eine vertragliche Vereinbarung zulässig ist, die die Kündigung des Anstellungsvertrags von der Zustimmung eines Dritten abhängig macht. Das Verbot einer solchen Vereinbarung folgt jedoch bereits aus dem Verbot der Selbstentmündigung im Außenverhältnis. Auch einer juristischen Person darf das Recht zur Kündigung eines Dauerschuldverhältnisses nicht genommen werden. Eines Rückgriffs auf § 40 GenG, der allein die innergenossenschaftliche Zuständigkeitenordnung betrifft, hätte es nicht bedurft.

(2) Entmündigung im Innenverhältnis

Anders als bei einer natürlichen Person umfaßt das Recht der Selbstbestimmung bei einem Verein nicht nur die Freiheit zur Gestaltung der Rechtsverhältnisse zu außenstehenden Dritten. Vielmehr sind auch die inneren Beziehungen, d.h. die interne Organisation des Vereins, einer rechtlichen Regelung zugänglich. Damit ergibt sich auch in diesem Bereich die Möglichkeit einer Beeinflussung durch außenstehende Dritte. Bei einem Verein unter-

---

[169] *Kunadt*, S. 30; *Beuthien/Gätsch*, ZHR 156 (1992), 459, 474.

[170] BGHZ 60, 333, 336.

liegen also nicht nur die „äußeren Lebensverhältnisse“ der Disposition der Mitglieder und damit der Möglichkeit rechtsgeschäftlicher Bindung. Ein außenstehender Dritter kann vielmehr schon „einen Schritt vorher“ den Willensbildungsprozeß betreffend organisatorische Maßnahmen oder Maßnahmen der Geschäftsführung beeinflussen.

Zu fragen ist nun, ob auch der innerorganisatorische Freiheitsraum eines Vereins dem Verbot der Selbstentmündigung unterliegt.[171] Eine Antwort hierauf läßt sich nur finden, – will man nicht das auch heute noch ungeklärte „Wesen“ der juristischen Person erneut ergründen – wenn man die materiellen Bedenken näher beleuchtet, die gegen eine Einflußnahme durch außenstehende Dritte auf den Willensbildungsprozeß innerhalb eines Vereins geltend gemacht werden. Sind diese mit denen vergleichbar, die dem Verbot der Selbstentmündigung bei einer natürlichen Person zugrunde liegen, so ist eine Übertragung des Verbots der Selbstentmündigung auf Vereine geboten.

(a) Ausgangspunkt: Selbstschutz der Mitglieder

Das Reichsgericht hat im Jahre 1881 folgenden Gedanken im Hinblick auf die Aktiengesellschaft formuliert: „Die Gesamtheit der Interessen aller Aktionäre bietet dem einzelnen Aktionär Gewähr dafür, daß die von der Gesamtheit getroffenen Verfügungen über das Gesellschaftsvermögen auch seinem Interesse entsprechen. Diese Gewähr würde mangeln, wenn die Verfügung über das Gesellschaftsvermögen einem außerhalb der Gesellschaft stehenden Dritten eingeräumt wäre, der sich möglicherweise durch Beweggründe, welche dem Gesellschaftsinteresse fremd sind oder gar entgegen stehen, in seinem Verhalten bestimmen läßt“.[172]

Die generelle Skepsis, die einem Einfluß von Nichtmitgliedern entgegengebracht wird, liegt also in der Befürchtung begründet, der Dritte werde nicht die Interessen des Vereins und seiner Mitglieder, sondern eigene, vereinsfremde Interessen bei der Ausübung seiner Rechte wahrnehmen. Diese Befürchtung beruht darauf, daß ein nicht dem Verein angehöriger Dritter die Folgen seines Fehlverhaltens grundsätzlich nicht tragen muß.[173] Die Gewähr für ein Handeln im Interesse des Vereins ist daher nur gegeben, wenn der Handelnde von seinen Entscheidungen selbst betroffen ist. Voraussetzung hierfür ist die Identität von Rechtsinhaberschaft und Rechtsausübung. Über die juristische Person soll grundsätzlich nur bestimmen, wer auch die mit der Mitgliedschaft verbundenen Pflichten auf sich genommen hat und ihre Risiken trägt.[174]

Damit wird nicht verkannt, daß im Einzelfall auch durch Mitglieder Interessen verfolgt werden, die nicht denen des Vereins entsprechen. Dennoch entspricht der aufgezeigte Zusammenhang zwischen Verantwortung und Betroffensein dem Regelfall und charakterisiert die Interessenlage innerhalb eines Vereins.[175] Es ist somit daran festzuhalten, daß die gesetzliche Ordnung des Vereinslebens auf der grundsätzlichen Interessenparallelität der Mitglieder beruht.

---

171 Verneinend *Schockenhoff*, AcP 193 (1993), 35, 55.

172 RGZ 3, 123, 132.

173 *Herfs*, S. 87.

174 *Nitschke*, S. 289; *Wiedemann*, in: FS für Schilling, S. 105, 111; *Priester*, in: FS für Werner, S. 657, 663; *Rohleder*, S. 76.

175 *Fleck*, in: FS für Fischer, S. 107, 118.

Zusammenfassend läßt sich festhalten: Die Vereinsautonomie soll verhindern, daß die Mitglieder sich durch Delegation von Entscheidungsbefugnissen an außenstehende Dritte ihres Interessenschutzes begeben. Die Bedenken gegen einen zu weitgehenden Dritteinfluß auf die juristische Person finden ihre Grundlage folglich in einer befürchteten Gefährdung der Interessen der Mitglieder. Ihr Schutz verbietet es, das Schicksal der juristischen Person in die Hände von Nichtmitgliedern zu legen.[176]

(b) Trennung von Mitgliederinteresse und Vereinsinteresse

Der Versuch, das Verbot der Selbstentmündigung mit dem Schutz der Mitglieder des Vereins zu begründen, ist auf Kritik gestoßen. Namentlich *Teubner*[177] wirft dem vor, der Gedanke des Selbstschutzes der Mitglieder trenne nicht hinreichend zwischen dem Interesse des Vereins und dem davon zu unterscheidenden Interesse der Mitglieder. Der Interessenschutz der Mitglieder könne als Begründungselement für den Grundsatz der Vereinsautonomie nicht herangezogen werden, weil das Interesse der Mitglieder etwas qualitativ anderes sei als das Interesse des Vereins. Folglich seien die Belange der Mitglieder nicht geeignet, eine Beschränkung des Dritteinflusses auf den Verein zu begründen.[178] Durch die Reduktion der Vereinsautonomie auf die Parallelität von Individualinteresse und Interesse des Vereins werde man der Sphärentrennung von Organisation und Mitglied nicht gerecht. Juristische Personen seien „selbständige Wirkungseinheiten der Rechtsordnung"[179] und dabei gleichzeitig Instrument und Träger privatautonomer Gestaltung.

Die Befürworter eines von den Interessen der Mitglieder zu trennenden, selbständigen Interesses des Vereins gehen mithin davon aus, daß Träger von Interessen auch menschliche Gemeinschaften als solche sein können. Diese haben angeblich autonome Interessen, die zwar nicht ohne die Interessen der einzelnen Mitglieder des Vereins bestehen können, aber doch keineswegs mit deren Summe übereinstimmen.[180] Da der Verein, wie jede körperschaftlich organisierte Vereinigung, überindividuell[181] – d.h. losgelöst vom Schicksal seiner Mitglieder – existiere, müsse das Interesse des Vereins scharf von dem Interesse der Mitglieder getrennt werden.

Schockenhoff wirft schließlich die Frage auf, ob, wenn man tatsächlich von einem Schutz der Mitglieder ausgeht, diese nicht die Möglichkeit haben – in Ausübung ihrer Vereinsautonomie – auf den Schutz zu verzichten, indem sie statutarische Einflußrechte Dritter vorsehen. Unter Berufung auf den in unserer Privatrechtsordnung anerkannten Satz „volenti non fit iniuria" bejaht er dies.[182]

---

176 *Wiedemann*, in: FS für Schilling, S. 105, 114; *Priester*, in: FS für Werner, S. 657, 663; *Loritz*, ZGR 1986, 310, 325; *Voormann*, S. 113; *Herfs*, S. 54; ähnlich *Teubner*, ZGR 1986, 565, 568, der allerdings die Vereinigung als Schutzobjekt ansieht und nicht die Mitglieder der Vereinigung.

177 ZGR 1986, 565, 568; ihm folgend *Härer*, S. 158.

178 *Teubner*, ZGR 1986, 565, 568.

179 *Rittner*, S. 229.

180 *H. J Wolff/Bachof/Stober*, Verwaltungsrecht, § 29 II; *Teubner*, ZGR 1986, 565, 568; ihm folgend *Härer*, S. 158.

181 *Rittner*, S. 229.

182 AcP 193 (1993), 35, 57.

(c) Kein selbständiges Vereinsinteresse

Zunächst ist *Schockenhoff* entgegenzuhalten, daß auch der Rechtssatz „volenti non fit iniuria" nur in den Grenzen der Rechtsordnung Geltung beanspruchen kann. Dementsprechend unterliegen auch freiwillig eingegangene Verpflichtungen der Grenze des § 138 BGB.[183] Wenn eine natürliche Person eine vertragliche Bindung eingeht, die eine nach § 138 BGB sittenwidrige Knebelung im Hinblick auf die wirtschaftliche Dispositionsfreiheit dieser Person zur Folge hat, ändert die Freiwilligkeit des Handelns nichts an der Unwirksamkeit des Vertrags. Zwingende Regelungen des Gesetzes können auch mit dem Einverständnis aller Beteiligten nicht außer Kraft gesetzt werden.

Darüber hinaus kann die namentlich von *Teubner* geäußerte Kritik nur überzeugen, wenn das Interesse des Vereins tatsächlich als „eigenständiges Organisationsinteresse"[184] anerkannt werden kann, das von dem Interesse der einzelnen Mitglieder zu trennen ist. Nur wenn beide Komponenten tatsächlich nicht miteinander in Verbindung stehen, erscheint es unzulässig, die Grenzen der Vereinsautonomie und damit des zulässigen Dritteinflusses an dem Interesse der einzelnen Mitglieder des Vereins zu messen. Der Schutz der Mitglieder vor Selbstentmündigung könnte in diesem Fall zur Begründung eines Verbots der Selbstentmündigung des Vereins nicht herangezogen werden.

Bei näherer Betrachtung erscheint die Existenz eines selbständigen, von den Mitgliedern losgelösten Interesses des Vereins jedoch zweifelhaft. Auch wenn die Rechtsordnung einem Verein Rechtsfähigkeit zuerkennt und insofern eine Verselbständigung gegenüber den Mitgliedern bewirkt, läßt sich daraus nicht herleiten, daß das Interesse des Vereins lösgelöst von den Mitgliederinteressen besteht. Die Rechtsfähigkeit des Vereins dient nur dazu, ihn zum rechtlichen Zuordnungsobjekt von Rechten und Pflichten zu machen. Sie besagt noch nichts darüber, ob der Verein auch eigene schutzwürdige Interessen hat. Ein solches eigenständiges Interesse ist vielmehr zu verneinen, wenn man die juristische Person richtigerweise nicht als Wert an sich versteht, sondern als ein rechtstechnisches Hilfsmittel im allgemeinen Rechtsverkehr.[185] Vor dem Hintergrund dieses Verständnisses fällt es schwer, in der juristischen Person einen höheren Wert zu erblicken als die Summe seiner Mitglieder.[186] Der Verein lebt, wie *Zöllner*[187] treffend formuliert hat, nur in und durch seine(n) Mitglieder(n), die sich in dem Verein zur Verfolgung eines gemeinsamen Zwecks verbunden haben. Die Mitglieder sind das Substrat, auf dem die Existenz des Vereins beruht und von dem er sich nicht völlig loslösen kann. Dem Verein selbst kommt kein zu schützender Wert und damit auch kein eigenes Interesse zu.[188]

Die zentrale Rolle der Mitglieder und ihrer Interessen bei der Bestimmung dessen, was als Interesse des Vereins bezeichnet wird, kommt darüber hinaus auch in den zwingenden Vorschriften des Vereinsrechts zum Ausdruck.[189] Aus den §§ 27, 36, 37 und 41 BGB folgt,

---

[183] *Fleck*, in: FS für Fischer, S. 107, 121.

[184] *Teubner*, ZGR 1986, 565, 568.

[185] *Zöllner*, Stimmrechtsmacht, S. 20; *Schwerdtner*, S. 119; *Müller-Freienfels*, AcP 156 (1957), 522, 533; *Lutter*, ZGR 1982, 244, 253.

[186] So aber *v. Gierke*, Rektoratsrede, S. 32.

[187] *Zöllner*, Stimmrechtsmacht, S. 19.

[188] *Hüffer*, § 76 AktG, Rdnr. 15.

[189] Entgegen der Ansicht von *Flume* (Allg. Teil, Band I/2, § 7 I 1) kann aus der Entstehungsgeschichte des Vereinsrechts des Bürgerlichen Gesetzbuchs nicht auf die Maßgeblichkeit des Willens der Mitglieder geschlossen werden. Zwar hat der erste Entwurf zu § 48 BGB in Abs. 1 den Wortlaut:

daß jeder Verein eine Mitgliederversammlung haben muß.[190] Da die Existenz der Mitgliederversammlung nicht Selbstzweck sein kann, muß ihr ein Mindestmaß an Kompetenzen und Aufgaben zukommen. Es würde wenig Sinn ergeben, die Existenz einer Mitgliederversammlung vorzuschreiben, den Interessen der dort versammelten Mitglieder aber keine Bedeutung für das Interesse des Vereins zuzumessen.

Darüber hinaus ist zu berücksichtigen, daß der Verein, anders als die Stiftung, eine privatrechtliche *Körperschaft* ist. Der Umstand, daß der Verein im Gegensatz zur Stiftung zwingend Mitglieder aufweisen muß, hat Bedeutung nur dann, wenn die Entscheidungen des Vereins sich zumindest mittelbar auf den Willen der Mitglieder zurückführen lassen.[191] Eine Körperschaft lebt also definitionsgemäß nach dem Willen ihrer Mitglieder.[192] Ergänzend kann zur Begründung § 53 BGB herangezogen werden, der für die Gründung eines Vereins sieben Mitglieder verlangt. Da die Mitglieder nicht erforderlich sind, um dem Verein ein Haftungskapital zur Verfügung zu stellen, macht das Erfordernis mehrerer Mitgliedern nur dann Sinn, wenn ihrem Willen auch eine Bedeutung für das Vereinsleben zukommt.

Aufgrund dieser Erwägungen würde es der zentralen Rolle der Mitglieder nicht gerecht werden, wenn sich ihre Herrschaft über das Geschehen im Verein in der Gründung des Vereins erschöpfen würde. Die Mitgliederherrschaft erfordert, daß die innere Organisation des Vereins auf Dauer ein Mindestmaß an Selbstbestimmung durch die Mitglieder erfährt. Die Vereinsautonomie gewährleistet somit auch nach der Gründung die eigenständige Verfolgung des Vereinszwecks durch die Mitglieder und deren Organe.

Es bleibt als Ergebnis festzuhalten, daß der Verein ein Rechtssubjekt ist, das von dem Willen seiner Mitglieder beherrscht wird. Die notwendige Mitgliederherrschaft hat der Gesetzgeber zwar nicht offen ausgesprochen, sichtbaren gesetzlichen Ausdruck findet seine Vorstellung jedoch in den verschiedenen zwingenden und dispositiven Vorschriften des Gesetzes. Der Gesetzgeber hielt den Gedanken der Mitgliederherrschaft für so selbstverständlich, daß er glaubte, ohne seine ausdrückliche Festschreibung im Gesetz auskommen zu können.[193]

„In den inneren Angelegenheiten der Körperschaft ist der Wille der Mitglieder maßgebend". In Abs. 5 heißt es aber: „Die Vorschriften des ersten bis vierten Abschnitts finden nur insoweit Anwendung, als nicht die Verfassung ein Anderes zum Ausdruck bringt" (vgl. *Jacobs/Schubert*, S. 211). Schon im ersten Entwurf hat sich der Gesetzgeber also für eine dispositive Regelung entschieden. Auch in den Motiven wird die Herrschaft der Mitglieder nicht als zwingend angesehen. Es lautet insoweit nur: „Es läßt sich aber auch davon ausgehen, daß in den Angelegenheiten, soweit die Verfassung nicht ein Anderes ergibt, der Wille der Körperschaft durch den Willen der Gesamtheit der Mitglieder der Körperschaft beschafft wird, daß mithin für diese Angelegenheiten der Wille der Mitglieder maßgebend ist" (vgl. Motive *I*, S. 105 = *Mudgan I*, S. 410).

190 *Soergel-Hadding*, § 32 BGB Rdnr. 2; Müko-*Reuter*, § 32 BGB Rdnr 11; *Kohler*, S. 95; *König*, S. 272; a.A. *Reemann*, S. 151, der meint, aus diesen Vorschriften folge, daß eine Mitgliederversammlung nur dann vorliegen müsse, wenn die Voraussetzungen einer zwingenden Einberufung gemäß §§ 36, 37 BGB vorliegen oder nur zum Zwecke der Fassung eines Auflösungsbeschlusses. Er kommt aber zu dem gleichen Ergebnis, indem er auf das den dispositiven Vorschriften zugrundeliegende Leitbild abstellt.

191 Dieser Unterschied zwischen Stiftung und Verein darf nicht aufgeweicht werden, denn die Gründung einer Stiftung ist von anderen Voraussetzungen abhängig als die Gründung eines Vereins (Konzession, staatliche Aufsicht).

192 Müko-*Reuter*, § 33 BGB Rdnr. 8; *Dütz*, in: FS für Herschel, S. 55, 57; *K. Schmidt*, Verbandszweck, S. 28.

193 *Kunadt*, S. 30; *Flume*, JZ 1992, 238, 239.

Versteht man den Verein als ein von dem Willen seiner Mitglieder beherrschtes Rechtssubjekt, ist die Existenz eines Interesses des Vereins, das selbständig und losgelöst neben dem Interesse der Mitglieder steht, nicht begründbar. Das Selbstbestimmungsrecht der Mitglieder muß daher der gedankliche Ansatzpunkt für das Erfordernis eines Mindestmaßes an Vereinsautonomie sein. Insoweit ist *Bär* zuzustimmen, der ausführt, daß die Vereinsautonomie zwar dem Verein als ganzem zustehe, daß aber die Vereinsautonomie, als Teil der Privatautonomie, letztendlich auf das Individuum zurückgeführt werden müsse.[194] Die Vereinsautonomie wird der Körperschaft folglich nicht um ihrer selbst willen zuteil, sondern nur, weil der Einzelne zu seiner Selbstverwirklichung und zur Verwirklichung der Ziele, die er mit anderen gemeinsam hat, die Möglichkeit privater Zusammenschlüsse benötigt und diese nur durch Zubilligung eines bestimmten Freiraums ihre Funktionen erfüllen können.[195] Zwischen der Autonomie des Vereins und dem Selbstbestimmungsrecht der Mitglieder besteht somit nur ein terminologischer Unterschied, der keine inhaltliche Bedeutung hat.[196]

(d) Inhalt des Vereinsinteresses

Trotz der Bedeutung des Willens der Mitglieder für das Interesse des Vereins darf nicht verkannt werden, daß der Verein als Personenverband eine körperschaftliche Struktur aufweist. Er ist daher unabhängig von dem jeweiligen Bestand seiner Mitglieder. Folglich kann eine unmittelbare Beziehung zwischen dem Interesse der Mitglieder und dem Interesse des Vereins dergestalt, daß das Vereinsinteresse die Summe der *Individual*interessen der momentanen Mitglieder widerspiegelt, nicht bestehen.

Auch ist es nicht möglich, das Interesse des Vereins unmittelbar mit dem Interesse der *Mehrheit* der Mitglieder gleichzusetzen. Zwar beruht das Mehrheitsprinzip auf dem Gedanken, daß die Mehrheit in der Regel das Interesse des Vereins verfolgen wird. Aber die Fälle des Mehrheitsmißbrauchs zeigen, daß das nicht immer der Fall sein muß.

Die durch die körperschaftliche Struktur zum Ausdruck kommende Eigenständigkeit des Vereins verlangt daher eine gewisse Objektivierung des Interesses. Das Interesse des Vereins kann nicht unmittelbar aus dem aktuellen Willen der jeweiligen Mitglieder abgeleitet werden, sondern es muß sich aus Anknüpfungspunkten ergeben, die die Mitgliedschaft des Einzelnen überdauern. Gedacht wird hier an die Satzung und den dort festgelegten Vereinszweck.[197] Dementsprechend kann das Vereinsinteresse nur durch Bezugnahme auf die Regelungen der Satzung und durch Rückgriff auf den Vereinszweck bestimmt werden.[198]

Die Ableitung des Vereinsinteresses aus der Satzung und dem Vereinszweck hat allerdings nicht zur Folge, daß das Vereinsinteresse völlig von dem Interesse der Mitglieder – gleichsam als selbständige Größe – abstrahiert werden kann. Der Zweck des Vereins und das sich daraus ableitende Vereinsinteresse schweben nicht völlig losgelöst über den Mitgliederinteressen. Selbst wenn Leitmaxime für das Handeln des Vereins seine Satzung und insbesondere der dort festgelegte Zweck ist, muß berücksichtigt werden, daß es allein die

194 *Bär*, S. 160; *Reemann*, S. 156.
195 *Bär*, S. 160 f.
196 *Rohleder*, S. 77.
197 *Reuter*, ZHR 145 (1981), 273, 281, bezeichnet den Vereinszweck als „überindividuell".
198 *Beinert*, S. 23; ähnlich *Zöllner*, Stimmrechtsmacht, S. 20.

Mitglieder sind, die Satzung und Vereinszweck festlegen und über ihren Fortbestand und ihre Beachtung im Einzelfall entscheiden.[199] Es besteht also eine Wechselbeziehung zwischen dem Interesse der Mitglieder, dem Vereinszweck und dem Vereinsinteresse. Weder ist das Vereinsinteresse völlig losgelöst von dem Interesse der Mitglieder, noch sind die gemeinsamen Interessen der aktuellen Mitglieder unmittelbar mit dem Vereinsinteresse identisch.[200] Vielmehr bestimmen die Interessen der Mitglieder das Vereinsinteresse nur insoweit, als sie mit der Satzung und dem Vereinszweck in Einklang stehen. Interessen der Mitglieder, die vom Vereinszweck nicht gedeckt sind, liegen folglich außerhalb des Vereinsinteresses.

Die aufgezeigten Zusammenhänge führen im Hinblick auf die gestellte Frage, inwieweit auch eine juristische Person dem Verbot der Selbstentmündigung unterliegt, zu folgendem Ergebnis: Ausgangspunkt ist die Feststellung, daß die natürliche Person ein schutzwürdiges Interesse daran hat, übermäßige Fremdbestimmung abzuwehren. Dieses Interesse besteht auch dann fort, wenn sich der Einzelne mit anderen zu einem Verein zusammenschließt. Es kehrt hier als Interesse des Vereins an körperschaftlicher Selbstbestimmung wieder. Da das Interesse der natürlichen Person, übermäßige Fremdbestimmung abzuwehren, nicht zur Disposition des Einzelnen steht, muß gleiches auch für das Interesse des Vereins an körperschaftlicher Selbstbestimmung gelten. Folglich gilt das Verbot der Selbstentmündigung nach § 138 BGB auch im Rahmen des Vereinsautonomie.[201]

c) *Konzernrecht und Verbot der Selbstentmündigung*

Um die unterschiedliche Behandlung von natürlicher und juristischer Person im Hinblick auf die Selbstbestimmung zu rechtfertigen, wird vereinzelt auf die Rechtsverhältnisse im Konzern verwiesen.[202] Das Konzernrecht zeige, daß das Verbot der Selbstentmündigung bei juristischen Personen keine Geltung beanspruchen könne, weil sich eine Vereinigung durch Unterordnung in einem Konzern einer anderen Vereinigung oder einer natürlichen Person unterwerfen könne, ohne daß § 138 Abs. 1 BGB dem entgegenstehe. Niemand zweifele daran, daß es sich bei konzernabhängigen Unternehmen um rechtlich selbständige Vereinigungen handele. Dies werde von den §§ 291 ff AktG sogar gerade vorausgesetzt. Von dem Grundsatz der Selbstbestimmung lasse sich bei juristischen Personen daher in vollem Umfang abweichen.[203]

---

199 *Beinert*, S. 23.

200 *Hopt*, ZGR 1993, 534, 535.

201 RGZ 3, 123, 132; 82, 308, 317; OLG Celle, Nds. Rpflege 1995, 48, 49; *v. Look* in *Reichert/v. Look*, Rdnr. 418 b; *ders*, S. 68; *Soergel-Hadding*, § 32 BGB Rdnr. 4 u. § 33 BGB Rdnr. 7; *Bondi*, in: FS für Liebmann, S. 278, 288; *Godin*, Vhdlg. des 42. Dt. Juristentages, Band II, F 65; *Flume*, in: FS für Coing, S. 97, 104; *Reuter*, ZHR 151 (1987), 355, 378; *Beuthien/Gätsch*, ZHR 156 (1992), 459, 474; *Kleinert*, ÖBA 1991, 337, 342 ff; auch *Bär*, S. 214, ist der Ansicht, daß sich eine Vielzahl der Probleme im Zusammenhang mit der Autonomie der Vereine mit einer offensiven Anwendung des § 138 BGB lösen ließe, doch räumt er unter starker Gewichtung der Rechtsklarheit einer ausdrücklichen gesetzlichen Regelung den Vorrang ein.

202 *Wiedemann*, WM 1975, Sonderbeilage Nr. 4, 13; *Schockenhoff*, AcP 193 (1993), 35, 55.

203 *Schockenhoff*, AcP 193 (1993), 35, 55. Das Spannungsverhältnis zwischen der Eingliederung einer juristischen Person in einen Konzern und dem Grundsatz der Vereinsautonomie nahmen Stimmen in der Literatur in den Anfangstagen des Konzernrechts zum Anlaß, die Zulässigkeit der Konzernierung generell anzuzweifeln. So meint *Ballerstedt*, DB 1957, 837, 840: „Wenn es richtig wäre, daß

Als Rechtfertigung für die Zulässigkeit einer vollständigen Selbstentmündigung ist ein Hinweis auf das Konzernrecht bereits deshalb wenig geeignet, weil den konzernrechtlichen Tatbeständen ein Ausnahmecharakter zukommt. Zudem haben sie ihre Legitimation entweder durch ausdrückliche gesetzliche Regelungen oder durch höchstrichterliche Rechtsfortbildung erhalten. Ein Rückschluß von diesen Ausnahmefällen auf die Grundprinzipien des Rechts der Vereinigungen ist nicht zulässig. Darüber hinaus ist die Konzernierung nur möglich unter Einhaltung strenger Schutzmechanismen zugunsten der Mitglieder und der Gläubiger der juristischen Person (vgl. §§ 304 ff AktG und § 311 AktG). Diese Schutzmechanismen sind bei anderen Arten des Dritteinflusses nicht anzutreffen.

Bei näherer Untersuchung zeigt sich darüber hinaus, daß eine Konzernierung keineswegs zur völligen Aufgabe der Selbstbestimmung der beherrschten juristischen Person führt. Das gilt zumindest für den hier allein interessierenden Vertragskonzern, der für einen Vergleich mit dem in Rede stehenden Fremdeinflusses durch nicht vereinsangehörige Dritte am ehesten geeignet ist.[204] Betrachtet man die Rechtsverhältnisse im GmbH-Vertragskonzern,[205] so tritt zutage, daß die Autonomie der abhängigen Gesellschaft keineswegs völlig aufgegeben wird. Durch den Beherrschungsvertrag überläßt die beherrschte Gesellschaft die Leitung einem anderen Unternehmen (§ 291 Abs. 1 AktG analog). Das bedeutet, daß das sonst den Gesellschaftern zustehende Recht, Weisungen an den oder die Geschäftsführer hinsichtlich der Führung der Geschäfte zu erteilen, auf die herrschende Gesellschaft übertragen wird. Durch den Beherrschungsvertrag wird also die Kompetenz der Gesellschafterversammlung der abhängigen Gesellschaft in einem Teilbereich beschnitten und auf das herrschende Unternehmen verlagert.[206] Nicht unter das Weisungsrecht des herrschenden Unternehmens fallen jedoch Kompetenzen, die in dem ausschließlichen Zuständigkeitsbereich der Gesellschafterversammlung gehören, wie etwa die Kompetenz zur Satzungsänderung.[207] Der durch den Beherrschungsvertrag vermittelte Dritteinfluß läßt also die Satzungsautonomie der Gesellschafter unberührt und wahrt daher durchaus ein Mindestmaß an Selbstbestimmung. Das gilt selbst dann, wenn der Beherrschungsvertrag keine Kündigungsmöglichkeit vorsieht, weil die Möglichkeit einer außerordentlichen Kündigung immer besteht. Eine endgültige und allumfassende Fremdbestimmung ist also auch im Vertragskonzern nicht gegeben.[208] Das Konzernrecht ist somit aus verschiedenen Gründen nicht geeignet, das Verbot der Selbstentmüdigung im Recht der Vereinigungen zu widerlegen.[209]

---

das AktG die AG nicht nur als vermögensrechtliche Einheit, sondern auch als eine zu eigener selbständiger Willensbildung und selbständiger unternehmerischer Entscheidung bestimmte Einheit zwingend normiere, so müßte man zu dem Ergebnis kommen, die Einbeziehung einer AG in einen Konzernzusammenhang finde in dieser zwingenden Regelung, in dem Gedanken der „sich selbst verwaltenden AG“ (*C. Fischer*, AcP 154 (1955), 204 ff), ihre unübersteigbare Schranke“.

204 Im faktischen und qualifiziert faktischen Konzern beruht die Einflußnahme auf einer Mehrheitsbeteiligung des herrschenden Unternehmens. Es handelt sich daher um mitgliedschaftlich vermittelte Macht und nicht um die Einflußnahme durch außenstehende Dritte.

205 Siehe dazu unten § 9 III 3 a) aa).

206 *Zöllner*, ZGR 1992, 173, 182.

207 *Zöllner*, ZGR 1992, 173, 185.

208 *Beuthien*, ZIP 1993, 1589, 1592.

209 *Teichmann*, S. 192 ff; *Wiedemann*, in: FS für Schilling, S. 105, 118; so wohl auch *Vormann*, S. 113 der ausführt, der Grundfall des Konzernrechts, die Beherrschung eines Unternehmens durch ein anderes, zeige in der Verkehrung, was mit Vereinsautonomie gemeint sei.

d) Erste Konkretisierung des Verbots der Selbstentmündigung

Das Verbot der Selbstentmündigung nach § 138 Abs. 1 BGB bedeutet nicht, daß jeglicher Dritteinfluß auf die Willensbildung in einem Verein als unzulässig anzusehen wäre. Das Bundesverfassungsgericht hat zu Recht betont, daß es zur Ausübung der Vereinsautonomie auch gehört, die Selbstbestimmung in der Weise zu beschränken, daß sich der Verein dem Einfluß eines außenstehenden Dritten unterwirft.[210] Damit ist die Frage nach den konkreten Grenzen des zulässigen Dritteinflusses angesprochen. Bei welchen Entscheidungen und in welchem Umfang muß der zustimmende oder ablehnende Wille der Mitglieder unabhängig von einem Dritteinfluß zur Geltung kommen?

Wenn man davon ausgeht, daß die Vereinsautonomie sich aus der Privatautonomie der Mitglieder ableitet, so kann bei der Konkretisierung der Grenzen der Vereinsautonomie ein Blick auf die Rechtslage bei der natürlichen Person weiterhelfen. Die Grenzen einer zulässigen rechtsgeschäftlichen Bindung werden hier in der Regel nur durch allgemeine Formulierungen beschrieben. Eine sittenwidrige Selbstbindung liegt vor, wenn die persönliche oder wirtschaftliche Bewegungsfreiheit der natürlichen Person im ganzen oder in einem wesentlichen Teil so eingeschränkt ist, daß sie ihre Selbständigkeit verliert und dadurch in eine sittlich zu mißbilligende Abhängigkeit gerät.[211] Eine Konkretisierung hat diese Formel erst im Laufe der Zeit durch die Herausbildung von Fallgruppen (z.B. Knebelungsverträge) erfahren. Darüber hinaus bedarf es auch bei der natürlichen Person einer wertenden Betrachtung im Einzelfall, bei der die konkreten Umstände und die Belange der Parteien zu berücksichtigen sind.[212]

Eine Auswertung von Rechtsprechung und Literatur zu den Grenzen der Vereinsautonomie fördert eine ähnliche Rechtslage zutage. Auch hier finden sich überwiegend allgemeine Aussagen etwa dergestalt, daß die Grenze des zulässigen Dritteinflusses erreicht ist, wenn das rechtliche Schicksal des Vereins in die Hände außenstehender Personen in der Weise gelegt wird, daß der Verein seine Selbständigkeit völlig verliert.[213] Die entscheidende Frage, in welchen Fällen man davon ausgehen kann, daß das Schicksal eines Vereins in den Händen außenstehender Personen liegt, wird wiederum mit allgemein gehaltenen Formulierungen beantwortet. Nach überwiegender Ansicht ist dies der Fall, wenn die Satzung den Verein so stark unter fremden Einfluß bringt, daß der Verein nicht mehr vornehmlich von der Willensbildung und -betätigung der Mitglieder getragen wird, sondern als unselbständige Verwaltungsstelle einer anderen natürlichen oder juristischen Person oder eines sonstigen Dritten erscheint.[214]

---

210 BVerfGE 83, 341, 359 = NJW 1991, 2623 ff; so auch KG, OLGZ 1974, 385, 387; ähnlich *Loritz*, ZGR 1986, 310, 325.

211 RGZ 82, 313 ff; 130, 143 ff; 143, 48 ff; *Soergel-Hefermehl*, § 138 BGB Rdnr. 117.

212 BGHZ 10, 228, 232 = NJW 1953, 1665 ff; BGH, NJW 1970, 657, 658; RGRK-*Krüger-Nieland/Zöller*, § 138 BGB Rdnr. 73.

213 *Soergel-Hadding*, vor § 21 BGB Rdnr. 79; RGRK-*Steffen*, vor § 21 BGB Rdnr. 25; *Wiedemann*, in: FS für Schilling, S. 105, 111; *Hommelhoff/Priester*, ZGR 1986, 463, 499; *Priester*, in: FS für Werner, S. 657, 663.

214 OLG Köln, Rpfleger 1992, 112, 113 = NJW 1992, 1048 ff; in diesem Sinne auch: KG, OLGZ 1974, 385, 387; BayObLG, NJW 1980, 1756, 1757 = BayObLGZ 1979, 303 ff; OLG Frankfurt a. M., NJW 1983, 2576; OLG Stuttgart, NJW-RR 1986, 995, 996; LG Siegen, Rpfleger 1964, 267, 268; LG Hildesheim, NJW 1965, 2400; LG Krefeld, Rpfleger 1968, 17; LG Aachen, DVBl 1976, 914, 915; *Bondi*, in: FS für Liebmann, S. 278, 283 „willenloses Werkzeug in den Händen Dritter Personen"; *Dütz*,

Die vielfältigen Möglichkeiten, die es für einen Außenstehenden gibt, auf die Geschehnisse in einem Verein einzuwirken, machen eine generalklauselartige Beschreibung der Grenzen des Dritteinflusses unumgänglich. Es handelt sich bei den Grenzen der Vereinsautonomie also um eine variable Schranke,[215] die erst im Einzelfall im Rahmen einer wertenden Betrachtungsweise feste Konturen erhalten kann.

Die wertende Betrachtungsweise sollte jedoch nicht im „luftleeren Raum" stattfinden; es sind daher konkrete Anhaltspunkte herauszuarbeiten, die bei der im Einzelfall vorzunehmenden Gesamtwürdigung zu berücksichtigen sind. In diesem Zusammenhang kann sich ein Blick auf die Abwägungskriterien, die bei der Diskussion um das Verbot der Selbstentmündigung bei der natürlichen Person eine Rolle spielen, als hilfreich erweisen. Hier haben sich trotz der zunächst allgemein gehaltenen Formulierung qualitative und quantitative Kriterien herausgebildet, anhand derer die Zulässigkeit der Selbstbindung der natürlichen Person im Einzelfall überprüft werden kann.[216] Von maßgeblicher Bedeutung für die Beurteilung, ob die rechtsgeschäftliche Bindung einer natürlichen Person zulässig ist, ist die Unterscheidung, in welchen Bereich der Privatautonomie die rechtsgeschäftliche Bindung eingreift. Es kommt also auf den Inhalt des durch Rechtsgeschäft eingeschränkten Rechts an. So sind familienrechtliche Entscheidungen oder Entscheidungen, die die Lebensgrundlagen eines Menschen betreffen, im Hinblick auf eine rechtsgeschäftliche Unterwerfung unter den Willen eines Dritten besonders empfindlich. Dementsprechend ist es z.B. unzulässig, das Recht zur freien Wahl des Wohnsitzes[217] oder die Freiheit der Berufsausübung[218] durch eine rechtsgeschäftliche Abrede übermäßig zu beschränken. Des weiteren sind Umfang (vgl. § 310 BGB) und Dauer der Bindung von Bedeutung für die Frage, ob das Selbstbestimmungsrecht der natürlichen Person verletzt ist. Zu berücksichtigen ist ferner, ob der Einzelne die Möglichkeit hat, sich aus der rechtsgeschäftlichen Bindung zu lösen.

Diese Abwägungskriterien können in modifizierter Form auch bei der Beurteilung der Zulässigkeit des Dritteinflusses auf einen Verein Bedeutung erlangen. Dies sei im folgenden erläutert.

aa) Objekt des Einflußrechts des Dritten

Entscheidend für die rechtliche Bewertung ist zunächst die Frage, auf welchen organisatorischen Bereich des Vereinslebens der Dritte Einfluß ausübt. Es ist unschwer nachvollziehbar, daß ein unterschiedliches Maß an Fremdbestimmung erreicht wird, je nachdem, ob der vereinsfremde Dritte beispielsweise das Recht hat, die Satzung des Vereins zu ändern, oder ob dem Dritten nur das Mitspracherechte im Hinblick auf einzelne Angelegenheiten der Geschäftsführung eingeräumt wird.

---

in: FS für Herschel, S. 55, 57; *Schaible* S. 34. Kritisch demgegenüber *Flume*, JZ 1992, 238, 240: „... eine so unbestimmte Regelung führt zu Rechtsunsicherheit".

[215] *Wiedemann*, in: FS für Schilling, S. 105, 114; *Voormann*, S. 115.

[216] Müko-*Mayer-Maly*, § 138 BGB Rdnr. 61.

[217] BGH, NJW 1972, 1414, 1415.

[218] *Larenz/Wolf*, Allg. Teil, § 22 III.

bb) Umfang des Einflußrechts des Dritten

Die Zulässigkeit des Dritteinflusses beurteilt sich des weiteren danach, in welchem Umfang der Dritte Einfluß auf des Vereinsleben nehmen kann. Der Umfang des Dritteinflusses bestimmt sich nach der Art und Weise, in der der Dritte bei der Willensbildung im Verein mitwirken kann.

(1) Am weitreichendsten ist die Einflußmöglichkeit, wenn dem Dritten ein *Alleinentscheidungsrecht* zusteht. Der Dritte kann hier Entscheidungen allein – und damit auch gegen den Willen der Mitgliederversammlung – treffen. Bei der Begründung eines Alleinentscheidungsrechts ist eine verdrängende Zuständigkeit oder eine konkurrierende Zuständigkeit des Dritten denkbar.[219] Die Abgrenzung zwischen konkurrierender und verdrängender Zuständigkeit hängt davon ab, welche Rechte der Mitgliederversammlung verbleiben. Wird die Zuständigkeit zur Entscheidung nur in konkurrierender Form auf einen Dritten übertragen, so können die Entscheidungen auch weiterhin von den Mitgliedern getroffen werden. Faßt die Mitgliederversammlung einen Beschluß, so kann eine anderslautende Entscheidung des Dritten daran nichts mehr ändern. Wird in der Satzung dagegen die verdrängende Zuständigkeit eines Dritten vereinbart, so verzichtet die Mitgliederversammlung in dem betreffenden Bereich auf ihre Befugnisse. Der Dritte allein ist befugt, eine maßgebliche Entscheidung zu treffen.

Probleme ergeben sich im Rahmen der konkurrierenden Zuständigkeit, wenn der Dritte eine Entscheidung trifft, mit der die Mitgliederversammlung nicht einverstanden ist. *Hölters*[220] geht davon aus, daß die Mitgliederversammlung sich durch einen neuen Beschluß mit der vorgesehenen, in der Regel einfachen Mehrheit, über den Willen des Dritten hinwegsetzen kann. Bei sich widersprechenden Entscheidungen und Beschlüssen gelte dann nur der Beschluß der Mitgliederversammlung. Nach einer strengeren Ansicht[221] genügt ein mit einfacher Mehrheit gefaßter Beschluß der Mitgliederversammlung nicht, um die anderslautende Entscheidung des Dritten abzuändern. Erforderlich soll vielmehr ein Beschluß der Mitgliederversammlung sein, der die Entscheidung des Dritten wieder rückgängig macht (actus contrarius). Hat der Dritte z.B. ein Vorstandsmitglied bestellt, mit dem die Mitgliederversammlung nicht einverstanden ist, so muß das Vorstandsmitglied durch die Mitgliederversammlung mit der für die Abberufung von Vorstandsmitgliedern notwendigen Mehrheit abberufen werden.

Gegen die zuletzt genannte Ansicht wird eingewandt, der Dritte könne wieder eine Entscheidung gleichen Inhalts treffen, nachdem die Mitgliederversammlung durch einen actus contrarius die erste Entscheidung aufgehoben hat. Der so entstehende Kompetenzstreit lasse sich nur lösen, wenn die Mitgliederversammlung die Kompetenz des Dritten durch eine Satzungsänderung aufhebe. Eine derartige Kompetenzverlagerung, die nur unter erheblichem Aufwand wieder beseitigt werden könne, sei aber nicht gewollt, wenn die Mitglieder nur eine konkurrierende Zuständigkeit des Dritten vereinbaren. Mit einer konkurrierenden Zuständigkeit brächten die Mitglieder zum Ausdruck, daß sie ihre Zuständigkeit nicht völlig aus der Hand geben wollten. Die Entscheidung des Dritten solle vielmehr nur

[219] Dazu *Scholz-K. Schmidt*, § 45 GmbHG Rdnr. 9; *Rowedder-Koppensteiner*, § 45 GmbHG Rdnr. 8; *Härer*, S. 47.

[220] *Hölters*, S. 22; ihm folgend *Härer*, S. 54.

[221] *Scholz-K. Schmidt*, § 45 GmbHG Rdnr. 9; *Rowedder-Koppensteiner*, § 45 GmbHG Rdnr. 8.

unter dem Vorbehalt gelten, daß keine eigene Entscheidung durch die Mitgliederversammlung getroffen werde.[222]

Die beiden Ansichten stehen sich nicht unvereinbar gegenüber. Es ist letztlich eine Auslegungsfrage, welche der beiden Varianten in der Satzung gewollt ist. Im Rahmen einer Auslegung werden jedoch die besseren Argumente in der Regel für die strengere Ansicht sprechen. Zunächst ist zu bedenken, daß auch nach der strengeren Ansicht die Mitgliederversammlung ihre Zuständigkeit nicht völlig aus der Hand gibt. Im Gegensatz zur verdrängenden Zuständigkeit bleibt es ihr unbenommen, zuerst und damit verbindlich eine Entscheidung in einer bestimmten Angelegenheit zu treffen. Nur wenn sie diese Chance nicht nutzt, ist der Dritte zuständig. Darüber hinaus wirft die konkurrierende Zuständigkeit, wie *Hölters* sie versteht, dogmatische Probleme auf. Nimmt der Dritte z.B. ein Mitglied auf, mit dem die Mitgliederversammlung nicht einverstanden ist, so soll – nach Ansicht *Hölters* – ein Beschluß der Mitgliederversammlung ausreichend sein mit dem Inhalt, daß der Aufgenommene kein Mitglied ist. Welche Rechtsstellung hat „der Neue" aber in der Zwischenzeit? War er kurzzeitig Mitglied, ist der gegenteilige Beschluß der Mitgliederversammlung also auflösende Bedingung für die Mitgliedschaft, oder steht die Mitgliedsstellung unter der aufschiebenden Bedingung, daß die Mitgliederversammlung keinen gegenteiligen Beschluß faßt? In jedem Fall begründet die konkurrierende Zuständigkeit, so wie *Hölters* sie versteht, für den Dritten nur eine schwache Rechtsposition, die sich letztendlich in einer Beraterstellung erschöpft.[223]

Bedenken im Hinblick auf die Vereinsautonomie bestehen bei einer so verstandenen konkurrierenden Zuständigkeit nicht, da die Mitgliederversammlung jederzeit ihren Willen durchsetzen kann, und zwar mit der Mehrheit, die ohnehin für die konkrete Entscheidung erforderlich gewesen wäre.[224] Auch wenn man der strengeren Ansicht folgt, ergeben sich keine durchgreifenden Bedenken bezüglich der Autonomie des Vereins. Die Mitglieder haben nämlich bei jeder Entscheidung erneut die Möglichkeit, einen Beschluß zu fassen und so ihrem Willen zur Geltung zu verhelfen.

Demgegenüber wird die Vereinsautonomie durch eine verdrängende Zuständigkeit eines außenstehenden Dritten weit mehr berührt. Eine eingehende Untersuchung bleibt daher dem zweiten Kapitel vorbehalten.

(2) Wird in der Satzung des Vereins zugunsten des Dritten ein *Zustimmungsrecht* (oder auch *Vetorecht*) eingeräumt, so kann die Mitgliederversammlung einen entsprechenden Beschluß wirksam nur mit der Zustimmung des Dritten fassen. Gegen den Willen des Dritten ist eine Entscheidung nicht möglich. Allerdings kann der Dritte allein – ohne die Mitwirkung der Mitgliederversammlung – ebenfalls keine Entscheidung herbeiführen. Es ist ihm nicht möglich, gegen den Willen der Mitglieder eine Maßnahme durchzusetzen. Der Dritte kann nur eine bestimmte Willensbildung der Mitglieder verhindern, indem er seine Zustimmung zu einem Beschluß der Mitgliederversammlung verweigert. Die Vereinbarkeit einer solchen Einflußmöglichkeit eines Dritten mit der Vereinsautonomie wird ebenfalls Gegenstand des zweiten Kapitels sein.

---

222 *Härer*, S. 53.

223 *Wessing/Max*, in: FS für Werner, S. 975, 978.

224 Der Bundesgerichtshof hat für die Publikumspersonengesellschaft entschieden, daß eine Übertragung des Rechts zur Satzungsänderung auf einen Beirat möglich ist, sofern dessen Kompetenz nur neben die der Gesellschafterversammlung tritt, so daß die Entscheidungen des Beirats durch die Gesellschafter wieder außer Kraft gesetzt werden können (GmbHR 1985, 188, 189).

(3) Weniger intensiv als ein Zustimmungsrecht wirkt sich der Einfluß des Dritten auf die Willensbildung des Vereins aus, wenn die Entscheidungen der Mitglieder lediglich im *„Benehmen"* des Dritten ergehen müssen. In diesem Fall sind die Mitglieder nicht auf die Zustimmung des Dritten angewiesen, sondern sie sind nur gehalten, möglichst eine einvernehmliche Entscheidung mit dem Dritten herbeizuführen. Wegen der geringen Einschränkung der Entscheidungsfreiheit der Mitglieder ist eine Selbstentmündigung nicht zu befürchten.

(4) Wird dem Dritten ein *Vorschlagsrecht* eingeräumt, so hat er das Recht, den Inhalt eines Beschlusses vorzuschlagen. Die Entscheidung über den Inhalt des Beschlusses trifft allein und ohne Bindung an den Vorschlag des Dritten die Mitgliederversammlung. Eine Bindung der Mitgliederversammlung besteht nur darin, daß sie über den Beschlußvorschlag des Dritten abstimmen muß. Das einfache *Vorschlagsrecht* berührt also die Vereinsautonomie nicht in nennenswertem Umfang.

(5) Die schwächste Form der Mitwirkungsmöglichkeit liegt in dem Recht des Dritten, zu einer Entscheidung der Mitgliederversammlung angehört zu werden. Auch hier bleibt die Autonomie des Vereins regelmäßig unberührt.

(6) In besonderer Weise lassen sich schließlich die Möglichkeiten der Mitwirkung im Hinblick auf die Bestellung von Vorstandsmitgliedern abstufen.[225] Neben einem Alleinentscheidungs- oder Zustimmungsrecht des Dritten kann hier unterschieden werden zwischen einem *Präsentationsrecht*, einem *Benennungsrecht* und einem Vorschlagsrecht. In allen drei Fällen verbleibt die Wahl der Vorstandsmitglieder in den Händen der Mitglieder des Vereins; ihre Entscheidungsfreiheit ist jedoch mehr oder weniger eingeschränkt. Steht dem Dritten ein Präsentationsrecht zu, so können die Mitglieder dem Präsentierten nur dann die Stimme verweigern, wenn wichtige Gründe gegen seine Wahl sprechen.[226] Bei einem Benennungsrecht reichen sachliche, im Interesse des Vereins liegende Gründe aus, um eine Wahl des Benannten abzulehnen.[227] Einem Vorschlagsrecht schließlich fehlt jegliche Verbindlichkeit (siehe oben (4)).

Das Vorschlagsrecht greift nicht in die Autonomie des Vereins ein und ist daher ohne weiteres zulässig. Auf die Frage, inwieweit ein Präsentationsrecht und ein Benennungsrecht mit der Vereinsautonomie vereinbar sind, wird noch einzugehen sein.[228]

cc) Bestandskraft und Dauer des Dritteinflusses

Für den Umfang der Beeinträchtigung der Vereinsautonomie ist des weiteren von Bedeutung, ob und wie die Mitglieder des Vereins den in der Satzung eingeräumten Dritteinfluß wieder beseitigen können.

Grundsätzlich kann die in der Vereinssatzung verankerte Kompetenz des Dritten nur aufgehoben werden, wenn die Mitgliederversammlung einen Beschluß über die Änderung der Satzung faßt. Die Zuständigkeit der Mitgliederversammlung zur Aufhebung der Kompetenz des Dritten bezeichnet man als sog. Kompetenzkompetenz. Auch im Rahmen der Kompetenzkompetenz sind Abstufungen der Entscheidungsfreiheit der Mitglieder denkbar.

---

[225] Vgl. hierzu bzgl. der Bestellung des Geschäftsführers einer GmbH: *Lutter/Hommelhoff*, § 46 GmbHG Rdnr. 12.

[226] BGH WM 1989, 250, 252.

[227] BGH WM 1989, 250, 252; OLG Hamm, ZIP 1986, 1188, 1194 m. Anm. *Lutter*.

[228] Siehe dazu unten § 8 VII 4 b).

Zwar sieht § 33 BGB für Satzungsänderungen einen mit qualifizierter Mehrheit gefaßten Beschluß der Mitgliederversammlung vor, doch kann die Satzung auch geringere oder höhere Erfordernisse im Hinblick auf die Mehrheit vorsehen.[229] Je geringer die notwendige Mehrheit ist, desto leichter läßt sich das Einflußrecht des Dritten wieder beseitigen. Denkbar ist es auch, daß die den Dritteinfluß begründende Satzungsbestimmung nur mit der Zustimmung des Dritten geändert oder aufgehoben werden kann. Eine Aufhebung der Kompetenz des Dritten wird sich hier als schwierig, wenn nicht gar unmöglich erweisen.

Die Zulässigkeit des Dritteinflusses könnte schließlich auch davon abhängig gemacht werden, für welchen Zeitraum dem Dritten die Möglichkeit eingeräumt wird, auf die Geschicke des Vereins Einfluß zu nehmen.[230] In der Regel werden Drittrechte jedoch ohne zeitliche Begrenzung in die Satzung aufgenommen, so daß diesem Kriterium in der Praxis nur wenig Gewicht beizumessen ist.

Zum Schutz der Vereinsautonomie schlagen *Hommelhoff/Priester*[231] vor, in den Fällen des statutarisch verankerten Dritteinflusses auf die Schutzmechanismen zurückzugreifen, die das Aktiengesetz vorsieht, um der Gefahr zu begegnen, daß von Gesellschaftern gewählte Organe nicht in hinreichendem Maß die Interessen der Gesellschafter berücksichtigen. Um die Interessen der Mitglieder zu wahren, ohne ihnen jedoch direkten Einfluß auf die Entscheidungsfindung zu gewähren, begrenzt das Gesetz in den §§ 84 Abs. 1 Satz 1 und 102 Abs. 1 Satz 1 AktG die Amtsdauer der Vorstandsmitglieder und der Aufsichtsratsmitglieder einer AG auf fünf Jahre. Auf diese Weise wird sichergestellt, daß die Organmitglieder ein Interesse daran haben, das Vertrauen der Mitglieder des sie wählenden Gremiums zu erhalten. Bejaht man eine Analogie zu den genannten Vorschriften für den Fall, daß einem Dritten Einflußrechte auf einen Verein eingeräumt werden, dann sind die Interessen der Vereinsmitglieder jedenfalls dann als gewahrt anzusehen, wenn das Recht des Dritten auf fünf Jahre beschränkt ist.

Dieser Gedanke kann jedoch aus mehreren Gründen nicht überzeugen. Die §§ 84 Abs. 1 Satz 1 und 102 Abs. 1 Satz 1 AktG begrenzen allein die Macht der Vorstands- oder der Aufsichtsratsmitglieder. Die Rechtsstellung dieser Organe ist mit der Rechtsstellung eines Dritten, dem statutarischer Einfluß auf eine Vereinigung gewährt wird, nicht vergleichbar. So kann der Umfang der Rechte, die dem Dritten eingeräumt werden, wesentlich weiter (oder auch enger) sein als der Umfang der Rechte des Vorstands/Aufsichtsrats. Man denke nur an den Fall, daß einem Dritten das Recht zur Auflösung des Vereins eingeräumt wird. Eine allgemeine Analogie zu den §§ 84 Abs. 1 Satz 1 und 102 Abs. 1 Satz 1 AktG würde also den unterschiedlichen Gestaltungen von Dritteinfluß nicht gerecht werden. Darüber hinaus können Mitglieder von Vorstand oder Aufsichtsrat einer Aktiengesellschaft bereits vor dem Ablauf von fünf Jahren aus wichtigem Grund abberufen werden. Ein statutarisch begründetes Drittrecht kann jedoch auch bei Vorliegen eines wichtigen Grunds nicht ohne weiteres aufgehoben werden. Schließlich sind die Mitglieder von Vorstand oder Aufsichtsrat bei ihren Entscheidungen an die Interessen des Vereins gebunden, während ein Dritter das Mitwirkungsrecht in der Regel erhält, um eigene Interessen in das Vereinsleben einbringen zu können.

---

229 Vgl. statt aller *Soergel-Hadding*, § 33 BGB Rdnr. 6.
230 *Voormann*, S. 116; *Mertens*, in: FS für Stimpel, S. 417, 420.
231 ZGR 1986, 463, 502.

dd) *Bestandskraft der Entscheidung des Dritten*

Die Zulässigkeit des Fremdeinflusses kann weiterhin davon abhängig sein, ob die Mitglieder es in der Hand haben, die durch den Dritteinfluß geschaffene Situation durch eine eigene Willensentscheidung wieder zu beseitigen. Es geht hier anders als oben unter cc) nicht um die Frage, ob die Kompetenz des Dritten als solche wieder aufgehoben werden kann, sondern ob die Mitglieder die konkrete Entscheidung des Dritten rückgängig machen können. Dies ist beispielsweise der Fall, wenn die Mitglieder einen durch den Dritten bestellten Vorstand wieder abberufen können.

ee) *Besonderheiten in der Person des Dritten*

Die Zulässigkeit des Dritteinflusses wird bisweilen von der konkreten Interessenausrichtung des Dritten abhängig gemacht.[232] Dahinter steht der Gedanke, daß die Berücksichtigung fremder Interessen durch einen Dritten weniger zu befürchten ist, wenn der Dritte die ihm übertragenen Rechte nicht als Mittel zur Erreichung eigener Zwecke ausübt, sondern seine Tätigkeit in den Dienst des Vereins stellt. Anhaltspunkt für die Interessenausrichtung des Dritten könnte zum einen die „Intention der Bestellung" des Dritten und zum anderen die „Nähe des Dritten" zu dem Verein sein.

(1) Intention der Bestellung

Wird auf die Intention der Bestellung abgestellt, so ist danach zu fragen, ob die Einflußmöglichkeit auf Betreiben des Vereins oder auf Betreiben des Dritten eingeräumt wurde.[233] Die Übertragung von Rechten auf Dritte soll zulässig sein, wenn sie nicht aus eigensüchtigen Motiven des Dritten geschieht, sondern im Interesse des Vereins liegt.

Diesem Anknüpfungspunkt ist entgegenzuhalten, daß die Intention der Bestellung im nachhinein nur schwer zu ermitteln ist. Es handelt sich daher um ein „unrealistisches und unpraktikables"[234] Entscheidungskriterium. Hinzu kommt, daß das Abstellen auf die Intention der Bestellung von der unzutreffenden Vorstellung ausgeht, ein auf Betreiben der Vereinsmitglieder eingeräumter Dritteinfluß entspreche grundsätzlich dem Vereinsinteresse, wohingegen eine von Dritter Seite initiierte Fremdbestimmung stets dem Vereinsinteresse zuwiderlaufe.[235] Diese Interessenzuweisung ist zu pauschal, denn die Loyalitätserwartungen an einen Dritten, der im Verein Einfluß ausübt, können nicht ausschließlich von dem Vorgang der Bestellung abhängig gemacht werden.

(2) Nähe des Dritten

Nach einer anderen Ansicht soll die Nähe des einflußnehmenden Dritten zum Verein wertend zu berücksichtigen sein.[236] Dahinter steht folgender Gedanke: Je näher der Dritte

---

232 *Voormann*, S. 115; *Vogel*, S. 6; *Fleischer*, S. 112 ff; *Mertens*, in: FS für Stimpel, S. 417, 420; *Vollmer*, S. 128; *König*, S. 283; *Herfs*, S. 88.

233 *Voormann*, S. 115; *Vogel*, S. 6; *Fleischer*, S. 112 ff, spricht vom „Motiv" des Fremdeinflusses.

234 *Teubner*, ZGR 1986, 565, 571.

235 *Härer*, S. 164.

236 BayObLGZ 1979, 303, 310 = NJW 1980, 1756 ff: „Bischof ist nicht irgendein Dritter"; *Mertens*, in: FS für Stimpel, S. 417, 420; *Vollmer*, S. 128; *Herfs*, S. 88; *König*, 283.

dem Verein steht, desto größer ist die Wahrscheinlichkeit, daß es zu einem Gleichlauf zwischen den Interessen des Dritten und denen des Vereins kommt. Dementsprechend sollen sich die aufgrund der Vereinsautonomie bestehenden materiellen Bedenken an der Einräumung von Dritteinfluß verringern.

Gegen das Kriterium der Nähe des Dritten ist einzuwenden, daß eine justitiable Abgrenzung zwischen dem Verein nahestehenden Dritten und dem Verein fernstehenden Dritten kaum möglich ist. Zum einem können die individuellen Merkmale des Dritten, die seine Nähe (oder Ferne) zum Verein begründen, in der Praxis nur schwer ermittelt werden. Zum anderen stellt sich die Frage, ab welchem Grad der Annäherung die Vereinsautonomie gewahrt ist. Es handelt sich hierbei um eine rein subjektive Gewichtung,[237] die dem Gebot der Rechtssicherheit nicht gerecht wird.

Anderes mag in den Fällen gelten, in denen der Dritte eine Rechtsstellung innehat, die gesetzlich genau umschrieben und inhaltlich der Rechtsstellung eines Mitglieds vergleichbar ist. Eine solche „Quasi-Mitgliedsstellung" könnte man für den Nießbraucher, den Treuhänder oder den Inhaber einer Unterbeteiligung annehmen, weil der Dritte die negativen Folgen seines Handelns gegen das Interesse des Vereins hier ebenso spürt wie ein Mitglied.[238] In der vereinsrechtlichen Praxis spielen diese Gestaltungen jedoch keine Rolle. Insbesondere kann die den genannten Sonderfällen zugrundeliegende Argumentation nicht auf das Verhältnis zwischen Mitgliedsverein und Dachverband übertragen werden. Der Dachverband nimmt gegenüber seinem Mitgliedsverein keine Stellung ein, die der eines Mitglieds vergleichbar wäre.

(3) Rechtsverhältnisse im Dachverband

Allerdings ist nicht zu verkennen, daß auch der Dachverband dem Mitgliedsverein nicht wie ein beliebiger Dritter gegenübersteht. Der Verein, auf den der Dachverband Dritteinfluß ausübt, ist seinerseits Mitglied im Dachverband. Er hat daher die Möglichkeit, auf den Willensbildungsprozeß des Dritten (des Dachverbands) Einfluß zu nehmen. Im Rahmen der Mitgliederversammlung des Dachverbands kann der angeschlossene Verein – vertreten durch den Vorstand oder andere Delegierte – sein Stimmrecht ausüben und so seine Interessen zur Geltung bringen. Im Ergebnis hat der Mitgliedsverein also die Möglichkeit, den auf ihn ausgeübten Dritteinfluß mitzugestalten. Aufgrund dieser Besonderheiten könnte man zu der Auffassung gelangen, es sei letztendlich der Verein selbst, der die ihn beeinflußenden Entscheidungen treffe.[239] Der Dachverband könne die Mitgliedsvereine daher zu nichts zwingen, was diese nicht mehrheitlich selbst wolle, so daß eine Verletzung der Autonomie der Mitgliedsvereine nicht zu befürchten sei. Im Ergebnis sei daher in einem Dachverband ein weitergehender Dritteinfluß auf den Verein möglich als in anderen Fällen.

Obwohl Dachverband und Mitgliedsverein organisatorisch verzahnt sind und obwohl die Mitglieder das Recht haben, an der Willensbildung im Dachverband mitzuwirken, bleiben die Entscheidungen des Dachverbands nicht nur in formeller, sondern auch in

---

237 *Rohleder*, S. 101.

238 Hierzu ausführlich *Herfs*, S. 88 ff.

239 *Heermann*, ZHR 161 (1997), 665, 689; *Großfeld/Noelle*, BB 1985, 2145, 2149; *Beuthien*, woher-wohin, S. 86, im Zusammenhang mit der Frage, inwieweit ein genossenschaftlicher Prüfungsverband auf die Mitgliedsgenossen Einfluß nehmen darf.

materieller Hinsicht die eines außenstehenden Dritten. Einen weitergehenden Dritteinfluß des Dachverbands zuzulassen erscheint nicht gerechtfertigt, wenn man sich vor Augen führt, daß die in Vereinen regelmäßig getroffenen Mehrheitsentscheidungen immer eine Fremdbestimmung für die überstimmte Minderheit bewirken. Folglich besteht für den Mitgliedsverein die Gefahr, daß er seinen Willen nicht durchsetzen kann, weil er zur überstimmten Minderheit gehört. Nur in den Fällen, in denen alle Entscheidungen im Dachverband durch die Mitgliederversammlung einstimmig getroffen werden, könnte die Beurteilung anders ausfallen. Diese Gestaltung ist aber in der Praxis nicht anzutreffen, denn die Einstimmigkeit als durchgängiges Erfordernis setzt zwangsläufig den partikularen Willen über den der Gemeinschaft und stellt somit die Gemeinschaft strukturell in Frage.[240] Daher können die Entscheidungen des Dachverbands nicht als bloße Verwirklichung des Willens der einzelnen Mitgliedsvereine angesehen werden.

Besonders weitreichend ist die Fremdbestimmung, wenn die Organe des Dachverbands, die die maßgeblichen Entscheidungen treffen und damit den Fremdeinfluß auf den Mitgliedsverein ausüben, nicht oder zumindest nicht ausschließlich mit Vertretern der beeinflußten Vereine besetzt sind. Beispielhaft kann hier auf die Rechtsverhältnisse im DFB zurückgegriffen werden. Das Lizenzspielerstatut schreibt den Lizenzvereinen, die außerordentliche Mitglieder des DFB sind, u.a. das Verfahren der Vorstandswahl vor (§ 7 f Lizenzspielerstatut). Damit greift der DFB in die Autonomie der Mitgliedsvereine ein. Gemäß § 29 Abs. 3 der Satzung des DFB wird der Inhalt des Lizenzspielerstatuts vom DFB-Beirat erstellt. Von den 64 stimmberechtigten Mitgliedern dieses Beirats sind allerdings nur 18 Mitglieder Vertreter der betroffenen Lizenzvereine. Die übrigen Mitglieder sind Vertreter der Regionalverbände. Die Vertreter der Lizenzligavereine nehmen also nur eine Minderheitsposition ein.[241] Da der Beirat nach § 29 Nr. 7 i.V.m. § 23 Nr. 1 der Satzung des DFB mit einfacher Mehrheit entscheidet, kann er folglich Maßnahmen durchsetzen, die nicht dem mehrheitlichen Willen der betroffenen Lizenzvereine entsprechen.[242]

Als Ergebnis ist daher festzuhalten, daß die Mitwirkungsmöglichkeit, die einem Mitgliedsverein in einem Dachverband zusteht, keinen weitergehenden als den sonst zulässigen Dritteinfluß rechtfertigt.[243]

ff) Zweck des Vereins

Geht man davon aus, daß der Mindestgehalt der Vereinsautonomie die Selbstentmündigung des Vereins und der dahinter stehenden Mitglieder verhindern soll, und führt man sich vor Augen, daß die Interessen der Mitglieder, die es zu schützen gilt, sich in dem

---

240 BVerfG, NJW 1993, 3047, 3051.

241 Gleiches gilt für den Bundestag des DFB, der ebenfalls Einfluß auf den Inhalt des Lizenzspielerstatuts nehmen kann, vgl. BGH, NJW 1998, 756, 760.

242 Selbst wenn der DFB-Bundestag von seiner in § 29 Abs. 3 Satz 1 2. Halbsatz der Satzung des DFB vorgesehenen Möglichkeit Gebrauch macht und einen Beschluß des DFB-Beirats aufhebt oder abändert, sind die Vertreter der Lizenzvereine nicht in der Lage über die Bestimmungen des Lizenzspielerstatuts mehrheitlich zu entscheiden. Auch im Bundestag haben die Vertreter der Lizenzvereine keine Mehrheit.

243 Auch *Reuter*, DZWir, 1996, 1, 7, scheint der Mitwirkungsmöglichkeit des Vereins keine Bedeutung zuzumessen; i.E. ebenso *Kunadt*, S. 34, für das Verhältnis zwischen Hauptverband und Gewerkschaften; *Kleinert*, ÖBA 1991, 337, 341, für das Verhältnis zwischen Prüfungsverband und Genossenschaft.

gemeinsam vereinbarten Vereinszweck konkretisieren, so könnte daraus folgen, daß der Umfang der Vereinsautonomie nicht losgelöst vom Zweck des jeweiligen Vereins beurteilt werden kann. Bei der Bewertung der Zulässigkeit des Dritteinflusses käme es dann entscheidend darauf an, inwieweit der Dritteinfluß mit dem Zweck des Vereins in Einklang steht. Ein weitgehender Dritteinfluß ließe sich insbesondere rechtfertigen, wenn die Unterordnung des Vereins unter fremden Willen dazu dient, den Vereinszweck zu fördern.[244] Es könnte sogar zum Zweck des Vereins gehören, sich in Abhängigkeit zu einem Dritten zu begeben, wenn der Verein nach seinem Selbstverständnis seine Aufgaben nur in einer derartigen engen Verbundenheit zu einem Dritten verwirklichen kann. Insbesondere die Rechtsprechung geht zum Teil im Hinblick auf die glaubensgebundene hierarchische innere Organisation von Religionsgemeinschaften davon aus, daß Vereine, die Teilgliederung von Religionsgemeinschaften sind, sich in die Hierarchie ihrer Religionsgemeinschaft einfügen wollen.[245] In der Einräumung von Drittrechten könne daher nicht ohne weiteres die Unterwerfung unter eine Fremdbestimmung von außen gesehen werden, die die Selbständigkeit und die Selbstverwaltung des Vereins in ihrem inneren Kern treffe.

Neben der glaubensbedingten Abhängigkeit lassen sich weitere Vereinszwecke finden, die durch die Unterordnung unter den Willen eines außenstehenden Dritten gefördert werden können. Als Beispiel können die betrieblichen Unterstützungseinrichtungen in der Rechtsform des Vereins genannt werden. Unterstützungsvereine werden von dem Unternehmensträger für dessen Arbeitnehmer gegründet und auch von diesem finanziert. Es besteht daher ein besonderes Interesse der Unternehmensleitung, durch die Mitgestaltung der Satzung und durch andere Mitspracherechte Einfluß auf das Geschehen im Verein, insbesondere auf die zweckentsprechende Verwendung des Geldes, zu nehmen. Dementsprechend dienen die Einflußrechte des Unternehmensträgers der Förderung des Vereinszwecks.[246]

Es soll an dieser Stelle zunächst dahingestellt bleiben, ob für kirchliche Vereinigungen, aufgrund ihrer im Grundgesetz verankerten Sonderstellung, die Grenzen der Vereinsautonomie anders verlaufen.[247] Für Vereine, die keine gesetzlich geregelte Sonderstellung einnehmen, erscheint es jedoch bedenklich, die Zweckförderlichkeit des Dritteinflusses als Abwägungsmaßstab zuzulassen. Zwar läßt sich nicht in Abrede stellen, daß ein gewisses Maß an Dritteinfluß dem Vereinszweck förderlich sein kann und daß ein Interesse des Vereins und seiner Mitglieder an dem Dritteinfluß bestehen kann. Dementsprechend umfaßt die Vereinsautonomie auch die Möglichkeit, Dritte an der Entscheidungsbildung im

---

[244] Das Bundesverfassungsgericht berücksichtigt bei der Bestimmung der Grenzen des Dritteinflusses die „Zweckausrichtung und die Eigenart des in Frage stehenden Vereins". Es dürfe nicht unberücksichtigt bleiben, daß sich aus der spezifischen Aufgabenstellung des Vereins zwangsläufig die in der Satzung vorgesehene Selbstbindung der Mitglieder ergebe (BVerfGE 83, 341, 359 = NJW 1991, 2623 ff; vgl. auch LG Aachen, DVBl 1974, 914, 915). Auch das OLG Celle, Rpfleger 1995, 48, 49, prüft im Zusammenhang mit der Entrechtung der Mitglieder zugunsten eines Beirats, ob es dafür sachlich gerechtfertigte Gründe gibt. Damit könnte der Zweck des Vereins gemeint sein. *Dütz*, in: FS für Herschel, S. 55, 75, meint, der Fremdeinfluß erweise sich als „funktionsgerecht" im Hinblick auf den Vereinszweck; vgl. auch *Grunewald*, Ausschluß, S. 143; dies., Gesellschaftsrecht, 2 A II Rdnr. 22; *Reichert* in *Reichert/v. Look*, Rdnr. 1229; *Staudinger-Weick*, § 27 BGB Rdnr. 4; AK-*Ott*, § 27 BGB Rdnr. 4.

[245] BVerfGE 83, 341, 360 = NJW 1991, 2623 ff.

[246] *Heissmann*, S. 56; *Sauter/Schweyer*, Rdnr. 55.

[247] Siehe dazu unten § 8 XII 1.

Verein zu beteiligen. Diese Möglichkeit muß allen Vereinen gleichermaßen zustehen, so daß allen Vereinen das gleiche Maß an Gestaltungsfreiheit und das gleiche Maß an Selbstbestimmung zukommt. Solange sich die Mitglieder innerhalb dieser Grenzen halten, obliegt es allein ihrer Entscheidung, inwieweit sie den Einfluß Dritter zur Förderung des Vereinszwecks einsetzen. Diese Entscheidung darf nicht dadurch beeinflußt werden, daß verschiedenen Vereinszwecken unterschiedliche Grenzen im Hinblick auf die Einräumung von Dritteinfluß zugewiesen werden; andernfalls würde die Freiheit bei der Wahl des Vereinszwecks unzulässig eingeschränkt. Darüber hinaus sollte es in diesem Bereich nicht Aufgabe des Richters sein, zu überprüfen, ob der in der Satzung verankerte Fremdeinfluß zur Förderung des Vereinszwecks erforderlich oder dienlich ist.[248] Folglich unterliegen die betrieblichen Unterstützungskassen bei der Ausgestaltung ihrer Satzung ebenso den Grenzen des § 138 BGB wie andere Vereine auch.

III. Zusammenfassung

Die Vereinsautonomie, verstanden als das Recht des Vereins auf ein unabdingbares Mindestmaß an körperschaftlicher Selbstbestimmung, läßt sich weder mit verfassungsrechtlichen Ansätzen, noch mit dem Wesen oder dem Typus des Vereins dogmatisch begründen. Auch die Institutionenlehre oder weitere Begründungsansätze, wie etwa die Grundprinzipien der Eigentumsordnung, § 317 BGB oder § 137 BGB, erscheinen nicht überzeugend. Dogmatische Grundlage für ein Mindestmaß an zu wahrender Vereinsautonomie ist vielmehr § 138 BGB. Das für die natürliche Person geltende Verbot der Selbstentmündigung findet auch auf den Verein als juristische Person Anwendung, weil auch der Verein ein schutzwürdiges Interesse daran hat, übermäßige Fremdbestimmung abzuwehren. Dieses Interesse des Vereins ergibt sich aus den Interessen der Mitglieder, die – durch den Vereinszweck objektiviert – das Interesse des Vereins bilden. Ein selbständiges Vereinsinteresse, das lösgelöst von den Interessen der Mitglieder besteht, ist abzulehnen.

Wie bei der natürlichen Person lassen sich die Grenzen einer zulässigen Bindung des Vereins nur durch eine wertende Betrachtung im Einzelfall ermitteln. Erste Anhaltspunkte, die bei einer Gesamtabwägung aller Umstände zu berücksichtigen sind, sind die folgenden: Von Bedeutung ist zunächst das Objekt des Einflußrechts. Es kommt mithin darauf an, auf welche Vorgänge innerhalb des Vereins der Dritte Einfluß nimmt. Des weiteren ist zu berücksichtigen, ob der Dritte ein Alleinentscheidungsrecht hat oder ob ihm lediglich ein Zustimmungsrecht zukommt (Umfang des Einflußrechts). Schließlich hängt die Zulässigkeit des Dritteinflusses davon ab, ob und auf welche Weise die Mitglieder den Dritteinfluß wieder beseitigen können. Demgegenüber beeinträchtigen weder die Intention, die der Einräumung des Dritteinflusses zugrunde liegt, noch die Nähe des Dritten zum Verein, die Zulässigkeit des Dritteinflusses. Auch der Zweck des Vereins bleibt ohne Auswirkungen auf die Grenzen der Vereinsautonomie.

---

[248] So im Ergebnis auch *Edenfeld*, S. 119, mit der Argumentation, die Berücksichtigung des Vereinszwecks berge die Gefahr in sich, daß gesellschaftlich „genehme" Vereinszwecke durch einen erweiterten organisatorischen Spielraum des Vereins honoriert würden.

ZWEITES KAPITEL

Statutarischer Dritteinfluß

§ 6 Grundlagen

Bevor auf der Grundlage von § 138 BGB die Grenzen der Vereinsautonomie konkretisiert werden, soll die Rechtsstellung eines Dritten, der statutarische Mitwirkungsrechte in einem Verein erhält, näher beleuchtet werden. Ein außenstehender Dritter kann auf verschiedenen Wegen Einfluß auf die Organisation und die Entscheidungen des Vereins gewinnen und damit in die Autonomie des Vereins eingreifen. Der Dritteinfluß kann einerseits in der Satzung des Vereins verankert sein (statutarischer Dritteinfluß) oder andererseits in einem – mit dem Dritten abgeschlossenen – Vertrag seine Grundlage haben (vertraglicher Dritteinfluß). Schließlich ist es auch möglich, daß der Dritteinfluß allein aufgrund tatsächlicher Umstände besteht.

Die Unterschiede zwischen den verschiedenen Einflußmöglichkeiten werden deutlich, wenn der Verein den Dritteinfluß mißachtet. Werden die Mitwirkungsrechte des Dritten in der Satzung des Vereins verankert, so führt ein unter Mißachtung des Drittrechts gefaßter Beschluß eines Vereinsorgans (z.B. der Mitgliederversammlung oder des Vorstands) zu einem Satzungsverstoß. Der Beschluß ist deswegen unwirksam.[1] Anders gestaltet sich die Rechtslage, wenn die Rechte des Dritten in einem schuldrechtlichen Vertrag zwischen dem Verein und dem Dritten ihre rechtliche Grundlage finden.[2] In diesen Fällen schuldet der Verein dem Dritten als Leistung eine Handlung, Duldung oder Unterlassung (§ 241 BGB). Der Verein kann z.B. verpflichtet sein, einen Beschluß nicht ohne Zustimmung eines Dritten zu fassen oder einen Beschluß mit einem bestimmten Inhalt zu fassen.[3] Anders als bei statutarischem Dritteinfluß kann das satzungsgemäß für die Willensbildung zuständige Organ bei einer nur vertraglichen Bindung jederzeit gegen diese Verpflichtung verstoßen, d.h. einen Beschluß ohne Zustimmung des Dritten oder mit anderem Inhalt, als mit dem Dritten vereinbart, fassen. Eine Nichtbeachtung des vereinbarten Dritteinflusses wirkt sich

---

[1] Eine Unterscheidung zwischen nichtigen und anfechtbaren Beschlüssen wird im Vereinsrecht nach h.M. nicht getroffen, so BGHZ 59, 369, 371; *v. Look* in *Reichert/v. Look*, Rdnr. 467; *Soergel-Hadding*, § 32 BGB Rdnr. 14.

[2] Die Terminologie „vertraglicher Dritteinfluß" meint lediglich eine vertragliche Bindung außerhalb der Satzung. Damit soll nicht zum Ausdruck gebracht werden, bei dem statutarischen Dritteinfluß handele es sich dogmatisch um einen „nicht rechtsgeschäftlich begründeten" Dritteinfluß.

[3] Zu unterscheiden ist diese Konstellation von einer Verpflichtung der einzelnen Mitglieder durch einen Stimmbindungsvertrag. Der Anspruch richtet sich dann gegen die Mitglieder als Gesamtschuldner. Kommen diese ihrer Verpflichtung nicht nach, kann das Nichtmitglied auf Abgabe einer entsprechenden Willenserklärung in der Mitgliederversammlung klagen. Mit Rechtskraft des Urteils gelten die Stimmen nach § 894 Abs. 1 ZPO als abgegeben und damit der Beschluß als gefaßt; vgl. hierzu BGHZ 48, 163 ff; *Fischer*, in: FS für Kunze, S. 96 ff; *Herfs*, S. 173.

also nicht auf die Wirksamkeit der Maßnahme aus. Das Verhalten des Vereins kann allenfalls Schadenersatzansprüche des Dritten oder andere vertraglich vereinbarte Sanktionen nach sich ziehen. Ein weiterer Unterschied zeigt sich darin, daß die Einführung oder Abschaffung des vertraglichen Dritteinflusses keiner Änderung der Satzung bedarf, wie dies bei statutarischen Drittrechten der Fall ist. Sie ist vielmehr von der im Vertrag mit dem Dritten vorgenommen Regelung abhängig. Der Dritteinflusses kann also z.B. durch eine Kündigung durch eine der Vertragsparteien oder durch eine einvernehmliche Aufhebung des Vertrags beseitigt werden.

Schließlich ist es möglich, daß sich ein Verein bei der Willensbildung von außenstehenden Dritten leiten läßt, deren Einfluß einer rechtlichen Grundlage entbehrt. Zu Recht wird darauf hingewiesen, daß eine faktische Fremdbestimmung – etwa aufgrund einer marktbeherrschenden Stellung des Dritten – weitreichender sein kann, als ein in der Satzung oder in einem Vertrag verankerter Dritteinfluß.[4] Ein Verstoß des Vereins gegen eine faktische Verhaltenssteuerung läßt die Wirksamkeit der Maßnahme selbstverständlich unberührt. Allerdings können dem Dritten weitaus gravierendere Sanktionsmöglichkeiten zur Verfügung stehen, als dies bei einer vertraglichen oder statutarischen Bindung der Fall ist.

In diesem Kapitel soll nur der statutarische Dritteinfluß untersucht werden. Die folgenden Überlegungen befassen sich zunächst mit der Frage, welche rechtliche Stellung ein Dritter in dem Organisationsgefüge des Vereins einnimmt, wenn ihm Einflußrechte in der Satzung eingeräumt werden (§ 7). Anschließend ist zu prüfen, in welchem Umfang die Mitwirkung eines Nichtmitglieds bei der Organisation und der Willensbildung des Vereins mit der Vereinsautonomie vereinbar ist (§ 8).

§ 7 Dogmatische Einordnung der Rechtsstellung des Dritten

Werden die Einflußrechte des Dritten in der Satzung des Vereins verankert, so sind im Hinblick auf die Rechtsstellung des Dritten zwei rechtliche Begründungsmöglichkeiten denkbar. Zum einen kann der Dritte Inhaber einer Organstellung sein. Zum anderen ist es denkbar, daß die Einflußrechte dem Dritten ohne Übertragung einer Organstellung, also unmittelbar „ad personam“,[5] übertragen werden. Werden dem Dritten die Einflußrechte „ad personam“ übertragen, so ist der Frage nachzugehen, ob hierdurch ein Sonderrecht nach § 35 BGB begründet wird.

---

4 *Voormann*, S. 54.

5 So die Terminologie bei *Ulmer*, in: FS für Werner, S. 911, 923; *König*, S. 254.

I. Möglichkeiten der dogmatischen Einordnung und Konsequenzen

1. Organstellung

a) *Funktion des Organs*

Ein rechtsfähiger Verein kann Träger von Rechten und Pflichten sein. Im Gegensatz zu einer natürlichen Person ist es dem Verein jedoch nicht ohne weiteres möglich, die im Rahmen der Rechtsordnung erlangten Rechte und Pflichten wahrzunehmen. Vielmehr ist es nur der natürlichen Person möglich, einen Willen zu bilden und durch eigene Handlungen Rechtsfolgen herbeizuführen. Ziel der inneren Organisation des Vereins muß es daher sein, das Handeln der natürlichen Personen, die dem Verein angehören, letzterem zuzurechnen und damit die Handlungsfähigkeit des Vereins zu erreichen.[6] Die natürlichen Personen bilden somit die Organe, mit deren Hilfe der Verein am Rechtsverkehr teilnehmen kann. Durch sie wird der Verein wissens-, willens- und handlungsfähig.

Stellt man auf diese, den Organen zugewiesene Funktion ab, so ist unter einem Organ diejenige Person oder Personengruppe zu verstehen, die den, von dem Willen der einzelnen Mitglieder verschiedenen, einheitlichen Gesamtwillen des Vereins zu bilden befugt ist und die diesen Willen gegebenenfalls nach außen hin betätigt.[7] Das Reichsgericht[8] bezeichnete aus diesem Grund die Organe als Werkzeug zur Willensbildung und zum Willensvollzug.

Es ist jedoch zu berücksichtigen, daß der Ablauf der Willensbildung nicht nur von den eigentlichen Entscheidungsträgern geprägt ist. Vielmehr kann sich der Prozeß der Entscheidungsfindung auf verschiedene Instanzen verteilen. Es würde der Bedeutung der einzelnen Instanzen nicht entsprechen, wenn nur diejenige als „an der Willensbildung beteiligt" bezeichnet würde, die die in diesem Prozeß gewonnene Entscheidung nach außen bekannt gibt und umsetzt.[9] Dementsprechend prägen Kontroll- und Beratungsgremien, ebenso wie Informationsrechte den Prozeß der Willensbildung. Organen können daher alle Funktionen zugewiesen werden, die der Erreichung des Zwecks des Vereins dienen.[10]

b) *Zwingende Organstellung des Dritten*

Überwiegend wird die Ansicht vertreten, die Ausgliederung von Kompetenzen aus der Zuständigkeit der Mitgliedergesamtheit und die statutarische Zuweisung an eine andere Person oder Personengruppe sei als Bildung eines neuen Organs zu verstehen.[11] Werde

---

6 *Flume*, Allg. Teil Band I/1, § 11 I; Müko-*Ulmer*, § 705 BGB Rdnr. 210; *K. Schmidt*, Gesellschaftsrecht, § 10 I 2; *Kelsen*, S. 154, versteht unter Zurechnung die normative Verknüpfung zweier Tatbestände und verwendet daher das Wort „zuschreiben".

7 *V. Tuhr*, Allg. Teil Band I, § 32; *Flume*, Allg. Teil Band I/1, § 11 I; Müko-*Ulmer*, § 705 BGB Rdnr. 210; ähnlich *Beuthien/Gätsch*, ZHR 156 (1992), 459, 468: Organe sind die Einrichtungen der Vereinigung, denen durch Gesetz oder Satzung Funktionen, die der Erreichung des Zwecks der Vereinigung dienen, zugewiesen worden sind.

8 RGZ 3, 122, 129.

9 *Herfs*, S. 65; ähnlich *Voormann*, S. 12.

10 *Beuthien/Gätsch*, ZHR 156 (1992), 459, 469.

11 *Scholz-K. Schmidt*, § 45 GmbHG Rdnr. 9 u. 15; *Rowedder-Koppensteiner*, § 38 GmbHG Rdnr. 6; *Lutter/Hommelhoff*, § 46 GmbHG Rdnr. 11; *Feine*, Handbuch des gesamten Handelsrechts,

einem Dritten beispielsweise das Recht eingeräumt, den Vorstand des Vereins zu bestellen oder abzuberufen oder Weisungen an die Geschäftsleitung zu erteilen, so sei dies zwingend mit der Schaffung eines neuen Organs verbunden.[12] Dementsprechend sei es nicht möglich, einem Nichtmitglied statutarisch verankerte Einflußbefugnisse zuzuweisen, ohne daß der Dritte gleichzeitig Organ des Vereins werde. Mitwirkungsrechte im Hinblick auf die Organisation ohne Organstellung des Dritten seien daher nur auf vertraglicher Ebene möglich.[13] Wenn die Mitwirkungsrechte ausnahmsweise dennoch in der Satzung verankert seien, so könne es sich nicht um „echte" Satzungsbestandteile handeln. Vielmehr seien diese „unechten" Satzungsbestandteile nur als eine Festlegung der Mitglieder untereinander zu verstehen, in welchem Umfang der Dritte bei der Willensbildung eingeschaltet werde.

c) *Begründung einer Organstellung*

Wird die statutarische Begründung von Einflußrechten für Nichtmitglieder als Begründung einer Organstellung verstanden, so sind – wie bei jeder Organerrichtung – zwei Schritte zu trennen: Es ist zwischen der Schaffung des Organs in der Satzung und dessen Besetzung mit Organwaltern (Organmitgliedern) zu unterscheiden.[14] Die Bildung des Organs ist zunächst ein allein von den Mitgliedern vorzunehmender Akt, der nicht an die Person des späteren Organmitglieds gebunden ist.[15] Erst in einem zweiten Schritt wird das gebildete Organ mit Organmitgliedern besetzt, die die dem Organ zukommenden Befugnisse tatsächlich wahrnehmen. Es muß folglich unterschieden werden zwischen dem Organ als abstraktem Zurechnungssubjekt von Rechten und Pflichten[16] und den einzelnen Organmitgliedern, die als natürliche Personen die Kompetenzen des Organs letztendlich ausüben. Das gilt auch, wenn das Organ nur mit einer einzigen Person besetzt ist. Auch das Gesetz nimmt diese Trennung vor, wenn es in § 76 AktG von dem Gesellschaftsorgan „Vorstand" spricht (Abs. 1 und 2) und die in dieses Organ berufenen natürlichen Personen als „Mitglieder des Vorstands" (Abs. 3) bezeichnet. Die Mitgliedschaft in einem Organ kann ent-

---

Dritter Band, III. Abteilung, S. 474; *Kronstein*, S. 9 u. 20; *Molitor*, in: FS für Ehrenberg, S. 41, 46; *Dütz*, in: FS für Herschel, S. 55, 58; *Flume*, Allg. Teil Band I/1, § 7 I 2; *ders.*, in: FS für Coing Band II, S. 97, 99; *Wiedemann*, in: FS für Schilling, S. 105, 108; *Nitschke*, S. 98; *U.H. Schneider*, BB 1973, 1464, 1467; *Teichmann*, S. 189; *Hüffer*, ZGR 1980, 320, 322; *Mertens*, in: FS für Stimpel, S. 417, 425; *Teubner*, ZGR 1986, 565, 572; *Hommelhoff/Priester*, ZGR 1986, 463, 500; *Beuthien/Gätsch*, ZHR 156 (1992), 459, 467; *dies.*, ZHR 157 (1993), 483, 486; *Haak*, BB 1993, 1607, 1608; *Härer*, S. 166; *Bürkle*, S. 38.

12 Gegen die Bildung neuer, im Gesetz nicht vorgesehener Organe des Vereins bestehen keine Bedenken. Aus § 32 BGB ergibt sich, daß der Gesetzgeber diese Möglichkeit ausdrücklich anerkannt hat. Für die eingetragene Genossenschaft ergibt sich dies aus § 27 Abs. 2 Satz 2 GenG, für die GmbH aus § 52 GmbHG.

13 *Scholz-K. Schmidt*, § 45 GmbHG Rdnr. 15; *Beuthien/Gätsch*, ZHR 157 (1993), 483, 484 u. 486.

14 *Wiedemann*, Gesellschaftsrecht Band 1, § 4 II 3 a); *Nitschke*, S. 98; *H.J. Wolff*, S. 224; *Beuthien/Gätsch*, ZHR 156 (1992), 456, 468; *Herfs*, S. 67. Nach Ansicht von *Hammen*, WM 1994, 765 ff, erfolgt die Einräumung der Rechte durch Bestellung des Dritten zum Organwalter im Gesellschaftsvertrag durch einen Vertrag zu Rechten Dritter (§ 328 Abs. 1 BGB); kritisch zu dieser Ansicht: *Baumbach/Hueck-Zöllner*, § 45 GmbHG Rdnr. 13.

15 *Beuthien/Gätsch*, ZHR 156 (1992), 459, 469; *Beuthien*, ZIP 1993, 1589, 1598; *Herfs*, S. 67.

16 *Westermann*, S. 150; *H.J. Wolff*, S. 228 spricht vom einem „Kompetenzkomplex".

weder durch Wahl (bspw. zum Vorstand) oder allein aufgrund der Mitgliedschaft in dem Verein (bspw. Mitgliederversammlung) erworben werden. Als Organmitglied nimmt die natürliche Person keine eigenen Rechte wahr, sondern Rechte des Organs. Daraus folgt, daß die Rechte, die ein Organmitglied innehat, nicht an die natürliche Person gebunden sind, sondern von seiner Rechtsstellung abhängig sind.

Die Begründung statutarischer Drittrechte vollzieht sich demnach folgendermaßen: Wird in der Satzung einem Nichtmitglied das Recht eingeräumt, den Vorstand zu bestellen, so bilden die Vereinsmitglieder zunächst in der Satzung ein fakultatives Organ, um dieses dann mit dem Dritten als Organwalter zu besetzen. Der Erwerb der Mitgliedschaft im Organ ist hier nur durch Wahl möglich.

2. Sonderrechte i. S. v. § 35 BGB oder Rechte „ad personam“

Neben der Begründung einer Organstellung für einen Dritten wäre es denkbar, dem Dritten die Einflußrechte als Rechte „ad personam“ einzuräumen. Derartige, unmittelbar einer Person zustehende Rechte sind im Vereinsrecht als Sonderrechte nach § 35 BGB bekannt.

Nach ganz überwiegender Auffassung kann jedoch der Fall, daß einem Dritten Mitwirkungsrechte in der Satzung eingeräumt werden, nicht als Begründung von Sonderrechten qualifiziert werden, weil nur die Mitglieder eines Vereins Inhaber von Sonderrechten sein können.[17] Lediglich *Herfs*[18] vertritt in neuerer Zeit eine abweichende Auffassung. Er geht davon aus, daß Sonderrechte auch zugunsten von Nichtmitgliedern in der Satzung verankert werden könnten, wenn das Nichtmitglied durch ein besonderes Rechtsverhältnis (z.B. ein Treuhandverhältnis) an den Verein gebunden sei. Dieser These liegt folgende Argumentation zugrunde: *Herfs* geht davon aus, daß ein Sonderrecht dem Inhaber nicht gegen seinen Willen entzogen werden könne. Begründen die Mitglieder eines Vereins in ihrer Satzung Mitwirkungsrechte für einen Dritten, so umfasse dies den Willen, daß diese Rechte des Dritten nur mit seiner Zustimmung beseitigt werden können. Es liege daher zwingend die Begründung von Sonderrechten vor, wenn der Verein einem Dritten unentziehbare Mitwirkungsrechte einräume.[19] Die Begründung eines Sonderrechts sei zumindest dann unbedenklich, wenn der Dritte über ein neben der Satzung bestehendes Rechtsverhältnis an das Interesse des Vereins gebunden sei. In diesem Fall könne von einem Gleichlauf seines persönlichen Interesses mit dem des Vereins ausgegangen werden.

Zutreffend ist der Hinweis von *Herfs*, daß die angesprochene besondere rechtsgeschäftliche Bindung des Dritten an den Verein die materiellen Bedenken, die gegen einen so weitreichenden Fremdeinfluß sprechen, zu mindern vermag. Dennoch läßt sich die Rechtsstellung des Dritten nicht als die eines Inhabers eines Sonderrechts i.S.v. § 35 BGB qualifizieren. Zwar ist die Unentziehbarkeit ein Charakteristikum des Sonderrechts,[20] doch kann daraus nicht geschlossen werden, daß jedes unentziehbare Recht ein Sonderrecht sein muß. Insbesondere ist es nicht möglich, jedes statutarisch verankerte Recht, das nur mit

---

[17] *V. Look* in *Reichert/v. Look*, Rdnr. 555; *Soergel-Hadding*, § 35 BGB Rdnr. 10; *Beuthien/Gätsch*, ZHR 157 (1993), 483, 484; *Kunadt*, S. 34; *Bürkle*, S. 60.

[18] S. 110 ff.

[19] *Herfs*, S. 110.

[20] *Ullrich*, ZGR 1985, 235, 242; abgesehen von dem Fall, daß ein wichtiger Grund vorliegt, denn dann sind auch Sonderrechte entziehbar, *Soergel-Hadding*, § 35 BGB Rdnr. 18.

Zustimmung des Inhabers entzogen werden kann, als Sonderrecht i.S.v. § 35 BGB zu beurteilen. Gegen die Annahme eines Sonderrechts in der Person eines Dritten spricht entscheidend, daß es sich bei einem Sonderrecht um ein verstärktes Mitgliedschaftsrecht handelt. Es gibt dem Mitglied eine Vorzugsstellung[21] und setzt damit gleichsam die Mitgliedschaft des Inhabers zwingend voraus. Der Wortlaut des § 35 BGB ist insoweit eindeutig. Die Begründung von Einflußrechten in der Satzung kann den Dritten daher nicht zum Inhaber von Sonderrechten machen. Darüber hinaus bliebe – selbst wenn man mit *Herfs* die Zulässigkeit der Einräumung von Sonderrechten an einen außenstehenden Dritten annehmen wollte – zu klären, welche Rechtsstellung der Dritte innehat, wenn seine statutarischen Rechte als entziehbare Position ausgestaltet sind.

Damit ist die Frage aufgeworfen, ob es den Vereinsmitgliedern möglich ist, in der Satzung des Vereins Mitwirkungsrechte eines Dritten vorzusehen, ohne gleichzeitig eine Organstellung zu begründen. Derartige – nicht organschaftliche – Rechte sollen im folgenden als Rechte „ad personam“ bezeichnet werden. Diese Bezeichnung ist neutral; sie trifft insbesondere keine Aussage darüber, ob die Rechte des Dritten ohne seine Zustimmung entziehbar sind. Es wird nur zum Ausdruck gebracht, daß die Rechte dem Dritten unmittelbar zustehen und der Dritte bei deren Ausübung nicht als Mitglied eines Organs handelt.

Bevor die Zulässigkeit von Rechten „ad personam“ untersucht wird (unter II), soll dargestellt werden, warum die Einordnung der Rechtsstellung des Dritten von Bedeutung ist.

3. Bedeutung der Einordnung

Nachdem festgestellt wurde, daß ein außenstehender Dritter nicht Inhaber eines Sonderrechts i.S.v. § 35 BGB sein kann, ist nun zu untersuchen, ob die satzungsmäßige Kompetenzeinräumung an einen Dritten zwingend eine Organstellung des Dritten begründet oder ob auch die Einräumung von Rechten „ad personam“ möglich ist. Diese Unterscheidung ist von Bedeutung für den Gegenstand dieser Untersuchung, d.h. für die Grenzen der Vereinsautonomie. Insbesondere von *Teubner*[22] wird nämlich die Ansicht vertreten, daß die Vereinsautonomie als gewahrt anzusehen sei, wenn dem Dritten – was *Teubner* als zwingend ansieht – eine Organstellung eingeräumt werde. Der Grundsatz der Vereinsautonomie besage, daß Entscheidungen betreffend das Vereinsleben nicht von außerhalb des Vereins stehenden Personen beherrscht werden dürften, da solche Dritte sich nicht mit den Belangen des Vereins identifizierten. Werde der Dritte aber Organ des Vereins, so gehöre er dem Verein an und stehe ihm nicht mehr als Dritter gegenüber. Der Dritte erlange damit eine Position, die ihn von der eines völlig unbeteiligten Dritten unterscheide. Als Organ sei er in die Organisationsstruktur des Vereins eingebunden und auf das Vereinsinteresse verpflichtet. Er dürfe sich daher bei der Ausübung seiner Rechte nicht an seinem Privatinteresse orientieren.[23] Bei einem Verstoß gegen seine Organpflichten sei er haftungsrechtlich verantwortlich.[24] Es bestehe eine organisationsrechtliche Einpassung in das innere Kompetenzgefüge und eine Einbindung in die Verantwortlichkeits- und Haftungsordnung,

21 *Flume*, Allg. Teil Band I 1, § 8 II.
22 ZGR 1986, 565, 567 ff; ihm folgend *Herfs*, S. 61.
23 *Herfs*, S. 68.
24 *Wiedemann*, in: FS für Schilling, S. 105, 112; *Voormann*, S. 146 ff; *Teubner*, ZGR 1986, S. 572; *König*, S. 256; *Beuthien/Gätsch*, ZHR 156 (1992), 459, 469.

so daß die Handlungen des Dritten keine Fremdhandlungen, sondern „Teil des organisierten Handlungssystems“[25] seien. Durch die Einbindung des Dritten in die Organisation bleibe diese nach außen hin eine rechtlich verselbständigte und in ihrer Entscheidungsfindung unabhängige Organisation. Folglich könne der Einfluß eines Dritten nicht als Gefährdung der Vereinsautonomie angesehen werden. Mit anderen Worten: „Als Organ regiert der Dritte nicht von außen in die Gesellschaft hinein, sondern die Gesellschaft hat ihrerseits ihre Organisationssphäre auch auf ein Nichtmitglied ausgedehnt“.[26] Zusammenfassend beruht die Ansicht von *Teubner* auf folgenden Thesen: Wenn ein statutarisches Einflußrecht für ein Nichtmitglied begründet werde, werde zwingend ein neues Organ geschaffen und der Dritte zum Organwalter bestellt. Da ein Organmitglied stets die Verpflichtung treffe, im Vereinsinteresse zu handeln, seien die materiellen Bedenken, die gegen den Dritteinfluß bestehen, ausgeräumt.

Die These, die Begründung von statutarischen Einflußrechten sei zwingend mit der Begründung einer Organstellung verbunden, läßt sich nur aufrecht erhalten, wenn es nicht möglich ist, in der Satzung auch Rechte Dritter „ad personam“ vorzusehen.

II. Zulässigkeit eines Rechts „ad personam“

Nach überwiegender Ansicht werden Dritte, wenn sie statutarische Einflußrechte erlangen, automatisch zum Organ des Vereins.[27] Die zwingende Annahme einer Organstellung überzeugt allerdings nur dann, wenn es unzulässig wäre, in der Satzung Mitwirkungsrechte „ad personam“ zu begründen. Für ein solches Verbot kommen eine Reihe von Anknüpfungspunkten in Betracht. Zum Teil wird in der Literatur vertreten, in der Satzung eines Vereins könnten grundsätzlich keine Rechte zugunsten von Außenstehenden begründet werden.[28] Folglich könnten auch keine Mitwirkungsrechte „ad personam“ entstehen. Andere Stimmen gehen davon aus, daß die Wahrnehmung von Funktionen in einem Verein ausschließlich den Organen vorbehalten sei,[29] so daß die Übertragung von Kompetenzen auf „Nicht-Organe“ unzulässig sei. Schließlich könnte sich aus dem Verbot der Selbstentmündigung ergeben, daß es nicht zulässig ist, Dritten in der Satzung Rechte „ad personam“ einzuräumen.[30]

---

25 *Teubner*, ZGR 1986, 565, 571; *Hennerkes/Binz/May*, DB 1987, 469, 474; ähnlich *Großfeld/Brondics*, AG 1987, 293, 299: „... das fakultative Organ unterliegt einer besonderen Treuepflicht ...“; *König*, S. 256, hebt ausdrücklich hervor, daß Organwalter, auch wenn sie nicht Mitglieder des Verbands sind, wegen ihrer besonderen Pflichtenstellung nicht als die Vereinsautonomie gefährdende Dritte angesehen werden können.

26 *Herfs*, S. 61, der aus der Organstellung allerdings nicht nur die Bindung des Organwalters an die Interessen des Vereins herleitet. Darüber hinaus folgt seiner Ansicht nach aus der Stellung als Organ, daß die Mitglieder den Rechtsinhaber jederzeit abberufen können und ihm die Kompetenzen durch Satzungsänderung wieder entziehen können.

27 Siehe oben Fn. 11. Die meisten Stellungnahmen haben bei der Einräumung von Kompetenzen an einen Dritten den mit Nichtmitgliedern besetzten Beirat einer GmbH vor Augen.

28 *Ulmer*, in: FS für Werner, S. 911, 922 ff.

29 *Beuthien/Gätsch*, ZHR 157 (1993), 483, 485; *Harde*, S. 125.

30 *Bürkle*, S. 38.

1. Bedenken gegen die Begründung von subjektiven Rechten zugunsten Dritter in der Satzung

a) *Bedenken aufgrund der Rechtsqualität der Satzung*

Ulmer[31] vertritt die Ansicht, es sei nicht möglich, einem Nichtmitglied in der Satzung das Recht einzuräumen, an der gesellschaftlichen Willensbildung teilzunehmen. Die Unzulässigkeit ergebe sich aus der Rechtsnatur der Satzung und aus der daraus folgenden zwingenden Begrenzung des Inhalts. Die Satzung sei ein körperschaftlicher Organisationsvertrag, der sich darauf beschränke, die innergesellschaftlichen Rechtsbeziehungen auszugestalten. So beträfen die typischer Weise den Satzungsinhalt bildenden materiellen Satzungsbestandteile allein die Zuständigkeit und Organisation der Organe sowie das Verhältnis des Vereins zu seinen Mitgliedern. Die Aufgabe, die Grundlagen des Vereins zu regeln, mache sie zum ungeeigneten Ort, Rechte außenstehender Dritter zu begründen.[32] Möglich seien daher nur schuldrechtliche Vereinbarungen eines Dritten mit dem Verein.[33]

Dieser Argumentation ist entgegenzuhalten, daß die rechtsdogmatische Beschränkung des Satzungsbegriffs auf die Vereinsbinnenstruktur eine petitio principii enthält.[34] Da der Satzungsbegriff nicht im Gesetz definiert ist, ist er zunächst wertungsoffen. Aus ihm lassen sich keine Anhaltspunkte entnehmen, die dagegen sprechen, daß die Satzung auch organisationsrechtliche Beziehungen des Vereins zu Dritten regelt. Der Umstand, daß dies typischerweise nicht so ist, spricht nicht gegen die Zulässigkeit derartiger Satzungsbestandteile.

Auch die Qualifikation der Satzung als Organisationsvertrag[35] rechtfertigt kein anderes Ergebnis. Die Einordnung als Organisationsvertrag beruht allein darauf, daß in der Satzung die Grundlagen für die organisatorische Struktur des Vereins geregelt sind. Es wird also nur eine Aussage über den Regelungsgegenstand der Satzung, nicht aber über die durch die Regelung Betroffenen gemacht. Folglich weist die Rechtsqualität eines Organisationsvertrags keinen derart spezifischen Charakter auf, daß er nicht auch Drittrechte begründen könnte.[36]

b) *Bedenken aufgrund der materiellen Wertentscheidungen des Vereinsrechts*

Auch *Reuter*[37] vertritt die Ansicht, daß in der Satzung keine Rechte zugunsten Dritter begründet werden können. Nach seiner Auffassung steht jedoch nicht die Rechtsqualität der Satzung, sondern es stehen die Wertentscheidungen des Vereinsrechts einem solchen Drittrecht entgegen. Ausgangspunkt seiner Überlegungen ist die Annahme, von einem subjekti-

---

31 *Ulmer*, in: FS für Werner, S. 911, 922 ff.

32 *Ulmer*, in: FS für Werner, S. 911 923. In eine ähnliche Richtung kann die Aussage des Bundesgerichtshofs in dem sog. Supermarktbeschluß, BGHZ 105, 324, 339 = DB 1988, 2623, 2626, verstanden werden: „Unternehmensverträge werden nicht in den Gesellschaftsvertrag aufgenommen, weil dieser nach seinem gesetzlichen Erscheinungsbild (§§ 2 und 3 GmbHG) nicht darauf angelegt ist, zeitabhängige und potentiell auch mit Nichtgesellschaftern abschließbare Verträge ... aufzunehmen".

33 *Ulmer*, in: FS für Werner, S. 911, 927; Müko-*Reuter*, § 25 BGB Rdnr. 20 u. § 33 BGB Rdnr. 8; *ders.*, ZHR 145 (1981), 273, 281.

34 Ähnlich *Beuthien*, Gesellschaftsrecht der Konzerne, S. 139 Fn. 5.

35 Zu den Merkmalen des Organisationsvertrags siehe unten § 9 III 3 a).

36 *Scholz-Schneider*, § 37 GmbHG Rdnr. 33; *König*, S. 262.

37 *Reuter*, ZHR 145 (1981), 273, 281.

ven *Recht* des Dritten könne nur gesprochen werden, wenn die begünstigende Position nicht vom Willen des Verpflichteten abhänge.[38] Das bedeutet, daß ein statutarisches Mitwirkungsrecht des Dritten – soll es sich um ein subjektives Recht handeln – nicht zur Disposition der Mitgliederversammlung stehen darf. Dies sprenge jedoch „den Rahmen des Vereinsrechts",[39] denn durch derartige Rechte zugunsten eines Dritten würden die Mitglieder nicht nur sich selbst, sondern auch andere, nämlich spätere Mitglieder, binden. Ein späterer Mitgliederkreis mit veränderter personeller Zusammensetzung dürfe aber nicht daran gehindert sein, die Satzung des Vereins an seine Vorstellungen von einer effektiven Verwirklichung des Vereinszwecks anzupassen.[40] Im übrigen sei die Mitgliederversammlung als reines Innenorgan ausgestaltet. Sie habe keine Vertretungsmacht für den Verein und könne ihn daher auch nicht durch die Verankerung statutarischer Drittrechte gegenüber Außenstehenden verpflichten. Satzungsbestimmungen, die die Mitwirkung eines Dritten in bestimmten Angelegenheiten vorsehen, könnten den Verein daher nur intern binden, aber den Außenstehenden nicht berechtigen. Es würden also keine echten Rechte Dritter begründet, wohl aber vereinsintern wirksame Zuständigkeiten bzw. Wirksamkeitserfordernisse.

Diese Ansicht kann schon in ihrem Ausgangspunkt nicht überzeugen. Zwar besteht bis heute keine allgemeingültige Definition des subjektiven Rechts.[41] Zweifelsohne gehört es aber nicht zu den Merkmalen eines subjektiven Rechts, daß es dem Berechtigten nicht entzogen werden kann. Vielmehr kann ein subjektives Recht auch dann vorliegen, wenn der Verpflichtete die Möglichkeit hat, die Rechtsstellung wieder zu beseitigen. So können Parteien eines Vertrags auflösend bedingte Rechte begründen (vgl. § 158 Abs. 2 BGB) und den Auflösungsgrund als Potestativbedingung ausgestalten. Des weiteren ergibt sich aus § 328 Abs. 2 BGB, daß sich Vertragsparteien die Befugnis vorbehalten können, das Recht des Dritten ohne dessen Zustimmung aufzuheben. Daraus folgt, daß auch Drittrechte nicht zwingend unentziehbar ausgestaltet werden müssen. Selbst wenn der Mitgliederversammlung also die Möglichkeit verbleibt, die Position des Dritten durch eine Satzungsänderung wieder zu beseitigen, ist der Dritte Inhaber eines subjektiven Rechts. Die Frage, inwieweit der Bestand der Rechte Dritter vom Willen der Mitglieder des Vereins abhängig zu machen ist, berührt daher nicht die grundsätzliche Zulässigkeit von Drittrechten in der Satzung, sondern den Umfang der Gestaltungsfreiheit der Mitglieder und damit die Grenzen der Vereinsautonomie.

Die Satzung kann neben den Bestimmungen, die das Innenverhältnis des Vereins betreffen, also auch Bestimmungen enthalten, die unmittelbare Rechte für Außenstehende be-

---

38 *Reuter*, ZHR 145 (1981), 273, 281, in Bezug auf die Rechtsposition des „Anspruchs". Aus der Argumentation an anderer Stelle ergibt sich jedoch, daß *Reuter* auch im Hinblick auf Mitwirkungsrechte davon ausgeht, ein subjektives Recht sei nur gegeben, wenn es dem Dritten nicht von der Mitgliederversammlung wieder entzogen werden könne (Müko-*Reuter*, § 33 BGB Rdnr. 8); so auch *König*, S. 295.

39 *Reuter*, ZHR 145 (1981), 273, 281.

40 Müko-*Reuter*, § 25 BGB Rdnr. 20 u. § 33 BGB Rdnr. 8; *ders.*, ZHR 145 (1981), 273, 281.

41 Die Literatur geht überwiegend von folgender Definition aus: Das subjektive Recht ist eine dem Einzelnen zur Befriedigung seiner Interessen von der Rechtsordnung verliehene Willensmacht, vgl. *Larenz/Wolf*, Allg. Teil, § 4 II 1; *Köhler*, Allg. Teil, § 5 II 1; ausführlich zum Begriff des subjektiven Rechts vgl. *Wolf*, Allg. Teil, § 2 B.

gründen.[42] Soweit Rechtsprechung[43] und Literatur[44] dieser Ansicht folgen, haben die Stellungnahmen in der Regel nur *Ansprüche* des Dritten gegen den Verein – wie etwa den Anspruch auf Aufnahme – vor Augen. Es sind jedoch keine Gründe ersichtlich, warum gleiches nicht für Mitwirkungsrechte in bezug auf die Willensbildung gelten sollte.

2. Ausschließlichkeit der organschaftlichen Struktur

Beuthien[45] geht davon aus, bei Körperschaften bestehe, anders als bei Personengesellschaften, nicht das „Prinzip der ursprünglichen Mitgliederselbstverwaltung", sondern das „Prinzip der abgeleiteten Organverwaltung". Der Unterschied liege darin, daß bei der Mitgliederselbstverwaltung alle Mitglieder schon infolge ihrer Zugehörigkeit zur Gesellschaft geschäftsführungs- und vertretungsbefugt (§§ 709 Abs. 1, 714 BGB; 114 Abs. 1, 125 Abs. 1 HGB) seien, soweit sie nicht kraft Gesetzes (§ 164 Abs. 1 Satz 1, 170 HGB) oder kraft Gesellschaftsvertrags (§§ 710 Satz 1, 714, 715 BGB, 114 Abs. 2, 125 Abs. 1 HGB) davon ausgeschlossen seien. Bei der abgeleiteten Organverwaltung dagegen seien die Kompetenzen zur Organisation des Vereinslebens den Organen zugewiesen. Die Mitglieder einer Körperschaft erlangten diese Befugnisse erst, wenn sie durch einen Beschluß der Mitgliederversammlung in das entsprechende Organ gewählt würden. Aus dem Prinzip der abgeleiteten Organverwaltung leitet *Beuthien*[46] weiter her, daß Kompetenzen innerhalb einer Körperschaft ausschließlich Organen des Vereins zugewiesen sein können. Persönliche Rechte der Mitglieder oder Dritter sollen nicht möglich sein. Sobald Mitgliedern oder Dritten in der Satzung einer Körperschaft Vereinsfunktionen zugewiesen werden, die nicht schon zwingend einem gesetzlich vorgeschriebenen Organ obliegen, werde folglich ein fakultatives Verbandsorgan eingerichtet.

Das Prinzip der abgeleiteten Organverwaltung kann in dieser Strenge nicht aufrecht erhalten werden. Auch in einer Körperschaft erwerben die Mitglieder die Zugehörigkeit zu den Organen nicht ausschließlich durch eine entsprechende Wahl. So gehören die Mitglieder eines Vereins allein kraft ihrer Zugehörigkeit zum Verein dem Organ Mitgliederversammlung an. Es gibt also auch hier sog. „geborene" Organmitglieder. Darüber hinaus ist die Bildung von Organen nicht allein den Körperschaften vorbehalten und auch von daher nicht geeignet, die Körperschaften von nicht körperschaftlich organisierten Vereinigungen zu unterscheiden. Auch bei der Gesellschaft bürgerlichen Rechts, der offenen Handelsgesellschaft und der Kommanditgesellschaft wird von organschaftlicher Vertretungsmacht gesprochen, und die Gesellschafterversammlung wird als Organ der Gesellschaft bezeich-

---

42 So auch RGZ 106, 120, 126. Das Gericht leitet einen Aufnahmeanspruch eines Außenstehenden gegen den Verein direkt aus der Satzung her; ähnlich BAGE 21, 46, 50; 22, 189, 191; 25, 194, 198 bezüglich des Anspruchs eines Arbeitnehmers bzw. dessen Hinterbliebenen auf Leistung aus einer betrieblichen Unterstützungskasse; ein Recht des Dritten bejahen ebenfalls: *Sauter/Schweyer*, Rdnr. 76; Müko-*Gottwald*, § 328 BGB Rdnr. 59; *Staudinger-Weick*, § 25 BGB Rdnr. 14; *Schlosser*, S. 79; *Kirchhof*, S. 286; *Daigfuß*, S. 84 ff; *Beinert*, S. 27; *Edenfeld*, S. 55; *Haas/Adolphsen*, NJW 1997, 2146, 2147.

43 RGZ 106, 320, 324.

44 *Staudinger-Weick*, § 25 BGB Rdnr. 14; *Schlosser*, S. 79; *Kirchhof*, S. 285; *Haas/Adolphsen*, NJW 1997, 2146, 2147; *Edenfeld*, S. 55.

45 Gesellschaftsrecht der Konzerne, S. 143; *ders./Gätsch*, ZHR 157 (1993), 483, 484.

46 *Beuthien/Gätsch*, ZHR 157 (1993), 483, 486.

net. Zumindest soweit man die Personengesellschaften als rechtsfähig ansieht,[47] brauchen sie – wie juristische Personen – Organe, um handlungsfähig zu sein.[48] Die körperschaftliche Struktur einer Vereinigung zeichnet sich also nicht durch das Vorhandensein von Organen aus, sondern vielmehr dadurch, daß der Fortbestand der Vereinigung von den jeweiligen Mitgliedern unabhängig ist (vgl. § 1 Abs. 1 GenG: Gesellschaften von nicht geschlossener Mitgliederzahl).

Schließlich ist nicht ersichtlich, mit welcher Argumentation das „Prinzip der Organverwaltung" die Schlußfolgerung rechtfertigen könnte, die Wahrnehmung von „Vereinsfunktionen"[49] sei *ausschließlich* durch Organe möglich. Vielmehr spricht die Privatautonomie der Mitglieder dafür, auch andere Gestaltungsmöglichkeiten für die Organisation ihres Vereins zuzulassen. Die Wahrnehmung von Kompetenzen durch Organe ist also nicht in der Weise abschließend, daß andere Kompetenzträger in Gestalt von unmittelbar persönlich berechtigten Mitgliedern oder Dritten daneben nicht bestehen könnten.

Bestätigt wird diese Ansicht durch die dem Verein zustehende Möglichkeit, den Mitgliedern Sonderrechte i.S.v. § 35 BGB einzuräumen. Könnten Kompetenzen innerhalb eines Vereins tatsächlich nur auf Organe übertragen werden, so müßte bei der Begründung eines Sonderrechts zunächst ein Organ neu geschaffen werden, das dann mit dem zukünftigen Sonderrechtsinhaber besetzt wird[50]. Für die Begründung eines Sonderrechts, das dem Mitglied z.B. einen dauernden Sitz im Vorstand gewährt, müßte also ein Organ geschaffen werden, das das Recht hat, einen Sitz im Vorstand zu verlangen. Der zukünftige Sonderrechtsinhaber müßte Organwalter dieses Organs werden. Diese Konstruktion erscheint wenig überzeugend, wenn man sich vor Augen führt, daß das Sonderrecht ein verstärktes Mitgliedschaftsrecht ist. Es steht dem Mitglied also persönlich und unmittelbar zu, ohne daß die Begründung einer Organstellung erforderlich wäre.[51]

Als Ergebnis läßt sich festhalten: Das Handeln durch Organe ist zwar der Regelfall im Verein. Doch ist nicht jede Person, der kraft Gesetzes oder Statuts die Wahrnehmung bestimmter Zuständigkeiten zugewiesen ist, zwingend Organwalter des Vereins.[52]

3. Bedenken aufgrund des Verbots der Selbstentmündigung

Zur Rechtfertigung der Auffassung, daß Drittrechte nur in Verbindung mit einer Organstellung begründet werden können, wird des weiteren folgende Argumentation herangezogen: Das Vereinsrecht stelle die Handlungsfähigkeit von Personenvereinigungen gerade auf

---

47 So jüngst für die GbR *Hadding*, in: FS für Kraft, S. 137, 144.

48 Zur Funktion der Organe siehe oben § 7 I 1 a).

49 *Beuthien/Gätsch*, ZHR 157 (1993), 483, 486.

50 So *Schultze*, IherJB 75 (1925), 455, 460; *Enneccerus/Nipperdey*, Allg. Teil, § 112 IV.

51 *Herfs*, S. 110.

52 Die Rechtsprechung hat noch nicht ausdrücklich zu der Frage Stellung genommen, welche Voraussetzungen erfüllt sein müssen, damit man von einem Organ sprechen kann. In der in WM 1983, 555 abgedruckten Entscheidung läßt der Bundesgerichtshof offen, ob es sich bei einem Kontrollausschuß einer GmbH um ein gewillkürtes Gesellschaftsorgan handelt. In der in WM 1984, 1640 abgedruckten Entscheidung spricht der Bundesgerichtshof zwar von einem „Kontrollorgan", doch nennt er keine Voraussetzungen für das Vorliegen eines Organs. In BGHZ 43, 261, 263, wird ein Gesellschaftsorgan allein deshalb angenommen, weil der „Kompetenzkomplex" in die Organisation eingegliedert ist und Gesellschaftsangelegenheiten wahrnimmt.

die Art und Weise her, daß es die Bildung von Organen vorsehe. Deshalb könne ein Handeln von Personen, die nicht Organwalter seien, keine Wirkung für den Verein hervorrufen. Ließe man es zu, daß Dritte für einen Verein handeln, so wäre der Verein nicht mehr frei darin, durch seine Organe zu handeln. Die Handlungsfreiheit ginge also verloren.[53]

Diese Ansicht trennt nicht eindeutig zwischen der grundsätzlichen Möglichkeit eines Vereins, seine Handlungsfreiheit zu beschränken, und den Grenzen dieser Delegationsmöglichkeit. So wird man kaum sagen können, daß ein Verein, der einem Dritten das – nicht organschaftlich ausgestaltete – Recht einräumt, eine Maßnahme der Geschäftsführung vorzunehmen, sich seiner Handlungsfreiheit begibt. Der Gedanke, daß ein Verein sich nicht über einen bestimmten Umfang hinaus seiner Handlungsfreiheit begeben darf, spielt erst bei der Beurteilung der Zulässigkeit einzelner Drittrechte eine Rolle. Er kann aber nicht herangezogen werden, um die Übertragung von Kompetenzen auf Nicht-Organe ganz auszuschließen.

4. Zwischenergebnis

In der Satzung eines Vereins können Rechte zugunsten außenstehender Dritter begründet werden. Diese Rechte können dem Berechtigten nicht nur einen Anspruch gegen den Verein gewähren, sondern ihm auch die Mitwirkung im Rahmen der Willensbildung gestatten. Es ist nicht möglich, in der Begründung von Drittrechten in der Satzung zwingend die Errichtung eines Organs zu sehen. Der Dritte kann die statutarischen Einflußrechte ebenso „ad personam“ erlangen, ohne zum Organ(walter) des Vereins zu werden.[54]

III. Wahrung der Vereinsautonomie bei Einräumung einer Organstellung

Bevor die Kriterien für eine Abgrenzung zwischen Organen und Rechten „ad personam“ dargelegt werden, soll zunächst die zweite These *Teubners* aufgegriffen werden. *Teubner*[55] geht davon aus, daß durch die Begründung einer Organstellung des Dritten die materiellen Bedenken gegen den Dritteinfluß an Gewicht verlieren. Die Ansicht *Teubners* kann in dieser pauschalen Form nicht überzeugen. Selbst wenn durch die statutarische Zuweisung von Vereinsfunktionen der Dritte zum Organ des Vereins wird, ist damit der Dritteinfluß nicht ohne weiteres als unbeachtlich im Hinblick auf die Vereinsautonomie anzusehen. Es kommt vielmehr darauf an, welche Konsequenzen sich aus der Einordnung des Dritten als

---

[53] *Bürkle*, S. 38.

[54] *Hölters*, GmbHR 1980, 50, 52; *Kunadt*, S. 34, betreffend das Verhältnis Hauptverband und Untergliederung; *König*, S. 254, betreffend das Verhältnis Gesamtverein und nachgeordneter Verein; *Herfs*, S. 61; *Voormann*, S. 66 u. 123; *v. Look* in *Reichert/v. Look*, Rdnr. 418 a u. 429 b; *Kleinert*, ÖBA 1991, 337, 341; *Edenfeld*, S. 55 u. 64; *Lutter/Hommelhoff*, § 37 GmbHG Rdnr. 15: „Allerdings folgt die Organeigenschaft des Dritten nicht allein und automatisch aus der Kompetenzübertragung“; anders aber *Lutter/Hommelhoff*, § 46 GmbHG Rdnr. 1. Trotz der für die Genossenschaft in § 9 Abs. 2 GenG angeordneten Selbstorganschaft hält *Ferneding*, S. 17 u. 36, Weisungsrechte Dritter für zulässig. Dies ist nur möglich, wenn der Dritte nicht in eine Organstellung einrückt.

[55] *Teubner*, ZGR 1986, 565, 567 ff.

Organ(walter) des Vereins ergeben.[56] Das hängt zum einen davon ab, ob man einen formellen oder einen materiellen Organbegriff befürwortet und zum anderen davon, welche Kontrollmöglichkeiten den Mitgliedern bezüglich der Entscheidungen eines Organs zustehen.

1. Formeller oder materieller Organbegriff

Geht man von einem *formellen Organbegriff* aus, so sind Organe diejenigen Einrichtungen eines Vereins, denen durch Gesetz oder Satzung Rechte und Pflichten im Rahmen der Organisation des Vereins zugewiesen worden sind, die der Erreichung des Vereinszwecks dienen.[57]

Eine formale Betrachtungsweise der Organstellung läßt keine Rückschlüsse auf die Wahrung der Vereinsautonomie zu, denn nach dieser Ansicht kann ein Organmitglied auch eigene Interessen verfolgen.[58] Der Selbstschutz der Mitglieder als Geltungsgrund der Vereinsautonomie ist in diesen Fällen nicht gewahrt. Anderes gilt, wenn an die Organstellung auch materielle Kriterien, wie etwa ein konkreter Verhaltensmaßstab, geknüpft werden und wenn darüber hinaus die Mitglieder eine effektive Kontrollmöglichkeit im Hinblick auf die Einhaltung dieses Verhaltensmaßstabs haben.

Geht man von einem *materiellen Organbegriff* aus, so müssen Organe ihre Entscheidungen in erster Linie an dem Vereinsinteresse orientieren.[59] Da diese Pflichtenbindung allein an die Stellung als Organ anknüpft, sind Nichtmitglieder – sofern sie in ein Organ gewählt werden – ebenfalls an das Vereinsinteresse gebunden und insoweit haftungsrechtlich verantwortlich.[60]

Für einen materiellen Organbegriff spricht die Tatsache, daß die gesetzlich vorgesehenen Organe, wie etwa der Geschäftsführer einer GmbH oder der Aufsichtsrat einer Aktiengesellschaft, bei ihren Entscheidungen ausschließlich dem Interesse ihrer Gesellschaft verpflichtet sind. Sie haben ihre Aufgaben wie ein treuhänderischer Verwalter fremder Interessen zu erfüllen.[61] Darüber hinaus ergibt sich die Verpflichtung zur Wahrung des Interesses der Vereinigung aus der Aufgabe der Organe, den Zweck der Vereinigung zu fördern. Organe sind in ihren Kompetenzbereich berufen, um die Zielsetzung der juristischen Person zu verwirklichen und daher allein auf deren Interessenwahrung verpflichtet.[62]

---

[56] Das Gesetz trifft keine Aussage darüber, was unter einem Organ zu verstehen ist. Auch in der Literatur hat sich noch kein einheitlicher Organbegriff herausgebildet; vgl. *Wiedemann*, in: FS für Schilling, S. 105, 109 Fn. 11; *Ulmer*, in: FS für Werner, S. 911, 923; *König*, S. 125.

[57] *Voormann*, S. 66, anders S. 146 ff; *Wiedemann*, in: FS für Schilling, S. 105, 109; *Wolff/Bachof* Verwaltungsrecht Band II, § 74 I; *Maurer*, Allg. Verwaltungsrecht, § 21 Rdnr. 22 ff.

[58] *Herfs*, S. 67.

[59] *Kronstein*, S. 20; *Wiedemann*, WM 1975, Sonderbeilage 4, 15; *ders.*, Übertragung, S. 24; *Mertens*, ZGR 1994, 426, 435 (für Geschäftsführungsorgane).

[60] *Rowedder-Koppensteiner*, § 45 GmbHG Rdnr. 11; *Lutter/Hommelhoff*, § 46 GmbHG Rdnr. 11; *Hölters*, BB 1977, 105, 107; *Verhoeven*, BB 1978, 335 f; *Fleck*, in: FS für Fischer, S. 107, 113; *Konzen*, NJW 1989, 2977, 2980; *Rohleder*, S. 86 ff; *Reuter*, 100 Jahre GmbHG, S. 631, 652 f; *Beuthien*, ZHR 156 (1992), 459, 468; *Herfs*, S. 68; *Haak*, BB 1993, 1607, 1609; *Großfeld/Brondics*, AG 1987, 293, 299; *Bürkle*, S. 50.

[61] *Baumbach/Hueck- Zöllner*, § 43 GmbHG Rdnr. 9; *Rohleder*, S. 139; *Herfs*, S. 68.

[62] *Rittner*, S. 279.

Unstreitig darf ein Organmitglied bei der Wahrnehmung seiner Aufgaben daher keine eigennützigen Ziele verfolgen. Die Verwirklichung eigener Interessen ist ihm untersagt.[63]

Ob ein Organwalter aber zwingend in jedem Fall nur die Interessen der Vereinigung verfolgen darf, erscheint zweifelhaft. So gibt es durchaus Fälle, in denen der Organwalter nicht ausschließlich auf das Interesse der Vereinigung verpflichtet ist. Als erstes Beispiel kann hier der Insolvenzverwalter genannt werden, wenn man, wie es zum Teil in der Literatur vertreten wird,[64] davon ausgeht, daß der Insolvenzverwalter Organ der insolventen Gesellschaft ist. Der Insolvenzverwalter hat bei der Erfüllung seiner Aufgaben zumindest auch die Interessen der Massegläubiger zu berücksichtigen.[65]

Als zweites Beispiel läßt sich der Aufsichtsrat einer mitbestimmten GmbH heranziehen. Zwar haben nach überwiegender Meinung[66] alle Mitglieder – ob Vertreter der Arbeitnehmer oder der Anteilseigner – des Aufsichtsrates dieselben Rechte und Pflichten. Aber auch bei grundsätzlich gleichen Rechten und Pflichten lassen sich gute Gründe dafür finden, daß die Vertreter der Arbeitnehmer im Aufsichtsrat die Interessen der Arbeitnehmer zur Geltung bringen dürfen.[67] Immerhin sind die Arbeitnehmervertreter im Aufsichtsrat primär die Interessenvertreter ihrer Gruppe und nicht des gesamten Vereins.

Im Ergebnis kann es an dieser Stelle dahingestellt bleiben, welche Pflichtenstellung man einem Organmitglied zuweist. Selbst wenn ein Organmitglied zwingend an das Interesse der Vereinigung gebunden ist, folgt daraus nicht die Unbedenklichkeit der Besetzung eines Organs mit einem außenstehenden Dritten. Denn die Bindung des mit einem Dritten besetzten Organs an das Interesse der Vereinigung kann die Interessen der Mitglieder und damit die Autonomie der Vereinigung nur sichern, wenn der Dritte seiner Bindung auch nachkommt, oder – sollte dies nicht der Fall sein – andere Organe die Entscheidung des Dritten sachlich überprüfen können.

2. Kontrollmöglichkeit durch die Mitglieder

Im Hinblick auf die Frage, inwieweit der Dritte freiwillig bereit sein wird, das Vereinsinteresse zu wahren, ist davon auszugehen, daß der Dritte seine Einflußrechte auch nutzen wird, um eigene Interessen im Verein durchzusetzen.[68] In der Regel wird dies sogar die Motivation für den Erwerb der Einflußrechte sein.[69] *Hommelhoff/Priester*[70] formulieren

---

63 *Wiedemann*, Übertragung, S. 24; *Rohleder*, S. 139.

64 *K. Schmidt*, Insolvenzrecht, S. 106 ff.

65 *Kuhn/Uhlenbruck*, § 82 KO Rdnr. 9; *K. Schmidt*, § 82 KO, Anm. 2 b).

66 BGHZ 85, 293, 295 = NJW 1983, 991 ff; *Hüffer*, § 116 AktG Rdnr. 2; Großkomm-*Schilling*, § 116 AktG Anm. 8; *Geßler/Hefermehl/Eckardt/Kropff-Geßler*, § 116 AktG Rdnr. 10.

67 *Raiser*, in: FS für Schmidt, 101, 114; *Vollmer*, S. 129; *Wiedemann*, in: FS für Schilling, S. 105, 119.

68 Anderes mag gelten, wenn der Dritte durch ein besonderes Rechtsverhältnis an das Interesse der Vereinigung gebunden ist, vgl. hierzu ausführlich *Herfs*, S. 88 ff. Auf diese Ausnahmefälle soll hier nicht näher eingegangen werden, da sie im Verhältnis Dachverband – Verein nicht zum Tragen kommen, vgl dazu unten § 5 II 4 d) ee) (2).

69 In diesem Zusammenhang ist das Ergebnis einer Umfrage aus dem Jahre 1982/83 von Interesse. Danach haben 37,7 Prozent aller befragten Beiratsmitglieder und 65,1 Prozent der hauptberuflich im Bankensektor tätigen Beiratsmitglieder erklärt, ausschlaggebendes Motiv für die Mitwirkung im Beirat sei die Vertretung eigener geschäftlicher Interessen (*Voormann*, S. 44, unter Bezugnahme auf *Gau-*

die Interessenlage folgendermaßen: „Je stärker das organinterne Gewicht der Nichtgesellschafter ist, desto stärker tendiert das Organ dahin, andere als Gesellschaftsinteressen zu berücksichtigen und zu verfolgen: im günstigsten Fall die Gesamtinteressen des Unternehmens, im ungünstigsten Fall die einzelner Interessenträger außerhalb der Gesellschaft – etwa die der Hausbank oder die eines Großabnehmers".

Der Schutz der Mitglieder vor der Verfolgung außerverbandlicher Interessen durch die Organwalter ist daher nur möglich, wenn die Mitglieder die Wahrung des Vereinsinteresses durch eine inhaltliche Kontrolle der Entscheidungen des Dritten sicherstellen können.[71] Zwar wird man davon ausgehen können, daß die Beschlüsse eines neu geschaffenen und mit Nichtmitgliedern besetzten Organs ebenso der Kontrolle unterworfen sind wie Beschlüsse von gesetzlich vorgeschriebenen Organen.[72] Dafür spricht, daß das Recht der Mitgliederversammlung zur Anfechtung rechtswidriger Beschlüsse unverzichtbar ist;[73] es kann nicht dadurch unterlaufen werden, daß die Satzung Kompetenzen auf andere Organe überträgt und diese mit Nichtmitgliedern besetzt.

Allerdings ist die Rückbindung an das Vereinsinteresse nur dann wirkungsvoll, wenn es einen Kontrollmaßstab gibt, anhand dessen die Vereinbarkeit der Entscheidungen des Dritten mit dem Vereinsinteresse überprüft werden kann.[74] Eine derartige sachliche Überprüfung von Organbeschlüssen ist jedoch nur in eingeschränktem Umfang möglich.[75] Ein Gericht kann nur kontrollieren, ob eine Entscheidung als sachgerechte Verfolgung des Vereinszwecks bezeichnet werden kann. Hierbei kommt dem Organmitglied ein Ermessensspielraum zu. Ein Gericht kann die Wertungen des Organs nicht durch eigene Wertungen ersetzen.[76] Folglich sind Organbeschlüsse nur dahingehend kontrollierbar, ob sie erkennbar gegen Vereinsinteressen verstoßen und ob sie eine sachliche Rechtfertigung vermissen lassen. Nachteilige Entscheidungen unterhalb dieser Schwelle muß das entmachtete Mitglied hinnehmen.[77] Allein die Möglichkeit einer richterlichen Kontrolle kann also die Wahrung des Vereinsinteresses und damit den Schutz der Mitglieder nicht gewährleisten.

Als Ergebnis läßt sich festhalten: Die von *Teubner* angenommene Einbindung des Dritten in die Organisation des Vereins trägt allein nicht zur Wahrung der Autonomie des

---

gler/Heimburger, Beiräte mittelständischer Unternehmen, Aufgaben – Kompetenzen – Arbeitsweise – Vergütung, 1985, S. 41, 45). Es bedarf wohl keiner Umfrage, um dieses Ergebnis auf andere Bereiche zu übertragen. Es liegt auf der Hand, daß z.B. ein Sponsor, dem in der Vereinssatzung Mitwirkungsrechte eingeräumt werden, diese beansprucht, um damit seine eigenen Interessen zu verwirklichen.

[70] ZGR 1986, 463, 501.

[71] *Herfs*, S. 54 u. 84 ff.

[72] BGHZ 43, 261, 265 = NJW 1965, 1378 ff; *Scholz-K. Schmidt*, § 45 GmbHG Rdnr. 185; *Rowedder-Koppensteiner*, § 45 GmbHG Rdnr. 13; *Lutter/Hommelhoff*, Anh. § 47 GmbHG Rdnr. 7; *Hommelhoff/Priester*, ZGR 1986, 463, 502; *Konzen*, NJW 1989, 2977, 2980.

[73] *Scholz-K. Schmidt*, § 45 GmbHG Rdnr. 135; *ders.*, Gesellschaftsrecht, § 16 III 3.

[74] *Herfs*, S. 84.

[75] *Hommelhoff/Priester*, ZGR 1986, 463, 502; *Fleischer*, S. 113; *Voormann*, S. 86; *Herfs*, S. 87. Bei Entscheidungen durch die Mehrheit ist eine nur eingeschränkte Kontrolle durch die Gerichte hinnehmbar, weil der Gesetzgeber durch die Anerkennung des Mehrheitsgrundsatzes zu erkennen gegeben hat, daß er den Entscheidungen der Mehrheit grundsätzlich die Vermutung der Richtigkeit zukommen läßt. Diese Wertung versagt jedoch, wenn die Entscheidung von einem außenstehenden Dritten getroffen wird, der von der Entscheidung nicht betroffen ist, vgl. *Herfs*, S. 87.

[76] *Herfs*, S. 87.

[77] *Voormann*, S. 86.

Vereins bei.[78] Weder ist mit der Begründung von Einflußrechten Dritter zwingend die Errichtung einer Organstellung verbunden, noch kann die Bindung eines Organs an das Vereinsinteresse die Gefahren des Dritteinflusses völlig ausschließen. Der notwendige Schutz der Mitglieder scheitert an der unzureichenden Möglichkeit, die Entscheidungen des Dritten gerichtlich kontrollieren zu lassen.

IV. Abgrenzung einer Organstellung von einem Recht „ad personam"

Ein Dritter kann an den Entscheidungsprozessen in einem Verein beteiligt werden, indem entweder ein Organ gebildet und der Dritte zum Organwalter bestellt wird oder indem dem Dritten ein Recht „ad personam" eingeräumt wird. Eine Unterscheidung dieser beiden Gestaltungsarten anhand des Regelungsortes ist nicht möglich, da beide Rechtspositionen ihre Grundlage in der Satzung des Vereins haben. Für die Einordnung der Rechtsstellung des Dritten müssen daher andere Kriterien gefunden werden.

1. Abgrenzungskriterien

Für ein Organ ist es kennzeichnend, daß es unabhängig von der Person besteht, die ihm angehört.[79] Das Organ besteht also fort, auch wenn das Organmitglied ausscheidet. Um seine Tätigkeit wieder aufnehmen zu können, muß es nur neu besetzt werden. Anders gestaltet sich die Rechtslage bei einem Recht „ad personam". Ein Recht „ad personam" zeichnet sich dadurch aus, daß es ausschließlich der berechtigten Person und sonst niemand anderem zustehen soll. Steht die konkrete Person als Rechtsinhaber nicht mehr zur Verfügung oder verzichtet sie auf ihre Befugnisse, erlischt auch das Recht „ad personam".

Ein weiterer Unterschied zwischen einem Organmitglied und dem Inhaber eines Rechts „ad personam" besteht darin, daß das Organmitglied – zumindest bei Vorliegen eines wichtigen Grunds – durch einen mit einfacher Mehrheit gefaßten Beschluß der Mitgliederversammlung abberufen werden kann.[80] Wird dem Dritten dagegen in der Satzung ein Recht „ad personam" eingeräumt, so kann diese Rechtsstellung nur durch einen satzungsändernden Beschluß der Mitgliederversammlung wieder beseitigt werden. Durch diesen Beschluß muß die kompetenzbegründende Satzungsbestimmung aufgehoben werden.

Das gilt selbst dann, wenn man einen materiellen Organbegriff nicht für zutreffend hält und eine zwingende ausschließliche Bindung des Organmitglieds an das Interesse des Vereins ablehnt.

Schließlich kann auch die Interessenausrichtung des Dritten als Indiz für die Abgrenzung herangezogen werden. Werden dem Dritten die Rechte ersichtlich eingeräumt, damit er eigene Interessen verwirklichen kann, so liegt die Einordnung einer Rechtsposition als Recht „ad personam" nahe. Selbstverständlich darf der Dritte auch hier seine Rechte nicht in mißbräuchlicher Weise ausüben. Soll der Dritte dagegen eigene Interessen zurückstellen

[78] So im Ergebnis auch *Rohleder*, S. 82; *Hublé*, S. 96.
[79] *Beuthien/Gätsch*, ZHR 156 (1992), 459, 469; *Beuthien*, ZIP 1993, 1589, 1598; *Herfs*, S. 67.
[80] *Herfs*, S. 71.

und vornehmlich die des Vereins im Auge haben, so ist eher auf die Begründung einer Organstellung zu schließen.

2. Beispiele

Anhand von zwei Beispielsfällen soll die praktische Relevanz von Rechten „ad personam" aufgezeigt werden.

Beispiel Nr. 1: Nach § 54 GenG muß jede Genossenschaft einem Prüfungsverband angehören. Der Prüfungsverband ist in der Regel in der Rechtsform des eingetragenen Vereins organisiert (vgl. § 63 b GenG). Um seine Prüfungsaufgaben wahrnehmen zu können, sieht das Gesetz unter anderem einzelne Rechte zugunsten des Prüfungsverbands vor, die in die Organisation der Mitgliedsgenossenschaften eingreifen. Dem Prüfungsverband steht gemäß § 59 Abs. 3 GenG das Recht zu, beratend an der Generalversammlung teilzunehmen, die den Prüfungsbericht behandelt.[81] In der Satzung der Mitgliedsgenossenschaft können dem Prüfungsverband auch weitergehende Anwesenheitsrechte – etwa bei anderen Tagesordnungspunkten – eingeräumt werden.[82] Eine darüber hinausgehende Bedeutung erlangen die Mitwirkungsrechte des Prüfungsverbands bei den Genossenschaftsbanken, die in ihrer Satzung dem zuständigen Prüfungsverband vielfach ein Zustimmungsrecht in bezug auf Satzungsänderungen einräumen.[83] Ohne die Zustimmung des Prüfungsverbands können die Genossenschaftsbanken ihre Satzung daher nicht ändern. Bei der Beantwortung der Frage, ob die Prüfungsverbände zum Organ der Mitgliedsgenossenschaften werden oder ob ihnen die Mitwirkungsrechte „ad personam" verliehen werden, muß man sich vergegenwärtigen, daß die Mitglieder der Genossenschaft die Rechte des Prüfungsverbands nicht ohne weiteres beseitigen können. Eine Abberufung – wie bei einem Organmitglied – ist nicht möglich. Die Genossenschaft kann die Rechte nur durch eine Änderung ihrer Satzung beseitigen, womit allerdings ein Verstoß gegen die Satzung des Prüfungsverbands verbunden sein wird. Gegen eine Einordnung des Prüfungsverbands als Organ der Mitgliedsgenossenschaft spricht außerdem, daß der Prüfungsverband seine Rechte nicht vornehmlich im Interesse der ***einzelnen*** Mitgliedsgenossenschaft ausübt. Vielmehr soll durch die Mitwirkungsrechte des Prüfungsverbands eine objektive Prüfung gewährleistet werden. Dem Prüfungsverband stehen seine Rechte daher nicht als Organ der Mitgliedsgenossenschaft,[84] sondern vielmehr „ad personam" zu.

Beispiel Nr. 2: Ähnlich ist die Rechtslage bei den Dachverbänden zu beurteilen. Auch hier finden sich in den Satzungen der Mitgliedsvereine Einflußrechte zugunsten des Dachverbands. So wird dem Dachverband z.B. die Strafgewalt über die Vereinsmitglieder übertragen.[85] Denkbar ist es auch, daß der Mitgliedsverein die Änderung seiner Satzung im ganzen oder zumindest im Hinblick auf einzelne Satzungsregelungen an die Zustimmung

---

[81] Grundsätzlich können auch Beratungsaufgaben von Organen wahrgenommen werden, siehe oben § 7 I 1 a).

[82] *Lang/Weidmüller/Metz/Schaffland-Metz*, § 59 GenG Rdnr. 13.

[83] So *Kleinert*, ÖBA 1991, 337, 338, im Hinblick auf die Rechtslage in Österreich.

[84] *Kleinert*, ÖBA 1991, 337, 341.

[85] § 4 Abs. 2 Satzung CTB; § 13 Abs. 1 Satzung DFB.

des Dachverbands knüpft. Daneben können dem Dachverband bei der Wahl des Vorstands oder bei der Aufnahme neuer Mitglieder Mitwirkungsrechte eingeräumt werden.[86]

Es wäre verfehlt anzunehmen, daß der Mitgliedsverein bei der Einräumung von statutarischen Drittrechten für den Dachverband ein neues Organ errichtet, das er anschließend mit Vertretern des Dachverbands besetzt. Vielmehr sollen die Mitwirkungsrechte unmittelbar und ausschließlich dem Dachverband zustehen. Löst sich der Dachverband auf, so erlöschen die Mitwirkungsrechte im Mitgliedsverein. Es besteht nicht etwa ein Vereinsorgan fort, das nur mit neuen Mitgliedern besetzt werden muß. Gegen die Annahme einer Organstellung spricht außerdem, daß die Vertreter des Dachverbands nicht durch einen Beschluß der Mitgliederversammlung abberufen werden können. Es ist vielmehr eine Satzungsänderung erforderlich, um die statutarischen Einflußrechte abzuschaffen. Ein weiteres Indiz gegen die Begründung einer Organstellung ist, daß der Dachverband bei der Ausübung seiner Rechte nicht an die Interessen des Mitgliedsvereins gebunden ist.[87] Zwar wird der Dachverband von den Mitgliedsvereinen gegründet, damit er die *gemeinsamen Interessen* seiner Mitglieder wahrt.[88] Dies bedeutet jedoch nicht, daß den Dachverband bei der Ausübung seiner Rechte eine organschaftliche Förderpflicht gegenüber dem *einzelnen* Mitgliedsverein trifft. Vielmehr können die Interessen des einzelnen Vereins nur insoweit berücksichtigt werden, als die Wahrnehmung der Interessen aller Mitgliedsvereine dies zuläßt. Insgesamt folgt daraus, daß der Dachverband nicht zum Organ des Mitgliedsvereins wird.[89] Er erhält die statutarischen Einflußrechte „ad personam".

V. Zusammenfassung

Die Satzung eines Vereins kann einem außenstehenden Dritten Einfluß auf die Organisation und auf die Willensbildung in dem Verein einräumen. Hierbei sind zwei rechtliche Begründungsmöglichkeiten denkbar. Zum einen kann der Dritte zum Mitglied in einem Organ des Vereins bestellt werden. Daneben können die Mitwirkungsrechte aber auch unmittelbar zugunsten des Dritten begründet werden (sog. Rechte „ad personam"). Überzeugende Argumente gegen die Begründung von Rechten „ad personam" in der Satzung lassen sich weder aus der Rechtsqualität der Satzung als Organisationsvertrag noch aus den materiellen Wertentscheidungen des Vereinsrechts herleiten. Auch ist die organisatorische Ausgestaltung eines Vereins durch Organe nicht in der Weise abschließend, daß andere Gestaltungsmöglichkeiten daneben nicht zulässig sind. Das Verbot der Selbstentmündigung spricht ebenfalls nicht gegen die Begründung von Rechten „ad personam" in einer Satzung.

---

[86] Häufig finden sich diese Mitwirkungsrechte jedoch nicht in der Satzung der Mitgliedsvereine, sondern in der Satzung der Dachverbände. Die Mitgliedsvereine erkennen allerdings durch den Eintritt die Satzung der Dachverbände als für sie verbindlich an. Zu den Rechtswirkungen der Anerkennung siehe ausführlich unten § 9 II.

[87] Ähnlich ist die Rechtslage zu beurteilen, wenn der Sponsor eines Vereins das statutarische Recht erhält, bei Satzungsänderungen – bspw. bei der Namensänderung – mitzuwirken. Es wäre widersprüchlich, dem Sponsor hier eine Bindung an das Vereinsinteresse aufzuerlegen. Der Sponsor erhält das Recht ja gerade, um die zweckgerechte Verwendung seines Geldes abzusichern.

[88] Vgl. Präambel Satzung DFB; § 4 Abs. 6 Satzung BFV.

[89] So auch *König*, S. 254, zur Rechtslage im Gesamtverein.

Für die Abgrenzung der Organwalterrechte von den Rechten „ad personam“ ist entscheidend, daß ein Organ auch dann fortbesteht, wenn das Organmitglied ausscheidet. Demgegenüber erlischt ein Recht „ad personam“, wenn sein Inhaber nicht mehr zur Verfügung steht. Auch die Beseitigung der Kompetenz des Dritten gestaltet sich unterschiedlich: Während ein Organ von der Mitgliederversammlung abberufen werden kann, kann das Recht „ad personam“ nur durch eine Änderung der Satzung beseitigt werden. Schließlich kann die Interessenausrichtung des Dritten als Indiz für die Abgrenzung herangezogen werden. Während ein Organmitglied in der Regel im Interesse des Vereins handelt, wird der Inhaber eines Rechts „ad personam“ zumeist eigene Interessen verfolgen.

§ 8 Einzelne Einflußmöglichkeiten eines Dritten

I. Allgemeine Erwägungen

Es soll nunmehr der Frage nachgegangen werden, in welchem Umfang in der Satzung eines Vereins einem Dritten Mitwirkungsrechte eingeräumt werden können. Ausdrückliche gesetzliche Grenzen des Dritteinflusses lassen sich aus den Vorschriften zum Vereinsrecht im Bürgerlichen Gesetzbuch kaum entnehmen, denn nach § 40 BGB können die Mitglieder des Vereins in der Satzung von der gesetzlich vorgeschlagenen Kompetenzordnung in weiten Bereichen abweichen.[90] Anschaulich wird der große Gestaltungsspielraum der Vereinsmitglieder, wenn man sich vor Augen führt, zu welcher weitgehenden Entrechtung von Vereinen und ihrer Mitglieder es im Nationalsozialismus kam.[91] Damals haben eine Reihe von Vereinen das sogenannte „Führerprinzip“ eingeführt. Das Führerprinzip sah eine weitgehende Entrechtung der Mitgliederversammlung vor, indem wesentliche Befugnisse, die nach dem gesetzlichen Leitbild der Mitgliederversammlung zugeordnet sind, kraft Satzungsregelung auf den „Vereinsführer“ übergingen. Er konnte über die Aufnahme und die Ausschließung von Mitgliedern,[92] über Satzungsänderungen[93] und über die Auflösung des Vereins entscheiden.[94] Der Vereinsführer mußte nicht Vereinsmitglied sein und konnte durch einen Dritten, z.B. „den Führer“ eines übergeordneten Verbands ernannt und von ihm auch abberufen werden.[95] Die zur Einführung des Führerprinzips erforderlichen Satzungsänderungen wurden nicht als Änderungen des Vereinszwecks, sondern nur als Änderung der Organisation des Vereins angesehen. Folglich war nur eine Dreiviertel-Mehrheit der Stimmen in der Mitgliederversammlung erforderlich, die zumeist ohne Probleme erreicht wurde. Auch wenn das in dieser Weise ausgestaltete Führerprinzip eine weitgehende Entmündigung der Vereinsmitglieder zur Folge hatte, so war es doch vom Wortlaut des Vereinsrechts, so wie es auch heute weiterhin gilt, gedeckt.

90 Zwingende Regelungen finden sich in §§ 27 Abs. 2, 41 BGB.

91 Hierzu ausführlich *Vieweg*, Recht und Unrecht, S. 244, 259 f.

92 RG, DJ 1936, 1271 f.

93 Rechtsgutachten des KG v. 30. 4. 1936, DJ 1936, 1948 f.

94 Rechtsgutachten des KG v. 30. 4. 1936, DJ 1936, 1948, 1949 f; OLG Karlsruhe, JW 1936, 3266, 3267; OLG Stuttgart, Das Recht 1936, Nr. 1596.

95 KG, JW 1934, 3000; Rechtsgutachten des KG v. 30. 4. 1936, DJ 1936, 1948 f.

Trotz der weitgehenden Dispositivität des Vereinsrechts ist man sich in Rechtsprechung[96] und Literatur[97] heute einig, daß der Einfluß von Nichtmitgliedern auf einen Verein bestimmten Grenzen unterliegt und daß ein zu weitgehender Dritteinfluß die Autonomie des Vereins verletzt. Uneinigkeit besteht jedoch darüber, welche konkreten Grenzen sich aus dem Gebot der Selbstbestimmung für den Verein ergeben. Dementsprechend bestehen unterschiedliche Auffassungen im Hinblick auf die Bewertung von Einzelfällen. Die folgende Untersuchung hat sich zur Aufgabe gestellt, die Grenzen des zulässigen Dritteinflusses zu konkretisieren.

Ausgangspunkt der Überlegungen ist die Erkenntnis, daß die Vereinsautonomie zwei gegenläufige Prinzipien umfaßt. Zum einen soll die Selbstentmündigung des Vereins und der dahinter stehenden Mitglieder verhindert und damit einem übermäßigen Fremdeinfluß Einhalt geboten werden. Zum anderen enthält die Vereinsautonomie aber gerade auch das Recht des Vereins, sich seiner Selbstbestimmung zu begeben und sich einem begrenzten Fremdeinfluß zu unterwerfen.[98] Die Aufgabe besteht folglich darin, bei der Begründung von Dritteinfluß zwischen der zulässigen Ausübung der Vereinsautonomie und der unzulässigen Aufgabe der Selbstbestimmung zu unterscheiden. Eine pauschale Abgrenzung ist nicht möglich. Vielmehr hängt die Grenzziehung von einer Vielzahl verschiedener Bewertungsmaßstäbe ab.[99] Erster Anknüpfungspunkt ist die Differenzierung nach den verschiedenen Objekten des Dritteinflusses, also danach, auf welchen Bereich der vereinsinternen Willensbildung der Dritte Einfluß ausüben kann (Satzungsgestaltung, Vorstandsbestellung etc.). Innerhalb der einzelnen Fallgruppen wird weiter danach differenziert, in welchem Umfang der Dritte Einfluß ausüben kann, wieweit sein Einfluß in der Satzung verfestigt ist und welche Bestandskraft die von ihm getroffenen Entscheidungen haben.

Es wurde bereits dargelegt, daß die Frage, inwieweit die Mitglieder einer Vereinigung ihre satzungsgemäß gegebene Zuständigkeit beschränken und sich einer Beeinflussung von außerhalb der Vereinigung stehenden Dritten aussetzen dürfen, nicht auf das Vereinsrecht beschränkt ist.[100] Folglich sind bei der Beantwortung auch rechtsformübergreifende Wertungen zu berücksichtigen. Die Stellungnahmen und die Argumente sind daher nicht nur der vereinsrechtlichen Diskussion entnommen, sondern auch der Diskussion um die Zulässigkeit des Dritteinflusses in anderen Gesellschaftsformen, insbesodere dem Recht der GmbH.

---

[96] BVerfGE 83, 341, 360 = NJW 1991, 2625 ff; KG, OLGZ 1974, 385, 387 = Rpfleger 1974, 394 ff; BayObLGZ 1975, 435, 440; OLG Frankfurt a.M., NJW 1983, 2576; OLG Stuttgart, NJW-RR 1986, 995, 996; OLG Köln, NJW 1992, 1048; BayObLG, NJW 1980, 1756, 1757; LG Hildesheim, NJW 1965, 2400; LG Siegen, Rpfleger 1964, 267; LG Krefeld, Rpfleger 1968, 17, 18; LG Aachen, DVBl 1976, 914, 915; LG Bremen, Rpfleger 1989, 202; LG Schweinfurt, KirchenE 1987, 189.

[97] *Bondi*, in: FS für Liebmann, S. 278, 283; *Dütz*, in: FS für Herschel, S. 55, 57; *Wiedemann*, in: FS für Schilling, S. 105, 111; *Priester*, in: FS für Werner, S. 657, 663; *v. Look* in *Reichert/v. Look*, Rdnr. 418 a; *Sauter/Schweyer*, Rdnr. 39 a; *Stöber*, Rdnr. 30; *Soergel-Hadding*, vor § 21 BGB Rdnr. 79; RGRK-*Steffen*, vor § 21 BGB Rdnr. 25; *Schaible* S. 34.

[98] BVerfGE 83, 341, 359 = NJW 1991, 2623 ff.

[99] Siehe oben § 5 II 4 d).

[100] Siehe oben § 5 I 3.

II. Mitwirkung eines Dritten bei Satzungsänderungen

1. Problemstellung

Die Zuständigkeit zur Änderung der Satzung (Satzungshoheit) ist in § 33 Abs. 1 BGB geregelt. Danach ist die Mitgliederversammlung das für eine Satzungsänderung zuständige Organ. Sie muß einen Beschluß fassen, in dem drei Viertel der erschienenen Mitglieder dem Antrag auf Satzungsänderung zustimmen. Stimmenthaltungen und ungültige Stimmen sind nicht zu berücksichtigen. Die Dreiviertel-Mehrheit ergibt sich also aus den abgegebenen gültigen Ja- und Neinstimmen.[101]

Der Wortlaut des § 40 BGB, der § 33 Abs. 1 BGB für abdingbar erklärt, spricht zunächst dafür, den Mitgliedern des Vereins unbegrenzte Gestaltungsfreiheit bei der Statuierung einer anderweitigen Regelung des Verfahrens der Satzungsänderung zukommen zu lassen. Unstreitig ist insoweit, daß die Satzung die gesetzlichen Erfordernisse des § 33 BGB verschärfen kann, indem sie z.B. für einen satzungsändernden Beschluß auf das Erscheinen einer bestimmten Mindestmitgliederzahl abstellt oder eine höhere Mehrheit vorschreibt. Des weiteren kann als Wirksamkeitsvoraussetzung die Zustimmung eines anderen Vereinsorgans oder einzelner Vereinsmitglieder – letzteres in der Form eines Sonderrechts (vgl. § 35 BGB) – vereinbart werden.[102] Die Voraussetzungen einer Satzungsänderung können aber auch herabgesetzt werden, etwa dergestalt, daß ein mit einfacher Mehrheit gefaßter Beschluß genügt.[103] Schließlich ist es nach überwiegender Ansicht in der Literatur zulässig, daß die Mitgliederversammlung die Zuständigkeit zur Satzungsänderung auf ein anderes Organ, z.B. den Vorstand des Vereins, überträgt.[104]

Umstritten in Rechtsprechung und Literatur ist jedoch, inwieweit Dritte am Verfahren der Satzungsänderung beteiligt werden dürfen. Im Hinblick auf das Verbot der Selbstentmündigung nach § 138 Abs. 1 BGB könnten hier Bedenken bestehen, weil ein außenstehender Dritter, der bei der Gestaltung der Satzung mitwirken kann, weitgehend auf das Schicksal des Vereins Einfluß nimmt.

2. Unterschiedliche Intensität der Mitwirkung eines Dritten

Einem Dritten kann das Recht zur Mitwirkung bei der Satzungsänderung in zwei unterschiedlichen Formen eingeräumt werden. Zum einen ist es denkbar, daß ein Dritter selbst die Satzungsänderung vornehmen kann (Alleinentscheidungsrecht). Zum anderen kann für die Satzungsänderung neben einem Beschluß der Mitgliederversammlung als zusätzliches Erfordernis die Zustimmung eines Dritten erforderlich sein (Zustimmungs- oder Veto-

---

[101] BGH, NJW 1982, 1585; die Entscheidung betrifft einen einfachen Beschluß der Mitgliederversammlung. Für einen Beschluß betreffend eine Satzungsänderung kann nichts anderes gelten.

[102] *Sauter/Schweyer*, Rdnr. 135; *Stöber*, Rdnr. 615, 618; *Soergel-Hadding*, § 33 BGB Rdnr. 6.

[103] *Sauter/Schweyer*, Rdnr. 135; *Stöber*, Rdnr. 532; *Soergel-Hadding*, § 33 BGB Rdnr. 6; Müko-*Reuter*, § 33 BGB Rdnr. 8.

[104] *V. Look* in *Reichert/v. Look*, Rdnr. 418 b; *Sauter/Schweyer*, Rdnr. 135; *Stöber*, Rdnr. 619; *Soergel-Hadding*, § 33 BGB Rdnr. 6; RGRK-*Steffen*, § 33 BGB Rdnr. 2; *Dütz*, in: FS für Herschel, S. 55, 71; a. A. *Flume*, Allg. Teil Band I/2, § 7 I 3; *ders.*, in: FS für Coing Band II, S. 97, 102; Müko-*Reuter*, § 33 BGB Rdnr. 10, allerdings vertritt *Reuter* diese Ansicht nur für Vereine ohne Aufnahmefreiheit; AK-*Ott*, § 33 BGB Rdnr. 5; *Kohler*, S. 95.

recht). Wenn in der Satzung ein Alleinentscheidungs- oder ein Zustimmungsrecht eines Dritten ohne ausdrückliche Einschränkungen verankert ist, umfaßt das Recht des Dritten die Änderung aller Satzungsbestimmungen, d.h. auch die Änderung bzw. Beseitigung der Regelung, die ihm das Mitwirkungsrecht gewährt. Die Mitgliederversammlung kann die Zuständigkeit des Dritten also nicht oder zumindest nicht gegen den Willen des Dritten aufheben.

Im folgenden soll zunächst die Zulässigkeit eines derartigen umfassenden Alleinentscheidungs- oder Zustimmungsrechts untersucht werden. Anschließend wird der Frage nachzugehen sein, inwieweit sich an der rechtlichen Beurteilung etwas ändert, wenn die Mitglieder die Möglichkeit haben, ohne die Mitwirkung des Dritten dessen Zuständigkeit aufzuheben (sog. Kompetenzkompetenz).[105]

a) Alleinentscheidungsrecht eines Dritten zur Änderungen der Satzung

Nach überwiegender Auffassung in der Literatur[106] ist es mit der Vereinsautonomie nicht vereinbar, einem außenstehenden Dritten das Recht einzuräumen, die Satzung in alleiniger Zuständigkeit zu ändern. Der Bundesgerichtshof hat zu der Frage, inwieweit eine Satzungsänderung durch einen Dritten vorgenommen werden kann, noch nicht Stellung genommen. Die Auffassungen der Instanzgerichte sind uneinheitlich. Nach Ansicht des OLG Frankfurt a.M.[107] ist die Grenze der Vereinsautonomie überschritten, wenn die Satzung eines kirchlichen Vereins vorsieht, daß die Satzung ausschließlich durch Rechtsverordnung einer Kirchengemeinschaft geändert werden kann.

Demgegenüber hat das LG Stuttgart[108] in einem obiter dictum die Ansicht vertreten, das Recht, die Satzung zu ändern, könne auf einen außenstehenden Dritten übertragen werden. Da in dem zu entscheidenden Fall in der Satzung noch weitere Möglichkeiten der Fremdbestimmung vorgesehen waren (das Recht des Dritten, über die Aufnahme neuer Mitglieder zu entscheiden oder den Verein aufzulösen), konnte das Gericht die Unwirksamkeit der Satzung auf eine Gesamtwürdigung der Kompetenzverteilung stützen.

Schließlich hat sich das OLG Celle[109] mit der Frage befaßt, ob die Satzungsänderungskompetenz zwingend bei den Mitgliedern verbleiben muß. Zwar sah die zu überprüfende Satzung nicht die Übertragung der Satzungsänderungskompetenz auf einen außenstehenden Dritten, sondern auf einen mit Mitgliedern besetzten Beirat vor. Auf Bestellung und Kontrolle der Beiratsmitglieder hatten die übrigen Mitglieder jedoch keinen Einfluß,

---

[105] Zum Begriff der Kompetenzkompetenz vgl. oben § 5 II 4 d) cc).

[106] *Flume*, Allg. Teil Band I/2, § 7 I 3; *ders.*, in: FS für Coing Band II, S. 97, 102; *v. Look* in *Reichert/v. Look*, Rdnr. 418 b; *Sauter/Schweyer*, Rdnr. 136; *Stöber*, Rdnr. 619; *Palandt-Heinrichs*, § 33 BGB Rdnr. 2; *Soergel-Hadding*, § 33 BGB Rdnr. 7; RGRK-*Steffen*, § 33 BGB Rdnr. 2; AK-*Ott*, § 33 BGB Rdnr. 6; *K. Schmidt*, Gesellschaftsrecht, § 5 I 3; *Wiedemann*, in: FS für Schilling, S. 105, 112; *Kirchhof*, S. 298; *Kohler*, S. 95 ff; *Beuthien/Gätsch*, ZHR 156 (1992), 459, 479; *Herfs*, S. 75 (für die GmbH); *Haas/Prokop*, SpuRt 1998, 15, 18; a.A. *Schaible*, S. 41; *Kunadt*, S. 35, der die Zulässigkeit aber nur bejaht, wenn der Mitgliederversammlung die Kompetenzkompetenz verbleibt, dazu siehe unten § 8 II 4.

[107] OLG Frankfurt a.M., NJW 1983, 2576 ff mit Anm. *Machanek*, JuS 1985, 440 ff.

[108] Zitiert in den Entscheidungsgründen des Urteils des OLG Stuttgart, NJW-RR 1986, 995, 996 = Rpfleger 1986, 262 ff.

[109] Nds. Rpflege 1995, 48, 49.

so daß hier in ähnlicher Weise wie bei der Kompetenzübertragung auf einen außenstehenden Dritten die Gefahr der Selbstentmündigung der Mitglieder gegeben war. Das OLG Celle meinte, beachtliche Gründe sprächen für eine zwingende Zuständigkeit der Mitgliederversammlung zur Änderung der Satzung, da auch in anderen Körperschaften diese Zuständigkeit zwingend der Haupt-, General- oder Gesellschafterversammlung zugewiesen sei (§ 119 AktG, § 16 GenG, § 53 GmbHG). Im konkreten Fall konnte es das Gericht jedoch offen lassen, ob schon das Fehlen der Satzungsänderungskompetenz der Mitglieder zur Nichtigkeit der Satzung führt. Denn durch das Zusammenwirken mehrerer Bestimmungen der Satzung ergab sich, daß die dem Beirat nicht angehörenden Mitglieder nicht nur von der Mitwirkung bei der Bestimmung des Satzungsinhalts, sondern auch sonst von der Willensbildung über vereinsrechtliche Angelegenheiten ausgeschlossen waren. So konnten sie darüber hinaus nicht über die Aufnahme und die Ausschließung von Mitgliedern entscheiden; auch die Bestellung und die vorzeitige Abwahl des Vorstands waren ihrer Zuständigkeit entzogen. Das OLG Celle hielt die Satzung daher insgesamt für unwirksam.

b) Zustimmungsrecht eines Dritten bei Satzungsänderungen

Während das Recht eines Dritten, die Satzung zu ändern, weitgehend für unvereinbar mit der Vereinsautonomie angesehen wird, läßt sich im Hinblick auf ein Zustimmungsrecht zugunsten eines Dritten eine solche einhellige Rechtsauffassung nicht feststellen. Manche Stellungnahmen in der Rechtsprechung[110] und der Literatur[111] sehen auch hier die Grenzen der Gestaltungsfreiheit als überschritten an und halten dementsprechend ein Zustimmungsrecht für unzulässig. Sie ordnen die Zuständigkeit zur Satzungsänderung zwingend und ausschließlich der Mitgliederversammlung zu. Ausdrücklich zu einem solchen Verständnis bekennt sich *Priester,*[112] wenn er ausführt: „Das Grundverhältnis des Verbands darf allein von dessen Mitgliedern definiert werden ... Sie sind von der Rechtsordnung nicht nur mit einer besonderen Vermögenszuständigkeit als juristische Person oder in Gestalt eines Gesamthandvermögens ausgestattet, sondern auch als unabhängige Willens- und Entscheidungszentren gewollt. Wer eine freie Verbandsbildung zuläßt, muß deshalb auch die zwingende Alleinzuständigkeit der Mitglieder zur Gestaltung der Verbandsordnung vorsehen". Die Personenvereinigung würde – nach Ansicht von *Priester* – ihre Selbständigkeit verlieren, wenn ihre Struktur zur Disposition von Nichtmitgliedern stünde.

---

[110] RGZ 169, 65, 81 (für die GmbH); LG Siegen, Rpfleger 1964, 267, 268; LG Hildesheim, NJW 1965, 2400; OLG Stuttgart, NJW-RR 1986, 995, 996= Rpfleger 1986, 262 ff.

[111] *Wiedemann*, in: FS für Schilling, S. 105, 112; *Flume*, Allg. Teil Band I/2, § 7 I 3; *ders.*, in: FS für Coing Band II, S 97, 102; *ders.*, JZ 1992, 238, 239; *v. Look* in *Reichert/v. Look*, Rdnr. 429, ausnahmsweise soll ein Zustimmungsrecht zulässig sein, wenn der Dritte ein berechtigtes Interesse an dem Zustimmungsrecht hat oder das Zustimmungsrecht sachlich begrenzt ist; RGRK-*Steffen*, § 33 BGB Rdnr. 2; AK-*Ott*, § 25 BGB Rdnr. 18 u. § 33 BGB Rdnr. 6; *Enneccerus/Nipperdey*, Allg. Teil, § 111 I 3; *K. Schmidt*, Gesellschaftsrecht, § 5 I 3; *Kohler*, S. 96. Für die GmbH: *Priester*, in: FS für Werner, S. 657, 663; *Nitschke*, S. 298.

[112] in: FS für Werner, S. 657, 666. *Priester* schließt Vereine als Untersuchungsgegenstand ausdrücklich aus. Dennoch zitiert er zur Begründung seiner Ansicht nicht § 53 GmbHG, sondern er zitiert *Flume*, Allg. Teil Band I/2, § 7 I 3, der allerdings diese Aussage gerade zum Vereinsrecht getroffen hat.

Dementsprechend müsse den Mitgliedern aller Vereinigungen die Alleinzuständigkeit zur Satzungsgestaltung reserviert bleiben.

Die überwiegende Rechtsprechung[113] und weite Teile der Literatur[114] dagegen halten das Zustimmungsrecht eines Dritten zu einer Satzungsänderung für vereinbar mit der Vereinsautonomie. Die zur Begründung angeführten Argumente orientieren sich vornehmlich an einer Entscheidung des Kammergerichts[115] aus dem Jahr 1973. In dem zu entscheidenden Fall ging es um die Frage, ob bei einem Verein, der der römisch-katholischen Kirche angehört, dem zuständigen Bischöflichen Ordinariat ein Genehmigungsvorbehalt hinsichtlich Satzungsänderungen eingeräumt werden dürfe. Mit einer ausführlichen Begründung wurde das Zustimmungsrecht des außenstehenden Dritten für zulässig erachtet. Spätere Gerichtsentscheidungen[116] und Stellungnahmen[117] in der Literatur berufen sich auf diese Entscheidung, ohne der Argumentation wesentliches hinzuzufügen. Die Auffassung des Kammergerichts soll daher an dieser Stelle wiedergegeben werden.

(1) Das Vereinsrecht enthalte, anders als das Recht der GmbH, keine dem § 53 Abs. 1 GmbHG[118] entsprechende Regelung. Diese Norm schreibe zwingend vor, daß der Gesellschaftsvertrag nur durch Beschluß der Gesellschafterversammlung geändert werden könne. Aus § 53 Abs. 1 GmbHG lasse sich kein allgemeines Prinzip herleiten, wonach jeder Fremdeinfluß auf die Satzungsgestaltung von Körperschaften mit eigener Rechtspersönlichkeit ausgeschlossen sei.[119] Es sei daher davon auszugehen, daß § 33 BGB grundsätzlich nicht nur im Hinblick auf die Mehrheitsvoraussetzungen, sondern auch in bezug auf die Beschlußkompetenz der Mitgliederversammlung dispositiv sei.

(2) Das Verbot eines Zustimmungsrechts eines Dritten zu Satzungsänderungen sei auch nicht sinnvoll, denn gerade bei Vereinen mit ideeller Zielsetzung sei eine gewisse materielle und geistige Unterstützung durch außenstehende Personen oder Institutionen Grundlage und Voraussetzung für die Entfaltung der Vereinstätigkeit. Dies gelte insbesondere dann, wenn der Verein fremdnützige Ziele verfolge. Es bestehe daher geradezu ein Bedürfnis nach rechtlichen Formen des Dritteinflusses, weil dadurch dem berechtigten Interesse des Dritten an der Wahrung einer gewissen Kontinuität in den Verhältnissen des Vereins als Voraussetzung für die Gewährung seiner Unterstützung Rechnung getragen werden könne.[120]

(3) Da auch die Vorstandsbestellung durch Dritte zulässig sei und diese Form des Dritteinflusses in ihren Auswirkungen nicht weniger in die Vereinsautonomie eingreife als ein

---

[113] BVerfGE 83, 341, 360 f = NJW 1991, 2623 ff; KG, OLGZ 1974, 385, 389 = Rpfleger 1974, 394 ff; OLG Köln, Rpfleger 1992, 112, 113 = NJW 1992, 1048 ff; LG Aachen, DVBl 1976, 914, 915; LG Schweinfurt, KirchE 19, 187, 188; LG Oldenburg, JZ 1992, 250, 251; die in diesem Zusammenhang immer wieder zitierte Entscheidung BayObLGZ 1979, 303, 308 = NJW 1980, 1756 f, betrifft nicht das Zustimmungsrecht eines Dritten, sondern das eines Mitglieds.

[114] *Sauter/Schweyer*, Rdnr. 136; *Palandt-Heinrichs*, § 33 BGB Rdnr. 2; *Staudinger-Weick*, § 33 BGB Rdnr. 8, zumindest für kirchliche Vereine; *Dütz*, in: FS für Herschel, S. 55, 71 f; *Mummenhoff*, S. 169 f; *Böttcher*, Rpfleger 1988, 169, 171; *Kirchhof*, S. 298 f; *Edenfeld*, S. 94 ff.

[115] KG, OLGZ 1974, 385 = Rpfleger 1974, 394 ff.

[116] Siehe Fn. 113.

[117] Siehe Fn. 114.

[118] Ähnliche Regelungen finden sich in § 179 Abs. 1 AktG und § 16 GenG.

[119] KG, OLGZ 1974, 385, 389= Rpfleger 1974, 394 ff.

[120] KG, OLGZ 1974, 385, 390= Rpfleger 1974, 394 ff.

Genehmigungsvorbehalt zu Satzungsänderungen, könne für letzteren nichts anderes gelten.[121]

(4) Eine unzulässige Fremdbestimmung sei auch deshalb nicht gegeben, weil eine Satzungsänderung gegen den Willen der Vereinsmitglieder nicht möglich sei. Ohne Beschluß der Mitgliederversammlung könne eine Satzungsänderung nicht vorgenommen werden.[122]

(5) Dem Verein verbleibe genügend Autonomie, weil er innerhalb der Satzung seine Tätigkeit rechtlich unabhängig und frei entfalten könne.[123]

(6) Die Freiheit der Mitglieder werde durch einen solchen Zustimmungsvorbehalt nicht wesentlich beeinträchtigt. Sie könnten jederzeit aus dem Verein austreten oder den Verein durch Gesamtaustritt zur Auflösung bringen.[124]

(7) Schließlich folge aus § 33 Abs. 2 BGB, daß das Gesetz selbst einen Genehmigungsvorbehalt eines Außenstehenden bei Satzungsänderungen nicht als dem Wesen des Vereins widersprechend ansehe. Es handele sich bei dieser Vorschrift nicht um eine Ausnahmevorschrift für staatlich konzessionierte Vereine, sondern um eine Norm, die das Ergebnis einer Interessenabwägung zwischen Vereinsautonomie und Dritteinfluß widerspiegele. Der Vorschrift lasse sich entnehmen, daß bei Vorliegen eines als berechtigt anzuerkennenden Interesses des Dritten die Satzungsautonomie des Vereins zurückzutreten habe. Dieser Gedanke sei auf eingetragene Vereine übertragbar, die sich zwar hinsichtlich ihres Zwecks, nicht aber hinsichtlich ihrer Organisation von den staatlich konzessionierten Vereinen unterschieden.[125]

Die Ansicht des Kammergerichts ist jüngst durch eine Entscheidung des Bundesverfassungsgerichts bekräftigt worden.[126] In dem zu entscheidenden Fall ging es um eine Religionsgemeinschaft der Bahà'i in der Rechtsform eines eingetragenen Vereins, die in ihrer Satzung Satzungsänderungen von der Genehmigung eines anderen Vereins (einer aus religiösen Gründen übergeordneten Instanz) abhängig machte. Das Bundesverfassungsgericht hielt einen solchen Genehmigungsvorbehalt bei Satzungsänderungen für zulässig. Hinsichtlich Inhalt und Grenzen der Vereinsautonomie verwies das Bundesverfassungsgericht zunächst auf die Entscheidung des Kammergerichts aus dem Jahr 1973. Das Gericht hob weiter hervor, daß die dem Verein zustehende Autonomie auch in der Weise ausgeübt werden könne, daß das Selbstverwaltungsrecht satzungsgemäß beschränkt werde; auch eine solche Beschränkung stelle die Ausübung von Autonomie dar. Die Grenze des zulässigen Fremdeinflusses sei erst erreicht, wenn Selbstbestimmung und Selbstverwaltung des Vereins in so weitem Umfang ausgeschlossen werden, daß der Verein zur bloßen Verwaltungsstelle oder einem bloßen Sondervermögen eines Dritten werde. Im übrigen knüpfte das Bundesverfassungsgericht im konkreten Fall an die Eigenart der religiösen Vereine an, deren Zweck es sei, „eine Teilgliederung einer Religionsgemeinschaft zu sein und sich in deren religionsrechtlich bestimmte Struktur einzufügen".[127] Eine gerichtliche Einschränkung des Dritteinflusses würde die Eigenart der religiösen Vereine und damit die Bedeu-

---

[121] KG, OLGZ 1974, 385, 390= Rpfleger 1974, 394 ff.
[122] KG, OLGZ 1974, 385, 391= Rpfleger 1974, 394 ff.
[123] KG, OLGZ 1974, 385, 391= Rpfleger 1974, 394 ff.
[124] KG, OLGZ 1974, 385, 391= Rpfleger 1974, 394 ff.
[125] KG, OLGZ 1974, 385, 391= Rpfleger 1974, 394 ff.
[126] BVerfGE 83, 341 ff = NJW 1991, 2623 ff.
[127] BVerfGE 83, 341, 360 = NJW 1991, 2623 ff.

tung des Grundrechts der religiösen Vereinigungsfreiheit für die Auslegung und Anwendung des Grundsatzes der Vereinsautonomie verkennen.[128]

Während die Befürworter[129] der Zulässigkeit eines Zustimmungsrechts eines Dritten diese Entscheidung als Bestätigung ihrer Ansicht werten, heben die Gegner[130] eines solchen Drittrechts hervor, daß das Bundesverfassungsgericht die Zulässigkeit einer so weitgehenden Fremdbestimmung nur für religiöse Vereine statuiert habe, mithin eine Übertragung der Entscheidung auf das allgemeine Vereinsrecht nicht möglich sei.

3. Zulässigkeit der Mitwirkung eines Dritten bei Satzungsänderungen

Ausgangspunkt der Überlegungen ist die Erkenntnis, daß die satzungsmäßige Einschränkung des Selbstorganisationsrechts durch die Verlagerung von Zuständigkeiten auf außenstehende Dritte ebenfalls als Ausübung der Vereinsautonomie, im Sinne von Gestaltungsfreiheit der Mitglieder, angesehen werden muß.[131] Dies vorausgesetzt, wird sowohl durch das Verbot, einem Dritten ein Alleinentscheidungsrecht in bezug auf Satzungsänderungen einzuräumen, als auch durch das Verbot eines bloßen Zustimmungsrechts, die Autonomie des Vereins beschnitten. Diese Beschränkung läßt sich nur rechtfertigen, wenn die genannten Einflußmöglichkeiten eines Dritten auf die Satzungsgestaltung zu einer Selbstentmündigung des Vereins führen. In diesem Fall würde deren Zulässigkeit die Vereinsautonomie, verstanden als das Recht zur Selbstbestimmung, verletzen.

Während die überwiegende Ansicht eine solche Selbstentmündigung durch die Übertragung der Satzungsänderungskompetenz auf einen Dritten annimmt und dementsprechend deren Zulässigkeit verneint, soll einem bloßen Zustimmungsrecht das Verbot der Selbstentmündigung nicht entgegenstehen.

Die folgende Stellungnahme zu der Tragfähigkeit dieser Unterscheidung ist in mehrere Schritte aufgeteilt. Zunächst wird untersucht, ob die statutarische Begründung eines Alleinentscheidungsrechts hinsichtlich Satzungsänderungen eine unzulässige Begrenzung der Selbstbestimmung des Vereins darstellt. Anschließend soll der Frage nachgegangen werden, ob Alleinentscheidungsrecht und Zustimmungsrecht tatsächlich so verschieden sind, daß eine unterschiedliche rechtliche Behandlung geboten erscheint. Schließlich werden die einzelnen Argumente untersucht, die das Kammergericht und die ihm folgende Literatur geltend machen, um die Zulässigkeit eines Zustimmungsrechts zu begründen.

a) *Alleinentscheidungsrecht eines Dritten zur Änderung der Satzung*

Gegen die Zulässigkeit eines Alleinentscheidungsrechts eines Dritten zur Änderung der Satzung spricht, daß die Satzung fundamentale Bedeutung für die Ausgestaltung der Rechtsverhältnisse in einem Verein hat. Das Recht eines Dritten, die Satzung des Vereins

---

128 BVerfGE 83, 341, 361 = NJW 1991, 2623 ff.

129 *Schockenhoff*, AcP 193 (1993), 35, 41.

130 *Flume*, Allg. Teil Band I/2, § 7 I 4; *ders.*, in: FS für Coing Band II, S. 92, 110; *ders.*, JZ 1992, 238, 240.

131 BVerfGE 83, 341, 359 = NJW 1991, 2623 ff; KG, OLGZ 1974, 385, 387 = Rpfleger 1974, 394 ff; siehe oben § 4 II 3.

zu gestalten, stellt daher die denkbar weiteste Einflußnahme auf die Geschicke des Vereins dar.

Zwar könnte man geltend machen, die Satzung sei nur das „abstrakte Gerüst" für das tägliche Vereinsleben, das die Mitgliederversammlung und der Vorstand erst mit Inhalten entsprechend dem Vereinszweck füllen müßten. Innerhalb der Satzung könne der Verein rechtlich unabhängig seine Tätigkeit entfalten,[132] denn in die laufende Verwaltung durch die Mitgliederversammlung und den Vorstand könne der Dritte nicht eingreifen. Da das Vereinsrecht nicht durch ständige Änderungen der Satzung gekennzeichnet sei, bleibe der Einfluß der Satzung auf das normale „Alltagsleben" eines Vereins im Regelfall gering.[133]

Eine solche Argumentation verkennt, daß die Satzung das Fundament für das gesamte Vereinsleben ist. Sie regelt die organisatorischen Grundlagen des Vereins und die Rechtsverhältnisse der Mitglieder untereinander und zum Verein. Der Satzung kommt damit sehr wohl eine entscheidende Bedeutung für das „Alltagsleben" eines Vereins zu. Es ist deshalb daran festzuhalten, daß die Kompetenz der Mitgliederversammlung zur Satzungsgestaltung der empfindlichste Bereich der Vereinsautonomie ist. Wenn nicht einmal die Übertragung der Zuständigkeit zur Satzungsänderung auf einen Dritten zu einer Selbstentmündigung des Vereins führen würde, so ist schwerlich vorstellbar, in welchen Fällen eine Selbstentmündigung dann überhaupt angenommen werden sollte.

Die Unzulässigkeit der Übertragung des Rechts zur Satzungsänderung ergibt sich darüber hinaus aus folgender Überlegung: Bei der Gründung eines Vereins kommt die Vereinsautonomie dadurch zum Ausdruck, daß die Satzung zwingend durch die Mitglieder aufgestellt werden muß. Doch erschöpft sich die Vereinsautonomie nicht in der Möglichkeit, bei der Gründung des Vereins die Satzung eigenständig zu gestalten. Die Vereinsautonomie verlangt vielmehr auch, daß das Selbstbestimmungsrecht des Vereins auf Dauer gewährleistet ist. Nicht nur bei der Gründung, sondern auch in der Folgezeit, ist ein Verein auf die Willensherrschaft seiner Mitglieder angelegt.[134] Die Alleinzuständigkeit der Mitglieder zur Satzungsgestaltung bei der Gründung des Vereins ist Ausdruck der Willensherrschaft seiner Mitglieder und korrespondiert mit der Zuständigkeit der Mitglieder bei einer späteren Änderung der Satzung.[135] Es ist ein allgemeiner Rechtsgrundsatz für alle rechtlich verselbständigten Personenvereinigungen, daß die Errichtung *und die Änderung* der Satzung auf den Willen der Mitglieder zurückzuführen sein muß. Die Mitglieder eines Vereins müssen daher fortlaufend in der Lage sein, die rechtliche Grundlage ihres Zusammenschlusses selbständig zu gestalten. Würde das Recht zur Satzungsänderung der Mitgliederversammlung entzogen und auf einen Dritten übertragen, so käme der aktuelle Mitgliederwille nicht zum Tragen. Von einem eigenverantwortlichen Handeln des Vereins könnte keine Rede mehr sein, wenn eine Mitwirkung der Mitglieder bei den wesentlichsten Ent-

---

132 KG, OLGZ 1974, 385, 391= Rpfleger 1974, 394 ff.

133 *Schaible*, S. 42; *Edenfeld*, S. 97, die diese Argumentation allerdings nur heranziehen, um die Zulässigkeit eines Zustimmungsrechts zu begründen. Konsequenterweise müßten sie gleiches auch für die rechtliche Beurteilung eines Alleinentscheidungsrechts geltend machen. In diesem Zusammenhang bezeichnet *Schaible*, S. 50, jedoch die Satzungsbefugnis der Mitgliederversammlung als wesentlichen Faktor im „Leben" eines Vereins.

134 *Flume*, Allg. Teil Band I/2, § 7 I 1; *ders.*, in: FS für Coing Band II, S. 92, 97; für die GmbH: *Nitschke*, S. 299; *Priester*, in: FS für Werner, S. 657, 663; *Herfs*, S. 75, siehe oben § 5 II 4 b) bb) (2) (c).

135 *Herfs*, S. 75.

scheidungen des Vereinslebens nicht mehr möglich wäre. Zwar entspräche die einmal begründete Bindung an die Entscheidungen eines Dritten dem Willen der früheren Mitglieder des Vereins, aber eine Herrschaft der aktuellen Mitglieder wäre nicht gewährleistet.

Die Notwendigkeit der Herrschaft der aktuellen Mitglieder ergibt sich auch aus der Tatsache, daß nach unbestrittener Ansicht „Ewigkeitsklauseln" (oder auch Unabänderlichkeitsklauseln), nach denen jede Änderung der Satzungsgesamtheit oder einzelner Bestimmungen ausgeschlossen ist, unzulässig sind.[136] Der Grund ist darin zu sehen, daß ein Verein von vornherein auf einen Mitgliederwechsel angelegt ist. Durch diesen Wechsel darf die Herrschaft der Mitglieder aber nicht verloren gehen. Auch künftige Mitglieder müssen die Möglichkeit haben, auf das Schicksal des Vereins Einfluß zu nehmen. Weder die Vereinsgründer noch die gegenwärtigen Mitglieder eines Vereins können daher die Satzung gegen den abweichenden Willen späterer Mitglieder immunisieren[137] und auf ihre Satzungshoheit verzichten. Später hinzukommende Mitglieder dürfen nicht daran gehindert sein, die Grundlagen der Vereinstätigkeit – die Regelungen in der Satzung – an ihre Vorstellungen von einer effektiven Verwirklichung des Vereinszwecks anzupassen. Daher müssen sie in der Lage sein, die Satzung zu ändern.

Einer Entrechtung der zukünftigen Mitglieder im Wege einer Ewigkeitsklausel kommt es aber gleich, wenn einem Dritten das Recht zur Satzungsänderung zusteht. Würde man das Satzungsänderungsrecht eines Dritten anerkennen, so hinge es von dem Dritten ab, ob die Mitglieder „ewig" an die Satzung in ihrer gegenwärtigen Form gebunden bleiben. Ein Einfluß der Mitglieder auf die Satzung wäre ausgeschlossen. Wegen der damit verbundenen Entrechtung der Mitglieder ist ein Alleinentscheidungsrecht eines Dritten unzulässig.

Kann das Recht zur Satzungsänderung nicht auf einen Dritten übertragen werden, so ist zu fragen, ob und inwieweit die Übertragung des Satzungsänderungsrechts auf ein anderes Organ des Vereins mit der Mitgliederherrschaft vereinbar ist. Hierbei sind zwei Konstellationen zu unterscheiden. Zum einen kann die Satzungsänderungskompetenz auf eine Delegiertenversammlung übertragen werden.[138] Zwar ist mit der Delegiertenversammlung ein anderes Vereinsorgan als die Mitgliederversammlung für die Satzungsänderung zuständig, doch bedeutet die Entscheidung durch die Delegiertenversammlung keine Durchbrechung der Zuständigkeit der Mitgliederversammlung.[139] Denn die Delegierten werden von den Mitgliedern unmittelbar gewählt, und die Zusammensetzung der Delegiertenversammlung unterliegt dem Gebot der gleichmäßigen Repräsentation sämtlicher Mitglieder. Damit wird sichergestellt, daß die Delegiertenversammlung repräsentativ das Forum der Mitgliederversammlung widerspiegelt. Es wird somit nur eine unmittelbare Repräsentation durch eine

---

[136] *Flume*, Allg. Teil Band I/2, § 7 I 3; *ders.*, in: FS für Coing Band II, S. 97, 102; *v. Look* in *Reichert/v. Look*, Rdnr. 406; *Sauter/Schweyer*, Rdnr. 137; *Soergel-Hadding*, § 33 BGB Rdnr. 7; Müko-*Reuter*, § 33 BGB Rdnr. 8; *Staudinger-Weick*, § 33 BGB Rdnr. 6; RGRK-*Steffen*, § 33 BGB Rdnr. 7; AK-*Ott*, § 25 BGB Rdnr.18.

[137] Müko-*Reuter*, § 33 BGB Rdnr. 8; *ders.*, ZHR 145 (1981), 273, 281.

[138] Die Zulässigkeit der Delegiertenversammlung und deren Kompetenz zur Satzungsänderung ist unumstritten, vgl. *Soergel-Hadding*, § 32 BGB Rdnr. 3; Müko-*Reuter*, § 32 BGB Rdnr. 48; RGRK-*Steffen*, § 32 BGB Rdnr. 3; AK-*Ott*, § 25 BGB Rdnr. 20; *Leßmann*, S. 250; *Säcker*, S. 14; *U. Schmidt*, S. 172 ff; *Reemann*, S. 177.

[139] *Soergel-Hadding*, § 32 BGB Rdnr. 3.

mittelbare ersetzt. Die Herrschaft der Vereinsmitglieder wird nicht unzulässig beeinträchtigt.[140]

Anders stellt sich die Rechtslage dar, wenn die Satzungsänderungskompetenz auf ein beliebiges anderes Organ, z.B. den Vorstand des Vereins, verlagert wird. Die Vorstandsmitglieder werden nicht nach repräsentativen Gesichtspunkten gewählt und können sogar – nach dem Grundsatz der Fremdorganschaft – Nichtmitglieder sein. Dementsprechend kann von einer mittelbaren Repräsentation der Mitglieder durch das zur Satzungsänderung zuständige Organ keine Rede mehr sein. Eine Übertragung der Satzungsänderungskompetenz auf ein anderes Organ als eine Delegiertenversammlung ist daher nicht zulässig.[141]

Als Ergebnis läßt sich festhalten: Die Zuständigkeit zur Satzungsänderung gehört zum Kernbereich der Vereinsautonomie. Die Zulässigkeit einer Satzungsbestimmung, nach der Änderungen der Satzung eines Vereins durch einen nicht dem Verein angehörenden Dritten oder durch ein anderes Organ, das nicht zumindest mittelbar das Forum der Mitgliederversammlung repräsentiert, vorgenommen werden können, ist daher zu verneinen.

b) Zustimmungsrecht eines Dritten bei Satzungsänderungen

Ausgehend von der Ansicht, daß das Alleinentscheidungsrecht eines Dritten über Satzungsänderungen mit der Vereinsautonomie nicht vereinbar ist, wird in Rechtsprechung und Literatur eine Reihe von Argumenten angeführt, die eine andere rechtliche Beurteilung im Hinblick auf ein Zustimmungsrecht zu Satzungsänderungen rechtfertigen sollen. Diese Argumente sollen im folgenden überprüft werden.

aa) Rechtlich relevanter Unterschied zwischen einem Alleinentscheidungsrecht und einem Zustimmungsrecht

Die ganz überwiegende Auffassung in Rechtsprechung und Literatur stützt die Unzulässigkeit des Alleinentscheidungsrechts zur Änderung der Satzung einerseits und die Zulässigkeit eines Zustimmungsvorbehalts andererseits auf die unterschiedliche Intensität des Dritteinflusses. Während bei einem eigenen Satzungsänderungsrecht der Dritte die Satzung ohne die Mitwirkung der Mitgliederversammlung ändern könne, verleihe das Zustimmungsrecht dem Dritten nur die Macht, die durch die Mitgliederversammlung beschlossene Satzungsänderung zu verhindern. Seine Verweigerung habe eine bloße Sperrwirkung. Eine Satzungsänderung könne er aus eigener Initiative, losgelöst vom Willen der Mitglieder, weder anregen noch beschließen. Folglich sei eine Satzungsänderung immer auch vom Willen der Mitglieder getragen. Es komme zu einer Kooperation bei der Satzungsgestaltung zwischen dem Verein und dem Dritten; die eigentliche Satzungsänderung geschehe aber durch die Vereinsmitglieder.[142] Einem Verein, der nicht ohne die Zustimmung eines

---

[140] Folglich wird die Zulässigkeit der Übertragung des Rechts zur Satzungsänderung auf eine Delegiertenversammlung auch von den Stimmen nicht bestritten, die ansonsten eine Übertragung der Satzungshoheit auf andere Organe ablehnen: AK-*Ott*, § 25 BGB Rdnr. 20 u. § 32 BGB Rdnr. 5; *Kohler*, S. 95.

[141] *Flume*, Allg. Teil Band I/2, § 7 I 3; *ders.*, in: FS für Coing Band II, S. 97, 102; AK-*Ott*, § 25 BGB Rdnr. 18; *Kohler*, S. 75.

[142] *Kirchhof*, S. 299; ihm folgend *Edenfeld*, S. 97.

Dritten seine Satzung ändern kann, komme das erforderliche Mindestmaß an Selbstbestimmung zu, da ihm die „eigentliche" Satzungsänderungskompetenz erhalten bleibe.[143]

Zweifelsohne begründet das Zustimmungsrecht eines Dritten einen geringeren Dritteinfluß als das Alleinentscheidungsrecht, da der Inhaber eines Zustimmungsrechts den Mitgliedern keine unerwünschte Satzung aufdrängen kann. Eine Satzungsänderung ohne Mitwirkung oder gegen den Willen der Mitgliederversammlung ist nicht möglich. Auch das Gesetz selbst unterscheidet beide Arten von Fremdeinfluß und beurteilt ihre Zulässigkeit unterschiedlich. So bestimmt § 111 Abs. 4 Satz 1 AktG ausdrücklich, daß eine Übertragung von Maßnahmen der Geschäftsführung auf den Aufsichtsrat nicht zulässig ist. Nach Satz 2 kann die Satzung jedoch vorsehen, daß bestimmte Arten von Geschäften nur mit der Zustimmung des Aufsichtsrats zulässig sind. Ein Alleinentscheidungsrecht des Aufsichtsrats in Geschäftsführungsangelegenheiten ist somit generell unzulässig, ein Zustimmungsrecht in bestimmten Angelegenheiten dagegen nicht.

Trotz dieser gesetzlichen Differnzierung erscheint es bedenklich, allein aus dem Umstand, daß ein Zustimmungsrecht gegenüber einem Alleinentscheidungsrecht weniger Dritteinfluß begründet, auf eine hinreichende Wahrung der Vereinsautonomie zu schließen. Diese Argumentation wäre formal und würde dem tatsächlichen Ablauf des Entscheidungsprozesses bei Satzungsänderungen nicht gerecht. Das ergibt sich aus folgenden Erwägungen: Der Inhaber eines Zustimmungsrechts kann jede von der Mitgliederversammlung beschlossene Satzungsänderung verhindern. Solange der Dritte seine Zustimmung verweigert, erlangt die Satzungsänderung keine Rechtswirkung. Sowohl bei einem Alleinentscheidungsrecht als auch bei einem Zustimmungsrecht ist daher eine Satzungsänderung gegen den Willen des Dritten nicht möglich. Nun könnte man argumentieren, daß ein Zustimmungsrecht – anders als ein Alleinentscheidungsrecht – ein Hineinregieren des Dritten in die Vereinsangelegenheiten nicht ermögliche, weil die fehlende Zustimmung des Dritten nicht mehr bewirke, als daß der Verein seine Satzung nicht ändern könne und daher am status quo festgehalten werde.[144] Das Festhalten am status quo kann jedoch unter veränderten Außenbedingungen genauso einschneidende Auswirkungen auf das Vereinsleben haben wie eine aufgedrängte neue Satzungsregelung. Ein Beispiel mag dies verdeutlichen: Ein Verein stellt seinen Mitgliedern Vereinseinrichtungen zur Verfügung. Im Laufe der Zeit steigen die Unterhaltungskosten für diese Einrichtungen. Es wird daher erforderlich, den in der Satzung geregelten Mitgliedsbeitrag zu erhöhen. Versagt der Dritte die Zustimmung zu dem Satzungsänderungsbeschluß, so kann dies genauso nachteilige Folgen für das Vereinsleben haben, wie wenn dem Dritten ein Alleinentscheidungsrecht zusteht und er im Rahmen dieser Zuständigkeit den Mitgliedsbeitrag zu niedrig festlegt.

Des weiteren hat der Inhaber eines Zustimmungsrechts es in der Hand, seine Zustimmung zu einer Satzungsänderung solange zu verweigern, bis die von ihm favorisierte Satzungsgestaltung vorgeschlagen wird. Soll in den streitigen Fällen die Willensbildung im Verein nicht völlig gelähmt werden, so müssen sich die Mitgliederversammlung und der Dritte von vornherein auf solche Satzungsänderungen einigen, die dem Willen beider

---

143 *Sauter/Schweyer*, Rdnr. 136; *Dütz*, in: FS für Herschel, S. 55, 72; *Mummenhoff*, S. 169 f; *Schaible*, S. 39; *Edenfeld*, S. 97.

144 *Dütz*, in: FS für Herschel, S. 55, 73.

entsprechen.[145] Anderenfalls sind die Mitglieder „ewig“ an ihre Satzung in der gegenwärtigen Ausgestaltung gebunden.

Zur Wahrung der Vereinsautonomie kann es nicht genügen, daß die konkrete Satzungsänderung (auch) auf dem Willen der Mitglieder beruht. Es kommt vielmehr darauf an, daß der aktuelle Inhalt der Satzung den Willen der Vereinsmitglieder widerspiegelt. Das ist jedoch nicht gewährleistet, wenn für eine Änderung der Satzung die Zustimmung eines Dritten erforderlich ist. In diesen Fällen verläuft der Entscheidungsprozeß innerhalb des Vereins nicht autonom. Eine eigenständige Gestaltung der Satzung durch die Mitglieder ist nicht mehr möglich.[146] Die Behauptung, bei der Vereinbarung eines Zustimmungsrechts verbleibe die „eigentliche Satzungskompetenz“ bei den Vereinsmitgliedern, ist somit nicht zutreffend. Mitgliederversammlung und Dritter stehen sich vielmehr gleichberechtigt gegenüber, weil eine Satzungsänderung nur gemeinsam durchgeführt werden kann. Der einzige Unterschied zum Alleinentscheidungsrecht besteht – wie dargelegt – darin, daß der Dritte eine Satzungsänderung nicht gegen den Willen der Mitglieder durchsetzen kann.

Als Ergebnis kann festgehalten werden: Ein Zustimmungsrecht eines Dritten greift zwar weniger einschneidend in das Selbstbestimmungsrecht der Vereinsmitglieder ein als ein Alleinentscheidungsrecht eines Dritten. Daraus folgt jedoch nicht ohne weiteres die Zulässigkeit des Zustimmungsrechts. Im Konfliktfall kann ein Zustimmungsrecht eines Dritten ein ebenso wirksames Instrument zur Fremdbestimmung des Vereins sein wie die Satzungsänderungskompetenz. Daher sprechen die Gründe, die gegen die Zulässigkeit eines Alleinentscheidungsrechts geltend gemacht werden, auch gegen die Zulässigkeit eines Zustimmungsrechts.[147]

bb) Vergleich mit der Rechtslage im Recht der GmbH

Teilweise wird die Rechtslage bei der GmbH herangezogen, um die Zulässigkeit eines Zustimmungsrechts eines Dritten bei der Satzungsänderung im Verein zu begründen. Zum einen ergebe ein Umkehrschluß aus § 53 Abs. 1 GmbHG die Zulässigkeit eines Zustimmungsrechts im Verein (dazu (1)), und zum anderen könne ein weitergehender Dritteinfluß im Verein auf die geringere „privatrechtliche Gefährlichkeit“[148] des Vereins gestützt werden (dazu (2)).

(1) Umkehrschluß aus § 53 Abs. 1 GmbHG

Im GmbH-Recht kann die Wirksamkeit eines Satzungsänderungsbeschlusses nach ganz überwiegender Ansicht nicht an die Zustimmung eines Dritten gebunden werden.[149] Die

---

[145] Noch weitergehend *Teichmann*, S. 195: „In der Abwehr aller ihm mißliebigen Beschlüsse fällt ihm aber faktisch die alleinige Entscheidungskompetenz zu, sofern nicht eine völlige Immobilität eintritt, weil keiner nachgibt“.

[146] AK-*Ott*, § 33 BGB Rdnr. 6; so auch *Kleinert*, ÖBA 1991, 337, 339: „Damit würde sie (die Genossenschaft) – obschon ursprünglich aus freien Stücken – ihre Innensphäre dem Dritten praktisch ausliefern“; vgl. auch LG Bonn, Rpfleger 1991, 156, 158.

[147] AK-*Ott*, § 33 BGB Rdnr. 6; ähnlich *Rohleder*, S. 66.

[148] *Mummenhoff*, S. 170.

[149] RGZ 169, 65, 80 f; BGHZ 43, 261, 264; *Hachenburg-Ulmer*, § 53 GmbHG Rdnr. 84; *Scholz-Priester*, § 53 GmbHG Rdnr. 63 u. 88; *Rowedder-Zimmermann*, § 53 GmbHG Rdnr. 43; *Lutter/Hommelhoff*, § 53 GmbHG Rdnr. 5; *Baumbach/Hueck-Zöllner*, § 53 GmbHG Rdnr. 43; *Priester*,

Unzulässigkeit soll sich aus der zwingenden Vorschrift des § 53 Abs. 1 GmbHG ergeben, nach der der Gesellschaftsvertrag nur durch Beschluß der Gesellschafter geändert werden kann. Da im Vereinsrecht eine entsprechende Vorschrift fehle, müsse im Verein das Zustimmungsrecht eines Dritten zu Satzungsänderungen zulässig sein.[150]

Bereits der Ausgangspunkt dieser Ansicht fordert Kritik heraus. Die überwiegende Auffassung bemüht das „argumentum e contrario" zu § 53 Abs. 1 GmbHG nur, um die Zulässigkeit eines Zustimmungsrechts eines Dritten im Verein zu begründen. Würde man den Umkehrschluß aus § 53 Abs. 1 GmbHG in voller Konsequenz ziehen, so ergäbe sich, daß im Vereinsrecht überhaupt kein Beschluß der Mitgliederversammlung für eine Satzungsänderung erforderlich wäre. Es müßte nicht nur ein Zustimmungsrecht, sondern auch ein Alleinentscheidungsrecht eines Dritten zur Satzungsänderung im Verein zulässig sein.[151]

Abgesehen von dieser Inkonsequenz in der Reichweite ist die Argumentation auch sonst wenig überzeugend. Ein Umkehrschluß aus dem GmbH-Recht auf das Vereinsrecht ist nur dann zulässig, wenn Zweck und Wertung des § 53 Abs. 1 GmbHG nur auf den ausdrücklich vom Gesetz erfaßten Sachverhalt zutreffen. Handelt es sich dagegen um einen allgemeinen Rechtsgedanken, so ist der Umkehrschluß unstatthaft.[152] Letzteres trifft auf § 53 Abs. 1 GmbHG zu.

Die nahezu einhellig vertretene Unzulässigkeit eines Zustimmungsrechts läßt sich nämlich nicht allein mit dem Wortlaut des § 53 Abs. 1 GmbHG begründen. § 53 Abs. 1 GmbHG verlangt für eine Satzungsänderung nur einen Beschluß der Gesellschafterversammlung. Diese Voraussetzung ist auch dann erfüllt, wenn einem Dritten ein Zustimmungsrecht zu einer Satzungsänderung eingeräumt wird. Der Wortlaut der Norm verbietet es daher nur, daß die Änderung des Gesellschaftsvertrags einem anderen Organ als der Gesellschafterversammlung oder einem Dritten im Sinne einer anderweitigen Alleinzuständigkeit übertragen wird.[153] Die Unzulässigkeit eines Zustimmungsrechts läßt sich nur begründen, wenn man die Formulierung „eine Änderung des Gesellschaftsvertrages kann nur durch Beschluß der Gesellschafter erfolgen" dahingehend auslegt, daß der Gesellschafterbeschluß nicht nur erforderlich ist, sondern auch allein ausreichend sein muß, um die Satzung zu ändern. Dagegen spricht jedoch der systematische Zusammenhang des § 53 Abs. 1 GmbHG mit Satz 2 des folgenden Absatzes, der ausdrücklich „weitere Erfordernisse" zuläßt. Nach Wortlaut und Systematik des § 53 GmbHG kann die Änderung des Gesellschaftsvertrags also sehr wohl von der Zustimmung eines Nichtgesellschafters abhängig gemacht werden.[154] Die Vertreter der herrschenden Meinung helfen sich darüber hinweg, indem sie die in § 53 Abs. 2 Satz 2 GmbH eingeräumte Möglichkeit, „weitere Erfordernisse" in der Satzung vorzusehen, einschränkend dahingehend auslegen, daß diese

---

in: FS für Werner, S. 657, 663; *Rohleder*, S. 66; a. A. *Beuthien/Gätsch*, ZHR 156 (1992), 459, 477. Gegenstimmen aus der Zeit des Nationalsozialismus wollten Satzungsbestimmungen zulassen, die die Zustimmung von Behörden vorsehen, vgl. *Groschuff*, DR 1939, 2128, 2133.

[150] KG, OLGZ 1974, 385, 389 = Rpfleger 1974, 394 ff; LG Oldenburg, JZ 1992, 250, 251; *Dütz*, in: FS für Herschel, S. 55, 71; *Edenfeld*, S. 95.

[151] Konsequent insoweit nur *Beuthien/Gätsch*, ZHR 156 (1992), 459, 477, die allerdings die Kompetenzkompetenz der Mitgliederversammlung fordern. Zur Kompetenzkompetenz siehe unten § 8 II 4.

[152] *Bydlinski*, S. 476 f; *Zöllner*, 100 Jahre GmbHG, S. 85, 94.

[153] *Flume*, Allg. Teil Band I/2, § 7 I 3; *ders.*, in: FS für Coing Band II, S. 97, 104; *ders.*, JZ 1992, 238, 239; *Priester*, in: FS für Werner, S. 657, 663; *Beuthien/Gätsch*, ZHR 156 (1992), 459, 473.

[154] So *Flume*, Allg. Teil Band I/2, § 7 I 3; *ders.*, in: FS für Coing Band II, S. 97, 104.

Vorschrift nur die Modalitäten und die Art der Beschlußfassung, z.B. durch abweichende Mehrheitserfordernisse im Auge habe.[155] Nicht gemeint seien „weitere Erfordernisse" im Sinne einer Mitzuständigkeit anderer Organe oder Dritter.

Es wird deutlich, daß allein mit dem Wortlaut des § 53 Abs. 1 GmbHG die nahezu einhellig angenommene Unzulässigkeit einer Bestimmung im Gesellschaftsvertrag, die die Änderung des Gesellschaftsvertrags von der Zustimmung eines anderen Organs oder eines Dritten abhängig macht, nicht begründet werden kann. Es bedarf vielmehr einer teleologischen Reduktion des Wortlauts, d.h. eines Rückgriffs auf die hinter der gesetzlichen Regelung stehende Wertung.[156]

Zutreffend hat das Reichsgericht[157] hierzu ausgeführt, daß der Wortlaut des § 53 Abs. 1 GmbHG nichts weiter besage, als daß die Abänderung des Gesellschaftsvertrags nicht einem anderen Organ als der Gesellschafterversammlung übertragen werden könne. Nicht aus dem Wortlaut, sondern aus der Stellung der Gesellschafterversammlung als oberstes Willensorgan für die Regelung der inneren Gesellschaftsangelegenheiten folge, daß die Wirksamkeit des Gesellschafterbeschlusses nicht von der Zustimmung eines anderen Organs neben der Gesellschafterversammlung abhängig gemacht werden könne.

Die Unzulässigkeit eines Zustimmungsrechts im GmbH-Recht folgt somit nicht aus dem Wortlaut des Gesetzes, sondern aus der Tatsache, daß die Gesellschafterversammlung das oberste Willensorgan der Gesellschaft ist. Diese Überlegungen lassen sich auch auf das Vereinsrecht übertragen[158] und zeigen, wie fragwürdig der Umkehrschluß aus § 53 Abs. 1 GmbHG ist.

Es kann daher festgehalten werden: Die Alleinzuständigkeit der Gesellschafterversammlung der GmbH zur Änderung des Gesellschaftsvertrags beruht nicht auf § 53 Abs. 1 GmbH, sondern auf dem hinter der Vorschrift stehenden Rechtsgedanken, daß die Gesellschafterversammlung das oberste Willensorgan für die Regelung der inneren Gesellschaftsangelegenheiten ist. [159] Dies gilt in gleicher Weise für die Mitgliederversammlung eines Vereins. Ein Umkehrschluß aus § 53 Abs. 1 GmbHG kann daher nicht die Zulässigkeit eines Zustimmungsrechts im Verein begründen. Im Gegenteil spricht der hinter der gesetzlichen Regelung stehende Gedanke dafür, im Verein von der gleichen Rechtslage auszugehen wie in der GmbH.

---

[155] KG, JW 1926, 598; *Scholz-Priester*, § 53 GmbHG Rdnr. 43; *Rohleder*, S. 68; kritisch *Herfs*, S. 80.

[156] *Priester*, in: FS für Werner, S. 657, 663; *Herfs*, S. 81; ähnlich *Rohleder*, S. 36.

[157] RGZ 169, 65, 80.

[158] Zur Stellung der Mitgliederversammlung im Verein vgl. oben § 5 II 4 b) bb) (2) (c).

[159] Ene ähnliche Formulierung wie in § 53 Abs. 2 Satz 2 GmbHG findet sich in § 179 Abs. 2 Satz 3 AktG, wonach die Satzung neben dem erforderlichen Mehrheitsbeschluß „weitere Erfordernisse" aufstellen kann. Auch hier ist umstritten, ob die Satzung die Zustimmung anderer Organe vorsehen kann. Dagegen spricht, daß das Kompetenzgefüge in der Aktiengesellschaft aufgrund der Vorschrift des § 23 Abs. 5 AktG wesentlich fester vorgeschrieben ist als in der GmbH (§ 45 GmbHG) oder im Verein (§ 40 BGB) und daß ein Zustimmungsrecht anderer Organe (insbesondere des Aufsichtsrates) eine Störung der zwingend vorgeschriebenen Kompetenzverteilung zwischen Vorstand, Aufsichtsrat und Hauptversammlung zur Folge hätte (*Timm*, DB 1980, 1201, 1204; *Lutter*, in: FS für Quack, S. 301, 312). Argumente aus dem Aktiengesetz lassen sich daher nicht auf das Vereinsrecht übertragen.

(2) Geringere „privatrechtliche Gefährlichkeit“ des Vereins

Obwohl sich aus spezialgesetzlichen Bestimmungen, insbesondere aus § 53 Abs. 1 GmbHG, keine Anhaltspunkte dafür entnehmen lassen, daß sich der Verein in größerem Maße als die GmbH dem Einfluß eines Dritten unterwerfen kann, werden die Grenzen des Dritteinflusses im Vereinsrecht zum Teil weiter gezogen als im Recht der GmbH.[160] Dies verwundert, spricht doch eine der Systematik des Gesellschaftsrechts folgende Beurteilung dafür, daß im Recht der GmbH die gleichen Grundsätze gelten wie im Vereinsrecht. Schließlich ist der rechtsfähige Verein das Grundmodell der körperschaftlich organisierten Personenvereinigungen (vgl. § 6 Abs. 2 HGB).[161]

Die abweichende Behandlung des Vereins wird in der Literatur damit gerechtfertigt, daß die Mitglieder eines Vereins hinsichtlich des Fremdeinflusses weniger schutzwürdig seien als die Gesellschafter einer GmbH. Zur Begründung der geringeren Schutzwürdigkeit wird auf angebliche Besonderheiten des Vereinsrechts hingewiesen. Aus einem Verein könne das Mitglied jederzeit, ohne wirtschaftliche Einbußen hinnehmen zu müssen, austreten, wenn es mit der Satzung nicht mehr einverstanden sei.[162] Diese Möglichkeit fehle dem Gesellschafter einer GmbH, weil ein jederzeitiges Kündigungsrecht nicht gesetzlich vorgesehen sei. Selbst wenn ein Kündigungsrecht im Gesellschaftsvertrag vereinbart worden sei, werde der Gesellschafter regelmäßig nicht mit dem tatsächlichen Wert seiner Beteiligung abgefunden, weil bei der Berechnung der Abfindung zumeist der Firmenwert und die stillen Reserven unberücksichtigt blieben (Abfindung zum Buchwert). *Mummenhoff*[163] spricht aufgrund dieser angeblichen Unterschiede von einer geringeren privatrechtlichen Gefährlichkeit des Vereins, die den Gesetzgeber dazu veranlaßt habe, den Vereinsmitgliedern einen größeren Gestaltungsspielraum bei der Begründung von Dritteinfluß zu eröffnen.

Rechtfertigt man die unterschiedliche Behandlung von GmbH und Verein mit der Möglichkeit des Mitglieds eines Vereins, frei über seinen Austritt zu entscheiden, so führt dies zu wenig überzeugenden Konsequenzen: Zunächst müßte sich auch eine Gesellschaft mit beschränkter Haftung, in der ein jederzeitiges Kündigungsrecht mit einer dem tatsächlichen Wert des Geschäftsanteils entsprechenden Abfindung vereinbart worden ist, weit intensiver dem Einfluß eines Dritten unterwerfen dürfen als Gesellschaften, in denen die Abfindung auf andere Weise berechnet wird. Des weiteren wäre in einem Verein, in dem die Austrittsfreiheit faktisch eingeschränkt ist (etwa weil der Verein eine überragende Machtstellung in einem sozialen oder wirtschaftlichen Bereich inne hat), die Zulässigkeit von Drittrechten restriktiver zu beurteilen.[164] Bei derartigen Vereinen könnte ein Dritteinfluß somit nicht in dem Umfang begründet werden, wie in sonstigen Vereinen.

Schließlich erscheint es auch in keiner Weise interessengerecht, eine geringere Schutzwürdigkeit von Vereinsmitgliedern auf die bestehende Austrittsmöglichkeit zu stützen und damit gleichsam die rechtlichen Garantien der individuellen Mitgliederinteressen

---

160 *Mummenhoff*, S. 168 ff; *Herfs*, S. 81.

161 So wird die GmbH als eine „Spielart des Vereins“ bezeichnet, so *H. Westermann*, in: FS für Schnorr v. Carolsfeld, S. 517, 520.

162 KG, OLGZ 1974, 385, 391 = Rpfleger 1974, 394 ff; LG Oldenburg, JZ 1991, 250, 251; *Herfs*, S. 82; *Edenfeld*, S. 97.

163 S. 170.

164 So ausdrücklich Müko-*Reuter*, § 33 BGB Rdnr. 10.

auf § 39 BGB zu reduzieren.[165] Eine solche Vorgehensweise läßt unberücksichtigt, daß auch in einem „gewöhnlichen" Verein die Mitglieder häufig erhebliche finanzielle und ideelle Leistungen erbringen, die bei einem Austritt ersatzlos wegfallen.[166] Dazu zählen etwa Aufnahmegebühren oder auch zeitliche Opfer für freiwillige Arbeiten an Einrichtungen des Vereins. Es ist nicht einsichtig, warum diese Leistungen und die damit verbundenen wirtschaftlichen und ideellen Interessen der Mitglieder im Gegensatz zu den Interessen eines Gesellschafters einer GmbH unberücksichtigt bleiben sollten.[167] Das Ausscheiden aus einem Verein kann im Einzelfall ebenso nachteilig sein wie der Austritt aus einer GmbH. Der Austritt ist dem Mitglied eines Vereins daher ebensowenig zumutbar wie dem Gesellschafter einer GmbH. Die Austrittsfreiheit des Vereinsmitglieds nach § 39 BGB rechtfertigt es somit nicht, in der Vereinssatzung einen intensiveren Dritteinfluß zuzulassen, als dies im Gesellschaftsvertrag einer GmbH möglich ist, sofern sich nicht aus speziellen gesetzlichen Vorschriften ein anderes ergibt.

Allerdings ist auch nicht der gegenteiligen Auffassung *Reuters*[168] zuzustimmen, nach der im Recht der Kapitalgesellschaften ein intensiverer Dritteinfluß möglich ist als im Vereinsrecht. Zur Begründung macht *Reuter* geltend, daß im Recht der Kapitalgesellschaften der Grundsatz der Selbstbestimmung keine Geltung mehr beanspruchen könne, seitdem das Konzernrecht „den Segen des Gesetzgebers" habe. Demgegenüber gelte bei Vereinen und Genossenschaften angesichts ihres personalen Charakters der Grundsatz der Selbstbestimmung fort.

Abgesehen von der Tatsache, daß auch ein Verein[169] oder eine Genossenschaft[170] abhängiges Unternehmen in einem Konzern sein kann, wurde bereits an anderer Stelle[171] dargelegt, daß das Konzernrecht nicht geeignet ist, die Grenzen des zulässigen Dritteinflusses zu konkretisieren. Schließlich kann auch der mehr oder minder personalistische oder kapitalistische Zuschnitt der Vereinigung nicht für die Frage maßgebend sein, inwieweit sich die Vereinigung dem Willen eines Außenstehenden unterwerfen kann. Die personale Struktur einer Vereinigung besagt nur etwas über die persönlichen Beziehungen zwischen den Mitgliedern der Vereinigung. Sie hat keine Auswirkungen auf die Frage, inwieweit diese Mitglieder sich dem Willen eines Dritten unterordnen dürfen.[172]

Es sind somit keine überzeugenden Argumente ersichtlich, die es rechtfertigen, daß ein Verein in seiner Satzung einen weitergehenden Dritteinfluß als eine GmbH vorsehen kann. Der Grundsatz der Autonomie kann vielmehr in beiden Rechtsformen in gleichem Umfang Geltung beanspruchen.

---

165 *Kohler*, S. 89.

166 Das Vereinsmitglied besitzt regelmäßig keinen Anteil am Vereinsvermögen. Eine Abfindung ist daher bei Austritt aus einem Verein nicht möglich, und auch eine sonstige Verwertung der Mitgliedschaft z.B. durch Veräußerung scheidet aus; vgl. *Beuthien*, BB 1968, Beilage 12, 5; *Heckelmann*, AcP 179 (1979), 1, 38.

167 *Nitschke*, S. 189; *Grunewald*, Ausschluß, S. 41; *Kohler*, S. 89; vgl. auch *Reuter*, AG 1979, 321, 328, der die Austrittsfreiheit bereits verneint, wenn – wie bei einer Abschreibungsgesellschaft – steuerliche Vorteile entfallen. Dann müssen aber auch eventuelle Nachteile, die ein Austritt aus einem Verein mit sich bringt, genügen.

168 ZHR 151 (1987), 355, 378.

169 *Emmerich/Sonnenschein*, Konzernrecht, § 29 II.

170 *Beuthien*, Gesellschaftsrecht der Konzerne, S. 137 ff.

171 Siehe oben § 5 II 4 c).

172 *Wiedemann*, in: FS für Schilling, S. 105, 113; *v. Detten*, S.17.

cc) *Beseitigung des Dritteinflusses durch Auflösung des Vereins*

Die Zulässigkeit eines Zustimmungsrechts eines Dritten zu Satzungsänderungen im Verein wird weiterhin damit begründet, daß die Mitglieder sich jederzeit dem Dritteinfluß entziehen können. Ungeachtet des Dritteinflusses auf die Satzungsgestaltung komme den Mitgliedern die Möglichkeit zu, gemeinsam aus dem Verein auszutreten und einen neuen Verein mit dem gleichen Zweck ohne Dritteinfluß zu gründen.[173]

Hält man diese Argumentation für überzeugend, so müßte man konsequenterweise nicht nur die Zulässigkeit eines Zustimmungsrechts bejahen, sondern auch eine Satzungsänderung durch Dritte als mit der Vereinsautonomie vereinbar ansehen. Auch bei einer Übertragung der Satzungsänderungskompetenz auf einen Dritten würde den Mitgliedern das Recht verbleiben, den Verein durch Gesamtaustritt aufzulösen.

Dieser Argumentation ist entgegenzuhalten, daß eine Neugründung für die Mitglieder keine zumutbare Möglichkeit darstellt, um den Dritteinfluß zu beseitigen. So steht dem neu gegründeten Verein nicht ohne weiteres das Vermögen des aufgelösten Vereins zu. Hinzu kommt, daß der „alte" Verein in der Regel in Rechtsbeziehungen zu Dritten steht (z.B. Mitgliedschaft in einem Dachverband) und es sich kaum vorhersagen läßt, ob diese Rechtsbeziehungen mit dem neu gegründeten Verein wieder zustande kommen.

dd) *Umgehungsmöglichkeiten*

Schließlich wird die Zulässigkeit eines Zustimmungsrechts eines Dritten zu Satzungsänderungen damit begründet, daß ein Verbot dieser Satzungsgestaltung ohnehin keine praktischen Konsequenzen nach sich ziehe.[174] Angeblich könnten die Vereinsmitglieder auf andere statutarische Gestaltungsmöglichkeiten zurückgreifen, um im Ergebnis eine gleichwertige Fremdbestimmung durch einen Dritten zu erreichen. So bestehe eine Ausweichmöglichkeit darin, daß die Satzung dem Vorstand das Recht zur Satzungsänderung einräume und gleichzeitig die Zuständigkeit zur Wahl des Vorstands auf einen Dritten übertragen werde. Ein anderer Weg wird darin gesehen, dem Dritten eine Mitgliedschaft in Verbindung mit einem entsprechenden Sonderrecht einzuräumen. Eine solche pro-forma Mitgliedschaft gerate – so die Vertreter dieser Ansicht – noch eher in die Nähe des Mißbrauchs vereinsrechtlicher Institutionen als die offene satzungsgemäße Abhängigkeit.[175]

Allein aus der Tatsache, daß eine nicht zulässige Gestaltungsform umgangen werden kann, läßt sich nicht die Zulässigkeit der Gestaltung folgern. Die Möglichkeit, ein Verbot zu umgehen, macht das Verbot als solches nicht hinfällig oder sinnentleert. Darüber hinaus ergibt sich bei näherer Betrachtung, daß die genannten Umgehungsmöglichkeiten selbst nicht ohne weiteres durchgesetzt werden können.

(1) Umgehung durch Übertragung der Satzungsänderungskompetenz auf den Vorstand

Zur Umgehung eines Zustimmungsrechts wird – wie bereits ausgeführt – vorgeschlagen, daß die Satzungsänderungskompetenz auf den Vorstand und die Kompetenz zur Bestellung

---

[173] KG, OLGZ 1974, 385, 391 = Rpfleger 1974, 394 ff.
[174] *Kunadt*, S. 34.
[175] *Dütz*, in: FS für Herschel, S. 55, 68.

des Vorstands auf einen Dritten übertragen wird.[176] Mit dieser Gestaltung werde nicht weniger intensiv in die Vereinsautonomie eingegriffen als mit der Begründung eines Zustimmungsrechts eines Dritten.

Zunächst ist diese Argumentation insoweit inkonsequent, als die Umgehungsmöglichkeit nur herangezogen wird, um die Zulässigkeit eines Zustimmungsrechts zu begründen. Mit der gleichen Begründung ließe sich aber auch die Zulässigkeit eines Alleinentscheidungsrechts eines Dritten rechtfertigen.[177] Abgesehen davon, ist nach der hier vertretenen Ansicht eine Übertragung der Satzungsänderungskompetenz auf den Vorstand unzulässig.[178] Doch selbst wenn man eine solche Kompetenzübertragung als zulässig ansähe, kann die vorgeschlagene Satzungsgestaltung im Ergebnis nicht mit einem Drittrecht verglichen werden, da der Vorstand, im Gegensatz zu einem Dritten, Organ des Vereins ist und daher nach § 27 Abs. 2 BGB von der Mitgliederversammlung zumindest bei Vorliegen eines wichtigen Grunds abberufen werden kann.[179] Das Recht des Dritten kann dagegen nur im Wege der Satzungsänderung beseitigt werden.

(2) Umgehung durch Einräumung einer formalen Mitgliedschaft

Des weiteren wird geltend gemacht, die Unzulässigkeit eines Zustimmungsrechts zu Satzungsänderungen könne leicht umgangen werden, indem der Dritte formal Mitglied des Vereins werde und ihm anschließend ein Sonderrecht nach § 35 BGB eingeräumt werde, das ihm ein Zustimmungsrecht im Hinblick auf Satzungsänderungen verleihe.[180] Ein Sonderrecht diesen Inhalts ist nach einhelliger Meinung zulässig.[181]

Die Folgerung, der Inhalt eines Sonderrechts könne auch Inhalt eines Drittrechts sein, ist jedoch nicht überzeugend. Dagegen spricht zum einen, daß der Inhaber eines Sonderrechts als Mitglied des Vereins bei der Ausübung seines Rechtes – anders als der Inhaber eines Rechts ad personam – in das Pflichtengefüge der Mitgliedschaft eingebunden ist und daher das Vereinsinteresse zu wahren hat.[182] Er kann auf Zustimmung verklagt werden, wenn er diese rechtsmißbräuchlich verweigert; außerdem kann das Sonderrecht aus wichtigem Grund entzogen werden. Diese Möglichkeiten bestehen nicht, wenn das Zustimmungsrecht einem außenstehenden Dritten zusteht. Zum anderen geht die Begründung eines Sonderrechts in der Satzung in seinen Auswirkungen nicht über die Rechtsmacht hinaus, die dem einzelnen Mitglied zusteht, wenn die Satzung für Satzungsänderungen des Vereins einen einstimmigen Beschluß der Mitgliederversammlung verlangt. In diesem Fall

---

176 KG, OLGZ 1974, 385, 390 = Rpfleger 1974, 394 ff; *Dütz*, in: FS für Herschel, S. 55, 71; *Schaible*, S. 39; *Kunadt*, S. 35.

177 Konsequent insoweit nur *Kunadt*, S. 35.

178 Vgl. oben § 8 II 3.

179 Die Zuständigkeit zur Abberufung aus wichtigem Grund verbleibt zwingend bei der Mitgliederversammlung, siehe dazu unten § 8 VII 3 a).

180 KG, OLGZ 1974, 385, 393 = Rpfleger 1974, 394 ff; *Kronstein*, S. 39; *Dütz*, in: FS für Herschel, S. 55, 68; *Schaible*, S. 39.

181 BayObLGZ 1975, 435, 439; *Flume*, Allg. Teil Band I/2, § 7 I 3; *ders.*, in: FS für Coing Band II, S. 97 103; *ders.*, JZ 1992, 238, 240; *v. Look* in *Reichert/ v. Look*, Rdnr. 567; *Stöber*, Rdnr. 176; *Sauter/Schweyer*, Rdnr. 135; *Soergel-Hadding*, § 33 BGB Rdnr. 6; Müko-*Reuter*, § 33 BGB Rdnr. 8; anders wird demgegenüber die Zulässigkeit eines Sonderrechts mit dem Inhalt, die Satzung zu ändern, beurteilt, vgl. *Flume*, JZ 1992, 238, 240.

182 Müko-*Reuter*, § 33 BGB Rdnr. 8.

hat jedes Mitglied die Möglichkeit, eine Satzungsänderung zu blockieren, also praktisch ein Vetorecht. Die Begründung eines inhaltsgleichen Drittrechts dagegen ist damit nicht vergleichbar, da insoweit ein Nichtmitglied bei der Willensbildung im Verein mitwirkt.

Ein weiterer Schwachpunkt der Argumentation zeigt sich daran, daß der Weg über eine pro-forma Mitgliedschaft des Dritten nicht in allen Fällen möglich ist. So kann die Mitgliedschaft des Dritten etwa daran scheitern, daß dieser die satzungsmäßigen Voraussetzungen für eine Mitgliedschaft nicht erfüllt. Die Rechtsverhältnisse in einem Dachverband zeigen deutlich, daß der mit Rechten ausgestattete Dritte nicht ohne weiteres Mitglied werden kann. Ansonsten müßte ein Dachverband, dem in den Satzungen der Mitgliedsvereine Einflußrechte eingeräumt werden, Mitglied in allen ihm angeschlossenen Vereinen werden. Eine schlechterdings nicht praktikable Lösung.

Im Ergebnis ist daher nichts dagegen einzuwenden, wenn der Dritteinfluß über den Weg des Erwerbs einer Mitgliedschaft, verbunden mit einem entsprechenden Sonderrecht, begründet wird.[183] In der Regel werden der Dritte oder der Verein diesen Weg jedoch nicht gehen wollen oder nicht gehen können.

ee) Recht zur Zustimmung aus § 33 Abs. 2 BGB

Schließlich wird ein Zustimmungsrecht eines Dritten zu Satzungsänderungen im Verein damit begründet, daß § 33 Abs. 2 BGB die Zulässigkeit eines solchen Rechts voraussetze. Auf diese Argumentation wird in einem anderen Zusammenhang näher einzugehen sein.[184]

ff) Zwischenergebnis und weitere Fragestellung

Das Zustimmungsrecht eines Dritten zu Satzungsänderungen des Vereins verhindert ebenso wie ein Alleinentscheidungsrecht eines Dritten die autonome Gestaltung der Satzung durch die Mitglieder. Durch die Begründung eines Zustimmungsrechts wird in unzulässiger Weise in die Vereinsautonomie eingegriffen. Weder die Möglichkeit der Mitglieder, aus dem Verein auszutreten und einen neuen Verein zu gründen, noch die Tatsache, daß sich eine ähnlich weitreichende Entmachtung der Mitgliederversammlung durch andere Satzungsgestaltungen erreichen läßt, rechtfertigen eine andere Beurteilung. Auch aus einem Vergleich mit der Rechtslage in der GmbH kann die Zulässigkeit eines Zustimmungsrechts eines Dritten zu Satzungsänderungen nicht hergeleitet werden. Die Mitglieder eines Vereins können folglich die Wirksamkeit der Satzungsänderung nicht von der Zustimmung eines Dritten abhängig machen. Eine abweichende Beurteilung könnte allenfalls in Betracht kommen, wenn das Zustimmungsrecht des Dritten von der Mitgliederversammlung jederzeit wieder beseitigt werden könnte (sog. Kompetenzkompetenz der Mitgliederversammlung). Ob und unter welchen Voraussetzungen die Kompetenzkompetenz geeignet ist, die Vereinsautonomie zu wahren, soll im folgenden untersucht werden.

---

183 Müko-*Reuter*, § 33 BGB Rdnr. 8; *K. Schmidt*, Gesellschaftsrecht, § 5 I 3.

184 Siehe unten § 8 XII 3.

4. Auswirkungen der sog. Kompetenzkompetenz der Mitgliederversammlung auf den Dritteinfluß

a) *Tragweite der Argumentation*

Ein Zustimmungsrecht eines Dritten zu Satzungsänderungen ist grundsätzlich unzulässig, weil es die Selbstbestimmung der Mitglieder über den Inhalt der Satzung ausschließt und daher die Vereinsautonomie verletzt. Die Selbstentmündigung des Vereins kann aber möglicherweise verhindert werden, wenn die Mitgliederversammlung die Möglichkeit hat, die Kompetenzübertragung ohne Mitwirkung des Dritten rückgängig zu machen. Solange nämlich die Mitglieder das Einflußrecht des Dritten nicht beseitigen, obwohl sie dazu in der Lage sind, kann in der Beibehaltung der Rechte des Dritten eine anhaltende konkludente Bestätigung des Dritteinflusses gesehen werden.[185] Die konkrete Satzungsgestaltung beruht daher in diesem Fall auf dem Willen der Mitglieder.

b) *Vergleich mit der verdrängenden Vollmacht*

Reuter[186] hält die Kompetenzkompetenz der Mitglieder für nicht ausreichend, um die Vereinsautonomie zu wahren. Er greift zur Begründung auf einen Vergleich mit der verdrängenden Vollmacht zurück. Auch die verdrängende Vollmacht sei nach allgemeiner Ansicht unzulässig,[187] unabhängig davon, ob der Vertretene das Recht zum Widerruf der Vollmacht behalte und damit zur Beseitigung der Vollmacht berechtigt sei.

Dieser Einwand überzeugt aus mehreren Gründen nicht. So steht bereits die Auffassung, eine verdrängende Vollmacht sei unzulässig, auf schwachen Füßen.[188] Die Unzulässigkeit der verdrängenden Vollmacht ließe sich nur begründen, wenn die Möglichkeiten und Voraussetzungen einer Zuständigkeitsänderung abschließend im Gesetz geregelt wären.[189] In diesem Fall könnte man geltend machen, daß es keine Norm gebe, die es dem Einzelnen gestatte, seine Verpflichtungs- oder Erwerbsbefugnis aufzugeben. Es ist jedoch zweifelhaft, ob das Fehlen einer solchen „Zulassungsnorm“[190] tatsächlich das Verbot rechtfertigt, sich seiner Verpflichtungs- oder Erwerbsbefugnis zu begeben. Vielmehr spricht der Grundsatz der Privatautonomie dafür, daß auch eine verdrängende Vollmacht zulässig ist. Auch § 137 BGB kann nicht als Begründung für ein solches Verbot herangezogen werden, da diese Vorschrift allein die Unzulässigkeit einer verdrängenden Verfügungsvollmacht begründet.

---

185 *Teichmann*, S. 186; *Fleischer*, S. 108; *Kunadt*, S. 34; *Beuthien/Gätsch*, ZHR 156 (1992), 459, 475.

186 Müko-*Reuter*, § 27 BGB Rdnr. 6 (die Kritik an der Kompetenzkompetenz äußert Reuter im Hinblick auf die Frage, ob die Übertragung des Rechts zur Bestellung des Vorstands auf einen Dritten zulässig ist).

187 *Soergel-Leptin*, § 168 BGB Rdnr. 28; *Staudinger-Grunsky*, § 168 BGB Rdnr. 15.

188 Gegen die allgemeine Unzulässigkeit einer verdrängenden Vollmacht, *Müller-Freienfels*, S. 127 ff; *Gernhuber*, JZ 1995, 381 ff, mit dem Argument, daß das Gesetz selbst verdrängende Vollmachten kenne: § 146 Abs. 1 Satz 2 HGB; § 69 Abs. 1 AktG; § 43 a GenG; vgl. auch OLG Hamm, OLGZ 1975, 294, 300. Das Gericht hält eine verdrängende Vollmacht bezüglich eines Eintragungsantrags gegenüber dem Grundbuchamt für zulässig.

189 Müko-*Schramm*, § 167 BGB Rdnr. 88 a.

190 Müko-*Schramm*, § 167 BGB Rdnr. 88 a.

Aus ihr kann nicht ein allgemeiner Rechtsgedanke für andere denkbare Kompetenzübertragungen hergeleitet werden.

Gegen einen Rückschluß von der Rechtslage bei der verdrängenden Vollmacht auf die Kompetenzübertragung von der Mitgliederversammlung auf Dritte spricht darüber hinaus folgendes: Fordert man trotz der angeführten Kritik eine „Zulassungsnorm" für die beabsichtigte Zuständigkeitenänderung, so kann als solche § 40 BGB herangezogen werden. Die genannte Vorschrift erklärt die gesetzlich vorgeschlagene Zuständigkeitenverteilung im Verein für abdingbar, ermächtigt also zu abweichenden Regelungen und Zuständigkeitsübertragungen.

c) Voraussetzungen einer effektiven Kompetenzkompetenz

Wenn die Möglichkeit der Mitglieder, den Dritteinfluß zu beseitigen, die Selbstbestimmung des Vereins wahren soll, dann darf die Kompetenzkompetenz nicht an unerfüllbare Voraussetzungen geknüpft werden. Ist die Beseitigung des Dritteinflusses durch die Mitgliederversammlung rechtlich oder tatsächlich nicht möglich, kann von einer selbstbestimmten Unterwerfung unter fremden Willen keine Rede sein.

aa) Erfordernis der satzungsändernden Mehrheit

Damit ist die entscheidende Frage aufgeworfen, wie die Mitglieder die Zuständigkeit des Dritten beseitigen können. Die Antwort ergibt sich aus der Überlegung, daß es sich bei der Einräumung eines Zustimmungsrechts eines Dritten um eine Satzungsänderung handelt. Folglich ist auch die Beseitigung des Dritteinflusses eine Satzungsänderung. Für die Beseitigung bedarf es daher, ebenso wie für die Einräumung, der Mehrheit, die in der Satzung allgemein für Satzungsänderungen vorgesehen ist.[191] Falls die Satzung keine ausdrückliche Regelung enthält, ist ein Quorum von drei Vierteln der in der Mitgliederversammlung abgegebenen Stimmen erforderlich. Selbstverständlich steht dem Dritten bei diesem Beschluß kein Zustimmungsrecht zu.

Das Erfordernis einer Beschlußfassung mit satzungsändernder Mehrheit stellt kein allzu großes Hindernis für die Verwirklichung des Mitgliederwillens dar. Beabsichtigt nämlich die Mitgliederversammlung, eine Satzungsänderung vorzunehmen und scheitert diese daran, daß der Dritte seine Zustimmung verweigert, so ist eben diese Mehrheit in der Lage, das Zustimmungsrecht des Dritten zu beseitigen und so letztlich ihren Willen durchzusetzen. Die für eine Beseitigung des Drittrechts erforderliche Mehrheit ist also ohne weiteres gegeben, weil sich bereits die für die Satzungsänderung notwendige Mehrheit zusammengefunden hat.

Neben einer Satzungsänderung, die das Zustimmungsrecht des Dritten endgültig beseitigt, steht den Vereinsmitgliedern noch eine weitere Möglichkeit zur Verfügung, um ihre Vorstellungen durchzusetzen. Die Mitglieder können sich auch einmalig, nur für den Fall der konkreten Satzungsänderung, über das Zustimmungsrecht des Dritten hinwegsetzen und einen Satzungsänderungsbeschluß ohne Beteiligung des Dritten fassen. Die Wirksamkeit eines solchen Beschlusses ergibt sich aus den Grundsätzen zur Satzungsdurchbrechung. Eine Satzungsdurchbrechung liegt vor, wenn die Mitglieder für einen Einzelfall bewußt

---

191 *Kronstein*, S. 16; *Beuthien/Gätsch*, ZHR 156 (1992), 459, 476.

von der geltenden Satzung abweichen, ohne sie auf Dauer ändern zu wollen.[192] Satzungsdurchbrechende Beschlüsse sind wirksam, wenn die formellen Wirksamkeitsvoraussetzungen für eine Satzungsänderung gegeben sind, d.h. wenn der Gegenstand des Beschlusses – unter Hinweis auf die Abweichung von der Satzung – in der Einladung zur Mitgliederversammlung ordnungsgemäß angekündigt war, die für eine Satzungsänderung erforderliche Mehrheit den Beschluß gefaßt hat und der Beschluß in das Vereinsregister eingetragen ist.[193] Für den Fall der Durchbrechung des Zustimmungsrechts des Dritten bedeutet dies, daß die Mitglieder sowohl den eigentlichen Satzungsänderungsbeschluß als auch den Beschluß, von der Satzung in diesem konkreten Fall abzuweichen, eintragen lassen müssen.[194]

Es wird deutlich, daß der Dritte seinen Willen nicht gegen die satzungsändernde Mehrheit der Mitglieder durchsetzen kann, sofern den Mitgliedern die Kompetenzkompetenz verbleibt. Gerade in Zeiten der Uneinigkeit zwischen den Mitgliedern und dem Dritten – und nur in solchen Fällen erlangt die Frage praktische Bedeutung – kann die Mitgliederversammlung das Zustimmungsrecht des Dritten zur Satzungsänderung beseitigen und ihren eigenen Willen durchsetzen. Unter diesen Voraussetzungen ist die Selbstbestimmung der Mitglieder und damit die Vereinsautonomie gewahrt.

bb) Zulässigkeit eines höheren Quorums

Es ist nicht zu verkennen, daß ein unter den Einschränkungen der Kompetenzkompetenz gewährtes Zustimmungsrecht für den Dritten keine besonders sichere Rechtsposition be-

---

[192] *V. Look* in *Reichert/v. Look*, Rdnr. 466; *Lutter/Hommelhoff*, § 53 GmbHG Rdnr. 14; *Beinert*, S. 63.

[193] *V. Look* in *Reichert/v. Look*, Rdnr. 466; *Sauter/Schweyer*, Rdnr. 134. Die Eintragung könnte lauten: *„§ 5 der Satzung wurde entgegen § 10 durch Beschluß der Mitgliederversammlung vom ... geändert."*

[194] Im Recht der GmbH ist umstritten, ob in allen Fällen der Satzungsdurchbrechung neben der ordnungsgemäßen Einberufung, der erforderlichen Mehrheit und der notariellen Beurkundung auch die Registereintragung Wirksamkeitsvoraussetzung ist. Teile des Schrifttums fordern die Registereintragung nur für *zustandsbegründende* Satzungsdurchbrechungen, während bei *punktuellen* Beschlüssen, gemeint sind Beschlüsse, deren Wirkung sich in der betreffenden Maßnahme erschöpft, eine Eintragung für nicht erforderlich gehalten wird (*Priester*, ZHR 151 (1987), 40, 51 ff; der Bundesgerichtshof hat diese Frage offen gelassen: vgl. BGHZ 123, 15, 19 = NJW 1993, 2246 ff). Die Ansicht von *Priester* ist abzulehnen. Sie führt zu Abgrenzungsschwierigkeiten, da sich kaum sagen läßt, wann ein Beschluß einen von der Satzung abweichenden rechtlichen Zustand begründet und wann sich die Wirkung des Beschlusses in der betreffenden Maßnahme erschöpft (*Habersack*, ZGR 1994, 354, 362; *v. Look* in *Reichert/v. Look*, Rdnr. 466). Das wird anhand eines von *Priester*, ZHR 151 (1987), 40, 52, genannten Beispiels deutlich. Priester bezeichnet die Geschäftsführerbestellung durch die Gesellschafterversammlung anstelle des satzungsgemäß zuständigen Aufsichtsrats als Beispiel für eine punktuelle Satzungsdurchbrechung, obwohl auch durch diesen Beschluß ein dauerhaft satzungswidriger Zustand begründet wird.

Gegen das Eintragungserfordernis kann auch nicht geltend gemacht werden, es bestehe kein Interesse an der Publizität einer bereits erledigten Satzungsdurchbrechung (so aber *Scholz-Priester*, § 53 GmbHG Rdnr. 30). Auch bei satzungsabweichenden Beschlüssen, die sich in der Regelung einer einmaligen Angelegenheit erschöpfen, muß die registergerichtliche Kontrolle des Beschlußinhalts gewährleistet werden (*Scholz-K. Schmidt*, § 45 GmbHG Rdnr. 34; *Lutter/Hommelhoff*, § 53 GmbHG Rdnr. 14; *Habersack*, ZGR 1994, 354, 367). Darüber hinaus würde es im Vereinsrecht bei fehlender Registereintragung an jeglichem Beweis über das Zustandekommen des satzungsdurchbrechenden Beschlusses fehlen, da das Vereinsrecht eine Beurkundung nicht verlangt.

gründet.[195] Dem Dritten könnte daher daran gelegen sein, für die Abschaffung des Drittrechts ein höheres Quorum zu fordern, als es für „normale" Satzungsänderungen in der Satzung vorgesehen ist. Fraglich ist, ob die Autonomie des Vereins auch dann gewahrt ist, wenn die Satzung für die Beseitigung des Drittrechts eine größere Mehrheit fordert als für andere Satzungsänderungen.

Kann die Mitgliederversammlung die Kompetenzübertragung nur mit einer größeren Mehrheit rückgängig machen, so ist die satzungsändernde Mehrheit, die bei einer beabsichtigten Satzungsänderung an dem Veto des Dritten scheitert, nicht in der Lage, ihren Willen durchzusetzen. Nur wenn ein Beschluß mit der geforderten größeren Mehrheit oder gar ein einstimmiger Beschluß der Mitgliederversammlung vorliegt, können die Mitglieder das Drittrecht beseitigen und anschließend die beabsichtigte Satzungsänderung beschließen. Auch durch diese Satzungsgestaltung ist die Selbstbestimmung des Vereins gewahrt, denn die Mitglieder hätten auch von vornherein für alle Satzungsänderungen einen einstimmig gefaßten Beschluß der in der Mitgliederversammlung Anwesenden vorsehen können. In diesem Fall wäre die Zuständigkeit des Dritten ebenfalls mehrheitsfest gewesen.

cc) Sonstige Hindernisse bei der Ausübung der Kompetenzkompetenz

Schließlich darf die den Dritteinfluß beseitigende Satzungsänderung nicht an Voraussetzungen geknüpft werden, die aus *tatsächlichen* Gründen nicht erfüllbar sind. Das OLG Frankfurt a.M.[196] hatte in diesem Zusammenhang über folgenden Fall zu entscheiden: In der Satzung des Vereins A war festgelegt, daß der Vorstand dieses Vereins sich immer aus den Mitgliedern des Vorstands des Vereins B zusammensetzt. Die beiden Vorstände sollten also personengleich besetzt sein. Diese Satzungsregelung konnte zwar geändert werden, doch war für die Beschlußfassung die Anwesenheit von 50 % der Mitglieder notwendig. Da der Verein ca. 4.500 Mitglieder hatte, hätten mindestens 2.250 Mitglieder in der Mitgliederversammlung erscheinen müssen. Daß dies eine nur theoretische Möglichkeit war, zeigte sich daran, daß die bisherige Beteiligung von Mitgliedern in der Mitgliederversammlung bei ca. 2 % gelegen hatte.

Zu Recht entschied das Gericht, daß es bei der Kompetenzkompetenz darauf ankomme, daß die Mitglieder den Einfluß nicht nur theoretisch, sondern auch praktisch beseitigen könnten.[197] Die Kompetenzkompetenz genüge also nur dann der Vereinsautonomie, wenn sie auch tatsächlich genutzt werden könne. Es könne keine Rede davon sein, daß die Satzung auf den Willen der Mitglieder zurückzuführen sei, wenn die Kompetenz des Dritten nur deshalb nicht beseitigt werde, weil die erforderliche Mehrheit in der Mitgliederversammlung aus tatsächlichen Gründen nicht zu erreichen sei.

In engem Zusammenhang damit stellt sich die Frage, ob die Vereinsautonomie verletzt ist, wenn die Beseitigung des Dritteinflusses zwar rechtlich und tatsächlich möglich ist, sie

---

195 Es erscheint daher nicht interessengerecht, von einer grundsätzlichen Zulässigkeit eines Zustimmungsrechts zu sprechen und die Kompetenzkompetenz nur als eine Frage der „Reichweite des Genehmigungsvorbehalts" anzusehen (so aber *Edenfeld*, S. 97).

196 OLGZ 79, 5 ff = Rpfleger 1979, 60 ff; OLG Frankfurt a.M., OLGZ 81, 391 ff = Rpfleger 1981, 310 ff; ihm folgend: *Sauter/Schweyer*, Rdnr. 136; *Soergel-Hadding*, § 33 BGB Rdnr. 7; *Staudinger-Weick*, § 33 BGB Rdnr. 6.

197 OLG Frankfurt a. M., OLGZ 81, 391, 393 = Rpfleger 1981, 310 ff.

aber aus anderen Gründen unterbleibt. So könnten sich die Mitglieder eines Vereins möglicherweise aus Angst vor Sanktionen gehindert sehen, von ihrer Kompetenzkompetenz Gebrauch zu machen und das Mitwirkungsrecht des Dritten zu beseitigen. Dieser Gefahr kommt gerade bei dem hier interessierenden Verhältnis von Mitgliedsvereinen zu Dachverbänden große Bedeutung zu. Verlangt z.B. ein Dachverband, daß jeder Mitgliedsverein in seiner Satzung ein Mitwirkungsrecht des Dachverbands bei Satzungsänderungen verankert, so verbleibt den Mitgliedsvereinen auch hier die Kompetenzkompetenz und damit die Möglichkeit, den Dritteinfluß zu beseitigen. Allerdings muß der Mitgliedsverein, wenn er den Einfluß des Dachverbands beseitigt, mit Sanktionen, bis hin zur Ausschließung aus dem Dachverband, rechnen. Diese Konsequenz kann den Mitgliedsverein an der Ausübung der Kompetenzkompetenz hindern. Das wird insbesondere dann der Fall sein, wenn der Verband eine Machtstellung in einem wirtschaftlichen oder sozialen Bereich hat und der Verein daher auf die Mitgliedschaft in dem Dachverband angewiesen ist, um seine Ziele effektiv zu verwirklichen

Auch außerhalb eines Dachverbands kann sich ein Verein an der Ausübung der Kompetenzkompetenz aus verschiedenen Gründen gehindert sehen. So ist es möglich, daß ein Verein zugunsten eines Sponsors ein Zustimmungsrecht zu Satzungsänderungen in der Satzung verankert hat. Auch wenn der Mitgliederversammlung die Kompetenzkompetenz zukommt, wird sie darauf verzichten, das Drittrecht abzuschaffen, wenn sie den Sponsor nicht verlieren möchte.

Aufgrund dieser Interessenlage werden Bedenken gegen eine Rechtfertigung des Dritteinflusses mit der Kompetenzkompetenz erhoben.[198] Von einer konkludenten Duldung des Einflusses könne keine Rede sein, wenn sich die Mitglieder in einer Zwangslage befänden, weil ihnen die Beseitigung des Dritteinflusses nicht zumutbar sei. Der Möglichkeit, das Einflußrecht des Dritten zu beseitigen, komme in diesen Fällen nur noch ein theoretischer Wert zu.[199] Aufgrund dieser Umstände sei die Kompetenzkompetenz des Vereins zu verneinen, wenn die Freiheit zum Austritt aus dem Dachverband oder zur Beseitigung des Drittrechts aus tatsächlichen Gründen nicht bestehe.

Die im Einzelfall bestehende Gefahr, daß eine wirtschaftliche oder sonstige Abhängigkeit den Verein an der Ausübung der Kompetenzkompetenz hindert, kann jedoch nicht dazu führen, daß die Zulässigkeit des Dritteinflusses verneint wird. Zieht man z.B. die Rechtsverhältnisse in einem Dachverband heran, so zeigt sich, daß die Grenzen zwischen einer uneingeschränkten Austrittsfreiheit und einer „Quasi-Zwangsmitgliedschaft" fließend sind. Es ist kaum möglich zu entscheiden, wann ein Mitgliedsverein noch die Möglichkeit hat, aus dem Dachverband auszutreten (mit der Folge, daß die Mitwirkung des Dritten zulässig ist) und wann der Austritt nicht mehr zumutbar ist (mit der Folge, daß der Dritteinfluß als unzulässig anzusehen ist).

Auch ein Vergleich mit ähnlich gelagerten Interessenkonflikten im allgemeinen Vertragsrecht spricht gegen die Annahme, die Vereinsautonomie sei nur gewahrt, wenn es dem Mitgliedsverein zumutbar sei, den Dritteinfluß zu beseitigen. Auch im allgemeinen Vertragsrecht beruht die Wirksamkeit eines Rechtsgeschäfts auf der Freiwilligkeit der Willensbetätigung der Beteiligten. Dennoch werden in der Regel „Ungleichgewichtslagen" zwischen den Beteiligten, etwa aufgrund unterschiedlicher Machtverhältnisse, grundsätz-

---

198 *Voormann*, S. 123.

199 *Heckelmann*, AcP 179 (1979), 1, 38; ähnlich *Bondi*, in: FS für Liebmann, S. 278, 281.

lich nicht berücksichtigt. Eine Ausnahme gilt nur für den Fall, daß das Gesetz die Berücksichtigung der Ungleichgewichtslage ausdrücklich vorsieht (vgl. § 20 Abs. 1, 6 GWB oder das AGBG) oder die Rechtsprechung die Berücksichtigung ausnahmsweise zuläßt (wie z. B. bei der Inhaltskontrolle von Vereinssatzungen oder Bürgschaftsverträgen). Die Machtstellung des Dachverbands sollte also nicht im Rahmen der Kompetenzkompetenz des Mitgliedsvereins berücksichtigt werden, sondern erst im Rahmen einer Inhaltskontrolle der Satzung des Dachverbands.[200]

Es kann somit folgendes festgehalten werden: Auch wenn für den Verein die Beseitigung des Dritteinflusses nachteilige Folgen, wie z.B. die Ausschließung aus dem Dachverband, nach sich zieht, ändert dies nichts an der bestehenden Kompetenzkompetenz und der damit verbundenen Wahrung der Vereinsautonomie.[201] Eine Bestimmung in der Satzung des Vereins, die einem Dritten ein Zustimmungsrecht zu Satzungsänderungen einräumt, ist unter diesen Voraussetzungen wirksam.[202]

d) *Kompetenzkompetenz und Alleinentscheidungsrecht des Dritten*

Es wäre möglich, daß sich mit der Kompetenzkompetenz nicht nur die Zulässigkeit eines Zustimmungsrechts eines Dritten begründen ließe, sondern auch die Zulässigkeit eines Alleinentscheidungsrechts eines Dritten im Hinblick auf Satzungsänderungen. Denn bleibt den Mitgliedern die Kompetenzkompetenz, so kann sich das Satzungsänderungsrecht eines Dritten nicht gegenüber dem Willen der satzungsändernden Mehrheit der Vereinsmitglieder durchsetzen. Dementsprechend wird von einigen Stimmen in der Literatur vertreten,[203] daß dem Dritten auch das Alleinentscheidungsrecht zu Satzungsänderungen eingeräumt werden könne, wenn nur gewährleistet sei, daß dieses Recht dem Dritten ohne dessen Zustimmung von der Mitgliederversammlung wieder entzogen werden könne.

Diese Ansicht läßt jedoch folgenden Unterschied zwischen dem Alleinentscheidungsrecht und dem Zustimmungsrecht unberücksichtigt: Ist der Dritte Inhaber eines Zustimmungsrechts, so ist für jede Satzungsänderung zunächst ein Beschluß der Mitglieder notwendig. Die damit ohnehin vorhandene Mitgliedermehrheit kann, wenn der Dritte seine Zustimmung verweigert, ohne weiteres das Zustimmungsrecht beseitigen und so die beabsichtigte Satzungsänderung auch gegen den Willen des Dritten vornehmen. Besteht dagegen ein Alleinentscheidungsrecht des Dritten, so gestaltet sich die Verwirklichung des Mitgliederwillens schwieriger. Der Dritte kann nämlich zunächst die Satzung ändern, ohne daß die Mitglieder dies im Vorfeld verhindern können. Erst anschließend haben sie die Möglichkeit, die Satzungsänderungskompetenz wieder an sich zu ziehen und die von dem Dritten vorgenommene Satzungsänderung rückgängig zu machen. In einem so sensiblen Bereich der Vereinsautonomie, wie es die Satzungsgestaltung ist, darf die Selbstbestimmung des Vereins jedoch nicht so weit in die Hände Dritter gelegt werden, daß die Mit-

---

200 Vgl. unten § 11 II 5 a).

201 *Fleischer*, S. 111; *Kunadt*, S. 111 f (im Hinblick auf gewerkschaftliche Unterorganisationen).

202 Eine davon zu trennende Frage ist allerdings, ob die Satzungsbestimmung des Dachverbands, die von dem Mitgliedsverein die Einräumung des statutarischen Dritteinflusses verlangt, wirksam ist. Zur Inhaltskontrolle von Vereinssatzungen siehe unten § 11 u. 12.

203 *Kunadt*, S. 35; *Schaible*, S. 41; a.A. *Beuthien/Gätsch*, ZHR 156 (1992), 459, 479, die allerdings in anderen Fällen die Kompetenzkompetenz als entscheidendes Kriterium ansehen.

glieder zunächst vor vollendete Tatsachen gestellt werden, die sie nur noch durch nachträgliche Maßnahmen wieder beseitigen können.

e) *Besonderheiten im Gesamtverein*

Besondere Schwierigkeiten im Hinblick auf die Wahrung der Vereinsautonomie werfen die Rechtsverhältnisse in einem Gesamtverein auf.[204] Handelt es sich bei den Untergliederungen des Gesamtvereins um selbständige – rechtsfähige oder nichtrechtsfähige – Vereine (Zweigvereine), so stellt sich die Frage, in welchem Umfang die Einflußnahme des Gesamtvereins auf die Untergliederungen möglich ist, ohne daß die Autonomie der Untergliederung verletzt wird. Rechtsprechung[205] und Literatur[206] sehen es als zulässig an, daß der übergeordnete Gesamtverein in seiner eigenen Satzung bestimmt, daß die Satzung auch für die Untergliederungen verbindlich ist. Damit obliegt die Gestaltung der Satzung des Zweigvereins nicht ihm selbst, sondern dem Gesamtverein.

Die Zulässigkeit des Dritteinflusses bei Zweigvereinen wird zum Teil damit begründet, daß der Zweigverein die Möglichkeit habe, sämtliche Bestimmungen, die ihn in Abhängigkeit vom Gesamtverein bringen, mit satzungsändernder Mehrheit zu beseitigen. Die Mitglieder des Zweigvereins könnten so die „aufgedrängte Satzung" durch einen satzungsändernden Beschluß beseitigen, da eine Zustimmung des Gesamtvereins zu Satzungsänderungen nicht erforderlich sei.[207] Eine solche Entscheidung der Mitglieder liefe letztendlich auf ein Ausscheiden[208] des Zweigvereins aus dem Gesamtverein hinaus.

Nach der hier vertretenen Ansicht ist dieser Gedanke nicht geeignet, die Bedenken im Hinblick auf die Vereinsautonomie auszuräumen, weil die Übertragung des Alleinentscheidungsrechts zur Satzungsgestaltung auch dann unzulässig ist, wenn den Mitgliedern die Kompetenzkompetenz verbleibt. Die Zulässigkeit des Eingriffs in die Satzungsautonomie des Zweigvereins läßt sich daher allein mit den Besonderheiten im Hinblick auf die Rechtsverhältnisse im Gesamtverein rechtfertigen. Insoweit hat jüngst *König*[209] folgende überzeugende Begründung geliefert: Die Mitglieder der Zweigvereine sind auch Mitglieder des Gesamtvereins und als solche an die Satzung des Gesamtvereins gebunden. Enthält die Satzung des Gesamtvereins nun Regelungen, die die Satzung der Zweigvereine betreffen, richten sich diese Regelungen nicht unmittelbar an die Zweigvereine, sondern vielmehr an die Mitglieder des Gesamtvereins. Die Mitglieder sind verpflichtet, ihrer Bindung an die Satzung des Gesamtvereins nachzukommen und deren Vorgaben im Zweigverein durchzusetzen. Die Legitimationsgrundlage für die Einflußnahme des Gesamtvereins auf den Zweigverein ist also nicht ein unmittelbares rechtliches Verhältnis zwischen beiden, son-

---

204 Zu den Rechtsverhältnissen im Gesamtverein siehe oben § 2 II 1 u. 3.

205 RG, JW 1927, 2363; RGZ 118, 196, 198; BGHZ 90, 331, 334 = NJW 1984, 2223 ff; BayObLGZ 1977, 6, 9; OLG Karlsruhe, OLGZ 1978, 226, 227; OLG Bamberg, NJW 1982, 895, 896.

206 *V. Look* in *Reichert/v. Look*, Rdnr. 298; *Reichert* in *Reichert/v. Look*, Rdnr. 2668; *Sauter/Schweyer*, Rdnr. 329; *Soergel-Hadding*, vor § 21 BGB Rdnr. 53.

207 *Schaible*, S. 41 u. 85.

208 Von einem „Austritt" kann nicht gesprochen werden, da der Zweigverein nicht Mitglied im Gesamtverein ist. A.A. *Reichert* in *Reichert/v. Look*, Rdnr. 2672 u. 2676, der den Zweigverein als Mitglied des Gesamtvereins ansieht.

209 Der Verein im Verein, S. 1 passim.

dern der Dritteinfluß wird durch die gemeinsamen Mitglieder vermittelt. Im Ergebnis wird der Zweigverein also bereits durch die Bindung der Mitglieder an den Gesamtverein beherrscht. Die Bestimmung des Satzungsinhalts des nachgeordneten Vereins durch die Satzung des Gesamtvereins ist nur das technische Mittel, also eine Vereinfachung, um die ohnehin schon vorhandene Bindung der Mitglieder durchzusetzen. Anschaulich spricht *König*[210] davon, daß es sich bei der Verweisung auf die Satzung des Gesamtvereins nur um die zweite Stufe der Beherrschung handelt.

5. Sachlich begrenzter Dritteinfluß ohne Kompetenzkompetenz

Gegenstand der vorstehenden Überlegungen war die Zulässigkeit einer Satzungsbestimmung, nach der sämtliche Satzungsänderungen in einem Verein der Zustimmung eines Dritten bedürfen. Ein solches Zustimmungsrecht ist unzulässig, sofern nicht der Mitgliederversammlung die Kompetenzkompetenz, d.h. das Recht zur Beseitigung des Zustimmungsrechts, verbleibt. Es ist nun zu erwägen, ob eine andere Beurteilung gerechtfertigt erscheint, wenn dem Dritten nur ein sachlich begrenztes Zustimmungsrecht eingeräumt wird.[211] Ein derartiges Zustimmungsrecht erfaßt nicht jede Satzungsänderung, sondern nur einzelne, ganz bestimmte Satzungsbestimmungen. In diesem Fall könnte die Kompetenzkompetenz als nicht notwendig angesehen werden, um die Vereinsautonomie zu wahren.

Beispiel: Der Sponsor X – ein Autohersteller – gibt bei der Vereinsgründung das notwendige Startkapital. Dafür wird in die Satzung eine Bestimmung aufgenommen, nach der der Name des Sponsors im Vereinsnamen enthalten sein muß. Zur Absicherung des X wird folgende Satzungsbestimmung vereinbart: „Änderungen des Vereinsnamens bedürfen der Zustimmung des Sponsors X. Auch zur Änderung dieser Bestimmung bedarf es seiner Zustimmung".

Würde man ein derartiges Zustimmungsrecht für zulässig erachten, so wären spätere Mitglieder im Hinblick auf diese konkrete Satzungsbestimmung an die Satzungsgestaltung der Gründer gebunden. Zwar wäre die einzelne Bestimmung nicht unabänderlich, da die Möglichkeit bestünde, daß der Dritte seine Zustimmung erteilt. Allein der mehrheitliche oder gar einstimmige Wille der Vereinsmitglieder würde jedoch nicht genügen, um die Satzungsbestimmung zu ändern.

Auch ein nur einzelne Satzungsbestimmungen betreffendes Zustimmungsrecht ohne Kompetenzkompetenz der Mitgliederversammlung verstößt gegen die Vereinsautonomie. Angesichts der Tatsache, daß in der Satzung vor allem Regelungen enthalten sind, die zu den Grundentscheidungen des Vereinslebens gehören,[212] ist die Selbstbestimmung der Mitglieder nur gewahrt, wenn jede einzelne der dort getroffenen Regelungen dem aktuellen Willen der Mitglieder entspricht. Zumindest die Mitgliedergesamtheit muß daher in der Lage sein, die Satzung zu ändern. Diese Betrachtungsweise entspricht auch der einhelligen Meinung im Zusammenhang mit der Unzulässigkeit von sog. Ewigkeitsklauseln. Diese werden nicht nur als unzulässig angesehen, wenn sie die gesamte Satzung für unab-

---

[210] S. 267.

[211] Skeptisch *Kleinert*, ÖBA 1991, 337, 350; *v. Look* in *Reichert/v. Look*, Rdnr. 429 c, läßt ohnehin nur in sachlich begrenzten Fällen ein Zustimmungsrecht zu Satzungsänderungen zu.

[212] Zum Satzungsvorbehalt siehe unten § 8 III 3.

änderlich erklären, sondern auch dann, wenn nur einzelne Bestimmungen nicht abänderbar sein sollen.

Ein weiteres Argument gegen die Zulässigkeit einzelner Zustimmungsrechte ohne Kompetenzkompetenz der Mitgliederversammlung liegt in der damit verbundenen Rechtsunsicherheit. In den Fällen, in denen *mehrere* Satzungsbestimmungen nur mit Zustimmung des Dritten geändert werden dürfen, würde sich jedesmal die Frage stellen, wann die Grenze erreicht ist, bei der durch Kummulation einzelner Zustimmungsrechte eine Selbstentmündigung der Mitglieder im Hinblick auf die Satzungsgestaltung angenommen werden muß. Dies spricht letztlich dafür, Zustimmungsrechte auch im Hinblick auf nur einzelne Satzungsbestimmungen als unzulässig zu betrachten, wenn den Mitgliedern nicht die Kompetenzkompetenz verbleibt.

6. Zusammenfassung

Das Recht der Mitgliederversammlung eines Vereins zur Änderung der Satzung ist nicht auf ein anderes Organ des Vereins oder auf einen Dritten übertragbar. Ein derartiger Dritteinfluß ist mit der Vereinsautonomie nicht vereinbar. Eine Ausnahme gilt für die Übertragung der Satzungsänderungskompetenz auf eine Delegiertenversammlung.

Grundsätzlich unzulässig ist auch die Begründung eines Zustimmungsrechts zu Satzungsänderungen für einen Dritten, denn im Konfliktfall kann ein Zustimmungsrecht ein ebenso wirksames Instrument zur Fremdbestimmung des Vereins sein wie die Satzungsänderungskompetenz. Dies gilt auch für den Fall, daß nur die Änderung einzelner Regelungen in der Satzung des Vereins von der Zustimmung eines Dritten abhängt. Die Stimmen in Rechtsprechung und Literatur, die ein anderes Ergebnis vertreten, können nicht überzeugen. Weder ein Umkehrschluß aus § 53 Abs. 1 GmbHG, noch die Austrittsfreiheit der Mitglieder rechtfertigen die Zulässigkeit eines Zustimmungsrechts. Ebensowenig folgt aus der Möglichkeit des Vereins, sich dem Dritteinfluß durch Auflösung zu entziehen oder einen ähnlichen Fremdeinfluß durch andere Satzungsgestaltungen herbeizuführen, die Unbedenklichkeit eines Zustimmungsrechts eines Dritten zu Satzungsänderungen.

Verbleibt den Vereinsmitgliedern allerdings die sog. Kompetenzkompetenz, d.h. das Recht, den Einfluß des Dritten durch eine Satzungsänderung wieder zu beseitigen, so ist ein Zustimmungsrecht eines Dritten ausnahmsweise zulässig. Zur Beseitigung des Dritteinflusses kann die Satzung einen einstimmigen Beschluß der Mitgliederversammlung vorsehen. Nicht zulässig ist es allerdings, den Beschluß an Voraussetzungen zu knüpfen, die rein tatsächlich nicht erfüllbar sind. Das ist z.B. der Fall, wenn für eine Satzungsänderung 50 % der Mitglieder des Vereins anwesend sein müssen, obwohl in der Vergangenheit nur ca. 2 % der Mitglieder anwesend waren. Die Tatsache, daß die Entscheidungsfreiheit der Mitglieder bei der Ausübung der Kompetenzkompetenz eingeschränkt ist, führt nicht zur Unzulässigkeit des Zustimmungsrechts.

III. Mitwirkung eines Dritten beim Erlaß von Vereinsordnungen

1. Regelungsgegenstand von Vereinsordnungen

Die vorstehende Untersuchung hat unter anderem ergeben, daß die Kompetenz zur Satzungsänderung zwingend bei der Mitgliederversammlung des Vereins verbleiben muß. Ein Alleinentscheidungsrecht des Dritten im Hinblick auf Satzungsänderungen ist generell unzulässig, ein Zustimmungsrecht nur dann nicht, wenn der Mitgliederversammlung die Kompetenzkompetenz verbleibt, d.h. das Recht die Kompetenz des Dritten wieder aufzuheben.

Damit ist die Problematik der Einflußmöglichkeiten eines Dritten im Hinblick auf das Regelwerk eines Vereins aber noch nicht erschöpfend behandelt, denn Vereine haben im Rahmen ihrer Vereinsautonomie die Möglichkeit, Regelungen betreffend das Vereinsleben auch außerhalb der Satzung in sog. Vereinsordnungen zu treffen. Allerdings sind die Bereiche, die durch eine Vereinsordnung geregelt werden können, inhaltlich beschränkt. Vereinsordnungen können nur solche Regelungsgegenstände erfassen, die nicht zu den Grundlagen des Vereinslebens gehören. Grundentscheidungen sind zwingend einer Regelung in der Satzung vorbehalten (sog. Satzungsvorbehalt). Vereinsordnungen können daher nur der Ausfüllung, Erläuterung oder geschäftsmäßigen Durchführung der Satzung dienen.[213] Sie sind eigenständige Normen des Vereinslebens,[214] die im Rang unterhalb der Satzung stehen und den Bestimmungen der Satzung daher nicht widersprechen dürfen.[215] Bei einem inhaltlichen Widerspruch kommt der Satzung ohne weiteres der Vorrang zu.

2. Praktische Vorteile von Vereinsordnungen

Die Gründe für die Verwendung von Vereinsordnungen sind vielfältig.[216] Ein wesentlicher Vorteil besteht darin, daß Vereinsordnungen die Satzung entlasten. Insbesondere in Vereinen mit großer Mitgliederzahl haben die verschiedenen Mitgliedergruppen (Trainer, Spieler, Jugendliche, jeweils unter Umständen in verschiedenen Sportarten aktiv) einen unterschiedlichen Regelungsbedarf. Nähme man alle Regelungen für die jeweiligen Gruppen in die Satzung auf, würde dies zu sehr umfangreichen Satzungen führen. Die Aufnahme der Regelungen in verschiedenen Vereinsordnungen gewährt mehr Übersichtlichkeit und Praktikabilität. Ein weiterer Vorteil besteht darin, daß Vereinsordnungen leichter geschaffen und abgeändert werden können als Satzungsbestimmungen. Da die Satzung nur durch die Mitgliederversammlung, die in der Regel nur einmal jährlich zusammenkommt, geändert werden darf, kann dies gerade bei größeren Vereinen einen erheblichen organisatorischen Aufwand bedeuten und zur Schwerfälligkeit führen. Des weiteren werden Satzungsänderungen erst mit Eintragung in das Vereinsregister wirksam. Demgegenüber können Vereinsordnungen auch durch andere Organe des Vereins aufgestellt und abgeändert werden. Die Zuständigkeit zur Änderung einer Vereinsordnung wird häufig der Mitglie-

---

213 *Lukes*, NJW 1972, 121, 127; *Sauter/Schweyer*, Rdnr. 151; *Soergel-Hadding*, § 25 BGB Rdnr. 7.

214 BGHZ 47, 172, 180 f = NJW 1967, 1268 ff.

215 *Soergel-Hadding*, § 25 BGB Rdnr. 8.

216 Dazu eingehend *Lukes*, NJW 1972, 121, 125; *v. Look* in *Reichert/v. Look*, Rdnr. 312; *Kohler*, S. 27 ff.

dergruppe übertragen werden, die auch von ihrem Regelungsgehalt betroffen ist. Darüber hinaus sind Vereinsordnungen nicht in das Vereinsregister einzutragen. Voraussetzung für ihre Wirksamkeit ist nur eine vereinsinterne Bekanntmachung an die Mitglieder.[217] Im Ergebnis können Vereinsordnungen daher schnell und flexibel veränderten Umständen angepaßt werden.

Insbesondere in den hier interessierenden Dachverbänden und Mitgliedsvereinen kommt den Vereinsordnungen eine große Bedeutung zu, da die Vorgaben des Dachverbands durch die Mitgliedsvereine einfacher und unkomplizierter in Vereinsordnungen umgesetzt werden können.[218] Damit läßt sich die innerhalb von Dachverbänden gewünschte Einheitlichkeit des in den verschiedenen Vereinen geltenden Regelwerks besser erreichen, als wenn für jede Anpassung eine Satzungsänderung bei den Mitgliedsvereinen erforderlich wäre.

3. Abgrenzung von Satzung und Vereinsordnungen

In Vereinsordnungen dürfen nur solche Regelungen aufgenommen werden, die nicht zwingend in die Satzung gehören. Die Bestimmung des zulässigen Regelungsgegenstands von Vereinsordnungen erfordert daher, den notwendigen Inhalt der Satzung zu bestimmen, d.h. den Regelungsbereich abzustecken, der zwingend der Satzung des Vereins vorbehalten ist.

Die Satzung muß zum einen die zwingenden Satzungsbestandteile nach § 57 Abs. 1 BGB, nämlich den gemeinsamen Zweck, den Namen, den Sitz und die Rechtsform des Vereins enthalten. Darüber hinaus ist § 25 BGB weiterer Anhaltspunkt für die Bestimmung des Inhalts der Satzung. Danach müssen die Regelungen, die die Verfassung des Vereins ausmachen, in die Satzung aufgenommen werden.

In Rechtsprechung und Literatur besteht Einigkeit darüber, daß zur Verfassung des Vereins und damit zum Inhalt der Satzung alle für das Vereinsleben maßgeblichen Grundentscheidungen gehören.[219] Dazu zählen zum einen die Regelungen, die die Grundlagen der Organisation festlegen. Die Satzung ist also Grundlage für die Bildung der Vereinsorgane und die Festlegung der Zuständigkeiten der Organe. Zum anderen regelt die Satzung in Grundzügen das Verhältnis zwischen dem Verein und seinen Mitgliedern. Die Satzung muß daher insbesondere die Rechte und Pflichten der Mitglieder und die Sanktionen im Falle von Pflichtverletzungen festlegen. Die Konkretisierung der einzelnen Regelungsgegenstände kann außerhalb der Satzung in einer Vereinsordnung geschehen. Uneinigkeit besteht jedoch darüber, anhand welcher Wertungen ermittelt werden kann, was im einzelnen zu den Grundentscheidungen des Vereinslebens gehört und was dementsprechend zwingend in der Satzung des Vereins geregelt werden muß.

---

[217] *V. Look* in *Reichert/v. Look*, Rdnr. 321; *Sauter/Schweyer*, Rdnr. 153; *Soergel-Hadding*, § 25 BGB Rdnr. 8; *Kohler*, S. 157 f.

[218] *Lukes*, NJW 1972, 121, 126.

[219] BGHZ 47, 172, 177 = NJW 1967, 1268 ff; BGHZ 105, 306, 313 = NJW 1989, 1724 ff; *v. Look* in *Reichert/v. Look*, Rdnr. 315; *Sauter/Schweyer*, Rdnr. 151; *Soergel-Hadding*, § 25 BGB Rdnr. 1; Müko-*Reuter*, § 25 BGB Rdnr. 1; *Reemann*, S. 161; *Kohler*, S. 60 ff; *Röhricht*, Verbandsrechtsprechung, S. 12, 15.

Der Bundesgerichtshof orientiert sich bei der Abgrenzung des notwendigen Satzungsinhalts von den möglichen Regelungsgegenständen einer Vereinsordnung an der minderheiten- und mitgliederschützenden Funktion der Satzung. Durch die Aufnahme einer Regelung in die Satzung werde sichergestellt, daß das Mitglied wisse, welchen Regelungen es sich durch seinen Beitritt zu dem Verein unterwerfe. Das Mitglied könne seine Rechte und Pflichten erkennen und sein Verhalten danach ausrichten.[220] Des weiteren trügen die in § 33 Abs. 1 BGB aufgestellten erhöhten Mehrheitsanforderungen für Satzungsänderungen dem Gedanken des Minderheitenschutzes Rechnung.[221] Hinzu komme, daß durch die Eintragung von Satzungsänderungen in das Vereinsregister, die mit einer Prüfung durch das Registergericht[222] und einer erhöhten Publizität verbunden sei, ein zusätzlicher Schutz der Mitglieder erreicht werde.

Der mitgliederschützende Charakter, der sich aus der Publizität der Satzung ergeben soll, ist häufig bezweifelt worden. Es wird eingewandt, allein durch die mit der Eintragung in das Vereinsregister verbundene Publizität könne ein Mitgliederschutz nicht erreicht werden, da es nicht der Realität entspreche, daß zukünftige Mitglieder vor dem Eintritt in einen Verein zunächst zum Registergericht gehen und die Satzung einsehen.[223] Vielmehr erhielten die Anwärter um die Mitgliedschaft die schriftliche Satzung vom Verein selbst, der auch seine Vereinsordnungen regelmäßig in gedruckter Form vorliegen habe, so daß diese den Mitgliedern ebenso ohne weiteres zugänglich seien.

Allerdings ist zu bedenken, daß es gerade wegen des Umfangs der Vereinsordnungen einem (künftigen) Mitglied bei Unklarheiten über seine Rechte und Pflichten nicht zumutbar ist, alle Vereinsordnungen auf etwaige Bestimmungen hinsichtlich seiner Rechtsstellung zu prüfen. Ein Blick in die vergleichsweise übersichtlichere Satzung dagegen kann auch einem Rechtsunkundigen zugemutet werden. Hinzu kommt, daß die Publizität der Satzung vom Gesetzgeber zwingend vorgeschrieben ist und nicht von der Bereitschaft des Vereins abhängt, diese einem Mitglied zugänglich zu machen.[224] Das Informationsinteresse der Mitglieder kann also sehr wohl die Regelung eines Gegenstands im Rahmen der Satzung rechtfertigen.

Um den Mitgliedern einen möglichst weitreichenden Schutz zu gewähren, gelangt die Rechtsprechung zu einem relativ weiten Begriff der „Grundentscheidungen“ des Vereinslebens. Zu den grundlegenden und damit notwendigerweise satzungsförmig zu regelnden organisationsrechtlichen Bestimmungen gehören etwa das Verfahren der Willensbildung in den verschiedenen Vereinsorganen, die Einrichtung einer Delegiertenversammlung[225] oder

---

[220] BGHZ 47, 172, 175 = NJW 1967, 1268 ff.

[221] BGHZ 105, 306, 314 = NJW 1989, 1724 ff; *Beuthien*, BB 1987, 6 ff.

[222] Ein Mitgliederschutz durch die Prüfung des Registergerichts kann freilich nur erreicht werden, wenn man mit der überwiegenden Ansicht eine über den Wortlaut des § 60 BGB hinausgehende umfassende materielle Prüfungspflicht des Registergerichts bejaht, die eine Gesetzmäßigkeitskontrolle und eine Inhaltskontrolle aller Vereinsnormen dahingehend umfaßt, ob der Verein zwingende allgemeine Grundsätze des Vereinsrechts beachtet: vgl. BayObLGZ 1982, 368, 370 = BB 1983, 83; LG Bremen, Rpfleger 1990, 262; *v. Look* in *Reichert/v. Look*, Rdnr. 159; *Stöber*, Rdnr. 1032; *Soergel-Hadding*, § 60 BGB Rdnr. 2; *Staudinger-Weick*, § 60 BGB Rdnr. 1; *Vieweg*, Normsetzung, S. 218; einschränkend *Kohler*, S. 81 ff.

[223] *Lukes*, NJW 1972, 121, 128; *Reuter*, ZHR 148 (1984), 523, 529; *Grunewald*, ZHR 152 (1988), 248; *Reemann*, S. 67; *Kohler*, S. 75.

[224] BGHZ 105, 306, 315 = NJW 1989, 1724 ff.

[225] OLG Frankfurt a.M., WM 1985, 1466, 1468.

eines Schiedsgerichts.[226] Darüber hinaus müssen mitgliedschaftliche Rechte und Pflichten in der Satzung selbst bestimmbar geregelt sein. Dem Satzungsvorbehalt unterliegt auch die Möglichkeit zur Festsetzung einer Vereinsstrafe.[227] Neben den Voraussetzungen und den Rechtsfolgen einer Vereinsstrafe werden auch die Kostenregelungen für das Vereinsstrafeverfahren als Grundentscheidung des Vereinslebens angesehen und müssen daher in die Satzung aufgenommen werden.[228] Darüber hinaus zählen zu den notwendigen Satzungsbestandteilen die Grundlagen der Beitragspflicht gegebenenfalls auch der Höchstbetrag einer Sonderumlage.[229]

Kritisiert wird die Rechtsprechung sowohl im Hinblick auf ihren mitgliederschützenden Ansatzpunkt, als auch bezüglich des daraus gefolgerten notwendigen Satzungsinhalts.[230] *Reuter*[231] sieht den Schutz der Mitglieder als unzutreffenden Ansatzpunkt für die Konkretisierung dessen an, was zu den Grundentscheidungen des Vereinslebens zählt. Zum einen könne § 25 BGB nicht als Grundlage für den Schutz der Mitglieder herangezogen werden, weil die in § 33 Abs. 1 Satz 1 BGB geregelte Zuständigkeit der Mitgliederversammlung für Satzungsänderungen nach § 40 BGB dispositiv sei. Zum anderen müsse das Mitglied immer damit rechnen, daß nach seinem Eintritt eine wesentliche Satzungsänderung beschlossen werde, der es nicht zugestimmt habe. *Reuter*[232] stellt statt dessen auf die integrative Funktion der Satzung ab. Nach seiner Ansicht bestimmt sich der notwendige Inhalt der Satzung anhand des Interesses des Vereins, die Mitglieder unter einer Leitidee kontinuierlich zusammenzufassen. Infolgedessen sei zunächst die Bedeutung der Regelung für das Vereinsleben maßgeblich. Der Einfluß auf die Rechtsstellung der Mitglieder sei demgegenüber von untergeordneter Bedeutung.

Dem Schutz der Mitglieder kommt jedoch sehr wohl eine entscheidende Bedeutung zu bei der Frage, welche Regelungen zwingend in der Satzung eines Vereins getroffen werden müssen. Die Kompetenz zur Satzungsänderung kann grundsätzlich nicht auf ein anderes Organ des Vereins übertragen werden. Sie verbleibt zwingend in der Zuständigkeit der Mitgliederversammlung.[233] Solange eine Regelung Satzungsqualität hat, ist daher gesichert, daß nur die Mitgliederversammlung über ihre Änderung bestimmen kann und daß der satzungsändernde Beschluß der Zustimmung einer Dreiviertel-Mehrheit der in der Mitgliederversammlung anwesenden Mitglieder bedarf. Zwar kann das für eine Satzungsänderung nach § 33 Abs. 1 Satz 1 BGB erforderliche Quorum der Mitgliederversammlung herabgesetzt werden, doch läßt sich in rechtstatsächlicher Hinsicht feststellen, daß eine Satzungsänderung allein mit einfacher Mehrheit nur selten in einer Vereinssatzung vorgesehen ist.[234] Des weiteren ist zu berücksichtigen, daß ein Mitglied, selbst wenn es zu der in einer Abstimmung unterlegenen Minderheit gehört, wenigstens die Chance der Einfluß-

---

[226] BGHZ 88, 314, 316 = NJW 1984, 1355 ff.

[227] RGZ 73, 187, 193; 125, 338, 340; 151, 229, 232; BGHZ 47, 172, 178 = NJW 1967, 1268 ff; OLG München, BB 1977, 865; *v. Look* in *Reichert/v. Look*, Rdnr. 1596; *Soergel-Hadding*, § 25 BGB Rdnr. 40; *Vieweg*, Normsetzung, S. 213; *Kohler*, S. 126.

[228] BGHZ 47, 172, 178 = NJW 1967, 1268 ff.

[229] BGHZ 105, 306, 315 = NJW 1989, 1724 ff.

[230] *Lukes*, NJW 1972, 121, 126; *Schlosser*, S. 61 f; Müko-*Reuter*, § 25 BGB Rdnr. 5; *ders.*, ZHR 148 (1984), 523 ff; *Grunewald*, ZHR 152 (1988), 242, 247 ff; *Vieweg*, Normsetzung, S. 200 ff.

[231] ZHR 148 (1984), 523, 527.

[232] ZHR 148 (1984), 523, 529.

[233] Siehe dazu oben § 8 II 3 a.

[234] *Kohler*, S. 74 Fn. 16.

nahme hat, solange eine Regelung Satzungsqualität hat. Satzungsänderungen sind nach § 32 Abs. 1 Satz 2 BGB in der Tagesordnung der Mitgliederversammlung anzukündigen, wobei der Wortlaut der geplanten Änderung anzugeben ist. Damit wird das Interesse der Mitglieder an einer Teilnahme jedenfalls dann geweckt werden, wenn es um die Einschränkung von Mitgliedschaftsrechten oder um neue Belastungen der Mitglieder geht. Jedes Mitglied kann zu der Mitgliederversammlung erscheinen und zu der geplanten Satzungsänderung Stellung nehmen. Ist die Regelung dagegen in einer Vereinsordnung enthalten und ein beliebiges anderes Organ des Vereins für die Änderung zuständig, so fehlt es an der vorhergehenden Information der Mitglieder und an der Chance der Mitwirkung.

Schließlich ist darauf hinzuweisen, daß zwischen der Auffassung der Rechtsprechung und der Ansicht *Reuters* kein unüberwindbarer Gegensatz besteht, da die Bedeutung einer Regelung für das Vereinsleben einerseits und die Bedeutung für die Rechtsstellung der Mitglieder andererseits in einem Verhältnis wechselbezüglicher Abhängigkeit stehen.[235] Zwar steht in einem Verein der gemeinschaftlich verfolgte Vereinszweck im Vordergrund. Er bestimmt das Vereinsleben und kann damit auch für die Ermittlung des notwendigen Satzungsinhalts herangezogen werden. Allerdings muß berücksichtigt werden, daß es die Mitglieder sind, denen der maßgebliche Einfluß auf die Festlegung und die Art und Weise der Verfolgung des Vereinszwecks zukommt.[236]

Auch *Vieweg*[237] kritisiert den mitgliederschützenden Ansatz der Rechtsprechung. Nach seiner Ansicht sind die aus dem Grundgesetz abgeleiteten Grenzen der Vereinsautonomie maßgeblich für die Bestimmung der Vereinsregelungen, denen Satzungsqualität i.S.v. § 25 BGB zukommt. Die Grenzen der Vereinsautonomie seien nicht nur dann überschritten, wenn der Verein eine inhaltlich zu weitgehende Regelung treffe, sondern auch dann, wenn der Verein eine falsche Regelungsebene wähle. Die Frage, welche Gegenstände notwendig in der Satzung des Vereins zu regeln seien, sei daher ein Problem der Kollision der Grundrechtspositionen zwischen Verein und Mitglied und daher mit Hilfe des Grundsatzes der Verhältnismäßigkeit zu lösen. Die grundrechtlich geschützten Interessen des Vereins und die grundrechtlich geschützten Interessen der betroffenen Mitglieder seien gegeneinander abzuwägen. Zwar könne sowohl bei dem Verein als auch bei seinen Mitgliedern das Interesse bestehen, eine Regelung – wegen der erwähnten Vorteile – in eine Vereinsordnung und nicht in die Satzung aufzunehmen. Auf seiten der Mitglieder könne dieses Interesse aber überlagert sein von dem Interesse, eine Regelung in die Satzung aufzunehmen, um auf diese Weise den Einfluß der Mitglieder auf den Inhalt der Regelung abzusichern. Das Interesse der Mitglieder an einer Regelung in der Satzung sei um so größer, je höher das Maß der erwarteten Belastung oder vorenthaltenen Vorteile durch die Regelung sei.[238]

Mit diesem Vorschlag bestätigt *Vieweg* im Ergebnis den Ansatzpunkt des Bundesgerichtshofs, leitet diesen allerdings aus verfassungsrechtlichen Erwägungen her.[239] Die Überlegungen, die *Vieweg* im Rahmen der Grundrechtskollision anstellt, gewinnt der Bundesgerichtshof aus dem allgemeinen Minderheitenschutz. Dies wird deutlich, wenn man sich vor Augen führt, daß auch der Bundesgerichtshof die Frage, ob es sich bei einem Re-

---

[235] So *Säcker*, S. 25 f; ihm folgend *Hohl*, S. 136.

[236] Siehe dazu schon § 5 II 4 b) bb) (2) d).

[237] Normsetzung, S. 200.

[238] *Vieweg*, Normsetzung, S. 203.

[239] Auch *Mummenhoff*, AcP 191 (1991), 586, 588, weist darauf hin, daß *Vieweg* mit dieser Abgrenzung zu Ergebnissen kommt, die sich kaum von denen der Rechtsprechung unterscheiden.

gelungsgegenstand um eine Grundentscheidung des Vereinslebens handelt, danach beurteilt, welche Bedeutung sie für das einzelne Mitglied hat. Einer grundgesetzlichen Überholung dieses Maßstabs bedarf es nicht.

Nach zutreffender Ansicht stellt daher die mitgliederschützende Funktion der Satzung das entscheidende Merkmal dar, nach dem die das Vereinsleben bestimmenden Grundentscheidungen von den Gegenständen, die in einer Vereinsordnung geregelt werden können, abgegrenzt werden können.[240] Maßstab für die Beurteilung, wann der Mitgliederschutz im konkreten Einzelfall eine Regelung in der Satzung erforderlich macht, ist der Grad der Belastung, den die betreffende Regelung für das Mitglied mit sich bringt.[241] Ebenso wie der Mitgliederschutz im Gesellschaftsrecht nicht grenzenlos gewährt wird, kann nicht jede noch so geringe Belastung für das Mitglied dazu führen, daß eine Regelung in die Satzung aufgenommen werden muß. Vielmehr bedarf es einer Abwägung der Interessen der Mitglieder an einer Satzungsregelung gegenüber den Interessen des Vereins, eine Regelung in eine Vereinsordnung und nicht in die Satzung aufzunehmen.[242] Während das Interesse des Vereins einer flexiblen und zügigen Reaktionsmöglichkeit auf geänderte Umstände gilt, ist den Mitgliedern daran gelegen, Eingriffe in ihre Rechte in der Satzung zu verankern, um auf den Inhalt der Regelungen Einfluß nehmen zu können.

Zum Teil werden neben dem Maß der Belastung für das Mitglied weitere Kriterien in die Interessenabwägung einbezogen. So soll die Bedeutung der Mitgliedschaft für das einzelne Mitglied, also die Frage, inwieweit das Mitglied auf die Mitgliedschaft angewiesen ist, Einfluß darauf haben, auf welcher Regelungsebene ein Gegenstand verankert werden muß.[243] Dieser Gesichtspunkt kann jedoch nur für die Überprüfung der inhaltlichen Angemessenheit einer Regelung eine Rolle spielen, nicht aber für die Frage der Regelungsebene. Es scheint wenig überzeugend, daß ein Monopolverein einen Gegenstand in seiner Satzung regeln muß, ein Verein, der keine Monopolstellung einnimmt, dagegen den gleichen Gegenstand nur in einer Nebenordnung festzulegen braucht. Die Feststellung der richtigen Regelungsebene kann daher nicht von der Größe oder der Bedeutung des Vereins abhängen.

4. Voraussetzungen für eine wirksame Delegation der Kompetenz zum Erlaß von Vereinsordnungen

Aus der Universalzuständigkeit der Mitgliederversammlung folgt, daß auch die Kompetenz zum Erlaß von Vereinsordnungen grundsätzlich der Mitgliederversammlung zusteht.[244] Im Gegensatz zur zwingenden Kompetenz der Mitgliederversammlung im Hinblick auf die Satzungsgestaltung ist es im Rahmen der Vereinsautonomie jedoch möglich, die Befugnis

---

240 *V. Look* in *Reichert/v. Look*, Rdnr. 316; *Soergel-Hadding*, § 25 BGB Rdnr. 7; *Staudinger-Weick*, § 25 BGB Rdnr. 3; *Kohler*, S. 86 ff; *Beuthien*, WuB II L. § 25 BGB 1. 89.

241 Ausführlich hierzu *Kohler*, S. 100 ff.

242 BGHZ 105, 306, 313 ff. Der Bundesgerichtshof wägt den schwerwiegenden Eingriff in die Mitgliedschaft ab gegenüber etwaigen Praktikabilitätserwägungen; vgl. auch *Vieweg*, Normsetzung, S. 200 ff; *Kohler*, S. 108.

243 *Vieweg*, Normsetzung, S. 203; *Kohler*, S. 108.

244 *Kohler*, S. 135.

zum Erlaß von Vereinsordnungen auf andere Organe des Vereins zu übertragen. Diese Delegation unterliegt bestimmten Voraussetzungen.

Ungeachtet der verschiedenen methodischen Ansatzpunkte zu der Frage, anhand welcher Wertungen der Gegenstandsbereich bestimmt wird, der zwingend in der Satzung des Vereins zu regeln ist, besteht Einigkeit darüber, daß die Einräumung von organisatorischen Kompetenzen an den Vorstand oder an andere Vereinsorgane grundsätzlich durch die Satzung geschehen muß. Folglich bedarf die Ermächtigung bestimmter Vereinsorgane zum Erlaß von Vereinsordnungen einer Grundlage in der Satzung.[245] Darüber hinaus sind an die satzungsmäßige Ermächtigung des Vereinsorgans zum Erlaß von Vereinsordnungen inhaltliche Anforderungen zu stellen. So muß sich aus der Ermächtigung Inhalt, Zweck und Umfang der Vereinsordnung hinreichend klar ergeben.[246] Dem Mitglied muß unschwer erkennbar sein, inwieweit es sich seiner Zuständigkeit begibt. Das Konkretisierungsbedürfnis richtet sich dabei nach dem Gegenstand der zu erlassenden Vereinsordnung.[247] Wenn die Mitglieder durch die Vereinsordnung in irgendeiner Form belastet werden sollen, so muß dies schon in der Satzung selbst zum Ausdruck kommen. Bei begünstigenden Regelungen ist dagegen eine offenere Satzungsermächtigung zulässig. Des weiteren muß das zum Erlaß der Vereinsordnung zuständige Organ benannt werden. Soll das genannte Organ berechtigt sein, seine Kompetenz erneut zu übertragen, so muß sich dies aus der Ermächtigungsnorm ergeben. Die Benennung eines zuständigen Organs verlöre ihren Sinn, wenn sie durch schrankenlose Weiterübertragung umgangen werden könnte.[248] Schließlich ist eine vereinsinterne Bekanntmachung erforderlich, damit die Mitglieder die Möglichkeit der Kenntnisnahme vom Inhalt der Vereinsordnung haben.[249]

5. Übertragung der Zuständigkeit zum Erlaß einer Vereinsordnung auf einen Dritten

Damit ist die Frage aufgeworfen, inwieweit nicht nur anderen Organen des Vereins, sondern auch außenstehenden Dritten das Recht eingeräumt werden kann, eine Vereinsordnung zu erlassen. Aus den vorstehenden allgemeinen Ausführungen zu Inhalt und Wirksamkeitsvoraussetzungen von Vereinsordnungen ergibt sich, daß durch die Kompetenz eines Dritten zum Erlaß von Vereinsordnungen nicht in wesentlichem Umfang in die Autonomie eines Vereins eingegriffen wird. Zum einen können Gegenstand einer Vereinsordnung nur solche Regelungen sein, die nicht zu den Grundlagen des Vereinslebens gehören; die grundlegenden Entscheidungen trifft weiterhin die Mitgliederversammlung. Da die Bestimmung des zwingenden Satzungsinhaltes danach erfolgt, inwieweit mitglied-

---

[245] *Soergel-Hadding*, § 25 BGB Rdnr. 8; RGRK-*Steffen*, § 25 BGB Rdnr. 4; *Schlosser*, S. 62; *Grunewald*, ZHR 152 (1988), 242, 250; *Kohler*, S. 94; *Hohl*, S. 138.

[246] *V. Look* in *Reichert/v. Look*, Rdnr. 320; *Sauter/Schweyer*, Rdnr. 151; *Soergel-Hadding*, § 25 BGB Rdnr. 8; RGRK-*Steffen*, § 25 BGB Rdnr. 4; *Kohler*, S. 141 ff; *Reemann*, S. 72; *Hohl*, S. 138. Es kann hier dahingestellt bleiben, ob sich dieses Erfordernis aus Art. 80 Abs. 1 Satz 2 GG ableitet (so *Reemann*, S. 70 ff; *Kohler*, S. 141 ff) oder ob es sich aus § 315 Abs. 1 BGB ergibt (so *v. Look* in *Reichert/v. Look*, Rdnr. 320).

[247] *Kohler*, S. 144.

[248] *Kohler*, S. 145.

[249] *V. Look* in *Reichert/v. Look*, Rdnr. 321; *Sauter/Schweyer*, Rdnr. 153; *Soergel-Hadding*, § 25 BGB Rdnr. 8; *Kohler*, S. 153.

schaftliche Interessen betroffen sind, kann durch eine Vereinsordnung nicht in wesentliche Bereiche der mitgliedschaftlichen Stellung eingegriffen werden.

Zum anderen muß bereits in der satzungsmäßigen Ermächtigungsnorm Inhalt, Zweck und Umfang der Vereinsordnung festgelegt werden. Dadurch wird eine mittelbare Legitimation der von dem Dritten erlassenen Vereinsordnung durch die Mitgliederversammlung erreicht, da die von dem Dritten erlassene Vereinsordnung nicht im Widerspruch zur Vereinssatzung stehen darf.

Schließlich hat die Mitgliederversammlung die Möglichkeit, durch eine Änderung der Satzung die Ermächtigung des Dritten wieder zu beseitigen. Insgesamt begründet die Übertragung der Kompetenz zum Erlaß von Vereinsordnungen auf einen Dritten daher keinen Verstoß gegen die Vereinsautonomie.

6. Zusammenfassung

Vereine haben die Möglichkeit, Regelungen betreffend das Vereinsleben in Vereinsordnungen zu treffen. Vereinsordnungen müssen nicht von der Mitgliederversammlung aufgestellt werden. Sie stehen im Rang unterhalb der Satzung und dürfen keine Bestimmungen enthalten, die zwingend in der Satzung eines Vereins geregelt werden müssen (sog. Satzungsvorbehalt). In die Satzung eines Vereins müssen alle für das Vereinsleben maßgeblichen Grundentscheidungen aufgenommen werden. Die Mitglieder werden auf diese Weise davor geschützt, daß sie Regelungen unterworfen sind, an deren Gestaltung sie nicht mitwirken konnten. Maßstab für die Beurteilung, wann der Schutz der Mitglieder eine Regelung in der Satzung erforderlich macht, ist der Grad der Belastung, den die betreffende Regelung mit sich bringt.

Die Ermächtigung zum Erlaß einer Vereinsordnung bedarf einer Grundlage in der Satzung, aus der Inhalt, Zweck und Umfang der Vereinsordnung hinreichend klar erkennbar sind. Außerdem muß das Organ benannt werden, das die Vereinsordnung erlassen soll.

Die Kompetenz zum Erlaß von Vereinsordnungen kann auf einen Dritten übertragen werden. Die Vereinsautonomie wird hierdurch nicht verletzt, weil Vereinsordnungen keine Grundentscheidungen des Vereinslebens enthalten und sich ihr Regelungsgehalt darüber hinaus in dem von den Mitgliedern vorgegeben Rahmen halten muß. Schließlich wird die Selbstbestimmung der Mitglieder dadurch gewahrt, daß ihnen die Möglichkeit verbleibt, die Kompetenzverlagerung rückgängig zu machen.

IV. Mitwirkung eines Dritten bei der Auflösung eines Vereins

Nach § 41 Satz 1 BGB kann ein Verein durch Beschluß der Mitgliederversammlung aufgelöst werden. § 41 Satz 2 BGB sieht für den Beschluß eine Mehrheit von drei Vierteln der in der Mitgliederversammlung erschienenen Mitglieder vor, sofern die Satzung nicht ein anderes bestimmt. Die Auflösung führt jedoch noch nicht das Ende des Vereins herbei. Vielmehr bleibt der Verein nach § 49 Abs. 2 BGB bis zur Abwicklung seiner Vermögensangelegenheiten als Liquidationsverein weiterhin rechtsfähig. Erloschen ist der Verein erst, wenn mit der Verteilung des Vereinsvermögens die Abwicklung beendet ist.[250]

Die Autonomie eines Vereins im Hinblick auf die Auflösung kann in verschiedener Weise eingeschränkt werden. So kann einem Dritten das alleinige Recht eingeräumt werden, den Verein aufzulösen. Des weiteren ist es möglich, sowohl der Mitgliederversammlung als auch einem Dritten alternativ das Recht zur Auflösung einzuräumen oder aber die Zustimmung eines Dritten zur Wirksamkeitsvoraussetzung eines Auflösungsbeschlusses der Mitgliederversammlung zu machen.

1. Übertragung des Auflösungsrechts auf einen Dritten

Die Vorschrift des § 41 Satz 1 BGB ist in § 40 BGB nicht genannt und daher nicht dispositiv. Wenn in § 41 Satz 2 Halbsatz 2 BGB vorgesehen ist, daß ein Beschluß von drei Vierteln der Mitglieder nur dann erforderlich ist, „wenn nicht die Satzung ein anderes bestimmt", so betrifft dies nur die vorangegangene Regelung in § 41 Satz 2 Halbsatz 1 BGB, nicht die grundlegende Bestimmung in § 41 Satz 1 BGB. Dementsprechend können nur die Wirksamkeitsanforderungen an den Beschluß der Mitglieder in der Satzung anderweitig geregelt werden. Es kann z.B. ein höheres Quorum festgelegt werden. Die Zuständigkeit der Mitgliederversammlung als solche ist nicht zur Disposition gestellt. Das den Mitgliedern nach § 41 Satz 1 BGB zustehende Recht, den Verein durch Beschluß aufzulösen, kann daher nicht durch eine anderweitige Satzungsbestimmung beseitigt werden. Dementsprechend besteht Einigkeit darüber, daß es unzulässig ist, wenn der Mitgliederversammlung das Recht zur Auflösung des Vereins entzogen und auf einen Dritten übertragen wird.[251]

2. Kompetenz eines Dritten zur Auflösung des Vereins neben der Mitgliederversammlung

Die zwingende Zuständigkeit der Mitgliederversammlung für die Auflösung des Vereins besagt nichts darüber, ob § 41 Satz 1 BGB eine abschließende Aufzählung von Auflösungsmöglichkeiten enthält. So ist es denkbar, daß einem Dritten ein eigenes Recht zur Auflösung *neben* der Mitgliederversammlung eingeräumt wird.

Für die Zulässigkeit einer derartigen Gestaltung spricht zunächst der Wortlaut des § 41 Satz 1 BGB, der zwingend nur vorschreibt, daß eine Auflösung des Vereins durch die Mitgliederversammlung möglich sein muß. Die Vorschrift besagt nicht, daß die Auflösung *nur* durch Beschluß der Mitgliederversammlung herbeigeführt werden kann. Ein zusätzliches Auflösungsrecht eines Dritten ist daher mit dem Wortlaut von § 41 BGB vereinbar. Die

---

[250] *Reichert* in *Reichert/v. Look*, Rdnr. 2209; *Stöber*, Rdnr. 824.

[251] KG, OLGZ 1974, 385, 388 = Rpfleger 1974, 394 ff; BayObLGZ 1979, 303, 308 = NJW 1980, 1756 f; OLG Stuttgart, NJW-RR 1986, 995, 996; LG Bremen, Rpfleger 1996, 72; *Reichert* in *Reichert/v. Look*, Rdnr. 2055; *Sauter/Schweyer*, Rdnr. 354; *Stöber*, Rdnr. 824; *Palandt-Heinrichs*, § 41 BGB Rdnr. 4; *Soergel-Hadding*, § 41 BGB Rdnr. 3; Müko-*Reuter*, § 41 BGB Rdnr. 12; *Staudinger-Weick*, § 41 Rdnr. 6; RGRK-*Steffen*, § 41 BGB Rdnr. 2; *Flume*, Allg. Teil Band I/2, § 7 I 3; *ders.*, in: FS für Coing Band II, S. 97, 106; *Mummenhoff*, S. 170; *Kirchhof*, S. 299; *Böttcher*, Rpfleger 1988, 169, 171; *Kunadt*, S. 44; *Schaible*, S. 49; *Edenfeld*, S. 100.

zwingend vorgeschriebene Kompetenz der Mitgliederversammlung wird dadurch nicht berührt. Dementsprechend wird von Teilen der Rechtsprechung und der Literatur die Gewährung eines Auflösungsrechts für Dritte als zulässig angesehen.[252]

Es erscheint jedoch bedenklich, ob diese allein am Wortlaut orientierte Auslegung des § 41 Satz 1 BGB mit der Vereinsautonomie vereinbar ist. Der weitreichende Eingriff in die Vereinsautonomie, den die konkurrierende Auflösungszuständigkeit eines Dritten bewirkt, wird von den Befürwortern eines solchen Rechts damit gerechtfertigt, daß den Vereinsmitgliedern die Möglichkeit verbleibt, dem Dritten das Auflösungsrecht durch einen satzungsändernden Beschluß zu entziehen. Das ist jedoch nur möglich, sofern der Dritte sein Recht noch nicht ausgeübt hat. Die Mitgliederversammlung wird das Auflösungsrecht des Dritten nicht ohne Anlaß wieder beseitigen, wenn sie es gerade in der Satzung begründet hat. Sie wird sich in der Regel erst veranlaßt sehen, das Recht des Dritten zu beseitigen, wenn dieser gegen den Willen der Mitgliederversammlung den Verein aufgelöst hat. Zu diesem Zeitpunkt nützt der Mitgliederversammlung die Möglichkeit, das Auflösungsrecht des Dritten im Wege der Satzungsänderung zu beseitigen, allerdings nichts mehr, denn der Verein befindet sich nun bereits in Liquidation.

Zwar zieht die Auflösung durch den Dritten nicht das Erlöschen des Vereins nach sich, sondern führt dazu, daß der Verein zunächst in das Liquidationsstadium (§§ 45 ff BGB) gelangt. Den Mitgliedern ist es also möglich, einen Fortsetzungsbeschluß zu fassen. Dies hat zur Folge, daß der Verein identitätswahrend wieder zum werbenden Verein werden kann.[253] Die Mitglieder können also den aufgelösten Verein mit einem Fortsetzungsbeschluß reaktivieren und damit einer Vollbeendigung des Vereins gegen ihren Willen entgegenwirken. Sie müssenen die Entscheidung des Dritten also nicht als endgültig akzeptieren. Daraus zieht *Schaible*[254] die Folgerung, auch die Einräumung eines konkurrierenden Auflösungsrechts sei mit der Vereinsautonomie vereinbar.

Diese Argumentation vermag die Bedenken gegen die Zulässigkeit eines konkurrierenden Auflösungsrechts jedoch nicht zu entkräften. Hinzuweisen ist zunächst darauf, daß dieser „Lösungsweg“ nicht allen Vereinen offensteht. Sofern ein Verein für den Fall der Auflösung den Fiskus zum Anfallberechtigten bestimmt, fällt das Vereinsvermögen im Wege der Gesamtrechtsnachfolge an ihn. Eine Liquidation findet nicht statt (vgl. §§ 46, 47 Abs. 1 BGB). Damit entfällt die wirtschaftliche Grundlage für einen Fortsetzungsbeschluß.[255] Die Möglichkeit, den Verein durch einen Fortsetzungsbeschluß zu reaktivieren, steht somit nur Vereinen offen, die in ein Liquidationsverfahren eintreten. Für die hier untersuchten Sportvereine ist dies in der Regel zu bejahen, da die Satzungen meistens den Anfall des Vereinsvermögens an eine gemeinnützige Körperschaft, wie etwa den jeweiligen

---

[252] BVerfGE 83, 341, 360 = NJW 1991, 2623 ff; KG, Dt. Justiz 1936, 1948; OLG Karlsruhe, JW 1936, 3266 f; Müko-*Reuter*, § 41 BGB Rdnr. 15, unter Berufung auf BVerfGE 83, 341 ff; *Kunadt*, S. 46 f; *Schaible*, S. 51 f.

[253] *Reichert* in *Reichert/v. Look*, Rdnr. 2222 ff; *Sauter/Schweyer*, Rdnr. 359; *Stöber*, Rdnr. 825; *Soergel-Hadding*, vor §§ 41-53 BGB Rdnr. 22; *K. Schmidt*, Verbandszweck, S. 303 ff; *Oetker*, NJW 1991, 385, 389. Wird die Auflösung durch einen Beschluß der Mitgliederversammlung herbeigeführt, ist die für einen Fortsetzungsbeschluß erforderliche Mehrheit umstritten. Dieser Streit kann hier dahinstehen, da die Auflösung durch einen Dritten ein aus der Satzung entnommener Ausschlußgrund ist. Für einen Fortsetzungsbeschluß bedarf es daher der satzungsändernden Mehrheit: *Stöber*, Rdnr. 825; *Soergel-Hadding*, vor §§ 41-53 BGB Rdnr. 23; Müko-*Reuter*, § 49 BGB Rdnr. 10.

[254] S. 52.

[255] *Reichert* in *Reichert/v. Look*, Rdnr. 2225; *Oetker*, NJW 1991, 385, 386 u. 389.

Landessportbund oder den Deutschen Sportbund vorsehen.[256] Aber auch bei Vereinen, die grundsätzlich die Möglichkeit haben, einen Fortsetzungsbeschluß zu fassen, verletzt das Auflösungsrecht eines Dritten die Autonomie des Vereins. Das ergibt sich aus folgender Erwägung: Der Entscheidung über die Auflösung des Vereins kommt eine existentielle Bedeutung für den Verein zu. Sie bildet sozusagen das Gegenstück zur Gründung des Vereins. Ebenso wie die Satzungsgestaltung darf auch die Auflösung des Vereins nicht in die Hände Dritter gelegt werden. Die Auflösung des Vereins gegen den Willen der Mitglieder bedeutet einen so schwerwiegenden Eingriff in die Vereinsautonomie, daß von einer Herrschaft der Mitglieder nicht mehr gesprochen werden kann. Allein die Möglichkeit der Mitglieder, die Entscheidung des Dritten im nachhinein durch einen Fortsetzungsbeschluß wieder rückgängig zu machen, kann nicht genügen, um die Selbstbestimmung zu wahren. Das gilt umsomehr, als davon ausgegangen werden muß, daß der Vorstand bis zu der Beschlußfassung über die Fortsetzung des Vereins bereits pflichtgemäß Maßnahmen zur Abwicklung ergriffen hat. Es kann also schon zu Vermögensminderungen gekommen sein. Im Ergebnis ist daher an der zwingenden und *alleinigen* Zuständigkeit der Mitgliederversammlung zur Auflösung des Vereins festzuhalten.[257]

3. Zustimmungsrecht eines Dritten

Zu klären bleibt, ob der Auflösungsbeschluß von der Zustimmung eines Dritten abhängig gemacht werden darf. Die Rechtsprechung bejaht überwiegend die Zulässigkeit einer entsprechenden Satzungsbestimmung. So hat es der Bundesgerichtshof[258] ohne jegliche Auseinandersetzung mit der Vorschrift des § 41 BGB oder dem Grundsatz der Vereinsautonomie hingenommen, daß die Auflösung einer Tochterloge in der Rechtsform eines eingetragenen Vereins von der Genehmigung einer Mutterloge abhängig gemacht wird. Auch das Bayerische Oberste Landesgericht hat das Zustimmungsrecht zugunsten eines Bischofs bei der Auflösung eines Caritas-Vereins für zulässig angesehen.[259] Die Literatur[260] folgt zum Teil dieser Rechtsprechung mit der Begründung, daß ein Zustimmungsrecht die Auflösung des Vereins gegen den Willen der Mitglieder nicht ermögliche. Andere Stimmen in

---

256 Vgl. § 54 Abs. 3 Satzung DFB; § 49 Abs. 3 DHB; § 29 Abs. 2 Satzung Eintracht Frankfurt e.V.; § 11 Mustersatzung für Mitgliedsvereine des LSB Hessen.

257 OLG Stuttgart, NJW-RR 1986, 995, 996 = Rpfleger 1986, 262 ff; LG Bremen, Rpfleger 1996, 72; *Reichert* in *Reichert/v. Look*, Rdnr. 2056; *Stöber*, Rdnr. 824; *Sauter/Schweyer*, Rdnr. 354; *Soergel-Hadding*, § 41 BGB Rdnr. 3; *Staudinger-Weick*, § 41 BGB Rdnr. 6; *Flume*, Allg. Teil Band I/2, § 7 I 3; *ders.*, in: FS für Coing Band II, S. 97, 106; *Böttcher*, Rpfleger 1988, 169, 171; *Rohleder*, S. 39; *Bär*, S. 206.

258 BGHZ 19, 51, 61 = NJW 1956, 138 ff.

259 BayObLGZ 1979, 303, 308 = NJW 1980, 1756 f; vgl. auch OLG Köln, OLGZ 1992, 1048, 1049 = Rpfleger 1992, 112 ff; LG Aachen, DVBl 1976, 914, 915; a.A. LG Leipzig, DRiZ 1935, Beilage 499.

260 *Sauter/Schweyer*, Rdnr. 355; *Stöber*, Rdnr. 824, zumindest im Hinblick auf kirchliche Vereine; Müko-*Reuter*, § 41 BGB Rdnr. 12, allerdings soll sich die Verweigerung der Zustimmung nicht gegenüber einem einstimmigen Beschluß der Mitgliederversammlung durchsetzen können; *Dütz*, in: FS für Herschel, S. 55, 74; *Böttcher*, Rpfleger 1988, 169, 171; *Schaible*, S. 50; *Edenfeld*, S. 102 f.

der Rechtsprechung[261] und der Literatur[262] sehen das Zustimmungsrecht eines Dritten bei der Auflösung als unzulässig an. Diese Ansicht hebt hervor, daß bei einem Zustimmungsrecht eines Dritten die Entscheidung über den Fortbestand des Vereins letztlich von einem Außenstehenden abhänge, die Mitglieder also nicht in der Lage seien, den Verein gegen den Willen des Dritten aufzulösen.

Der Wortlaut des § 41 BGB spricht nicht zwingend für eine der dargestellten Ansichten. Zwar besteht Einigkeit darüber, daß die Wirksamkeitsanforderungen an den Auflösungsbeschluß der Mitglieder in der Satzung abweichend geregelt werden können,[263] doch ergibt sich der Umfang des Gestaltungsspielraums der Mitglieder nicht eindeutig aus der Vorschrift. So ließe sich argumentieren, aus der zwingenden Regelung in § 41 Satz 1 BGB („Der Verein kann durch Beschluß der Mitgliederversammlung aufgelöst werden") folge, daß es den Mitgliedern in jedem Fall möglich sein müsse, *allein* durch einen Beschluß die Auflösung herbeizuführen. Weitere Voraussetzungen seien unzulässig. Die Formulierung in § 41 Satz 2 Halbsatz 2 BGB („wenn nicht die Satzung ein anderes bestimmt") beziehe sich nur auf das im Halbsatz 1 genannte Erfordernis einer Dreiviertel-Mehrheit. Die Gestaltungsfreiheit der Mitglieder umfasse also nur die Mehrheitserfordernisse.[264] Dagegen läßt sich jedoch einwenden, § 41 Satz 2 BGB treffe zu der Frage, unter welchen Voraussetzungen der Beschluß der Mitgliederversammlung wirksam ist, keine zwingende Regelung. Vielmehr eröffne der Wortlaut des § 41 Satz 2 BGB auch die Möglichkeit, daß die Satzung neben dem Beschluß der Mitgliederversammlung weitere Voraussetzungen für eine Auflösung des Vereins vorsehe. Ein Zustimmungsrecht des Dritten sei daher mit dem Wortlaut des § 41 BGB vereinbar.[265]

Kann anhand des Wortlauts keine eindeutige Aussage über den Regelungsgehalt der Norm gewonnen werden, so bedarf es einer teleologischen Auslegung des § 41 BGB unter besonderer Berücksichtigung der Vereinsautonomie. Von den Befürwortern eines Zustimmungsrechts wird eine Reihe von Argumenten vorgebracht, die belegen sollen, daß ein Zustimmungsrecht eines Dritten zur Auflösung des Vereins mit der Vereinsautonomie vereinbar ist. Es wird sich zeigen, daß – obwohl die Argumente aus der Literatur zum großen Teil nicht überzeugen – ein Zustimmungsrecht eines Dritten zur Auflösung des Vereins dennoch in der Satzung wirksam vorgesehen werden kann.

Für die Zulässigkeit eines Zustimmungsrechts eines Dritten zur Auflösung des Vereins werden zum Teil die gleichen Argumente herangezogen, die im Zusammenhang mit der Diskussion um die Zulässigkeit eines Zustimmungsrechts zu Satzungsänderungen geltend gemacht werden. Eine Verletzung der Vereinsautonomie liege nicht vor, weil der Dritte keine alleinige Entscheidungskompetenz über die Auflösung des Vereins habe. Vielmehr verblieben bei einem Zustimmungsrecht das Initiativ- sowie das Beschlußrecht bei der

---

261 OLG Stuttgart, NJW-RR 1986, 995, 996 = Rpfleger 1986, 262 ff.

262 *Reichert* in *Reichert/v. Look*, Rdnr. 2057, mit einer Ausnahme für den Fall, daß für ein Auflösungsrecht eines Dritten ein zwingendes Bedürfnis besteht. Beispiel: ein Dritter hat durch finanzielle Unterstützung das Vereinsleben erst ermöglicht. Diese Argumentation wurde oben bereits abgelehnt, vgl. § 5 II 4 d) ff). Gegen die Zulässigkeit eines Zustimmungsrechts außerdem: *Stöber*, Rdnr. 824; *Palandt-Heinrichs*, § 41 BGB Rdnr. 4; *Soergel-Hadding*, § 41 BGB Rdnr. 3; *Staudinger-Weick*, § 41 BGB Rdnr. 6; RGRK-*Steffen*, § 41 BGB Rdnr. 2; *Flume*, Allg. Teil Band I/2, § 7 I 3; *ders.*, in: FS für Coing Band II. S. 97, 107; *ders.*, JZ 1992, 238, 239.

263 Siehe oben § 8 IV 1.

264 *Flume*, Allg. Teil Band I/2, § 7 I 3; *ders.*, in: FS für Coing Band II, S. 97, 106.

265 LG Aachen, DVBl 1976, 914; *Edenfeld*, S. 103.

Mitgliederversammlung, so daß die Entscheidung über die Auflösung des Vereins letztendlich von den Mitgliedern getroffen werde.[266] Diese Sichtweise verkennt, daß das Zustimmungsrecht eines Dritten eine Verwirklichung des Mitgliederwillens verhindert, da die Auflösung des Vereins gerade nicht autonom durch die Mitgliederversammlung herbeigeführt werden kann.[267] Auch die Tatsache, daß einem Vereinsmitglied ein Sonderrecht auf Zustimmung zur Auflösung des Vereins eingeräumt werden kann, begründet die Zulässigkeit eines derartigen Drittrechts nicht.[268]

Des weiteren berufen sich die Befürworter eines Zustimmungsrechts darauf, daß ein solcher Dritteinfluß nur einen geringen Eingriff in die Vereinsautonomie bedeute, da der Dritte auf die laufende Verwaltung und auf den Inhalt der Satzung keinen Einfluß ausüben könne und zudem die Auflösung der Körperschaft eine Ausnahmesituation des Vereinslebens sei.[269] Es kann jedoch bei der Beurteilung des Ausmaßes der Fremdbestimmung nicht darauf ankommen, wie häufig die fremdbestimmte Maßnahme ergriffen wird. Maßgebend müssen vielmehr die Auswirkungen der Maßnahme auf das Vereinsleben sein. Ohne Zweifel hat der Dritte entscheidenden Einfluß auf das Schicksal des Vereins und das seiner Mitglieder, wenn er eine von den Mitgliedern angestrebte Auflösung verhindern kann.

Schließlich wird geltend gemacht, die Mitglieder des Vereins hätten – trotz des Zustimmungsrechts des Dritten – die Möglichkeit, die Auflösung des Vereins gegen den Willen des Dritten zu bewirken. Da das Austrittsrecht den Vereinsmitgliedern nicht entzogen werden könne (§ 39 BGB), könnten diese die Auflösung des Vereins durch einen kollektiven Austritt aller Mitglieder herbeiführen. Der Dritte könne also durch die Verweigerung der Zustimmung nur wenig erreichen, da er die von den Mitgliedern angestrebte Auflösung nicht verhindern, sondern nur hinausschieben könne.[270] Den Fortbestand des Vereins könne der Dritte im Ergebnis nicht gegen den Willen der Mitglieder erzwingen.

Vor dem Hintergrund, daß die Vereinsautonomie dem Schutz der Mitglieder dient, stellt der kollektive Austritt nur dann eine echte Alternative zu einem Auflösungsbeschluß dar, wenn die Mitglieder durch einen gemeinsamen Austritt nicht schlechter stehen als bei einer Auflösung durch Beschluß. Die Auflösung eines Vereins führt in der Regel[271] zur Liquidation nach den §§ 47 ff BGB. In diesem Stadium können die Mitglieder einen Fortsetzungsbeschluß fassen und den Verein reaktivieren. Über die Rechtsfolgen eines kollektiven Austritts herrscht in der Literatur Uneinigkeit. Nach überwiegender Auffassung führt der Austritt aller Mitglieder zum Erlöschen des Vereins ohne Liquidation. Dies soll selbst dann gelten, wenn noch Vereinsvermögen vorhanden ist.[272] Eine Reaktivierung des Vereins

---

266 *Schaible*, S. 50.

267 Siehe dazu ausführlich oben § 8 II 3 b) aa).

268 So aber *Edenfeld*, S. 103; siehe dazu ausführlich oben § 8 II 3 b) dd) (2).

269 LG Aachen, DVBl 1974, 914, 915; *Schaible*, S. 50; *Edenfeld*, S. 103.

270 BayObLGZ 1979, 303, 310 = NJW 1980, 1756 f; *Sauter/Schweyer*, Rdnr. 355; *Schaible*, S. 50; *Edenfeld*, S. 102.

271 Eine Ausnahme gilt für den Fall, daß der Staat als Anfallberechtigter vorgesehen ist, dazu oben IV. 2.

272 Ein Verein ohne Mitglieder sei begrifflich nicht denkbar, weil jede Willensbildung, auch zum Zweck der Liquidation, unmöglich geworden sei. Die Abwicklung geschehe nicht durch einen Liquidator, sondern es müsse analog § 1913 BGB ein Pfleger bestellt werden. Der Pfleger sei gesetzlicher Vertreter der an der Vermögensabwicklung Beteiligten, nicht des ehemaligen Vereins; BGHZ 19, 51, 57 = NJW 1956, 138 ff; BGH, LM Nr. 2 zu § 21 = WM 1965, 1132 f; BAG, NJW 1967, 1437; OLG Köln, NJW-RR 1996, 989; BGH, WM 1976, 686; BAG, JZ 1987, 420, 421 = ZIP 1986,

nach dem Wegfall aller Mitglieder ist also nicht mehr möglich ist. Nach der Gegenansicht bringt der kollektive Austritt aller Mitglieder den Verein zwar zur Auflösung, aber nicht zum Erlöschen. Die Auflösung ziehe eine Liquidation gemäß den §§ 47 ff BGB nach sich, die durch einen nach § 29 BGB bestellten Notliquidator erfolge.[273] Eine Fortsetzung des Vereins sei hier möglich, wenn der Liquidator im Namen des Vereins neue Mitglieder aufnehme, die dann einen Fortsetzungsbeschluß fassen. Doch steht diese Möglichkeit nicht in allen Vereinen zur Verfügung. Nach *K. Schmidt*[274] setzt die Fortsetzungsfähigkeit voraus, daß der Vereinszweck objektivierbar, dauerhaft und mit einem feststellbaren Mitgliederkreis verbunden ist. Nach *Flume*[275] ist eine Fortsetzung des Vereins nur möglich, wenn dem Verein ein dauerhafter Zweck von öffentlichem Interesse zugrunde liegt. Nach *Reuter*[276] soll sich im Wege der Satzungsauslegung ergeben, ob dem Liquidator das Recht zusteht, durch die Neuaufnahme von Mitgliedern die Grundlage für die Fassung eines Fortsetzungsbeschlusses zu schaffen. Für die Mitglieder ist also in keiner Weise absehbar, ob und welche Mitglieder der Liquidator nach einem Kollektivaustritt aufnimmt.

Welcher Ansicht der Vorzug zu geben ist, braucht hier nicht entschieden zu werden, denn für die Vereinsmitglieder besteht nach der h.M. keine und nach der Gegenmeinung nur eine sehr unsichere Möglichkeit, den Verein durch einen Fortsetzungsbeschluß zu reaktivieren. Anders stellt sich die Rechtslage bei einem autonom gefaßten Auflösungsbeschluß dar. Hier können die Mitglieder ihre Entscheidung ohne weiteres[277] rückgängig machen. Folglich ist der Ausweg über einen kollektiven Austritt keine echte Alternative, um die Vereinsautonomie zu wahren.

Es zeigt sich, daß die bisher wiedergegebenen Argumente aus der Literatur nicht geeignet sind, die Zulässigkeit eines Zustimmungsrechts eines Dritten zur Auflösung des Vereins zu begründen. Entscheidend ist aber folgender Gedanke: Die Begründung eines Zustimmungsrechts für einen Dritten gehört zu den Grundentscheidungen des Vereinslebens. Das

---

1483 ff; KG, WM 1964, 497 f; *Sauter/Schweyer*, Rdnr. 360; *Soergel-Hadding*, vor §§ 41-53 BGB Rdnr. 11; *Staudinger-Weick*, § 41 BGB Rdnr. 12; RGRK-*Steffen*, § 41 BGB Rdnr. 3; *Bayer*, S. 34.

273 Es gebe keinen Grundsatz des Körperschaftsrechts, wonach der Wegfall aller Mitglieder automatisch das Erlöschen der juristischen Person herbeiführe. Die Stiftung zeige, daß eine juristische Person nicht einmal Mitglieder haben müsse. Dafür spreche auch, daß ansonsten die Mitglieder eines konkursreifen Vereins austreten könnten, um die Konkursantragspflicht des Vorstands gegenstandslos zu machen und die Eröffnung eines Konkursverfahrens zu umgehen. Des weiteren würde im Passivprozeß des Vereins die Klage unzulässig werden mit der Folge, daß der Kläger verliere und die Kosten trage, wenn alle Mitglieder austreten, vgl. *Reichert* in *Reichert/v. Look*, Rdnr. 2074; Müko-*Reuter*, § 41 BGB Rdnr. 4; ders., ZHR 151 (1987), 355, 391; *Beitzke*, in: FS für Wilburg, S. 19, 21 ff; *Flume*, Allg. Teil Band I/2, § 6 II, S. 184 ff; *K. Schmidt*, JZ 1987, 394, 399; im GmbH-Recht ist dies nahezu unstreitig, vgl. *Lutter/Hommelhoff*, § 60 GmbHG Rdnr. 25; *Hachenburg-Ulmer*, § 60 GmbHG Rdnr. 60; *Baumbach/Hueck-Schulze-Osterloh*, § 60 GmbHG Rdnr. 37.

274 JZ 1987, 394, 399 f.

275 Allg. Teil Band I/2, § 6 II.

276 Müko-*Reuter*, § 41 BGB Rdnr. 19.

277 Erforderlich für einen Fortsetzungsbeschluß ist nach überwiegender Ansicht die für den Auslösungsbeschluß vorgesehene Mehrheit (*Reichert* in *Reichert/v. Look*, Rdnr. 2229; *Sauter/Schweyer*, Rdnr. 359; *Soergel-Hadding*, vor §§ 41-53 BGB Rdnr. 23; Müko-*Reuter*, § 49 BGB Rdnr. 10); a.A.: satzungsändernde Mehrheit (*K. Schmidt*, Verbandszweck, S. 306); a.A.: einfache Mehrheit (LG Frankenthal, Rpfleger 1955, 106; *Stöber*, Rdnr. 825); a.A.: Einstimmigkeit (KG, DR 1930, 1063; RGZ 118, 337, 341 für die GmbH).

Drittrecht muß daher in der Vereinssatzung verankert werden.[278] Da der Mitgliederversammlung zwingend die Zuständigkeit zur Änderung der Satzung verbleibt,[279] ist sie jederzeit in der Lage, die Kompetenzübertragung auf den Dritten wieder rückgängig zu machen. Im Gegensatz zu einem eigenen Auflösungsrecht des Dritten kommt hier die Kompetenzkompetenz der Mitgliederversammlung nicht „zu spät". Sobald die Mitglieder den Verein auflösen wollen, d.h. sobald sich die nach § 41 Satz 2 BGB erforderliche Mehrheit für einen Auflösungsbeschluß zusammengefunden hat, ist diese Mehrheit auch in der Lage, die Satzung zu ändern und das Zustimmungsrecht des Dritten zu beseitigen. Beide Beschlüsse müssen mit einer Mehrheit von drei Vierteln der in der Mitgliederversammlung erschienenen Mitglieder gefaßt werden.

Selbst wenn die Satzung im konkreten Fall für Satzungsänderungen und damit auch für die Beseitigung des Dritteinflusses eine größere Mehrheit oder gar Einstimmigkeit vorsieht, ist die Selbstbestimmung der Mitglieder nicht verletzt. Denn die Satzung könnte auch für den Auflösungsbeschluß Einstimmigkeit vorsehen.[280] Es bestehen also vereinsrechtlich keine Bedenken dagegen, daß nur die Gesamtheit aller Mitglieder in der Lage ist, die Auflösung des Vereins herbeizuführen. Dabei kann es keine Rolle spielen, ob Einstimmigkeit erforderlich ist, um einen Auflösungsbeschluß zu fassen oder um das Zustimmungsrecht des Dritten zu beseitigen.

V. Mitwirkung eines Dritten bei der Aufnahme neuer Mitglieder

Ein Dritter nimmt auch dann nicht unerheblichen Einfluß auf das Vereinsleben, wenn ihm das Recht zusteht, die künftigen Mitglieder oder jedenfalls einzelne zukünftige Mitglieder des Vereins auszuwählen. Ähnliches gilt, wenn eine Entscheidung des Vereins über die Aufnahme neuer Mitglieder von der Zustimmung eines Dritten abhängig gemacht wird. Zu untersuchen ist im folgenden, inwieweit derartige Mitwirkungsrechte mit der Vereinsautonomie vereinbar sind.

1. Aufnahme von Vereinsmitgliedern durch einen Dritten

Die Freiheit, über die Aufnahme neuer Mitglieder zu entscheiden, ist Bestandteil der Vereinsautonomie. Daher kann ein Verein grundsätzlich frei bestimmen, wen er als Mitglied aufnimmt, um seine Vereinsziele zu verfolgen.[281] Mit dieser Feststellung ist allerdings noch nicht die Frage beantwortet, ob der Verein und seine Mitglieder freiwillig auf diesen Bestandteil der Vereinsautonomie verzichten können. Dafür könnte zunächst die Vorschrift des § 58 Nr. 1 BGB sprechen, nach der die Satzung Bestimmungen „über den Eintritt und den Austritt der Mitglieder" enthalten soll. Materielle Anforderungen an die Satzungsbestimmungen über die Aufnahme oder die Ausschließung eines Mitglieds werden im Gesetz nicht gestellt; insbesondere findet sich keine Einschränkung der Satzungsgestaltungsfreiheit

[278] Siehe dazu oben § 8 III 3.

[279] Siehe dazu oben § 8 II 3 a).

[280] *Reichert* in *Reichert/v. Look*, Rdnr. 2060; *Stöber*, Rdnr. 822; *Soergel-Hadding*, § 41 BGB Rdnr. 4; Müko-*Reuter*, § 41 BGB Rdnr. 12.

[281] Siehe zum Inhalt der Vereinsautonomie § 4 II 3, insb. bei Fn 39.

im Hinblick auf die Verteilung der Zuständigkeiten bei der Entscheidung über die Aufnahmeanträge. Diese Gestaltungsfreiheit spricht für die Zulässigkeit eines Drittrechts.

Allerdings muß man sich vergegenwärtigen, daß das Geschehen im Verein grundsätzlich von den Mitgliedern bestimmt wird. Der Entscheidung darüber, wer in den Kreis der Mitglieder aufgenommen wird, kommt daher wesentliche Bedeutung für die Entwicklung des Vereins zu. Wird diese Entscheidung von einem Dritten getroffen, so haben die Mitglieder keine Möglichkeit, über die Zusammensetzung der zukünftigen Mitgliederversammlung als wichtigstem Entscheidungsträger im Verein und damit mittelbar auch über das zukünftige Schicksal des Vereins zu entscheiden. Es besteht die Gefahr, daß die gegenwärtigen Mitglieder „unterwandert" werden. Der Übertragung des Rechts zur Entscheidung über die Aufnahme neuer Mitglieder auf einen Dritten steht somit zwingend der Schutz der Vereinsmitglieder entgegen.[282] Dies gilt umsomehr, als die Mitglieder nicht die Möglichkeit haben, das neu aufgenommene Mitglied ohne weiteres wieder aus dem Verein auszuschließen. Eine Ausschließung nach freiem Ermessen ohne sachlichen Grund wäre nicht zulässig; vielmehr muß die Ausschließung sachlich vertretbar, d.h. nicht (grob) unbillig sein.[283]

Die Übertragung des Rechts zur Aufnahme neuer Mitglieder auf einen Dritten läßt sich auch nicht damit begründen, daß den Mitgliedern die Kompetenzkompetenz im Hinblick auf die Übertragung der Zuständigkeit verbleibt. Zwar muß das Recht des Dritten als Grundentscheidung über die Kompetenzverteilung in der Vereinssatzung verankert werden, so daß die Mitglieder die Möglichkeit haben, das Drittrecht im Wege der Satzungsänderung zu beseitigen. Doch ist zu berücksichtigen, daß der Mitgliederbestand, der über die Entziehung des Drittrechts entscheidet, zuvor bereits maßgeblich durch den Dritten beeinflußt worden sein kann. Er kann bereits zahlreiche Mitglieder in den Verein aufgenommen haben, die einer Aufhebung des Drittrechts widersprechen. Eine tatsächliche Rückkopplung an den Willen der nicht von dem Dritten aufgenommenen Mitglieder ist somit nicht gewährleistet. Aufgrund dieser Überlegung ist es mit der Vereinsautonomie nicht vereinbar, wenn einem Dritten in der Satzung das Recht eingeräumt wird, über die Aufnahme neuer Vereinsmitglieder allein zu entscheiden.[284]

---

[282] Der Schutz des Bewerbers fordert keine Zuständigkeit der Mitgliederversammlung, weil die Ablehnung der Aufnahme durch einen Dritten ebenso überprüfbar ist, wie die Ablehnung der Aufnahme durch die Mitgliederversammlung.

[283] Der Maßstab der gerichtlichen Überprüfung ist uneinheitlich. Der Bundesgerichtshof verlangt Billigkeit i.S. einer sachlichen Rechtfertigung bei sozial mächtigen Vereinen mit Aufnahmepflicht (vgl. BGHZ 102, 265, 277 = NJW 1988, 552 ff; BGH, NJW-RR 1992, 246 ff; BGH, ZIP 1997, 1591, 1593) und offenbare Unbilligkeit bei anderen Vereinen (RGZ 107, 386, 388; 140, 23, 24; BGHZ 13, 5, 11; 21, 370, 373; 47, 381, 384). Gegen diese Differenzierung: *v. Look* in *Reichert/v. Look*, Rdnr. 1602; *ders.*, S. 214 ff; *Vieweg*, Normsetzung, S. 234; vgl. allgemein zur Überprüfung von Vereinsstrafen und Ausschließungen: *Sauter/Schweyer*, Rdnr. 112; *Stöber*, Rdnr. 712 ff.

[284] OLG Stuttgart, NJW-RR 1986, 995, 996 = Rpfleger 1986, 262 ff; OLG Köln, Rpfleger 1992, 112, 113 (obiter dictum); LG Bonn, Rpfleger 1991, 156, 159 (obiter dictum); *v. Look* in *Reichert/ v. Look*, Rdnr. 623; *Sauter/Schweyer*, Rdnr. 70; *Stöber*, Rdnr. 139; *Soergel-Hadding*, § 38 BGB Rdnr. 7 a; *Edenfeld*, S. 87.

2. Zustimmungsrecht eines Dritten

Eine zulässige Beteiligung eines Dritten bei der Aufnahme neuer Mitglieder ist möglicherweise gegeben, wenn die Aufnahme eines Mitglieds von der Mitgliederversammlung beschlossen wird, die Wirksamkeit des Aufnahmebeschlusses aber davon abhängig ist, daß ein Dritter diesem Beschluß zustimmt.

Die Satzung kann die Aufnahme in den Verein grundsätzlich von konkreten sachlichen oder persönlichen Aufnahmevoraussetzungen abhängig machen.[285] Die Zulässigkeit eines Zustimmungsrechts eines Dritten ließe sich ohne weiteres bejahen, wenn die Zustimmung als eine derartige Aufnahmevoraussetzung qualifiziert werden könnte.[286] Es bestehen jedoch Bedenken, das Recht des Dritten auf Zustimmung zu Aufnahmeentscheidungen der Mitgliederversammlung den sachlichen oder persönlichen Aufnahmevoraussetzungen gleichzusetzen. Es geht hier nicht darum, ob einzelne, objektiv feststellbare Voraussetzungen in der Person des Bewerbers oder in bezug auf den Bewerberverein erfüllt sind. Es geht vielmehr darum, daß die Entscheidung über die Aufnahme selbst letztlich von der Zustimmung eines Dritten abhängig gemacht wird. Während bei persönlichen und sachlichen Aufnahmevoraussetzungen der Maßstab für die Entscheidung über die Aufnahme eines neuen Mitglieds eindeutig in der Satzung festgelegt ist und die Entscheidung über die Aufnahme letztendlich von den Mitgliedern getroffen wird, wird bei dem Zustimmungsrecht eines Dritten die endgültige Entscheidung über die Aufnahme auf den Dritten übertragen. Daran zeigt sich, daß ein Zustimmungsvorbehalt nicht mit sachlichen oder persönlichen Aufnahmevoraussetzungen vergleichbar ist.

Dennoch ist die Verankerung eines Zustimmungsrecht eines Dritten nicht als unzulässiger Eingriff in die Vereinsautonomie zu werten.[287] Es ist zu berücksichtigen, daß es den Mitgliedern unbenommen bleibt, die Satzung zu ändern und das Zustimmungsrecht des Dritten zu beseitigen. Die Bedenken, die in diesem Zusammenhang gegen das Alleinentscheidungsrecht eines Dritten geltend gemacht wurden, greifen hier nicht durch. Anders als bei einem Alleinentscheidungsrecht entscheidet bei der Beseitigung des Zustimmungsrechts nicht ein von dem Dritten ausgewählter Mitgliederkreis. Zwar kann das Recht des Dritten nur mit einer Dreiviertel-Mehrheit der in der Mitgliederversammlung anwesenden Mitglieder beseitigt werden, so daß die Aufnahme des Mitglieds nur unter erschwerten Voraussetzungen möglich ist. Damit geht jedoch keine Entrechtung der Mitgliederversammlung einher, denn die Satzung könnte den Beschluß über die Aufnahme eines Mitglieds ohnehin von höheren Mehrheitserfordernissen abhängig machen als § 32 Abs. 1 Satz 3 BGB es vorsieht.[288]

---

[285] Z.B. berufliche Qualifikation oder Alter. Bei Vereinen kann die Aufnahme von einer Mindestmitgliederzahl abhängig gemacht werden.

[286] Die Zulässigkeit bejahen: BVerfGE 83, 341, 361 = NJW 1991, 2623 ff; OLG Köln, Rpfleger 1992, 112, 113 = NJW 1992, 1048 ff „jedenfalls für kirchliche Vereine"; *v. Look* in *Reichert/v. Look*, Rdnr. 629 a; *Reichert* in *Reichert/v. Look*, Rdnr. 2674 (für den Gesamtverein); *Sauter/Schweyer*, Rdnr. 71; *Fessler/Keller*, S. 24; a.A. *Stöber*, Rdnr. 139.

[287] *V. Look* in *Reichert/v. Look*, Rdnr. 629 a.

[288] *Soergel-Hadding*, § 32 Rdnr. 33.

VI. Mitwirkung eines Dritten bei der Ausschließung von Vereinsmitgliedern oder bei der Verhängung von Vereinsstrafen

Eine Verkürzung des Selbstbestimmungsrechts des Vereins liegt auch dann vor, wenn einem außenstehenden Dritten in der Satzung das Recht eingeräumt wird, Mitglieder aus dem Verein auszuschließen. Neben einem Alleinentscheidungsrecht ist auch ein Zustimmungsrecht bezüglich der Ausschließung von Vereinsmitgliedern denkbar. Das Zustimmungsrecht ermöglicht es dem Dritten, durch Verweigerung der Zustimmung die von der Mitgliederversammlung beschlossene Ausschließung eines Mitglieds zu verhindern. Im Zusammenhang mit der Überlegung, inwieweit einem Dritten die Zuständigkeit zur Ausschließung von Mitgliedern übertragen werden kann, steht die Frage, ob auch die „Strafbefugnis" über die Vereinsmitglieder auf einen Dritten übertragen werden kann.

1. Alleiniges Ausschließungsrecht eines Dritten

a) Ebenso wie ein Aufnahmerecht ermöglicht auch ein Ausschließungsrecht dem Dritten, Einfluß auf den Mitgliederbestand zu nehmen. Allerdings ist der durch ein Ausschließungsrecht vermittelte Eingriff in die Selbstbestimmung des Vereins insofern geringer, als der Dritte in seiner Entscheidung über die Ausschließung von Mitgliedern nicht völlig frei ist. Ein willkürliches Verhalten des Dritten ist nicht zu befürchten, da die Ausschließung eines Mitglieds aus einem Verein bestimmten Voraussetzungen genügen muß. Insbesondere darf sie nicht unbillig oder willkürlich sein.[289] Dies muß auch dann gelten, wenn die Entscheidung über die Ausschließung auf einen Dritten übertragen wurde. Der Schutz der Mitglieder darf nicht durch die Übertragung von Kompetenzen auf außenstehende Dritte ausgehöhlt werden. Entgegen *Edenfeld*[290] ist es dem Dritten daher nicht möglich, sich mißliebiger Vereinsmitglieder zu entledigen und dadurch die Vereinsmitglieder bei vereinsinternen Entscheidungen unter Druck zu setzen.

Trotz dieser Einschränkungen in der Entscheidungsfreiheit verbleibt dem Dritten ein Ermessensspielraum. Dementsprechend ist ein Konflikt mit dem Willen der Mitgliederversammlung in zwei Fällen denkbar. Zum einen ist es möglich, daß in der Person eines Mitglieds tatsächlich ein Ausschließungsgrund vorliegt, die Mitglieder aber bei alleiniger Zuständigkeit darauf verzichten würden, den Betroffenen auszuschließen. Steht dem Dritten das Ausschließungsrecht zu, kann er, gegen den Willen der Mitgliederversammlung, eine Ausschließung bewirken. Umgekehrt stellt sich der Interessenkonflikt dar, wenn eine von den Mitgliedern gewünschte Ausschließung von dem Dritten verweigert wird.

Im ersten Fall kann die der Mitgliederversammlung verbleibende Kompetenzkompetenz dem Willen der Mitglieder nicht unmittelbar zur Geltung verhelfen. Eine Beseitigung des Dritteinflusses kommt zu spät, wenn der Dritte den Betroffenen bereits ausgeschlossen hat. Allerdings verbleibt den Mitgliedern in diesem Fall die Möglichkeit, das von dem Dritten ausgeschlossene Mitglied sofort wieder aufzunehmen. Gegebenenfalls muß zuvor ein Zustimmungsrecht des Dritten zur Aufnahme beseitigt werden. Die Entscheidungsfreiheit

[289] Siehe oben Fn. 283.
[290] S. 88.

über den Mitgliederbestand ist daher nur unwesentlich eingeschränkt; das Ausschließungsrecht eines Dritten bedeutet keine Selbstentmündigung des Vereins.

Im zweiten Fall werden die Mitglieder gegen ihren Willen an einem unerwünschten Mitglied festgehalten. Das Zustimmungsrecht des Dritten fällt jedoch unter den Satzungsvorbehalt, so daß den Mitgliedern in jedem Fall die Möglichkeit verbleibt, den Dritteinfluß durch Satzungsänderung zu beseitigen und anschließend die Ausschließung selbst vorzunehmen. Da die Satzung den Beschluß über die Ausschließung eines Mitglieds ohne weiteres von einer höheren als der in § 32 Abs. 1 Satz 3 BGB vorgesehenen Mehrheit abhängig machen könnte, verletzt es die Vereinsautonomie nicht, wenn Satzungsänderungen und damit auch die Beseitigung des Dritteinflusses einer Dreiviertel-Mehrheit der in der Mitgliederversammlung anwesenden Mitglieder bedarf. Die Übertragung des Rechts zur Ausschließung eines Mitglieds kann somit einem Dritten übertragen werden.[291]

b) Es bleibt schließlich die Frage zu beantworten, ob die Satzung eines Vereins die Strafbefugnis über die Mitglieder auf einen Dritten übertragen kann. Der Bundesgerichtshof hat eine Übertragung der Strafbefugnis auf eine außerhalb des Vereins stehende Organisation gebilligt, ohne Bedenken im Hinblick auf die Vereinsautonomie zu äußern. Im zugrundeliegenden Fall hatte ein Dachverband die Zuständigkeit zur Verhängung von Sanktionen auf einen örtlich zuständigen Mitgliedsverein übertragen. Das Gericht war der Ansicht, daß der Dachverband in seiner Entscheidung frei sei, in welcher Form er die ihm zufallende Sportgerichtsbarkeit organisieren wolle. Voraussetzung sei jedoch, daß der übertragende Verein dabei nicht willkürlich zum Nachteil derer handele, die der Gerichtsbarkeit unterworfen seien. Außerdem müsse die getroffene Zuständigkeitenregelung so bestimmt gehalten seien, daß für die Betroffenen im voraus erkennbar sei, wer zur Verhängung von Sanktionen und zu deren Überprüfung berufen sei.[292]

Diese Anforderungen mögen zum Schutz der betroffenen Mitglieder erforderlich und auch ausreichend sein. Sie genügen aber nicht, um die Autonomie des Vereins zu wahren. Voraussetzung für eine wirksame Übertragung ist vielmehr, daß die Übertragung der Strafgewalt auf einen Dritten als Grundentscheidung des Vereinslebens in der Satzung des Vereins geregelt ist.[293] Ist dies der Fall, dann verbleibt den Vereinsmitgliedern die Möglichkeit, die „ausgelagerte" Zuständigkeit im Wege der Satzungsänderung wieder an sich zu ziehen. Damit ist auch hier die Wahrung der Vereinsautonomie gewährleistet.[294]

2. Zustimmungsrecht eines Dritten

Steht dem Dritten ein Zustimmungsrecht in bezug auf einen Ausschließungsbeschluß der Mitgliederversammlung zu, so kann der Dritte nur die Ausschließung eines Mitglieds verhindern. Die Ausschließung eines Mitglieds gegen den Willen der verbleibenden Mitglieder ist nicht möglich. Der mit einem Zustimmungsrecht verbundene Eingriff in die Vereinsautonomie ist also insoweit mit dem Eingriff durch ein Alleinentscheidungsrecht des Dritten vergleichbar, als in beiden Fällen der Verein an unliebsamen Mitgliedern festgehalten werden kann. Daraus folgt, daß das Zustimmungsrecht, ebenso wie das Alleinentschei-

---

[291] *Sauter/Schweyer*, Rdnr. 95; *Hadding/v. Look*, ZGR 1996, 326, 332.
[292] BGHZ 128, 93, 107 = NJW 1995, 583, 586 ff.
[293] *Röhricht*, Sportgerichtsverfahren, S. 19, 27; *Hadding/v. Look*, ZGR 1996, 326, 331.
[294] *Hadding/v. Look*, ZGR 1996, 326, 332.

dungsrecht, zulässig ist, weil die Kompetenzkompetenz in jedem Fall bei der Mitgliederversammlung verbleibt.[295]

VII. Mitwirkung eines Dritten bei der Bestellung oder Abberufung der Vorstandsmitglieder

1. Umfassender Einfluß des Vorstands auf das Vereinsleben

Enthält die Satzung keine anderweitige Bestimmung, so ist der Vorstand in allen Fragen der Vereinstätigkeit und der Leitung des Vereins an die Weisungen der Mitgliederversammlung gebunden.[296] Die Weisungsgebundenheit ergibt sich aus § 27 Abs. 3 i.V.m. § 665 BGB. Die Satzung kann jedoch vorsehen, daß der Vorstand für bestimmte Angelegenheiten allein zuständig ist oder daß ein anderes Organ weisungsbefugt ist (erweiterter Vorstand oder Aufsichtsrat). In diesen Fällen besteht kein Weisungsrecht der Mitgliederversammlung.[297] Da die Mitgliederversammlung nicht laufend zusammentreten kann, um Weisungen zu erteilen, wird der Vorstand häufig in alleiniger Verantwortung tätig. Er hat daher einen weitreichenden Einfluß auf das Vereinsleben. Daraus folgt, daß auch derjenige, der den Vorstand bestellt und damit auch auf dessen Tätigkeit einen gewissen Einfluß ausübt, die Geschicke des Vereins weitgehend bestimmen kann.

Bei der Beurteilung der Frage, ob die Autonomie eines Vereins gewahrt ist, wenn der Vorstand durch einen Dritten bestellt wird, ist die konkrete Satzungsgestaltung zu berücksichtigen. Es kommt darauf an, welche Befugnisse dem Vorstand zukommen, aus wieviel Personen der Vorstand besteht und mit welcher Mehrheit innerhalb des Vorstands die Entscheidungen getroffen werden. Entscheidet der Vorstand z.B. mit qualifizierter Mehrheit über die Vereinsangelegenheiten und wird von mehreren Vorstandsmitgliedern nur eines von einem Dritten bestellt, so ist der Eingriff in das Selbstbestimmungsrecht des Vereins gering. Gleiches gilt, wenn der Mitgliederversammlung ein Weisungsrecht in allen wesentlichen Entscheidungen des Vorstands verbleibt.

Nun ist mit der Behauptung, ein Bestellungsrecht sei jedenfalls dann zulässig, wenn bei einem mehrgliedrigen Vorstand das Bestellungsrecht auf einzelne Mitglieder des Vorstands beschränkt sei[298] oder wenn der Mitgliederversammlung ein Weisungsrecht zukomme,[299] die Problematik nur für einen Teilbereich gelöst. Es bleibt die Frage offen, wieviel Mitglieder des Vorstands von dem Dritten höchstens bestellt werden dürfen oder wie sich die Rechtslage gestaltet, wenn der Mitgliederversammlung kein Weisungsrecht zukommt. Aufgrund der Vielzahl unterschiedlicher Gestaltungsmöglichkeiten ist es kaum möglich, jeden denkbaren Einzelfall bei der Konkretisierung der Grenzen der zulässigen Fremdbestimmung zu berücksichtigen. Im folgenden soll daher davon ausgegangen werden, daß der Dritte zumindest so viele Mitglieder des Vorstands bestellen darf, daß diese in der Lage sind, die für die Willensbildung erforderliche Mehrheit zu stellen. Des weiteren wird an-

[295] A.A. *Edenfeld*, S. 90.

[296] *Reichert* in *Reichert/v. Look*, Rdnr. 1503; *Sauter/Schweyer*, Rdnr. 281; *Stöber*, Rdnr. 290; *Soergel-Hadding*, § 27 BGB Rdnr. 22 a.

[297] *Sauter/Schweyer*, Rdnr. 156 u. 281; *Stöber*, Rdnr. 290.

[298] *Staudinger-Weick*, § 27 BGB Rdnr. 4.

[299] *Wiedemann*, in: FS für Schilling, S. 105, 117.

genommen, daß der Vorstand nicht weisungsgebunden ist, so daß er seine Kompetenzen unabhängig von der Mitgliederversammlung ausüben kann.

2. Ausgangspunkt: § 27 BGB

Ausgangspunkt für die Beurteilung der Frage, ob das Recht zur Bestellung des Vorstands auf einen Dritten übertragen werden kann, ist § 27 BGB. Nach Abs. 1 dieser Vorschrift wird der Vorstand durch einen Beschluß der Mitgliederversammlung bestellt. § 27 Abs. 2 BGB besagt, daß der Vorstand aus wichtigem Grund abberufen werden kann. Während § 27 Abs. 1 BGB in § 40 BGB genannt und daher dispositiv ist, gehört die Möglichkeit, den Vorstand aus wichtigem Grund abzuberufen, zu den wenigen zwingenden Vorschriften des Vereinsrechts.

Nach ganz überwiegender Auffassung kann die Mitgliederversammlung das Recht zur Bestellung des Vorstands auf einen Dritten übertragen.[300] Nur vereinzelt wird eine solche Delegation als Entrechtung der Mitgliederversammlung und damit als unzulässig angesehen.[301] Uneinigkeit besteht jedoch hinsichtlich der Frage, ob zur Wahrung der Vereinsautonomie weitere Kompetenzen der Mitgliederversammlung gesichert sein müssen.[302] So sieht ein Teil der Literatur die Vereinsautonomie nur dann als gewahrt an, wenn der Mitgliederversammlung das Recht zur Abberufung des Vorstands aus wichtigem Grund verbleibt.[303] Andere fordern darüber hinaus den Verbleib der Kompetenzkompetenz bezüglich der Regelung, die die Vorstandsbestellung auf einen Dritten überträgt.[304]

---

[300] OLG Köln, Rpfleger 1992, 112, 114 = NJW 1992, 1048 ff; OLG Frankfurt a. M., OLGZ 1979, 5, 7 = Rpfleger 1979, 60 ff; OLG Frankfurt a.M., OLGZ 1981, 391, 393 = Rpfleger 1981, 310 ff; LG Krefeld, Rpfleger 1968, 17, 18; LG Siegen, Rpfleger 1964, 267, 268; *Sauter/Schweyer*, Rdnr. 255; *Stöber*, Rdnr. 252; *Palandt-Heinrichs*, § 27 BGB Rdnr. 1; *Soergel-Hadding*, § 27 BGB Rdnr. 7; RGRK-*Steffen*, § 27 BGB Rdnr. 3, *Flume*, Allg. Teil Band I/2, § 10 I 1; *v. Tuhr*, Allg. Teil Band I, § 37; *Enneccerus/Nipperdey*, Allg. Teil, § 109 I; *Bondi*, in: FS für Liebmann, S. 278, 281; *Schaible*, S. 44; *König*, S. 295; *Beuthien/Gätsch*, ZHR 157 (1993), 483, 491; *Edenfeld*, S. 106; einschränkend *Reichert* in *Reichert/v. Look*, Rdnr. 1229; *Staudinger-Weick*, § 27 BGB Rdnr. 4; AK-*Ott*, § 27 BGB Rdnr. 4: wenn die Bestellung des Dritten im Sinne der Förderung des Vereinszwecks liegt, vgl. zu dieser Argumentation § 5 II 4 d) ff).

[301] AK-*Ott*, § 27 BGB Rdnr. 4; *Teichmann*, S. 196 (für die GmbH); Müko-*Reuter*, § 27 BGB Rdnr. 8 im Hinblick auf Vereine ohne Aufnahmefreiheit; *Bär*, S. 204; ablehnend *Hachenburg-Hüffer*, § 46 GmbHG Rdnr. 74 (für die GmbH).

[302] Keine weiteren Voraussetzungen nennen das BAG, DB 1965, 1364 f = AP Nr. 2 zu § 242 BGB; *Kronstein*, S. 20; *Mummenhoff*, S. 168.

[303] LG Siegen, Rpfleger 1964, 267, 268; *v. Tuhr*, Allg. Teil Band I, § 37 V; *Heissmann*, S. 55; *Herfs*, S. 122; ablehnend gegenüber dieser Ansicht: LG Hildesheim, NJW 1975, 2400, 2401.

[304] OLG Frankfurt a.M., OLGZ 1979, 5, 7 = Rpfleger 1979, 60 ff; OLG Frankfurt a.M., OLGZ 1981, 391, 393 = Rpfleger 1981, 310 ff; LG Rpfleger Krefeld, 1968, 17, 18; *Reichert* in *Reichert/v. Look*, Rdnr. 1229; *Sauter/Schweyer*, Rdnr. 255 u. 268; *Stöber*, Rdnr. 252; *Soergel-Hadding*, § 27 BGB Rdnr. 7; *Flume*, Allg. Teil Band 1/2, § 10 I 1; *Bondi*, in: FS für Liebmann, S. 278, 281; *Priester*, in: FS für Werner, S. 657, 665 (für die GmbH); *Fleischer*, S. 111; *Schaible*, S. 46; *König*, S. 295; *Beuthien/Gätsch*, ZHR 157 (1993), 483, 491; *Edenfeld*, S. 107.

3. Recht eines Dritten zur Abberufung des Vorstands

Die Antwort auf die Frage, ob die Mitgliederversammlung die Kompetenz zur Abberufung des Vorstands auf einen Dritten übertragen kann, muß differenzieren zwischen der Abberufung aus wichtigem Grund und der einfachen Abberufung.

a) Recht eines Dritten zur Abberufung aus wichtigem Grund

Nach § 27 Abs. 2 Satz 2 BGB kann das Recht zur Abberufung des Vorstands aus wichtigem Grund nicht ausgeschlossen werden. In Bezug auf die Frage, ob das Recht zur Abberufung des Vorstands aus wichtigem Grund auch einem Dritten eingeräumt werden kann, ist der Wortlaut der Vorschrift nicht eindeutig. Aus dem Wortlaut geht nicht hervor, ob das Abberufungsrecht als solches unabdingbar ist oder ob darüber hinaus die Kompetenz zur Abberufung zwingend bei der Mitgliederversammlung verbleiben muß.

Zur Begründung der letztgenannten Ansicht wird geltend gemacht, daß § 27 Abs. 2 BGB inhaltlich auf § 27 Abs. 1 BGB Bezug nehme, der von der Zuständigkeit der Mitgliederversammlung ausgehe. Da § 40 BGB zwar § 27 Abs. 1 BGB zur Disposition der Vereinsmitglieder stelle, nicht aber § 27 Abs. 2 BGB, müsse die Abberufung des Vorstands aus wichtigem Grund zwingend in der Kompetenz der Mitgliederversammlung verbleiben.[305] Dagegen wird eingewandt, daß § 27 Abs. 2 BGB keine Regelung über die Zuständigkeit enthalte, sondern nur besage, *daß* die Bestellung des Vorstands jederzeit aus wichtigem Grund widerruflich sein müsse. Eine Kompetenzzuweisung geschehe ausschließlich durch den dispositiven § 27 Abs. 1 BGB.[306] Beide Ansichten sind vom Wortlaut der Norm gedeckt. Die Vorschrift kann zutreffend daher nur vor dem Hintergrund der Vereinsautonomie ausgelegt werden.

Aus der Tatsache, daß es sich bei § 27 Abs. 2 BGB um eine der wenigen zwingenden Vorschriften des Vereinsrecht handelt, folgt, daß dieser Regelung eine besondere Bedeutung zukommt. § 27 Abs. 2 BGB soll verhindern, daß dem Verein ein unzumutbarer Vorstand aufgedrängt wird.[307] Daraus wird einhellig gefolgert, daß eine Satzungsregelung unzulässig ist, die das Recht der Mitgliederversammlung zur Abberufung des Vorstands aus wichtigem Grund in irgendeiner Weise beschränkt.[308] Als Beispiel werden Bestimmungen genannt, die das Widerrufsrecht von dem Erfordernis einer höheren als der einfachen Stimmenmehrheit abhängig machen oder durch das Zustimmungsrecht (Sonderrecht nach

---

[305] BayObLGZ 32, 330; *Reichert* in *Reichert/v. Look*, Rdnr. 1307; *Sauter/Schweyer*, Rdnr. 268, nur für den Fall, daß ein Dritter Inhaber des Bestellungsrechts ist. Ist das Recht zur Bestellung des Vorstands dagegen auf ein anderes Vereinsorgan übertragen worden, so soll auch diesem die Abberufungszuständigkeit zukommen; *Stöber*, Rdnr. 264; *Staudinger-Weick*, § 27 BGB Rdnr. 16; RGRK-*Steffen*, § 27 BGB Rdnr. 5; AK-*Ott*, § 27 BGB Rdnr. 7; *Flume*, Allg. Teil Band I/2, § 7 I 2; ders., in: FS für Coing Band II, S. 97, 98; *Edenfeld*, S. 108.

[306] *Schaible*, S. 46, ist der Ansicht, man könne aus § 32 Abs. 1 BGB, der die Mitgliederversammlung für zuständig erklärt, soweit die Satzung nicht ein anderes Organ vorsieht, allenfalls folgern, daß die Mitgliederversammlung immer dann zur Abberufung zuständig ist, wenn die Satzung nicht ausdrücklich die Kompetenz auch dem Dritten zuweist; a.A. *Kunadt*, S. 35, der aus dem Schweigen der Satzung gerade das Gegenteil folgert.

[307] *Herfs*, S. 126.

[308] BGHZ 86, 177, 179; BGH, WM 1988, 23 (zur GmbH); *Sauter/Schweyer*, Rdnr. 269; *Soergel-Hadding*, § 27 BGB Rdnr. 19; a. A. *Reichert* in *Reicher/v. Look*, Rdnr. 1312.

§ 35 BGB) eines Mitglieds erschweren. Weit größer als bei den genannten Gestaltungen ist die Gefahr, daß die Vereinsmitglieder an einen untragbaren Vorstand gebunden bleiben, wenn sie das Recht zur Abberufung aus wichtigem Grund auf einen Dritten übertragen. Folglich muß das Abberufungsrecht aus wichtigem Grund bei der Mitgliederversammlung verbleiben.

Gegen dieses Ergebnis wird eingewandt, dem Schutz der Mitglieder und damit dem Grundsatz der Vereinsautonomie sei Genüge getan, wenn der Mitgliederversammlung das Recht verbleibe, zunächst dem Dritten die Kompetenz zur Abberufung zu entziehen und dann die Abberufung selbst vorzunehmen.[309] Hierbei muß man sich jedoch vor Augen führen, daß dem Dritten die Kompetenz nur im Wege der Satzungsänderung entzogen werden kann. Der Beschluß der Mitgliederversammlung muß daher – sofern die Satzung nicht eine anderweitige Regelung trifft – mit einer Dreiviertel-Mehrheit der in der Mitgliederversammlung anwesenden Mitglieder gefaßt werden. Durch dieses Erfordernis wird das Recht der Mitglieder zur Abberufung des Vorstands unzulässig beschränkt. Sofern in der Person des Vorstands ein wichtiger Grund vorliegt, muß die Mitgliederversammlung bereits mit einfacher Mehrheit die Möglichkeit haben, den Vorstand abzuberufen. Daraus folgt, daß die Kompetenzkompetenz im Hinblick auf die Abberufungsregelung nur dann geeignet ist, die Selbstbestimmung der Mitglieder zu wahren, wenn das Recht des Dritten bereits mit einfacher Mehrheit beseitigt werden kann. Nur unter dieser Voraussetzung ist eine Übertragung des Rechts zur Abberufung aus wichtigem Grund auf einen Dritten möglich.

b) Recht eines Dritten zur einfachen Abberufung

Steht dem Dritten nur das einfache Abberufungsrecht zu, so kann dessen Entscheidung dem Willen der Mitglieder in zwei Fällen zuwiderlaufen. Es kann sein, daß der Dritte den Vorstand nicht abberuft, obwohl die Mitgliederversammlung dies wünscht. Die damit verbundene Fremdbestimmung führt nicht zu einer Verletzung der Vereinsautonomie, da nach unbestrittener Ansicht die Mitglieder eines Vereins sogar die Möglichkeit haben, die freie Widerruflichkeit des Vorstands in der Satzung ganz auszuschließen.[310] Sie müssen dann vereinsschädliches Verhalten des Vorstands unterhalb der Schwelle des wichtigen Grunds hinnehmen. Können die Mitglieder ihr Abberufungsrecht in dieser Weise einschränken, so stehen auch der Übertragung des einfachen Abberufungsrechts auf einen Dritten keine Bedenken entgegen.[311]

Ein anderer Konflikt mit dem Willen der Mitglieder liegt vor, wenn der Dritte einen Vorstand abberuft, an dem die Mitglieder bei alleiniger Zuständigkeit festhalten würden. Diese Fremdbestimmung führt jedoch nicht zu einer Selbstentmündigung, da den Mitgliedern in diesem Fall die Möglichkeit verbleibt, durch Satzungsänderung die Kompetenz des Dritten zur Abberufung wieder aufzuheben. Anschließend kann das abberufene Vorstandsmitglied wieder zum Vorstand bestellt werden.

---

309 *Soergel-Hadding*, § 27 BGB Rdnr. 17; *Kronstein*, S. 32, der allerdings davon ausgeht, daß der Dritte Organ wird und als solches pflichtgebunden ist; *Bondi*, in: FS für Liebmann, S. 278, 281; *Kunadt*, S. 37; *Schaible*, S. 46.

310 Vgl. statt aller *Soergel-Hadding*, § 27 BGB Rdnr. 19; RGRK-*Steffen*, § 27 BGB Rdnr. 5.

311 *Reichert* in *Reichert/v. Look*, Rdnr. 1307; *Edenfeld*, S. 108.

4.) Recht eines Dritten zur Bestellung des Vorstands

a) *Bestellungsrecht eines Dritten*

Zu klären bleibt, ob die Mitgliederversammlung das Recht zur Bestellung der Vorstandsmitglieder auf einen Dritten übertragen kann.

Überwiegend wird die Tatsache, daß den Mitgliedern in diesen Fällen das Recht verbleibt, den Vorstand aus wichtigem Grund abzuberufen, insoweit nicht als ausreichend angesehen, um die Vereinsautonomie zu wahren. Es besteht die Befürchtung, das Bestellungsrecht verleihe dem Dritten die Möglichkeit, das Geschehen im Verein zu blockieren, wenn er sich – nachdem die Mitglieder den von dem Dritten bestellten Vorstand abberufen haben – weigere, einen neuen Vorstand zu bestellen[312] oder aber wenn er erneut einen unerwünschten Vorstand bestelle.[313] Der Dritte könne also die Mitglieder an der Abberufung des von ihm ernannten Vorstands hindern und sitze damit „am längeren Hebel".[314]

Diese Gefahr ist jedoch als gering einzustufen, wenn man sich vergegenwärtigt, daß auch bei einer Übertragung des Rechts zur Bestellung des Vorstands auf einen Dritten der Mitgliederversammlung neben dem Abberufungsrecht zwingend die Kompetenz verbleibt, das statutarisch verankerte Recht des Dritten zur Vorstandsbestellung durch eine Satzungsänderung wieder zu beseitigen. Die Satzungshoheit kann den Mitgliedern nicht genommen werden. Die Mitgliederversammlung hat also jederzeit die Möglichkeit, das Bestellungsrecht des Dritten durch Satzungsänderung aufzuheben und so dessen Blockadehaltung zu überwinden.[315]

Darüber hinaus wird der Übertragung des Bestellungsrechts auf einen Dritten entgegengehalten, sie bringe die Mitgliederversammlung – auch wenn ihr die genannten Kompetenzen verbleiben – regelmäßig „ins Hintertreffen".[316] Gedacht wird hierbei an den Fall, daß der Dritte einen Vorstand bestellt, mit dem die Mitgliederversammlung nicht einverstanden ist. Die Möglichkeit der Mitgliederversammlung, die Kompetenzübertragung auf den Dritten rückgängig zu machen, bringe im nachhinein nicht viel. Die Mitglieder blieben zunächst an den von dem Dritten gewählten Vorstand gebunden, wenn kein wichtiger Grund zur Abberufung vorliege. Sei dagegen ein wichtiger Grund zur Abberufung gegeben, so könnten sich die Mitglieder zwar von dem Vorstand trennen, doch bestehe die Gefahr, daß der unerwünschte Vorstand zwischen Bestellung und Abberufung schon zum Schaden des Vereins gehandelt habe. In diesem Fall würden die Mitglieder vor vollendete Tatsachen gestellt werden, was zu Lasten der Durchsetzbarkeit ihres Willens gehe.[317]

Dieser Argumentation ist entgegenzuhalten, daß die Mitglieder unstreitig die Möglichkeit haben, den Widerruf der Vorstandsbestellung ohne wichtigen Grund völlig auszuschließen. Auch in diesem Fall sind sie grundsätzlich an den einmal gewählten Vorstand gebunden. Die weitergehende Fremdbestimmung, die dadurch entsteht, daß der Vorstand nicht von der Mitgliederversammlung selbst, sondern von einem Dritten bestimmt wurde, ist auch unter Berücksichtigung des Verbots einer Selbstentmündigung hinnehmbar. Immerhin stellt der von dem Dritten eingesetzte Vorstand sich gerade nicht als untragbar

---

312 *Teichmann*, S. 197; *Reuter*, Perpetuierung, S. 174; *König*, S. 295.
313 LG Siegen, Rpfleger 1964, 267, 268; LG Hildesheim, NJW 1965, 2400, 2401.
314 *Reuter*, Perpetuierung, S. 174.
315 Siehe dazu oben § 8 II 4 c).
316 So AK-*Ott*, § 27 BGB Rdnr. 3.
317 *Teichmann*, S. 197; *Fleischer*, S. 110; *Voormann*, S. 123.

heraus. Darüber hinaus bleibt der Mitgliederversammlung die Möglichkeit, ihr Weisungsrecht gegenüber dem Vorstand wieder aufleben zu lassen. Die Bindung der Vereinsmitglieder an einen Vorstand, in dessen Person ein wichtiger Grund zur Abberufung nicht vorliegt, verstößt somit nicht gegen die Vereinsautonomie. Auch die vorläufige Bindung an einen Vorstand, der sobald als möglich aus wichtigem Grund abberufen werden kann, führt nicht zu einer Verletzung der Vereinsautonomie. Die Gefahr, daß der unerwünschte Vorstand zwischen Bestellung und Abberufung zum Schaden des Vereins handeln könnte, mag zwar die Selbstbestimmung des Vereins einschränken, eine Selbstentmündigung kann darin jedoch nicht gesehen werden. Im Ergebnis ist die Bestellung des Vorstands durch einen Dritten mit der Vereinsautonomie vereinbar.

b) Benennungs- und Präsentationsrecht eines Dritten

Steht dem Dritten ein Präsentationsrecht zu, so können die Mitglieder dem Präsentierten nur dann die Stimme verweigern, wenn wichtige Gründe gegen seine Wahl sprechen. Bei einem Benennungsrecht reichen sachliche, im Interesse des Vereins liegende Gründe aus, um eine Wahl des Benannten abzulehnen.[318] In beiden Fällen verbleibt die Wahl der Vorstandsmitglieder jedoch in den Händen der Mitglieder des Vereins. Wenn die Bestellung der Vorstandsmitglieder durch einen Dritten keinen unzulässigen Eingriff in die Vereinsautonomie begründet, so muß das erst recht für Benennungs- und Präsentationsrechte gelten.

c) „Personengleicher Vorstand"

Im Zusammenhang mit der Frage, inwieweit sich die Mitgliederversammlung ihres Rechts zur Bestellung des Vorstands begeben darf, ist abschließend auf eine in der Praxis vorkommende Satzungsgestaltung einzugehen. Die Satzung eines Vereins kann vorsehen, daß der Inhaber eines bestimmten Amts, z.B. der Vorstand eines anderen Vereins, automatisch auch Vorstand dieses Vereins sein soll (sog. personengleicher Vorstand).[319]

Auch bei dieser Satzungsgestaltung verbleibt der Mitgliederversammlung die Kompetenz, den Vorstand bei Vorliegen eines wichtigen Grunds abzuberufen. Außerdem kann die Mitgliederversammlung die Satzungsregelung, die das Verfahren der Vorstandswahl festlegt, ändern. Damit kann sie verhindern, daß der gerade von ihr abgewählte Vorstand umgehend wieder ins Amt gelangt. Aufgrund dieser Schutzmechanismen ist die Vereinsautonomie gewahrt.

5. Zustimmungsrecht eines Dritten bei der Vorstandsbestellung

Da die Bestellung des Vorstands durch einen Dritten nicht gegen die Vereinsautonomie verstößt, muß es erst recht zulässig sein, wenn dem Dritten ein Zustimmungsrecht zu-

---

[318] Siehe dazu oben § 5 II 4 d) bb) (6).

[319] OLG Frankfurt a.M., OLGZ 79, 5 ff = Rpfleger 1979, 60 ff; OLG Frankfurt a.M., OLGZ 81, 391 ff = Rpfleger 1981, 310 ff.

steht.[320] Auch bei dieser Satzungsgestaltung verbleibt den Mitgliedern das Recht, die Kompetenz des Dritten zu beseitigen.

Demgegenüber darf die Abberufung aus wichtigem Grund nicht an die Zustimmung eines Dritten gebunden werden. Andernfalls würde das Recht der Mitglieder, sich von einem untragbaren Vorstand zu lösen, unzulässig erschwert. Dies wäre mit § 27 Abs. 2 Satz 2 BGB nicht vereinbar. Eine Ausnahme gilt für den Fall, daß das Zustimmungsrecht mit einfacher Mehrheit durch die Mitgliederversammlung entzogen werden kann.

VIII. Weisungsrechte eines Dritten bei Maßnahmen der Geschäftsführung

Gegenstand der Geschäftsführung durch den Vorstand des Vereins ist jede im Dienst des Vereinszwecks stehende Tätigkeit, soweit sie sich nicht auf die Grundlagen des Vereins (z.B. Satzungsänderungen) oder auf Gegenstände bezieht, die in die Zuständigkeit der Mitgliederversammlung fallen. Die Geschäftsführung kann sowohl tatsächlicher Art (Buchführung, Aufstellen eines Haushaltsplans, Kontrollmaßnahmen) als auch rechtsgeschäftlicher Art (Ein- und Verkäufe im Namen des Vereins) sein.[321] Der Vorstand ist bei der Geschäftsführung an Weisungen der Mitgliederversammlung gebunden, sofern die Satzung nicht eine andere Regelung trifft.[322] Bei dem Weisungsrecht handelt es sich um ein Recht des Organs Mitgliederversammlung. Jede Weisung an den Vorstand setzt daher einen Beschluß der Mitgliederversammlung voraus.[323]

Fraglich ist, ob in der Satzung vorgesehen werden kann, daß die Mitglieder des Vereins ihr Weisungsrecht im Hinblick auf Geschäftsführungsmaßnahmen auf einen Dritten übertragen. Im Recht der GmbH spricht sich die herrschende Meinung für die Zulässigkeit eines derartigen Dritteinflusses aus.[324] Diese Ansicht geht allerdings davon aus, daß der Dritte zwingend zum Organ der Gesellschaft wird und als solches in deren Organisations- und Haftungsordnung eingebunden und zur Beachtung der Interessen der Gesellschaft verpflichtet ist.[325] Nach der hier vertretenen Ansicht wird der Inhaber eines Weisungsrechts nicht zwingend Organ des Vereins.[326] Folglich ist der Dritte nicht in die Organisations- und Haftungsordnung des Vereins eingebunden. Dennoch verletzt das Weisungsrecht eines Dritten im Hinblick auf Maßnahmen der Geschäftsführung nicht die Autono-

---

[320] *Edenfeld*, S. 108; a.A. *Bär*, S. 204, der dies als massive und damit unzulässige Entrechtung der Mitglieder ansieht.

[321] *Reichert* in *Reichert/v. Look*, Rdnr. 1481; *Sauter/Schweyer*, Rdnr. 277; *Soergel-Hadding*, § 27 BGB Rdnr. 22 a.

[322] *Reichert* in *Reichert/v. Look*, Rdnr. 1503; *Sauter/Schweyer*, Rdnr. 281; *Stöber*, Rdnr. 290; *Soergel-Hadding*, § 27 BGB Rdnr. 22 a.

[323] *Beuthien/Gätsch*, ZHR 157 (1993), 483, 497.

[324] *Lutter/Hommelhoff*, § 27 GmbHG Rdnr. 15 und 20; *Rowedder/Koppensteiner*, § 37 GmbHG Rdnr. 29; *Beuthien/Gätsch*, ZHR 157 (1993), 483, 499; *Herfs*, S. 141; a.A. *Scholz/Schneider* § 27 GmbHG Rdnr. 34.

[325] *Hölters*, S. 22, u. *Konzen*, NJW 1989, 2977, 2980, verlangen eine mögliche Kompetenzentziehung durch einfachen Gesellschafterbeschluß.

[326] Ebenso *König*, S. 293.

mie des Vereins.[327] Den Mitgliedern des Vereins verbleibt in jedem Fall die Möglichkeit, die Satzungsbestimmung, die das Weisungsrecht begründet, abzuändern und die Kompetenz wieder an sich zu ziehen. Insoweit kann auf die Ausführungen in den vorangegangenen Abschnitten verwiesen werden.

IX. Anzeigepflichten und Einsichtsrechte eines Dritten

Ein Verein kann in seiner Satzung vorsehen, daß Satzungsänderungen oder Maßnahmen der Geschäftsführung einem Dritten anzuzeigen sind.[328] Des weiteren ist es möglich, daß einem Dritten in der Satzung ein Recht zur Einsicht in die Bilanzen oder in andere Unterlagen eingeräumt wird.[329]

Da die Wirksamkeit der anzeigepflichtigen Maßnahmen nicht von der Mitteilung an den Dritten und auch nicht von dessen Zustimmung abhängt, ist das Selbstbestimmungsrecht des Vereins nur in geringem Maße berührt. Gleiches gilt für etwaige Einsichtsrechte eines Dritten in Bilanzen oder sonstige Vereinsbücher.[330] Ein unzulässiger Eingriff in die Vereinsautonomie kann darin nicht gesehen werden. Anderes könnte in den Fällen gelten, in denen der ungestörte Ablauf des Vereinslebens durch eine unzumutbare Anhäufung von Anzeigepflichten oder Einsichtsrechten gestört wird.[331] Allerdings schützt auch hier die Kompetenzkompetenz der Mitgliederversammlung das Selbstbestimmungsrecht des Vereins.

---

[327] So im Ergebnis auch *Kunadt*, S. 39; *Schaible*, S. 47; *Edenfeld*, S. 113, für die Übertragung der Geschäftsführung auf Dritte.

[328] Insbesondere im Verhältnis zwischen Dachverband und Mitgliedsverein besteht häufig für den Mitgliedsverein die Pflicht, dem Dachverband Satzungsänderungen oder andere Ereignisse aus dem Vereinsleben anzuzeigen: vgl. § 13 Abs. 5 c) Satzung BFV: „Die Vereine und deren Mitglieder sind verpflichtet, der Geschäftsstelle des BFV auf Anforderung statistische Angaben jeder Art über Mannschaft und Mitglieder einzureichen"; § 15 Abs. 4 Satzung BFV: „Jeder Verein ist verpflichtet, den Ausschluß eines Mitglieds sofort nach Rechtskraft dem Verbands-Präsidium über den zuständigen Vorsitzenden des Bezirks schriftlich (dreifach) unter Angabe der wesentlichen Gründe zu melden"; § 10 Satzung BVRP: „Jeder Wechsel in der Vereinsleitung eines Mitglieds ist dem Verband umgehend mitzuteilen; dasselbe gilt für rechtskräftig gewordene Vereinsstrafen"; § 11 Abs. 5 Satzung DHockeyB: „Die Mitglieder sind verpflichtet, auf Anforderung des DHockeyB Mitgliederzahlen und andere Ereignisse und Sachverhalte aus dem Vereins- und Verbandsleben, deren Kenntnis für eine ordnungsgemäße Geschäftsführung erforderlich ist, sowie Spielergebnisse zu melden. Zwar werden diese Pflichten in der Regel nur in den Satzungen der Dachverbände verankert und nicht in den Satzungen der Mitgliedsvereine, doch erkennen die Mitgliedsvereine beim Eintritt in den Dachverband die Satzung des Dachverbands an. Zu den Rechtswirkungen dieser „Anerkennung" siehe unten § 9.

[329] § 13 Nr. 5 f) Satzung BFV: „Die Vereine und deren Mitglieder sind verpflichtet, über Einnahmen und Ausgaben Kassenbücher zu führen und dem Verbands-Präsidium und den von ihm beauftragten Personen Einblick in diese und sonstige Vereinsakten zu geben"; § 3 Nr. 2 f) Satzung CTB: „Insbesondere obliegt der CTB: Prüfung der Bilanzen der Mitgliedsvereine".

[330] *Dütz*, in: FS für Herschel, S. 55, 64; *König*, S. 301.

[331] *Dütz*, in: FS für Herschel, S. 55, 60 f; *Priester*, in: FS für Werner, S. 657, 664 (für die GmbH).

X. Mitwirkung eines Dritten in der Mitgliederversammlung

Wie sich bereits aus der Bezeichnung des Organs „Mitgliederversammlung" ergibt, kommen in der Mitgliederversammlung im Regelfall nur die Mitglieder des Vereins zusammen. Nur ihnen steht jedenfalls das unentziehbare Recht zu, an der Mitgliederversammlung teilzunehmen.[332] Selbst wenn die Mitgliederversammlung durch eine Delegiertenversammlung ersetzt wurde, werden die Delegierten ausschließlich aus dem Kreis der Mitglieder gewählt. Art und Umfang der Rechte der Mitglieder in der Mitgliederversammlung richten sich nach der Art der Mitgliedschaft.[333] Zu den möglichen Rechten gehören: das Rederecht,[334] das Antragsrecht einschließlich des Vorschlagsrechts, das Auskunftsrecht, das Stimmrecht und das Widerspruchsrecht gegen Versammlungsbeschlüsse.[335]

Es ist im folgenden der Frage nachzugehen, inwieweit diese Rechte auch Nichtmitgliedern eingeräumt werden können. Hierbei sind das Teilnahme- und das Rederecht sowie das Stimmrecht von besonderem Interesse.

1. Teilnahmerecht und Rederecht eines Dritten

Grundsätzlich kommt nur den Mitgliedern des Vereins[336] ein Teilnahmerecht an der Mitgliederversammlung zu. In der vereinsrechtlichen Praxis werden Nichtmitgliedern jedoch vielfach Teilnahme- und z.T. auch Rederechte in der Mitgliederversammlung eingeräumt. So wird z.B. den Vertretern von Dachverbänden ein Teilnahmerecht in der Mitgliederversammlung der angeschlossenen Vereine zugestanden, damit sie sich über die Geschehnisse im Verein informieren können.[337] Da weder der Dachverband noch seine Vorstandsmitglieder zugleich Mitglieder in den angeschlossenen Vereinen sind, handelt es sich um das Teilnahmerecht eines Dritten.

Grundsätzlich unterliegt es keinen Bedenken, wenn *im Einzelfall* einem Dritten die Teilnahme an der Mitgliederversammlung gestattet wird,[338] sofern die Satzung die Zulassung von Gästen nicht ausdrücklich verbietet. Über die Einladung von Gästen zur Mitgliederversammlung entscheidet das Einberufungsorgan oder – wenn sich die Frage der Zulassung von Gästen erst in der Mitgliederversammlung stellt – die Mitgliederversammlung

---

332 *Reichert* in *Reichert/v. Look*, Rdnr. 872; *Stöber*, Rdnr. 463; *Sauter/Schweyer*, Rdnr. 196.

333 Man unterscheidet ordentliche und außerordentliche sowie aktive und passive Mitgliedschaft, vgl. hierzu *v. Look* in *Reichert/v. Look*, Rdnr. 490 ff.

334 Das Rederecht ist nicht davon abhängig, daß ein Stimmrecht besteht; vgl. *Reichert* in *Reichert/v. Look*, Rdnr. 880.

335 *Reichert* in *Reichert/v. Look*, Rdnr. 868.

336 Das gilt auch für die Mitglieder ohne Stimmrecht, vgl. *Reichert* in *Reichert/v. Look*, Rdnr. 872; *Sauter/Schweyer*, Rdnr. 196; *Stöber*, Rdnr. 463.

337 § 12 Nr. 1 e Satzung DHB: „Die Mitglieder sind verpflichtet, die beauftragten Vertreter des DHB-Präsidiums an ihren Verbands- bzw. Mitgliederversammlungen teilnehmen zu lassen und ihnen auf Verlangen das Wort zu erteilen"; § 10 1 b Satzung DBV: „Die Landesverbände sind verpflichtet, beauftragte Vertreter des DBV- Präsidiums an ihren Verbandstagen teilnehmen zu lassen". Auch diese Rechte finden sich in den Satzungen der Dachverbände, die durch die Mitgliedsvereine anerkannt werden; zur Rechtswirkung dieser „Anerkennung" siehe § 9.

338 *Sauter/Schweyer*, Rdnr. 196, z.B. wenn ein Bewerber um die Mitgliedschaft einen Einblick in das Vereinsleben gewinnen möchte.

selbst. Sie kann die Entscheidung allerdings dem Versammlungsleiter übertragen.[339] Als Gast kann der Dritte ohne weiteres wieder von der Mitgliederversammlung ausgeschlossen werden. Die Gestattung kann also jederzeit wieder entzogen werden kann. Ob der Gast sich auch zu Wort melden kann, bestimmt wiederum die Mitgliederversammlung oder an ihrer Stelle der Versammlungsleiter.[340]

Darüber hinaus kann in der Satzung des Vereins auch ein echtes Teilnahme- und Rederecht für einen Dritten begründet werden.[341] Hiergegen bestehen keine Bedenken, da allein die Teilnahme an der Versammlung oder der Diskussionsbeitrag eines Dritten die Entscheidungsfreiheit des Vereins nicht wesentlich beeinträchtigen. Eine Selbstentmündigung des Vereins kann darin nicht gesehen werden.

2. Stimmrecht eines Dritten

Schwieriger gestaltet sich die rechtliche Beurteilung im Hinblick auf die Zulässigkeit eines Stimmrechts für Nichtmitglieder. Als Bestandteil der Mitgliedschaft steht das Stimmrecht grundsätzlich nur den Mitgliedern zu. Anders als das Teilnahme- und Rederecht ermöglicht das Stimmrecht eine unmittelbare Beeinflussung der vereinsinternen Willensbildung durch Abgabe der Stimme zur Beschlußfassung. Das Stimmrecht ist die „Befugnis, bei der Herstellung des Willens für die Körperschaft mitzuwirken".[342] Dementsprechend ist das Stimmrecht nach herrschender Meinung nicht übertragbar (sog. Abspaltungsverbot);[343] ebensowenig kann es einem anderen zur Ausübung überlassen werden (vgl. § 38 Satz 2 BGB).[344]

Hier interessiert jedoch allein die Frage, ob einem Dritten ein originäres – also nicht von einem Mitglied abgeleitetes – Stimmrecht eingeräumt werden kann. Dies ist zu bejahen. Die Selbstbestimmung der Mitglieder wird dadurch gewahrt, daß sie das Stimmrecht des Dritten durch eine Satzungsänderung wieder aufheben können. Sie sind also in der Lage, den Fremdeinfluß zu beseitigen. Allerdings bedarf die Einräumung von Drittstimmrechten einer Einschränkung. Ein Dritter darf nicht bei Beschlüssen mitwirken, die sich auf den Erlaß oder die Änderung von Satzungsbestimmungen beziehen,[345] denn die Satzungsgestaltung muß allein und ausschließlich auf dem Willen der Mitglieder beruhen.

---

339 *Stöber*, Rdnr. 466.

340 *Sauter/Schweyer*, Rdnr. 196; *Stöber*, Rdnr. 466.

341 *Sauter/Schweyer*, Rdnr. 196; *Flume*, Allg. Teil Band I/2, § 7 II 1; *Edenfeld*, S. 67. Ein Recht kann sich auch durch langjährige Übung und entsprechende Akzeptanz der Mitglieder ergeben (Vereinsobservanz); vgl. *Sauter/Schweyer*, Rdnr. 196; *Stöber*, Rdnr. 466; *Edenfeld*, S. 67. Allerdings ist die Schaffung ungeschriebenen Satzungsrechts durch Observanz nur bei nichtrechtsfähigen Vereinen möglich, da bei rechtsfähigen Vereinen Satzungsergänzungen oder -änderungen der Eintragung ins Vereinsregister bedürfen (§ 71 BGB); vgl. *v. Look* in *Reichert/v. Look*, Rdn. 356; *Soergel-Hadding*, § 25 BGB Rdnr. 5.

342 Motive I, S. 107 = *Mudgan* I, S. 411.

343 BGHZ 43, 261, 268 (für die GmbH); *Wiedemann*, Übertragung, S. 276 ff; *v. Look* in *Reichert/v. Look*, Rdnr. 478; *Priester*, in: FS für Werner, S. 657, 664.

344 *Flume*, Allg. Teil Band I/2, § 7 II.

345 *Flume*, Allg. Teil Band I/2, § 7 II 1; *Edenfeld*, S. 69.

XI. Kumulation verschiedener Einflußmöglichkeiten

Bisher wurden die verschiedenen rechtlichen Möglichkeiten, die einem Dritten zustehen können, um auf das Vereinsleben Einfluß zu nehmen, jeweils für sich auf ihre Zulässigkeit hin untersucht. Es ist in Rechtsprechung[346] und Literatur[347] unumstritten, daß die Bestimmungen in der Satzung, die den Dritteinfluß vermitteln, nicht nur einzeln betrachtet werden dürfen, sondern daß die Satzung einer wertenden Gesamtbetrachtung zu unterziehen ist. Sämtliche Satzungsregelungen, die Dritteinfluß ermöglichen, aber für sich betrachtet unbedenklich sind, müssen im Zusammenhang daraufhin untersucht werden, ob sie insgesamt einen unzulässigen Dritteinfluß begründen. Dabei sind die in der Satzung verankerten Rechte des Dritten den Rechten gegenüberzustellen, die der Mitgliederversammlung verbleiben. Eine Gesamtbetrachtung der Satzung kann zu dem Ergebnis führen, daß durch die Kumulation mehrerer Einflußmöglichkeiten die Vereinsautonomie verletzt wird. Ob dies der Fall ist, kann nur im Einzelfall entschieden werden. Eine Gegenüberstellung der Rechtsposition des Dritten mit der der Mitgliederversammlung darf nicht zu dem Ergebnis führen, daß ein Mißverhältnis zu Lasten der Mitgliederversammlung besteht.

XII. Vereine mit eingeschränkter Autonomie

Die vorangegangenen Ausführungen über die Möglichkeiten und die Grenzen des Dritteinflusses betreffen Vereine, die ausschließlich den Regelungen der §§ 21 ff BGB unterliegen. Bei diesen Vereinen handelt es sich um körperschaftlich strukturierte, autonome Personenvereinigungen, deren Innenverhältnis von den Vereinsmitgliedern in den dargelegten Grenzen gestaltet werden kann. Damit sind die möglichen Erscheinungsformen von Vereinen jedoch noch nicht umfänglich erfaßt. Die Rechtsordnung kennt Fälle, in denen die Autonomie des Vereins anderen Grenzen unterliegt.[348] Der Gesetzgeber hat es in der Hand, durch ausdrückliche Regelungen vorzusehen, daß die Mitglieder die innere Organisation eines Vereins abweichend von den Vorschriften der §§ 21 ff BGB gestalten können. Bei diesen Vereinen können sich die Grenzen des zulässigen Dritteinflusses verschieben und es sind weitergehende Eingriffe in den Kompetenzbereich der Mitgliederversammlung möglich. Die Vereine mit „anerkanntermaßen eingeschränkter Autonomie" bilden eine Ausnahme innerhalb des Vereinsrechts. Daher ist ein Rückschluß auf die Gestaltungsmög-

---

[346] KG, OLGZ 1974, 385, 391 = Rpfleger 1974, 395 ff; BayObLGZ 1975, 435, 439 = Rpfleger 1976, 56 ff; OLG Frankfurt a.M., OLGZ 1981, 391, 392 = Rpfleger, 1981, 310 ff; OLG Stuttgart, NJW-RR 1986, 995, 996 = Rpfleger 1986, 262 ff; OLG Köln, Rpfleger 1992, 112, 113 = NJW 1992, 1048 ff; OLG Celle, Rpfleger 1995, 48, 49 (Verhältnis der Befugnisse eines Beirat zu den Befugnissen der Mitgliederversammlung); LG Siegen, Rpfleger 1964, 267, 268; LG Hildesheim, NJW 1965, 2400; LG Bremen, MDR 1974, 134 (Verhältnis der Befugnisse des Vorstands zu den Befugnissen der Mitgliederversammlung); LG Aachen, DVBl 1976, 914, 915; LG Bonn, Rpfleger 1991, 156, 157.

[347] *Sauter/Schweyer*, Rdnr. 55 u. 136; *Stöber*, Rdnr. 30; *Soergel-Hadding*, § 33 BGB Rdnr. 7; *Staudinger-Weick*, § 27 BGB Rdnr. 4; *Dütz*, in: FS für Herschel, S. 55, 73; *Schaible*, S. 44; *König*, S. 267; *Edenfeld*, S. 116 f.

[348] *Flume*, Allg. Teil Band I/2, § 7 I 3; *ders.*, in: FS für Coing Band II, S. 97, 108 ff.

lichkeiten anderer autonomer Vereine nicht möglich. Zu den Vereinen mit von vornherein eingeschränkter Autonomie ist folgendes auszuführen:

1. Kirchliche Religionsgemeinschaften in der Rechtsform des Vereins

In den Satzungen kirchlicher Religionsgemeinschaften, die sich der Rechtsform des Vereins bedienen, finden sich häufig Regelungen, die einer übergeordneten Instanz (z.B. der Amtskirche, vertreten durch den Kirchenvorstand oder einem Bischof) einen weitreichenden Einfluß auf das Vereinsleben sichern. Dementsprechend stammen eine Reihe von Entscheidungen, die sich mit der Zulässigkeit des Dritteinflusses in Vereinen beschäftigen, aus dem Bereich der Kirchen.[349] Die höchstrichterliche Rechtsprechung zieht die Grenzen zulässiger Einflußnahme durch übergeordnete kirchliche Instanzen sehr weit. So ist es nach Ansicht des Bundesverfassungsgerichts zulässig, wenn einer solchen Instanz das Recht eingeräumt wird, Satzungsänderungen zuzustimmen, über die Ausschließung von Vereinsmitgliedern zu entscheiden und den Verein aufzulösen.[350] Vor dem Hintergrund der hier gewonnenen Ergebnisse läßt sich diese weitgehende Fremdbestimmung des Vereins nur rechtfertigten, wenn die Grenzen der Vereinsautonomie für kirchliche Vereine anders verlaufen als für weltliche Vereine.

Kirchliche Vereinigungen in der Rechtsform des Vereins können sich auf das kirchliche Selbstbestimmungsrecht nach Art. 4 Abs. 1 und 2 GG i.V.m. Art. 140 GG, 137 Abs. 3 WRV berufen. Die grundgesetzlich verankerte Selbstordnungsbefugnis ist nicht vom Staat abgeleitet, sondern steht originär den Religionsgemeinschaften zu.[351] Sie beruht auf dem verfassungsrechtlich geschützten Auftrag der Kirchen. Das kirchliche Selbstbestimmungsrecht gilt nicht nur für die organisierte Kirche und die rechtlich selbständigen Teile dieser Organisation, sondern für alle der Kirche in bestimmter Weise zugeordneten Einrichtungen ohne Rücksicht auf ihre Rechtsform. Rechtlich selbständige Organisationen sind der Kirche zugeordnet, „wenn sie nach kirchlichem Selbstverständnis ihrem Zweck oder ihrer Aufgabe entsprechend berufen sind, ein Stück Auftrag der Kirche in dieser Welt wahrzunehmen oder zu erfüllen".[352] Eine religiöse Zielsetzung allein reicht hierfür nicht aus. Da der Verein seine besondere verfassungsrechtliche Stellung vom Selbstbestimmungsrecht der Kirche ableitet, kommt es entscheidend darauf an, ob die Kirche in der Arbeit des Vereins einen Beitrag zur Erfüllung ihres Auftrags sieht. Es ist nicht entscheidend, ob der Verein sich mit den Zielen der Kirche identifiziert.[353] Es bleibt also der Kirche überlassen, ob sie einen Verein als ihr zugeordnet betrachtet oder nicht.[354]

---

349 BVerfGE 83, 341 ff = NJW 1991, 2623 ff; BayObLGZ 1979, 303 ff = NJW 1980, 1756 f; OLG Frankfurt a.M., NJW 1983, 2576; OLG Stuttgart, NJW-RR 1986, 995 ff = Rpfleger 1986, 262 ff; OLG Köln, Rpfleger 1992, 112 ff = NJW 1992, 1048 ff; LG Schweinfurt, KirchE 19, 187 ff; LG Aachen, DVBl 1976, 914 f; LG Bonn, Rpfleger 1991, 156 ff; LG Oldenburg, JZ 1992, 250 ff.

350 BVerfGE 83, 341, 360 = NJW 1991, 2623 ff.

351 BVerfGE 42, 312, 321 = NJW 1976, 2123 ff; BAG, NJW 1990, 2082, 2083.

352 BVerfGE 46, 73, 85 = NJW 1978, 581 ff; BVerfGE 53, 366, 391 = NJW 1980, 1895 ff; BVerfGE 70, 138, 162 = NJW 1986, 367 ff; BAG, NJW 1985, 1855; BAG, NJW 1989, 2284.

353 *Muckel*, Handbuch des Staatskirchenrechts, S. 834.

354 Die erforderliche Anerkennung durch die Kirche kann beispielsweise durch eine organisatorische Verzahnung mit dem Verein zum Ausdruck kommen: LG Oldenburg, JZ 1992, 250, 253; zu den weiteren Möglichkeiten der Anerkennung vgl. *Muckel*, Handbuch des Staatskirchenrechts, S. 834 f.

Das kirchliche Selbstbestimmungsrecht nach Art. 140 GG i.V.m. Art. 137 WRV bleibt nicht ohne Einfluß auf das staatliche Vereinsrecht. Zwar lautet Art. 137 Abs. 3 Satz 1 WRV: „Jede Religionsgesellschaft ordnet[355] und verwaltet ihre Angelegenheiten selbständig innerhalb der Schranken des für alle geltenden Gesetzes", doch bedarf die Schrankenklausel einer besonderen Auslegung, die dem kirchlichen Selbstbestimmungsrecht Rechnung trägt. Das Bundesverfassungsgericht beschreibt das Verhältnis des Selbstbestimmungsrechts der Religionsgemeinschaften zu dem in Art. 137 Abs. 3 Satz 1 WRV verankerten Gesetzesvorbehalt folgendermaßen: Um den Kirchen und kirchlichen Einrichtungen die Möglichkeit zu geben, ihren religiösen und diakonischen Aufgaben und ihren Leitbildern auch im Bereich von Organisation, Verwaltung und Betrieb umfassend nachkommen zu können, ist ihnen die selbständige Ordnung und Verwaltung ihrer Angelegenheiten von der Verfassung garantiert.[356] Die Tatsache, daß diese Garantie nur „innerhalb der Schranken des für alle geltenden Gesetzes" gegeben ist, besagt nicht, daß jegliche staatliche Rechtsetzung ohne weiteres in den den Kirchen und ihren Einrichtungen zustehenden Autonomiebereich eingreifen könnte. Vielmehr trifft jedes Gesetz, das dem kirchlichen Selbstbestimmungsrecht Schranken zieht, seinerseits auf eine ebensolche Schranke, „nämlich auf die materielle Wertentscheidung der Verfassung, die über einen für die Staatsgewalt unantastbaren Freiheitsbereich hinaus die besondere Eigenständigkeit der Kirche und ihrer Einrichtungen gegenüber dem Staat anerkennt".[357] Die Schrankenklausel ist somit entsprechend der vom Bundesverfassungsgericht entwickelten sog. Wechselwirkungslehre[358] auszulegen. Danach müssen vereinsrechtliche Normen, die geeignet sind, das kirchliche Selbstbestimmungsrecht zu beschränken, im Lichte des Selbstbestimmungsrechts ausgelegt und so in ihrer, die kirchliche Freiheit begrenzenden Wirkung selbst wieder eingeschränkt werden. In einem Bereich, in dem das religiöse Moment ausgeprägt hervortritt, kommt daher auch dem kirchlichen Selbstbestimmungsrecht eine große Bedeutung zu. Ist das religiöse Moment dagegen nur in geringem Maße beteiligt, so ist das Selbstbestimmungsrecht eher einschränkbar.[359]

Daraus folgt, daß der für weltliche Vereine aufgezeigte, unantastbare Kernbereich der Vereinsautonomie bei kirchlichen Vereinen nicht in gleicher Weise Geltung beanspruchen kann.[360] Die Art. 4 Abs. 1, 140 GG i.V.m. Art. 137 Abs. 3 WRV gebieten eine besondere

---

355 Unter „Ordnen" i.S.v. Art. 137 Abs. 3 WRV wird das Recht der Religionsgesellschaften verstanden, alle eigenen Angelegenheiten gemäß den spezifischen religionsgesellschaftlichen Ordnungsgesichtspunkten, d.h. auf der Grundlage des religionsgesellschaftlichen Selbstverständnisses, rechtlich gestalten zu können (BVerfGE 70, 138, 165 = NJW 1986, 367 ff). Vom Selbstbestimmungsrecht erfaßt wird neben dem Mitgliedschaftsverhältnis (BVerfGE 30, 415, 422; BVerwG, NJW 1987, 206, 207) auch die Organisation der Religionsgemeinschaft (BVerfGE 53, 366, 401= NJW 1980, 1895 ff).

356 BVerfGE 53, 366, 404.

357 BVerfGE 53, 366, 404 = NJW 1980, 1895 ff mit Verweis auf BVerfGE 42, 312, 332; ähnlich BVerfGE 72, 278, 289: „Wechselwirkung zwischen Kirchenfreiheit und Schrankenzweck".

358 BVerfGE 7, 206, 214 f.

359 Muckel, Handbuch des Staatskirchenrechts, S. 836 f.

360 BayObLGZ 1987, 161, 171; LG Oldenburg, JZ 1991, 250, 251; *v. Look* in *Reichert/v. Look*, Rdnr. 429 a und *Reichert* in *Reichert/v. Look*, Rdnr. 2847; *Staudinger-Weick*, § 27 BGB Rdnr. 4; § 33 BGB Rdnr. 8; § 41 BGB Rdnr. 6; *Flume*, Allg. Teil Band I/2, § 7 I 4; *ders.*, in: FS für Coing Band II, S. 97, 108 ff; ders., JZ 1992, 238, 240; *K. Schmidt*, Gesellschaftsrecht, § 5 I 3; *Muckel*, Handbuch des Staatskirchenrechts, S. 837; *Reuter*, Verbindlichkeit internationalen Sportrechts, S. 53, 57; *Edenfeld*, S. 97; a.A. OLG Frankfurt a.M., NJW 1983, 2576; OLG Stuttgart, NJW-RR 1986, 995, 996 = Rpfleger 1986, 262 ff; LG Bonn, Rpfleger 1991, 156, 158.

Auslegung der §§ 21 ff BGB. Allerdings kann sich dies nur auf Bestimmungen auswirken, die allein die innere Organisation der religiösen Vereine betreffen. Bestimmungen des Vereinsrechts, die im Interesse der Sicherheit und Klarheit des Rechtsverkehrs die nach außen wirkenden Angelegenheiten und Rechtsverhältnisse des Vereins regeln, gelten ebenso für religiöse Vereine.[361] Dementsprechend muß der Verein einen Vorstand haben (§ 26 BGB), er muß die Änderung des Vorstands und die Einschränkung der Vertretungsmacht des Vorstands in das Vereinsregister eintragen (§§ 67, 70 BGB), und er haftet für schädigende Handlungen seiner Organe und verfassungsmäßigen Vertreter (§ 31 BGB). Im Hinblick auf die innere Ausgestaltung muß das Vereinsrecht des bürgerlichen Rechts jedoch den glaubensbedingten Anforderungen der kirchlichen Vereine Rechnung tragen.[362] Die Berücksichtigung des religiösen Selbstverständnisses kann hier einen weitergehenden Fremdeinfluß erforderlich machen.[363] Das Bundesverfassungsgericht formuliert dies folgendermaßen: „Die Autonomie in der Bildung und Organisation eines religiösen Vereins kann dahin betätigt werden, daß als Zweck des Vereins gewollt wird, eine Teilgliederung einer Religionsgemeinschaft zu sein und sich in deren religionsrechtlich bestimmte Struktur einzufügen".[364] Die glaubensbedingte hierarchische innere Organisation von Religionsgesellschaften ist somit Ausdruck der religiösen Selbstbestimmung der Mitglieder und rechtfertigt eine besondere Auslegung und Anwendung des Grundsatzes der Vereinsautonomie.

2. Politische Parteien

Die politischen Parteien sind, von wenigen Ausnahmen abgesehen, als nicht eingetragene Vereine organisiert. Allerdings wird das Vereinsrecht des Bürgerlichen Gesetzbuchs weitgehend durch das Gesetz über die politischen Parteien (Parteiengesetz) vom 24.7.1967 überlagert. Die §§ 21 ff BGB gelten nur subsidiär. Auch soweit sie zur Anwendung kommen, ist wegen der grundgesetzlich verankerten Sonderstellung der Parteien (Art. 21 GG) eine modifizierte Anwendung geboten.[365] Insbesondere weil die politischen Parteien nach Art. 21 Abs. 1 Satz 3 GG eine „demokratischen Grundsätzen entsprechende innere Ordnung" aufweisen müssen, wird die Regelungsautonomie der Mitglieder der politischen Parteien durch das Parteiengesetz eingeschränkt. So enthalten §§ 6 ff PartG eine Reihe detaillierter Vorschriften über die notwendigen Organe einer Parteiorganisation sowie

---

[361] BVerfGE 83, 341, 358 = NJW 1991, 2623 ff; *Muckel*, Handbuch des Staatskirchenrechts, S. 837.

[362] BVerfGE 83, 341, 360 f = NJW 1991, 2623 f; a.A. BayObLGZ 1979, 303, 311 = NJW 1980, 1756 f; OLG Köln, Rpfleger 1992, 112, 113 = NJW 1992, 1048 ff; *Schockenhoff*, NJW 1992, 1013, 1018, der der Ansicht ist, kirchliche Vereine könnten ihre Satzung gänzlich ohne Bindung an die vereinsrechtlichen Vorschriften gestalten.

[363] Auch in anderen Fällen lassen die Gerichte den kirchlichen Vereinen bei der Ausgestaltung ihres Innenverhältnisses besondere Freiräume. Unter Berufung auf Art. 4, 140 GG u. 137 Abs. 3 WRV hat das OLG Hamm, NJW-RR 1997, 1397, die Gründung eines kirchlichen Dachverbands – entgegen § 56 BGB – mit nur 5 Mitgliedern als zulässig erachtet. Die geringere Zahl der Gründungsmitglieder sei sachlich gerechtfertigt, weil sie die Gliederungen der katholischen Kirche im Lande Nordrhein-Westfalen widerspiegele, in dem fünf Diözesen mit entsprechenden Diozesanverbänden existieren.

[364] BVerfGE 83, 341, 360 = NJW 1991, 2623 ff.

[365] *Soergel-Hadding*, vor § 21 BGB Rdnr. 56.

über das innerparteiliche Ordnungsrecht. Weiterhin greift das PartG in die Regelungsautonomie der Parteien ein, indem es in § 2 Abs. 1 Satz 1 PartG eine zwingende Zweckbestimmung vorsieht und die Untergliederung der Parteien in Gebietsverbände vorsieht (vgl. § 7 Abs. 1 PartG). Diese Gebietsverbände müssen in der Rechtsform des nichtrechtsfähigen oder rechtsfähigen Vereins organisiert sein und können nicht bloße unselbständige Unterorganisationen sein.[366] Die Gebietsverbände erfahren eine Einschränkung ihrer körperschaftlichen Selbstbestimmung, da sie nach § 6 Abs. 1 Satz 2 PartG an die Satzung des nächsthöheren Gebietsverbands gebunden sind und eine Partei nach § 6 Abs. 2 Nr. 5 und Nr. 11, Abs. 3 und § 16 PartG unmittelbaren Einfluß auf die Verwaltung ihrer Gebietsverbände nehmen kann. Aus den Vorschriften des PartG ergibt sich mithin, daß der Umfang der Autonomie von als Vereinen organisierten politischen Parteien und ihren Gebietsverbänden vorrangig nach dem PartG zu bestimmen ist. Die hier zulässigen Gestaltungsformen beruhen auf einer gesetzlichen Sonderregelung und lassen sich nicht auf das allgemeine Vereinsrecht des bürgerlichen Gesetzbuchs übertragen.

3. Konzessionierte Vereine

Für Vereine, die ihre Rechtsfähigkeit durch staatliche Verleihung erlangt haben (vgl. § 22 BGB), bestimmt § 33 Abs. 2 BGB, daß jede Änderung der Satzung der staatlichen Genehmigung bedarf. Diese Vorschrift wird in der Rechtsprechung und Literatur zum Teil herangezogen, um ähnliche Genehmigungsvorbehalte zugunsten privatrechtlich organisierter Dritter oder natürlicher Personen zu begründen. Wenn die Satzungsänderung eines konzessionierten Vereins dem Genehmigungsvorbehalt eines Dritten unterliege, dann könne dies bei einem nichtwirtschaftlichen Verein nicht als unzulässig angesehen werden. Der eingetragene Idealverein und der staatlich konzessionierte Wirtschaftsverein unterschieden sich nur in ihrem Zweck und in der Art ihrer Gründung, nicht aber in ihrem Wesen und ihrer Organisation.[367] Zumindest in den Fällen, in denen die Abhängigkeit von einem Dritten dem berechtigten Vereinsinteresse diene, könne aus § 33 Abs. 2 BGB die Wertung entnommen werden, daß ein Zustimmungsrecht eines Dritten zur Änderung der Satzung mit dem Wesen des Vereins nicht unvereinbar sei.

---

[366] *Reichert* in *Reichert/v. Look*, Rdnr. 2787; *Seifert*, S. 269. Das ergibt sich zum einen aus § 3 S. 2 PartG, der den Gebietsverbänden der höchsten Stufe die volle aktive Parteifähigkeit zuerkennt und damit den Zweck verfolgt, den nichtrechtsfähigen Vereinen über § 50 Abs. 2 ZPO die uneingeschränkte Parteifähigkeit zu verschaffen (vgl. Begründung zu § 3 Abs. 2 des Regierungsentwurfs zum Parteiengesetz, BT-Drucks. III/1509, S. 15; OLG Frankfurt a.M., DÖV 1985, 78). Wären die Gebietsverbände nur unselbständige Unterorganisationen, würde allein die gesetzliche Anordnung der aktiven Parteifähigkeit nicht ausreichen, um dieses Ziel zu erreichen. Weiter wird diese Ansicht gestützt durch die Begründung zu § 4 Abs. 2 PartG. Im Regierungsentwurf zum Parteiengesetz heißt es, die Parteien müßten „verbandsmäßig" organisiert sein und den nachgeordneten Organisationseinheiten müsse ein Bereich selbständiger Willensbildung belassen und dafür eine körperschaftliche Verfassung zur Verfügung gestellt werden (vgl. Begründung zu § 4 Abs. 2 des Regierungsentwurfs zum Parteiengesetz BT-Drucks. III/1509, S. 15).

[367] KG, OLGZ 1974, 385, 392= Rpfleger 1974, 394 ff; *Dütz*, in: FS für Herschel, S. 55, 73; *Edenfeld*, S. 96.

Es wurde schon dargelegt, daß die Zulässigkeit des Dritteinflusses nicht davon abhängig gemacht werden kann, ob sie einem berechtigten Vereinsinteresse dient.[368] Darüber hinaus kann auch ein Rückschluß von der Rechtslage beim konzessionierten Verein auf den Idealverein nicht überzeugen. Der weitgehende Dritteinfluß bei einem konzessionierten Verein rechtfertigt sich nicht allein aus dem besonderen Zweck dieses Vereins, sondern vor allem damit, daß der Gesetzgeber die Rechtsform des wirtschaftlichen Vereins von vornherein nur mit eingeschränkter Autonomie zur Verfügung gestellt hat. Es handelt sich auch hier um einen gesetzlich geregelten Ausnahmefall, der keine Schlüsse auf das allgemeine Vereinsrecht zuläßt.[369]

XIII. Zusammenfassung

Jedem Verein muß ein Mindestmaß an Selbstbestimmung in eigenen Angelegenheiten verbleiben. Die Einräumung von Mitwirkungsrechten an Dritte und die damit einhergehende Einschränkung der Selbstbestimmung gehört zwar zur Ausübung der Vereinsautonomie, doch führt eine zu weitgehende Fremdbestimmung zur Selbstentmündigung des Vereins und damit zu einem Verstoß gegen § 138 BGB.

Zum unantastbaren Kernbereich der Vereinsautonomie gehört die Zuständigkeit der Mitgliederversammlung des Vereins zu Satzungsänderungen. Daraus folgt, daß einem Dritten nicht das Recht eingeräumt werden kann, die Satzung des Vereins zu ändern (Alleinentscheidungsrecht). Auch die Begründung eines Zustimmungsrechts verstößt gegen die Vereinsautonomie. Eine Ausnahme gilt hier für den Fall, daß der Mitgliederversammlung die Kompetenzkompetenz verbleibt, d.h. die Möglichkeit, die Kompetenz des Dritten im Wege der Satzungsänderung wieder zu beseitigen. Im Gegensatz zu Satzungsregelungen können Vereinsordnungen dagegen von Dritten im Wege der Alleinentscheidung erlassen und geändert werden. Dazu bedarf es der Ermächtigung des Dritten in der Vereinssatzung. Das Recht zur Beseitigung des Drittrechts verbleibt zwingend bei der Mitgliederversammlung.

Die Vereinsautonomie umfaßt neben der Satzungsautonomie auch das Recht der Mitgliederversammlung, die Auflösung des Vereins zu beschließen. Die Übertragung dieses Rechts auf einen Dritten ist unzulässig. Weder die Möglichkeit der Mitglieder, das Auflösungsrecht des Dritten durch Satzungsänderung zu beseitigen, noch die Möglichkeit, nach der Auflösung des Vereins durch den Dritten, einen Fortsetzungsbeschluß zu fassen, ist geeignet, die Vereinsautonomie zu wahren. Zulässig ist allerdings ein Zustimmungsrecht eines Dritten zur Auflösung des Vereins. In diesem Fall ist das Selbstbestimmungsrecht des Vereins durch die Kompetenzkompetenz der Mitgliederversammlung gesichert.

Das Recht zur Aufnahme neuer Vereinsmitglieder kann nicht auf einen Dritten übertragen werden. Die Möglichkeit der Mitgliederversammlung, die Kompetenz des Dritten zu beseitigen, verhindert eine übermäßige Fremdbestimmung nicht. Allerdings kann die Aufnahme eines neuen Mitglieds von der Zustimmung eines Dritten abhängig gemacht wer-

---

368 Siehe oben § 5 II 4 d) ff).

369 *Priester*, in: FS für Werner, S. 657, 667; i.E. ebenso *Flume*, Allg. Teil I Band I/2, § 7 I 3; *ders.*, in: FS für Coing Band II, S. 97, 105.

den. Auch das Recht zur Ausschließung von Vereinsmitgliedern kann auf einen Dritten übertragen werden.

Im Hinblick auf das Recht eines Dritten, die Vorstandsmitglieder zu bestellen, ist zu differenzieren. Das Recht der Mitgliederversammlung zur Abberufung des Vorstands aus wichtigem Grund ist nur übertragbar, wenn der Mitgliederversammlung die Möglichkeit verbleibt, das Recht des Dritten mit einfacher Mehrheit zu beseitigen. Das Recht der Mitgliederversammlung zur Bestellung der Vorstandsmitglieder dagegen ist auf einen Dritten übertragbar. Zwar genügt allein die Möglichkeit der Mitgliederversammlung, den Vorstand aus wichtigem Grund abzuberufen nicht, um die Autonomie des Vereins zu wahren. Ausreichend ist es jedoch, daß der Mitgliederversammlung insoweit die Kompetenzkompetenz verbleibt.

Das Zustimmungsrecht eines Dritten zu Geschäftsführungsmaßnahmen des Vereinsvorstands verstößt ebensowenig gegen die Vereinsautonomie wie Anzeigepflichten und Einsichtsrechte eines Dritten. Gleiches gilt für Teilnahme- und Rederechte eines Dritten in der Mitgliederversammlung des Vereins. Auch kann einem Dritten ein Stimmrecht eingeräumt werden, sofern dieses sich nicht auf den Erlaß oder die Änderung von Satzungsbestimmungen bezieht.

Die oben dargestellten Grundsätze hinsichtlich der Grenzen zulässigen Dritteinflusses gelten nicht für Vereine, denen die Rechtsordnung ausdrücklich die Möglichkeit eröffnet, sich einem weitergehenden Dritteinfluß zu unterwerfen. Zu diesen Vereinen zählen die kirchlichen Religionsgemeinschaften in der Rechtsform des Vereins, die politischen Parteien und die konzessionierten Vereine.

DRITTES KAPITEL

Das Rechtsverhältnis zwischen Mitgliedsverein und Dachverband

§ 9 Statutarischer Einfluß des Dachverbands auf den Mitgliedsverein

I. Grundlagen

Gegenstand der Untersuchung waren bisher nur solche Einflußrechte auf die Organisation oder die Geschäftsführung eines Vereins, die ihre Grundlage in der Satzung des Vereins haben (sog. statutarischer Dritteinfluß). Betrachtet man die tatsächlichen Verhältnisse innerhalb von Dachverbänden, so zeigt sich, daß die Einflußmöglichkeiten der Dachverbände nur selten in den Satzungen der jeweiligen Mitgliedsvereine verankert sind. Die Dachverbände regeln die Beziehung zu ihren Mitgliedsvereinen vielmehr zumeist in ihren eigenen Satzungen und Vereinsordnungen. Es ist daher der Frage nachzugehen, ob auch durch diese Regelungen ein Dachverband statutarischen Dritteinfluß auf die Mitgliedsvereine ausüben kann.

1. Konkretisierung der Fragestellung

Die Regelungen der Dachverbände können sich in unterschiedlicher Weise auf das Regelwerk der Mitgliedsvereine auswirken. Folgende Möglichkeiten sind zu differenzieren:

Durch den Eintritt in einen Dachverband könnte das Regelwerk des eintretenden Vereins um die Satzung und die Vereinsordnungen des Dachverbands erweitert werden. Die Regelungen des Dachverbands werden dann zum Bestandteil des Regelwerks des Mitgliedsvereins (sog. Inkorporation). Eine wirksame Inkorporation hat zur Folge, daß die Regelungen des Dachverbands die gleiche Wirkung entfalten, als hätten die Mitglieder des angeschlossenen Vereins diese selbst erlassen; ihnen kommt statutarische Geltung im Mitgliedsverein zu. Dementsprechend sind etwaige Einflußrechte des Dachverbands auf den Mitgliedsverein als statutarisch verankerter Dritteinfluß aus Sicht des Mitgliedsvereins zu behandeln. Die Einflußrechte unterliegen also den im zweiten Kapitel dargestellten Grenzen. Die statutarische Wirkung des Regelwerks des Dachverbands im Mitgliedsverein führt außerdem dazu, daß Beschlüsse des Mitgliedsvereins, die der Satzung des Dachverbands widersprechen, unwirksam sind[1] und daß auch die Mitglieder des Mitgliedsvereins unmit-

[1] Auf die Frage, ob auch im Vereinsrecht analog § 241 AktG zwischen nichtigen und bloß anfechtbaren Beschlüssen zu trennen ist, kommt es hier nicht an. Die h.M. spricht sich gegen eine derar-

telbar an die Satzung und die Vereinsordnungen des Dachverbands gebunden sind. Die Voraussetzungen für eine wirksame Inkorporation des Regelwerks des Dachverbands in das Regelwerk des Mitgliedsvereins sollen im folgenden untersucht werden (unter II.).

Werden die Satzung und die Vereinsordnungen des Dachverbands nicht wirksam in das Regelwerk des Mitgliedsvereins inkorporiert, so bleibt die Möglichkeit, daß die Satzung des Dachverbands die des Mitgliedsvereins im Konfliktfall verdrängt (sog. Geltungsvorrang, dazu unter III.). Ein Geltungsvorrang ist in zweierlei Hinsicht denkbar. Zum einen könnte die Satzung des Dachverbands der Satzung des Mitgliedsvereins als „höherrangiges Recht" vorgehen. Zum anderen könnte in Anlehnung an konzernrechtliche Grundsätze die Satzung des Dachverbands die des Mitgliedsvereins überlagern. Ein Geltungsvorrang führt ebenso wie eine Inkorporation zu einer statutarischen Wirkung der Satzung des Dachverbands im Mitgliedsverein.

Liegen weder die Voraussetzungen für eine Inkorporation noch die Voraussetzungen für einen Geltungsvorrang vor, so erlangen die Regelungen des Dachverbands keine statutarische Wirkung im Mitgliedsverein. In diesem Fall sind Beschlüsse des Mitgliedsvereins wirksam, auch wenn sie dem Regelwerk des Dachverbands widersprechen. Der Dachverband kann bei einem Verstoß allenfalls vereinsrechtliche Sanktionen gegen den Mitgliedsverein ergreifen, wie etwa Vereinsstrafen oder die Ausschließung aus dem Verband. Darüber hinaus sind auch die Mitglieder der Mitgliedsvereine nicht an das Regelwerk des Dachverbands gebunden.[2]

Anhand von drei Beispielsfällen soll die beschriebene Problematik verdeutlicht werden.

Beispiel Nr. 1: § 8 Abs. 3 der Satzung des BFV lautet: „Vorstand und sonstige Funktionäre des Vereins im weiteren Sinne dürfen nur Vereinsmitglieder sein". Der TSV München ist Mitglied im BFV. In der Satzung des TSV München ist die Selbstorganschaft nicht vorgesehen. Der TSV München beruft ein Nichtmitglied in den Vorstand.

Wenn § 8 Abs. 3 der Satzung des BFV durch die Mitgliedschaft des TSV München im BFV zum Bestandteil der Satzung des TSV München geworden ist, oder wenn § 8 Abs. 3 der Satzung des BFV in anderer Weise Vorrang gegenüber der anderslautenden Vorschrift der Satzung des Mitgliedsvereins genießt, so ist die Bestellung des Nichtmitglieds satzungswidrig und damit unwirksam. Besteht für den TSV München nur eine schuldrechtliche Verpflichtung, sich an die Satzung des BFV zu halten, so ist trotz Verstoßes gegen § 8 Abs. 3 der Satzung des BFV die Bestellung des Nichtmitglieds wirksam. Der BFV kann allenfalls im Wege einer Vereinsstrafe oder einer Ausschließung aus dem Verband das Verhalten des TSV München sanktionieren.[3]

Beispiel Nr. 2: Klausel I. Nr. 5 der Werberichtlinie des DHB lautet: „Unzulässig ist eine Werbung, die geltenden Rechtsvorschriften widerspricht, gegen die guten Sitten verstößt, sowie für politische und religiöse Gruppen, mit politischen und religiösen Aussagen, für Tabakwaren und deren Hersteller und Händler".

Trotz dieser Vorgaben schließt ein Sportler, der Mitglied eines dem DHB angeschlossenen Vereins ist, einen Werbevertrag mit einer Zigarettenfirma ab. Es stellt sich die

tige Unterscheidung aus, vgl. BGHZ 59, 369, 371; *v. Look* in *Reichert/v. Look*, Rdnr. 467; *Soergel-Hadding*, § 32 BGB Rdnr. 14.

[2] Zu den Rechtsfolgen siehe auch oben § 6.

[3] Vorausgesetzt, bei § 8 Abs. 3 der Satzung des DFB handelt es sich um eine wirksame Satzungsbestimmung, siehe dazu § 12 IV.

Frage, ob das Einzelmitglied durch die Satzung seines (Mitglieds-) Vereins an die Regelung in der Werberichtlinie des DHB gebunden ist.

Beispiel Nr. 3: Der Dachverband XY sieht in seiner Satzung eine Sperre vor, wenn ein Sportler als Mitglied eines angeschlossenen Vereins das Dopingmittel A oder B verwendet. Der Mitgliedsverein dagegen sanktioniert weder die Einnahme von A noch von B. Sportlerin M nimmt das Dopingmittel A ein. Kann M entsprechend der Satzung des Dachverbands gesperrt werden, auch wenn die Satzung des Mitgliedsvereins für den konkreten Fall keine Sanktion vorsieht?

Eine derartige Sanktion ist nur möglich, wenn die Satzung des Dachverbands unmittelbar auch für die Mitglieder des angeschlossenen Vereins Wirkung entfaltet. Dies ist – wie dargestellt – bei einer Inkorporation oder bei einem Geltungsvorrang möglich. Liegen die Voraussetzungen für eine unmittelbare Geltung des Regelwerks des Dachverbands vor, stellt sich weiter die Frage, inwieweit Vorschriften des Mitgliedsvereins weiterhin Wirkung entfalten. Zu denken ist an den Fall, daß in dem obigen Beispiel Nr. 3 der Mitgliedsverein ausschließlich die Einnahme von Mittel C sanktioniert. Ist dann die Einnahme aller drei Mittel (A, B und C) untersagt?

2. Abgrenzung der mittelbaren Mitgliedschaft zu anderen Formen der Bindung an die Satzung des Dachverbands

Die Beispiele Nr. 2 und Nr. 3 haben gezeigt, daß die Frage, ob das Regelwerk des Dachverbands statutarische Wirkung im Mitgliedsverein entfaltet, auch für das Rechtsverhältnis zwischen dem Dachverband und den Mitgliedern des Mitgliedsvereins (sog. mittelbare Mitglieder des Dachverbands) von Bedeutung sein kann. Im folgenden sollen daher die verschiedenen rechtlichen Gestaltungsmöglichkeiten dargestellt werden, mit denen eine Bindung der Mitglieder des Mitgliedsvereins an das Regelwerk des Dachverbands erreicht werden kann. Als Modelle kommen eine mittelbare Mitgliedschaft (a)), eine Doppel- oder Zweitmitgliedschaft (b)), eine schuldrechtliche Bindung außerhalb der Satzung (c)) oder die Bildung eines Gesamtvereins (d)) in Betracht.

a) Mittelbare Mitgliedschaft

Die Mitgliedschaft in einem Dachverband steht in der Regel nur Personenvereinigungen in der Rechtsform des eingetragenen Vereins offen.[4] Natürliche Personen können daher zumeist keine Mitgliedschaft in einem Dachverband erwerben.[5] Sie treten allenfalls in eine mittelbare rechtliche Beziehung zum Dachverband, wenn der Verein, dem sie angehören, in den Dachverband eintritt. Dementsprechend werden die Einzelmitglieder des dem

---

[4] Zu einer Ausnahme siehe b).

[5] Vgl. § 4 Abs. 1 Satzung CTB; § 6 Abs. 2 Satzung DFB; § 6 Abs. 2 Satzung DHB; § 8 Abs. 1 Satzung DHockeyB; möglich ist in diesen Vereinen nur eine „außerordentliche Mitgliedschaft" als Ehrenmitglied: vgl. § 10 Satzung DFB; § 10 Satzung DHB; § 8 Abs. 3 Satzung DHockeyB.

Dachverband angeschlossenen Vereins als sog. mittelbare Mitglieder bezeichnet.[6] Die Verbandssatzungen sprechen hier häufig von Verbandsangehörigen.[7]

Die Frage der Bindung der mittelbaren Mitglieder an das Regelwerk des Dachverbands ist problematisch, da zwischen den mittelbaren Mitgliedern und dem Dachverband kein mitgliedschaftliches Rechtsverhältnis besteht. Dennoch versuchen die Dachverbände häufig im Wege eines Durchgriffs auf die mittelbaren Mitglieder Einfluß zu gewinnen, indem sie in ihrer Satzung bestimmen, daß die Verbandsregelungen auch für die Mitglieder der angeschlossenen Vereine gelten sollen. Ob durch eine derartige Gestaltung wirksam eine Bindung der mittelbaren Mitglieder erreicht werden kann, wird noch zu erörtern sein (unter II).

b) *Doppelmitgliedschaft*[8]

Das Mitglied eines dem Dachverband angeschlossenen Vereins kann neben seiner Mitgliedschaft im Mitgliedsverein eine zweite Mitgliedschaft im Dachverband hinzuerwerben. Der Erwerb dieser zweiten Mitgliedschaft setzt einen Aufnahmevertrag zwischen dem Dachverband und dem Mitglied voraus. In der Regel schließt die natürliche Person, die Mitglied im Mitgliedsverein werden möchte, nur einen Beitrittsvertrag mit diesem ab; eine ausdrückliche Beitrittserklärung gegenüber dem Dachverband wird nicht abgegeben. Dennoch kann das Einzelmitglied durch den Eintritt in den Mitgliedsverein auch die Mitgliedschaft im Dachverband erwerben. Voraussetzung hierfür sind zwei korrespondierende Satzungsregelungen in der Satzung des Mitgliedsvereins und in der Satzung des Dachverbands. Die Satzung des Mitgliedsvereins muß eine Klausel enthalten, nach der die Mitgliedschaft in dem Verein zugleich die Mitgliedschaft im Dachverband nach sich zieht. Korrespondierend muß die Satzung des Dachverbands eine Klausel des Inhalts aufweisen, daß die Mitgliedschaft im Dachverband durch den Beitritt zu einem Mitgliedsverein erworben wird.[9] Es handelt sich hier um eine sog. statutarisch verankerte Doppelmitgliedschaft.[10] Durch den Erwerb dieser zweiten Mitgliedschaft treten die Mitglieder der ange-

---

6 *V. Look* in *Reichert/v. Look*, Rdnr. 510. Man sollte sich jedoch vergegenwärtigen, daß die Bezeichnung „mittelbare Mitgliedschaft" irreführend ist. Denn die mittelbare Mitgliedschaft ist nicht nur keine echte Mitgliedschaft i.S.d. § 38 BGB, sondern das mittelbare Mitglied ist im Verhältnis zum Dachverband schlicht Nichtmitglied (so auch *Edenfeld*, S. 48). Dennoch wird im folgenden an der Bezeichnung „mittelbares Mitglied" festgehalten, da sie sich in der Literatur inzwischen durchgesetzt hat.

7 § 7 Satzung BVRP; § 12 Satzung DTTB; § 6 Abs. 4 Satzung HTTV; § 5 Satzung RPERV.

8 *Reichert* in *Reichert/v. Look*, Rdnr. 38, spricht von gestufter Mehrfachmitgliedschaft; vgl. auch BGH, NJW 1979, 1402.

9 BGHZ 28, 131, 134 = NJW 1958, 1867 ff m. Anm. *Bauernfeind*; BGH, NJW 1959, 379; BGHZ 105, 306, 312 = NJW 1989, 1724 ff = WuB II L § 25 BGB 1. 89 (*Beuthien*); *Lukes*, in: FS für Westermann, S. 325, 331 Fn. 28; *v. Look*, S. 207; kritisch *Soergel-Hadding*, § 38 BGB Rdnr. 11; *Beuthien*, ZGR 1989, 255, 261 (für den Fall, daß die Mitgliedschaftsvermittlungsklausel durch Satzungsänderung eingeführt wird). Eine Mitgliedschaftsvermittlungsklausel findet sich in § 8 Abs. 1 Satzung DHB.

10 Teilweise wird die in beiden Satzungen verankerte Doppelmitgliedschaft auch als Doppelverankerung bezeichnet; so *v. Look* in *Reichert/v. Look*, Rdnr. 494; *Hohl*, S. 64. Um terminologische Überschneidungen zu vermeiden, sollte der Begriff der „Doppelverankerung" hier nicht benutzt werden. Er bleibt einer Konstellation vorbehalten, in der die Satzung des Dachverbands die Erstreckung

schlossenen Vereine in ein unmittelbares rechtliches Verhältnis zum Dachverband. Folglich sind sie an die Satzung des Dachverbands gebunden, ohne daß es einer Vermittlung durch die Mitgliedsvereine bedarf.[11]

Vereinzelt werden Bedenken gegen die Zulässigkeit einer statutarischen Verankerung zur Begründung einer Doppelmitgliedschaft erhoben.[12] Allein der Umstand, daß in der Satzung beider Vereine der Erwerb einer Mitgliedschaft auch im Dachverband vorgesehen sei, reiche nicht aus, um in der Beitrittserklärung des Einzelmitglieds zum Mitgliedsverein einen konkludent erklärten Beitritt auch zum Dachverband zu sehen. Die Satzung eines Vereins könne nicht einseitig den Erklärungsinhalt der ihr gegenüber abgegebenen Erklärung festlegen, da der Satzungsinhalt nicht mit dem Inhalt der Beitrittserklärung gleichzusetzen sei. Vielmehr sei die Verbindlichkeit der Satzung nur die Folge der Beitrittserklärung.

Dies vermag nicht zu überzeugen. Wer einem Verein beitritt, billigt dessen Satzung und erkennt die in ihr enthaltenen Regelungen als für sich verbindlich an.[13] Sieht der Verein in seiner Satzung vor, daß seine Mitglieder gleichzeitig auch die Mitgliedschaft in einem anderen Verein erwerben, so erkennt der Eintretende auch diese Regelung an. Zum Schutz der Mitglieder ist nur erforderlich, aber auch ausreichend, daß die Regelung eindeutig und klar gefaßt ist und daß das eintretende Mitglied die Möglichkeit hat, von der Mitgliedschaftsvermittlungsklausel Kenntnis zu erlangen. Für die Verankerung einer Doppelmitgliedschaft bedeutet dies, daß die Rechtsfolge der Doppelmitgliedschaft den Mitgliedern beim Eintritt in den Mitgliedsverein hinreichend deutlich gemacht werden muß.[14] Diese Voraussetzung ist nicht erfüllt, wenn in der Satzung des Dachverbands nur die Rede davon ist, daß die Mitglieder der Mitgliedsvereine zu „Angehörigen" des Dachverbands werden.[15] Selbst bei einer korrespondierenden Satzungsregelung im Regelwerk des angeschlossenen Vereins kann das Mitglied anhand der Bezeichnung „Angehöriger" nicht hinreichend deutlich erkennen, ob hierdurch eine echte zweite Mitgliedschaft begründet werden soll oder ob es nur – ohne echtes Mitglied zu sein – in irgendeiner anderen Weise an das Regelwerk des Dachverbands gebunden sein soll. Es bedarf daher einer ausdrücklichen Bezeichnung der zu erwerbenden Rechtsstellung als „Mitgliedschaft".

Die Doppelmitgliedschaft kommt in der Praxis nur selten vor. Die große Zahl der Mitglieder in den verbandsangehörigen Vereinen macht es in den meisten Fällen unmöglich, den Einzelmitgliedern gleichzeitig auch eine Mitgliedschaft im Dachverband einzuräumen, weil dies die Verwaltung des Dachverbands zu sehr erschweren würde.

---

auf den Mitgliedsverein vorsieht und der Mitgliedsverein wiederum auf die Satzung des Dachverbands verweist (vgl. dazu unten § 9 I 3 c)). So auch die Begriffswahl in BayObLGZ 1986, 525, 534; BGH, EWiR, § 25 BGB 1/95, 221 (*v. Look*); *v. Look* in *Reichert/v. Look*, Rdnr. 512; *Summerer*, S. 155; *Pfister*, SpuRt 1996, 48, 49.

11 So auch *Baddeley*, S. 104.

12 Müko-*Reuter*, vor § 21 BGB Rdnr. 123; *ders.*, ZHR 151 (1987), 355, 393 f; *König*, S. 191.

13 *Beuthien*, ZGR 1989, 255, 259; *Vieweg*, Normsetzung, S. 341; *Daigfuß*, S. 35.

14 *V. Look* in *Reichert/v. Look*, Rdnr. 347.

15 Z.B. § 12 Satzung DTTB oder § 5 Satzung RPERV.

c) *Schuldrechtliche Bindung außerhalb der Satzung*

Von der Doppelmitgliedschaft ist die bloße schuldrechtliche Bindung der Mitglieder des Mitgliedsvereins an den Dachverband zu unterscheiden. Die Grundlage für das Rechtsverhältnis zwischen dem Mitglied des Mitgliedsvereins und dem Dachverband findet sich hier außerhalb der jeweiligen Satzungen in einer selbständigen individualvertraglichen Vereinbarung, die vom Erwerb der Mitgliedschaft verschieden ist. Das Mitglied des Mitgliedsvereins bleibt aus der Sicht des Dachverbands also ein Nichtmitglied.

Inhalt dieses Vertrags ist die Anerkennung des Regelwerks des Dachverbands durch das Mitglied des angeschlossenen Vereins (sog. Regelanerkennungsvertrag).[16] Damit unterliegt das Nichtmitglied der Satzung und den Vereinsordnungen des Dachverbands, ohne daß es die einem Mitglied überlicherweise zukommenden Mitwirkungsrechte ausüben kann. Darüber hinaus sollen dem Nichtmitglied durch die vertragliche Bindung auch Treupflichten obliegen, die denen eines Mitglieds vergleichbar sind.[17]

Die Zulässigkeit einer derartigen Quasimitgliedschaft ist nicht unumstritten. *Reuter*[18] vertritt die Ansicht, eine schuldvertragliche Bindung von Nichtmitgliedern an das Regelwerk und an die Strafgewalt eines Vereins sei nicht von der Gestaltungsfreiheit nach § 305 BGB gedeckt. Für Mitgliedschaftsverhältnisse bestehe ein Typenzwang, „dem man sich nicht einfach dadurch entziehen kann, daß man Positionen mit mitgliedschaftlichen Pflichten und ohne mitgliedschaftliche Rechte mit schuldrechtlichen Etiketten versieht"[19]. Eine andere Ansicht[20] unterscheidet, ob durch den Vertrag nur das Regelwerk des Verbands anerkannt wird, oder ob sich der Vertragspartner darüber hinaus der Strafgewalt des Verbands unterwirft. Während die Anerkennung bestimmter, vom Verband aufgestellter Regeln zulässig sein soll, soll die Unterwerfung unter die Strafgewalt eines Verbands nur im Rahmen eines körperschaftlichen Zusammenschlusses, nicht aber durch schuldrechtlichen Vertrag zulässig sein.

Die Unterscheidung danach, ob durch den Vertrag nur das Regelwerk des Verbands oder auch dessen Strafgewalt auf das Nichtmitglied erstreckt werden soll, ist nicht plausibel. Es wurde bereits dargelegt, daß allein die Befugnis, einen Sachverhalt zu regeln, wenig nutzt, wenn die Befolgung der Regelungen nicht auch mit Strafen durchgesetzt werden kann.[21] Die Befugnis zur Setzung einer Regel umschließt damit notwendigerweise das Recht zur Anordnung von Sanktionen und zu deren Vollzug im Falle der Regelverletzung.

---

16 So *Pfister*, in: FS für Lorenz, S. 171, 184 f; *Lukes*, in: FS für Westermann, S. 325, 335 bezeichnet diesen Vertrag als „Erstreckungsvertrag". Ein solcher Erstreckungs- oder Regelanerkennungsvertrag kann zwischen dem Dachverband und einem mittelbaren Mitglied geschlossen werden, aber auch zwischen dem Dachverband und einem Außenstehenden, d.h. einer Person, die nicht einmal Mitglied in einem Mitgliedsverein ist.

Zu der umstrittenen Frage, ob die vertraglichen Regelungen der Kontrolle nach dem AGB-Gesetz unterliegen vgl. BGHZ 128, 93, 101 ff = NJW 1995, 583 ff = JZ 1995, 461 ff m. Anm. *Pfister*; Anm. *Haas/Adolphsen*, NJW 1995, 2146 ff; EwiR § 25 BGB 1/95, 222 (*v. Look*); *Prokop*, JA 1995, 353 ff; *Oellers*, ZIP 1995, 701; *Vieweg*, SpuRt 1995, 98 ff; *Wolf*, LM Nr. 34 zu § 25 BGB.

17 *Haas/Prokop*, SpuRt 1996, 109, 110.

18 Verbindlichkeit internationalen Sportrechts, S. 53, 55.

19 *Reuter*, Verbindlichkeit internationalen Sportrechts, S. 53, 55.

20 *Staudinger-Weick*, § 25 BGB Rdnr. 11.

21 Siehe oben § 4 II 3.

Auch der Einwand *Reuters* kann in dieser pauschalen Form nicht überzeugen. Angesichts der weitgehend dispositiven Vorschriften des Vereinsrechts und der damit verbundenen unterschiedlichen Möglichkeiten der Ausgestaltung der Mitgliedschaft erscheint ein Typenzwang insoweit zweifelhaft. Vom Standpunkt der Vertragsfreiheit aus bestehen keine Bedenken, einzelne Regelungsbereiche, wie sie sonst von einem Mitgliedschaftsverhältnis erfaßt werden, in einer vertraglichen Vereinbarung auszugestalten.[22] Dementsprechend hält die überwiegende Ansicht in der Literatur eine schuldvertragliche Anerkennung des Regelwerks eines Dachverbands durch ein Nichtmitglied für zulässig.[23] Auch die Rechtsprechung hat die Zulässigkeit einer individualvertraglichen Anerkennung der Disziplinargewalt eines Dachverbands anerkannt.[24] Allerdings ist zu berücksichtigen, daß ein Nichtmitglied nicht das gesamte Regelwerk eines Verbands anerkennen kann. Es würde ansonsten durch die individualvertragliche Vereinbarung in eine Rechtsstellung einrücken, in der es die Pflichten eines Mitglieds hätte, ohne aber die entsprechenden Mitwirkungsrechte eines Mitglieds bei der Willensbildung im Verein ausüben zu können. Eine solche Gestaltung ist mit den Wertungen des Vereinsrechts nicht vereinbar, da eine umfassende Bindung an das Regelwerk eines Vereins nur im Rahmen einer körperschaftlichen Beziehung, verbunden mit gewissen unentziehbaren Rechten, möglich ist. Andernfalls besteht die Gefahr, daß durch individualvertragliche Vereinbarungen Mitgliedschaften ohne Rechte geschaffen werden. Um eine Umgehung des Erwerbs der Mitgliedschaft durch Beitritt zu verhindern, darf der Regelanerkennungsvertrag daher nur einen sachlich-gegenständlich begrenzten Bereich des Regelwerks des Vereins umfassen[25] (z.B. die Anerkennung der Spielordnung des Vereins durch ein Nichtmitglied für die Dauer eines Wettkampfes).

Die Mitglieder eines Mitgliedsvereins, die selbst nicht Mitglied im Dachverband sind, können also durch eine individualvertragliche Vereinbarung Teile des Regelwerks des Dachverbands anerkennen. Diese Vereinbarung müssen die mittelbaren Mitglieder nicht persönlich abschließen, sondern sie können sich durch den zwischengeschalteten Verein, der wiederum Mitglied im Dachverband ist, vertreten lassen. Die erforderliche Beitrittserklärung kann in der Satzung des Mitgliedsvereins enthalten sein, wenn diese eine Regelung enthält, nach der nicht nur der Verein selbst, sondern auch seine Mitglieder die Satzung des Dachverbands anerkennen.[26] Aus dem Erfordernis der inhaltlichen Begrenzung des

---

[22] So auch *Pfister*, in: FS für *Lorenz*, S. 171, 185.

[23] *V. Look* in *Reichert/v. Look*, Rdnr. 551; *Soergel-Hadding*, § 25 BGB Rdnr. 35; RGRK-*Steffen*, § 25 BGB Rdnr. 18; *Lukes*, in: FS für Westermann, S. 325, 334; *Meinberg/Olzen/Neumann*, S. 63, 74; *Röhricht*, Verbandsrecht, S. 12 ff; *Vieweg*, Verbandsrecht, S. 36 ff; *Maier*, S. 162; *Haas/Prokop*, SpuRt, 1996, 109 ff.

[24] BGHZ 128, 93, 103 f = NJW 1995, 583 ff = JZ 1995, 461 ff m. Anm. *Pfister*; Anm. *Haas/Adolphsen*, NJW 1995, 2146 ff; EwiR § 25 BGB 1/95, 222 (*v. Look*); *Prokop*, JA 1995, 353 ff; *Oellers*, ZIP 1995, 701; *Vieweg*, SpuRt 1995, 98 ff; *Wolf*, LM Nr. 34 zu § 25 BGB; OLG Frankfurt a.M., SpuRt 1994, 87, 88; OLG Düsseldorf, SpuRt 1995, 171, 172.

[25] *Lukes*, in: FS für Westermann, S. 325, 339; *Vieweg*, in: FS für Lukes, S. 809, 815; *Edenfeld*, S. 202; auch *v. Look* in *Reichert/v. Look*, Rdnr. 511, spricht von der Anerkennung von „Teilbereichen des Verbandsrechts" durch eine vertragliche Regelung; *Röhricht*, Verbandsrecht, S. 12, 16, hält eine schrankenlose Unterwerfung eines Nichtmitglieds für unzulässig.

[26] § 4 Abs. 4 S. 1 Satzung LVNordrhein: „Für die Mitglieder des Leichtathletik-Verbands Nordrhein e.V. sind die Satzungen und Ordnungen des Deutschen Leichathletik-Verbands verbindlich.", vgl. auch § 5 a Satzung BFV u. § 7 Satzung WTB. Andere Vereine erkennen die Satzung des Dachverbands nur im eigenen Namen an: § 2 a Nr. 1 S. 2 Satzung DFB; § 2 Abs. 6 Satzung HTTV.

Regelanerkennungsvertrags folgt jedoch, daß eine allgemeine und umfassende Anerkennung des Regelwerks nicht möglich ist.[27] Außerdem muß die Regelung in der Satzung des Mitgliedsvereins die Bestimmungen des Dachverbands, die vom mittelbaren Mitglied anerkannt werden sollen, genau bezeichnen.

d) Bildung eines Gesamtvereins

Einer gesonderten rechtlichen Beurteilung bedürfen die Rechtsverhältnisse in einem Gesamtverein. Hier treten die Zweigvereine der übergeordneten Organisation nicht als Mitglied bei, sondern sie gelangen gleichsam durch einen „körperschaftlichen Organisationsakt“[28] in Beziehung zu dem Gesamtverein.[29] Der Gesamtverein zeichnet sich also dadurch aus, daß zwischen den Zweigvereinen und dem Gesamtverein – anders als im Dachverband – keine mitgliedschaftliche Beziehung besteht.[30] Demgegenüber sind die Mitglieder des Zweigvereins zwingend auch Mitglieder des Gesamtvereins. Die Doppelmitgliedschaft ist für einen Gesamtverein also geradezu typisch. Ebenso wie für den Erwerb einer Doppelmitgliedschaft in einem Dachverband bedarf es auch im Gesamtverein entweder eines ausdrücklichen Aufnahmevertrags zwischen dem neuen Mitglied und dem Gesamtverein oder zwei korrespondierender Satzungsregelungen in der Satzung des Gesamtvereins und in der Satzung des Zweigvereins.

3. Rechtstatsächliche Gestaltungsformen und Begriffsbestimmung

Das Rangverhältnis zwischen dem Regelwerk des Dachverbands und dem Regelwerk des Mitgliedsvereins kann nur bestimmt werden, wenn zuvor die in der Rechtswirklichkeit gegebenen Satzungsbestimmungen der Vereine und Verbände dargestellt werden, die Aussagen über dieses Verhältnis enthalten. Sie bilden den tatsächlichen Ausgangspunkt bei der Beurteilung des Verhältnisses der Satzungen und der Vereinsordnungen der Dachverbände zu den Satzungen und Vereinsordnungen der jeweiligen Mitgliedsvereine.

Die Dachverbände haben ein Interesse daran, ihr Regelwerk auf die Mitgliedsvereine und deren Mitglieder zu erstrecken, um so die Einheitlichkeit innerhalb des Dachverbands zu gewährleisten. Dementsprechend enthalten die Dachverbandssatzungen in der Regel eine Bestimmung, in der ihr Regelwerk für die Mitgliedsvereine für verbindlich erklärt wird. Die Mitgliedsvereine wiederum erkennen das Regelwerk des Dachverbands in ihrer Satzung an. Allerdings weisen sowohl die Dachverbandssatzungen als auch die Satzungen der Mitgliedsvereine keine einheitlichen Formulierungen auf. Vielmehr beanspruchen die Dachverbände die Geltung ihres Regelwerks in unterschiedlicher Intensität. Auch die Mitgliedsvereine erkennen das Regelwerk des Dachverbands durch unterschiedlich lautende Satzungsbestimmungen an. Es bedarf daher zunächst eines Blicks auf die in der Vereinspraxis vorkommenden Gestaltungsformen.

---

27 A.A. *Maier*, S. 162.

28 *Schaible*, S. 81.

29 Siehe dazu oben § 2 II 1 und 3.

30 Zur rechtlichen Qualifizierung dieser nicht-mitgliedschaftlichen Beziehung zwischen Zweigverein und Gesamtverein vgl. *Schaible*, S. 66; *König*, S. 206 ff.

a) *Regelungen in den Satzungen der Dachverbände*

Die stärkste Bindung der Mitgliedsvereine an das Regelwerk eines Dachverbands soll mit einer Klausel erreicht werden, die die Satzung und die Vereinsordnungen des Dachverbands zum unmittelbaren Bestandteil des Regelwerks der Mitgliedsvereine erklärt und dort vorhandene, abweichende Bestimmungen verdrängen soll. Die Satzung und die Vereinsordnungen des Dachverbands sollen damit unmittelbare Geltung in den Satzungen und den Vereinsordnungen der Mitgliedsvereine erlangen.

> § 5 Satzung DTTB: „Soweit der DTTB in seinem Aufgabengebiet Vorschriften erläßt, treten diese an die Stelle der etwa von den Mitglieds- und Regionalverbänden erlassenen Vorschriften".

Weniger weitreichend ist eine Vorschrift in der Satzung des Dachverbands, die die Mitgliedsvereine zur Anerkennung des Regelwerks verpflichtet. Die Satzung und die Vereinsordnungen des Dachverbands werden dadurch nicht unmittelbar zum Bestandteil des Regelwerks des Mitgliedsvereins, doch soll eine allgemeine Anerkennungs- und Befolgungspflicht bestehen[31]. Zum Teil wird diese Pflicht zur Beachtung der Satzung und der Vereinsordnungen des Dachverbands auch auf die mittelbaren Mitglieder erstreckt.

> § 8 Abs. 5 b) und § 13 Abs. 5 Satzung BFV: „Die Mitgliedsvereine erkennen Satzungen und Ordnungen ... an".[32]
> § 13 Satzung BLSB: „Die Mitglieder haben die Satzungen und die Ordnungen des Verbandes zu beachten".[33]

Soll das Regelwerk auch für die mittelbaren Mitglieder verbindlich sein, so lauten die Satzungsregelungen etwa wie folgt:

> § 5 Abs. 4 Satzung DFB: „Die ... Ordnungen, Statuten und Entscheidungen der DFB-Organe sind in diesem Zuständigkeitsbereich für die Mitgliedsverbände, ihre Vereine und deren Mitglieder verbindlich".[34]

Des weiteren findet sich in den Satzungen der Dachverbände teilweise eine Regelung, die die Mitgliedsvereine verpflichtet, die Satzung und die Vereinsordnungen (oder Teile davon) des Dachverbands zu übernehmen oder die eigene Satzung bzw. Vereinsordnung entsprechend anzupassen.

> § 5 Abs. 2 Satzung DLV: „Sie [die Mitgliedsvereine] haben die DLV-Satzung, die Internationalen Wettkampfbestimmungen, die Leichtathletik-Ordnung, die Jugendordnung, die Rechts- und Verfahrensordnung, die Veranstaltungsordnung, die Kampf-

---

31 *Vieweg*, Normsetzung, S. 68.

32 Ähnlich 6 Abs. 2 Satzung DEV: „Die Mitglieder sind verpflichtet, die Satzung des DEV als rechtsverbindlich anzuerkennen und ihr nicht zuwiderzuhandeln".

33 Ähnlich § 10 Nr. 1 a Satzung BVRP; § 8 Abs. 2 Satzung FN; präziser gefaßt ist § 4 Abs. 2 Satzung DHB: „Spielordnung, Rechtsordnung, die §§ 14, 15 der Jugendordnung, Trainerordnung, Anti-Doping Reglement, Gebührenordnung und die Entscheidungen der DHB-Organe, die diese im Rahmen ihrer Zuständigkeit erlassen, sind für die Mitgliedsverbände und -vereine, für die den Verbänden angeschlossenen Vereine und deren Mitglieder unmittelbar verbindlich".

34 Ähnlich § 6 Abs. 2 Satzung HBV.

richterordnung, die Lehrordnung unverzüglich in der jeweils gültigen Fassung zum Inhalt ihres eigenen Satzungswerkes zu machen".[35]

§ 14 Abs. 2 Satzung DTTB: „Die Mitgliedsverbände sind verpflichtet, ihre Satzungen und Ordnungen an die durch Schaffung eines Lizenzspielerstatuts begründete Änderung der Rechtsbeziehungen der Vereine zum DTTB und den Mitgliedsverbänden anzupassen".

§ 13 Abs. 1 c) Satzung DFB: „Die Mitgliedsverbände sind verpflichtet, dafür zu sorgen, daß sie selbst, ihre Mitgliedsvereine und deren Einzelmitglieder die für Mitgliedsvereine geltenden Verpflichtungen sinngemäß in ihre Satzung übernehmen ...".

Wird in der Satzung des Dachverbands die bloße Verpflichtung der Mitgliedsvereine begründet, das eigene Regelwerk den Bestimmungen des Dachverbands anzupassen, so ist damit eine von selbst wirksame Änderung oder Erweiterung des Regelwerks der Mitgliedsvereine gerade nicht beabsichtigt. Vielmehr wird nur eine Pflicht der Mitgliedsvereine begründet, die eigene Satzung bzw. die Vereinsordnungen entsprechend anzupassen. Bevor die angeschlossenen Vereine dieser Verpflichtung nicht nachgekommen sind, kommt den Regelungen des Dachverbands keine statutarische Wirkung zu.[36]

Schließlich kann die Satzung des Dachverbands eine Bestimmung enthalten, nach der die Mitgliedsvereine keine Regelungen erlassen dürfen, die im Widerspruch zu der Satzung oder den Vereinsordnungen des Dachverbands stehen.

§ 6 Abs. 2 Satzung DHockeyB: „Die Satzungen und sonstigen Ordnungen der Mitglieder dürfen zur Satzung des DHB nicht im Widerspruch stehen".[37]

Auch bei dieser Regelung ergibt sich bereits aus dem Wortlaut, daß eine statutarische Wirkung des Regelwerks des Dachverbands in den Mitgliedsvereinen nicht beabsichtigt ist. Allerdings wird die Kompetenz der Mitgliederversammlung des Mitgliedsvereins zur Gestaltung der eigenen Satzung eingeschränkt.

Die Dachverbände sichern die Einhaltung der aufgezeigten Satzungsbestimmungen in der Weise ab, daß sie deren Verletzung mit einer Vereinsstrafe, teilweise sogar mit dem Ausschluß aus dem Verband sanktionieren.[38]

b) Regelungen in den Satzungen der Mitgliedsvereine

Zum Teil erklären die Mitgliedsvereine die Satzung und auch Vereinsordnungen des Dachverbands ausdrücklich zum Bestandteil des eigenen Regelwerks bzw. die Mitgliedsvereine erklären Satzung und Vereinsordnungen für unmittelbar verbindlich.

---

[35] Ähnlich § 8 Abs. 2 f) Satzung des DVV: „Die Mitglieder sind verpflichtet, die Formulierung in § 3 h) in ihre Satzung aufzunehmen", (§ 3 h: „Der DVV hat die Aufgaben, Doping zu bekämpfen und für Maßnahmen einzutreten, die den Gebrauch von verbotenen leistungssteigernden Mitteln unterbinden"); § 4 Abs. 2 Satzung DRV: „Jeder Verein erkennt folgende Bestimmung an: ‚Die Mitgliedschaft wird nicht von politischen, rassischen, weltanschaulichen oder konfessionellen Gesichtspunkten abhängig gemacht'. Im Zweifel kann eine Änderung der Satzung dahingehend verlangt werden";

[36] *Pfister*, SpuRt 1996, 48.

[37] Ähnlich § 10 Abs. 4 LSB Satzung Hessen.

[38] So in § 8 Satzung DBV; § 9 Abs. 1 Satzung DFB; § 8 Abs. 3 b) Satzung DHB; § 11 Abs. 6 Satzung DHockeyB; § 10 Satzung DTTB, § 7 Abs. 3 Satzung DVV; § 6 Abs. 4 b Satzung CTB.

§ 3 Abs. 4 Satzung LVN: „Die Satzung des BLV in der Fassung vom ... ist Bestandteil der LVN-Satzung".
§ 7 Satzung HVV: „Spielordnung, Bundesligaspielordnung, Rechtsordnung, Trainerordnung sowie §§ 14 und 15 der Jugendordnung des DHB sind Bestandteil der Ordnungen des HVV und gelten unmittelbar".
§ 7 Abs. 1 Satzung Eintracht Frankfurt e.V.: „Satzungen und Ordnungen des DFB sind in ihrer jeweiligen Fassung für den Verein und seine Mitglieder unmittelbar verbindlich.[39]

Andere Satzungen enthalten Bestimmungen, in denen das Regelwerk des Dachverbands zwar nicht zum Bestandteil des eigenen Regelwerks erklärt wird, aber zumindest ausdrücklich anerkannt wird.

§ 2 Abs. 6 Satz 3 Satzung HTTV: „Er [der HTTV] erkennt die Satzungen dieser Verbände [des DTTV und Landessportbund Hessen] an".[40]

Gelegentlich wird die Anerkennung des Regelwerkes des Dachverbands in folgender Weise eingeschränkt.

§ 2 Abs. 2 S. 2 Satzung BFV: „Die Satzungen und Ordnungen der vorgenannten Verbände sind für den BFV bindend, soweit deren Zuständigkeit nach der Satzung und den Ordnungen des BFV gegeben ist".[41]

Zum Teil beanspruchen die Vereine aber auch eindeutig Vorrang für ihr eigenes Regelwerk gegenüber dem des Dachverbands.

§ 1. 2 Satzung HVV: „Der HVV ist Mitglied im DVV. Soweit diese Satzung nichts anderes besagt, gelten für den HVV die Satzungen und Ordnungen des DVV".

Es gibt schließlich auch zahlreiche Vereine, in denen die Mitgliedschaft im Dachverband nur erwähnt wird, ohne daß ein ausdrücklicher Hinweis darauf erfolgt, inwieweit der Satzung und den Vereinsordnungen des Dachverbands für den Mitgliedsverein eine Bedeutung zukommt.

§ 1 Satzung LSB Hessen: „Der LSB ist Mitglied im DSB".[42]

Andere Vereine schließlich erwähnen die Mitgliedschaft in einem Dachverband in ihrer Satzung gar nicht.[43]

---

[39] Obwohl das Regelwerk des DFB nicht ausdrücklich zum Bestandteil erklärt wird, sondern nur für unmittelbar verbindlich erklärt wird, ist dies dahingehend auszulegen, daß eine Inkorporation erreicht werden soll.

[40] Ähnlich § 2 a Nr. 1 Satzung DFB (im Hinblick auf das Regelwerk der FIFA).

[41] Ähnlich § 23 Satzung HBV.

[42] Ähnlich § 4 Satzung BVRP; § 3 Abs. 1 Satzung DBV; Präambel DHB; § 1 Abs. 3 Satzung DVV; § 3 Abs. 1 Satzung FN; § 3 Satzung HHV; § 1 Abs. 2 Satzung HRV; § 3 Mustersatzung für Mitgliedsvereine des LSB Hessen; § 1 Abs. 3 Satzung LSB Rheinland-Pfalz; § 1 Satzung RPERV; § 22 Abs. 1 Satzung ZVT.

[43] So wird z.B. in der Satzung des DLB, des DTB und des DTTB die Mitgliedschaft in internationalen Verbänden nicht erwähnt.

c) *Begriffsbestimmung*

Erklärt nur der Dachverband sein Regelwerk für den Mitgliedsverein für verbindlich, oder erklärt nur er es zum Bestandteil des Regelwerks des Mitgliedsvereins, ohne daß sich eine korrespondierende Verweisung in der Satzung des Mitgliedsvereins findet, so spricht man von einer sog. *self executing-Norm.*[44]

Findet sich sowohl in der Satzung des Dachverbands eine Bestimmung, die die Erstreckung der Dachverbandssatzung auf den Mitgliedsverein vorsieht, als auch in der Satzung des Mitgliedsvereins eine Klausel, in der der Mitgliedsverein auf die Satzung des Dachverbands verweist, so spricht man von einer *Doppelverankerung.*[45] Der Teil der Doppelverankerung, der sich in der Satzung des Mitgliedsvereins findet, kann unterschiedlich formuliert sein. Es wird zwischen der *statischen* Verweisung und der *dynamischen* Verweisung unterschieden. Bei der *statischen Verweisung* auf die Satzung des Dachverbands sollen nur die Satzungsregelungen des Dachverbands zum Bestandteil der Satzung des Mitgliedsvereins werden, die im Zeitpunkt des Eintritts des Mitgliedsvereins in den Dachverband gelten. Spätere Änderungen der Satzung des Dachverbands bleiben dann ohne unmittelbare Auswirkung auf die Satzung des Mitgliedsvereins. Wird die Bestimmung geändert, auf die verwiesen wird, so muß auch der verweisende Verein seine Satzung entsprechend ändern. Ein Beispiel für eine statische Verweisung findet sich in

> § 3 Abs. 4 LVN: „Die Satzung des Deutschen Leichtathletik-Verbands in der Fassung vom 29.4.1995 ist Bestandteil dieser LVN-Satzung".

Mit einer *dynamischen Verweisung* wird auf die Satzung des Dachverbands in ihrer jeweils geltenden Fassung verwiesen. Damit soll erreicht werden, daß spätere Satzungsänderungen des Dachverbands im voraus von der Verweisung in der Satzung des Mitgliedsvereins umfaßt werden. Ein Beispiel für eine dynamische Verweisung findet sich in

> § 2 a Abs. 1 Satz 2 Satzung DFB: „Der DFB erklärt insbesondere zum Bestandteil seiner Satzung die folgenden Regelungen der FIFA in ihrer jeweils gültigen Fassung: Statuten, Reglement betreffend Status und Transfers von Fußballspielern,...".[46]

4. Inhalt der Satzung des Dachverbands

Eine zutreffende Beurteilung des Rangverhältnisses zwischen der Satzung und den Vereinsordnungen des Dachverbands und dem Regelwerk des Mitgliedsvereins ist nur möglich, wenn man sich nicht nur die rechtstatsächlichen Verhältnisse vor Augen führt, sondern auch den materiellen Regelungsgehalt von Vereinssatzungen, insbesondere von Satzungen von Dachverbänden, klar herausarbeitet.

---

44 *Summerer*, S. 117 u. 154.

45 Zur Klarstellung sei folgendes angemerkt: Die Doppelverankerung ist hier nicht im Hinblick auf eine doppelte Mitgliedschaft, sondern im Hinblick auf eine Erstreckung der Satzung des Dachverbands auf die mittelbaren Mitglieder zu verstehen.

46 Vgl. auch § 7 Abs. 1 Satzung Eintracht Frankfurt e.V..

a) *Mitgliedschaftliche Regelungen in Vereinssatzungen*

Eine Vereinssatzung regelt unter anderem die Rechte und Pflichten der Mitglieder gegenüber dem Verein. Die Hauptpflicht der Mitglieder gegenüber dem Verein besteht darin, den Vereinszweck zu fördern. Das kann durch ein Tun (z.B. Beitragszahlung oder Erbringung von Arbeitsleistungen) oder durch ein Unterlassen erfolgen. Daneben bestehen Loyalitäts- und Treupflichten, deren Inhalt und Umfang jeweils von der Realstruktur des einzelnen Vereins abhängen.[47] Im Hinblick auf die Rechte der Mitglieder ist zunächst das Recht auf Teilhabe an den Vorteilen, die sich aus der Verfolgung des Vereinszwecks ergeben (Vorteilsrechte),[48] zu nennen. Hierzu gehören in der Regel das Recht, die Vereinseinrichtungen zu nutzen, sich an den Vereinsveranstaltungen zu beteiligen oder auch Beratungen oder Unterstützungsleistungen des Vereins in Anspruch zu nehmen. Darüber hinaus stehen den Mitgliedern Mitverwaltungsrechte zu. Dazu gehören z.B. das Teilnahmerecht an der Mitgliederversammlung, das Rederecht und das Stimmrecht. Nur selten können die Mitglieder Vermögensrechte in Anspruch nehmen, wie das Recht auf Anfall des Vereinsvermögens bei Auflösung des Vereins.[49]

b) *Organisationsrechtliche Regelungen in Vereinssatzungen*

Neben den mitgliedschaftlichen Regelungen enthält die Satzung eines Vereins organisationsrechtliche Bestimmungen, die die Grundlage für die Errichtung und die organisatorische Struktur des Vereins darstellen. Zum organisationsrechtlichen Inhalt der Satzung zählen die Wahl der Rechtsform des Vereins, die Festlegung des Vereinszwecks, des Vereinsnamens und des Vereinssitzes, die Regelungen über die Bildung und die Zuständigkeiten der Organe, sowie das Verfahren der Willensbildung innerhalb des Vereins.

c) *Besonderheiten im Dachverband*

Überträgt man die beiden gekennzeichneten Regelungsbereiche (soeben a) und b)) auf die Satzung eines Dachverbands in der Rechtsform des Vereins, so ergibt sich folgendes Bild: Die Satzung eines Dachverbands regelt, wie jede andere Vereinssatzung, zum einen die Organisation des Dachverbands und zum anderen das Verhältnis zu den Mitgliedern. Die Tatsache, daß es sich bei den Mitgliedern nicht um natürliche Personen, sondern ebenfalls um Vereine handelt, hat auf die organisationsrechtlichen Regelungen der Satzung des Dachverbands nur geringe Auswirkungen. So muß z.B. bei der Festlegung des Verfahrens der Willensbildung berücksichtigt werden, daß die Mitglieder eines Dachverbands nur vertreten durch ihre Vorstände oder andere Vertreter ihre Stimme abgeben können. Erheblich differenzierter stellt sich die Rechtslage im Hinblick auf die mitgliedschaftlichen Regelungen dar. Da es sich bei den Mitgliedern eines Dachverbands selbst wiederum um Vereine handelt, können die mitgliedschaftlichen Regelungen in der Dachverbandssatzung einen Inhalt haben, der bei natürlichen Personen als Mitgliedern nicht möglich ist. Die mitgliedschaftlichen Regelungen in der Dachverbandssatzung können sich zum einen auf

---

[47] *Lutter*, AcP 180 (1980), 108, 118.
[48] *Soergel-Hadding*, § 38 BGB Rdnr. 18.
[49] Praktische Relevanz erlangt dieses Recht nur bei nicht gemeinnützigen Vereinen.

die Organisation des Mitgliedsvereins auswirken. Es handelt sich dann um sekundäre Organisationsregelungen, die die Organisation der Mitglieder des Dachverbands betreffen (sog. mitgliedschaftliche Regelungen betreffend die Organisation), im Gegensatz zu primären Organisationsregelungen, die die Organisation des Dachverbands selbst ausgestalten. Zum anderen können sich die Satzungsregelungen des Dachverbands unmittelbar auf die Mitglieder der Mitgliedsvereine auswirken (sog. mitgliedschaftliche Regelungen betreffend die mittelbaren Mitglieder). Zu den mitgliedschaftlichen Regelungen betreffend die Organisation gehört z.B. die Verpflichtung des Mitgliedsvereins, bestimmte Merkmale der internen Organisation aufzuweisen oder einen bestimmten Vereinsnamen zu führen (vgl. Beispiel Nr. 1 und Nr. 2).[50] Auch kann die Namensänderung des angeschlossenen Vereins oder die Gründung einer neuen Vereinsabteilung von der Genehmigung des Dachverbands abhängig gemacht werden. Adressat dieser Regelungen ist zunächst allein der Mitgliedsverein. In die Rechtsstellung der Mitglieder des angeschlossenen Vereins wird allenfalls mittelbar durch eine Entwertung des Stimmrechts dieser Mitglieder eingegriffen, wenn die Organisationsregelung des Dachverbands einen Bereich betrifft, der ansonsten in die Kompetenz der Mitgliederversammlung fallen würde.

Von den mitgliedschaftlichen Regelungen, die die Organisation des Mitgliedsvereins betreffen, sind die Bestimmungen im Regelwerk des Dachverbands zu unterscheiden, die sich unmittelbar an die einzelnen Mitglieder der angeschlossenen Vereine richten (sog. mitgliedschaftliche Regelungen betreffend die mittelbaren Mitglieder). Als Beispiel können hier die Wettkampfregelungen genannt werden (vgl. Beispiel Nr. 3)[51] oder Bestimmungen, mit denen die Strafgewalt des Dachverbands über die unmittelbaren Mitglieder hinaus auf die Mitglieder der angeschlossenen Vereine erstreckt werden soll.

Die primären Organisationsregelungen in der Satzung des Dachverbands greifen nicht in die Autonomie des Mitgliedsvereins ein. Sie sind daher im folgenden nicht von Interesse. Demgegenüber berühren die mitgliedschaftlichen Regelungen in der Satzung des Dachverbands Bereiche, die ursprünglich in die Zuständigkeit des angeschlossenen Vereins fielen. Entweder enthalten die mitgliedschaftlichen Regelungen Vorgaben im Hinblick auf die Organisation des Mitgliedsvereins oder sie richten sich direkt an die Einzelmitglieder und greifen damit in das Rechtsverhältnis zwischen Mitgliedsverein und Einzelmitglied ein, das ursprünglich allein durch die Satzung des Mitgliedsvereins geregelt wurde. Im folgenden wird daher nur untersucht, inwieweit die *mitgliedschaftlichen* Regelungen des Dachverbands im Mitgliedsverein Geltung beanspruchen können.

II. Statutarische Geltung des Regelwerks des Dachverbands im Mitgliedsverein durch Inkorporation

Es soll nun der Frage nachgegangen werden, ob und unter welchen Voraussetzungen eine statutarische Bindung des Mitgliedsvereins an das Regelwerk des Dachverbands erreicht werden kann. Eine statutarische Bindung des Mitgliedsvereins läßt sich dadurch erreichen, daß das Regelwerk des Dachverbands zum Bestandteil des Regelwerks des Mitgliedsvereins gemacht wird (sog. Inkorporation). In den folgenden Abschnitten wird zunächst nur eine

---

[50] Siehe oben § 9 I 1.

[51] Siehe oben § 9 I 1.

derartige Inkorporation von ***Satzungsbestimmungen*** untersucht. Anschließend werden die Besonderheiten dargestellt, die sich ergeben, wenn der Dachverband als Regelungsebene für den Einfluß auf den Mitgliedsverein nicht seine Satzung, sondern eine ***Vereinsordnung*** wählt (unten 5.).

Für eine Inkorporation der Satzung des Dachverbands in die Satzung des Mitgliedsvereins sind mehrere Anknüpfungspunkte denkbar. So kann es für ausreichend erachtet werden, wenn der Dachverband die Geltung seiner Satzung für den Mitgliedsverein in seiner Satzung vorschreibt und der Mitgliedsverein diese Regelung allein durch den Eintritt in den Dachverband anerkennt (self-executing Norm). Weitergehend könnte man verlangen, daß die Satzung des Mitgliedsvereins ausdrücklich auf die Satzung des Dachverbands verweisen muß. Folgt man dieser Ansicht, so ist zu entscheiden, ob es genügt, wenn der Mitgliedsverein allgemein auf die Regelungen des Dachverbands verweist (allgemeine Verweisung) oder ob eine konkrete Bezeichnung der in Bezug genommenen Satzungsregelungen erforderlich ist (konkrete Verweisung).

1. Inkorporation der Satzung des Dachverbands in die Satzung des Mitgliedsvereins durch eine self-executing Norm

Die Dachverbände versuchen zum Teil durch eine einseitige Geltungsanordnung in ihrer Satzung zu erreichen, daß ihr Regelwerk für die Mitgliedsvereine statutarische Wirkung entfaltet. Allein durch eine self-executing Norm in der Satzung des Dachverbands kann eine statutarische Geltung der Satzung im Mitgliedsverein jedoch nicht erreicht werden. Ansonsten liefe der Beitritt zu einem Dachverband für den Mitgliedsverein auf eine Satzungsänderung hinaus. Eine Satzungsänderung ist aber nur unter Einhaltung des dafür vorgesehenen Verfahrens möglich, d.h. es bedarf eines Beschlusses der Mitgliederversammlung über die Änderung der Satzung und einer Eintragung des satzungsändernden Beschlusses in das Vereinsregister.[52] Diese Voraussetzungen werden bei dem Eintritt in einen Dachverband regelmäßig nicht erfüllt. Weder beschließt die Mitgliederversammlung, die Satzung zu ändern, noch wird eine Satzungsänderung in das Vereinsregister eingetragen.

Trotz der fehlenden Inkorporation bejaht die Rechtsprechung[53] zum Teil eine unmittelbare Bindung der mittelbaren Mitglieder an das Regelwerk des Dachverbands. Der Dachverband soll nach dieser Auffassung in der Lage sein, die Bestimmungen seiner Satzung nicht nur gegenüber seinen Mitgliedern, sondern auch gegenüber den Mitgliedern des Mitgliedsvereins unmittelbar durchzusetzen, selbst wenn diese nicht Mitglied in dem Dachverband sind. Zur Begründung wird geltend gemacht, der Beitritt eines Vereins zu einem Dachverband bringe die Mitglieder des angeschlossenen Vereins ohne weiteres auch

---

[52] Zum Teil wird die Unwirksamkeit einer self-executing Norm damit begründet, daß der Beitritt zu einem Dachverband zwar von der Vertretungsmacht des Vorstands gedeckt sei, es aber nicht sein könne, daß der Vorstand eines Vereins auf diese Art und Weise materiell die Satzung des Vereins unter Umständen ganz erheblich ändern könne; so *Schlosser*, S. 164; *Summerer*, S. 117. Nach der hier vertretenen Ansicht ist der Eintritt in einen Dachverband jedoch nicht ohne weiteres von der Vertretungsmacht des Vorstands gedeckt, siehe unten § 10 II 2.

[53] OLG Karlsruhe, OLGZ 1970, 300, 303 = MDR 1970, 324 ff; RG, SeuffA 59, Nr. 188.

in „gewisse unmittelbare Beziehungen zum [Dach]Verband".[54] Nur so könne der satzungsgemäße Zweck des Dachverbands, den sich der Verein mit seinem Eintritt zu eigen mache, erreicht werden.

Die Erstreckung der Dachverbandssatzung auf die mittelbaren Mitglieder erweist sich jedoch als nicht haltbar. Zwar erwirbt der angeschlossene Verein durch den Eintritt in einen Dachverband die Rechte und Pflichten eines Mitglieds, doch bindet er damit nur sich selbst an die Satzung des Dachverbands. Eine Verpflichtung der Mitglieder des angeschlossenen Vereins ist auf diese Weise nicht ohne weiteres möglich, weil es sich bei dem angeschlossenen Verein und dessen Mitgliedern um jeweils selbständige Rechtssubjekte handelt. Die Rechte und Pflichten des angeschlossenen Vereins als juristische Person werden nicht durch einseitige Satzungsregelung beim Dachverband auch zu Rechten und Pflichten der Mitglieder der angeschlossenen Vereine.[55] Andernfalls würde der Beitrittsvertrag zwischen dem Verband und dem Verein Rechtswirkungen zulasten Dritter entfalten, was mit allgemeinen schuldrechtlichen Prinzipien nicht zu vereinbaren ist (vgl. § 328 BGB). Die Satzung des Dachverbands erlangt Rechtswirkungen somit nur gegenüber den unmittelbaren Mitgliedern. Das sind allein die angeschlossenen Vereine.

Ein anderes Ergebnis ließe sich nur vertreten, wenn die Beitrittserklärung des Einzelmitglieds zum Mitgliedsverein so auszulegen wäre, daß es durch den Eintritt nicht nur in ein Rechtsverhältnis zu dem Mitgliedsverein treten will, sondern auch zu allen anderen Verbänden, in denen der Verein schon Mitglied ist oder in Zukunft Mitglied wird. Die Annahme eines so weitgehenden rechtsgeschäftlichen Bindungswillens ist jedoch eine Fiktion, insbesondere wenn die Satzung des Mitgliedsvereins keine dahingehende Bestimmung enthält.[56] Allein der Beitritt eines Vereins zu einem Verband kann daher keine unmittelbaren Rechte des Verbands gegenüber den Mitgliedern des Vereins begründen.[57] Ein „Durchgriff" des Dachverbands auf die Mitglieder des Mitgliedsvereins ist nicht möglich.[58]

2. Inkorporation der Satzung des Dachverbands in die Satzung des Mitgliedsvereins durch sog. Doppelverankerung mit *statischer* Verweisung

Die Satzung des Dachverbands könnte in die Satzung des Mitgliedsvereins inkorporiert werden, wenn die Satzung des Dachverbands ihre Geltung im Mitgliedsverein vorsieht und der Mitgliedsverein das vom Dachverband gesetzte Recht zum Bestandteil seiner Satzung erklärt.[59] Die statische Verweisung umfaßt jedoch nur die Fassung, die die Satzung im Zeitpunkt des Beitritts des Mitgliedsvereins zum Dachverband hatte.

---

[54] OLG Karlsruhe, OLGZ 1970, 300, 303 = MDR 1970, 324 ff.

[55] *Röhricht*, Verbandsrecht, S. 12, 16; *Edenfeld*, S. 50.

[56] *Meinberg/Olzen/Neumann*, S. 63, 68; *Schlosser*, S. 76; kritisch zu dieser Konstruktion auch *Lukes*, in: FS für Westermann, S. 325, 331.

[57] Dementsprechend lehnte auch das OLG Celle, Rpfleger, 1995, 48 ff, etwaige Rechte der mittelbaren Mitglieder gegenüber dem Dachverband ab. Das Gericht entschied, daß mittelbaren Mitgliedern weder Mitverwaltungsrechte im Dachverband zustehen noch das Recht, die Nichtigkeit eines Beschlusses feststellen zu lassen (§ 256 ZPO).

[58] *Soergel-Hadding*, § 25 BGB Rdnr. 34; RGRK-*Steffen*, § 25 BGB Rdnr. 7; *Staudinger-Weick*, § 25 BGB Rdnr. 12; *Lukes*, in: FS für Westermann, S. 325, 331; *Schlosser*, S. 76 ff; *Beuthien*, ZGR 1989, 255, 258; *Vieweg*, Normsetzung, S. 340; *Edenfeld*, S. 50; *Pfister*, SpuRt 1996, 48.

[59] *V. Look* in *Reichert/v. Look*, Rdnr. 512.

Nach herrschender Auffassung hat eine Doppelverankerung mit diesem Inhalt zur Folge, daß der Mitgliedsverein die Regelungen des Dachverbands in seine Satzung aufnimmt.[60] Der Mitgliedsverein erweitert mit anderen Worten die eigene Satzung und zieht seine Regelungsbefugnis in diesem Bereich zurück.[61] Ob dem zugestimmt werden kann, ist fraglich. Eine Stellungnahme ist allerdings nicht in pauschaler Weise möglich. Es bedarf vielmehr einer gesonderten Betrachtung der unterschiedlichen Formen der Verweisung, die sich in den Satzungen der Mitgliedsvereine finden.

a) *Wörtliche Übernahme der Regelungen des Dachverbands*

Die Satzung des Mitgliedsvereins kann durch die Vorschriften des Dachverbands erweitert werden, wenn der Mitgliedsverein die Regelungen des Dachverbands, die auch für ihn gelten sollen, wörtlich in seine Satzung aufnimmt.[62] Gegen die Zulässigkeit dieser Vorgehensweise bestehen keine Bedenken.

Die Erweiterung der Satzung des Mitgliedsvereins durch wörtliche Übernahme der gesamten Satzung oder einzelner Bestimmungen aus der Satzung des Dachverbands findet sich in der vereinsrechtlichen Praxis – soweit ersichtlich – nicht. Allenfalls bei Vereinsordnungen ist eine wörtliche Übernahme der Regelungen des Dachverbands durch den Mitgliedsverein zu finden.[63] Bei einer wörtlichen Übernahme ist zu beachten, daß die Änderung einer Vereinsordnung im Dachverband ohne Auswirkungen auf das Regelwerk des Mitgliedsvereins bleibt. Erst wenn der Mitgliedsverein seine Vereinsordnung der Verordnung des Dachverbands nach deren Änderung angepaßt hat, gelten wieder einheitliche Regelungen in beiden Vereinen.

b) *Übernahme durch Verweisung auf das Regelwerk des Dachverbands*

Eine Übernahme der Dachverbandssatzung könnte durch eine Verweisung in der Satzung des Mitgliedsvereins auf die Satzung des Dachverbands erfolgen. Ob und unter welchen Voraussetzungen die Verweisung auf eine andere Satzung zu einer wirksamen Inkorporation führt, ist in Rechtsprechung und Literatur umstritten.

---

60 BayObLGZ 1986, 528, 534; *v. Look* in *Reichert/v. Look*, Rdnr. 512; *Habscheid*, S. 158, 163 f; *Schlosser*, S. 164; *Baecker*, S. 122; *Summerer*, S. 155; *Vieweg*, Normsetzung, S. 337; *König*, S. 245 f, *Edenfeld*, S. 180.

61 *Summerer*, S. 155.

62 Handelt es sich um eine Vereinspyramide, d.h. sind Mitglieder des Mitgliedsvereins wiederum Vereine, so kann eine Geltung der Regelungen des Dachverbands in den Basisvereinen nur erreicht werden, wenn der Dachverband in seiner Satzung die Mitgliedsvereine dazu verpflichtet, daß diese die ihnen angeschlossenen Vereine verpflichten, die entsprechenden Regelungen in ihre Satzung aufzunehmen. Die Basisvereine wiederum müssen die Regelungen des Dachverbands zum Bestandteil ihrer Satzung machen. Man spricht insoweit von einem lückenlosen System korrespondierender Satzungsbestimmungen, vgl. LG Neubrandenburg, NJW-RR 1994, 1269 = SpuRt 1994, 148; *Vieweg*, NJW 1991, 1511, 1514; *v. Look*, S. 207.

63 Die Spielordnung des HHV stimmt – bis auf einzelne Bestimmungen – wörtlich mit der Spielordnung des DHB überein. Gleiches gilt für die Rechtsordnung.

aa) *Zulässigkeit einer allgemeinen Verweisung (sog. Gesamtverweisung)*

Das Bundesarbeitsgericht hat eine allgemeine Verweisung in der Satzung eines Mitgliedsvereins auf die Satzung eines Dachverbands für ausreichend angesehen, um konkrete Rechte und Pflichten der Einzelmitglieder des angeschlossenen Vereins aufgrund der Satzung des Dachverbands zu begründen.[64] In dem zu entscheidenden Fall ergaben sich aus der Satzung des angeschlossenen Vereins (Schwesternschaft) keine ausdrücklichen Pflichten für die Mitglieder gegenüber ihrem Verein. Da die Satzung des Vereins aber auf die Satzung des Dachverbands (Verband der Schwesternschaft vom Deutschen Roten Kreuz e.V.) verwies, wurde diese zur Konkretisierung der Rechte und Pflichten der Mitglieder herangezogen. In dem Urteil lautet es: „Die Schwestern-Ordnung [gemeint ist die Satzung des Dachverbands] ist durch die in § 20 der Satzung der Schwesternschaft enthaltene Verweisungsnorm auch für die Mitglieder der Schwesternschaft verbindlich“[65].

Eine ähnliche rechtliche Beurteilung findet sich in einem Beschluß des Bayerischen Obersten Landesgerichts aus dem Jahre 1977. In der Entscheidung heißt es: „Für die Rechtsverhältnisse der Loge ´Carl zu Treue´ e.V. [Mitgliedsverein] und für ihre Mitglieder ist die Logensatzung maßgebend. Diese bestimmt in § 1, daß der Verein eine Tochterloge der Großen Landesloge der Alten und Angenommenen Maurer in Deutschland im Verband der Vereinigten Großlogen von Deutschland ist, deren Verfassung der Verein als für sich verbindlich anerkennt. ... Es ist anerkannt, daß das Verbandsrecht für die angeschlossenen Vereine und für deren Mitglieder verbindlich werden kann, wenn die folgenden Voraussetzungen gegeben sind: Die Verbandssatzung muß anordnen, daß und welches Verbandsrecht für die angeschlossenen Vereine und deren Mitglieder verbindlich ist; der angeschlossene Verein muß dieses Verbandsrecht in seiner Satzung als für ihn und seine Mitglieder verbindlich anerkennen“[66].

Auch nach Ansicht des Landgerichts Heilbronn[67] sind die Regelungen eines Dachverbands für die Mitglieder der angeschlossenen Vereine verbindlich, wenn eine Verweisungskette zwischen dem Verein und dem Dachverband besteht. Für eine solche Verweisungskette soll es genügen, daß der Verein in seiner Satzung sich und seine Mitglieder der Satzung des Dachverbands unterwirft.

Der Bundesgerichtshof hat bisher offen gelassen, welche inhaltlichen Anforderungen an eine Verweisung auf die Satzung eines anderen Vereins zu stellen sind. Zu Unrecht bezieht sich das Bayerische Oberste Landesgericht[68] zur Begründung der eigenen Entscheidung auf ein Urteil des Bundesgerichtshofs aus dem Jahr 1958[69]. In dieser Entscheidung ging es allein um die Frage, unter welchen Voraussetzungen das Mitglied eines verbandsangehörigen Vereins gleichzeitig auch die Mitgliedschaft im Dachverband selbst erwirbt. Es handelte sich also um den Erwerb einer Doppel- oder Zweitmitgliedschaft.[70] Bei der hier zu beurteilenden Problematik, inwieweit die Regelungen des Dachverbands Geltung gegenüber dem Mitglied des angeschlossenen Vereins beanspruchen können, werden diese je-

---

64 BAGE 27, 164, 170.
65 BAGE 27, 164, 170.
66 BayObLGZ 1986, 524, 534.
67 LG Heilbronn, NZG 1998, 783
68 Ebenso *Edenfeld*, S. 180.
69 BGHZ 28, 131, 134.
70 Zur Doppelmitgliedschaft siehe oben § 9 I 2 b).

doch gerade *nicht* Mitglied im Dachverband. Es geht vielmehr um eine Erstreckung der Regelungen des Dachverbands auf die Einzelmitglieder der angeschlossenen Vereine ohne den Erwerb einer zweiten Mitgliedschaft. Auf die vom Bundesgerichtshof herausgearbeiteten Grundsätze zur Doppelmitgliedschaft kann daher nicht zurückgegriffen werden.

In der Literatur wird ebenfalls die Auffassung vertreten, daß eine Vereinssatzung durch eine Gesamtverweisung auf eine andere Satzung erweitert werden kann.[71] Selbst wenn die in Bezug genommene Satzung – wie etwa die eines Dachverbands – sehr umfangreich ist und eine Reihe von Regelungen enthält, die für den verweisenden Verein – also den Mitgliedsverein – ohne Bedeutung sind, könne es dem Verein aufgrund seiner Gestaltungsfreiheit nicht verwehrt sein, auch überflüssige Regelungen in die Satzung aufzunehmen.[72]

Unterschiedlich werden allerdings die Rechtsfolgen einer Gesamtverweisung beurteilt. Während *Schlosser*[73] die Ansicht vertritt, das Recht des Dachverbands derogiere das Recht des Mitgliedsvereins, spricht sich *Pfister*[74] für eine differenzierte Betrachtungsweise aus. Sofern der Mitgliedsverein keine Regelung in dem betreffenden Bereich erlassen habe, gelte das Recht des Dachverbands. Enthalte dagegen die Satzung des Mitgliedsvereins eine der Satzung des Dachverbands widersprechende Regelung, so genieße erstere den Vorrang. Ein Wille des Mitgliedsvereins, den Regelungen des Dachverbands grundsätzlich den Vorrang einzuräumen, sei nicht anzunehmen.

bb) Erfordernis einer konkreten Verweisung

Das OLG Hamm stellt strengere Anforderungen an die Einbeziehung fremder Satzungsbestimmungen durch Verweisung. Nach Auffassung des Gerichts ist eine Verweisung auf Regelungen in der Satzung eines anderen Vereins nur wirksam, wenn die Verweisung widerspruchsfrei und verständlich gefaßt ist und sich auf bestimmte *einzelne* Vorschriften der in Bezug genommenen Satzung bezieht.[75] Eine allgemeine Verweisung in der Satzung des Mitgliedsvereins (z.B.: „Die Satzung des Dachverbands wird zum Bestandteil der Satzung des Vereins erklärt") sei nicht ausreichend.

Unter Zugrundelegung dieser Rechtsauffassung hat das Gericht eine Verweisung auf 14 bestimmte Artikel der Satzung eines anderen Vereins für unzulässig erklärt, weil sich Mißverständnisse über das Verhältnis der in Bezug genommenen Regelungen zu der eigenen Satzung nicht ausschließen ließen. Auch folgende Regelung wurde von dem Gericht beanstandet: „Für die Mitgliederversammlung gelten ´im übrigen´ die Bestimmungen der Versammlungsordnung des Dachverbands". Zur Begründung führte das Gericht aus, die Versammlungsordnung enthalte 18 Bestimmungen, und es gehe aus der Verweisungsvorschrift nicht deutlich hervor, auf welche von ihnen Bezug genommen werde. Dementsprechend sei die Verweisung nicht so bestimmt, wie es im Interesse einer raschen Unterrichtung des Rechtsverkehrs anhand des Vereinsregisters gefordert werden müsse. Zulässig war nach

---

[71] *Schlosser*, S. 164; seiner Ansicht nach genügt es sogar, wenn der Verein in seiner Satzung die Möglichkeit eröffnet, einem anderen Verband beizutreten; *König*, S. 251; *Pfister*, SpuRt 1996, 48, 50.

[72] *König*, S. 251.

[73] S. 164.

[74] SpuRt 1996, 48, 50; dazu näher unter 2 b) dd).

[75] OLG Hamm, NJW-RR 1988, 183, 184 = OLGZ 1987, 397 ff; ebenso *v. Look* in *Reichert/v. Look*, Rdnr. 297 a; *ders.*, WuB II L. § 32 BGB 1. 89; *Sauter/Schweyer*, Rdnr. 132; *Summerer*, S. 156; PHB-SportR-Summerer 2/151; *Hohl*, S. 70.

Ansicht der Richter jedoch die Verweisung auf zwei konkret genannte Artikel der Dachverbandssatzung, die dem Registergericht des in seiner Satzung verweisenden Vereins vorgelegt wurden. Eine wörtliche Aufnahme dieser Bestimmungen in der Satzungsurkunde des in seiner Satzung verweisenden Vereins sei nicht erforderlich.

Eine ähnliche Tendenz läßt sich einem Urteil des OLG Frankfurt a.M.[76] entnehmen. In dem zu entscheidenden Fall verwies die Satzung des Mitgliedsvereins wegen „näherer Einzelheiten zur Art der Verstöße, zu den Ordnungsmaßnahmen und zum Verfahren" auf Regelungen in einer Vereinsordnung des Dachverbands. Das Gericht erkannte zunächst die grundsätzliche Möglichkeit eines Mitgliedsvereins an, einzelne Satzungsbestimmungen oder Nebenordnungen[77] des Dachverbands wörtlich in die eigene Satzung zu übernehmen oder sie durch Verweisung zum Bestandteil der eigenen Satzung zu erklären. Einen nur allgemeinen Hinweis – so wie er in diesem konkreten Fall in der Satzung des Mitgliedsvereins zu finden war – hielt das Gericht jedoch nicht für ausreichend. Für die Mitglieder des angeschlossenen Vereins sei aus der eigenen Satzung nicht klar erkennbar, in welchem Umfang und mit welchen Folgen sie sich der Gerichtsbarkeit des Dachverbands unterwerfen. Daran könne auch die Tatsache nichts ändern, daß die Nebenordnung, auf die verwiesen wird, den meisten Mitgliedern bekannt sei.

cc) Unzulässigkeit jeglicher Verweisung

Stöber[78] vertritt die Auffassung, eine Verweisung auf Satzungsbestimmungen eines anderen Vereins sei grundsätzlich unzulässig. Allein durch die Bezugnahme auf Vorschriften in einem fremden Regelwerk könnten diese nicht zum Inhalt der Vereinssatzung gemacht werden. Die aus der Satzung eines anderen Vereins übernommenen Vorschriften müßten vielmehr in der Vereinssatzung selbst wörtlich aufgeführt werden. Dies ergebe sich für die notwendigen Satzungsbestandteile aus den §§ 57, 58 BGB, nach denen die Satzung zwingend bestimmte Regelungen enthalten müsse. Für den sonstigen Satzungsinhalt folge dieses Ergebnis aus der Erwägung, daß die Registereintragung die Rechtsverhältnisse des Vereins zuverlässig darzustellen habe. Die Prüfungspflicht des Registerrichters erfordere zudem, daß die mit der Anmeldung vorzulegende Satzung die Rechtsverhältnisse vollständig aufweise, die durch die Eintragung zur Entstehung gelangen sollen.[79] Nur so könne das Registergericht seiner Prüfungspflicht nachkommen. Dementsprechend sei nach § 59 Abs. 2 Nr. 1 BGB die Satzung (und zwar die vollständige Satzung) dem Registergericht vorzulegen. Nehme ein Verein in seiner Satzung auf die Satzung eines anderen Vereins Bezug, so gehörten auch die in Bezug genommenen Satzungsbestimmungen zur Satzung des einzutragenden Vereins. Auch die Satzung des anderen Vereins müsse also bei der Anmeldung vorgelegt werden. Diesem Erfordernis werde nicht entsprochen, wenn zu den Registerakten nur eine Kopie der in Bezug genommenen Bestimmungen aus der Satzung des

---

76 SpuRt 1994, 87, 88 (Vorinstanz zum Reiterurteil, hierzu vgl. Fn. 24).

77 In dem konkreten Fall ging es um die Leistungsprüfungsordnung (LPO) der FN.

78 Rdnr. 34; so auch PHB-SportR-Summerer 2/151, für den Fall, daß dem einzelnen Mitglied schwere Nachteile drohen.

79 Dafür genüge auch die bloße Kopie der in Bezug genommenen Satzung des Dachverbands nicht, weil sie als Bestandteil der Satzung des Mitgliedsvereins in Urschrift (§ 59 Abs. 2 Nr. 1 BGB) vorzulegen und von sieben Mitgliedern zu unterzeichnen sei (§ 59 Abs. 3 BGB).

Dachverbands vorgelegt werde oder gar eine bloße schriftliche Verweisung ohne Vorlage des Textes stattfinde.

dd) Stellungnahme

Bei der Beantwortung der Frage, ob eine Gesamtverweisung auf die Satzung des Dachverbands zu einer wirksamen Inkorporation führt oder ob es einer konkreten Benennung der in Bezug genommenen Vorschriften bedarf, sollte man sich zunächst vergegenwärtigen, daß die Wirksamkeit der Verweisung weitreichende Auswirkungen auf die Rechtsverhältnisse im Mitgliedsverein hätte. Die Vorschriften des Dachverbands würden in die Satzung des Mitgliedsvereins übernommen und entfalteten dort unmittelbar statutarische Wirkung, so als hätte die Mitgliederversammlung des verweisenden angeschlossenen Vereins die Vorschriften selbst erlassen. Enthält die in Bezug genommene Vorschrift Organisationsregelungen (z.B. Vorschriften, die die Wahl der Organe oder die Änderung der Satzung betreffen), so wären entgegenstehende Beschlüsse der Mitgliederversammlung satzungswidrig und daher unwirksam. Es würden also die Mitverwaltungsrechte der Mitglieder durch derartige Verweisungen beschnitten. Eine Inkorporation von mitgliedschaftlichen Regelungen hätte zur Folge, daß die Rechte und Pflichten der Mitglieder des angeschlossenen Vereins gegenüber dem Verein erweitert oder auch Rechte und Pflichten gegenüber dem Dachverband begründet würden. Ließe man trotz dieser weitreichenden Wirkungen eine nur allgemeine Verweisung auf das gesamte Regelwerk des Dachverbands für eine Inkorporation genügen, so müßte das Einzelmitglied neben der Satzung seines Vereins das gesamte Regelwerk des Dachverbands, bei Verbandspyramiden alle Regelwerke der „höher angesiedelten" Vereine, beachten. Das Einzelmitglied müßte Stufe für Stufe in der Verbandshierarchie von oben nach unten die für sich maßgeblichen Regeln herausfinden; gegebenenfalls müßte das Mitglied Widersprüche erkennen und diese Widersprüche rechtlich werten. Erst nach einer Durchsicht aller Satzungen und gegebenenfalls einer rechtlichen Prüfung könnte das Mitglied feststellen, welchen Umfang und welchen Inhalt seine mitgliedschaftlichen Rechte und Pflichten haben, und welche Sanktionen ihm bei einer Verletzung der Pflichten drohen. Die weitreichenden Folgen werden deutlich, wenn man sich das Beispiel Nr. 3[80] vergegenwärtigt. Eine Inkorporation der Regelungen des Dachverbands durch allgemeine Verweisung hätte zur Folge, daß das Einzelmitglied nicht nur die Satzung seines Vereins, sondern auch die Satzungen aller höherrangigen Verbände auf etwaige verbotene Dopingmittel durchsuchen müßte.

Eine derartige umfangreiche Nachforschungspflicht ist einem Vereinsmitglied nicht zumutbar. Es muß vielmehr die Möglichkeit haben, sich durch einen Einblick in die Satzung seines Vereins die notwendigen Informationen darüber zu verschaffen, wie seine Rechtsstellung im Verein ausgestaltet ist.[81] Das Mitglied muß ohne Schwierigkeiten erkennen können, welchen Regelungen es unterliegt und welches die möglichen Sanktionen für Regelverstöße sind. Der Schutz des Mitglieds verlangt daher von den Vereinen und Dachverbänden, daß sie das maßgebliche Regelwerk übersichtlich und transparent gestalten. Um den berechtigten Interessen der Mitglieder gerecht zu werden, bedarf es somit einer konkreten Verweisung auf die Bestimmungen des übergeordneten Verbands, die auch für den

---

[80] Siehe oben § 9 I 1.

[81] BGHZ 47, 172, 175; 105, 306, 313; *Habscheid*, S. 158, 164; *v. Look*, S. 208; *Röhricht*, Verbandsrecht, S. 12, 14; *Hohl*, S. 70.

Mitgliedsverein und seine Mitglieder unmittelbare Geltung beanspruchen sollen. Eine nur pauschale, allgemeine Verweisung auf die Satzung des Dachverbands ermöglicht es dem Mitglied gerade nicht zu erkennen, welche Regelungen für seine Person verbindlich sind. Insoweit tritt die Freiheit des Vereins, auch überflüssige Regelungen in die Satzung aufzunehmen, hinter dem berechtigten Interesse der Mitglieder an übersichtlicher Information zurück.

Um die schutzwürdigen Interessen der Mitglieder an Klarheit und Transparenz zu wahren, hat *Pfister*[82] folgende Lösung vorgeschlagen: Eine allgemeine Verweisung auf die Dachverbandssatzung soll zunächst genügen, doch gelten die Regelungen des Dachverbands nur dann, wenn der Mitgliedsverein keine Regelung in dem betreffenden Bereich erlassen hat. Habe der Mitgliedsverein jedoch eine eigene – der des Dachverbands widersprechende – Regelung getroffen, so genieße diese Vorrang. Dementsprechend ist nach der Auffassung *Pfisters* folgende Verweisung zulässig:

„Die Satzung des Dachverbands gilt, soweit der Mitgliedsverein keine anderweitigen Regelungen erlassen hat".

Der Lösungsweg von *Pfister* führt jedoch nicht immer zu einem befriedigenden Ergebnis. Dies wird anhand des Beispiels Nr. 3[83] deutlich. Nimmt ein Vereinsmitglied ein Medikament ein, das zwar nicht nach der Satzung seines Vereins, wohl aber nach der des Dachverbands zu den verbotenen Dopingmitteln gehört, so stellt sich die Frage, ob das Vereinsmitglied einen Regelverstoß begangen hat. Selbst wenn man mit *Pfister* davon ausgeht, daß die Bestimmungen des Dachverbands nur eingreifen, wenn in der Satzung des Mitgliedsvereins keine eigenen Regelungen zu finden sind, müßte das Mitglied, bevor es ein bestimmtes Medikament einnimmt, die gesamten Regelwerke aller übergeordneten Satzungen studieren, um zu erfahren, wie es sich verhalten kann und darf. Ein Blick allein in die Satzung „seines" Vereins und die Feststellung, daß an dieser Stelle für die Einnahme eines bestimmten Medikaments keine Sanktionen vorgesehen sind, ließe dem Mitglied die Ungewißheit, ob nicht vielleicht in einem höheren Verband genau dieses Verhalten sanktioniert ist, d.h. dieses Medikament als Dopingmittel aufgeführt ist.

Darüber hinaus lassen sich Mißverständnisse über das Verhältnis der Regelungen in Mitgliedsverein und Dachverband nicht ausschließen. Trifft der Mitgliedsverein in einem bestimmten Bereich eine Regelung, die mit der des Dachverbands nicht übereinstimmt, so können Zweifel darüber aufkommen, ob die Regelung des Mitgliedsvereins die Geltung der Regelung des Dachverbands ausschließt oder ob beide Regelungen nebeneinander anwendbar sind.

Derartige Unsicherheiten sind dem Mitglied nicht zumutbar. Es ist daher daran festzuhalten, daß in der Satzung des verweisenden Vereins ein verständlicher, widerspruchsfreier und bestimmter Hinweis auf die inkorporierten Regelungen des Dachverbands vorhanden sein muß (konkrete Verweisung). Eine wörtliche Wiedergabe der einzelnen Bestimmungen ist dann nicht erforderlich.[84] Die Frage, wann eine Verweisung diese Voraussetzungen erfüllt, läßt sich nur im konkreten Einzelfall beurteilen.

Nicht überzeugen kann schließlich die von *Stöber* vertretene Ansicht, jegliche Verweisung sei unzulässig. Zwar ist *Stöber* insoweit zuzustimmen, daß die Vorlagepflicht

---

[82] SpuRt 1996, 48, 50.
[83] Siehe oben § 9 I 1.
[84] So auch die in Fn. 75 genannten.

bezüglich der Satzung nach § 59 Abs. 2 Nr. 1 BGB die gesamte Satzung des Vereins umfaßt.[85] Tatsächlich kann das Registergericht seiner Prüfungspflicht nur nachkommen, wenn die vollständige Satzung vorgelegt wird. Dennoch rechtfertigt die Prüfungspflicht nicht das Verbot jeglicher Verweisung. Eine Überprüfung der in Bezug genommenen Satzungsregelungen ist auch möglich, wenn dem Registergericht zumindest eine Kopie der Vorschriften, auf die verwiesen wird, vorgelegt wird. Die Vorlage einer Kopie einer fremden Satzung entspricht – entgegen der Ansicht von *Stöber* – sehr wohl der Vorlage des Originals.[86] Die Kopie der fremden Satzung stellt für die Satzung des Mitgliedsvereins ein Original dar. Die Gefahr, daß die Kopie den Wortlaut der in Bezug genommenen Satzung des anderen Vereins unzutreffend wiedergibt, fällt nicht in den Regelungszweck des § 59 Abs. 2 Nr. 1 BGB.[87] Sowohl unter Prüfungs- als auch unter Publizitätsgesichtspunkten steht dieses Eintragungsverfahren dem herkömmlichen Verfahren daher in nichts nach.

Bisweilen wird das Erfordernis, eine Kopie vorzulegen, auf die Fälle beschränkt, in denen das Registergericht ohne eine solche Vorlage kaum eine Möglichkeit der Kenntnisnahme von dem Inhalt der in Bezug genommenen Bestimmung hat.[88] Dies ist bspw. der Fall, wenn sich die fremde Satzung bei einem Gericht im Ausland (so bei einer Verweisung auf die Satzung eines internationalen Dachverbands mit Sitz im Ausland) oder in einer nicht bei einem Gericht hinterlegten Urkunde (bei einer Verweisung auf die Satzung eines nichteingetragenen Vereins) befindet. Dieser Ansicht kann nicht gefolgt werden, denn weder der Wortlaut noch der Sinn und Zweck der Vorschrift geben Anhaltspunkte dafür, daß die Vorlagepflicht aus § 59 Abs. 2 BGB entfällt, wenn das Registergericht sich ohne Mühen auf andere Weise über den Inhalt der Satzung informieren kann.[89]

Da in der vereinsrechtlichen Praxis dem Registergericht – soweit bekannt – nur selten eine Kopie der fremden Satzung vorgelegt wird, stellt sich die Frage nach den Rechtsfolgen eines Verstoßes gegen die Vorlagepflicht. In diesem Fall muß das Registergericht zunächst eine Zwischenverfügung erlassen, in der die Beseitigung des Mangels innerhalb einer bestimmten Frist aufgegeben wird.[90] Kommt der Vorstand dieser Pflicht nicht nach, so muß das Registergericht die Anmeldung zur Eintragung zurückweisen (vgl. § 60 BGB). Schwierig gestaltet sich die Rechtslage, wenn das Registergericht trotz der fehlenden Vorlage der in Bezug genommenen Vorschriften den Verein in das Vereinsregister einträgt. Unstreitig hat es auf die Rechtswirksamkeit der Eintragung des Vereins keinen Einfluß, wenn die nach § 59 Abs. 2 und 3 BGB erforderlichen Unterlagen fehlen.[91] Die Frage nach der Wirk-

---

[85] OLG Hamm, NJW 1988, 183 = OLGZ 1987, 397 ff; *Reichert* in *Reichert/v. Look*, Rdnr. 3049; *Sauter/Schweyer*, Rdnr. 132.

[86] Die Unterschrift der Mitglieder auf der Satzung (vgl. § 59 Abs. 3 BGB) genügt, um auch die in Bezug genommene Kopie mitzuumfassen.

[87] In diesem Fall wird die „falsche“ fremde Satzung zur „richtigen“ eigenen Satzung.

[88] OLG Hamm, NJW-RR 1988, 183 = OLGZ 1987, 397 ff. Allerdings wurde in diesem Fall auch die Satzung, auf die Bezug genommen wurde, dem Registergericht vorgelegt.

[89] Sind diese Voraussetzungen erfüllt, so ist es nicht erforderlich, daß der Wortlaut der Regeln, auf die verwiesen wird, in der Verweisung wiederholt wird; *v. Look* in *Reichert/v. Look*, Rdnr. 297 a; *Sauter/Schweyer*, Rdnr. 132.

[90] *Soergel-Hadding*, § 60 BGB Rdnr. 4; Müko-*Reuter*, § 60 BGB Rdnr. 3.

[91] *Staudinger-Habermann*, § 59 BGB Rdnr. 7. Zum Teil wird es für die Wirksamkeit der Eintragung als unschädlich angesehen, wenn der Tag der Errichtung der Vereinssatzung und die Mitglieder des Vorstandes nicht eingetragen werden. Notwendig sei nur Name und Sitz, um überhaupt von einer Eintragung sprechen zu können.

samkeit der Eintragung des Vereins ist jedoch von der Frage zu unterscheiden, welche Folgen es für die Wirksamkeit der Satzungsbestimmung hat, wenn der Verein eingetragen wird, ohne daß die in Bezug genommenen Satzungsregelungen des fremden Vereins dem Registergericht vorgelegt wurden. Zum Teil wird die Ansicht vertreten, im Falle der Nichtvorlage eines Teils der Satzung werde dieser Teil nicht wirksam Bestandteil der Satzung.[92] Dieses Ergebnis ist wenig überzeugend, wenn man sich vor Augen führt, daß die Vorlage der Satzung beim Registergericht eine reine Ordnungsvorschrift ist, die das Verfahren betreffend die Eintragung des Vereins regelt.[93] Die Wirksamkeit der Satzung unterliegt rechtsgeschäftlichen Grundsätzen, d.h. es bedarf allein wirksamer Willenserklärungen der Gründer bzw. der Beitretenden. Weder die Eintragung noch die Vorlage der Satzung beim Registergericht sind Voraussetzung für die Wirksamkeit der Satzungsbestimmung.[94]

Anders könnte sich die Rechtslage darstellen, wenn die Verweisung erst nachträglich im Wege einer Satzungsänderung in die Satzung des verweisenden Vereins eingefügt wird.[95] § 71 Abs. 1 Satz 3 BGB verlangt, daß der Anmeldung der Satzungsänderung auch der die Änderung enthaltende Beschluß in Urschrift und Abschrift beizufügen ist. (Im Fall der Verweisung auf eine fremde Satzung müßte statt des Beschlusses der Mitgliederversammlung die in Bezug genommene Satzung des Dachverbands beigefügt werden.) Allerdings ist auch bei der Satzungsänderung nur die Eintragung Wirksamkeitsvoraussetzung (§ 71 Abs. 1 Satz 1 BGB), nicht die Vorlage der in § 71 Abs. 1 Satz 3 BGB genannten Unterlagen. Ein Verstoß gegen die Vorlagepflicht führt also auch bei einer Satzungsänderung nicht zur Unwirksamkeit der Eintragung und damit der Satzungsänderung.[96] Bei einem Verstoß gegen die Vorlagepflicht käme allenfalls eine Löschung der Eintragung der Satzungsänderung von Amts wegen nach § 142 FGG in Betracht, wenn man die fehlende Vorlage des Beschlusses (nebst Satzung des Dachverbands) als Mangel einer wesentlichen Eintragungsvoraussetzung ansähe.[97] Dies wird wohl zu verneinen sein, da die Vorlage des Beschlusses der Mitgliederversammlung beim Registergericht mit anderen wesentlichen Eintragungsvoraussetzungen, wie etwa dem Vorliegen eines wirksamen Beschlusses überhaupt, nicht vergleichbar ist.

Die Mitglieder eines Vereins oder die Bewerber um eine Mitgliedschaft, die sich über die Rechtsverhältnisse im Verein informieren möchten und zu diesem Zweck in die Regi-

---

[92] OLG Frankfurt, SpuRt 1994, 87, 88; OLG München, BB 1977, 865; *Reichert/Dannecker*, Rdnr. 1597; RGRK-*Steffen*, § 59 BGB Rdnr. 3; *Erman-Westermann*, § 59 BGB Rdnr. 2, unter Verweis auf RGZ 73, 187, 193; *Daigfuß*, S. 70. Aus dem von *Westermann* zitierten Urteil ergibt sich jedoch gerade, daß eine Satzungsbestimmung auch dann Wirksamkeit erlangt, wenn sie nicht dem Registergericht vorgelegt wird. Nur so läßt sich erklären, daß nach Auffassung des Reichsgerichts eine Satzungsregelung, die bei Gründung des Vereins nicht eingereicht wurde, nur unter Einhaltung der Voraussetzungen von § 71 Abs. 1 BGB geändert werden kann.

[93] *Soergel-Hadding*, § 59 BGB Rdnr. 6.

[94] OLG Hamm, NJW-RR 1997, 1397 (betreffend einen Verstoß gegen § 56 BGB); Müko-*Reuter*, § 59 BGB Rdnr. 6.

[95] So Müko-*Reuter*, § 59 BGB Rdnr. 6.

[96] *Soergel-Hadding*, vor § 55 Rdnr. 5. Nur bei groben Verstößen, wie etwa einer fehlenden Anmeldung, ist die Eintragung unwirksam. Das Fehlen der beizufügenden Unterlagen gehört nicht dazu, vgl. *Scholz-Priester*, § 54 GmbHG, Rdnr. 83; *Baumbach/Hueck-Zöllner*, § 54 GmbHG, Rdnr. 28; *Hachenburg-Ulmer*, § 54 GmbHG Rdnr. 33.

[97] Im Recht der Kapitalgesellschaften wird die Möglichkeit der Amtslöschung restriktiv beurteilt, vgl. *Hüffer*, § 181 AktG Rdnr. 28; *Scholz-Priester*, § 54 GmbHG Rdnr. 83.

sterakten Einsicht nehmen, werden also nur insoweit geschützt, als sie durch die konkrete Verweisung in der Satzung erkennen können, daß für die Rechtsverhältnisse des Vereins auch Regelungen aus Satzungen anderer Vereine maßgeblich sind. Den Inhalt der in Bezug genommenen Regelungen können sie – wenn diese nicht in Kopie vorliegen – bei dem Registergericht des Vereins, auf dessen Satzung Bezug genommen wurde, in Erfahrung bringen.

ee) Verhältnis der Satzungen bei Inkorporation

Problematisch gestaltet sich das Verhältnis der Satzungen von Dachverband und Mitgliedsverein zueinander, wenn eine in Bezug genommene Bestimmung aus der Satzung des Dachverbands mit einer Satzungsregelung des Mitgliedsvereins in Widerspruch steht. Da die inkorporierten Regelungen zum Bestandteil der Satzung des Mitgliedsvereins werden, bestehen nun unterschiedliche Regelungen in ein und derselben Satzung, und es bedarf der Klärung, welcher von ihnen der Vorrang zukommt. Diese Frage läßt sich im Wege der Auslegung der jeweiligen Satzung beantworten. Nimmt ein Verein eine konkrete Verweisung in seine Satzung auf, so liegt die Auffassung nahe, daß die in Bezug genommen Vorschriften, d.h. die Satzungsregelungen des Dachverbands, Vorrang vor den Regelungen aus der eigenen Satzung, d.h. vor der Satzung des Mitgliedsvereins, beanspruchen können. Wenn die Satzung des Mitgliedsvereins ausdrücklich auf bestimmte Vorschriften einer anderen Satzung verweist, um diese so in das eigene Regelwerk aufzunehmen, ist für den Regelfall davon auszugehen, daß die in Bezug genommenen Vorschriften gelten und widersprechende Regelungen in der eigenen Satzung dahinter zurücktreten sollen.

ff) Vereinbarkeit mit der Vereinsautonomie

Werden konkrete Satzungsbestimmungen des Dachverbands wirksam in die Satzung des Mitgliedsvereins inkorporiert, so stellt sich die Frage, ob der auf diese Weise verankerte Einfluß des Dachverbands auf den Mitgliedsverein mit dessen Autonomie vereinbar ist.[98] Da die inkorporierten Regelungen zum Bestandteil der Satzung des Mitgliedsvereins werden, unterliegt der vom Dachverband ausgeübte Dritteinfluß den Grenzen, die für den statutarischen Dritteinfluß herausgearbeitet wurden.[99]

gg) Rechtsfolgen für die vereinsrechtliche Praxis

Eine Verweisung in der Satzung eines Mitgliedsvereins auf die Satzung des Dachverbands kann nur dann zu einer Inkorporation der Satzung des Dachverbands führen, wenn sie widerspruchsfrei und verständlich gefaßt ist und die in Bezug genommenen Bestimmungen konkret benennt. Die Satzungen der Mitgliedsvereine erfüllen diese Voraussetzungen in der Regel nicht.[100] Zum einen erklären die Satzungen der Mitgliedsvereine die Satzung des Dachverbands in der Regel nur insgesamt zum Bestandteil der eigenen Satzung. Es fehlt also an einer konkreten Benennung der in Bezug genommenen Bestimmungen aus der Satzung des Dachverbands. Zum anderen wird die Satzung des Dachverbands nur selten

98 Bedenken äußern *Summerer*, S. 117; *Pfister*, SpuRt 1996, 48, 49.
99 Siehe oben § 8.
100 Ausnahme: § 7 Satzung HVV.

ausdrücklich „zum Bestandteil der Satzung des Mitgliedsvereins" erklärt oder zumindest deren „unmittelbare Geltung"[101] angeordnet. Vielmehr wird die Satzung häufig einfach nur „anerkannt". Da aber eine Verweisung verständlich gefaßt sein muß, kann mit einer bloßen „Anerkennung" der Satzung deren statutarische Wirkung im Mitgliedsverein nicht begründet werden. Eine derartige Formulierung begründet vielmehr eine schlichte mitgliedschaftliche Bindung an die Satzung des Dachverbands, deren Verletzung allenfalls vereinsrechtliche Sanktionen durch den Dachverband nach sich ziehen kann.[102]

Schließlich ist in diesem Zusammenhang auf die Wirkung von zwei weiteren Satzungsgestaltungen einzugehen, die im Regelwerk von Mitgliedsvereinen zu finden sind. Zum Teil enthalten die Satzungen der Mitgliedsvereine eine Bestimmung etwa des Inhalts: „Der Verein ist Mitglied im X-Verband",[103] zum Teil wird die Mitgliedschaft im Dachverband in den Satzungen der Mitgliedsvereine gar nicht erwähnt. Bei derartigen Satzungsgestaltungen ist eine statutarische Bindung ebenfalls nicht gewollt. Vielmehr haben die Regelungen die gleiche Wirkung wie eine bloße Anerkennung des Regelwerks des Dachverbands in der Satzung des Mitgliedsvereins. Es ist nicht erforderlich, daß die Satzung des eintretenden Vereins die Anerkennung der Satzung des Dachverbands ausdrücklich ausspricht, da jedes Mitglied beim Eintritt in einen Verein dessen Satzung ohne weiteres als verbindlich anerkennt.[104]

4. Inkorporation der Satzung des Dachverbands in die Satzung des Mitgliedsvereins durch sog. Doppelverankerung mit *dynamischer* Verweisung

a) *Regelungswirkung einer dynamischen Verweisung*

Durch eine dynamische Verweisung werden nicht nur die Satzungsbestimmungen des Dachverbands, die zur Zeit des Beitritts des Mitgliedsvereins in den Dachverband gelten, in die Satzung des Mitgliedsvereins aufgenommen, sondern es wird jede neue Fassung der Satzung des Dachverbands ohne weiteres zum Inhalt der Satzung des Mitgliedsvereins.[105] Die praktischen Vorteile einer dynamischen Verweisung gegenüber einer statischen Verweisung liegen auf der Hand. Eine statische Verweisung verliert nach einer Satzungsänderung im Dachverband ihre Aktualität, bis der Mitgliedsverein die Einbeziehung der geänderten Fassung der Satzung des Dachverbands in die eigene Satzung beschlossen hat. Es kann also unter Umständen längere Zeit dauern, bis es nach einer Satzungsänderung im Dachverband wieder zu einer Rechtsvereinheitlichung innerhalb aller Mitgliedsvereine kommt. Bei einer dynamischen Verweisung dagegen ändert sich der Inhalt der Satzung des Mitgliedsvereins von selbst, sobald die Satzungsänderung im Dachverband beschlossen und in das Vereinsregister eingetragen wurde.

---

[101] § 7 Abs. 1 Satzung Eintracht Frankfurt e.V. erklärt die Satzungen und Ordnungen des DFB für „unmittelbar verbindlich". Damit soll eine statutarische Wirkung erreicht werden.

[102] Zur rechtlichen Qualifizierung der „mitgliedschaftlichen Bindung" siehe unten § 9 III 2 b).

[103] § 3 Mustersatzung für Mitgliedsvereine des LSB; § 1 LSB Hessen Satzung; § 1 Abs. 3 Satzung LSB Rheinland-Pfalz; § 3 Satzung HHV; § 4 Satzung BVRP; Präambel DHB; § 3 Abs. 1 Satzung DBV; § 1 Abs. 3 Satzung DVV; § 1 Satzung RPERV; § 1 Abs. 2 Satzung HRV; § 3 Abs. 1 Satzung FN; § 22 Abs. 1 Satzung ZVT.

[104] *Beuthien*, ZGR 1989, 255, 259; *Vieweg*, Normsetzung, S. 341; *Daigfuß*, S. 35.

[105] Vgl. § 5 Satzung DTTB.

b) *Zulässigkeit der dynamischen Verweisung*

Die herrschende Meinung hält eine dynamische Verweisung für unzulässig.[106] Die Bedenken stützen sich auf § 71 BGB. Nach Abs. 1 Satz 1 dieser Vorschrift ist eine Satzungsänderung nur wirksam, wenn sie in das Vereinsregister eingetragen wird. Nach Abs. 1 Satz 3 muß der satzungsändernde Beschluß der Mitgliederversammlung dem Registergericht vorgelegt werden. Beides unterbleibt, wenn im Wege einer dynamischen Verweisung auf die Satzung des Dachverbands in ihrer jeweiligen Fassung Bezug genommen wird und auf diesem Weg eine materielle Satzungsänderung im verweisenden Verein bewirkt werden soll. Weder wird die Satzungsänderung im Register des Mitgliedsvereins eingetragen, noch wird ein entsprechender Beschluß der Mitgliederversammlung des Mitgliedsvereins dem Registergericht vorgelegt. Im folgenden sollen diese Einwände näher untersucht werden.[107]

aa) *Formelle Bedenken*

(1) Fehlende Vorlage eines Beschlusses der Mitgliederversammlung beim Registergericht

Wenn sich die Satzung des Mitgliedsvereins ohne weiteres durch eine Satzungsänderung im Dachverband ändern sollte, so ist es dem Vereinsvorstand nicht möglich, dem Registergericht einen satzungsändernden Beschluß der Mitgliederversammlung des Mitgliedsvereins vorzulegen. Ein solcher existiert gerade nicht. Vereinzelt wird daraus ein Verstoß gegen § 71 Abs. 1 Satz 3 BGB und demzufolge die Unzulässigkeit der dynamischen Verweisung hergeleitet.[108]

Diese Bedenken knüpfen allein an den Wortlaut des § 71 Abs. 1 Satz 3 BGB an. Sie können jedoch nicht überzeugen, wenn man sich Sinn und Zweck dieser Vorschrift vor Augen führt. § 71 Abs. 1 Satz 3 BGB steht in einem inhaltlichen Zusammenhang mit § 33 BGB. Dem Registergericht soll das Schriftstück vorgelegt werden, das den Vorgang der Satzungsänderung wiedergibt. Da § 33 BGB für Satzungsänderungen einen Beschluß der Mitgliederversammlung vorsieht, ist dieser nach § 71 Abs. 3 Satz 1 BGB vorzulegen. Wenn und soweit man aber § 33 BGB für dispositiv hält und damit ein abweichendes Verfahren für eine Satzungsänderung zuläßt, muß man parallel hierzu die in § 71 Abs. 1 Satz 3 BGB genannten Anforderungen modifizieren. Auf den konkreten Fall der dynamischen Verweisung bezogen bedeutet das: Wenn die Satzung des Mitgliedsvereins vorsieht, daß Satzungsänderungen nicht (nur) durch einen Beschluß der Mitgliederversammlung, sondern (auch) durch eine Satzungsänderung des Dachverbands vorgenommen werden, so wird auch die nach § 71 Abs. 1 Satz 3 BGB geforderte Vorlage des Beschlusses der Mitgliederversammlung durch das Erfordernis ersetzt, das Wirksamwerden der im Dachverband

---

[106] BGHZ 128, 93, 100 (vgl. zu diesem Urteil die in Fn. 24 genannten Nachweise); vgl. auch BGH, NJW-RR 1989, 376, 378; BGH, WM 1988, 1879, 1882; OLG Hamm, NJW-RR 1988, 183, 184 = OLGZ 1987, 397 ff; *v. Look* in *Reichert/v. Look*, Rdnr. 297 a u. Rdnr. 3049; *Sauter/Schweyer*, Rdnr. 329; Müko-*Reuter*, vor § 21 BGB Rdnr. 121; *Röhricht*, Verbandsrecht, S. 12, 17; *Haas/Prokop*, SpuRt 1996, 109; *dies.*, SpuRt 1998, 15, 16; *Daigfuß*, S. 97.

[107] Zu Recht weist *Summerer*, S. 156, darauf hin, daß das Vorliegen einer Satzungsänderung nicht mit dem Hinweis verneint werden kann, der Wortlaut der Satzung des verweisenden Vereins bleibe bei einer Änderung der Satzung des Dachverbands gleich. Diese Argumentation muß als formal-juristisch zurückgewiesen werden.

[108] *Schaible*, S. 41.

beschlossenen Satzungsänderung nachzuweisen.[109] Allein aus § 71 Abs. 1 Satz 3 BGB können Bedenken gegen eine dynamische Verweisung mithin nicht hergeleitet werden.

(2) Fehlende Eintragung in das Vereinsregister

Eine dynamische Verweisung könnte dem Erfordernis des § 71 Abs. 1 Satz 1 BGB widersprechen, wonach für Satzungsänderungen die Eintragung in das Vereinsregister konstitutive Voraussetzung ist.[110] Nach überwiegender Meinung ist die Eintragung eines allgemeinen Vermerks, daß die Satzung geändert wurde, nicht ausreichend.[111] Erforderlich ist vielmehr die Eintragung der geänderten Satzungsbestimmung und die allgemeine Bezeichnung des Gegenstands dieser Bestimmung.[112] Der Wortlaut der geänderten Satzungsbestimmung soll jedoch nicht eingetragen werden, um eine Überfrachtung des Vereinsregisters zu vermeiden.

Bisweilen wird eine teleologische Reduktion von § 71 Abs. 1 Satz 1 BGB gefordert. Die Vorschrift müsse einschränkend dahingehend ausgelegt werden, daß eine Registereintragung jedenfalls dann entbehrlich sei, wenn die in Bezug genommene Bestimmung des Dachverbands ein Regelungsfeld betreffe, das in der Satzung des Mitgliedsvereins bereits zur Regelung durch den Dachverband „freigegeben" wurde, und wenn der Wortlaut der Norm in einem Anhang zu der Satzung des Mitgliedsvereins aufgenommen werde.[113] Die Freigabe erfolge durch eine dynamische Verweisung und setze voraus, daß der Regelungsgehalt auf verbandsspezifische Aufgaben beschränkt sei, die Verweisung in der Satzung des Mitgliedsvereins die konkreten Regelungsfelder aufzähle und die Verweisung jederzeit aufhebbar sei.[114] Folgt man dieser Argumentation, so ist nicht nur die Vorlage eines Beschlusses der Mitgliederversammlung beim Registergericht entbehrlich, sondern auch die Eintragung der Satzungsänderung in das Vereinsregister.

Bei näherer Betrachtung unterliegt eine so weitgehende teleologische Reduktion des § 71 Abs. 1 Satz 1 BGB jedoch durchgreifenden Bedenken. § 71 Abs. 1 Satz 3 BGB hat das in § 33 BGB gesetzlich vorgesehene, aber dispositive Verfahren der Satzungsänderung vor Augen. Soweit § 33 BGB durch die Satzung des Vereins abbedungen wird, zieht dies auch eine modifizierte Auslegung von § 71 Abs. 1 Satz 3 BGB nach sich. § 71 Abs. 1 Satz 1 BGB dagegen knüpft inhaltlich nicht an § 33 BGB an, sondern sieht unabhängig von dessen Dispositivität einen Publizitätsakt vor. Die Eintragung in das Vereinsregister ist ein formelles Erfordernis, das der Verkehrssicherheit dient. Sie steht folglich nicht zur Disposition der Mitglieder. Selbst wenn die Mitglieder im Rahmen der Vereinsautonomie die Möglichkeit haben, das Verfahren der Satzungsänderung abweichend von § 33 BGB zu gestalten und sich im Zuge einer solchen Modifikation die Qualität der nach § 71 Abs. 1 Satz 3 BGB vorzulegenden Urkunde ändert (Vorlage eines Registerauszugs aus dem Ver-

[109] So im Ergebnis auch *Summerer*, S. 157; *König*, S. 248. Hiervon zu unterscheiden ist die materielle Frage, ob eine solche Satzungsgestaltung mit der Vereinsautonomie des verweisenden Mitgliedsvereins vereinbar ist, vgl. unten bb).

[110] Müko-*Reuter*, vor § 21 BGB Rdnr. 121.

[111] A.A. *Enneccerus-Nipperdey*, Allg. Teil, § 111 I 3 Fn. 15.

[112] *Soergel-Hadding*, § 71 BGB Rdnr. 6; Müko-*Reuter*, § 71 BGB Rdnr. 2; *Staudinger-Weick*, § 71 BGB Rdnr. 8. Die Eintragung könnte z.B. lauten: „Durch den Beschluß der Mitgliederversammlung vom ... wurde § 13 der Satzung (Zusammensetzung des Vorstands) geändert."

[113] *Summerer*, S. 157.

[114] *Summerer*, S. 156.

einsregister des Dachverbands), so ist es nicht möglich, darüber hinaus auf die Eintragung der Satzungsänderung in das Vereinsregister zu verzichten. Das Publizitätserfordernis geht etwaigen Autonomie- oder Effizienzgedanken vor.

bb) Materielle Bedenken

Die dynamische Verweisung unterliegt neben formellen auch materiellen Bedenken, da sie erheblich in die Vereinsautonomie des Mitgliedsvereins eingreift. Das wird deutlich, wenn man sich Folgendes vergegenwärtigt: Durch eine (statische oder dynamische) Verweisung auf die Satzung des Dachverbands soll die Satzung des Mitgliedsvereins um die in Bezug genommenen Regelungen des Dachverbands erweitert werden. Die Aufnahme der Verweisung in die Satzung des Mitgliedsvereins ist eine Satzungsänderung, die eines entsprechenden Beschlusses der Mitgliederversammlung bedarf. Wie bei jeder anderen Satzungsänderung müssen die Mitglieder vor der Beschlußfassung Kenntnis von der neuen Satzungsregelung erhalten, also auch von den Bestimmungen, auf die verwiesen wird.[115] Bei einer statischen Verweisung ist dies ohne weiteres möglich. Bei einer dynamischen Verweisung, die auch spätere, noch nicht bekannte Änderungen der Dachverbandssatzung umfassen soll, können die Mitglieder den zukünftigen Inhalt der in Bezug genommenen Bestimmungen im Zeitpunkt der Beschlußfassung jedoch nicht kennen. Der Beschluß betreffend die Einführung der Verweisung kann daher nur die gegenwärtige Fassung der Bestimmungen des Dachverbands umfassen. Spätere Änderungen sind von dem Beschluß der Mitgliederversammlung des angeschlossenen Vereins nicht gedeckt.

Um das Ziel einer dynamischen Verweisung zu erreichen und auch künftige Änderungen der Satzung des Dachverbands in die Satzung des Mitgliedsvereins zu inkorporieren, muß die Mitgliederversammlung des angeschlossenen Vereins nicht nur ihre aktuelle Satzung um die entsprechende Verweisung erweitern, sondern darüber hinaus ihre Kompetenz zur Satzungsänderung auf den Verband übertragen, der die in Bezug genommenen Bestimmungen beschließt. Der Beschluß, eine dynamische Verweisung in die Vereinssatzung aufzunehmen, enthält daher neben einer Satzungsänderung auch eine teilweise Verlagerung der Satzungsänderungskompetenz. Die Frage, ob eine dynamische Verweisung zulässig ist, ist mithin untrennbar mit der Frage verbunden, inwieweit die Satzungsänderungskompetenz abweichend von § 33 BGB auf vereinsfremde Dritte übertragen werden kann.

Vieweg[116] vertritt in diesem Zusammenhang die Auffassung, eine dynamische Verweisung sei zulässig, solange und soweit die Satzungsänderung für sich genommen einer Inhaltskontrolle standhalte. Ein einheitliches Regelwerk für den Dachverband und seine Mitgliedsvereine liege im Interesse der Mitgliedsvereine, da nur so z.B. das Funktionieren der sportlichen Wettkampfbetriebe sichergestellt werden könne. Daneben komme der einheitlichen Satzungsgebung „von oben" eine erhebliche Entlastungswirkung zu. Die Alternative, Satzungsänderungen des Dachverbands durch gleichlautende Änderungsbeschlüsse der angeschlossenen Mitgliedsvereine umzusetzen, wäre so zeit-, arbeits- und kostenaufwendig, daß sie in praktischer Hinsicht kaum in Betracht komme.[117] Ein solches

---

[115] BGH, WM 1988, 1879, 1882 = WuB II L. § 32 BGB 1. 89 (*v. Look*). Zu der Frage, wieviel Zeit den Mitgliedern mindestens verbleiben muß, vgl. BGH, WM 1987, 373 ff.
[116] Normsetzung, S. 347.
[117] *Vieweg*, Normsetzung, S. 345.

Vorgehen würde zu nicht gewollten Unterschieden in den Satzungen der Mitgliedsvereine und zu Effizienzeinbußen führen.

Sicherlich ist es in vielen Fällen notwendig und sinnvoll, daß ein Dachverband bestimmte einheitliche und für die einzelnen Mitgliedsvereine verbindliche Satzungsregelungen erläßt, damit die betreffenden Vereine ihre Aufgaben ordnungsgemäß erfüllen können.[118] Doch kann das Interesse an einem einheitlichen Regelungsgefüge innerhalb eines Dachverbands nicht dazu führen, daß die zwingenden Grenzen der Vereinsautonomie überschritten werden. Es wurde ausführlich begründet,[119] warum eine Übertragung der Satzungsänderungskompetenz auf einen vereinsfremden Dritten nicht zulässig ist. Auch der Dachverband ist nicht Mitglied in den ihm angeschlossenen Vereinen. Es ist daher daran festzuhalten, daß eine Übertragung der Satzungsänderungskompetenz, wie sie mit einer dynamischen Verweisung verbunden ist, mit der Vereinsautonomie nicht zu vereinbaren ist.

c) *Rechtslage beim nicht eingetragenen Verein*

Bei einem nicht eingetragenen Verein i.S.v. § 54 BGB ist eine Satzungsurkunde nicht erforderlich (vgl. § 59 Abs. 2 Nr. 1 und Abs. 3 BGB). Satzungsänderungen werden nicht in das Vereinsregister eingetragen. Dementsprechend unterliegt die Zulässigkeit einer dynamischen Verweisung bei einem nicht eingetragenen Verein keinen formellen Bedenken. Unabhängig von der formellen Zulässigkeit stellt sich aber auch bei einem nicht eingetragenen Verein das Problem, ob es mit der Autonomie des Vereins vereinbar ist, wenn das Recht zur Satzungsänderung in die Hände eines vereinsfremden Dritten gelegt wird. Insoweit gelten für einen nicht eingetragenen Verein die gleichen Grenzen wie für einen eingetragenen Verein. Die dynamische Verweisung ist daher auch bei nicht eingetragenen Vereinen unzulässig.

5. Inkorporation von Vereinsordnungen des Dachverbands in das Regelwerk des Mitgliedsvereins

Dachverbände regeln das innere Vereinsleben nicht nur in ihrer Satzung, sondern auch in zahlreichen Vereinsordnungen.[120] Folglich ist auch der Einfluß der Dachverbände auf die jeweiligen Mitgliedsvereine nicht ausschließlich in den Satzungen der Dachverbände verankert, sondern er kann seine Grundlage auch in Vereinsordnungen haben. Ebenso kann sich eine Verweisung auf das Regelwerk des Dachverbands in einer Vereinsordnung des Mitgliedsvereins finden. Ob sich auf dieser Regelungsebene Besonderheiten für die Wirksamkeit einer konkreten oder dynamischen Verweisung ergeben, wird im folgenden Abschnitt erörtert. Zuvor soll jedoch der Inhalt verschiedener Vereinsordnungen dargestellt werden.

---

[118] *Nicklisch*, S. 42.

[119] Siehe oben § 8 II 3 a).

[120] Zur Regelung durch Vereinsordnungen siehe oben § 8 III.

a) *Inhalt von Vereinsordnungen*

Vereinsordnungen können die verschiedensten Bereiche des Vereinslebens regeln. In den meisten Fällen gibt die Bezeichnung der Vereinsordnung Aufschluß über die in ihr geregelte Materie. Als Beispiel seien die „Finanzordnung", die „Trainerordnung", die „Spielordnung" oder die „Rechtsordnung" genannt.

Ebenso wie Satzungsbestimmungen lassen sich auch Vereinsordnungen nach ihrem Inhalt unterscheiden. Mitgliedschaftliche Vereinsordnungen regeln die Rechtsstellung der Mitglieder und konkretisieren deren Rechte und Pflichten gegenüber dem Verein. Demgegenüber betreffen Geschäftsordnungen in der Regel organisationsrechtliche und verfahrensrechtliche Fragen der einzelnen Organe.[121] Dazu gehören insbesondere Regelungen über den Geschäftsgang, die Einberufung, den Ablauf und die Willensbildung des Organs. Eine Ausnahme besteht für Geschäftsordnungen der Mitgliederversammlung. Hier können die verfahrenstechnischen Regelungen gleichzeitig die Mitverwaltungsrechte der Vereinsmitglieder betreffen.[122] Legt die Geschäftsordnung z.B. im Zusammenhang mit dem Ablauf der Mitgliederversammlung eine Höchstredezeit fest, so erfährt damit auch das Rederecht als Mitverwaltungsrecht des Mitglieds eine Einschränkung.

Mitgliedschaftliche Vereinsordnungen von Dachverbänden weisen ebenso wie mitgliedschaftliche Satzungsregelungen[123] die Besonderheit auf, daß sie sich in Regelungen unterteilen lassen, die die Organisation des Mitgliedsvereins betreffen (mitgliedschaftliche Regelungen betreffend die Organisation oder sekundäre Organisationsregelungen) und Regelungen, die ihre Rechtswirkung gegenüber den Mitgliedern des angeschlossenen Vereins entfalten sollen (mitgliedschaftliche Regelungen betreffend die mittelbaren Mitglieder).

In der vereinsrechtlichen Praxis sind sekundäre Organisationsregelungen in Form von Vereinsordnungen selten.[124] Die Dachverbände erlassen Geschäftsordnungen in der Regel nur für ihre eigenen Organe. Beabsichtigt ein Dachverband, Einfluß auf die Organisation eines Mitgliedsvereins auszuüben, so trifft er eine entsprechende Regelung meistens in seiner Satzung. Weitaus häufiger finden sich auf der Regelungsebene der Vereinsordnungen mitgliedschaftliche Bestimmungen, die die mittelbaren Mitglieder erreichen sollen. Bekanntes Beispiel sind die Wettkampfordnungen der Dachverbände, die einen einheitlichen Wettkampf auf sämtlichen Vereinsebenen gewährleisten sollen und daher nicht nur für die Vereine als unmittelbare Mitglieder des Dachverbands, sondern auch für deren Mitglieder verbindlich sein sollen.

b) *Statische Verweisung*

Vereinsordnungen eines Dachverbands können nur dann statutarische Wirkung im Mitgliedsverein entfalten, wenn sie zuvor auf der Ebene des Dachverbands wirksam erlassen wurden. Sofern Regelungen, die zum notwendigen Satzungsinhalt gehören,[125] unzuläs-

---

[121] *Schlosser*, S. 62; *Kohler*, S. 47.

[122] *Kohler*, S. 45.

[123] Siehe oben § 9 I 4 c).

[124] So aber in § 7 1 f) Lizenzspielerstatut DFB. Das Lizenzspielerstatut ist nicht Teil der Satzung, sondern es zählt zu den Vereinsordnungen, siehe unten § 12 I 2 b).

[125] Zum Satzungsvorbehalt siehe oben § 8 III 3.

sigerweise in einer Vereinsordnung geregelt werden, sind sie für die Mitglieder schon aus diesem Grund nicht verbindlich. Die Frage, ob die Vereinsordnung des Dachverbands Eingang in das Regelwerk des Mitgliedsvereins gefunden hat, stellt sich hier nicht.

Wenn der Dachverband die Regelungen zulässigerweise in einer Vereinsordnung erlassen hat, kommt es darauf an, ob die Vereinsordnung durch Verweisung auch zum Regelungsbestand des Mitgliedsvereins geworden ist. Insoweit sind keine Gründe ersichtlich, die es rechtfertigen könnten, eine Verweisung auf eine Vereinsordnung des Dachverbands geringeren Anforderungen zu unterwerfen als die Verweisung auf dessen Satzung. Eine statische Verweisung im Regelwerk des Mitgliedsvereins auf die Vereinsordnung des Dachverbands ist daher nur zulässig, wenn die Verweisung verständlich gefaßt und hinsichtlich der Vorschriften der Vereinsordnung des Dachverbands, auf die verwiesen wird, hinreichend bestimmt ist. Hat der Mitgliedsverein in einem bestimmten Regelungsbereich selbst keine eigene Vereinsordnung erlassen, so ist der inhaltlichen Bestimmtheit genüge getan, wenn auf die gesamte Vereinsordnung des Dachverbands verwiesen wird, denn eine Überschneidung mit eigenen Bestimmungen des Mitgliedsvereins ist in diesen Fällen nicht möglich. Das Mitglied kann also ohne Schwierigkeiten erkennen, welche Regelungen maßgeblich sind.

Regelungsort der Verweisung auf eine Vereinsordnung muß nicht notwendigerweise die Satzung[126] des verweisenden Vereins sein, sondern die Verweisung kann ebenso in einer Vereinsordnung getroffen werden.[127] Allerdings ist zu beachten, daß die Befugnis des Vereins Vereinsordnungen zu erlassen, in der Satzung gewährt sein muß. Fraglich ist dabei, ob die Ermächtigungsnorm zum Erlaß einer Vereinsordnung die Möglichkeit einer Verweisung ausdrücklich vorsehen muß. Dafür könnte sprechen, daß die Ermächtigungsnorm zum Erlaß einer Vereinsordnung Inhalt, Zweck und Umfang der Ordnung klar bezeichnen muß.[128] Bei näherer Betrachtung läßt sich ein solches Erfordernis jedoch nicht rechtfertigen. Die inhaltlichen Anforderungen an die Ermächtigungsnorm dienen allein dem Schutz der Mitglieder. Da sie nur an dem Zustandekommen der Ermächtigungsnorm, nicht aber am Erlaß der Vereinsordnung selbst beteiligt sind, sollen sie wissen, inwieweit sie ihre Regelungsbefugnis aus der Hand geben. Für die Mitglieder macht es aber keinen Unterschied, ob das zum Erlaß der Vereinsordnung ermächtigte Organ die Regelungen selbst erläßt oder durch eine konkrete Verweisung auf die Regelungen in einer Verordnung des Dachverbands Bezug nimmt. Das ermächtigte Organ könnte die Bestimmungen mit gleichem Inhalt ebenso selbst erlassen. Es ist daher ausreichend, wenn die in Bezug genommenen Regelungen in der Vereinsordnung des Dachverbands inhaltlich von der Ermächtigungsnorm gedeckt sind. Einer ausdrücklichen Ermächtigung zur Aufnahme einer konkreten Verweisung bedarf es nicht.

c) *Dynamische Verweisung*

Vereinsordnungen sind nicht Bestandteil der Satzung, sondern stehen als eigenständige Regelungen unterhalb der Satzung.[129] Folglich unterliegen sie nicht den gesetzlichen Form-

---

126 Vgl. § 2 Abs. 2 Satzung BFB; § 23 Satzung HBV.
127 Vgl. § 1 Wettspiel-Ordnung WTB.
128 Siehe dazu oben § 8 III 4.
129 BGHZ 47, 172, 180.

vorschriften im Hinblick auf Satzungsänderungen. Die formellen Bedenken, die gegen eine dynamische Verweisung auf Satzungsebene geltend gemacht wurden, können hier also nicht durchgreifen.

Auch im Hinblick auf die materiellen Bedenken ergibt sich ein anderes Bild als bei der dynamischen Verweisung auf Satzungsregelungen. Wie bereits erörtert,[130] verlagert eine dynamische Verweisung die Kompetenz zum Erlaß der betreffenden Regelungen auf einen vereinsfremden Dritten. Während die Zuständigkeit der Mitgliederversammlung zum Erlaß von Satzungsregelungen zwingend ist und daher die Unzulässigkeit einer dynamischen Verweisung begründet, kann die Kompetenz zum Erlaß von Vereinsordnungen auf Dritte übertragen werden.[131] Dementsprechend unterliegt eine dynamische Verweisung auf die Vereinsordnung eines Dachverbands keinen materiellen Bedenken. Eine dynamische Verweisung muß selbstverständlich ebenfalls konkrete Angaben darüber enthalten, auf welche Vorschriften der Vereinsordnung des Dachverbands Bezug genommen wird. Wenn der Mitgliedsverein für einen Regelungsbereich keine Vereinsordnung erlassen hat, ist eine Verweisung auf die gesamte Vereinsordnung des Dachverbands zulässig.[132]

Es stellt sich auch hier die Frage, ob die satzungsmäßige Ermächtigungsnorm für den Erlaß von Vereinsordnungen die Möglichkeit einer dynamischen Verweisung auf Vereinsordnungen des Dachverbands vorsehen muß oder ob dies – wie bei einer statischen Verweisung – entbehrlich ist. Eine Vereinsordnung ist nur wirksam, wenn bereits die Ermächtigungsnorm das für den Erlaß der Vereinsordnung zuständige Organ benennt. Soll das genannte Organ berechtigt sein, seine Kompetenz erneut zu übertragen, so muß sich dies aus der Ermächtigungsnorm ergeben.[133] Da durch eine dynamische Verweisung die Kompetenz zum Erlaß der Vereinsordnung auf einen Dritten übertragen wird, muß die Mitgliederversammlung bereits in der satzungsmäßigen Ermächtigungsnorm die Zulässigkeit einer dynamischen Verweisung vorsehen. Der Inhalt der Vereinsordnung, die der Dachverband erläßt, muß in jeder Fassung von der Ermächtigungsnorm in der Satzung des Mitgliedsvereins gedeckt sein.

III. Statutarische Wirkung des Regelwerks des Dachverbands im Mitgliedsvereins durch Geltungsvorrang

Allein der Eintritt eines Vereins in einen Dachverband führt nicht dazu, daß die Regelungen des Dachverbands ohne weiteres zum Bestandteil der Satzung des angeschlossenen Vereins werden. Es bedarf vielmehr einer konkreten Verweisung auf das Regelwerk des Dachverbands, um dessen Bestimmungen (Satzung, Vereinsordnungen) in das Regelwerk des Mitgliedsvereins zu inkorporieren. In der Praxis finden sich solche konkreten Verweisungen nur selten. Damit bleibt die Frage zu beantworten, welches Rangverhältnis zwischen den Regelungen des Dachverbands und den Regelungen des Mitgliedsvereins besteht, wenn die Voraussetzungen einer wirksamen Inkorporation nicht erfüllt sind. Es ist denkbar, daß die Satzung des Dachverbands auch ohne Inkorporation – gleichsam als

---

130 Siehe oben § 9 II 4 b) bb).
131 Siehe oben § 8 III 5.
132 Vgl. insoweit die Ausführungen zur statischen Verweisung § 9 II 5 b).
133 Siehe oben § 8 III 4.

höherrangiges Recht – Geltungsvorrang vor etwaigen widersprechenden Regelungen des Mitgliedsvereins beanspruchen kann (dazu 2.). Eine andere Möglichkeit zur Bestimmung des Rangverhältnisses zwischen den Regelungen des Dachverbands und den Regelungen des Mitgliedsvereins bietet ein Rückgriff auf konzernrechtliche Strukturen. Ebenso wie der Abschluß eines Beherrschungsvertrags dazu führt, daß die Satzung des herrschenden Unternehmens die Satzung des beherrschten Unternehmens für die Dauer des Beherrschungsvertrags außer Kraft setzt,[134] könnte auch der Eintritt in einen Dachverband einen Geltungsvorrang für dessen Satzung begründen, indem seine Satzung die Satzung des Mitgliedsvereins überlagert (dazu 3.). Die Rechtsfolgen einer derartigen Überlagerung der Satzung des Mitgliedsvereins durch die Satzung des Dachverbands entsprechen denen einer Inkorporation. In beiden Fällen würde die Satzung des Dachverbands unmittelbare statutarische Wirkung im Mitgliedsverein entfalten und daher Vorrang vor der Satzung des Mitgliedsvereins beanspruchen.[135]

1. Rechtliche Einordnung der Vereinssatzung

Die Frage, ob die Satzung des Dachverbands der Satzung des Mitgliedsvereins als höherrangiges Recht vorgeht, kann nur beantwortet werden, wenn man sich zunächst die Rechtsqualität der Satzung vor Augen führt.

a) Dogmatische Begründungsmöglichkeiten

Der Gesetzgeber des Bürgerlichen Gesetzbuches hat die Frage der rechtlichen Qualität der Satzung bewußt offen gelassen.[136] Folglich ist die Einordnung bis heute umstritten. Es stehen sich eine korporationsrechtliche und eine rechtsgeschäftliche Betrachtungsweise gegenüber. Während die Vertreter eines korporationsrechtlichen Ansatzes der Satzung normähnliche Qualität zusprechen, ordnen die Befürworter einer rechtsgeschäftlichen Betrachtungsweise die Satzung als vertragliche Regelung ein. In jüngerer Zeit sprechen sich Stimmen für eine Doppelqualität der Satzung aus.

Auf die durch *Otto von Gierke* begründete sog. strenge Normentheorie[137] soll hier nur der Vollständigkeit halber eingegangen werden. Die strenge Normentheorie versteht die Vereinsautonomie ganz im Wortsinn, nämlich als Recht zur Selbst*gesetz*gebung. Der Körperschaft stehe im Rahmen des staatlichen Rechts eine autonome Befugnis zur Rechtsetzung zu, so daß der Satzung Normqualität zukomme. Aus dieser Rechtsqualität der Satzung wird weiter gefolgert, daß sie gleichsam hoheitliche Rechte gegenüber ihren Mitgliedern gewährleiste.[138]

---

134 BGHZ 105, 324, 331; *Timm*, BB 1981, 1491, 1492; *Lutter/Hommelhoff*, NJW 1988, 1240, 1241; *diess.*, Anh. § 13 GmbHG, Rdnr. 35; *Winter*, ZHR 1990, 259, 272.

135 Zu den Rechtsfolgen siehe oben § 9 I 1.

136 Motive I, S. 93 = *Mudgan* I, S. 403.

137 *V. Gierke*, Allg. Teil, S. 142 f u. 485 f.

138 *V. Gierke*, Allg. Teil, S. 142 f u. 485 f; *Oertmann*, ArchRWiPhil 7 (1913/1914), S. 127 ff; *Leist*, S. 200; *Hedemann*, Arch f. BürgR 38 (1913), S. 132 ff.

Heute besteht Einigkeit darüber, daß der Satzung eines Vereins nicht die Qualität einer Rechtsnorm – etwa i.S. des Art. 2 EGBGB – zukommt.[139] Die Rechtsetzung ist allein staatliche Aufgabe, die durch unmittelbar demokratisch legitimierte Gesetzgebungsorgane ausgeübt wird (Art. 20 Abs. 2 GG). Die strenge Normentheorie wird heute nicht mehr vertreten und daher zutreffend als Rechtshistorie bezeichnet.[140]

aa) *Modifizierte Normentheorie*

Die Vertreter der sog. modifizierten Normentheorie[141] gehen davon aus, daß der Verein durch die Satzung als einen Gründungsvertrag entsteht, also aufgrund eines Rechtsgeschäfts. Sobald der Verein ins Leben gerufen ist, soll die Satzung aber nicht mehr als Vertrag gelten, sondern zu einer „eigenständigen körperschaftlichen Norm des Vereinslebens“[142] werden. Damit erkennt die modifizierte Normentheorie zunächst den rechtsgeschäftlichen Ursprung der Satzung an, jedoch soll nach Abschluß des Gründungsvertrags eine Wandlung der Rechtslage im Hinblick auf den Gründungsvertrag stattfinden, so daß die Satzung in der Folgezeit wie eine Norm behandelt werden kann.

Der Bundesgerichtshof[143] hat diese Metamorphose wie folgt beschrieben: „Diese [Satzung] ist zwar zunächst ein von den Gründern geschlossener Vertrag ... Mit der Entstehung des Vereins löst sie sich aber völlig von deren Personen. Sie erlangt ein unabhängiges Eigenleben, wird zur körperschaftlichen Verfassung des Vereins und objektiviert fortan das rechtliche Wollen des Vereins als der Zusammenfassung seiner Mitglieder“.[144] „Die Satzung verliert ihren Charakter als Vertrag und wird kraft Korporationsrechts zur Verfassung, sobald der Verein ins Leben tritt“.[145] Im Anschluß an die höchstrichterliche Rechtsprechung wird die Satzung auch in der Literatur z.T. als eine Rechtsnorm kraft privater Normsetzung beschrieben.[146] Der Satzung soll also zumindest eine normähnliche Qualität zukommen.

bb) *Vertragstheorie*

Die Vertreter der sog. Vertragstheorie[147] lehnen die Wandlung der Satzung von einem Rechtsgeschäft zu einer körperschaftsrechtlichen Norm ab. Sie sind der Ansicht, es lasse

---

139 RGZ 135, 242, 254 (für den nicht eingetragenen Verein); *Soergel/Hartmann*, Art. 2 EGBGB Rdnr. 8; *v. Look*, S. 76.

140 *Reuter*, DZWir 1996, 1, 2.

141 *Meyer-Cording*, S. 46 ff; ders., NJW 1966, 228 ff; Müko-*Reuter*, § 25 BGB Rdnr. 10; RGRK-*Steffen*, vor § 21 BGB Rdnr. 32; *Stöber*, Rdnr. 41; *Sauter/Schweyer*, Rdnr. 36; *K. Schmidt*, Gesellschaftsrecht, § 5 I 1; *Habscheid*, S. 158, 159; *Baecker*, S. 32; *Reemann*, S. 138; *Kirchhof*, S. 268; *Edenfeld*, S. 37 ff.

142 BGHZ 21, 370, 373 f, mit Verweis auf RGZ 165, 140, 143.

143 Die Entwicklung der Rechtsprechung ist dargestellt bei *Simon*, S. 30 ff; *Reemann*, S. 87 f.

144 BGHZ 47, 172, 179 f.

145 BGHZ 21, 370, 374 f (für den nichtrechtsfähigen Verein). Die Nähe der Rechtsprechung des Reichsgerichts und des Bundesgerichthofs zur Normentheorie ergibt sich weiter aus Formulierungen wie „Selbstgesetzgebung“ (RGZ 73, 187, 191), „Grundgesetz des Verbands“ (RG SeuffA 59 Nr. 118), „abstrakt-generellen Normen des Vereinsrechts“ (BGHZ 47, 172, 179; 71, 126, 128).

146 *Reemann*, S. 138.

147 *V. Tuhr*, Allg. Teil Band I, § 35 III; *Enneccerus/Nipperdey*, Allg. Teil, § 99 II; *Coing*, in: FS für Flume Band I, S. 429, 436; *Soergel-Hadding*, § 25 BGB Rdnr. 17 ff; *ders.*, in: FS für Fischer, S. 165,

sich keine gesetzliche oder sonstige rechtliche Grundlage dafür anführen, daß ein Vertrag durch den Beginn seiner Ausführungen den Charakter eines Rechtsgeschäfts verliere.[148] Daher sei nicht nur die Gründung des Vereins als Abschluß eines Rechtsgeschäfts zu begreifen, sondern die Satzung gelte auch weiter als vertragliche Vereinbarung fort. Die korporative innere Ordnung des Vereins, d.h. seine körperschaftliche Organisation, könne ebenso mit rechtsgeschäftlichen Mitteln hergestellt werden und auch alle späteren Fragen im „Leben des Vereins" könnten mit den im Bürgerlichen Gesetzbuch vorgesehenen privatrechtlichen Gestaltungsmitteln der Rechtsgeschäftslehre dogmatisch zutreffend gelöst werden.

cc) Doppelqualität der Satzung

In neuerer Zeit hat sich *Vieweg*[149] für eine rechtliche Doppelqualität der Satzung ausgesprochen. Der Satzung könne – je nach dem Willen der Mitglieder – sowohl normativer als auch rechtsgeschäftlicher Charakter zukommen, denn die den Vereinen zukommende sog. „Chance zur endgültigen Selbstregulierung"[150] umfasse nicht nur das „Ob", sondern auch das „Wie" der Selbstregulierung. Die Rechtsordnung lasse den Vereinen ein Wahlrecht zwischen einer Normsetzung und einem rechtsgeschäftlichen Tätigwerden. Das Recht darüber zu bestimmen, welche Rechtsqualität im konkreten Fall gewählt werde, liege bei den Gründern des Vereins. Allerdings sei die Entscheidung von den Gerichten nach § 242 BGB daraufhin überprüfbar, ob sie dem abgewogenen, grundrechtlich geschützten Interesse von Verein und typischerweise betroffenen Mitgliedern entspreche.[151] Das Interesse der Mitglieder gehe typischerweise dahin, die Vereinssatzung als Rechtsnorm zu qualifizieren. Diese Qualifizierung entspreche den soziologischen Gegebenheiten und bringe darüber hinaus am besten zum Ausdruck, daß die Satzung alle Mitglieder gleichermaßen binde und nicht individuell aushandelbar sei.

b) Tragweite der Einordnung

Die Einordnung der Satzung hinsichtlich ihrer Rechtsqualität hat unmittelbare Auswirkungen auf die Frage, in welchem Rangverhältnis die Regelungen in der Satzung des Dachverbands zu den Regelungen in der Satzung des Mitgliedsvereins stehen. Spricht man sich für eine „normähnliche Qualität" der Satzung aus und versteht man infolgedessen das Verhältnis zwischen Verein und Mitglied als Über-Unterordnungverhältnis,[152] so ist es denkbar, zur Bestimmung des Rangverhältnisses zwischen Dachverband und Mitgliedsverein das im Staatsrecht im Verhältnis von Bund und Ländern geltende Prinzip „Bundesrecht

---

188 ff; *ders.*, WM 1988, 1466 ff; *v. Look* in *Reichert/v. Look*, Rdnr. 285; *ders.*, S. 89 ff; *Flume*, Allg. Teil Band I/2, § 9 I; *ders.*, in: FS für Bötticher, S. 101, 108 ff; *Wiedemann*, Gesellschaftsrecht Band I, § 3 II 1; *Böttcher*, ZfA 1970, 3, 44 ff; *Nicklisch*, S. 24; *Maier*, S. 139 ff.

[148] *Hadding*, in: FS für Fischer, S. 165, 167.

[149] Normsetzung, S. 321; ihm folgend *Hohl*, S. 167.

[150] Siehe dazu § 4 III 1 a).

[151] *Vieweg*, Normsetzung, S. 323.

[152] BGHZ 13, 5, 11; 21, 370, 373; 87, 337, 344.

bricht Landesrecht" heranzuziehen.[153] Danach verliert bei konkurrierender Gesetzgebungszuständigkeit der Gliedstaat (Mitgliedsverein) seine Zuständigkeit, soweit der Gesamtstaat (Dachverband) von seiner Kompetenz Gebrauch gemacht hat. Aus dem normativen Geltungsanspruch folgt somit ein Vorrang der Dachverbandssatzung vor der Satzung des Mitgliedsvereins. Die Tatsache, daß bei einem solchen Verständnis auch der Satzung des Mitgliedsvereins normähnlicher Charakter zukommt, ändert an diesem Ergebnis nichts. Denn der normähnliche Charakter der Satzung des Mitgliedsvereins würde wiederum nur einen Vorrang gegenüber vergleichbaren Regelungen seiner Mitglieder begründen; an dem Vorrang der Satzung des Dachverbands würde dies aber nichts ändern.

Befürwortet man dagegen eine rechtsgeschäftliche Betrachtungsweise, so bewegen sich die Rechtsverhältnisse zwischen Dachverband und Mitgliedsverein in den Bahnen der allgemeinen Rechtsgeschäftslehre. Mit dem Eintritt in den Dachverband entsteht zwischen dem Dachverband und dem Mitgliedsverein ein Schuldverhältnis i.S. der §§ 241, 305 BGB mit schuldrechtlichen Leistungsrechten und -pflichten auf beiden Seiten, sowie eine rechtsgeschäftlich herbeigeführte Organisationsregelung.[154] Die Mitgliedschaft im Dachverband ist dann als schuldrechtliche Bindung des Mitgliedsvereins zu verstehen. Diese schuld- und organisationsrechtliche Bindung wiederum legt ein – im Vergleich zu der normähnlichen Einordnung – gegenteiliges Ergebnis nahe, d.h. einen Vorrang der Satzung des Mitgliedsvereins. Denn in der Regel können schuldrechtliche Bindungen eines Vereins mit Dritten keinen Vorrang beanspruchen vor den Regelungen, die in der Satzung des Vereins getroffen werden.[155]

c) Stellungnahme

Subjektive Rechte und Pflichten zwischen Subjekten des Privatrechts können nur durch Gesetz oder Rechtsgeschäft begründet, geändert oder aufgehoben werden. Normähnliche Qualität kann der Satzung eines Vereins daher nur zukommen, wenn sie als „Rechtsnorm kraft privater Rechtsetzung" in eine neu zu bestimmende Kategorie fiele, die sich als Rechtsnorm sui generis von Gesetz und Rechtsgeschäft unterscheidet.[156] Dieses Ergebnis erscheint nicht unbedenklich, denn auch die Vertreter der modifizierten Normentheorie lassen die Frage unbeantwortet, welche besonderen Eigenschaften diese Rechtsnormen

---

153 Offengelassen von LG Stuttgart, SpuRt 1995, 73, 74; befürwortet von *Bär*, SpuRt 1995, 75. Auch in der Schweiz leiten einige Autoren aus der föderativen Struktur der Dachverbände her, daß die Regelungen des Dachverbands „quasi automatisch" auch für die Mitglieder der angeschlossenen Vereine gelten, vgl. hierzu die bei *Baddeley*, S. 105 in Fn. 14 genannten Autoren. *Baddeley* dagegen lehnt eine solche automatische Bindung ab, weil die Mitglieder der angeschlossenen Vereine die Regelungen des Dachverbands meist nicht kennen und sich nicht einmal bewußt sind, daß diese auch für sie gelten sollen.

154 *V. Look*, S. 96.

155 Eine Ausnahme gilt seit dem sog. „Supermarktbeschluß" des Bundesgerichtshofs (BGHZ 105, 324 ff) für den Abschluß eines Beherrschungsvertrags. Hier wird die Satzung der Gesellschaft durch eine schuldrechtliche Abrede (den Beherrschungsvertrag) in ihrer Geltung verdrängt. Darauf wird unten näher eingegangen, siehe § 9 III 3 a) aa).

156 *Meyer-Cording*, S. 97 ff, spricht von Rechtsnormen „minderen Ranges".

„minderen Ranges" haben sollen, die sie von anderen „normalen" Rechtsnormen unterscheiden.[157]

Neben diesem Einwand aus der Rechtsquellentheorie sprechen auch methodische Erwägungen gegen die eingeschränkte Normentheorie. Die Befugnis zu privater Normsetzung auf rechtsgeschäftlicher Grundlage bedarf einer staatlichen Legitimation, wie sie sich z.B. in §§ 1 Abs. 1, 4 Abs. 1 TVG findet.[158] *Kirchhof*[159] stützt die staatliche Anerkennung privater Rechtsetzung auf die §§ 25, 28, 33 BGB. Es ist jedoch zweifelhaft, ob diese Vorschriften als Legitimationsnormen herangezogen werden können. Anders als §§ 1 Abs. 1, 4 Abs. 1 TVG sagt der Wortlaut der §§ 25, 28 oder 33 BGB nichts von einer normativen Wirkung der Satzung. Es ist daher nicht ersichtlich, warum das, was für den Tarifvertrag und die Betriebsvereinbarung gesetzlich vorgeschrieben ist, sich für das Verhältnis zwischen der Vereinssatzung und den Mitgliedern von selbst versteht.[160] Hinzu kommt, daß Vereine – anders als Koalitionen – in der Regel gerade keine staatlichen, d.h. öffentlichen Aufgaben wahrnehmen.[161] Auch dies spricht gegen eine Befugnis der Vereine zu privater Rechtsetzung. Eine Anerkennung privater Rechtsetzung ist für den Bereich der Personenvereinigungen des Zivilrechts also nicht auszumachen.[162]

Darüber hinaus legen systematische Überlegungen eine rechtsgeschäftliche Betrachtungsweise nahe. Art. 9 GG gewährt neben der Vereinsautonomie auch die gesellschaftsrechtliche Vertragsfreiheit. Der wirtschaftliche Verein i. S des § 22 BGB ist das Grundmodell der körperschaftlich organisierten Handelsgesellschaften (§ 6 Abs. 2 HGB). Die interne Selbstbestimmung der körperschaftlich organisierten Handelsgesellschaften ist nach einhelliger Ansicht dem rechtsgeschäftlichen Bereich zuzurechnen, der sich auf der Ebene der Gleichordnung zwischen Gesellschaft und Mitgliedern vollzieht. Dem Grundmodell der Körperschaften (dem Verein) können jedoch nicht qualitativ andersartige Befugnisse gegenüber seinen Mitgliedern zugestanden werden als den spezielleren Erscheinungsformen (AG, GmbH).[163]

Schließlich bleibt die modifizierte Normentheorie eine überzeugende Begründung dafür schuldig, warum sich die Satzung nach der Gründung des Vereins von ihrem rechtsgeschäftlichen Charakter lösen und zur „Verfassung" wandeln soll. Ein Rechtsgrund für diese Änderung wird nicht angegeben. Nicht überzeugen kann das Argument, die Umwandlung sei erforderlich, weil die Satzung als abstrakt-generelle Regelung nicht auf einen konkreten Einzelfall bezogen, sondern auf einen wechselnden Kreis von Adressaten ausgerichtet sei.[164] Man folgert daraus, daß die Satzung gewisse Charakteristika einer Rechtsnorm aufweist, die eine Behandlung als quasinormative Regelung erforderten. Bei näherer Betrachtung zeigt sich, daß die abstrakt-generelle Geltung der Satzung die Einordnung als Rechtsnorm nicht zwingend verlangt, weil die Anwendbarkeit auf eine Vielzahl von Fällen keineswegs den Rechtsnormen vorbehalten ist. Auch rechtsgeschäftliche Regelungen können –

---

157 So zurecht *Maier*, S. 133.
158 *V. Look*, S. 80 u. 101.
159 S. 272; ihm folgend *Vieweg*, Normsetzung, S. 322.
160 *Edenfeld*, S. 40.
161 *V. Look*, S. 82. Zu den öffentlichen Aufgaben zivilrechtlich organisierter Wirtschaftsverbände vgl. *Leßmann*, S. 45 ff.
162 *V. Look*, S. 101.
163 *Soergel-Hadding*, vor § 21 BGB Rdnr. 50; *v. Look*, S. 71.
164 So aber Müko-*Reuter*, § 25 BGB Rdnr. 10; *Kirchhof*, S. 267; *Reemann*, S. 96 f.

wie Allgemeine Geschäftsbedingungen zeigen – auf eine Vielzahl von Fällen Anwendung finden.

Auch die Tatsache, daß die Satzung darauf angelegt ist, die Organisation eines auf Dauer angelegten Rechtssubjekts zu regeln, erfordert nicht die Einordnung als quasi-normative Regelung. Den daraus folgenden Besonderheiten kann ebenso durch eine modifizierte Anwendung der allgemeinen rechtsgeschäftlichen Grundsätze Rechnung getragen werden.[165] So werden nach den Regeln über die fehlerhafte Gesellschaft die Nichtigkeitsfolgen bei Gründungs- oder Beitrittserklärungen auf ein Kündigungsrecht reduziert.[166] Des weiteren wird die Satzung nicht nach den §§ 133, 157 BGB, die allein auf die Vorstellungen der Vertragsparteien (dies wären bei Körperschaften die Gründer) abstellen, ausgelegt. Vielmehr sind objektive Kriterien, wie etwa der Wortlaut der Satzung, der Vereinszweck oder die Mitgliederinteressen ausschlaggebend.[167] Haben die Gründer durch die Wahl der Rechtsform des Vereins ihre Vereinigung auf einen Wechsel der Mitglieder ausgerichtet, so müssen sie sich entgegenhalten lassen, daß Vorstellungen, die in der Satzung keinen Niederschlag gefunden haben, bei der Auslegung derselben nicht berücksichtigt werden können. Eine an objektiven Kriterien orientierte Auslegung ist auch bei Austauschverträgen anzutreffen, wie ein Blick auf die Auslegung von Allgemeinen Geschäftsbedingungen zeigt.[168] Schließlich greift die Vermutung des § 139 BGB nicht ein, wenn nur Teile einer Satzung nichtig sind. Eine Gesamtnichtigkeit der vertraglichen Grundlage würde den Interessen der Mitglieder am Fortbestand des Vereins zuwiderlaufen.[169]

Es zeigt sich, daß ein Wandel vom (Schuld- und Organisations-) Vertrag zur innerkörperschaftlichen (Rechts-) Norm weder erforderlich noch methodisch schlüssig ist. Vielmehr lassen sich auch mit einem rechtsgeschäftlichen Verständnis die Rechtsprobleme des Vereinsrechts zutreffend erfassen. Das rechtsgeschäftliche Verständnis führt zudem zu einem Gewinn an Rechtssicherheit, weil sich die verschiedenen Fragestellungen in ein „festes Bezugssystem mit erheblich genauer umrissenen Tatbeständen und ausgeformten Regelungszusammenhängen"[170] einordnen lassen. Ein solcher Rückgriff ist im Rahmen des vagen Korporationsrechts nicht möglich. Die Vereinssatzung ist somit nicht nur hinsichtlich ihrer Entstehung, sondern darüber hinaus auch hinsichtlich ihres Inhalts und ihrer Wirkung als (Schuld- und Organisations-) Vertrag zu verstehen.

Ein anderes Ergebnis läßt sich auch nicht mit der von *Vieweg* vorgeschlagenen Doppelqualität der Satzung begründen. Zwar mag sich mit der rechtlichen Doppelqualität die Metamorphose der Vereinssatzung vom Vertrag zur Rechtsnorm erklären lassen;[171] es fehlt aber weiterhin die Legitimation der Mitglieder, Rechtsnormen zu setzen. Nach der hier vertretenen Ansicht kann diese Legitimation auch nicht in der „Chance zur endgültigen

---

165 *V. Look* in *Reichert/v. Look*, Rdnr. 302; *ders.*, S. 99; *Soergel-Hadding*, § 25 BGB Rdnr. 17; *Wiedemann*, Gesellschaftsrecht, § 3 II I.

166 *V. Look* in *Reichert/v. Look*, Rdnr. 638; *ders.*, S. 99; *Sauter/Schweyer*, Rdnr. 75; *Soergel-Hadding*, § 25 BGB Rdnr. 23; § 705 BGB Rdnr. 70 ff; Großkomm-*Ulmer*, § 105 HGB Rdnr. 337.

167 BGHZ 47, 172, 179 f; *v. Look* in *Reichert/v. Look*, Rdnr. 301; *ders.*, S. 99 f; *Soergel-Hadding*, § 25 BGB Rdnr. 32; *Staudinger-Weick*, § 25 BGB Rdnr. 16; *Flume*, Allg. Teil Band I/2, § 9 I; *Herfs*, S. 208.

168 BGHZ 77, 116, 118; BGH, NJW 1981, 816, 817; *Ulmer/Brandner/Hensen-Ulmer*, § 5 AGBG Rdnr. 8.

169 *Soergel-Hadding*, § 25 BGB Rdnr. 22; *Teichmann*, S. 136; *v. Look*, S. 99; *Kirberger*, S. 255.

170 *Soergel-Hadding*, vor § 21 BGB Rdnr. 50; *ders.*, in: FS für Fischer, S. 165, 193.

171 *Vieweg*, Normsetzung, S. 322.

Selbstregulierung" gesehen werden. Die „Chance zur endgültigen Selbstregulierung" hat keinen über die in § 25 BGB garantierte Vereinsautonomie hinausgehenden Gehalt und kann daher nicht die Anerkennung privater Rechtsetzung begründen.

2. Satzung des Dachverbands als höherrangiges Recht

a) *Allgemeine Rechtsfolgen der Vertragstheorie*

Aus der rechtsgeschäftlichen Einordnung der Satzung ergeben sich folgende Konsequenzen: Der Gründungsvorgang vollzieht sich, indem die Gründer sich über den Inhalt der Satzung einigen und erklären, Mitglieder des Vereins werden zu wollen.[172] Dies geschieht durch Willenserklärungen. Der Gründungsvorgang ist als Rechtsgeschäft zu qualifizieren. Es handelt sich um einen mehrseitigen Vertrag, in dem inhaltlich gleichlautende Willenserklärungen gebündelt werden. Besteht bereits ein Verein, so kann die Satzung dieses Vereins geändert werden, indem die Mitgliederversammlung einen dahingehenden Beschluß faßt. Die Stimmabgabe ist eine empfangsbedürftige Willenserklärung des einzelnen Mitglieds, die auf die Rechtsfolge der Willensbildung im Verein durch Beschlußfassung gerichtet ist.[173] Der Beschluß ist ein mehrseitiges Rechtsgeschäft,[174] doch kann er nicht als Vertrag qualifiziert werden, weil er nicht durch Willensübereinstimmung aller Beteiligten zustande kommt, sondern auch die Mitglieder bindet, die sich der Stimme enthalten oder gegen den Beschlußgegenstand gestimmt haben. Damit werden aber nicht die rechtsgeschäftlichen Bahnen verlassen. Es handelt sich um einen in § 305 BGB geregelten Fall, in dem „ein anderes bestimmt ist". Mit der Geltung dieser Regelung haben sich die Mitglieder bei der Gründung oder beim Eintritt in den Verein einverstanden erklärt.

b) *Konkrete Folgerungen für das Verhältnis der Satzung des Mitgliedsvereins zu der Satzung des Dachverbands*

Aus einem rechtsgeschäftlichen Verständnis der Grundlagen des Vereinsrechts folgt des weiteren, daß die mitgliedschaftliche Beziehung zwischen Dachverband und Verein als rechtsgeschäftlich begründete und ausgestaltete Bindung zu verstehen ist.[175] Auch wenn die Satzung eines Dachverbands neben der rechtsgeschäftlichen Bindung der Mitglieder organisationsrechtliche Wirkungen entfaltet, kann ihr im Rahmen der Beziehung zwischen Dachverband und Verein ein genereller Geltungsvorrang nicht zugesprochen werden. Ein

---

[172] *V. Look*, S. 91.

[173] BGHZ 14, 264, 267; 48, 163, 173; 65, 93, 97; *Reichert* in *Reichert/v. Look*, Rdnr. 1047; *Soergel-Hadding*, § 32 BGB Rdnr. 25; Müko-*Reuter*, § 32 BGB Rdnr. 26; *K. Schmidt*, Gesellschaftsrecht, § 15 I 2; *Zöllner*, Stimmrechtsmacht S. 10 Fn. 29.

[174] *V. Tuhr*, Allg. Teil Band I, § 36 IV; *Flume*, Allg. Teil Band I/2, § 7 VII 1; *K. Schmidt*, Gesellschaftsrecht, § 15 I 2.

[175] Das wird – soweit ersichtlich – auch von den Stimmen, die die Mitgliedschaft als subjektives Recht einordnen, nicht bestritten. Nach ihrer Ansicht ist die Mitgliedschaft sowohl Rechtsverhältnis als auch subjektives Recht, vgl. Müko-*Reuter*, § 38 BGB Rdnr. 6; *Wiedemann*, Übertragung, S. 39; *K. Schmidt*, Gesellschaftsrecht, § 19 I; *Lutter*, AcP 180 (1980), 84, 101; *Habersack*, S. 66 f. Gegen diese doppelte Einordnung: *Hadding*, in: FS für Reinhardt, S. 249, 253; *Menke*, S. 96 ff.

Vergleich mit anderen Fällen, in denen eine schuldrechtliche Verpflichtung einer Vereinigung mit deren Satzung kollidiert, spricht vielmehr für einen Vorrang der Satzung des Mitgliedsvereins. Befindet sich z.B. eine der Satzung einer GmbH widersprechende Regelung in dem Anstellungsvertrag der GmbH mit ihrem Geschäftsführer,[176] so genießt nach ganz überwiegender Ansicht die Satzung Vorrang vor abweichenden schuldrechtlichen Vereinbarungen.[177] Daraus folgt, daß ein von den Regelungen im Anstellungsvertrag abweichender Beschluß der Gesellschafter wirksam ist. Dem Geschäftsführer stehen bei einem Verstoß gegen die Bestimmungen in seinem Anstellungsvertrag zwar Schadenersatzansprüche[178] oder das Recht zur Kündigung zu.[179] Im Ergebnis entfaltet die schuldrechtliche Vereinbarung aber keine organisationsrechtliche Wirkung.

Der Vorrang der Satzung der GmbH vor der vertraglichen Regelung wird damit begründet, daß der Satzung eine bessere Rechtfertigung in Form der Billigung durch alle oder zumindest die satzungsändernde Mehrheit der Gesellschafter zugrunde liege. Des weiteren wird der Vorrang der Satzung auf das Bedürfnis nach Publizität gestützt. Gläubiger und neu eintretende Gesellschafter könnten sich nicht zuverlässig über die Organisationsstruktur der GmbH informieren, wenn nicht die Regelungen in der Satzung maßgeblich seien, sondern diese durch anderweitige Vereinbarungen überlagert würden.[180] Die bessere Rechtfertigung durch die Mehrheit der Mitglieder versagt allerdings als Argument, wenn alle Mitglieder der vertraglichen Vereinbarung zustimmen. Entscheidend ist jedoch der Hinweis, daß der Satzung auch eine Publizitätsfunktion zukommt, die schuldrechtliche Abreden nicht erfüllen. Der Schutz insbesondere der Gläubiger der GmbH verbietet es, daß die Satzung der GmbH durch schuldrechtliche Vereinbarungen mit außenstehenden Dritten ganz oder teilweise verdrängt wird.

Eine Übertragung dieser Überlegungen zum Recht der GmbH auf das Verhältnis des Mitgliedsvereins zu seinem Dachverband führt dazu, daß auch hier die Regelungen in der Satzung des Mitgliedsvereins grundsätzlich Vorrang vor den Regelungen in der Satzung des Dachverbands beanspruchen. Es ergeben sich keine Anhaltspunkte für eine abweichende Auffassung im Vereinsrecht. Daraus folgt, daß die Regelungen in der Satzung des Dachverbands grundsätzlich keine statutarische Wirkung entfalten und für den Verein „nur" eine schuldrechtliche Verpflichtung begründen, deren Verletzung allenfalls vereinsrechtliche Sanktionen durch den Dachverband nach sich ziehen kann.

---

[176] So kann in einem Anstellungsvertrag die Freistellung des Geschäftsführers von den Weisungen der Gesellschafter vorgesehen werden, um dem Geschäftsführer einen Handlungsspielraum sicherzustellen. Im Gesellschaftsvertrag dagegen kann ein verstärktes Weisungsrecht vorgesehen sein. Zu möglichen Kollisionsfällen siehe *Sudhoff*, S. 36; *Herfs*, S. 181 ff.

[177] *Hachenburg-Stein*, § 35 GmbHG Rdnr. 164; *Scholz-Schneider*, § 35 GmbHG Rdnr. 156 b; *Rowedder-Koppensteiner*, § 35 GmbHG Rdnr. 69; *Lutter/Hommelhoff*, Anh. § 6 GmbHG Rdnr. 11; *Fleck*, ZGR 1988, 104, 128; a.A. *Flume*, Allg. Teil Band I/2, § 10 I; *Venrooy*, GmbHR 1982, 175, 178.

[178] *Scholz-Schneider*, § 35 GmbHG Rdnr. 157; *Rowedder-Koppensteiner*, § 35 GmbHG Rdnr. 69; *Baumbach/Hueck-Zöllner*, § 38 GmbHG Rdnr. 11; *Fleck*, ZGR 1988, 104, 129; a.A. *Hachenburg-Stein*, § 35 GmbHG, Rdnr. 164, nach ihrer Ansicht erlangt ein Anstellungsvertrag, der der Satzung der Gesellschaft zuwider läuft, keine schuldvertragliche Wirksamkeit.

[179] *Scholz-Schneider*, § 35 GmbHG Rdnr. 156 b; *Rowedder-Koppensteiner*, § 35 GmbHG Rdnr. 69; *Lutter/Hommelhoff*, Anh. § 6 GmbHG Rdnr. 16; *Fleck*, ZGR 1988, 125, 129.

[180] *Lutter/Hommelhoff*, Anh. § 6 GmbHG Rdnr. 11.

3. Satzungsüberlagernde Wirkung der Dachverbandssatzung

Ein Ausnahme von der Maßgeblichkeit der Satzung des Mitgliedsvereins und damit einhergehend ein Geltungsvorrang der Satzung des Dachverbands ließe sich möglicherweise begründen, wenn Inhalt und Wirkungsweise der Satzung des Dachverbands mit der eines Beherrschungsvertrags vergleichbar wären (dazu a)) und wenn zudem die Wirksamkeitsvoraussetzungen für eine Überlagerung vorlägen (dazu b)). Wäre dies zu bejahen, so könnte die Satzung des Dachverbands Geltungsvorrang vor der Satzung des Mitgliedsvereins beanspruchen. Als Ausgangspunkt für einen Vergleich mit dem Konzernrecht soll der Beherrschungsvertrag mit einer GmbH als beherrschtem Unternehmen herangezogen werden.

a) Inhalt und Wirkungsweise von Beherrschungsvertrag und Dachverbandssatzung

aa) Inhalt und Wirkungsweise eines Beherrschungsvertrags

Durch einen Beherrschungsvertrag unterstellt sich die abhängige GmbH der Leitung durch das herrschende Unternehmen. Das sonst den Gesellschaftern zustehende Recht, Weisungen an den oder die Geschäftsführer hinsichtlich der Führung der Geschäfte zu erteilen, wird auf das herrschende Unternehmen übertragen.[181] Durch die vertragliche Vereinbarung zwischen dem herrschenden und dem beherrschten Unternehmen wird also die Zuständigkeit der Gesellschafterversammlung der abhängigen GmbH in Geschäftsführungsangelegenheiten beschnitten und auf das herrschende Unternehmen verlagert. Im Gegensatz zu einer bloßen gesellschaftsrechtlichen Beteiligung ermöglicht es der Beherrschungsvertrag dem herrschenden Unternehmen, direkt Weisungen an den oder die Geschäftsführer zu erteilen, ohne den „Umweg" über die Gesellschafterversammlung gehen zu müssen. Darüber hinaus können im Rahmen eines Beherrschungsvertrags auch für die abhängige GmbH nachteilige Weisungen erteilt werden, was bei einer Weisung durch die Gesellschafterversammlung nicht möglich wäre.[182] Nicht unter das Weisungsrecht aufgrund eines Beherrschungsvertrags fallen allerdings Kompetenzen aus dem ausschließlichen Zuständigkeitsbereich der Gesellschafterversammlung, wie etwa die Kompetenz zur Satzungsänderung.

Bei Abschluß eines Beherrschungsvertrags bleibt der Gesellschaftsvertrag der GmbH unberührt. Der Beherrschungsvertrag wird nicht Bestandteil des Gesellschaftsvertrags des abhängigen Unternehmens. Bisweilen wird dies damit begründet, daß der Beherrschungsvertrag auch mit Nichtgesellschaftern geschlossen werden könne, so daß die Satzung nicht der richtige Ort für solche Regelungen sei.[183] Diese Argumentation kann nicht überzeugen, da nach der hier vertretenen Auffassung in der Satzung auch Rechte Dritter begründet werden können.[184] Überzeugender läßt sich die fehlende Satzungsqualität des

---

[181] BGHZ 105, 324, 331 = NJW 1989, 295 ff.

[182] *Scholz-Emmerich*, Anh. Konzernrecht Rdnr. 237; *Lutter/Hommelhoff*, Anh. § 13 GmbHG Rdnr. 34; *Zöllner*, ZGR 1992, 173, 177.

[183] *Timm*, BB 1981, 1491, 1495.

[184] Siehe oben § 7 II.

Beherrschungsvertrags mit einer Analogie zum Aktienrecht begründen.[185] Aus der Vorschrift des § 293 Abs. 1 Satz 4 AktG ergibt sich, daß weder ein Unternehmensvertrag noch die Zustimmungsbeschlüsse der Hauptversammlungen in die Satzungen der beteiligten Unternehmen aufgenommen werden. Gegen eine Qualifizierung als Satzungsbestandteil spricht weiterhin, daß der Fortbestand eines Beherrschungsvertrags davon abhängt, daß die Vertragspartner ihn weder durch Vertragsaufhebung noch durch Kündigung zum Erlöschen bringen. Mit dem Charakter einer Satzungsbestimmung wäre eine derartige Beendigung nicht zu vereinbaren.[186]

Trotz der fehlenden Satzungsqualität greift der Abschluß eines Beherrschungsvertrags schwerwiegend in die Organisationsstruktur der Gesellschaft ein. Er begründet für das herrschende Unternehmen ein Weisungsrecht gegenüber der abhängigen Gesellschaft, das dem in der Satzung festgelegten Weisungsrecht der Gesellschafter vorgeht.[187] Beschlüsse der Gesellschafterversammlung, die den Kompetenzbereich des Geschäftsführers und damit den Umfang des Weisungsrechts des herrschenden Unternehmens einschränken würden, sind wegen der organisationsrechtlichen Bindungswirkung des Beherrschungsvertrags unwirksam.[188] Bestimmungen in der Satzung der Gesellschaft, die dem Beherrschungsvertrag entgegenstehen, werden für die Dauer der Gültigkeit des Vertrags außer Kraft gesetzt.[189] Anschaulich beschreibt *Ballerstedt*[190] die Situation folgendermaßen: „Das Besondere liegt darin, daß es sich rechtlich gesehen nicht um eine Fremdbestimmung des Willens der Gesellschaft handelt, sondern um einen fremdbestimmten Eigenwillen". Wie bei statutarischen Einflußrechten eines Dritten wird der Willensbildungsprozeß nicht mehr durch die Mitglieder getragen, sondern fremdbestimmt. Die Wirkung eines Beherrschungsvertrags geht also über die einer rein schuldrechtlichen Bindung hinaus.

Es besteht daher Einigkeit darüber, daß der Abschluß eines Beherrschungsvertrags die Satzung zwar formal unberührt läßt, ihm aber dennoch materiell satzungsändernde Wirkung zukommt.[191] Dogmatisch begründet wird der Vorrang des Beherrschungsvertrags mit seiner rechtlichen Qualität. Er ist kein nur schuldrechtlicher Vertrag, sondern ein gesellschaftlicher Organisationsvertrag, der satzungsgleich den rechtlichen Status der beherrschten Gesellschaft ändert.[192] *Priester*[193] spricht von einer „formal satzungsüberlagernden, materiell satzungsändernden Funktion des Unternehmensvertrags".

---

185 So auch *Kort*, S. 72; *Herfs*, S. 188.

186 *Gutbrod*, BB 1980, 288, 289.

187 *Scholz-Emmerich*, Anh. Konzernrecht Rdnr. 272; *Lutter/Hommelhoff*, Anh. § 13 GmbHG Rdnr. 34; *Emmerich/Sonnenschein*, Konzernrecht, § 25 III 1; *Herfs*, S. 187; *Zöllner*, ZGR 1992, 173, 179.

188 *Kort*, S. 140.

189 BGH 105, 324, 331 = NJW 1989, 295 ff.

190 DB 1957, 837 Fn. 4.

191 BGHZ 103, 1, 4; 105, 324, 331 = NJW 1989, 295 ff; BGHZ 116, 37, 43 = NJW 1992, 505 ff; *Scholz-Emmerich*, Anh. Konzernrecht Rdnr. 237; *Lutter/Hommelhoff*, NJW 1988, 1240, 1241; *Zöllner*, DB 1989, 913, 914; *Timm*, BB 1991, 1491, 1492; *Beuthien*, Gesellschaftsrecht der Konzerne, S. 139.

192 BGHZ 103, 1, 4; 105, 324, 331 = NJW 1989, 295 ff; BGHZ 116, 37, 43 = NJW 1992, 505 ff; *Scholz-Emmerich*, Anh. Konzernrecht Rdnr. 237; *Lutter/Hommelhoff*, Anh. § 13 GmbHG Rdnr. 35.

193 Entwicklungen im GmbH-Konzernrecht, S. 151, 168.

bb) Inhalt und Wirkungsweise einer Dachverbandssatzung

Die Satzung des Dachverbands wird in der Regel ebensowenig wie der Beherrschungsvertrag zum Bestandteil der Satzung des angeschlossenen Vereins. Die für das Vereinsrecht maßgeblichen Erwägungen wurden dargestellt.[194] Möglicherweise kommt der Satzung des Dachverbands aber wie dem Beherrschungsvertrag eine satzungsüberlagernde Wirkung zu. Das setzt zunächst voraus, daß die Dachverbandssatzung rechtssystematisch ebenso als Organisationsvertrag einzuordnen ist wie ein Beherrschungsvertrag.

Zweifelsohne ist die Satzung eines Vereins ein Organisationsvertrag.[195] Die Einordnung der Satzung als Organisationsvertrag hat sich bisher aber nur auf die organisationsrechtliche Wirkung im Hinblick auf die Struktur des *eigenen* Vereins bezogen. Hier geht es aber um die Frage, ob die Satzung des Dachverbands einen organisationsrechtlichen Inhalt im Hinblick auf den Mitgliedsverein aufweist.

Für einen Organisationsvertrag ist kennzeichnend, daß er – neben schuldrechtlichen Leistungspflichten i.S. der §§ 241, 305 BGB – die Regelung der körperschaftlichen Verhältnisse einer Vereinigung zum Gegenstand hat, indem er Zuständigkeiten festlegt, insbesondere die Organisation der Vereinigung und die Zuweisung von Aufgaben und Rechten an die Organe sowie die Ausgestaltung der Rechtsstellung der Mitglieder.[196] Die Satzungen der Dachverbände erfüllen zum Teil diese Voraussetzungen, wenn sie z.B. den Mitgliedsvereinen das Verfahren der Vorstandswahl vorschreiben, wenn sie Einfluß auf die Auswahl des Vereinsnamens nehmen oder wenn sie die Wirksamkeit organisatorischer Maßnahmen im Mitgliedsverein von ihrer Zustimmung abhängig machen.[197] Allerdings handelt es sich hierbei um einen Regelungsbereich, den die Satzung nur aufweisen kann, wenn die Mitglieder des Vereins wiederum Vereine sind. Sind dagegen allein natürliche Personen Mitglieder in einem Verein, so erschöpft sich der organisatorische Regelungsgehalt der Satzung in den Bestimmungen, die die Organisation des eigenen Vereins selbst betreffen.

Zusammenfassend läßt sich festhalten: Der Satzung eines Dachverbands kommt in doppelter Hinsicht ein organisationsrechtlicher Regelungsgehalt zu. Sie trifft – wie jede andere Satzung auch – Bestimmungen für die Organisation des Dachverbands selbst (primäre Organisationsregelungen). Darüber hinaus enthält die Verbandssatzung Regelungen, die die Organisation der Mitgliedsvereine betreffen (sekundäre Organisationsregelungen). Sie regelt Bereiche, die eigentlich in die Entscheidungszuständigkeit der Mitgliederversammlung der angeschlossenen Vereine fallen. Im Hinblick auf die Rechtsnatur und den

---

[194] Siehe oben § 9 II.

[195] *Soergel-Hadding*, § 25 BGB Rdnr. 17; *ders.*, in: FS für Fischer, S. 167, 189; *K. Schmidt*, Gesellschaftsrecht, § 5 I; *Exner*, S. 53; *v. Look*, S. 91.

[196] Zu den Merkmalen des Organisationsvertrags: *Herfs*, S. 215; *Bälz*, in: FS für Raiser, S. 286, 323; *Exner*, S. 53 ff; *Emmerich/Sonnenschein*, Konzernrecht, § 8 II 1. Einen organisationsrechtlichen Inhalt weisen alle Rechtsgrundlagen privatautonom begründeter Personenvereinigungen auf. Das gilt sowohl für den Gesellschaftsvertrag der Personengesellschaft (vgl. § 705 BGB), deren Grundmodell die GbR bildet (vgl. 105 Abs. 2 HGB für die OHG, § 105 Abs. 2 i.V.m. § 161 Abs. 2 HGB für die KG), als auch für die Satzung des bürgerlichrechtlichen Vereins i.S. der §§ 21 ff BGB, der wiederum als Grundform der nach dem gesetzlichen Leitbild körperschaftlich strukturierten Gesellschaften (AG, KGaA, eG, GmbH, VVaG) anzusehen ist (vgl. § 6 Abs. 2 HGB). Die unterschiedliche Bezeichnung der jeweiligen Rechtsgrundlage als „Gesellschaftsvertrag", „Statut" oder „Satzung" ist nur terminologischer Art.

[197] Zu den sekundären Organisationsregelungen siehe oben § 9 I 4 c).

Regelungsinhalt ist die *Verbands*satzung daher mit einem Beherrschungsvertrag vergleichbar. Dementsprechend kann grundsätzlich auch der Satzung eines Dachverbands satzungsüberlagernde Wirkung zukommen, sofern die Wirksamkeitsvoraussetzungen für eine derartige Überlagerung erfüllt sind.

b) Wirksamkeitsvoraussetzungen für eine Überlagerung der Satzung des Mitgliedsvereins

Die einschneidenden Strukturveränderungen, die ein Beherrschungsvertrag für die beherrschte Gesellschaft mit sich bringt, haben Rechtsprechung[198] und Literatur[199] dazu veranlaßt, erhöhte Wirksamkeitsanforderungen an den Abschluß eines Beherrschungsvertrags mit einer GmbH zu stellen. Nach einhelliger Ansicht sind die §§ 53, 54 GmbHG auf den Abschluß eines Beherrschungsvertrags zwar nicht direkt, wohl aber analog anwendbar. Rechtfertigen läßt sich diese Analogie damit, daß der Beherrschungsvertrag darauf abzielt, die innere Struktur einer Gesellschaft weitreichend zu ändern, ohne den Gesellschaftsvertrag als solchen anzutasten. Dieser weitreichende Eingriff in die Organisation der Gesellschaft erfordert die Berücksichtigung gesellschaftsrechtlicher Wertungen, denn die zwingenden gesetzlichen Regelungen des Gesellschaftsrechts dürfen nicht mittels schuldrechtlicher Abreden umgangen werden. Schuldrechtliche Abreden können eine materiell satzungsändernde Wirkung daher nur erlangen, wenn die Vorschriften über die Satzungsänderung eingehalten werden.[200]

Die Rechtsfolgen des Abschlusses eines Beherrschungsvertrags sind mit denen des Eintritts in einen Dachverband vergleichbar. Auch der Eintritt eines Vereins in einen Dachverband führt in der Regel nicht dazu, daß die Satzung des Mitgliedsvereins geändert wird. Bei vielen Vereinen läßt sich das Bestehen einer Mitgliedschaft in einem Dachverband nicht einmal aus der Satzung entnehmen. Selbst wenn der eintretende Verein in seiner Satzung auf die Mitgliedschaft in einem Dachverband hinweist und pauschal das Regelwerk des Dachverbands anerkennt, wird dadurch die Satzung des eintretenden Vereins nicht geändert.[201] Soll der Satzung des Dachverbands dennoch satzungsüberlagernde Wirkung zukommen, so müssen die Vorschriften über die Satzungsänderung (§§ 33, 71 BGB) analog angewandt werden.

aa) Zustimmungsbeschluß der Mitgliederversammlung

§ 33 BGB sieht für Satzungsänderungen einen Beschluß der Mitgliederversammlung vor. Dementsprechend ist auch die Wirksamkeit des Beitritts in einen Dachverband von der Mitwirkung der Mitglieder des beitretenden Vereins in der Form eines Zu-

---

[198] BGH 105, 324, 332 f = NJW 1989, 295 ff; BGH 116, 37, 43 = NJW 1992, 505 ff; weitere Nachweise bei *Scholz-Emmerich*, Anh. Konzernrecht Rdnr. 248 Fn. 342.

[199] *Scholz-Emmerich*, Anh. Konzernrecht Rdnr. 248; *Lutter/Hommelhoff*, Anh. § 13 GmbHG Rdnr. 35; *diess.*, NJW 1988, 1240, 1241; *U.H. Schneider*, WM 1986, 181, 186; *Zöllner*, DB 1989, 913, 914; *Timm*, GmbHR 1989, 11, 14; *Winter*, ZHR 154 (1990), 259, 273; a.A. *Flume*, DB 1989, 665; *Kort*, S. 129 ff.

[200] *Zöllner*, DB 1989, 913, 914; *Winter*, ZHR 154 (1990), 259, 272; *Herfs*, S. 248; vgl. auch *Baumann/Reiß*, ZGR 1989, 157, 213.

[201] Siehe oben § 9 II 2 b) dd).

stimmungsbeschlusses abhängig, sofern der Satzung des Dachverbands überlagernde Wirkung zukommen soll.

(1) Inhalt des Beschlusses

Teilweise sehen die Satzungen der beitretenden Vereine bereits vor dem Eintritt in den Dachverband die Möglichkeit vor, daß der Verein die Mitgliedschaft in anderen Verbänden erwerben kann (sog. Öffnungsklausel). Diese Öffnungsklausel kann den erforderlichen Zustimmungsbeschluß der Mitgliederversammlung zu einem Verbandsbeitritt jedoch nicht ersetzen. Nach § 33 BGB muß ein satzungsändernder Beschluß den konkreten Gegenstand der Satzungsänderung enthalten. Nichts anderes kann für den Zustimmungsbeschluß der Mitgliederversammlung gelten, da ihm ebenso weitreichende innerorganisatorische Wirkung zukommt.[202] Es genügt daher nicht, wenn die Satzung allgemein die Mitgliedschaft in Dachverbänden zuläßt. Vielmehr muß ein Beschluß der Mitgliederversammlung den konkreten Dachverband bezeichnen, dem beigetreten werden soll, damit für die Mitglieder im Zeitpunkt der Entscheidung nachvollziehbar ist, welche organisatorischen Änderungen auf sie zukommen.

(2) Erforderliche Mehrheit

Fraglich ist darüber hinaus, mit welcher Mehrheit der Zustimmungsbeschluß gefaßt werden muß.[203] Die Antwort hängt davon ab, ob die Begründung der Mitgliedschaft in einem Dachverband für den eintretenden Verein materiell nicht nur satzungsändernde, sondern sogar zweckändernde Wirkung hat. Ist dies zu bejahen, so ist nach § 33 Abs. 1 Satz 2 BGB analog die Zustimmung aller Mitglieder erforderlich. Steht der Beitritt in seiner Wirkung nur einer einfachen Satzungsänderung gleich, so ist die qualifizierte Mehrheit ausreichend.

Zum Schutz der Minderheit ordnet § 33 Abs. 1 Satz 2 BGB eine Ausnahme vom ansonsten geltenden vereinsrechtlichen Mehrheitsprinzip an, indem er für eine Zweckänderung Einstimmigkeit fordert. Jedes Vereinsmitglied kann also durch Verweigerung seiner Zustimmung eine Zweckänderung verhindern. Es besteht daher die Gefahr, daß von einer großen Mehrheit als notwendig angesehene zweckändernde Beschlüsse wegen eines Querulanten nicht gefaßt werden können. Bei der Auslegung des § 33 Abs. 1 Satz 2 BGB, insbesondere bei der Bestimmung dessen, was den Zweck eines Vereins ausmacht, muß daher das Interesse des Vereins berücksichtigt werden, sich veränderten Umständen in angemessener Weise anpassen zu können. Die Entwicklung des Vereins darf nicht in unzumutbarer Weise behindert werden. Folglich ist das Interesse der Minderheit oder gar einzelner Mitglieder an der Verhinderung der Satzungsänderung nur dann schutzwürdig, wenn es um grundlegende Änderungen der Vereinsziele geht. Diese Interessenlage spricht für eine enge Auslegung dessen, was als Vereinszweck verstanden werden soll.[204] In der Rechtsprechung

---

[202] *V. Look* in *Reichert/v. Look*, Rdnr. 469.

[203] Der gleiche Streitstand findet sich beim Abschluß eines Beherrschungsvertrags. Für Einstimmigkeit: *Hachenburg-Ulmer*, § 53 GmbHG Rdnr. 145; *Scholz-Emmerich*, Anh. Konzernrecht Rdnr. 252 ff; *Scholz-Priester*, § 53 GmbHG Rdnr. 171; *Baumbach/Hueck-Zöllner*, Anh. Konzernrecht Rdnr. 16; für 3/4 Mehrheit: *Rowedder-Koppensteiner*, Anh. nach § 52 GmbHG Rdnr. 43; *Lutter/Hommelhoff*, Anh. § 13 GmbHG Rdnr. 44.

[204] *Beuthien*, BB 1987, 6, 7.

und Literatur wird der Vereinszweck als „Leitidee“,[205] „Lebensgesetz“,[206] „verbandsrechtliche Geschäftsgrundlage“,[207] „oberster Leitsatz der Vereinstätigkeit“[208] oder „große Linie, um derentwillen sich die Mitglieder zusammengeschlossen haben“,[209] umschrieben. Von dieser übergeordneten Zielsetzung ist die Art und Weise der Zweckverfolgung zu unterscheiden.[210] Eine Änderung in den Mitteln der Zweckverfolgung ist keine Zweckänderung i.S. des § 33 Abs. 1 Satz 2 BGB.

Bei der Überlegung, ob der Eintritt eines Vereins in einen Dachverband als Zweckänderung anzusehen ist, können folgende Fälle, über die das Reichsgericht zu entscheiden hatte, erste Anhaltspunkte bieten: Ein Turnverein hatte nach seiner Satzung den Zweck „Gelegenheit und Anleitung zu geregelten Turnübungen zu geben als Mittel zur körperlichen und sittlichen Kräftigung, sowie die Pflege deutschen Volksbewußtseins und vaterländischer Gesinnung“. Der Verein war Mitglied in der „Deutschen Turnerschaft“. Den Beschluß der Mitgliederversammlung, aus der „Deutschen Turnerschaft“ auszutreten und dem Arbeiterturnerbund beizutreten, behandelte das Reichsgericht als Zweckänderung.[211] Das Gericht sah die Zweckänderung allerdings nicht allein in dem Austritt aus der „Deutschen Turnerschaft“, sondern im Zusammentreffen mit dem Eintritt in den Arbeiterturnerbund, der politische Ziele verfolgte, wohingegen die „Deutsche Turnerschaft“ politisch neutral war. Anders fiel eine Entscheidung des Reichsgerichts[212] aus, die sich mit dem Übertritt einer Loge von einer Großloge des humanitären Systems zu einer Großloge des deutsch-christlichen Systems beschäftigte. Das Gericht verneinte eine Änderung des Vereinszwecks, weil beide Großlogen von den gleichen Anschauungen geprägt waren. In einem weiteren Fall entschied das Reichsgericht,[213] daß der Austritt eines Vereins aus einem Verband nicht die Voraussetzungen für eine Änderung des Vereinszwecks erfüllte, weil die Beziehungen, die der Verein mit dem Verband unterhielt, nicht von solcher Bedeutung waren, daß mit der Lösung dieser Beziehungen der Vereinszweck selbst aufgegeben oder in seinem Wesen geändert worden wäre.

Diese Beispiele machen deutlich, daß die Frage, ob der Eintritt oder der Austritt eines Vereins in bzw. aus einem Dachverband für ersteren eine Zweckänderung bedeutet, nicht einheitlich beantwortet werden kann. Es kommt entscheidend auf den bis dahin verfolgten Zweck des Vereins und auf den Zweck des Dachverbands an. Verfolgen beide Vereine einen ähnlichen Zweck, dann bedeutet der Eintritt in den Dachverband in der Regel keine Zweckänderung. Die Mitgliedschaft in dem Dachverband ist in diesen Fällen nicht Zweck, sondern nur ein Mittel des Vereins, um den eigenen Vereinszweck zu erreichen.[214] Anders muß die rechtliche Beurteilung ausfallen, wenn sich der Zweck des Dachverbands von dem bisherigen Zweck des eintretenden Vereins weitgehend unterscheidet.

---

205 *Reuter*, ZHR 151 (1987), 355, 373.
206 *Wiedemann*, Gesellschaftsrecht Band I, § 1 1.
207 *K. Schmidt*, Verbandszweck, S. 31.
208 BGH, WM 1986, 289, 291; *Sauter/Schweyer*, Rdnr. 147.
209 BGHZ 96, 245, 251 = NJW 1986, 1033 ff.
210 *Soergel-Hadding*, § 33 BGB Rdnr. 8; *Beuthien*, BB 1987, 6, 7.
211 RGZ 119, 184; ähnlicher Sachverhalt in RG, HRR 1932 Nr. 1640.
212 RG, HRR 1928 Nr. 1553.
213 RG, Das Recht 1924 Nr. 588.
214 So auch BGH, NJW 1980, 2799, 2800.

In der Praxis wird der Beitritt eines Vereins zu einem Dachverband in den meisten Fällen keine zweckändernde Wirkung haben, denn die Vereine treten regelmäßig in Dachverbände mit gleicher oder ähnlicher Zwecksetzung ein. Als Ergebnis kann daher festgehalten werden, daß mangels Zweckänderung für den Zustimmungsbeschluß der Mitgliederversammlung in aller Regel eine Dreiviertel-Mehrheit genügt.

bb) Eintragung in das Vereinsregister

Im Zusammenhang mit dem Abschluß eines Beherrschungsvertrags hat der Bundesgerichtshof[215] das Erfordernis der Eintragung des Beherrschungsvertrags in das Handelsregister aus § 54 GmbHG abgeleitet. Die alleinige Eintragung des Zustimmungsbeschlusses zum Abschluß eines Beherrschungsvertrags bezeichnet der Bundesgerichtshof als „inhaltsleer und nichtssagend".[216] Da sowohl der Vertrag selbst als auch der Zustimmungsbeschluß der Gesellschafterversammlung unabdingbare Bestandteile des Beherrschungsvertrags seien, würde die alleinige Eintragung des Zustimmungsbeschlusses weder der Bedeutung des Beherrschungsvertrags für die Gesellschaft, noch dem Bedürfnis der Öffentlichkeit, gegenwärtiger und künftiger Gläubiger sowie der Anteilsinhaber und potentieller Anteilserwerber an sachgerechter, sicherer und rascher Unterrichtung über die Rechtsverhältnisse der GmbH gerecht.[217] Eine Nichteintragung des Beherrschungsvertrags wäre auch deswegen bedenklich, weil der Gesellschaftsvertrag zwar materiell geändert wird, der Wortlaut der Satzung aber unverändert bleibt.[218]

Im Hinblick auf den *Inhalt* der Eintragung ist das Gericht jedoch von der Regelung in § 54 Abs. 2 GmbHG abgewichen, nach der allein die Eintragung der Änderung des Gesellschaftsvertrags nebst Beherrschungsvertrag und eine Bezugnahme auf die bei dem Gericht eingereichten Urkunden ausreichend gewesen wäre. Vielmehr muß das Bestehen und die Art des Unternehmensvertrags sowie das Abschlußdatum und der Name des anderen Vertragsteils in das Handelsregister der beherrschten Gesellschaft eingetragen werden. Des weiteren bedarf auch der Zustimmungsbeschluß der Gesellschafterversammlung des beherrschten Unternehmens mit seinem Datum der Eintragung.

Das Gericht begründet die gegenüber § 54 Abs. 2 GmbHG erhöhten formellen Wirksamkeitsvoraussetzungen allein mit materiellen Wertungen.[219] Die Bedeutung des Beherrschungsvertrags für die GmbH und das Interesse der Gesellschafter und Dritter an einer zuverlässigen Unterrichtung rechtfertigen das Erfordernis einer inhaltlich erweiterten Eintragung im Handelsregister. Ein Verstoß gegen den Grundsatz, daß nur solche „Ereignisse" im Handelsregister eingetragen werden dürfen, für die dies im Gesetz angeordnet ist, ist darin nicht zu sehen, denn dieser Grundsatz erlaubt Ausnahmen, wenn neue Entwicklungen im materiellen Recht einer registerrechtlichen Würdigung bedürfen.[220]

---

215 BGHZ 105, 324, 342 = NJW 1989, 295 ff; bestätigt durch BGHZ 116, 37, 43 = NJW 1992, 505 ff; weitere Nachweise bei *Scholz-Emmerich*, Anhang Konzernrecht Rdnr. 248 Fn. 342.

216 BGHZ 105, 324, 342 = NJW 1989, 295 ff.

217 BGHZ 105, 324, 343 = NJW 1989, 295 ff.

218 *U.H. Schneider*, WM 1986, 181, 186.

219 Zur Orientierung greift der Bundesgerichtshof auf § 291 ff AktG zurück; vgl. *Hoffmann-Becking*, WiB 1994, 57, 59.

220 *U.H. Schneider*, WM 1986, 181, 186.

Überträgt man diese Gedanken auf das Vereinsrecht, so liegt es zunächst nahe, auch der Satzung des Dachverbands satzungsüberlagernde Wirkung dann zukommen zulassen, wenn der Eintritt des Mitgliedsvereins in den Dachverband in das Vereinsregister am Sitz des Mitgliedsvereins eingetragen wird. Diese Lösung greift jedoch im Ergebnis zu kurz, denn anders als im GmbH-Konzernrecht wird allein durch die Eintragung des Beitritts dem Informationsbedürfnis der Mitglieder und außenstehender Dritter noch nicht in ausreichender Weise Rechnung getragen. Das ergibt sich aus folgender Überlegung: Der Bundesgerichtshof verlangt u.a., daß die *Art* des Unternehmensvertrags in das Handelsregister eingetragen wird. §§ 291, 292 AktG legen – auch für das Recht der GmbH – einen numerus clausus der Unternehmensverträge fest, so daß allein mit der Eintragung der *Art* des Unternehmensvertrags der Inhalt des jeweiligen Vertrags und der dadurch begründete Dritteinfluß relativ genau bestimmt werden kann. Zwar können im Einzelfall abweichende Regelungen getroffen werden. Doch ist dies unüblich und nur in sehr beschränktem Maße möglich.[221] Des weiteren werden Beherrschungsverträge in der Praxis mit magerem Inhalt formuliert,[222] so daß sich die Rechtsverhältnisse der beherrschten Gesellschaft durchaus übersichtlich gestalten. Interessierte Gesellschafter oder Gläubiger können sich ohne weiteres darüber informieren, nach welchen Regeln die Gesellschaft verfaßt ist und welche Bestimmungen für ihre innere Ordnung gelten. Allein anhand der Eintragung der *Art* des Unternehmensvertrags lassen sich daher die wesentlichen Verhältnisse der abhängigen Gesellschaft erkennen.

Nicht vergleichbar ist die Rechtslage im Vereinsrecht. Eine Eintragung in das Vereinsregister, aus der sich ergibt, daß der Verein Mitglied in einem bestimmten Dachverband ist, ist wenig aussagekräftig. Da jede Mitgliedschaft anders ausgestaltet ist und die Satzungen der Dachverbände sehr unterschiedliche Inhalte haben, insbesondere einen unterschiedlichen Einfluß auf die Mitgliedsvereine vorsehen, ist die schlichte Angabe, daß eine Mitgliedschaft im einem bestimmten Dachverband besteht, wenig informativ. Möchte ein Mitglied oder ein Eintrittswilliger sich zuverlässig über die Rechtsverhältnisse im Mitgliedsverein informieren, erfordert dies die Durchsicht und den Vergleich der Satzung des Vereins und der des Dachverbands. Und selbst nach der Durchsicht kann das Mitglied nicht sicher sein, welcher Regelung der Vorrang zukommt, wenn sich Regelungen in den Satzungen widersprechen. Um durch eine Eintragung in das Vereinsregister eine ähnlich umfassende und sichere Informationsmöglichkeit zu schaffen, wie dies durch die Eintragung der Art des Unternehmensvertrags geschieht, müssen daher die einzelnen Bestimmungen aus der Satzung des Dachverbands, die die Satzung des Vereins überlagern sollen, ausdrücklich im Vereinsregister genannt werden. Die Eintragung könnte lauten: „Der x-Verein ist am ...... in den abc-Dachverband eingetreten. Die Vereinsmitglieder haben dem Beitritt mit Beschluß vom ..... zugestimmt. Die §§ 2, 3, 4, 20 und 21 der Satzung des Dachverbands gelten unmittelbar“.

Dieses Ergebnis wird gestützt durch einen Vergleich mit den Anforderungen, die an eine (konkrete) Verweisung auf eine fremde Satzung gestellt werden.[223] Da es für das Einzelmitglied keinen Unterschied bedeutet, ob die Regelungen des Dachverbands durch Verweisung unmittelbar zum Bestandteil der Satzung seines Vereins werden oder ob die Regelun-

---

[221] *Hoffmann-Becking*, WiB 1994, 57, 61; so kann bei einem Beherrschungsvertrag das Weisungsrecht des herrschenden Unternehmens beschränkt werden.

[222] *Zöllner*, ZGR 1992, 173, 176.

[223] Siehe dazu oben § 9 II 2 b) dd).

gen des Dachverbands die Satzung seines Vereins überlagern, muß es in beiden Fällen durch konkrete Nennung der Regelungen informiert werden.

Die Möglichkeit, eine „überlagernde Wirkung" herbeizuführen, besteht selbstverständlich nur für Satzungsregelungen. Da Vereinsordnungen nicht in das Vereinsregister eingetragen werden dürfen,[224] können insoweit die erforderlichen Wirksamkeitsvoraussetzungen nicht eingehalten werden. Eine unmittelbare Geltung der Vereinsordnungen des Dachverbands ist also nur im Wege der konkreten Verweisung möglich.

cc) Materielle Anforderungen

Neben den formellen Anforderungen unterliegt auch die inhaltliche Gestaltungsfreiheit bei Organisationsverträgen Einschränkungen. Die schuldrechtliche Vertragsfreiheit kann bei der Ausgestaltung von Organisationsverträgen nicht uneingeschränkt gelten, da andernfalls die Regelungen des Gesellschaftsrechts durch schuldrechtliche Abreden umgangen würden.[225]

Dies muß auch für die Satzungen von Dachverbänden gelten. Zwar begründet die Satzung eines Dachverbands zunächst nur schuldrechtliche Pflichten für den Mitgliedsverein, doch folgt aus der satzungsüberlagernden Wirkung dieser schuldrechtlichen Pflichten, daß die Dachverbandssatzung vereinsrechtliche Wertungen zum Schutz des Mitgliedsvereins berücksichtigen muß. Zu diesen vereinsrechtlichen Wertungen gehört u.a. die Autonomie des Mitgliedsvereins. Die Schranken der Gestaltungsfreiheit, die dem Schutz des Vereins vor Selbstentmündigung dienen,[226] gelten daher auch im Rahmen von vertraglichen Verpflichtungen im Verhältnis zu einem Dachverband, sofern der Satzung des Dachverbands satzungsüberlagernde Wirkung zukommt.

Bisweilen wird die Ansicht vertreten, bei einem durch Organisationsvertrag begründeten Dritteinfluß müßten die Grenzen der Gestaltungsfreiheit sogar noch enger gezogen werden als bei der statutarischen Einräumung von Dritteinfluß. Während bei letzterem die Mitglieder jederzeit die Möglichkeit hätten, den Dritteinfluß durch einen entsprechenden Beschluß wieder zu beseitigen, müsse ein schuldrechtlicher Vertrag eingehalten werden und könne nicht einseitig geändert werden. Damit fehle die Kompetenzkompetenz der Mitgliederversammlung, die auch nach hier vertretener Ansicht in der Regel zwingende Voraussetzung für die Zulässigkeit des Dritteinflusses ist.[227]

Diese Argumentation greift allerdings nicht durch, wenn es um das Verhältnis zwischen Dachverband und Mitgliedsverein geht, denn auch der Mitgliedsverein kann den Dritteinfluß beseitigen, indem er aus dem Dachverband austritt. Das Austrittsrecht nach § 39 BGB ist unabdingbar. Zwar mag aus tatsächlichen Gründen der Austritt für den Mitgliedsverein nicht in Betracht kommen, weil der Verein auf die Mitgliedschaft im Dachverband angewiesen ist. Doch muß diese im Einzelfall bestehende tatsächliche Abhängigkeit in diesem Zusammenhang außer Betracht bleiben.[228] Auch bei einem statutarisch eingeräumten Dritteinfluß kann eine Abhängigkeit des Vereins von dem Dritten bestehen, die die Mitglieder hindert, durch einen Beschluß den Dritteinfluß zu beseitigen. Es wäre mit der

---

224 *V. Look* in *Reichert/v. Look*, Rdnr. 330; *Stöber*, Rdnr. 663.
225 *Baumann/Reiß*, ZGR 1989, 157, 213; *Herfs*, S. 239.
226 Siehe oben § 8.
227 *Herfs*, S. 251.
228 Die Machtstellung des Dachverbands kommt erst bei der Frage nach der Zulässigkeit einer Inhaltskontrolle der Satzung zum tragen.

Rechtssicherheit nicht vereinbar, wenn die Begründung von Dritteinfluß nur dann zulässig wäre, wenn die Mitglieder auch tatsächlich die Möglichkeit haben, ihn aus völlig freien Stücken wieder zu beseitigen.[229]

dd) Rechtsfolgen für die vereinsrechtliche Praxis

Die hohen Wirksamkeitsvoraussetzungen, die für eine satzungsüberlagernde Wirkung der Dachverbandssatzung erforderlich sind, werden in der vereinsrechtlichen Praxis bisher nicht eingehalten. Folglich kann die Satzung des Dachverbands die Regelungen im Mitgliedsverein nicht überlagern. Selbst wenn der Dachverband die unmittelbare Geltung seiner Satzungen anordnet, besteht nur die schuldrechtliche Verpflichtung des Mitgliedsvereins, die Regelungen des Dachverbands umzusetzen oder zu beachten. Solange der Mitgliedsverein dieser Verpflichtung nicht nachkommt, entfalten die Regelungen des Dachverbands keine statutarische Wirkung im Mitgliedsverein. Ein Beschluß des Mitgliedsvereins, der seiner eigenen Satzung entspricht, aber im Widerspruch zur Satzung des Dachverbands steht, ist wirksam. Der Dachverband kann den Verein nur durch Androhung einer Vereinsstrafe zu einem satzungsgemäßen Verhalten bewegen.

IV. Zusammenfassung

Der Einfluß der Dachverbände auf die Mitgliedsvereine wird in der Regel nicht in den Satzungen der Mitgliedsvereine, sondern im Regelwerk der Dachverbände verankert. Dachverbände und Mitgliedsvereine versuchen allerdings durch unterschiedlich formulierte Bestimmungen eine Bindung der Mitgliedsvereine an das Regelwerk der Dachverbände zu erreichen. Um eine statutarische Geltung der Satzung des Dachverbands im Mitgliedsverein zu begründen, gibt es verschiedene Wege. Zum einen kann die Satzung des Dachverbands in das Regelwerk des Mitgliedsvereins inkorporiert werden, zum anderen besteht die Möglichkeit, daß die Satzung des Dachverbands als Organisationsvertrag Geltungsvorrang vor der Satzung des Mitgliedsvereins erlangt.

Eine Inkorporation der Satzung des Dachverbands in die Satzung des Mitgliedsvereins kann entweder durch eine wörtliche Übernahme der Satzung des Dachverbands in die Satzung des Mitgliedsvereins oder durch eine Verweisung auf die Satzung des Dachverbands bewirkt werden. Die Aufnahme einer self-executing Norm in die Satzung des Dachverbands genügt nicht.

Die Verweisung auf die Satzung des Dachverbands muß widerspruchsfrei, verständlich gefaßt und hinsichtlich der Bestimmungen, auf die verwiesen wird, hinreichend bestimmt sein, so daß kein Zweifel darüber aufkommen kann, welche Bestimmungen der Satzung, auf die verwiesen wird, gemeint sind (konkrete Verweisung). Eine pauschale Verweisung auf die gesamte Satzung des Dachverbands genügt diesen Anforderungen nicht (Gesamtverweisung).

Sowohl bei der Gründung eines Vereins als auch bei einer späteren Satzungsänderung kann das Registergericht des verweisenden Vereins die Vorlage einer Kopie der in Bezug genommenen Satzung des Dachverbands verlangen. Die Vorlage ist jedoch nicht Voraus-

229 Siehe oben § 8 II 4 c) cc).

setzung für eine wirksame Inkorporation. Auch bei einem Verstoß gegen die Vorlagepflicht werden die Regelungen des Dachverbands zum Bestandteil der Satzung des Mitgliedsvereins. Sind die Voraussetzungen einer statischen Verweisung erfüllt, so derogiert das Recht des Dachverbands etwaige abweichende Bestimmungen in der Satzung des Mitgliedsvereins.

Eine dynamische Verweisung auf die Satzung des Dachverbands stößt auf formelle und materielle Bedenken. In formeller Hinsicht fehlt es an der nach § 71 Abs. 1 Satz 1 BGB erforderlichen Eintragung der Satzungsänderung in das Vereinsregister. In materieller Hinsicht liegt ein Verstoß gegen die Vereinsautonomie vor, weil eine dynamische Verweisung dazu führt, daß die Kompetenz zur Satzungsänderung auf einen vereinsfremden Dritten übertragen wird.

Eine Verweisung auf eine Vereinsordnung des Dachverbands ist ebenfalls nur wirksam, wenn sie widerspruchsfrei, verständlich und hinreichend bestimmt gefaßt ist. Die Ermächtigungsnorm zum Erlaß einer Vereinsordnung muß die Möglichkeit einer Verweisung nicht ausdrücklich vorsehen. Im Gegensatz zu der dynamischen Verweisung auf die Satzung eines Dachverbands ist die dynamische Verweisung auf eine Vereinsordnung zulässig. Weder stehen dem formelle Bedenken entgegen, noch verstößt es gegen die Autonomie des verweisenden Vereins, wenn dieser die Kompetenz zum Erlaß von Vereinsordnungen auf einen vereinsfremden Dritten überträgt. Allerdings muß die Mitgliederversammlung die Zulässigkeit einer dynamischen Verweisung in der Ermächtigungsnorm vorsehen.

Ein Geltungsvorrang der Satzung des Dachverbands läßt sich nicht damit begründen, bei der Satzung des Dachverbands handele es sich um höherrangiges Recht. Vielmehr ist die mitgliedschaftliche Bindung des Vereins an die Satzung des Dachverbands als eine rechtsgeschäftliche Bindung zu verstehen, die grundsätzlich keinen Geltungsvorrang vor anderslautenden Satzungsbestimmungen des Vereins beanspruchen kann. Möglich ist jedoch eine Überlagerung nach konzernrechtlichen Grundsätzen. Soll die Satzung des Dachverbands die Satzung des Mitgliedsvereins überlagern, unterliegt der Eintritt des Mitgliedsvereins in den Dachverband erhöhten Wirksamkeitsvoraussetzungen. Zunächst muß die Mitgliederversammlung ihre Zustimmung zum Beitritt in einen konkreten Dachverband erklären. Der Beschluß der Mitgliederversammlung muß mit satzungsändernder Mehrheit gefaßt werden. Darüber hinaus ist der Eintritt in den Dachverband in das Vereinsregister einzutragen. Aus der Eintragung müssen neben dem Namen des Dachverbands auch die einzelnen Bestimmungen aus der Satzung des Dachverbands, die die Satzung des Mitgliedsvereins überlagern sollen, ersichtlich sein.

In der vereinsrechtlichen Praxis erfüllen – soweit ersichtlich – die Satzungen der Dachverbände und der Mitgliedsvereine weder die Voraussetzungen für eine Inkorporation, noch die Voraussetzungen für eine Überlagerung. Folglich begründen die Satzungen der Dachverbände keine statutarische, sondern nur eine schuldrechtliche Bindung der Mitgliedsvereine. Die schuldrechtliche Bindung tritt unabhängig davon ein, ob die Mitgliedsvereine das Regelwerk der Dachverbände ausdrücklich in ihrer Satzung anerkennen oder nicht. Selbst wenn eine Satzung die Mitgliedschaft im Dachverband nicht einmal erwähnt, ist der Verein verpflichtet, die Regelungen des Dachverbands zu befolgen. Allerdings läßt ein Verstoß gegen die Regelungen des Dachverbands die Wirksamkeit der auf dem Verstoß beruhenden Maßnahme unberührt. Der Dachverband hat nur die Möglichkeit, vereinsrechtliche Sanktionen, wie etwa die Verhängung einer Vereinsstrafe, gegen den Mitgliedsverein zu ergreifen.

§ 10 Schuldrechtlicher Einfluß des Dachverbands auf den Mitgliedsverein

Die vorausgegangenen Untersuchungen haben ergeben, daß ein statutarischer Dritteinfluß auf den Mitgliedsverein durch den Dachverband im Wege der Inkorporation des Regelwerks des Dachverbands in das Regelwerk des Mitgliedsvereins oder durch einen Geltungsvorrang der Satzung des Dachverbands vor der Satzung des Mitgliedsvereins begründet werden kann. Allerdings werden in der vereinsrechtlichen Praxis die Wirksamkeitsvoraussetzungen für einen solchen statutarischen Dritteinfluß nur selten erfüllt. Folglich erweitert das Regelwerk des Dachverbands nicht das Regelwerk des Mitgliedsvereins; Inhalt und Umfang der Satzung und der Vereinsordnungen des Mitgliedsvereins bleiben durch den Eintritt in den Dachverband unberührt. Die Vorschriften des Dachverbands, die konkrete Verhaltensvorgaben für den Mitgliedsverein begründen, entfalten daher nur eine schuldrechtliche, aber keine statutarische Bindung. Das bedeutet, daß Beschlüsse des Mitgliedsvereins, die gegen die Satzung oder gegen die Vereinsordnungen des Dachverbands verstoßen, grundsätzlich wirksam sind. Der Dachverband hat jedoch die Möglichkeit, den Verstoß gegen seine Satzung mit vereinsrechtlichen Sanktionen zu ahnden. In der Regel enthalten die Satzungen der Dachverbände dahingehende konkrete Bestimmungen.[230]

Der Dachverband kann das Verhalten des Mitgliedsvereins aber nur dann sanktionieren, wenn die schuldrechtlichen Verhaltenspflichten des Mitgliedsvereins wirksam begründet wurden. Die Dachverbände verpflichten die Mitgliedsvereine zum Teil dazu, ihre Satzung der des Dachverbands anzupassen oder zumindest einzelne Bestimmungen aus der Satzung des Dachverbands in die eigene Satzung zu übernehmen. Daneben schränken sie die Freiheit der Mitgliedsvereine bei der Gestaltung ihrer Satzung ein, indem sie z.B. die Mitgliedsvereine verpflichten, keine Satzungsregelungen zu beschließen, die mit der Satzung des Dachverbands in Widerspruch stehen.[231] Verpflichtungen dieses Inhalts werfen die Frage auf, ob sich ein Verein überhaupt zu derartigen organisatorischen Maßnahmen gegenüber Dritten verpflichten kann (dazu I. 1.). Des weiteren ist fraglich, ob die Vertretungsmacht des Vorstands die Begründung derartiger Verpflichtungen umfaßt, mit anderen Worten, ob der Eintritt in einen Dachverband von der Vertretungsmacht des Vorstands gedeckt ist (dazu I. 2).

I. Zulässigkeit einer rechtsgeschäftlichen Verpflichtung zu innerorganisatorischen Maßnahmen

Durch den Eintritt in einen Dachverband verpflichtet sich der Mitgliedsverein in der Regel zur Vornahme innerorganisatorischer Maßnahmen, die nur im Wege einer Satzungsänderung durchführbar sind. Vereinzelt wird in der Literatur vertreten, ein Verein könne keine Verpflichtungen eingehen, die die Gestaltung der Satzung oder die Zuständigkeit der

[230] Hierzu gehören z.B. die Ausschließung aus dem Verein, der Entzug einer Lizenz, an bestimmten Wettkämpfen teilzunehmen, oder auch Geldstrafen (vgl. *Vieweg*, Normsetzung, S. 82 ff, mit weiteren Beispielen).

[231] Zu den Gestaltungsformen in der Praxis siehe oben § 9 I 3 a).

Vereinsorgane betreffen.[232] Zur Begründung wird geltend gemacht, ein Verein organisiere sich nicht selbst, sondern er werde mittels der Satzung von seinen Mitgliedern organisiert. Der Verein sei nur der Adressat, an den sich die Beschlüsse der Mitgliederversammlung richten. Folglich könne er keine schuldrechtliche Bindung hinsichtlich dieser Regelungsgegenstände eingehen.

Diese Argumentation läßt unberücksichtigt, daß ein Verein sich das Handeln seiner Organe unmittelbar als eigenes Handeln zurechnen lassen muß, unabhängig davon, ob es sich um Maßnahmen im Außen- oder im Innenverhältnis handelt. Faßt die Mitgliederversammlung einen Beschluß, so ist der Verein nicht etwa nur der Adressat, an den sich der Beschluß der Mitgliederversammlung richtet. Die Beschlußfassung ist vielmehr eine Entscheidung des Vereins selbst. Die beschlußfassenden Mitglieder dürfen nicht als ein von dem Verein abgesonderter Willens- und Handlungsträger betrachtet werden, der dem Verein gewissermaßen von außen her die Gesetze auferlegt, nach denen er zu leben hat.[233] Es ist vielmehr der Verein selbst, der, handelnd durch das zuständige Organ, seine Satzung ändert. Dementsprechend kann sich der Verein auch gegenüber Dritten zu innerorganisatorischen Maßnahmen verpflichten. Eine davon zu trennende Frage ist, ob die Vertretungsmacht des Vorstands des Vereins die Begründung derartiger Verpflichtungen umfaßt.

II. Vertretungsmacht des Vorstands

Ob der Eintritt in einen Dachverband von der Vertretungsmacht des Vorstands umfaßt ist,[234] ist wegen der weitreichenden Pflichten, die für den Verein i.d.R. mit dem Eintritt in einen Dachverband verbunden sind, zweifelhaft.

1. *Allgemeiner Umfang der Vertretungsmacht*

Gemäß § 26 Abs. 2 BGB vertritt der Vorstand den Verein bei allen gerichtlichen und außergerichtlichen Handlungen. Der Umfang der Vertretungsmacht des Vorstands ist grundsätzlich umfassend und sachlich unbeschränkt, sofern nicht eine abweichende Regelung in der Satzung getroffen wird (vgl. § 26 Abs. 2 Satz 2 BGB).[235]

Eine Ausnahme gilt für den Fall, daß der Vorstand ein Rechtsgeschäft vornimmt, das nach der gesetzlichen Zuständigkeitenordnung des Vereins in den Kompetenzbereich der Mitgliederversammlung fällt. Der Vorstand ist – auch ohne eine dahingehende ausdrückliche Satzungsregelung – nicht ermächtigt, den Verein im Außenverhältnis zu Maßnahmen zu verpflichten, die im Innenverhältnis in den Entscheidungsbereich der Mitgliederversammlung fallen.[236] Andernfalls würde die gesetzlich vorgesehene Zuständigkeitenordnung durch eine schuldrechtliche Verpflichtung umgangen, die allein vom Vorstand begründet

---

[232] *Beuthien/Gätsch*, ZHR 157 (1993), 483, 487; zulässig ist auch nach dieser Ansicht die Verpflichtung zur Vornahme einer bestimmten Geschäftsführungsmaßnahme.

[233] *Fleck*, ZGR 1988, 104, 112; *Herfs*, S. 165.

[234] So ohne Einschränkungen *Reichert* in *Reichert/v. Look*, Rdnr. 1388.

[235] BGH, NJW 1980, 2799, 2800; *Soergel-Hadding*, § 26 BGB Rdnr. 20.

[236] BGH, JZ 1953, 474, 475 = BB 1953, 368; *Soergel-Hadding*, § 26 BGB Rdnr. 20; *Palandt-Heinrichs*, § 26 BGB Rdnr. 5; *Reichert* in *Reichert/v. Look*, Rdnr. 1397; *Sauter/Schweyer*, Rdnr. 233; *Stöber*, Rdnr. 286; *Dütz*, in: FS für Herschel, S. 55, 56; *Edenfeld*, S. 115.

wurde. Der Vorstand könnte ohne weiteres in die Befugnisse anderer Organe eingreifen. Folglich überschreitet der Vorstand seine Vertretungsmacht, wenn er den Verein zu Maßnahmen verpflichtet, die nach der gesetzlichen Zuständigkeitenordnung nicht dem Vorstand, sondern der Mitgliederversammlung zugewiesen sind.

Allerdings ist zu berücksichtigen, daß die Zuständigkeitenordnung in einem Verein weitgehend dispositiv ist. Es wäre für die Sicherheit des Rechtsverkehrs daher unzumutbar, wenn die Vertretungsmacht des Vorstands von der jeweiligen Satzungsgestaltung und Zuständigkeitenordnung des einzelnen Vereins abhängen würde. Dementsprechend kann sich eine Grenze für die Vertretungsmacht nur insoweit ergeben, als die Zuständigkeit für vereinsinterne Entscheidungen zwingend, d.h. nach den gesetzlichen Regelungen, in den Entscheidungsbereich der Mitgliederversammlung fällt. Der Vorstand kann den Verein mithin nicht wirksam verpflichten, die Satzung zu ändern (§ 33 BGB) oder eine Auflösung des Vereins herbeizuführen (§ 41 BGB). Auf diese Weise werden die Interessen des Rechtsverkehrs an einem notwendigen Maß an Rechtssicherheit gewahrt. Das Vertrauen Dritter in die Vertretungsmacht des Vorstands ist nicht schutzwürdig bei Geschäften, die gesetzlich zwingend außerhalb der Zuständigkeit des Vorstands liegen.[237]

Die Tatsache, daß die schuldrechtliche Verpflichtung zur Satzungsänderung selbst noch keine unmittelbare Satzungsänderung begründet, ändert an diesem Ergebnis nichts. Zwar kommt es allein durch die schuldrechtliche Verpflichtung noch nicht zu einer Umgehung der Zuständigkeitenordnung, da die Mitgliederversammlung die Verpflichtung noch vollziehen muß. Doch würde die Mitgliederversammlung, wenn die Vertretungsmacht des Vorstands auch die Verpflichtung zu innerorganisatorischen Maßnahmen umfassen würde, *gegen* ihren Willen zu einer Satzungsänderung verpflichtet. Sie würde nicht mehr als Selbstbestimmungs-, sondern nur noch als Vollzugsorgan tätig, was dem Willen des Gesetzgebers widerspräche. Aus § 27 Abs. 3 i.V.m. §§ 665, 666 BGB folgt gerade umgekehrt, daß der Vorstand den Willen der Mitgliederversammlung vollziehen soll.[238]

Als Ergebnis läßt sich daher festhalten, daß die Begründung einer schuldrechtlichen Verpflichtung, die in den der Mitgliederversammlung zwingend zugewiesenen Zuständigkeitsbereich eingreift, von der Vertretungsmacht des Vorstands nicht umfaßt ist. Die Zustimmung der Mitgliederversammlung ist in diesen Fällen auch im Außenverhältnis Voraussetzung für die Wirksamkeit einer derartigen Vorstandsmaßnahme.

2. *Eintritt in einen Dachverband*

Für die Frage, ob der Vorstand im Rahmen seiner Vertretungsmacht den Eintritt in einen Dachverband erklären kann, kommt es somit darauf an, welche konkreten Verpflichtungen für den Verein im Zusammenhang mit der Mitgliedschaft begründet werden.

Durch den Eintritt in einen Dachverband entstehen für den Mitgliedsverein schuldrechtliche Bindungen gegenüber dem Dachverband. Die Verpflichtungen des Mitgliedsvereins ergeben sich aus der Satzung des Dachverbands, deren Geltung der Verein mit dem Eintritt anerkennt. Wie dargestellt, enthalten die Satzungen der Dachverbände

[237] Etwas anderes mag gelten, wenn sich aus den Umständen des Einzelfalls für den Vertragspartner der Eindruck ergibt, das zuständige Organ habe den Vorstand zu einem solchen Rechtsgeschäft ermächtigt; so OLG München, ZIP 1981, 615, 616.

[238] *Edenfeld*, S. 115.

nicht selten die Verpflichtung der Mitgliedsvereine, ihre Satzung der des Dachverbands anzupassen,[239] zumindest aber das Verbot, Satzungsregelungen zu erlassen, die zu denen des Dachverbandes in Widerspruch stehen.[240] Mit derartigen Vorgaben greift der Dachverband in den Zuständigkeitsbereich der Mitgliederversammlung des Mitgliedsvereins ein, denn die Zuständigkeit zur Gestaltung der Satzung kommt zwingend den Vereinsmitgliedern zu.[241] Der Vorstand des eintretenden Vereins kann daher nur dann wirksam den Eintritt in einen Dachverband erklären, wenn ein legitimierender Beschluß der Mitgliederversammlung des eintretenden Vereins vorliegt.[242]

Eine andere Ansicht hat der Bundesgerichtshof[243] in einer Entscheidung aus dem Jahr 1980 vertreten. Zwar hat das Gericht nicht über die satzungsändernde Wirkung eines Eintritts, sondern über die Wirkung eines Austritts entschieden, doch lassen sich die Argumente auf den Fall des Eintritts übertragen. Dem Urteil lag folgender Sachverhalt zugrunde: Nach § 1 Nr. 2 der Satzung des beklagten Vereins umfaßte der Zweck des Vereins die Wahrung der gemeinsamen Rechte und Pflichten der örtlichen Haus- und Grundbesitzer, die Förderung des Wohnungswesens, des Wiederaufbaus und des Realkredits in den Städten und Gemeinden. In § 1 Nr. 5 der Satzung war festgelegt, daß der Verein einem Landesverband angeschlossen ist. Der Vorstand erklärte nun den Austritt aus dem Landesverband. Dennoch forderte der Landesverband den Mitgliedsbeitrag. Nach Auffassung des Bundesgerichtshofs war die Austrittserklärung des Vorstands vom Umfang der Vertretungsmacht des Vorstands gedeckt, weil dadurch für den Verein eine Verpflichtung zur Änderung der Satzung, nämlich zur Streichung von § 1 Nr. 5, nicht begründet wurde. Gegen eine solche Verpflichtung sprach nach Ansicht des Gerichts, daß die Mitgliederversammlung in der Lage war, eine Satzungsänderung abzulehnen. Außerdem hätte sie die Rücknahme der Austrittserklärung oder den erneuten Beitritt zum Dachverband durchsetzen können.[244]

Diese Sichtweise verkennt, daß die von dem Gericht vorgeschlagenen Alternativen nur Möglichkeiten vorsahen, eine bestehende Verpflichtung zur Satzungsänderung wieder aufzuheben. Die Möglichkeit, eine Verpflichtung wieder zu beseitigen, ändert aber nichts daran, daß zunächst eine Verpflichtung des Vereins zur Satzungsänderung begründet wurde. Ebensowenig kann man die durch einen Eintritt in einen Dachverband begründete Verpflichtung zur Änderung der Satzung mit dem Argument verneinen, der Verein könne aus dem Dachverband wieder austreten. Auch dieser Umstand wirkt sich auf die Entstehung der Verpflichtung nicht aus. Darüber hinaus führen die von dem Gericht zur Vermeidung der Satzungsänderung vorgeschlagenen Wege nicht zwingend zum Erfolg. Der Austritt aus einem Verein ist eine einseitige rechtsgestaltende Erklärung. Sie kann daher

---

[239] So § 13 Abs. 1 c) Satzung DFB; § 5 Satzung DLV; § 14 Abs. 2 Satzung DTTB; zum Wortlaut dieser Regelungen siehe oben § 9 I 3 a).

[240] So § 6 Abs. 2 Satzung DHockeyB; § 10 Abs. 4 Satzung LSB Hessen; zum Wortlaut dieser Regelungen siehe oben § 9 I 3 a).

[241] Siehe oben § 8 III 3.

[242] So i.E auch Müko-*Reuter*, vor § 21 BGB Rdnr. 120: Soweit die Verbandszugehörigkeit nicht in der Satzung vorgesehen ist, hängt die Wirksamkeit der Vertretung durch den Vorstand analog §§ 292, 293 AktG von der Zustimmung der qualifizierten Mehrheit der Mitgliederversammlung ab. Zwar bildet der Beitritt niemals eine Zweckänderung, wohl aber eine Grundlagenentscheidung, die der Mitgliederversammlung vorbehalten ist.

[243] BGH, NJW 1980, 2799, 2800.

[244] BGH, NJW 1980, 2799, 2800.

nicht widerrufen werden.[245] Auch der erneute Eintritt in den Landesverband wäre nicht einseitig durch den ausgetretenen Verein möglich, sondern hätte der Mitwirkung des Landesverbands bedurft, der es in der Hand gehabt hätte, die Aufnahme abzulehnen. Das Urteil überzeugt insoweit nicht.

Es ist im Ergebnis also daran festzuhalten, daß der Eintritt in einen Dachverband nicht von der Vertretungsmacht des Vorstands gedeckt ist, wenn die Satzung des Dachverbands für seine Mitgliedsvereine die Verpflichtung begründet, die eigene Satzung zu ändern. Gleiches gilt für den Fall, daß die Kompetenz der Mitgliederversammlung eingeschränkt wird, indem der Verein verpflichtet wird, seine Satzung nicht durch eine Änderung in Widerspruch zu der Satzung des Dachverbands zu setzen.

3. *Ermächtigung durch die Mitgliederversammlung*

Die Begrenzung der Vertretungsmacht des Vorstands durch die zwingend vorgeschriebene Zuständigkeitenordnung gilt nicht für den Fall, daß die Mitgliederversammlung ihre Zustimmung zu der Verpflichtung durch den Vorstand erteilt hat.[246] Die Zustimmung kann in Form eines mit satzungsändernder Mehrheit gefaßten Beschlusses der Mitgliederversammlung oder in Form einer entsprechenden Satzungsbestimmung erteilt werden.[247] Fraglich ist, welchen Inhalt dieser Beschluß bzw. die Satzungsbestimmung haben muß.

Man könnte es für ausreichend ansehen, daß die Mitgliederversammlung dem Vorstand Vertretungsmacht für die Erklärung des Eintritts in (irgend)einen beliebigen Dachverband erteilt.[248] Es ist jedoch zweifelhaft, ob die Mitgliederversammlung allein mit einer derartigen Erklärung wirksam die Vertretungsmacht des Vorstands erweitern kann. Die Bedenken stützen sich darauf, daß mit einer generellen Ermächtigung in keiner Weise umrissen ist, welche Verpflichtungen für den Verein durch den späteren Beitritt in den – noch nicht bekannten – Dachverband entstehen. Möchte die Mitgliederversammlung ihre Kompetenz zur Satzungsgestaltung durch eine rechtsgeschäftliche Verpflichtung zu einer Satzungsänderung einschränken, so ist das nur möglich, wenn ihr im Zeitpunkt der Beschlußfassung der Inhalt der zukünftigen Verpflichtung bekannt ist und sie durch einen Ermächtigungsbeschluß gleichsam ihr Einverständnis damit erklärt. Diese Voraussetzungen sind nur erfüllt, wenn der Dachverband und damit auch dessen Satzung im Zeitpunkt der Erteilung der Ermächtigung bekannt sind. Die Mitgliederversammlung kann den Vorstand also nur zur Abgabe der Eintrittserklärung im Hinblick auf einen bestimmten Dachverband ermächtigen.

Eine interessante Regelung findet sich insoweit in § 2 a Abs. 3 der Satzung des DFB. Die Regelung lautet: „Über weitere Mitgliedschaften bei anderen Organisationen entscheidet der Vorstand. Die Rechte des DFB und seiner Mitgliedsverbände aus dieser Satzung dürfen dadurch nicht berührt werden". Zu diesen Rechten zählt auch die Befugnis des Vereins, seine Satzung frei zu gestalten. Dementsprechend darf der Vorstand die Mitgliedschaft in

---

[245] *Bötticher*, S. 6; *Steinbeck*, S. 23.

[246] BGH, JZ 1953, 474, 475 = BB 1953, 368 ff; *Soergel-Hadding*, § 26 BGB Rdnr. 20; *v. Look* in *Reichert/v. Look*, Rdnr. 469; *Dütz*, in: FS für Herschel, S. 55, 56; *Edenfeld*, S. 115.

[247] Der Eintritt in einen Dachverband ist i.d.R. keine Zweckänderung, siehe oben § 9 III 3 b) aa) (2).

[248] Beispiel: „Über weitere Mitgliedschaften bei anderen Organisationen entscheidet der Vorstand".

Organisationen, die eine Änderung der Satzung vom DFB verlangen, nicht begründen. Der Abschluß eines solchen Aufnahmevertrags wäre nach der hier vertretenen Ansicht ohnehin nicht von der Vertretungsmacht des Vorstands gedeckt. Daran ändert auch die in § 2 a Abs. 3 Satz 1 enthaltene allgemeine Öffnungsklausel nichts. Die Beschränkung der Vertretungsmacht des Vorstands in § 2 a Abs. 3 Satz 2 der Satzung des DFB ist daher nur deklaratorischer Natur.

§ 11 Inhaltskontrolle von Vereinssatzungen

Ist der Mitgliedsverein beim Eintritt in den Dachverband wirksam von dem Vorstand vertreten worden, so treffen den Mitgliedsverein nunmehr die Pflichten aus dem Rechtsverhältnis zum Dachverband. Es schließt sich die Frage an, ob die durch den Dachverband in der Satzung und den Vereinsordnungen getroffenen Regelungen, die die Rechtsstellung des Mitgliedsvereins ausgestalten, rechtlich zulässig und damit wirksam sind. Dabei handelt es sich um ein oft erörtertes Problem des Vereinsrechts, die richterliche Inhaltskontrolle von Vereinssatzungen nach § 242 BGB.[249]

Ausgangspunkt der Diskussion um die Inhaltskontrolle von Vereinssatzungen und Vereinsordnungen ist die Feststellung, daß es den Mitgliedern eines Vereins im Rahmen ihrer Vereinsautonomie grundsätzlich frei steht, den Inhalt ihrer Satzung festzulegen, soweit dieser nicht durch zwingende gesetzliche Vorschriften vorgegeben ist. Eine Grenze der Gestaltungsfreiheit der Mitglieder ist zunächst nur dort zu ziehen, wo die Satzung gegen ein gesetzliches Verbot verstößt (§ 134 BGB) oder sittenwidrig ist (§ 138 BGB).[250] Eine Verpflichtung der Mitglieder des Vereins zur objektiv richtigen, billigen oder gerechten Gestaltung der Satzung besteht nicht; es steht den Mitgliedern daher frei, auch unvernünftige oder unangemessene Regelungen zu treffen. Ausgehend von dieser Prämisse bedarf nicht die Freiheit der Mitglieder zur Gestaltung der Satzung, sondern ihre Einschränkung durch eine richterliche Inhaltskontrolle einer Rechtfertigung.[251] Wie die folgenden Ausführungen zeigen werden, muß die Inhaltskontrolle auf Ausnahmetatbestände beschränkt bleiben.[252]

---

[249] Da sich keine Unterschiede für den anzuwendenden Kontrollmaßstab ergeben, kann es im Rahmen dieser Untersuchung dahingestellt bleiben, ob man die Inhaltskontrolle auf § 242 BGB (so BGHZ 22, 90, 97; 64, 238, 241; 101, 350, 353; BGH, NJW 1984, 2094, 2095; BGH, NJW 1988, 135; *Soergel-Hadding*, § 25 BGB Rdnr. 25; *Soergel-Teichmann*, § 242 BGB Rdnr. 15; Müko-*Gottwald*, § 315 BGB Rdnr. 36; *Vieweg*, Normsetzung, S. 235; *ders.*, in: FS für Lukes, S. 809, 815; *Kohler*, S. 187 ff) oder auf §§ 315 bzw. 317 BGB (*Larenz*, Schuldrecht I, § 6 III; *Lukes*, NJW 1963, 1987 ff bzw. *Bötticher*, S. 27 ff; für eine ergänzende Anwendung von § 315 BGB: *Palandt-Heinrichs*, § 25 BGB Rdnr. 9) stützt. Zum Teil wird die Inhaltskontrolle auch als richterliche Rechtsfortbildung verstanden (*Fastrich*, S. 70; *Kreutz*, ZGR 1983, 109, 117; *Hönn*, JA 1987, 337, 340; *v. Look*, S. 180; *Zöllner*, 100 Jahre GmbHG, S. 85, 92).

[250] *Wiedemann*, in: FS für Kummer, S. 175, 179; *Bunte*, ZIP 1983, 8, 11; *Kreutz*, ZGR 1983, 109, 115; *Koller*, DB 1984, 545, 546.

[251] *Zöllner*, 100 Jahre GmbHG, S. 85, 100.

[252] So auch *Reichert* in *Reichert/v. Look*, Rdnr. 1796; *K. Schmidt*, Gesellschaftsrecht, § 5 III 4 c); *Bunte*, ZGR 1991, 316, 320.

I. Vorfragen

1. Kontrolle auch von Vereinsordnungen

Die im allgemeinen unter dem Stichwort „Inhaltskontrolle von Vereinssatzungen" erörterte Problematik umfaßt neben der gerichtlichen Überprüfung der Vereinssatzung auch die Inhaltskontrolle von Vereinsordnungen.[253] Das ergibt sich aus der Überlegung, daß der mit der Inhaltskontrolle bezweckte Schutz der Mitglieder nicht davon abhängen kann, ob die Mitgliederversammlung bestimmte Regelungen in der Form der Satzung oder der Vereinsordnung erläßt. Zwar sind die in den Vereinsordnungen getroffenen Regelungen häufig für die Mitglieder weniger belastend, weil sie keine grundsätzlichen Fragen der Mitgliedschaft oder der Organisation des Vereins betreffen. Dies rechtfertigt es jedoch nicht, die Vereinsordnungen von einer richterlichen Inhaltskontrolle auszunehmen. Die Erheblichkeit einer Regelung i.S. ihrer möglichen oder tatsächlichen Auswirkungen auf die Vereinsmitglieder kann erst bei der Abwägung im Rahmen der gerichtlichen Kontrolle eine Rolle spielen.

Auch wenn eine Vereinsordnung nicht von der Mitgliederversammlung, sondern durch ein anderes Organ erlassen wurde, ist eine Inhaltskontrolle nicht grundsätzlich ausgeschlossen. Vielmehr ergibt sich die Zulässigkeit einer Inhaltskontrolle aus einem „Erst-recht-Schluß": Wenn schon die Vereinssatzung, die von der Mitgliederversammlung beschlossen wurde, einer Inhaltskontrolle unterliegt, so muß dies erst recht für eine Vereinsordnung gelten, die nicht unmittelbar durch die Mitgliederversammlung legitimiert ist, sondern nur mittelbar durch eine Ermächtigungsgrundlage in der Satzung.[254]

Die folgenden Ausführungen betreffen somit die Inhaltskontrolle von Satzungen ebenso wie die Inhaltskontrolle von Vereinsordnungen, auch wenn letztere nicht ausdrücklich erwähnt werden.

2. Abgrenzung zur Ausübungskontrolle

Von der Inhaltskontrolle der Vereinssatzung ist die Ausübungskontrolle zu unterscheiden. Im Rahmen der Ausübungskontrolle ist Prüfungsgegenstand nicht die Satzungsbestimmung als solche, sondern die konkrete Entscheidung oder Maßnahme, die auf ihrer Grundlage von einem Organ des Vereins getroffen wurde. In der vereinsrechtlichen Praxis stehen in der Regel die vom Verein ausgesprochenen Vereinsstrafen auf dem Prüfstand. Nach der höchstrichterlichen Rechtsprechung werden Vereinsstrafen daraufhin überprüft, ob sie eine Grundlage in der Satzung haben, das satzungsgemäß vorgeschriebene Verfahren beachtet worden ist, sonst keine Gesetzes- oder Satzungsverstöße unterlaufen sind und ob die Strafe nicht offenbar unbillig oder willkürlich ist.[255] Außerdem findet seit einem grundle-

---

[253] *Reichert* in *Reichert/v. Look*, Rdnr. 1793; Müko-*Reuter*, vor § 21 BGB Rdnr. 124; *Erman-Westermann*, § 25 BGB Rdnr. 4; *Kohler*, S. 208; *v. Look*, in: Festgabe für *Hellner*, S. 46, 48; auch in den Entscheidungen BGH, WM 1972, 1249 ff; BGHZ 105, 318 ff = NJW 1989, 1724 ff, waren Vereinsordnungen Gegenstand der Inhaltskontrolle.

[254] *Kohler*, S. 207.

[255] BGHZ 13, 5, 11; 21, 370, 373; 29, 352, 354; 36, 105, 109; 47, 381, 384.

genden Urteil des Bundesgerichtshofs aus dem Jahr 1984[256] eine umfassende Tatsachenkontrolle statt, d.h. es wird geprüft, ob die von dem Verein ermittelten Tatsachen, an die die Vereinsstrafe anknüpft, objektiv und an rechtsstaatlichen Grundsätzen gemessen zutreffend festgestellt worden sind. Dagegen gehört die Subsumtion des festgestellten Sachverhalts unter die einschlägige Satzungsvorschrift zu den Maßnahmen, die der Verein im Rahmen der Vereinsautonomie eigenverantwortlich treffen kann.[257] Eine Grenze wird nur dort gezogen, wo die Entscheidung grob unbillig oder willkürlich ist. Strengere Maßstäbe gelten nach der Rechtsprechung des Bundesgerichtshofs für Vereine mit einer überragenden Machtstellung in einem wirtschaftlichen oder sozialen Bereich. Bei diesen Vereinen überprüft der Bundesgerichtshof die Vereinsstrafe darüber hinaus darauf, ob die Maßnahme durch sachliche Gründe gerechtfertigt, d.h. nicht unbillig ist.[258]

Zuweilen wird die Ausübungskontrolle als vorzugswürdig gegenüber der Inhaltskontrolle angesehen, weil sie nur die konkrete Maßnahme beseitigt, wohingegen die der Maßnahme zugrundeliegende Satzungsregelung fortgilt. Damit werde, so diese Auffassung, weit weniger in das Regelungsgefüge des Vereins eingegriffen als durch die Kassierung einer Satzungsregelung. Insbesondere stelle sich nicht die Frage, durch welche neue Satzungsregelung die für nichtig erachtete zu ersetzten sei.[259] *Grunewald*[260] wendet gegen diese Argumentation ein, es sei illusionär zu glauben, daß eine Satzungsbestimmung fortgelten könne, nachdem eine darauf beruhende Vereinsmaßnahme erfolgreich angegriffen worden sei. Es könne kaum davon ausgegangen werden, daß ein Mitglied eine Vereinsmaßnahme gegen sich gelten lassen werde, wenn eine auf derselben Grundlage beruhende Maßnahme von einem anderen Mitglied bereits erfolgreich angegriffen worden sei. Vielmehr sei zu erwarten, daß nunmehr andere Mitglieder ebenso gegen die gegen ihre Person gerichteten Maßnahmen vorgehen und sich damit die Anzahl der Streitigkeiten im Verein erhöhen. Daher könne es für einen Verein von Vorteil sein, wenn eine Satzungsregelung insgesamt auf ihre Gültigkeit untersucht werde.

Der Einwand *Grunewalds* kann so nicht überzeugen. Ergibt sich z. B. die Unwirksamkeit einer Vereinsstrafe daraus, daß die Entscheidung auf einem falschen tatsächlichen Sachverhalt beruht oder daß eine unrichtige Subsumtion stattfand, so ist damit für das Vereinsstrafeverfahren gegen ein anderes Mitglied noch nichts gewonnen. Die Satzungsbestimmung ist weiterhin wirksam und kann durchaus Grundlage für eine Sanktion gegenüber einem anderen Mitglied sein. Die Inhaltskontrolle der Satzungsregelung hat jedoch den Vorteil, daß sie eine verallgemeinerungsfähige Beurteilung von unangemessenen Klauseln ermöglicht und somit klare Verbotsmaßstäbe aufstellt.[261] Sie schafft folglich weitaus

---

[256] BGHZ 87, 337, 345 = NJW 1984 , 918 ff; dazu *Vieweg*, JZ 1984, 167 ff; *Baecker*, NJW 1984, 906 ff; *Leipold*, ZGR 1985, 113 ff.

[257] BGHZ 87, 376, 345 = NJW 1984, 918 ff; BGH, ZIP 1994, 875, 876 m. Anm. *Gehrlein*, ZIP 1994, 852; BGH, ZIP 1997, 1591, 1593 mit Anm. *Gehrlein*, ZIP 1997, 1912 ff.

[258] BGHZ 102, 265, 277 = NJW 1988, 552 ff = WuB II L. § 25 BGB 1.88 (*Westermann*); dazu *Hadding/v. Look*, ZGR 1988, 270 ff; *Vieweg*, Normsetzung, S. 238 ff; bestätigt durch BGH, NJW 1990, 40 ff = WuB II L. § 39 BGB 1.89 (*v. Look*); BGH, NJW 1991, 485 ff = WuB II L. § 39 BGB 1.91 (*v. Look*); BGH, NJW-RR 1991, 246 ff = WuB II L. § 39 BGB 2.91 (*v. Look*); BGH, NJW-RR 1992, 507 ff; BGH, NJW 1994, 43 ff = WuB II L. § 39 BGB 1.94 (*v. Look*); BGH, ZIP 1994, 875 ff m. Anm. *Gehrlein*, ZIP 1994, 852 ff; BGH, ZIP 1997, 1591 ff mit Anm. *Gehrlein*, ZIP 1997, 1912 ff.

[259] *Wiedemann*, ZGR 1980, 147, 155.

[260] Ausschluß, S. 147.

[261] *Bunte*, ZGR 1991, 316, 320.

mehr Rechtssicherheit und dient dem Informationsbedürfnis der Mitglieder mehr als die bloße Ausübungskontrolle.

Als Ergebnis bleibt festzuhalten, daß sowohl die Inhaltskontrolle als auch die Ausübungskontrolle Vorteile bieten. Sachgerechte Ergebnisse lassen sich nur erzielen, wenn beide Kontrollinstrumente nebeneinander zur Anwendung gelangen.[262] Zunächst wird die Satzungsbestimmung, die die Rechtsgrundlage z.B. für die Vereinsstrafe bildet, einer Inhaltskontrolle unterzogen. Kommt man zu dem Ergebnis, die Satzungsbestimmung ist wirksam, wird anschließend der aufgrund der Regelung gefaßte Beschluß eines Vereinsorgans, also die Vereinsstrafe, im Rahmen einer Ausübungskontrolle überprüft. Hierbei können die Umstände des Einzelfalls, die für die Ergreifung der Maßnahme maßgeblich waren, berücksichtigt werden.[263] Diese Vorgehensweise gewährleistet, daß die Fehler, die den Verstoß gegen die Rechtsordnung begründen, dort behoben werden, wo sie ihre Grundlage haben. Ergibt nur die Ausübungskontrolle die Unwirksamkeit einer konkreten Maßnahme, so gilt die zugrundeliegende Bestimmung fort. Ist dagegen die Satzungsregelung, die die Grundlage der Vereinsstrafe bildet, mit der Rechtsordnung nicht vereinbar, so ist die Regelung zu kassieren.

3. Abgrenzung zur Rechtskontrolle nach §§ 134, 138 BGB

a) Maßstäbe der Rechtskontrolle

Die Inhaltskontrolle von Vereinssatzungen und Vereinsordnungen nach § 242 BGB ist von der sog. Rechtskontrolle nach §§ 134, 138 BGB zu unterscheiden. Wie jedes Rechtsgeschäft unterliegt die Satzung einer Gesetzes- und Sittenwidrigkeitskontrolle. Im Gegensatz zu Austauschverträgen wird der Maßstab für die Rechtskontrolle im Vereinsrecht durch die Wertungsprinzipien des Vereinsrechts[264] erweitert. Darüber hinaus setzt § 25 BGB der Gestaltungsfreiheit der Vereinsmitglieder Grenzen.

aa) § 134 BGB

Die Satzung eines Vereins kann gegen ein gesetzliches Verbot verstoßen. Soweit es sich bei dem Dachverband und den ihm angeschlossenen Vereinen um Unternehmen handelt, müssen sich die Satzungsregelungen von Dachverbänden unter anderem an den Vorschriften des Gesetzes gegen Wettbewerbsbeschränkungen messen lassen.[265] So hat der Bundesgerichtshof[266] entschieden, daß eine Regelung in der Satzung des DFB, die die zentrale

---

[262] *Wiedemann*, Gesellschaftsrecht, § 3 II 3 a; *Grunewald*, Ausschluß, S. 148.

[263] *Westermann*, AcP 175 (1975), 375, 414; *Grunewald*, Ausschluß, S. 147.

[264] *Soergel-Hadding*, § 25 BGB Rdnr. 25; *Wiedemann*, Gesellschaftsrecht, 3. Kapitel, spricht insoweit von Wertungsprinzipien des Gesellschaftsrechts.

[265] Die Unternehmenseigenschaft des DFB und seiner Lizenzvereine steht außer Streit: vgl. nur BGH, NJW 1998, 756, 757; *Möschel* in *Immenga/Mestmäcker*, § 1 GWB Rdnr. 79; *Stopper*, S. 97. Zu der Frage, inwieweit auch Vereine außerhalb der 1. und 2. Liga als Unternehmen i.S. des GWB angesehen werden können vgl. *Steinbeck*, WuW 1996, 91, 95. Zu den kartellrechtlichen Grenzen vgl. den instruktiven Aufsatz von *Hannamann/Vieweg*, S. 49, 54 ff.

[266] BGH, NJW 1998, 756 ff. Dem Beschluß gingen die Entscheidungen des Bundeskartellamts (SpuRt 1995, 118 ff) und des Kammergerichts (SpuRt 1996, 199 ff) voraus. Zwar befassen sich diese

Vermarktung der Fernsehrechte an Europapokalheimspielen vorsieht, gegen das Kartellverbot des § 1 GWB verstößt.[267] Als Reaktion auf diese Entscheidung ist im Rahmen der 6. GWB-Novelle die zentrale Vermarktung von Rechten an der Fernsehübertragung von sportlichen Wettbewerben ausdrücklich von dem Kartellverbot ausgenommen worden (§ 31 GWB n.F.).

Des weiteren kommt § 20 Abs. 1 GWB (ehemals § 26 Abs. 2 GWB) als Schranke für die Gestaltungsfreiheit des Dachverbands in Betracht.[268] Danach dürfen Unternehmen und Vereinigungen von Unternehmen andere Unternehmen weder unmittelbar noch mittelbar unbillig behindern oder gegenüber gleichartigen Unternehmen ohne sachlich gerechtfertigten Grund unterschiedlich behandeln. Die Frage, ob ein Verhalten des Dachverbands im Einzelfall eine unbillige Behinderung für einen Mitgliedsverein bedeutet, läßt sich nur durch eine umfassende Interessenabwägung beantworten. Insoweit sind die gleichen Aspekte maßgeblich, die auch im Rahmen der Interessenabwägung von § 242 BGB Bedeutung erlangen.[269]

bb) § 138 BGB

Die Satzung eines Vereins kann gegen § 138 BGB verstoßen, wenn sie in sittenwidriger Weise in die Rechte der Mitglieder eingreift. Ein Beispiel für einen Verstoß gegen § 138 BGB findet sich in einer Entscheidung des OLG Celle.[270] Die Satzung eines Vereins enthielt eine Bestimmung, nach der die Möglichkeit der Überprüfung von Vereinsentscheidungen durch Gerichte ausgeschlossen wurde. Ein solcher Rechtswegausschluß ist nicht nur unangemessen, sondern nach § 138 BGB sittenwidrig und daher nichtig.

Des weiteren ist eine Satzung sittenwidrig, wenn sie einem außenstehenden Dritten zu weitgehenden Einfluß auf das Geschehen im Verein einräumt.[271] Unter diesem Gesichtspunkt könnte die Satzung eines Mitgliedsvereins gegen § 138 BGB verstoßen, wenn sie die bereits beschriebenen Grenzen des Dritteinflusses überschreitet.[272] Wie dargelegt wird der Dritteinfluß aber i.d.R. in der Satzung des Dachverbands verankert. Die Dachverbände

---

Entscheidungen ausschließlich mit der kartellrechtlichen Beurteilung der zentralen Vermarktung von Europapokal-Heimspielen durch den DFB, doch wäre durchaus mit einem Vorgehen des Bundeskartellamts gegen die zentrale Vermarktung der Bundesligafernsehrechte zu rechnen gewesen, wenn durch die 6. GWB-Novelle nicht ein Ausnahmebereich für den Sport geschaffen worden wäre. *Kiekker*, der Sprecher des Bundeskartellamts, äußerte sich in der SZ v. 6.4.1995, S. 19: „Sollte das Bundeskartellamt im Beschwerdeverfahren Erfolg haben, dann sind auch Konsequenzen für den Verkauf der Bundesligaspiele an das Fernsehen denkbar."

267 Auch in der Literatur besteht weitgehend Einigkeit darüber, daß die zentrale Vermarktung von Fernsehrechten durch den DFB die Tatbestandsvoraussetzungen des § 1 GWB erfüllt (vgl. hierzu *Stopper*, S. 95 ff). Zum Teil wird jedoch das Kartellverbot unter Rückgriff auf die Immanenztheorie (*Stopper*, S. 144 ff) oder auf konzernrechtliche Gesichtspunkte (*Heermann*, ZHR 161 (1997), 665, 704) für nicht anwendbar gehalten.

268 So auch OLG Frankfurt a.M., WM 1985, 500 ff; *Grunsky*, S. 13, 17.

269 *Grunsky*, S. 13, 18, betrachtet es daher als von untergeordnetem Interesse, ob man die Unternehmenseigenschaft bejaht. Für die Zuständigkeit des angerufenen Gerichts und die Möglichkeit des Vereins, die Kartellbehörde einzuschalten, kann es jedoch sehr wohl von Bedeutung sein, ob § 20 Abs. 1 GWB oder § 242 BGB Anwendung findet.

270 OLG Celle, WM 1988, 495 ff m. Anm. *Grunewald* = WuB II L. § 38 BGB 2. 88 (*v. Look*).

271 Siehe zu den konkreten Grenzen § 8.

272 Siehe oben § 5 II 4.

verpflichten die Mitgliedsvereine, ihre Satzung zu ändern und der jeweiligen Fassung der Satzung des Dachverbands anzupassen. Würde man die Grenzen, die für den statutarischen Dritteinfluß entwickelt wurden, ohne weiteres auch auf schuldrechtliche Bindungen des Mitgliedsvereins übertragen, so wäre eine Verpflichtung mit dem Inhalt, Satzungsänderungen entsprechend den Vorgaben des Dachverbands durchzuführen, unwirksam.

Gegen eine Gleichbehandlung von statutarischem und schuldrechtlichem Dritteinfluß spricht jedoch, daß der schuldrechtliche Dritteinfluß gerade nicht auf die Satzung des Mitgliedsvereins durchgreift. Der Mitgliedsverein kann trotz entgegenstehender vertraglicher Abreden Entscheidungen betreffend das innere Vereinsleben wirksam autonom treffen.

Im Gegensatz hierzu wird im Rahmen einer vergleichbaren Diskussion betreffend den Inhalt von Stimmbindungsverträgen die Auffassung vertreten, die Grenzen des statutarischen Dritteinflusses müßten bei schuldrechtlichen Bindungen ebenso gelten.[273] Zur Begründung wird geltend gemacht, daß Stimmbindungsverträge vollstreckbar sind und die Willenserklärung des Gesellschafters durch das Gericht ersetzt werden kann.[274] Der schuldrechtlichen Bindung komme daher eine ebenso weitreichende Wirkung zu wie der statutarischen Bindung. Diese Wertung läßt sich jedoch nicht auf die Rechtsverhältnisse in einem Dachverband übertragen. So ist es bereits fraglich, ob auch die Verpflichtung eines Vereins, eine innerorganisatorische Maßnahme vorzunehmen, vollstreckbar ist.[275] Darüber hinaus kann sich der Verein der Verpflichtung gegenüber dem Dachverband durch Austritt aus dem Dachverband entziehen.[276] Die „nur“ schuldrechtliche Bindung bedeutet daher keinen so weitreichenden Eingriff in die Vereinsautonomie des Mitgliedsvereins wie ein statutarischer Dritteinfluß und eine Verpflichtung des Mitgliedsvereins zu einer Satzungsänderung verstößt nicht gegen § 138 BGB.

cc) Wertungen des Vereinsrechts

Inhaltsschranken für die Satzung können sich auch aus den sog. Wertungen des Vereinsrechts ergeben. Diese Wertungen gelten gleichermaßen für Vereine mit natürlichen Personen als Mitgliedern, wie für Vereine mit juristischen Personen als Mitgliedern. Zu ihnen zählen z.B. der Individualschutz der Mitglieder oder der Minderheitenschutz. Dementsprechend sind Satzungsregelungen, die den unverzichtbaren Individualschutz der Mitglieder verletzen[277] – wie etwa die Versagung des Informationsrechts oder des Rechts auf Teilnahme an der Mitgliederversammlung – unzulässig. Der Minderheitenschutz findet seine Ausprägung beispielsweise in dem Verbot der wesentlichen Pflichtenmehrung[278] und dem

---

[273] *Scholz-Schmidt*, § 47 GmbHG Rdnr. 42; *Lutter/Hommelhoff*, § 47 GmbHG Rdnr. 5; *Fleck*, ZGR 1988, 104, 109; *Herfs*, S. 322; a.A. *Rowedder-Koppensteiner*, § 47 GmbHG Rdnr. 28; *Baumbach/Hueck-Zöllner*, § 47 GmbHG Rdnr. 77.

[274] BGHZ 48, 163 ff.

[275] Bejahend *Fleck*, ZGR 1988, 104, 115; *Herfs*, S. 174.

[276] Die Tatsache, daß der Verein aus tatsächlichen Gründen ein Interesse an der Mitgliedschaft hat und daher von einem Austritt absehen wird, ändert an der Möglichkeit, aus dem Dachverband auszutreten, nichts (siehe oben § 8 II 4 c) cc)). Die Zwangslage, in der sich der Mitgliedsverein befindet, wird an anderer Stelle berücksichtigt (siehe dazu unten § 11 II 5 a)).

[277] Zu den unverzichtbaren Schutzrechten: *Wiedemann*, Gesellschaftsrecht, § 7 II 1; *K. Schmidt*, Gesellschaftsrecht, 16 III 3.

[278] *Beuthien*, BB 1987, 6, 10 ff.

Verbot der rückwirkenden nachteiligen Veränderung von Mitgliederrechten.[279] Zu den Wertungen des Vereinsrechts zählt schließlich auch das Gebot der Gleichbehandlung.[280] Der durch das Gebot der Gleichbehandlung gewährte Mitgliederschutz ist allerdings nicht unverzichtbar. Der Grundsatz der Gleichbehandlung steht vielmehr zur Disposition der Mitglieder, so daß auch eine Ungleichbehandlung möglich ist, wenn alle Mitglieder dies einstimmig beschließen.[281]

dd) Wahl der richtigen Regelungsebene (§ 25 BGB)

Eine weitere Wirksamkeitsschranke, an der sich allerdings nur Vereinsordnungen messen lassen müssen, ergibt sich aus § 25 BGB. Diese Vorschrift begründet für Vereine nicht nur das Recht, sondern auch die Pflicht, die für das Vereinsleben maßgeblichen Bestimmungen in der Satzung zu regeln (Satzungsvorbehalt).[282] In der Satzung müssen neben den zwingenden Satzungsbestandteilen nach § 51 Abs. 1 BGB alle für das Vereinsleben maßgeblichen Grundentscheidungen geregelt werden. Dazu gehören die Vorschriften über die Bildung und die Funktionen der Organe des Vereins und die grundlegenden Bestimmungen betreffend das Rechtsverhältnis zwischen Mitglied und Verein. Wählt der Verein die falsche Regelungsebene, d.h. regelt er eine Grundentscheidung des Vereinslebens in einer Vereinsordnung, dann ist die Bestimmung nicht wirksam.[283] Ein Verstoß gegen diese Bestimmung durch ein Mitglied kann nicht zu einer Sanktion durch den Verein führen.

b) Terminologie

Die in der Rechtsprechung und Literatur überwiegend verwandte Terminologie „Rechtskontrolle" und „Inhaltskontrolle" ist bei näherer Betrachtung irreführend. Einerseits wird auch bei der Rechtskontrolle nach §§ 134, 138 BGB der Inhalt der Vereinssatzung überprüft, andererseits handelt es sich auch bei der Inhaltskontrolle nach § 242 BGB um eine Rechtskontrolle, denn die jeweiligen Satzungsregelungen werden am Maßstab des geltenden Rechts überprüft. Dementsprechend ist die Inhaltskontrolle kein aliud zur Rechtsanwendung, sondern sie ist Rechtsanwendung, die von engeren materiellen Wirksamkeitsschranken ausgeht.[284] Während bei der Rechtskontrolle entweder die gesetzlichen Regelungen den Verbotsmaßstab bilden (§ 134 BGB) oder der strenge Maßstab der Sittenwidrigkeit anzulegen ist (§ 138 BGB), handelt es sich bei der Inhaltskontrolle um eine vorgelagerte Schwelle, bei der der Inhalt der Satzung auf Billigkeit und Angemessenheit überprüft wird. Durch die Inhaltskontrolle werden der Gestaltungsfreiheit also engere Schranken gezogen als durch die Rechtskontrolle.[285] Trotz dieser Kritik soll im folgenden der Begriff

---

279 *Röhricht*, Inhaltskontrolle, S. 75, 77.

280 BGH, LM Nr. 2 zu § 39 BGB; BGH, NJW 1954, 953 f; BGH, NJW 1960, 2142 f (für die Genossenschaft); *Reichert* in *Reichert/v. Look*, Rdnr. 171; *Soergel-Hadding*, § 38 BGB Rdnr. 19; *Röhricht*, Inhaltskontrolle, S. 75, 76; *Grunsky*, S. 13, 18.

281 *Ulmer*, NJW 1979, 81, 83 Fn. 36; *Bunte*, ZIP 1983, 8, 13.

282 Siehe dazu oben § 8 III 3.

283 BGHZ 47, 172, 178; BGH, LM Nr. 22 zu § 25 BGB; BGHZ 88, 314, 316; vgl. außerdem die in § 12 aufgezeigten Beispiele.

284 *Coester-Waltjen*, AcP 190 (1990), 1, 5; *Fastrich*, S. 10.

285 *Lieb*, AcP 178 (1978), 196, 207; *Fastrich*, S. 12.

der Inhaltskontrolle im dargestellten Sinne verwandt werden, um der in der Rechtsprechung und Literatur gängigen Begriffswahl zu entsprechen.

II. Zulässigkeit der Inhaltskontrolle

Wie bereits dargelegt, greift die inhaltliche Kontrolle von Vereinssatzungen und Vereinsordnungen durch die Gerichte in die Autonomie eines Vereins ein. Ein derartiger Eingriff von staatlicher Seite bedarf der Rechtfertigung. In Literatur und Rechtsprechung besteht Uneinigkeit darüber, worin diese Rechtfertigung gesehen werden kann und ob die Rechtfertigung gegenüber allen Vereinen durchgreift. Entwicklung und Stand der Meinungen in Rechtsprechung und Literatur sollen zunächst dargestellt werden, bevor eine Stellungnahme erfolgt.

1. Keine Anwendbarkeit des AGBG

Nach überwiegender Ansicht können Vereinssatzungen nicht anhand des AGBG kontrolliert werden. Gemäß § 23 Abs. 1 AGBG ist das AGBG auf Verträge auf dem Gebiet des Gesellschaftsrechts nicht anwendbar. Zu den Verträgen auf dem Gebiet des Gesellschaftsrechts zählen auch Vereinssatzungen.[286]

Zum Teil wird vertreten, daß sich die Bereichsausnahme des § 23 Abs. 1 AGBG nur auf Regelungen des Vereins erstreckt, die die Gründung und die Organisation der Vereinigung betreffen, nicht aber auf solche Bestimmungen, die die Austauschbeziehungen zwischen Verein und Mitglied regeln, wie z.B. die Benutzung von Vereinseinrichtungen.[287] Diese Auslegung widerspricht aber dem Wortlaut des § 23 Abs. 1 AGBG, der keine Einschränkung in dieser Hinsicht enthält. Auch eine teleologische Reduktion des § 23 Abs. 1 AGBG scheint nicht interessengerecht, wenn man sich vor Augen führt, daß die Regelungen, die die Austauschbeziehungen zwischen Verein und Mitglied betreffen, letztendlich ebenso der Erreichung des Vereinszwecks dienen und daher Teilelemente aus der komplexen Beziehung zwischen Verein und Mitglied sind. Eine Herausnahme der die Austauschbeziehungen betreffenden Regelungen aus dem Anwendungsbereich des § 23 Abs. 1 AGBG wäre künstlich, unpraktikabel und interessenwidrig.[288] Die Regelungen des AGBG sind folglich auf Vereinssatzungen nicht anwendbar.

2. Entwicklung der Rechtsprechung

Unter Berufung auf die Vereinsautonomie hat das Reichsgericht zunächst eine inhaltliche Überprüfung von Vereinssatzungen jenseits der allgemeinen Rechtmäßigkeitsschranken der

---

[286] Vgl. nur *Ulmer/Brandner/Hensen-Ulmer*, § 23 AGBG Rdnr. 22; *Palandt-Heinrichs*, § 24 AGBG Rdnr. 4; a.A. *Erman-Werner*, § 23 AGBG Rdnr. 8, da der Begriff Gesellschaft nicht auch die Vereine umfasse; differenzierend Grunewald, ZHR 152 (1988), 242, 254 f; für eine restriktive Auslegung des § 23 AGBG im Vereinsrecht: *Wolf/Lindacher/Horn-Horn*, § 23 AGBG Rdnr. 77.

[287] *Grunewald*, ZHR 152 (1988), 242, 254 f.

[288] *Vieweg*, Normsetzung, S. 231; *ders.*, in: FS für Lukes, S. 809, 813.

§§ 134, 138 BGB abgelehnt.[289] Die langsame Entwicklung der Rechtsprechung hin zu einer Überprüfung vereinsinterner Regelungen begann zunächst mit einer Ausübungskontrolle im Hinblick auf konkrete Vereinsmaßnahmen. Die meisten Entscheidungen befaßten sich mit der Überprüfung von Vereinsstrafen, insbesondere von Vereinsausschlüssen.[290] Des weiteren wurde die Ablehnung der Aufnahme in einen Verein kontrolliert.[291]

In der „Rad- und Kraftfahrerbund-Entscheidung"[292] des Bundesgerichtshofs aus dem Jahr 1973 begann der Übergang der Rechtsprechung zur Überprüfung einzelner Satzungsbestimmungen. Der Entscheidung lag folgender Sachverhalt zugrunde:

Ein Rad- und Kraftfahrsportverein beantragte die Aufnahme in den Deutschen Sportbund als Dachorganisation der Sportverbände. Der Deutsche Sportbund lehnte die Aufnahme des Vereines unter Hinweis auf seine Satzung ab. Die ausschlaggebende Bestimmung des Dachverbands sah vor, daß jede Sportart nur durch *ein* Mitglied im DSB vertreten werden darf (sog. Ein-Platz-Prinzip).[293] Das Fachgebiet „Radsport" wurde aber zu diesem Zeitpunkt bereits durch einen anderen Verein vertreten.

Im Rahmen der Prüfung eines möglichen Anspruchs auf Aufnahme in den Verein kontrollierte der Bundesgerichtshof die der Ablehnung des Bewerbers zugrundeliegende Satzungsvorschrift. Auch wenn der Bundesgerichtshof in dieser Entscheidung nicht ausdrücklich von einer Inhaltskontrolle sprach, so nahm er sie der Sache nach vor, indem er die Regelungen in der Satzung des Deutschen Sportbunds daraufhin überprüfte, ob die Aufnahmebedingungen im Hinblick auf den vom Verein verfolgten Zweck angemessen waren. Der Bundesgerichtshof stellte fest, daß die Berufung eines Monopolvereins auf eine satzungsmäßige Aufnahmebestimmung, deren Zweck an sich sachlich berechtigt ist, gleichwohl unwirksam sein kann, wenn der vom Monopolverein verfolgte Zweck auch durch eine andere, „mildere" Satzungsgestaltung erreicht werden kann. Seit dieser Entscheidung unterzieht der Bundesgerichtshof sowohl Aufnahme- als auch Ausschlußklauseln bei Monopolvereinen bzw. Vereinen mit überragender Machtstellung auf wirtschaftlichem oder sozialem Gebiet einer Inhaltskontrolle.[294]

---

[289] RGZ 49, 150, 152 ff.

[290] RGZ 107, 386 ff; 140, 23 ff; 147, 11 ff; RG JW 1928, 2208, 2209; BGHZ 13, 5 ff; 21, 370 ff; 29, 352 ff; 47, 381 ff = NJW 1967, 1268; auch heute noch hat die Überprüfung von Vereinsausschließungen eine große praktische Bedeutung, vgl. BGHZ 71, 126 ff = NJW 1981, 2178 ff, BGHZ 75, 158 ff; BGHZ 83, 337 ff = NJW 1982, 123 ff; BGHZ 87, 337 ff = NJW 1984, 918 ff; BGHZ 102, 265 ff = NJW 1988, 552 ff.

[291] RGZ 106, 120 ff; BGH, LM Nr. 3 zu § 38; BGH, NJW 1969, 316 ff; ebenfalls spielen Streitigkeiten um die Aufnahme in einen Dachverband heute weiterhin eine Rolle, vgl. BGHZ 63, 282 ff = NJW 1975, 771 ff; BGH, NJW 1980, 186 ff; BGHZ 93, 151 ff = NJW 1985, 1216 ff; BGHZ 101, 193 ff = NJW 1987, 2502 ff; KG, NJW-RR 1993, 183 ff = JuS 1993, 420 m. Anm. *K. Schmidt*.

[292] BGHZ 63, 282 ff = NJW 1975, 771 ff.

[293] Das Ein-Platz-Prinzip besagt, daß jede Sportart nur mit einem Fachverband im DSB vertreten sein darf. Durch diese Regelung soll die ordnungsgemäße Organisation innerhalb des Dachverbands gewährleistet werden, da auf diese Weise jede Sportart nur mit einer einheitlichen Stimme beim DSB sprechen kann, vgl. *Vieweg*, Normsetzung, S. 61. Das führt zu einer „hierarchisch-monopolistischen" Struktur, so *Pfister*, in: FS für Lorenz, S. 171, 173; kritisch gegenüber dem Ein-Platz-Prinzip: *Steinbeck*, WuW 1996, 91, 99 Fn. 46.

[294] BGH, NJW 1980, 186 ff m. Anm. *Redeker* (S. 187) und Anm. *Scharf*, NJW 1980, 1844 ff; BGHZ 93, 151 ff = NJW 1985, 1216 ff; BGHZ 102, 265 ff = NJW 1988, 552 ff; BGH, WM 1991, 948 ff; OLG Düsseldorf, NJW-RR 1987, 503 ff; OLG Celle, NJW-RR 1989, 313 ff; KG, NJW-RR 1993, 183 ff; LG Heidelberg, MDR 1990, 625 ff.

Eine Erweiterung erfuhr diese Rechtsprechung durch ein Urteil des Bundesgerichtshofs aus dem Jahr 1989.[295] Mit dieser Entscheidung wurde die Inhaltskontrolle auch auf solche Vereinsregelungen erstreckt, die die Rechtsstellung der Mitglieder unmittelbar regeln.[296] In dem zugrundeliegenden Fall ging es um die Frage, ob eine Beitragsregelung ohne Festlegung einer maximalen Höhe des Beitrags in dem Statut der Sicherungseinrichtung des Bundesverbands der Deutschen Volksbanken und Raiffeisenbanken e.V. wirksam ist. Nach Ansicht des Gerichts soll eine Inhaltskontrolle der Satzung bzw. Vereinsordnung jedenfalls dann zulässig sein, wenn der Verein in einem wirtschaftlichen oder sozialen Bereich eine Machtstellung inne hat und wenn die Mitglieder auf die Mitgliedschaft in dem Verein angewiesen sind. Zur Begründung seiner Entscheidung griff der Bundesgerichtshof auf seine Rechtsprechung zum Aufnahmeanspruch zurück: „Sowenig wie es solchen Vereinigungen freigestellt sein kann, Bewerber, die auf die Mitgliedschaft bei ihnen angewiesen sind, willkürlich abzuweisen, sowenig kann es ihnen freistehen, ihre Mitglieder willkürlichen oder unbilligen, Treu und Glauben (§ 242 BGB) widersprechenden Satzungsgestaltungen zu unterwerfen“[297]. Ausdrücklich offen gelassen („jedenfalls, dann ...“) hat der Bundesgerichtshof, ob eine Inhaltskontrolle von Satzungen und Ordnungen eines Vereins auch dann statthaft ist, wenn der Verein keine wirtschaftliche oder soziale Machtstellung einnimmt.

Dennoch wird in der Literatur die Auffassung vertreten, aus der höchstrichterlichen und der instanzgerichtlichen Rechtsprechung lasse sich entnehmen, daß die Rechtsprechung mittlerweile von der Zulässigkeit einer Inhaltskontrolle bei allen Vereinen ausgehe. Als Beleg für eine solche allgemeine Inhaltskontrolle wird eine Reihe von Entscheidungen herangezogen, deren Qualifizierung als Beispielsfälle für eine Inhaltskontrolle nach § 242 BGB jedoch bei näherer Betrachtung zweifelhaft erscheint.

Aus der höchstrichterlichen Rechtsprechung wird immer wieder die „Jägermeister Braunschweig“-Entscheidung des Bundesgerichtshofs[298] herangezogen.[299] In der „Jägermeister Braunschweig“-Entscheidung ging es um eine Satzungsbestimmung des Deutschen Fußballbunds (DFB), die es ermöglichte, Satzungsänderungen in der Mitgliederversammlung zu beschließen, ohne daß deren Inhalt den Mitgliedern des DFB zuvor mitgeteilt werden mußte. Nach § 32 Abs. 1 Satz 2 BGB müssen die Beschlußgegenstände (Tagesordnungspunkte) den Mitgliedern bereits bei der Einladung zur Mitgliederversammlung mitgeteilt werden. Zwar ist diese Bestimmung dispositiv, so daß die Mitteilungspflicht – insbesondere für Dringlichkeitsanträge – in der Satzung abbedungen werden kann, doch schränkte der Bundesgerichtshof diese Möglichkeit im Fall der Satzungsänderung ein. Die ratio der Vorschrift gebiete es, die Mitglieder von der Satzungsänderung so rechtzeitig zu informieren, daß dem mitgliederschützenden Zweck, nämlich eine sachgerechte Vorbereitung auf die Mitgliederversammlung zu ermöglichen, noch Rechnung getragen werden könne. Damit wurde eine Satzungsbestimmung am Sinn und Zweck einer an sich dispositiven Norm gemessen.

---

[295] BGHZ 105, 306 ff = NJW 1989, 1724 ff.

[296] Kritisch zu der Einordnung dieser Entscheidung als Fall der Inhaltskontrolle im Sinne einer Billigkeitskontrolle *Beuthien*, WuB II L. § 25 BGB 1. 89.

[297] BGHZ 105, 306, 318 = NJW 1989, 1724 ff.

[298] BGHZ 99, 119 ff = WM 1987, 373 ff = WuB II L. § 32 BGB 1.87 (*v. Look*).

[299] *V. Look* in *Reichert/v. Look*, Rdnr. 299 a; *ders.*, WuB II L § 32 BGB 1. 87; *Röhricht*, Inhaltskontrolle, S. 75, 77; *Vieweg*, Normsetzung, S. 232; *ders.*, in: FS für Lukes, S. 809, 814; *Daigfuß*, S. 140.

Bei dieser Entscheidung handelt es sich nicht um ein Beispiel für eine Inhaltskontrolle in Form einer Angemessenheitskontrolle. Die Satzungsbestimmung widersprach vielmehr bereits den Wertungen des Vereinsrechts,[300] insbesondere dem zwingenden Individualschutz der Mitglieder. Haben die Mitglieder eines Vereins ein Stimmrecht, so gehört es zum unverzichtbaren Bereich dieses Mitverwaltungsrechts, rechtzeitig über die geplante Satzungsänderung informiert zu werden, um über die Notwendigkeit einer Teilnahme an der Mitgliederversammlung zu entscheiden und sich auf die bevorstehende Diskussion und Abstimmung vorzubereiten. Wird eine gegen diese Grundsätze verstoßende Satzungsregelung durch eine Gerichtsentscheidung aufgehoben, hat dies mit einer Inhaltskontrolle nach § 242 BGB ebensowenig etwas zu tun, wie etwa die Rüge eines Verstoßes gegen das Gebot der Gleichbehandlung der Mitglieder.

Als weiteres Argument gegen die Eröffnung einer allgemeinen Inhaltskontrolle durch den Bundesgerichtshof spricht es, daß die „Jägermeister Braunschweig"-Entscheidung bereits 1987 und damit zwei Jahre vor der Entscheidung BGHZ 105, 306 ergangen ist. Wollte man in der erstgenannten Entscheidung bereits eine Rechtfertigung für eine allgemeine Inhaltskontrolle sehen, so wäre die Entscheidung in BGHZ 105, 306 als Rückschritt zu werten oder die Formulierung des Leitsatzes schlicht unverständlich. Dieser lautet: „Die Rechtsstellung der Mitglieder regelnde interne Normen eines Vereins oder Verbands unterliegen *jedenfalls dann*[301] richterlicher Inhaltskontrolle auf ihre Vereinbarkeit mit Treu und Glauben (§ 242 BGB), wenn die Vereinigung im wirtschaftlich oder sozialen Bereich eine überragende Machtstellung innehat und das Mitglied auf die Mitgliedschaft angewiesen ist".

Auch instanzgerichtliche Entscheidungen werden in der Literatur genannt, um eine alle Vereine umfassende Inhaltskontrolle durch die Rechtsprechung zu belegen. Insbesondere mehrere Entscheidungen des OLG Frankfurt a.M. werden zur Begründung dieser These herangezogen.

Zunächst ist hier das vorinstanzliche Urteil zu der bereits angesprochenen „Jägermeister Braunschweig"-Entscheidung zu nennen. Das OLG Frankfurt a.M. hat sich in seinen Entscheidungsgründen – anders als der Bundesgerichtshof – nicht mit der Vorschrift des § 32 BGB und dem Verfahren der Satzungsänderung auseinandergesetzt. Das Gericht hat vielmehr den Inhalt der beabsichtigten Satzungsänderung überprüft. Es ging um die Frage, ob der DFB in seiner Satzung bestimmen darf, daß die Aufnahme eines Sponsornamens in den Vereinsnamen eines Mitgliedsvereins unzulässig ist. Nach einer umfassenden Abwägung der Interessen des Dachverbands mit den Interessen des klagenden Mitgliedsvereins hat das Gericht die Satzungsbestimmung des DFB für wirksam erachtet.[302] Damit – so meinen Teile der Literatur[303] – lasse sich eine allgemeine Inhaltskontrolle durch die Instanzgerichte belegen.

Anknüpfungspunkt für die Kontrolle der Satzungsbestimmung durch das Gericht war jedoch nicht § 242 BGB, sondern § 134 BGB i.V.m. § 26 Abs. 2 GWB. Die Satzung wurde also nicht – im Rahmen einer Inhaltskontrolle – auf ihre Angemessenheit, sondern allein

300 Siehe dazu oben § 11 I 3 a) cc).
301 Hervorhebung von der Verfasserin.
302 WRP 1985, 500 ff.
303 *Vieweg*, Normsetzung, S. 232; *ders.*, in: FS für Lukes, S. 809, 814; *v. Look* in *Reichert/v. Look*, Rdnr. 299 a; *Reichert* in *Reichert/v. Look*, Rdnr. 1794.

auf ihre Rechtmäßigkeit hin überprüft. Daher kann auch diese Entscheidung nicht als Beleg für eine allgemeine Inhaltskontrolle herangezogen werden.

Des weiteren wird in der Literatur[304] auf eine Entscheidung hingewiesen, in der sich das OLG Frankfurt a.M. mit folgendem Fall zu befassen hatte: Ein Verein mit 4.500 Mitgliedern hatte eine Bestimmung in die Satzung aufgenommen, nach der die satzungsgemäß vorgeschriebene Personengleicheit seines Vorstands mit dem Vorstand eines anderen Vereins nur geändert werden konnte, wenn 50 % der Mitglieder des Vereins anwesend waren. Angesichts der Tatsache, daß durchschnittlich nur 2 % der Mitglieder bei den Mitgliederversammlungen anwesend waren, war die Zusammensetzung des Vorstands praktisch unabänderlich. Hierin sah das Gericht einen Verstoß gegen die Vereinsautonomie.[305] In den Entscheidungsgründen wird die Problematik einer Inhaltskontrolle von Vereinssatzungen mit keinem Wort erwähnt. Es wird vielmehr zur Urteilsbegründung allein der Gedanke herangezogen, daß der Verein sich nicht unbeschränkt der Herrschaft Dritter unterwerfen kann.

Die Frage, inwieweit sich ein Verein seiner Autonomie begeben und sich der Herrschaft eines außenstehenden Dritten unterwerfen kann, ist ausführlich erörtert worden.[306] Es wurde dargestellt, daß ein zu großes Maß an Fremdbestimmung gegen § 138 BGB verstößt. Bei der Entscheidung des OLG Frankfurt a.M. handelt es sich also der Sache nach um eine Rechts- und nicht um eine Inhaltskontrolle.[307]

Ebenfalls keine Inhaltskontrolle,[308] sondern eine Sittenwidrigkeitskontrolle erfolgte durch das OLG Celle,[309] das eine Satzungsbestimmung für unwirksam erklärte, nach der die Möglichkeit der Überprüfung von Vereinsentscheidungen im zivilgerichtlichen Rechtsweg ausgeschlossen wurde. Ein solcher Rechtswegausschluß ist jedoch nicht nur unangemessen, sondern nach § 138 BGB sittenwidrig.

Schließlich wird als Beispiel für eine alle Vereine umfassende Inhaltskontrolle eine weitere Entscheidung des OLG Celle[310] genannt,[311] in der sich das Gericht mit einer Klage auf Aufnahme in einen Adelsverein zu beschäftigen hatte. In den Entscheidungsgründen wird jedoch ausdrücklich die Machtstellung des Vereins, dessen Satzung es zu überprüfen galt, hervorgehoben. Auch diese Entscheidung kann somit nicht als Begründung für eine allgemeine Inhaltskontrolle bei allen Vereinen herangezogen werden.

Insgesamt läßt sich somit weder die höchstrichterliche noch die instanzgerichtliche Rechtsprechung für eine allgemeine Inhaltskontrolle von Satzungen oder sonstigen Ordnungen eines Vereins in Anspruch nehmen.[312] Höchstrichterlich entschieden ist bisher nur

---

304 *V. Look* in *Reichert/v. Look*, Rdnr. 299 a; *Reichert* in *Reichert/v. Look*, Rdnr. 1794; *Vieweg*, Normsetzung, S. 232; *ders.*, in: FS für Lukes, S. 809, 814; *Daigfuß*, S. 141.

305 OLGZ 1979, 5 ff = Rpfleger 1979, 60 ff; OLGZ 1981, 391 ff = Rpfleger 1981, 310 ff.

306 Siehe oben § 8.

307 Dies gilt auch hinsichtlich der ebenfalls zur Begründung einer umfassenden Inhaltskontrolle herangezogenen Entscheidung des OLG Frankfurt a.M., NJW 1983, 2576 (vgl. *v. Look* in *Reichert/v. Look*, Rdnr. 299 a). Auch hier ging es um die Beherrschung der Handlungsfreiheit eines Vereins durch Dritte. Ebenfalls gegen die Einordnung als Inhaltskontrolle: *K. Schmidt*, Gesellschaftsrecht, § 5 III 4.

308 So aber *v. Look* in *Reichert/v. Look*, Rdnr. 299 a; *Vieweg*, Normsetzung, S. 232; *ders.*, in: FS für Lukes, S. 809, 814; *Daigfuß*, S. 141.

309 WM 1988, 495 ff m. Anm. *Grunewald* = WuB II L. § 38 BGB 2. 88 (*v. Look*).

310 NJW-RR 1989, 313 ff.

311 *Reichert* in *Reichert/v. Look*, Rdnr. 1794.

312 So auch *Fastrich*, S. 139.

die Zulässigkeit der Inhaltskontrolle bei Vereinen mit einer Machtstellung in einem sozialen oder wirtschaftlichen Bereich.

3. Meinungsstand in der Literatur

In der Literatur ist umstritten, inwieweit Satzungen und Ordnungen eines Vereins einer Inhaltskontrolle unterliegen.[313] Während zunächst auch in der Literatur die Inhaltskontrolle auf Vereine mit einer Machtstellung im sozialen oder wirtschaftlichen Bereich beschränkt wurde,[314] fordert eine im Vordringen befindliche Ansicht in der Literatur eine allgemeine Inhaltskontrolle bei allen Vereinen.[315] Eine Machtstellung des Vereins in einem sozialen oder wirtschaftlichen Bereich ist nach dieser Ansicht für die Zulässigkeit einer Inhaltskontrolle nicht erforderlich. Interessengerechte Ergebnisse sollen gewährleistet werden, indem die inhaltliche Überprüfung der Satzung anhand eines abgestuften Kontrollmaßstabes erfolgt.[316] Das bedeutet, daß die konkrete Struktur des Vereins und die Situation des Mitglieds (z.B. Grad der Möglichkeit der Einflußnahme auf die Satzung) nicht bei der Zulässigkeit der Inhaltskontrolle, sondern erst bei der umfassenden Interessenabwägung im Rahmen der Inhaltskontrolle Berücksichtigung finden.[317]

Zur Rechtfertigung einer allgemeinen Inhaltskontrolle bei allen Vereinen werden unterschiedliche Argumente angeführt. Vielfach werden Parallelen gezogen zu anderen Fällen, in denen der Gesetzgeber oder die Rechtsprechung eine Inhaltskontrolle anerkannt haben. Insbesondere die Inhaltskontrolle von Allgemeinen Geschäftsbedingungen und von Bestimmungen in den Gesellschaftsverträgen von Publikumskommanditgesellschaften werden als vergleichbare Konstellationen genannt. Der Bewerber um die Mitgliedschaft in einem Verein, so wird argumentiert, befinde sich in einer vergleichbaren Lage wie der Adressat von Allgemeinen Geschäftsbedingungen[318] oder der Kapitalanleger bei einer Publikumskommanditgesellschaft.[319] Die Satzung eines Vereins sei ebenso vorformuliert wie Allgemeine Geschäftsbedingungen oder der Gesellschaftsvertrag einer Publikumskommanditgesellschaft. Ebensowenig wie der Kunde/Kapitalanleger die Möglichkeit habe, auf die Vertragsbedingungen Einfluß zu nehmen, habe der Beitretende die Möglichkeit, eine Änderung der vorhandenen Satzung zu erreichen. Die fehlende Möglichkeit der Einflußnahme berge für den Eintretenden die Gefahr, daß seine Interessen nicht ausreichend berücksichtigt werden. Folglich bestehe ein Bedürfnis, den Eintretenden vor der Gefahr des Mißbrauchs der einseitigen Vertragsgestaltungsfreiheit mit Hilfe einer an den Maßstäben von

---

313 Die Zulässigkeit der Inhaltskontrolle wird gänzlich abgelehnt von *Baecker*, S. 34 ff; *Reemann*, S. 179 ff.

314 *Ulmer/Brandner/Hensen-Ulmer*, § 23 AGBG Rdnr. 29; *Reuter*, ZGR 1980, 101, 115; *Nicklisch*, S. 45 ff; *Bunte*, ZGR 1991, 316, 323, der die Stellung des Mitglieds in den Vordergrund rückt und daher entscheidend auf die Angewiesenheit abstellt.

315 *V. Look* in *Reichert/v. Look*, Rdnr. 300 a; *ders.*, S. 179 ff; *ders.*, in: Festgabe für Hellner, S. 46, 48 ff; *Vieweg*, Normsetzung, S. 234; *ders.*, in: FS für Lukes, S. 809, 815; *Soergel-Teichmann*, § 242 BGB Rdnr. 20; *Palandt-Heinrichs*, § 25 BGB Rdnr. 9; *Wolf/Horn/Lindacher-Horn*, § 23 AGBG Rdnr. 88.

316 *Vieweg*, Normsetzung, S. 234; *ders.*, in: FS für Lukes, S. 809, 817.

317 *Vieweg*, Normsetzung, S. 234; *ders.*, in: FS für Lukes, S. 809, 817.

318 *V. Look* in *Reichert/v. Look*, Rdnr. 299 b; *ders.*, in: Festgabe für Hellner, S. 46, 49.

319 *Flume*, Allg. Teil Band I/2, § 9 I; *v. Look*, S. 179.

Treu und Glauben ausgerichteten Inhaltskontrolle durch die Gerichte zu schützen.[320] Zwar bestehe die theoretische Möglichkeit für einen Mitgliedschaftsbewerber, sich Sonderrechte in der Satzung einräumen zu lassen. In der Praxis komme die Einräumung von Sonderrechten jedoch kaum vor (dazu 4 b) cc) (1)). Darüber hinaus bestehe im Vereinsrecht eine erhöhte Gefahr für die Mitglieder, daß die Satzung unangemessene Regelungen für das einzelne Mitglied enthalte. Diese Gefahr sei auf die Geltung des Mehrheitsgrundsatzes und die weitgehende Dispositivität des Vereinsrechts zurückzuführen (dazu 4 b) cc) (2) und (3)). Des weiteren wird zur Begründung einer allgemeinen Inhaltskontrolle geltend gemacht, das Mitglied unterwerfe sich der Vereinsgewalt im Vertrauen darauf, daß die Vereinsgewalt im Rahmen von Treu und Glauben ausgeübt werde[321] (dazu 4 b) cc) (4)). Schließlich unternimmt *Vieweg*[322] einen neuen Begründungsversuch, indem er die Zulässigkeit einer allgemeinen Inhaltskontrolle auf eine allgemeine rechtsstaatliche Justizgewährungspflicht stützt (dazu 4 b) cc) (5)).

4. Stellungnahme

a) *Keine Inhaltskontrolle bei allen Vereinen*

Der pauschale Vergleich zwischen der Inhaltskontrolle bei Allgemeinen Geschäftsbedingungen bzw. bei Gesellschaftsverträgen von Publikumskommanditgesellschaften und der Inhaltskontrolle von Vereinssatzungen unterliegt Bedenken. So widerspricht eine allgemeine Inhaltskontrolle von Vereinssatzungen nach § 242 BGB der Wertung des § 23 AGBG. Der Gesetzgeber hat erkannt, daß Vereinssatzungen rein formal gesehen die Tatbestandselemente von § 1 AGBG erfüllen. Gerade aus diesem Grund war die Ausnahmeregelung in § 23 Abs. 1 AGBG erforderlich, nach der Verträge auf dem Gebiet des Gesellschaftsrechts nicht der Kontrolle durch das AGBG unterliegen. Sieht man nun allein in der Erfüllung dieser Tatbestandsmerkmale ohne weitere Voraussetzungen die Rechtfertigung für eine allgemeine Inhaltskontrolle aller Vereinssatzungen nach § 242 BGB, so wird der gesetzgeberischen Wertung, nach der das AGBG auf Vereine gerade keine Anwendung finden soll, nicht Rechnung getragen. Die Ergebnisse einer Inhaltskontrolle nach § 242 BGB und § 9 AGBG werden sich im Ergebnis nämlich kaum unterscheiden.

Darüber hinaus können allein die Parallelen zwischen einem Bewerber um eine Mitgliedschaft in einem Verein und einem Adressaten von Allgemeinen Geschäftsbedingungen oder einem Kapitalanleger, der als Kommanditist an einer Publikumskommanditgesellschaft beteiligt ist, nicht ausreichen, um die bei Allgemeinen Geschäftsbedingungen und Publikumskommanditgesellschaften zulässige Inhaltskontrolle auf alle Vereine zu übertragen. Dagegen spricht, daß diesen Konstellationen jeweils unterschiedliche Interessenlagen zugrunde liegen. Bei einem Austauschvertrag sind die Interessen der Vertragspartner prinzipiell gegenläufig. Sie finden – im Idealfall – nach dem Aushandeln der Vertragsbedingungen in dem endgültigen Vertragstext ihren gerechten und angemessenen Ausgleich. In einem Verein dagegen schließen sich die Mitglieder zur Verfolgung eines gemeinsamen Zwecks zusammen. Die Interessen von Mitglied und Verein sind also grundsätzlich nicht

320 So für die Publikumskommanditgesellschaft BGHZ 64, 238, 241 = NJW 1975, 1318.
321 *Palandt/Heinrichs*, § 25 BGB Rdnr. 9.
322 Normsetzung, S. 234; *ders.*, in: FS für Lukes, S. 809, 817.

gegenläufig.[323] Dies schließt zwar im Einzelfall gegenläufige Auffassungen und Interessen der Mitglieder nicht aus, doch wird die Organisation des Vereins – z.B. durch das Mehrheitsprinzip – für eine interne Beilegung von Konflikten sorgen. Der gemeinsame Zweck der Mitglieder bleibt davon unberührt. Dabei wird nicht verkannt, daß in Großvereinen oder Verbandspyramiden der Interessengleichlauf der Mitglieder nicht immer gegeben ist. Doch gibt es auch zahlreiche Klein- und Kleinstvereine, deren Mitglieder tatsächlich einen gemeinsamen Zweck verfolgen. In diesen Vereinen besteht sehr wohl eine von den Allgemeinen Geschäftsbedingungen abweichende Interessenlage. Eine allgemeine Inhaltskontrolle würde diesen Vereinen nicht gerecht werden.

Etwas anderes ergibt sich auch nicht aus der Tatsache, daß die Rechtsprechung[324] – mit überwiegender Zustimmung in der Literatur[325] – Gesellschaftsverträge von Publikumskommanditgesellschaften einer Inhaltskontrolle unterzieht und diese Kontrolle sogar in ausdrücklicher Anlehnung an die Inhaltskontrolle Allgemeiner Geschäftsbedingungen erfolgt. Zwar haben sich auch in einer Publikumskommanditgesellschaft die Gesellschafter zur Verfolgung eines gemeinsamen Zwecks zusammengefunden. Doch ist zu berücksichtigen, daß sich der Inhalt derartiger Verträge, sowohl von dem gesetzlichen Leitbild einer Kapitalanlage-Körperschaft (AG, KGaA) losgelöst hat, als auch von dem einer „normalen" Kommanditgesellschaft. Der Eintritt in eine Publikumskommanditgesellschaft weist weitreichende Parallelen zum Abschluß eines Austauschvertrags auf. Auch in einer Publikumskommanditgesellschaft besteht regelmäßig ein Interessengegensatz zwischen den Initiatoren (Gründern) der Gesellschaft und den später hinzukommenden Anlegern, die als Kommanditisten in die Gesellschaft eintreten.[326] Die Herausbildung eines Sonderrechts für diese Gesellschaften ist somit aufgrund der besonderen rechtstatsächlichen Entwicklungen gerechtfertigt. Um die Grundsätze zur rechtlichen Behandlung der Publikumskommanditgesellschaft auf Vereine ausdehnen zu können, müßte man zunächst auch in der Vereinswirklichkeit eine solche allgemeine Abweichung von dem gesetzlichen Leitbild feststellen. Das ist jedoch nicht möglich. Vielmehr entspricht die überwiegende Zahl der Vereine in der Bundesrepublik Deutschland immer noch dem Ordnungsbild des Gesetzgebers.[327] Mit der Befürwortung einer allgemeinen Inhaltskontrolle bei allen Vereinen verliert man das Leitbild der §§ 21 ff BGB aus den Augen und legt auch Vereinen, die diesem Leitbild heute noch entsprechen, Fesseln an, die der historische Gesetzgeber nicht gewollt hat und die auch heute nicht erforderlich sind.[328]

Als Ergebnis bleibt festzuhalten, daß die Gemeinsamkeiten zwischen Allgemeinen Geschäftsbedingungen, Gesellschaftsverträgen von Publikumskommanditgesellschaften und

---

[323] *Nicklisch*, S. 34; *Jötten*, S. 76; *Baecker*, S. 35; *U. Schmidt*, S. 72.

[324] BGHZ 64, 239, 241; 84, 11, 13; BGH, ZIP 1982, 692 = NJW 82, 2495; BGH, WM 1983, 1407; BGHZ 102, 172, 178; 104, 50, 54.

[325] *Soergel-Hadding*, § 705 BGB Rdnr. 34; *Soergel-Teichmann*, § 242 BGB Rdnr. 20; Müko-*Ulmer*, § 705 BGB Rdnr. 107; *K. Schmidt*, Gesellschaftsrecht, § 5 III 4; *Westermann*, AcP 175 (1975), 375, 408; *Schulte*, ZGR 1976, 97 ff; *U.H. Schneider*, ZGR 1978, 1 ff; *Hüffer*, JuS 1979, 457, 462; *Bunte*, ZIP 1983, 8 ff; *v. Westphalen*, DB 1983, 2745 ff; *Heid*, DB 1985, Beilage 4; *Stimpel*, in: FS für Fischer, S. 771 ff; *Grunewald*, Ausschluß, S. 132 ff; *Hönn*, JA 1987, 337 ff; kritisch: *Kraft*, in: FS für Fischer, S. 321 ff; *Reuter*, AG 1979, 321ff; *Fastrich*, S. 129 f.

[326] *Heid*, S. 37; *U. Schmidt*, S. 72; *Kohler*, S. 214.

[327] So auch *Kohler*, S. 215; *U. Schmidt*, S. 5.

[328] *Mummenhoff*, AcP 191 (1991), 586, 591; *Zöllner*, 100 Jahre GmbHG, S. 85, 98.

Vereinssatzungen es nicht rechtfertigen, Vereinsatzungen einer allgemeinen Inhaltskontrolle zu unterziehen.

b) Vergleich mit der Inhaltskontrolle von Austauschverträgen

Auch wenn sich die Frage der Inhaltskontrolle von Vereinssatzungen nicht einfach in einer Anlehnung an die Inhaltskontrolle von anderen Verträgen beantworten läßt, schließt dies nicht aus, daß einzelne Überlegungen hier wie dort zu einer Lösung des Problems führen. Im folgenden soll daher die Legitimation, die der Inhaltskontrolle von Austauschverträgen zugrundeliegt, herausgearbeitet werden. Es wird sich zeigen, daß die Gründe, die einen Eingriff in die Privatautonomie in bestimmten Fällen rechtfertigen, auch für eine Antwort auf die Frage nach der Zulässigkeit der Inhaltskontrolle von Vereinssatzungen und Vereinsordnungen fruchtbar gemacht werden können.

aa) Legitimation für eine Inhaltskontrolle im Vertragsrecht

Die Legitimation der Inhaltskontrolle im Vertragsrecht wird deutlich, wenn man sie in einem größeren Zusammenhang sieht und die Betrachtung von ihrem Entstehungsort, dem Recht der Allgemeinen Geschäftsbedingungen, löst. Die Rechtsgeschäftsregeln des Bürgerlichen Gesetzbuchs gehen von der Prämisse der generellen „Richtigkeitsgewähr" des frei und gleichgewichtig ausgehandelten Vertrags aus.[329] Die Parteien sollen in Selbstverantwortung über Abschluß und Inhalt eines Vertrags entscheiden, weil sie am besten in der Lage sind, ihre Interessen wahrzunehmen. Die Gestaltungsfreiheit der Parteien dient als Instrument zum Ausgleich der verschiedenen Interessen und damit als Chance der Richtigkeitsgewähr.[330]

Selbstverständlich kann es auch bei einem individuell ausgehandelten Vertrag keine absolute Richtigkeitsgewähr geben,[331] denn je nach wirtschaftlicher Situation und Geschick kann eine Partei ihre Interessen besser durchsetzen als die andere. Dennoch ist die Chance für die Richtigkeitsgewähr bei einem ausgehandelten Vertrag am größten. Die Selbstverantwortung der Parteien macht daher im Grundsatz eine Inhaltskontrolle im Sinne einer Angemessenheitskontrolle nicht nur überflüssig, sondern sogar unzulässig. Vertragliche Regelungen müssen weder angemessen noch billig sein.

Etwas anderes gilt, wenn die Richtigkeitsgewähr des Vertragsabschlusses nicht gewährleistet ist. Das ist der Fall, wenn die Funktionsvoraussetzungen der Vertragsfreiheit versagen.[332] Zu den Funktionsvoraussetzungen der Vertragsfreiheit gehört das Machtgleichgewicht der Verhandlungspartner. Ist dieses Gleichgewicht gestört, d.h. fehlt es an der Vertragsparität, muß die individuelle Richtigkeitskontrolle durch eine gerichtliche Kontrolle ersetzt werden. Der Inhaltskontrolle fällt im Vertragsrecht damit die Aufgabe zu, einen Vertragsteil im Falle gestörter Vertragsparität vor der einseitigen Inanspruchnahme der Vertragsfreiheit durch den anderen Vertragspartner zu schützen.[333]

---

[329] Grundlegend: *Schmidt-Rimpler*, in: FS für Raiser, S. 3 ff; *ders.*, AcP 147 (1941), 130 ff, 138 ff; *Lieb*, AcP 178 (1978), 196, 206; *K. Schmidt*, Gesellschaftsrecht, § 5 III 4.

[330] *U.H. Schneider*, ZGR 1978, 1, 7.

[331] *Röhricht*, AcP 189 (1989), 386, 393.

[332] *Zöllner*, AcP 188 (1988), 85, 99; *Coester-Waltjen*, AcP 190 (1990), 1, 16; *Fastrich*, S. 56.

[333] *Lieb*, AcP 178 (1978), 196, 204; *Hönn*, S. 147; Rittner, AcP 188 (1988), 101 ff.

Auch in die neuere Rechtsprechung des Bundesverfassungsgerichts hat der Gedanke der fehlenden Richtigkeitsgewähr als Begründungselement für die Inhaltskontrolle Eingang gefunden. In einer Entscheidung vom 7.2.1990 hat das Bundesverfassungsgericht die Unvereinbarkeit von § 90 a Abs. 2 Satz 2 HGB mit Art. 12 GG festgestellt. Darüber hinaus stand in dieser Entscheidung eine an § 90 a Abs. 2 Satz 2 anknüpfende Wettbewerbsklausel auf dem verfassungsrechtlichen Prüfstand.[334] In den Entscheidungsgründen hat das Gericht einerseits aus dem Gedanken der Selbstbestimmung und Selbstverantwortung als Grundlage der Privatautonomie die Verpflichtung für den Staat hergeleitet, die im Rahmen der Privatautonomie getroffenen Regelungen zu akzeptieren. Andererseits dürften Gesetzgeber und Gerichte nicht tatenlos zusehen, wenn die Funktionsvoraussetzungen der Privatautonomie gestört seien oder fehlten. Der Privatautonomie seien in diesem Fall durch zwingendes Gesetzesrecht und mit Hilfe der zivilrechtlichen Generalklauseln (§§ 138, 242, 315 BGB) Schranken zu setzen.[335] In der Entscheidung heißt es: „Schranken sind unentbehrlich, weil die Privatautonomie auf dem Prinzip der Selbstbestimmung beruht, also voraussetzt, daß auch die Bedingungen der freien Selbstbestimmung tatsächlich gegeben sind. Hat einer der Vertragsteile ein so starkes Übergewicht, daß er vertragliche Regelungen praktisch einseitig setzen kann, bewirkt dies für den anderen Vertragsteil Fremdbestimmung. Wo es an einem annähernden Kräftegleichgewicht der Beteiligten fehlt, ist mit den Mitteln des Vertragsrechts allein kein sachgerechter Ausgleich der Interessen zu gewährleisten“[336].

Als Zwischenergebnis kann festgehalten werden: Funktionsvoraussetzung für die Privatautonomie ist die Parität der Vertragspartner. Eine Störung der Funktionsvoraussetzungen rechtfertigt einen Eingriff in die Privatautonomie durch eine gerichtliche Inhaltskontrolle der Verträge.[337] Überträgt man dies auf die Frage, unter welchen Voraussetzungen ein Eingriff in die Vereinsautonomie durch gerichtliche Kontrolle von Vereinsatzungen zulässig ist, so kommt man zu dem Ergebnis, daß Vereinssatzungen einer inhaltlichen Kontrolle nur unterzogen werden dürfen, wenn und soweit die Funktionsvoraussetzungen der Vereinsautonomie versagen. Im folgenden sind nun zunächst die Funktionsvoraussetzungen der Vereinsautonomie aufzuzeigen, bevor darauf eingegangen werden kann, in welchen Fällen man von einer Störung der Funktionsvoraussetzungen sprechen kann.

bb) Funktionsvoraussetzungen der Vereinsautonomie

Die Vereinsautonomie vermittelt den Vereinsmitgliedern das Recht, die innere Organisation des Vereins in einer Satzung festzulegen. Die damit verbundene Möglichkeit der Mehrheit, auch für die überstimmte Minderheit verbindliche innerorganisatorische Regelungen aufzustellen, wird erstens durch die im Rahmen des Mehrheitsprinzips gegebene Mitwirkungsmöglichkeit der Minderheit bei der Willensbildung und zweitens durch die Freiwilligkeit der Mitgliedschaft und das im Beitritt erklärte Einverständnis mit Mehrheitsentscheidungen legitimiert. Die beiden letztgenannten Gründe spiegeln sich in der Ein- und Austrittsfreiheit wider (§ 39 BGB).

---

334 *Wiedemann*, JZ 1990, 695.

335 BVerfGE 81, 242 ff = JZ 1990, 691 ff m. Anm. *Wiedemann*; BVerfG, WM 1993, 2199, 2203.

336 BVerfGE 81, 242, 255= JZ 1990, 691 ff m. Anm. *Wiedemann*.

337 *Lieb*, AcP 178 (1978), 196, 203; zu anderen rechtstheoretischen Ansatzpunkten vgl. *Fastrich*, S. 29 ff.

Die Möglichkeit der Mitwirkung des Einzelnen bei der Willensbildung im Verein rechtfertigt die Fremdbestimmmung der Mehrheit über die Minderheit. Die Mitwirkung bei der Willensbildung ist mit anderen Worten das Korrelat zu der Unterworfenheit des Einzelnen unter die Vereinsgewalt, d.h. unter den Willen der Mehrheit.[338] Zwar kann das einzelne Mitglied überstimmt werden, aber es hat zumindest das Recht, an der Abstimmung teilzunehmen. Es ist dem Mitglied möglich, durch die Qualität seiner Argumente die Mitgliederversammlung zu überzeugen und so das Abstimmungsergebnis zu beeinflussen. Überstimmt zu werden ist qualitativ etwas anderes als eine gänzlich fehlende Mitwirkungsbefugnis, denn im letztgenannten Fall besteht nicht einmal die Chance, sich mit seiner Auffassung durchzusetzen.

Neben der Mitwirkungsmöglichkeit in der Mitgliederversammlung kommt dem Austrittsrecht des Mitglieds eine Steuerungs- und Regulierungsfunktion zu. Das Austrittsrecht hat eine ähnlich regulierende Wirkung wie der freie Wettbewerb im Vertragsrecht.[339] Jeder Verein ist bemüht, seine Mitglieder zu halten und neue zu gewinnen, denn je mehr Mitglieder den Vereinszweck fördern, um so wirkungsvoller kann der Verein tätig werden.[340] Darüber hinaus beeinflußt die Zahl der Mitglieder das Ansehen und den Einfluß eines Vereins. Der Gefahr, daß unzufriedene Mitglieder den Verein verlassen, wird die Vereinsverwaltung entgegentreten, indem sie die Interessen der Mitglieder angemessen berücksichtigt. Die Mehrheit im Verein kann daher nur insoweit ihren Willen durchsetzen und gestaltend wirken, wie auch die Minderheit bereit ist, diese Entscheidungen zu tragen. Zwar hat im Endeffekt die Mehrheit „das letzte Wort", doch wird sie im eigenen Interesse zur Rücksicht auf die übrigen Mitglieder gezwungen. Die Austrittsfreiheit des § 39 BGB ist somit als Richtigkeitsgewähr für die Satzungsautonomie des Vereins zu verstehen.[341]

cc) Störung der Funktionsvoraussetzungen?

Wie bereits angedeutet, kann nur eine Störung der Funktionsvoraussetzungen der Vereinsautonomie die Inhaltskontrolle von Vereinssatzungen rechtfertigen. Die einzelnen Argumente, die zur Rechtfertigung einer allgemeinen Inhaltskontrolle von Vereinssatzungen geltend gemacht werden,[342] sollen vor diesem Hintergrund auf ihre Überzeugungskraft hin untersucht werden.

(1) Vorformulierung und fehlende Gestaltungsmöglichkeit

Bisweilen wird die Inhaltskontrolle von Allgemeinen Geschäftsbedingungen damit begründet, aus der Vorformulierung von Vertragsbedingungen resultiere ein intellektueller und organisatorischer Vorsprung des Verwenders, der die Einsichts- und Beurteilungsfähigkeit und damit die Durchsetzung der Interessen der Gegenseite erschwere.[343] Allerdings kann

---

338 *Lukes*, in: FS für Westermann, S. 325, 338.

339 *Nicklisch*, S. 40; *Teubner*, S. 26.

340 *Kübler*, Gesellschaftsrecht, § 33 I 2 a; *Reemann*, S. 165.

341 Müko-*Reuter*, vor § 21 BGB Rdnr. 125; *Teubner*, S. 38.

342 Siehe oben § 11 II 3.

343 BGHZ 51, 55, 59; 60, 243, 245; BGH, NJW 1976, 2345, 2346. Auch mögen vorformulierte Vertragswerke den Anschein der Rechtmäßigkeit, Vollständigkeit und Ausgewogenheit erwecken. Anschaulich wird vom „Sog des vorformulierten Gedankens" gesprochen, so *Wiedemann*, in: FS für Kummer, S. 175, 180.

allein aus der Vorformulierung von Vertragsbestandteilen nicht zwingend auf die einseitige Berücksichtigung von Interessen geschlossen werden.[344] Aus diesem Grund setzt § 1 Abs. 1 AGBG neben der Vorformulierung die einseitige „Stellung" der Vertragsbedingungen durch eine Vertragspartei voraus.[345] Erst der Umstand, daß die Vertragsbedingungen einseitig gestellt und dementsprechend nicht ausgehandelt sind, verhindert einen sachgerechten Ausgleich der Interessen. Es besteht daher die Gefahr des Mißbrauchs durch einseitig in Anspruch genommene Vertragsgestaltungsfreiheit.[346] Zu fragen ist nun, ob dieser Ansatzpunkt auf das Vereinsrecht übertragen werden kann.

Auch dem zukünftigen Vereinsmitglied fehlt in der Regel die Möglichkeit, auf die Satzung zum Zeitpunkt des Beitritts Einfluß zu nehmen. Allerdings ist zu berücksichtigen, daß das Aushandeln der Satzungsbedingungen gerade nicht zu den Funktionsvoraussetzungen der Vereinsautonomie gehört. Die Tatsache, daß die Satzung eines Vereins vorformuliert ist und insoweit einseitig vom Verein „gestellt" wird, ist vielmehr geradezu charakteristisch für das Vereins- und das gesamte Gesellschaftsrecht. Der Bewerber um die Mitgliedschaft erklärt seinen Beitritt regelmäßig und typischerweise auf der Grundlage einer bestehenden Satzung. Der Verein, als körperschaftlich strukturierte Personenvereinigung, ist dadurch definiert, daß die Satzung für einen unbestimmten Mitgliederkreis Geltung beansprucht und deshalb nicht mit den einzelnen Mitgliedern ausgehandelt, sondern für eine Vielzahl gleichgelagerter Fälle einseitig vorweg festgelegt wird.[347] Die fehlende Gestaltungsmöglichkeit des neu eintretenden Mitglieds ist demzufolge keine Abweichung von den Funktionsvoraussetzungen der Vereinsautonomie, die einer richterlichen Korrektur durch eine Inhaltskontrolle bedürfte.[348]

(2) Mehrheitsgrundsatz

Weiterhin wird argumentiert, der im Vereinsrecht geltende Mehrheitsgrundsatz rechtfertige eine alle Vereine umfassende Inhaltskontrolle, weil es sich aus der Sicht des bei Mehrheitsentscheidungen überstimmten Mitglieds um eine Fremdbestimmung dieses Mitglieds handele.[349] Das Mehrheitsprinzip berge daher die Gefahr, daß die Minderheit durch Satzungsgestaltungen unangemessen benachteiligt werde. Das Ungleichgewicht zwischen

---

[344] Es ist möglich, daß trotz Vorformulierung der Benachteiligte vom Vertrag Abstand nimmt. Die Vorformulierung allein kann daher nur Indiz für ein fehlendes Gleichgewicht der Vertragspartner und daraus resultierender einseitiger Ausnutzung der Vertragsgestaltungsfreiheit sein, vgl. *Coester-Waltjen*, AcP 190 (1990), 1, 20; *Habersack*, AcP 189 (1989), 403, 418; *Zöllner*, 100 Jahre GmbHG, S. 85, 105.

[345] BGHZ 60, 243, 245; 70, 304, 310; BGH, NJW 1977, 624, 625; *U. Schmidt*, S. 64; *Bunte*, ZGR 1991, 316, 321; *Fastrich*, S. 88. Früher wurde maßgeblich auf die wirtschaftliche und soziale Unterlegenheit des Verbrauchers gegenüber dem Verwender von Allgemeinen Geschäftsbedingungen abgestellt. Dieses Argument hat für die Rechtfertigung der Inhaltskontrolle an Überzeugungskraft verloren, seit der Geltungsbereich des Gesetzes durch § 24 AGBG über den bloßen Verbraucher hinaus auf Kaufleute ausgedehnt wurde (vgl. *Lieb*, AcP 178 (1978), 196, 200; *Fastrich*, S. 81 ff).

[346] Der Einwand, das fehlende Aushandeln könne nicht entscheidend sein, da das Aushandeln von Verträgen in der Rechtswirklichkeit überhaupt die Ausnahme sei (*Zöllner*, AcP 176 (1976), 221, 236) überzeugt nicht, denn nicht ausgehandelte Bedingungen – wie Preise – werden von den Marktmechanismen kontrolliert; so auch *Hönn*, JA 1987, 337, 343)

[347] *Reuter*, AG 1979, 321, 323.

[348] *Reuter*, AG 1979, 321, 323; *U. Schmidt*, S. 71; *Fastrich*, S. 141 f.

[349] *V. Look* in *Reichert/v. Look*, Rdnr. 299 c; *ders.*, in: Festgabe für Hellner, S. 46, 49.

Verein und Mitglied oder zwischen Mehrheit und Minderheit im Verein sei daher mit dem Verhältnis zwischen dem Verwender von Allgemeinen Geschäftsbedingungen und seinem Vertragspartner vergleichbar.

Diese Argumentation verkennt, daß das im Vereinsrecht geltende Mehrheitsprinzip mit seiner ihm innewohnenden Befugnis zur Gestaltung der rechtlichen Grundlagen des Vereins durch die Mehrheit nicht auf einer Störung der Funktionsvoraussetzungen der Vereinsautonomie beruht. Das Mehrheitsprinzip ist vielmehr ausdrücklich in § 305 BGB legitimiert und damit ein im Vereinsrecht legitimes Herrschaftsmittel. Würde allein das Mehrheitsprinzip die Zulässigkeit einer Inhaltskontrolle begründen, so wäre eine Inhaltskontrolle bei allen Körperschaften möglich. Der Gestaltungsfreiheit im Gesellschaftsrecht wäre damit ein Ende gesetzt.

Auch die Schutzbedürftigkeit der überstimmten Mitglieder rechtfertigt eine allgemeine Inhaltskontrolle nicht, da insoweit die Instrumente des Minderheitenschutzes zur Verfügung stehen.[350] So hat das überstimmte Mitglied z.B. die Möglichkeit einen Beschluß wegen Verstoßes gegen den Gleichbehandlungsgrundsatz oder wegen Treuwidrigkeit anzufechten. Damit bleibt festzuhalten, daß das Mehrheitsprinzip allein eine Ausnahme von der Vereinsautonomie nicht rechtfertigen kann.[351]

(3) Weitgehende Gestaltungsfreiheit im Vereinsrecht

Zum Teil wird geltend gemacht, eine allgemeine Inhaltskontrolle müsse aufgrund der weitgehenden Gestaltungsfreiheit im Vereinsrecht zulässig sein. Während bei anderen körperschaftlich organisierten Verbänden (Aktiengesellschaft und Genossenschaft) das Mitglied weitgehend durch zwingendes Recht geschützt sei (vgl. §§ 23 Abs. 5 AktG, 18 Abs. 2 GenG), so daß kein Bedürfnis für eine Inhaltskontrolle vorliege, bestehe im Vereinsrecht wegen der weitgehenden inhaltlichen Gestaltungsfreiheit die Gefahr, daß die Vereinssatzung für das einzelne Mitglied oder die Minderheit nachteilige Regelungen enthalte.[352]

Diese Überlegungen können nicht überzeugen, wenn man sich vor Augen führt, daß die freie Gestaltung der Satzung Ausdruck der verfassungsrechtlich gesicherten Vereinsautonomie ist. Es ist daher dogmatisch bedenklich, den Anwendungsbereich der Inhaltskontrolle, die als Einschränkung der Vereinsautonomie und damit als Ausnahme im System des Zivilrechts zu verstehen ist, auf das gesamte Vereinsrecht auszudehnen und zur Begründung auf die vom Gesetzgeber vorgegebene Gestaltungsfreiheit zu verweisen. Allein die Gefahr einer unangemessenen oder atypischen Regelung kann eine alle Vereine erfassende Inhaltskontrolle nicht rechtfertigen.[353] Darüber hinaus ist zu berücksichtigen, daß die Mitglieder eines Vereins der Gefahr einer atypischen Gestaltung keineswegs schutzlos ausgesetzt sind. Den Mitgliedern stehen zwingend bestimmte Mitverwaltungsrechte zu. Darüber hinaus müssen sich die Satzungsbestimmungen an § 138 BGB messen lassen. Daraus folgt, daß die vom Gesetz ausdrücklich zugelassene weitgehende Gestaltungsfreiheit gerade keine Störung der Funktionsvoraussetzungen der Vereinsautonomie bedeutet.

---

[350] Vgl. zu den Grenzen der Mehrheitsherrschaft *K. Schmidt*, Gesellschaftsrecht, § 16 II 4, III; *Wiedemann*, Gesellschaftsrecht, § 8.

[351] So im Ergebnis auch *Kohler*, S. 215.

[352] *V. Look* in *Reichert/v. Look*, Rdnr. 300 a; *ders.*, S. 180; *ders.*, in: Festgabe für Hellner, S. 46, 50.

[353] Ähnlich *Reichert* in *Reichert/v. Look*, Rdnr. 1796; ähnlich *Kohler*, S. 215.

(4) Vertrauen in eine angemessene Regelung

Wenig überzeugend erscheint es, eine allgemeine Inhaltskontrolle aller Vereinssatzungen auf das angebliche Vertrauen der Vereinsmitglieder darauf, daß der Verein seine Vereinsgewalt nur im Rahmen von Treu und Glauben ausüben werde, zu stützen. Zum einen handelt es sich dabei um eine praxisferne Annahme, denn die Vereinsmitglieder wissen, daß Vereinsfunktionäre im Konfliktfall zumindest auch auf ihren eigenen Vorteil bedacht sein werden. Zum anderen kann allein eine Erwartung der Mitglieder einen Eingriff in die Vereinsautonomie nicht rechtfertigen.

(5) Allgemeine Justizgewährungspflicht

Schließlich kann auch die Berufung auf eine allgemeine Justizgewährungspflicht die Zulässigkeit einer Inhaltskontrolle hinsichtlich aller Vereine nicht begründen. Selbst wenn die vereinsrechtliche Satzungsgestaltung ihre Legitimation in einer staatlichen Zulassung findet, mit der Folge, daß sich aus dem Rechtsstaatsprinzip eine Kontrollpflicht des Staates ableiten läßt, so ergibt sich hieraus noch nicht die zwingende Folge einer besonders intensiven staatlichen Überprüfung des privaten Vereinsrechts im Sinne einer Überprüfung der Vereinssatzung auf angemessene und gerechte Regelungen.[354]

5. Bildung von Fallgruppen

Es hat sich gezeigt, daß die in der Literatur vorgetragenen Argumente eine alle Vereine umfassende Inhaltskontrolle nicht rechtfertigen können. Eine Inhaltskontrolle kommt vielmehr nur in Betracht, wenn die Funktionsvoraussetzungen der Vereinsautonomie gestört sind. Allerdings kann nicht jede im Einzelfall vorliegende Störung der Funktionsvoraussetzungen zu einer Inhaltskontrolle führen. Im Hinblick auf die Inhaltskontrolle von Bürgschaftsverträgen hat das Bundesverfassungsgericht insoweit betont, daß „die Rechtsordnung nicht für alle Situationen Vorsorge treffen [kann], in denen das Verhandlungsgleichgewicht mehr oder weniger beeinträchtigt ist“[355]. Würde man in jedem Einzelfall die Entscheidungsfreiheit der Vertragspartner darauf prüfen, ob die Selbstbestimmung eines Beteiligten beeinträchtigt war und davon die Wirksamkeit des Vertrags abhängig machen, wäre der andere Vertragspartner mit Risiken belastet, die er nicht übersehen kann. Eine solche individuelle Betrachtungsweise ist daher mit den Erfordernissen der Rechtssicherheit nicht vereinbar.[356] Andererseits birgt jede Inhaltskontrolle ein gewisses Maß an Rechtsunsicherheit in sich, so daß eine überschaubare Beschränkung der Rechtssicherheit unumgänglich erscheint. Eine interessengerechte Lösung dieses Konflikts kann nur im Wege einer Abwägung gefunden werden. Um den Vertragspartnern einerseits das notwendige Maß an Rechtssicherheit zu gewährleisten und andererseits den Schutz des Einzelnen in einem ausreichenden Umfang sicherzustellen, bietet sich folgende Lösung an: Die Störung der Funktionsvoraussetzungen kann nur dann zu einer Inhaltskontrolle führen, wenn

---

354 *Kohler*, S. 210; ablehnend zur Justizgewährungspflicht siehe oben § 4 III 1 a).
355 BVerfG, WM 1994, 2199, 2203.
356 BVerfG, WM 1994, 2199, 2203; so auch *Kreutz*, ZGR 1983, 109, 114.

sie generalisierend und typisierend festgestellt werden kann.[357] In diesen Fällen verdient der Schutz des Einzelnen den Vorrang. Wenn dagegen die Entscheidungsfreiheit nur im konkreten Einzelfall ausnahmsweise beeinträchtigt ist, muß der Schutz des Einzelnen hinter den Erfordernissen der Rechtssicherheit zurücktreten.

Daraus folgt für die Inhaltskontrolle von Vereinssatzungen, daß kein Anlaß besteht, alle Vereine einer Inhaltskontrolle zu unterziehen, solange die Funktionsvoraussetzungen der Vereinsautonomie nicht typischerweise bei der überwiegenden Zahl der Vereine gestört sind.[358] Vielmehr ist eine Inhaltskontrolle nur bei bestimmten Fallgruppen zuzulassen, die im folgenden dargestellt werden.

a) *Monopolvereine und Vereine mit einer überragenden Machtstellung in einem sozialen oder wirtschaftlichen Bereich*

Nach der Rechtsprechung des Bundesgerichtshofs unterliegen die Satzungen von Monopolvereinen und Vereinen mit einer überragenden Machtstellung in einem sozialen oder wirtschaftlichen Bereich einer gerichtlichen Inhaltskontrolle.[359] Diese erste Fallgruppe entspricht ohne weiteres den hier aufgestellten Voraussetzungen für eine Inhaltskontrolle, denn bei den genannten Vereinen fehlt typischerweise eine Funktionsvoraussetzung der Vereinsautonomie, und zwar die durch § 39 BGB gewährleistete Freiwilligkeit der Mitgliedschaft. Die Freiwilligkeit der Mitgliedschaft ist nicht mehr gegeben, wenn für die Mitglieder das Austrittsrecht nur noch als theoretische Möglichkeit besteht, in Wahrheit aber ein Austritt aus dem Verein – etwa bei einer Unzufriedenheit mit der Vereinsführung – nicht ernsthaft in Betracht kommt. In Monopolvereinen oder Vereinen mit einer überragenden Machtstellung in einem sozialen oder wirtschaftlichen Bereich ist eine effiziente Betätigung in dem von dem Verein beherrschten Lebensbereich nur noch als Vereinsmitglied möglich. Auch die Gründung eines Konkurrenzvereins ist wegen des in vielen Verbänden vorgesehenen Ein-Platz-Prinzips[360] in der Regel nicht mit Aussicht auf Erfolg möglich. Selbst wenn ausnahmsweise das Ein-Platz-Prinzip nicht besteht und es konkurrierende Vereine gibt, wird die Alternative, aus einem Verein aus und in einen anderen einzutreten, im Regelfall nicht zumutbar sein, wenn der Wechsel zum einen nur mit erheblichen (kostenverursachenden) Schwierigkeiten durchführbar ist und wenn das Mitglied außerdem in dem anderen Verein mit ähnlich belastenden Satzungsbestimmungen rechnen muß.[361]

Insbesondere, wenn die Mitgliedschaft wegen des verfolgten Vereinszwecks eine erhebliche wirtschaftliche, politische und gesellschaftliche Bedeutung aufweist, bleibt von den Alternativen, dem Verein anzugehören oder auf eine Betätigung in dem von dem Verein beherrschten Lebensbereich bzw. auf eine Inanspruchnahme der von ihm angebotenen Leistungen ganz zu verzichten, oft nur die erste. Das Austrittsrecht verliert bei diesen Vereinen seine Aufgabe als zentrales Mittel des Individual- und Minderheitenschutzes und

---

357 BVerfG, WM 1994, 2199, 2203; so auch *Bunte*, ZIP 1983, 8, 14.

358 *Nicklisch*, S. 41; *Fastrich*, S. 142.

359 BGH, NJW 1980, 186 ff m. Anm. *Redeker* und Anm. *Scharf*, NJW 1980, 1844 ff; BGHZ 93, 151 ff = NJW 1985, 1216 ff; BGHZ 102, 265 ff = NJW 1988, 552 ff; BGH, WM 1991, 948 ff; OLG Düsseldorf, NJW-RR 1987, 503 ff; OLG Celle, NJW-RR 1989, 313 ff; KG, NJW-RR 1993, 183 ff; LG Heidelberg, MDR 1990, 625 ff.

360 Vgl. Fn. 293.

361 BGH, ZIP 1995, 1508, 1511 = WM 1995, 1753 ff.

seine Steuerungsfunktion im Hinblick auf die Richtigkeitsgewähr der Satzung. Die Annahme, die Fortdauer der Mitgliedschaft sei Ausdruck der Angemessenheit der Satzung, läßt sich nicht aufrechterhalten, wenn letztlich eine faktische Zwangsmitgliedschaft besteht.

Es läßt sich daher festhalten, daß bei Monopolvereinen und Vereinen mit überragender Machtstellung in einem sozialen und wirtschaftlichen Bereich die Austrittsfreiheit als eine der Funktionsvoraussetzungen der Vereinsautonomie typischerweise gestört ist. Dementsprechend ist eine Inhaltskontrolle der Satzung bei diesen Vereinen zulässig.[362]

b) Verselbständigung der Willensbildung in der Vereinsspitze

Neben der Austrittsfreiheit hat der Gesetzgeber die Mitwirkungsbefugnis der Mitglieder bei der Willensbildung im Verein in der Form des Teilnahmerechts an der Mitgliederversammlung, des Rederechts und des Stimmrechts als zweite Funktionsvoraussetzung der Vereinsautonomie vorgesehen. Eine Inhaltskontrolle ist im Umkehrschluß also auch bei den Vereinen zulässig, bei denen Mitwirkungsbefugnisse der Mitglieder fehlen oder eingeschränkt sind, etwa weil der Stimme des Einzelnen wegen der großen Mitgliederzahl kein Gewicht mehr zukommt.

Einige Stimmen in der Literatur stehen diesem Ansatzpunkt aus zwei Gründen kritisch gegenüber. Zum einen wird geltend gemacht, die fehlende Möglichkeit, durch Ausübung der Mitwirkungsbefugnisse eine angemessene Berücksichtigung der eigenen Interessen in der Satzung zu erreichen, könne schon deshalb eine Inhaltskontrolle nicht rechtfertigen, weil effektive Mitwirkungsbefugnisse bei den meisten Vereinen sowieso nicht gegeben seien.[363] Dies kann nicht überzeugen. Es ist inkonsequent, zunächst das Fehlen einer Funktionsvoraussetzung der Vereinsautonomie als Voraussetzung für eine Inhaltskontrolle heranzuziehen, anschließend aber aus dem Fehlen keine Konsequenzen herzuleiten, mit der Begründung, daß diese Funktionsvoraussetzung bei den meisten Vereinen in der Praxis sowieso nicht gegeben sei.

Zum anderen wird vertreten, das Fehlen von Mitwirkungsbefugnissen könne eine Inhaltskontrolle nicht rechtfertigen, weil der Gesetzgeber die Mitwirkung aller Mitglieder – im Gegensatz zur Austrittsfreiheit (§ 39 BGB) – nicht zwingend vorgeschrieben habe.[364] Diese Ansicht läßt unberücksichtigt, daß das Recht der Mitglieder, sich an der Willensbildung zu beteiligen, nicht in vollem Umfang dispositiv ist. Vielmehr muß der Mitgliederversammlung ein Mindestmaß an Mitwirkungsbefugnissen verbleiben.[365] Die Mitwirkungsbefugnisse der Vereinsmitglieder sind daher sehr wohl als Funktionsvoraussetzung der Vereinsautonomie anzusehen, deren Fehlen einen regulierenden Eingriff im Rahmen einer Inhaltskontrolle rechtfertigt.

Bei folgenden Vereinen ist typischerweise von einem Fehlen der Mitwirkungsbefugnis der Mitglieder auszugehen:

---

[362] *Reichert* in *Reichert/v. Look*, Rdnr. 1799; Müko-*Reuter*, vor § 21 BGB Rdnr. 124; *U. Schmidt*, S. 78; *Fastrich*, S. 142.

[363] *U. Schmidt*, S. 74.

[364] *Nicklisch*, S. 39.

[365] Siehe hierzu ausführlich oben § 8.

aa) Vereinspyramiden

In Vereinspyramiden ist das einzelne Mitglied durch „lange Wahlketten"[366] von der Entscheidungsfindung an der Verbandsspitze weit entfernt. Das Vereinsmitglied hat keinen direkten Einfluß auf die maßgeblichen Entscheidungen an der Verbandsspitze, sondern es kann nur die Mitglieder des eigenen Vorstands wählen, die den eigenen Verein in den willensbildenden Organen der nächst höheren Stufe vertreten. Zwar leiten die Vorstandsmitglieder ihre Legitimation von den Mitgliedern ab, aber es findet keine unmittelbare Teilnahme der Mitglieder an der Willensbildung mehr statt. Die Möglichkeit des einzelnen Mitglieds, durch vereinsinterne Mitwirkung „etwas zu bewegen", ist stark mediatisiert.[367] Je mehrstufiger der Verbandsaufbau ist, desto größer wird der Abstand zwischen den Mitgliedern des Basisvereins und der Verbandsspitze. Die Verlagerung der Kompetenzen auf die Verbandsspitze und damit auf Verbandsfunktionäre führt zu einer Verselbständigung der Willensbildung in der Verbandsspitze und damit zu einer erhöhten Gefahr des Machtmißbrauchs. Es bedarf daher eines regulierenden Eingriffs in die Vereinsautonomie durch richterliche Inhaltskontrolle der Satzung des Dachverbands.

bb) Großvereine

Auch in Großvereinen kommt der Stimme des einzelnen Mitglieds nur wenig Gewicht zu. Hinzu kommt, daß die Mitgliederversammlung aus Praktikabilitätsgründen häufig durch eine Delegiertenversammlung ersetzt wird.[368] Ist dies der Fall, so hat das Mitglied keine direkte Einflußmöglichkeit mehr auf die Entscheidungen der Vereinsspitze. Es kann nur noch mittelbar – durch die Wahl der Delegierten – an dem Willensbildungsprozeß teilnehmen. Selbst wenn die Delegierten an die Weisungen der Mitgliederversammlung gebunden sind, findet eine effektive Kontrolle der Mitglieder über die Vereinsverwaltung in der Regel nicht statt. Der Grund hierfür besteht darin, daß die Mitglieder die ihnen zustehenden Rechte – meist aus mangelndem Interesse – nicht wahrnehmen.[369] Es ist in der Vereinssoziologie ein bekanntes Phänomen, daß die Identifikation der Mitglieder mit ihrem Verein und damit das Interesse an der Mitwirkung bei der Willensbildung proportional zur Größe des Vereins sinkt.[370] In komplexen Organisationen besteht die Tendenz, demokratische Willensbildung durch oligarchische Führung zu ersetzen. Das führt im Ergebnis zu einer „Herrschaft der Gewählten über die Wähler".[371]

---

[366] *Pfister*, in: FS für Lorenz, S. 171, 176.

[367] BGH, WM 1995, 1754, 1757, betreffend die Stellung einer Genossenschaft in einem Prüfungsverband: „Die Möglichkeit, als einzelnes Mitglied eine Satzungsänderung herbeizuführen, muß als so gering eingestuft werden, daß ihr nicht mehr als theoretische Bedeutung zukommt"; vgl. auch *Leßmann*, S. 260; *Beuthien*, ZGR 1989, 255, 256.

[368] Die Zulässigkeit der Einrichtung einer Delegiertenversammlung ist heute unbestritten, vgl. *Reichert* in *Reichert/ v. Look*, Rdnr. 2688; *Stöber*, Rdnr. 494; *Säcker*, S. 14.

[369] *Kübler*, Gesellschaftsrecht, § 33 II 2 a; *Teubner*, ZGR 1975, 459, 475; *Reemann*, S. 168 f.

[370] *Säcker*, S. 7; *Schmölders*, S. 102; *Zeuner*, S. 71, der von einer Anwesenheitsquote von 10-25 % ausgeht; vgl. auch die Entscheidung des OLG Frankfurt a.M., OLGZ 81, 391 ff = Rpfleger 1981, 310 ff. In dem zugrundeliegenden Sachverhalt betrug die Teilnehmerquote bei der Mitgliederversammlung nur 2% bei einer Mitgliederzahl von 4500; vgl. zu dieser Entscheidung oben § 8 II 4 c) cc) und § 11 II 2.

[371] *Michels*, S. 370.

Das mangelnde Interesse der Mitglieder an der Mitwirkung bei der Willensbildung im Verein ist neben der Größe des Vereins häufig auch darauf zurückzuführen, daß sich die Mitglieder nicht mit dem Vereinszweck identifizieren. Der Beitritt zu einem Verein erfolgt nur, um beispielsweise wirtschaftlich attraktive Vereinsleistungen in Anspruch zu nehmen. Hierzu zählen die Serviceleistungen einzelner Vereine, wie Informations-, Beratungs-, Versorgungs- und Versicherungsleistungen.[372] Eine darüber hinausgehende Förderung des Vereinszwecks wird durch die Mitglieder nicht angestrebt. Zum mangelnden Interesse der Vereinsmitglieder kommt hinzu, daß die Ausübung der Mitgliedschaftsrechte mit Kosten und Mühen verbunden ist. Häufig wohnen die Mitglieder nicht am Sitz des Vereins, so daß die Anreise zur Mitgliederversammlung gescheut wird. Darüber hinaus ist die Regelungsdichte von Satzungen und Nebenordnungen in Großvereinen für die Mitglieder kaum zu überschauen. Eine fundierte Willensbildung würde daher einen Aufwand an Zeit erfordern, der nicht im Verhältnis zu dem Interesse des einzelnen Mitglieds an den Entscheidungen der Vereinsspitze steht.[373] Diese „Apathie der Mitglieder"[374] führt dazu, daß nur noch eine Minderheit an der Mitgliederversammlung teilnimmt. Im Ergebnis bestimmt somit eine kleine, engagierte Minderheit, bestehend aus dem Vorstand und einigen anderen Funktionären, über die Geschicke des Vereins und die Vereinsführung löst sich weitgehend von der Kontrolle der Mitgliedermehrheit.[375]

In der Praxis stellt sich nun die Frage, bei welchen Vereinen die Mitwirkung der Mitglieder derart minimiert ist, daß man von einem Fehlen der Funktionsvoraussetzungen der Vereinsautonomie sprechen kann. Ein geeignetes Kriterium für die Abgrenzung ist die Größe des Vereins,[376] denn je höher die Zahl der Mitglieder ist, desto mehr sinkt die Möglichkeit und das Interesse der Mitglieder an der Mitgestaltung des Vereinslebens. Nun wird jeder Versuch, eine zahlenmäßige Grenze aufzustellen,[377] sofort mit Kritik bedacht werden.[378] Um dieser Kritik zu entgehen, werden in der Literatur überwiegend vage Formulierungen wie „Massenorganisation"[379] oder „Großverein" gewählt.

Fastrich[380] dagegen will zu Recht aus Gründen der Rechtssicherheit und Rechtsklarheit nicht auf die Setzung einer Zahlengrenze verzichten. Er schlägt als Größenkriterium eine Mitgliederzahl von 300 bis 500 vor. Diese Grenze erscheint jedoch zu niedrig, wenn man

---

[372] *Teubner*, S. 37 f, umschreibt dies als „fehlende Zweckmotivation"; ähnlich *Kohler*, S. 219.

[373] Ähnlich *Teubner*, ZGR 1975, 459, 475: „Die Mitwirkungsmöglichkeit als Maßnahme der Interessenverwirklichung läuft leer, wenn das Mitglied sich die Sachkompetenz nicht verschaffen kann".

[374] Allgemein zum Verlust der Steuerungsfunktion der Mitglieder: *Teubner*, ZGR 1975, 459, 475; *Nicklisch*, S. 44 spricht von einer „Benutzerhaltung" der Mitglieder; *ders.*, in: FS für Schiedermair, S. 459, 467.

[375] OLG Frankfurt a.M., OLGZ 81, 391, 393 = Rpfleger 1981, 310 ff; *Leßmann*, S. 242; *Kübler*, in: FS für Raiser, S. 679, 723 f; *Nicklisch*, S. 43; *Reemann*, S. 169; *Grunewald*, ZHR 152 (1988), 242, 250; *Wiedemann*, Gesellschaftsrecht, § 2 II 1 2 a), spricht von Fraktionen, die das Vereinsleben steuern.

[376] *Fastrich*, S.144, hat zurecht darauf hingewiesen, daß das Größenkriterium sich auch mit der in § 53 VAG getroffenen Unterscheidung zwischen kleinen und größeren Versicherungsvereinen deckt. Während bei ersteren weitgehende Organisationsautonomie besteht, verweist das VAG für die größeren Vereine auf das AktG mit der Folge, daß hier der Gestaltungsspielaum bei der Satzungsgebung nur eingeschränkt besteht. Das VAG nennt jedoch keine Zahlengrenze.

[377] So z.B. *Grunewald*, S. 139, die eine Grenze bei 50 Mitgliedern zieht.

[378] *Röhricht*, AcP 189 (1989), 386, 393.

[379] *Schulte*, ZGR 1976, 97, 99; *U.H. Schneider*, ZGR 1978, 1, 8.

[380] S. 144.

bedenkt, daß viele nur örtlich tätige Sportvereine bereits bis zu tausend Mitglieder haben. Als Anhaltspunkt für eine Zahlengrenze könnte § 43 a GenG herangezogen werden, der für Genossenschaften mit mehr als 3000 Mitgliedern zwingend die Einrichtung einer Vertreterversammlung vorsieht.[381] Der Gesetzgeber war der Ansicht, bei dieser Mitgliederzahl sei es nicht mehr möglich, eine sinnvolle Verständigung in der Mitgliederversammlung als Grundlage einer Meinungsbildung zu erreichen.[382] Der Gesetzgeber ging also davon aus, daß in diesem Fall das Mitglied weitgehend seinen Einfluß auf die Willensbildung in der Körperschaft verliert.

Bei Vereinen mit mehr als 3000 Mitgliedern ist daher eine Funktionsvoraussetzung der Vereinsautonomie gestört und eine Inhaltskontrolle geboten. Die Anzahl der Mitglieder kann selbstverständlich nicht mehr als ein Indiz für die Erforderlichkeit einer Inhaltskontrolle sein. Daneben ist die rechtliche Ausgestaltung der Mitwirkungsmöglichkeiten der Mitglieder bei der Vereinswillensbildung im konkreten Fall wertend hinzuzuziehen. Es kommt z.B. darauf an, ob die Mitglieder in einer repräsentativ gewählten Delegiertenversammlung vertreten werden, die die maßgeblichen Entscheidungen hinsichtlich des Vereinslebens trifft oder ob der Vorstand oder außenstehende Dritte maßgeblich die Geschicke des Vereins bestimmen.

6. Zusammenfassung und abschließende kritische Würdigung

Die Inhaltskontrolle von Vereinssatzungen und Vereinsordnungen stellt einen Eingriff in die Vereinsautonomie – verstanden als Freiheit vor staatlichem Einfluß – dar und bedarf daher einer Rechtfertigung. Weder aus der höchstrichterlichen noch aus der instanzgerichtlichen Rechtsprechung läßt sich entnehmen, daß die Rechtsprechung eine Inhaltskontrolle der Satzung bzw. der Ordnungen bei allen Vereinen vornimmt. Die in der Literatur vorgetragenen Argumente können eine alle Vereine umfassende Inhaltskontrolle nicht legitimieren. Ein Vergleich mit der Inhaltskontrolle von Allgemeinen Geschäftsbedingungen und Gesellschaftsverträgen von Publikumskommanditgesellschaften als Grundlage für die Rechtfertigung einer Inhaltskontrolle bei allen Vereinen überzeugt nicht.

Eine Inhaltskontrolle von Vereinssatzungen und Vereinsordnungen ist vielmehr nur bei den Vereinen zulässig, bei denen die Funktionsvoraussetzungen der Vereinsautonomie (Austrittsfreiheit und Mitwirkungsmöglichkeit der Mitglieder bei der Willensbildung im Verein) typischerweise gestört sind. Das ist zum einen bei Vereinen mit einer Machtstellung in einem sozialen oder wirtschaftlichen Bereich und zum anderen in Vereinspyramiden und bei Großvereinen mit mehr als 3000 Mitgliedern der Fall. Die Zahl ist nicht als absolute Grenze, sondern als Indiz zu verstehen.

Die Abgrenzungsprobleme der hier vorgeschlagenen Lösung liegen auf der Hand. Weder die Machtstellung eines Vereins, noch die Reduzierung der Mitwirkungsmöglichkeiten der Vereinsmitglieder lassen sich anhand eindeutiger Kriterien messen. Es ist schwierig zu bestimmen, wann ein Verein eine derartige Machtstellung erlangt hat, daß ein Austritt aus dem Verein und der damit verbundene Verzicht für das Mitglied auf ein Tätigwerden in einem bestimmten Lebensbereich unzumutbar ist.

---

[381] Die Zulässigkeit einer Inhaltskontrolle von Genossenschaftssatzungen kann daraus nicht hergeleitet werden, weil im Genossenschaftsrecht keine so weitgehende Gestaltungsfreiheit wie im Vereinsrecht besteht (vgl. § 18 S. 2 GenG).

[382] *Lang/Weidmüller/Metz/Schaffland-Metz*, § 43 GenG Rdnr. 1.

Verlangt man demgegenüber eine Inhaltskontrolle nach § 242 BGB bei allen Vereinen, so ist man dieser Abgrenzungsprobleme enthoben. Die konkrete Machtstellung des Vereins und die Ausgestaltung der Stellung des Mitglieds werden hier zwar ebenso, allerdings erst im Rahmen einer Interessenabwägung und nicht bei der Frage der Zulässigkeit einer Inhaltskontrolle überhaupt, berücksichtigt. Diese scheinbaren Vorteile rechtfertigen es jedoch nicht, die Selbstbestimmung aller Vereine durch eine richterliche Inhaltskontrolle zu beschränken. Ein solches Ergebnis würde die Rechtsstellung der – immer noch überwiegenden – kleinen, nur lokal tätigen Vereine, die tatsächlich noch dem gesetzgeberischen Leitbild entsprechen, unzulässig beschränken, indem auch diese Vereine dem Damoklesschwert der Inhaltskontrolle unterworfen werden.[383] Die Vertreter einer allgemeinen Inhaltskontrolle können insoweit auch nicht „ein Mehr an Rechtssicherheit" für sich beanspruchen, denn eine Inhaltskontrolle durch die Gerichte beinhaltet immer die Gefahr, die vereinsinternen Besonderheiten außer acht zu lassen und die Ermessensspielräume des Vereins und seiner Organe, die eine größere Sachkunde und Nähe zu der zu regelnden Materie haben, zu verkennen. Die Rechtssicherheit auf der Tatbestandsseite wird somit durch eine Unsicherheit auf der Rechtsfolgenseite erkauft. Im Ergebnis muß die Zulässigkeit der Inhaltskontrolle durch ordentliche Gerichte auf einzelne Gruppen von Vereinen beschränkt bleiben.

III. Maßstab der Inhaltskontrolle

Maßstab für eine Inhaltskontrolle bei den genannten Gruppen von Vereinen ist der Grundsatz der gebotenen Beachtung von Treu und Glauben (§ 242 BGB). Dieser Maßstab ist jedoch zu abstrakt, als daß damit für die Rechtsanwendung im konkreten Fall etwas gewonnen wäre.[384] Zur Konkretisierung dessen, was Treu und Glauben entspricht, kann auf den Grundsatz der Verhältnismäßigkeit zurückgegriffen werden.[385] Dementsprechend muß das Regelwerk eines Vereins, der der richterlichen Inhaltskontrolle unterliegt, geeignet, erforderlich und angemessen im Hinblick auf die Verfolgung des Vereinszwecks sein. Eine Regelung ist geeignet, wenn sie den vom Verein angestrebten Zweck fördert. Aus der Erforderlichkeit ergibt sich, daß auch bei grundsätzlicher Geeignetheit der Regelung der Verein gehalten ist, sein Ziel mit dem mildesten zur Verfügung stehenden Mittel zu verfolgen.[386] Schließlich muß die Satzung oder Vereinsordnung die Interessen der betroffenen Parteien (Verein und Mitglied) angemessen berücksichtigen. Im Rahmen der Angemessenheitsprüfung erfolgt die eigentliche Interessenabwägung. Es ist zu untersuchen, ob die schutzwürdigen Interessen des Vereins mit den schutzwürdigen Interessen des Mitglieds zu einem angemessenen Ausgleich gebracht wurden.[387] Das ist nicht der Fall, wenn die Mit-

---

[383] *Kohler*, S. 211.

[384] *Hennrichs*, AcP 195 (1995), 221, 245; *Kraft*, S. 42 spricht von einer Delegation von Aufgaben, die der Gesetzgeber zu erfüllen hatte, an den Richter.

[385] *V. Look* in *Reichert/v. Look*, Rdnr. 300 b; Müko-*Reuter*, vor § 21 BGB Rdnr. 115; *Bunte*, ZGR 1991, 316, 324.

[386] BGHZ 63, 282, 285 = NJW 1975, 771 ff.

[387] *Vieweg*, Verbandsrechtsprechung, S. 36, 39 ff; *Röhricht*, Verbandsrechtsprechung, S. 19, 28; *Bunte*, ZGR 1991, 316, 324. Grundlegend zur Interessenabwägung im Privatrecht, *Kraft*, S. 7 passim; *Hennrichs*, AcP 195 (1995), 221, 244 ff.

glieder durch die Vereinsregelungen in einer unbilligen oder willkürlichen Weise beeinträchtigt werden. In Vereinen, in denen nur natürliche Personen Mitglieder sind, spielt insoweit der Schutz des Individuums eine bedeutende Rolle. Der Verein ist beispielsweise verpflichtet, die Privatsphäre seiner Mitglieder zu respektieren. Auch darf er nicht in unverhältnismäßiger Weise in die Freiheit seiner Mitglieder eingreifen. In einem Dachverband dagegen, in dem die Mitglieder des Vereins wiederum Vereine sind, tritt der Schutz der Autonomie des Mitgliedsvereins an die Stelle des Individualschutzes.

IV. Konkretisierung der Interessen

Der nächste Schritt der Untersuchung gilt der Konkretisierung der schutzwürdigen Interessen der Mitgliedsvereine und der Dachverbände. Damit werden dem Rechtsanwender die Maßstäbe an die Hand gegeben, die im Einzelfall im Rahmen der Abwägungsentscheidung von Bedeutung sind.

1. Vereinsrechtlich unzulässige Regelungen

Nicht jedes von den Parteien geltend gemachte Interesse genießt den Schutz der Rechtsordnung. Ohne Zweifel nicht schutzwürdig ist das Interesse eines Dachverbands, von den Mitgliedsvereinen zu verlangen, daß diese Regelungen in ihre Satzung aufnehmen, die gegen zwingendes Vereinsrecht verstoßen. Als Beispiel kann hier die Verpflichtung des Mitgliedsvereins genannt werden, eine Satzungsregelung zu erlassen, nach der das freie Austrittsrecht der Mitglieder ausgeschlossen wird oder nach der das Recht zur Auflösung des Vereins auf einen vereinsfremden Dritten übertragen wird. Selbst wenn man insoweit ein Interesse des Dachverbands annehmen wollte, wäre dieses nicht von der Rechtsordnung gedeckt.

2. Dispositives Recht als Leitlinie

Das dispositive Recht kann als Leitlinie für eine Interesssenabwägung herangezogen werden.[388] Zwar folgt gerade aus der Dispositivität einer Vorschrift, daß nicht jede Abweichung von der gesetzlichen Regelung zu deren Unwirksamkeit führt. Doch bringen die dispositiven Normen die Vorstellungen des Gesetzgebers hinsichtlich des Leitbilds des bürgerlichrechtlichen Vereins zum Ausdruck. Die dispositiven Normen geben sozusagen die gewöhnliche Regelung der Interessenlage wieder und können als Ausdruck einer gesetzlichen Wertentscheidung berücksichtigt werden. Infolgedessen sind solche Abweichungen als unwirksam anzusehen, die in grob unbilliger Weise von den dispositiven Vorschriften abweichen.

[388] BGHZ 41, 151, 154; 60, 377, 381; 61, 17, 22; 68, 212, 215; 106, 109; 89, 206, 211; *Schulte*, ZGR 1976, 97, 100; *Konzen*, AcP 172 (1972), 92, 95; *Hadding/v. Look*, ZGR 1996, 326, 338; *Fastrich*, S. 285; *v. Look*, WuB II L. § 32 BGB 1. 89; *Röhricht*, Inhaltskontrolle, S. 75, 78. § 9 Abs. 2 S. 1 AGBG schreibt sogar ausdrücklich die Berücksichtigung des dispositiven Rechts vor.

Für eine Konkretisierung der schutzwürdigen Interessen von Dachverband und Mitgliedsverein kann das dispositive Recht jedoch nur in geringem Umfang herangezogen werden, weil die innere Organisation eines Vereins im Bürgerlichen Gesetzbuch nur lückenhaft geregelt ist. In den meisten Fällen stehen daher keine dispositiven Regelungen zur Verfügung, deren Wertungen im Rahmen der Interessenabwägung berücksichtigt werden könnten.

3. Vergleich mit der Rechtslage in einem genossenschaftlichen Prüfungsverband

Anhaltspunkte für eine Konkretisierung der schutzwürdigen Interessen könnten sich aus einem Vergleich mit der Interessenlage bei einem anderen – vom Gesetzgeber ausdrücklich anerkannten – Dachverband mit körperschaftlich strukturierten Mitgliedern ergeben. Angesprochen ist der genossenschaftliche Prüfungsverband mit seinen Mitgliedern. Möglicherweise lassen sich aus dem Verhältnis zwischen Genossenschaft und Prüfungsverband Erkenntnisse gewinnen, die auf das Verhältnis zwischen Mitgliedsverein und Dachverband übertragen werden können.

Eingetragene Genossenschaften sind verpflichtet, sich einem Prüfungsverband als Mitglied anzuschließen (§ 54 GenG). Bei den Prüfungsverbänden handelt es sich um eingetragene Vereine i.S.d. §§ 21 ff BGB. Ihnen obliegt die Prüfung der wirtschaftlichen Verhältnisse und der Ordnungsmäßigkeit der Geschäftsführung der Mitglieder (§ 53 GenG). Nach § 63 b Abs. 4 Satz 1 GenG kann die Satzung darüber hinaus die gemeinsame Wahrnehmung der Mitgliederinteressen als Verbandszweck vorsehen.[389] Neben der Prüfungstätigkeit gehören daher Beratung, Betreuung und Schulung sowie überbetriebliche Werbung und Vertretung der Interessen der Mitglieder gegenüber Dritten zum Aufgabenbereich der Prüfungsverbände. Historisch gesehen sind die Genossenschaftsverbände sogar in erster Linie Beratungs- und Betreuungsverbände gewesen. So bestand die Aufgabe der ersten überregionalen Genossenschaftsverbände darin, die Verbindung unter den angeschlossenen Genossenschaften zu pflegen und sie auf Anfrage zu beraten.[390]

Auch in den Prüfungsverbänden stellt sich die Frage, wie die Autonomie der Einzelgenossenschaften im Verhältnis zum Prüfungsverband abzugrenzen ist. Dieses Spannungsverhältnis wird im Genossenschaftsrecht dadurch entschärft, daß sich der Prüfungsverband in den Dienst des genossenschaftlichen Förderzwecks seiner Mitglieder stellen muß. Die Tätigkeit des Prüfungsverbands muß sich an den wohlverstandenen Interessen der Mitgliedsgenossenschaften und deren Mitglieder orientieren.[391] Der Prüfungsverband hat somit gegenüber den Mitgliedern eine *dienende Funktion*.

---

[389] *Müller*, § 63 b GenG Rdnr. 9. Allerdings ist der Gesetzeswortlaut insofern ungenau, als er nicht zwischen dem „Zweck" und den „Aufgaben" des Prüfungsverbands unterscheidet. Die Prüfungs- und Betreuungstätigkeit gehört zu den Aufgaben des Verbands, der Zweck liegt in der Förderung des Genossenschaftswesens und der Mitgliedsgenossenschaften; so *Lang/Weidmüller/Metz/Schaffland-Metz*, § 63 b GenG Rdnr. 14.

[390] *Lang/Weidmüller/Metz/Schaffland-Metz*, § 63 b GenG Rdnr. 14; *Metz*, S. 7, 10; *Marcus*, S. 29; ein historischer Überblick zu der Entwicklung der Genossenschaftsverbände findet sich bei *Nicklisch*, BB 1979, 1153.

[391] *Metz*, S. 7, 20; *Jäger*, S. 28; ähnlich: *Blomeyer*, Podiumsdiskussion, S. 58, 59.

Rechtliche Struktur und Zweckbestimmung eines Prüfungsverbands sind mit der eines Dachverbands vergleichbar. Ebenso wie ein Prüfungsverband hat auch ein Dachverband nur korporativ verfaßte Mitglieder. Ebenso wie bei einem Prüfungsverband schließen sich die Vereine in einem Dachverband zusammen, um ihre Aufgaben besser und effektiver erfüllen zu können. Zwar ist der Zweck der Dachverbände nicht in einer dem § 63 b Abs. 4 GenG entsprechenden Vorschrift normiert, doch ergibt sich der Zweck der Dachverbände aus ihren Satzungen. Die Dachverbände verfolgen ebenso wie die Prüfungsverbände den Zweck, die Interessen der Mitglieder wahrzunehmen. Außerdem schränken die Dachverbände ihren Zweck dahingehend ein, daß sie ihre Tätigkeit nur auf der von ihnen vereinigten, überörtlichen Ebene entfalten. Auch erkennen sie die Selbständigkeit und Unabhängigkeit der Mitgliedsvereine ausdrücklich an. Folgende Beispiele mögen dies verdeutlichen.

> Präambel Satzung DFB: „Die Fußball-Landes- und Regionalverbände im Gebiet der Bundesrepublik Deutschland haben zur Wahrung ihrer Interessen im In- und Ausland den Deutschen Fußball-Bund gebildet".
> § 2 Satzung DEV: „Zweck des DEV ist die übergeordnete Förderung des Eissports. Das Selbstverwaltungsrecht der Mitglieder bleibt unberührt".
> § 3 Satzung DSB: „Der DSB erkennt die organisatorische, finanzielle und fachliche Selbständigkeit seiner Mitgliedsorganisationen an".[392]
> § 7 Satzung LSB Hessen: „Der Landessportbund fördert und unterstützt die Vereine in allen überfachlichen Fragen".

Anhand dieser Satzungsregelungen lassen sich die schutzwürdigen Interessen der Dachverbände und die der Mitgliedsvereine näher konkretisieren. Aus dem Zweck der Dachverbände, die Interessen der Mitgliedsvereine zu fördern, ergeben sich Aufgabengebiete, die notwendigerweise von den Dachverbänden wahrgenommen werden müssen. Dazu zählen die Versorgung der Mitgliedsvereine mit Information, die Schaffung gemeinsamer Einrichtungen (wie etwa die Bundesligen), die Durchführung überregionaler Veranstaltungen und die Repräsentation der Mitglieder gegenüber der Öffentlichkeit, auch auf internationaler Ebene.[393] Diese Aufgaben erfordern einen gewissen Grad an Einfluß der Dachverbände auf die Mitgliedsvereine und damit einhergehend einen teilweisen Verlust von Autonomie in den Mitgliedsvereinen.[394] Als Beispiel kann hier der Wettkampfbetrieb auf überregionaler Ebene genannt werden. Ein überregionaler Wettkampfbetrieb kann nur funktionieren, wenn die einzelnen Vereine einheitlichen Regeln und – im Fall von Verletzungen – Sanktionen unterliegen.[395] Soweit für die Erfüllung dieser Aufgaben eine Koordination der Gesamtarbeit und ein einheitliches Regelwerk erforderlich sind, ist auch das Interesse der Dachverbände an der Geltung und Durchsetzung der von ihnen erlassenen Regelungen schutzwürdig.

Andererseits ist davon auszugehen, daß die Mitgliedsvereine ihre Selbständigkeit nicht vollständig zugunsten einer einheitlichen Regelung weiterer Bereiche durch den Dachver-

---

[392] Ähnlich § 9 Abs. 1 Satzung DBV; § 11 Abs. 1 Satzung DFB; § 11 Abs. 1 Satzung DHB; § 5 Satzung DLV; § 2 Abs. 5 LSB Satzung Rheinland-Pfalz;.

[393] Vgl. *Vieweg*, Normsetzung, S. 247.

[394] *Sauter/Schweyer*, Rdnr. 323; *Nicklisch*, S. 42.

[395] So zum Verhältnis der deutschen Verbände zu den internationalen Verbänden: *Reuter*, DZWir 1996, 1, 8; *Vieweg*, Nomsetzung, S. 238.

band aufgeben wollen, sondern daß sie soweit wie möglich selbständig ihre Aufgaben wahrnehmen möchten. Den Mitgliedsvereinen ist daran gelegen, nur die Regelungsbereiche aus ihrer Kompetenz „nach oben" abgeben, die sich allein auf einer höheren Ebene regeln lassen. Entscheidungen, die das interne Vereinsleben betreffen, möchten die Vereine daher weiterhin in eigener Verantwortung treffen.

Dieses Spannungsverhältnis zwischen notwendiger Einheitlichkeit innerhalb der Dachverbände und schutzwürdiger Selbständigkeit der Mitgliedsvereine muß im Einzelfall durch eine Interessenabwägung zu einem Ausgleich gebracht werden. Dabei kann nicht davon ausgegangen werden, daß diese Abwägung im Zweifel zugunsten der Dachverbände ausfällt.[396] Im Gegenteil: Wie bei den Genossenschaftsverbänden ist auch im Verhältnis von Dachverband und Mitgliedsverein im Bereich des Sports von einer *dienenden* Funktion der Dachverbände auszugehen. Daraus folgt, daß im Zweifel das Interesse der Mitgliedsvereine an einer autonomen Regelung den Vorrang genießt vor dem Interesse der Dachverbände, in eigener Kompetenz eine einheitliche – für alle Mitgliedsvereine verbindliche – Regelung zu treffen. Eingriffe in die Autonomie der Mitgliedsvereine sind nur zulässig, wenn und soweit sie erforderlich sind, um die Mitglieder bei der Verfolgung ihres Zwecks zu fördern und die Interessen der Mitglieder gemeinsam wahrzunehmen. Darüber hinaus gilt: Je schwerer der Eingriff in die mitgliedschaftliche oder vermögensrechtliche Stellung der Mitgliedsvereine ist, desto gewichtiger müssen die Gründe für die Beeinträchtigung derselben auf Seiten der Dachverbände sein.[397]

§ 12 Überprüfung einzelner Satzungsbestimmungen

Aus den vorangegangenen Erörterungen ergibt sich, daß Satzungen und Vereinsordnungen der Dachverbände des Sports einer Rechts- und Inhaltskontrolle unterliegen. Dachverbände des Sports sind Monopolvereine. Darüber hinaus sind in den pyramidenförmigen Strukturen innerhalb des organisierten Sports die Mitwirkungsrechte der einzelnen Mitglieder der Basisvereine mediatisiert. Die damit verbundene Störung der Funktionsvoraussetzungen der Vereinsautonomie erfordert eine Inhaltskontrolle der Satzungen der Dachverbände durch die Gerichte.

Maßstab der Kontrolle sind die §§ 134, 138 BGB, die Wertungen des Vereinsrechts, § 25 BGB und § 242 BGB. Im Rahmen der Inhaltskontrolle nach § 242 BGB ist eine umfassende Interessenabwägung vorzunehmen, bei der die Interessen der Mitgliedsvereine mit den Interessen der Dachverbände zum Ausgleich gebracht werden müssen. Im Zweifel genießt das Interesse des Mitgliedsvereins an einer autonomen Gestaltung des Vereinslebens den Vorrang vor dem Interesse des Dachverbands, einheitliche Vorgaben „von oben" durchzusetzen. Die gewonnenen Maßstäbe sollen im folgenden auf Satzungsbestimmungen ausgewählter Dachverbände angewandt werden. Dabei wird sich ergeben, daß in einigen Fällen die rechtstatsächlich vorkommenden Satzungsgestaltungen einer Inhaltskontrolle nicht standhalten.

---

[396] So aber *Reemann*, S. 205, für den Fall, daß eine natürliche Person Mitglied in einem Verein ist.
[397] *Bunte*, ZGR 1991, 316, 324.

I. Vorgaben bezüglich des Verfahrens der Vorstandswahl

1. Rechtstatsächliche Grundlagen

Ordentliche Mitglieder des DFB sind die Regional- und Landesverbände des Fußballsports. Außerordentliche Mitglieder sind die Vereine der Lizenzligen (1. und 2. Fußball-Bundesliga).[398] Um am Spielbetrieb der Bundesligen teilnehmen zu können, bedürfen die Vereine, deren Mannschaften den Bundesligen angehören, einer Lizenz des DFB. Die Voraussetzungen für die Erteilung der Lizenz sind im Lizenzspielerstatut des DFB geregelt.

§ 7 Abs. 1 f Lizenzspielerstatut des DFB hat den Wortlaut: „Für die technische und verwaltungsmäßige Qualifikation ist es erforderlich, daß der Verein sich in seiner Satzung der Satzung, dem Lizenzspielerstatut, den Ordnungen des DFB und den Entscheidungen der DFB-Organe unterwirft sowie sicherstellt, daß die Mitgliederversammlung den Vorsitzenden und gegebenenfalls auch die übrigen Mitglieder des Vorstandes wählt, nachdem zuvor ein Wahlausschuß den Vorsitzenden beziehungsweise die Mitglieder des Vorstandes vorgeschlagen hat oder ein von der Mitgliederversammlung in seiner Mehrheit gewähltes Vereinsorgan den Vorsitzenden und gegebenenfalls die übrigen Mitglieder des Vorstandes bestellt“.

Aus Anhang 7 zum Lizenzspielerstatut ergeben sich die Rahmenbedingungen für die Satzung eines Lizenzvereins. Diese Rahmenbedingungen sehen im Hinblick auf die Vorstandswahl nur die zweite in § 7 Abs. 1 f des Lizenzspielerstatuts genannte Alternative vor, d.h. die Bestellung des Vorstandsvorsitzenden und der anderen Vorstandsmitglieder durch einen Aufsichtsrat/Verwaltungsrat. Der Aufsichtsrat/Verwaltungsrat wird in seiner Mehrheit von der Mitgliederversammlung gewählt, nachdem der Wahlausschuß der Mitgliederversammlung Vorschläge für die Wahl des Aufsichtsrats/Verwaltungsrats unterbreitet hat. Der Wahlausschuß wird ebenfalls von der Mitgliederversammlung gewählt. Die Mitgliederversammlungen der betroffenen Vereine können also den Vorstand nicht mehr direkt wählen.

Nach § 9 Abs. 2 b i.V.m. § 7 Abs. 1 f des Lizenzspielerstatuts kann einem Verein die Lizenz entzogen werden, wenn er sich weigert, die Anforderungen des Statuts im Hinblick auf das Verfahren der Vorstandswahl umzusetzen.

Im Jahr 1995 änderte der DFB sein Lizenzspielerstatut in der beschriebenen Weise. Bereits im Vorgriff auf diese Neuerung kam der FC Schalke 04 den Vorgaben des DFB nach. Im Dezember 1994 änderte die Mitgliederversammlung die Satzung entsprechend den Anforderungen des DFB. Es folgten Hannover 96, der TSV 1860 München und der FSV Mainz 05. Im April 1996 hatten fast alle Vereine der 1. und 2. Fußball-Bundesliga ihre Satzung entsprechend geändert.[399] Probleme löste die Änderung der Satzung bei dem Verein Eintracht Frankfurt aus. Anders als bei den Vereinen, bei denen die Fußball-Lizenzabteilung den Verein dominiert, weil nennenswerte andere Vereinsabteilungen nicht existieren, gab es bei der Eintracht Frankfurt heftige Diskussionen um die geplante Satzungsänderung. Die zahlreichen Mitglieder der Amateurabteilungen wollten sich ihr Mitspracherecht bei der Vorstandsbestellung nicht nehmen lassen. Aufgrund der Proteste der Mitglieder des Vereins Eintracht Frankfurt hat der DFB davon Abstand genommen, seine

[398] Vgl. § 6 Satzung DFB.

[399] FAZ vom 27. 4. 1996, S. 68 (bis auf den Hamburger Sportverein und Eintracht Frankfurt).

Vorgaben in vollem Umfang gegenüber den Mitgliedsvereinen durchzusetzen. Es kam zu einem Kompromiß: Der Vorstand von Eintracht Frankfurt wird nach der neuen Satzung des Vereins nicht allein von dem Verwaltungsrat/Aufsichtsrat bestellt. Vielmehr muß der Wahlausschuß den Personalvorschlägen des Aufsichtsrats/Verwaltungsrats mit Zweidrittel-Mehrheit zustimmen. Der Wahlausschuß wiederum wird von der Mitgliederversammlung kontrolliert, da diese sechs der elf Mitglieder bestellt.[400]

2. Rechtliche Würdigung

a) *Formelle Anforderungen*

Der DFB hat die Regelungen, die den Mitgliedsvereinen das Verfahren hinsichtlich der Bestellung des Vorstands vorschreiben, im Lizenzspielerstatut verankert. Es stellt sich die Frage, ob damit die richtige Regelungsebene gewählt wurde. Dies hängt davon ab, ob für die angesprochenen Bestimmungen über die Bestellung des Vorstands der Satzungsvorbehalt gilt. Ist dies der Fall, so kommt es für die Zulässigkeit der Regelung darauf an, ob das Lizenzspielerstatut zur Satzung des DFB gehört oder ob es sich um eine Vereinsordnung unterhalb der Satzung handelt.

Zur Verfassung des Vereins und damit zum Inhalt der Satzung gehören alle das Vereinsleben bestimmenden Grundentscheidungen.[401] Nach der hier vertretenen Auffassung ist der Umfang des Satzungsinhalts anhand der mitgliederschützenden Funktion der Satzung zu bestimmen. Folglich kommt es darauf an, wie schwerwiegend die im Lizenzspielerstatut des DFB enthaltenen Vorgaben in die Rechtsstellung der Mitgliedsvereine eingreifen.

Durch § 7 Nr. 1 f des Lizenzspielerstatuts werden die Mitgliedsvereine verpflichtet, das Verfahren für die Bestellung der Vorstandsmitglieder entsprechend den Vorgaben des DFB zu gestalten. Die Bestimmung des für die Vorstandswahl zuständigen Organs und die Festlegung des Wahlverfahrens gehören zu den grundlegenden organisatorischen Entscheidungen eines Vereins. Die Mitgliedsvereine selbst müssen daher die Neuregelung über das Verfahren der Vorstandswahl in ihrer Satzung und nicht etwa in einer Vereinsordnung verankern. Sie werden vom DFB zu einer Satzungsänderung verpflichtet. § 7 Abs. 1 f des Lizenzspielerstatuts bewirkt also schon deswegen einen weitreichenden Eingriff in die Autonomie der Mitgliedsvereine. Daraus folgt, daß auch die entsprechende Verpflichtung durch den Dachverband nur wirksam ist, wenn sie in der Satzung des Dachverbands verankert ist.

Fraglich ist allerdings, ob das Lizenzspielerstatut Teil der Satzung des DFB ist oder ob es sich um eine Vereinsordnung handelt.[402] Für die Einordnung als Satzungsbestandteil

---

400 Nach § 15 der Satzung der Frankfurter Eintracht setzt sich der Wahlausschuß wie folgt zusammen: Er besteht aus elf Mitgliedern, davon werden sechs von der Mitgliederversammlung gewählt. Die übrigen fünf Mitglieder werden von folgenden Personen besetzt: der Vorsitzende des Ehrenrats, der Vorsitzende des Beirats, der Leiter der Fußball-Amateurabteilung, der Vereinsjugendleiter und ein weiterer Abteilungsleiter.

401 Siehe § 8 III 1 u. 3.

402 Diese Frage könnte dahinstehen, wenn der DFB seine Vereinsordnungen zum Bestandteil der Satzung erklärt hätte. Nach § 23 Abs. 2 Satz 3 der Satzung des DFB gelten Ordnungen jedoch ausdrücklich nicht als Teile der Satzung.

spricht die Bezeichnung „Statut" und die Tatsache, daß das Lizenzspielerstatut in der Satzung ausdrücklich *neben* den Vereinsordnungen genannt wird (vgl. z.B. § 5 Abs. 4 Satzung DFB). Andererseits werden Änderungen des Lizenzspielerstatuts nicht in das Vereinsregister eingetragen. Da Satzungsänderungen aber nur wirksam sind, wenn sie in das Vereinsregister eingetragen werden (§ 71 BGB), ist davon auszugehen, daß das Lizenzspielerstatut nicht zur Satzung des DFB gehört. Dies wird durch § 29 Abs. 2 und § 29 Abs. 3 Satz 3 der Satzung des DFB bestätigt. Nach § 29 Abs. 2 kann der Beirat Bestimmungen der Ordnungen und andere *nicht satzungsändernde* Beschlüsse des Bundestages bei Dringlichkeit und vorbehaltlich der Genehmigung durch den nächsten Bundestag einstweilen in oder außer Kraft setzen. § 29 Abs. 3 Satz 3 erklärt § 29 Abs. 2 für nicht anwendbar, wenn es sich um einen Beschluß handelt, der das Lizenzspielerstatut betrifft. Diese Regelung wäre überflüssig, wenn es sich bei dem Lizenzspielerstatut um einen Satzungsbestandteil handeln würde.

Kann das Lizenzspielerstatut somit nur als Vereinsordnung des DFB qualifiziert werden,[403] so sind die Regelungen im Lizenzspielerstatut, die den Mitgliedsvereinen das Verfahren der Vorstandswahl vorschreiben, wegen Verstoßes gegen den Satzungsvorbehalt unwirksam.

An diesem Ergebnis könnte sich etwas ändert, weil der DFB die Verbindlichkeit der genannten Regelungen des Lizenzspielerstatuts durch eine (zusätzliche) vertragliche Vereinbarung sicherstellt (den sog. Lizenzvertrag). Man könnte argumentieren, daß die Regelungen des Lizenzspielerstatuts zwar aus vereinsrechtlichen Gründen unwirksam sind, die Vereine jedoch auf schuldrechtlicher Ebene zur Einhaltung des Lizenzspielerstatuts verpflichtet sind.[404] Es bestehen jedoch Bedenken im Hinblick darauf, ob der Lizenzvertrag einen wirksamen schuldrechtlichen Vertrag neben der Mitgliedschaft begründet. Zwar kann ein Mitglied grundsätzlich neben dem mitgliedschaftlichen Rechtsverhältnis in eine schuldvertragliche Beziehung zu seinem Verein treten. Allerdings unterliegt ein solches zusätzliches Vertragsverhältnis gewissen inhaltlichen Grenzen, weil es andernfalls zu einer Umgehung des zwingenden Vereinsrechts kommen könnte. Inhalt einer schuldrechtlichen Vereinbarung kann nur die Anerkennung eines sachlich gegenständlich begrenzten Bereichs der Vereinssatzung sein.[405] Der Lizenzvertrag verpflichtet die Vereine jedoch dazu, sich in vollem Umfang der Vereinsgewalt des DFB, der Satzung und den Ordnungen des DFB und den Entscheidungen der DFB-Organe zu unterwerfen.[406] Sein Inhalt entspricht also weitgehend dem mitgliedschaftlichen Rechtsverhältnis, so daß er nach der hier vertretenen Ansicht keine Wirkung entfalten kann, die über den Erwerb der Mitgliedschaft hinausgeht.[407] Des weiteres müßten – selbst wenn man dem Lizenzvertrag eine eigenständige rechtliche Bedeutung neben der Mitgliedschaft zuerkennt – die darin enthaltenen Regelungen ebenso einer materiellen Inhaltskontrolle unterzogen werden wie Regelungen, die sich in der Satzung oder den Vereinsordnungen des Dachverbands befinden. Der Dachverband kann sich nicht einer Kontrolle seines Regelwerks dadurch entziehen, daß er dieses aus der Satzung auslagert und in individualvertragliche Vereinbarungen faßt. Die im folgenden unter b) anzustellenden Erwägungen zur Angemessenheit der Bestimmung gelten daher auch bei einer zusätzlichen schuldrechtlichen Verpflichtung.

---

403 So auch *Kohler*, S. 180.

404 So wohl *v. Look* in *Reichert/v. Look*, Rdnr. 322.

405 Siehe oben § 9 I 2 c).

406 § 2 des Vertrags zwischen dem Verein und dem DFB, zugleich Anhang Nr. 1 zum Lizenzspielerstatut.

407 *Bucher*, RdA 1982, 1, 3.

Als Ergebnis bleibt festzuhalten, daß § 7 Abs. 1 f des Lizenzspielerstatuts bereits aus formellen Gründen unwirksam ist, weil die darin enthaltene Regelung zwingend in der Satzung des DFB verankert sein müßte und das Lizenzspielerstatut keine Satzungsqualität hat.

b) Materielle Anforderungen

Neben den formellen Bedenken gegen § 7 Abs. 1 f des Lizenzspielerstatuts könnten auch materielle Einwände gegen die Wirksamkeit dieser Regelung bestehen. Die Anordnung des Verfahrens der Vorstandsbestellung durch den Dachverband wäre ohne weiteres unwirksam, wenn es vereinsrechtlich nicht zulässig wäre, den Vorstand durch einen Aufsichtsrat zu wählen.[408] Gegen die Übertragung des Rechts zur Wahl des Vorstands auf ein neu geschaffenes Organ bestehen jedoch keine Bedenken,[409] zumal der Mitgliederversammlung das Recht verbleibt, den Vorstand aus wichtigem Grund abzuberufen.[410] Außerdem steht den Mitgliedsvereinen weiterhin die Satzungsautonomie zu, so daß sie das Verfahren der Vorstandswahl jederzeit wieder ändern können. Zwar verstößt eine Änderung der Satzung der Mitgliedsvereine gegen die Satzung des Dachverbands, mit der Folge, daß die Mitgliedsvereine mit Sanktionen bis hin zur Ausschließung aus dem Dachverband rechnen müssen. Doch ist an anderer Stelle[411] dargelegt worden, daß eine Ungleichgewichtslage zwischen den Parteien, die sich hier in der Befürchtung der Mitgliedsvereine vor Sanktionen durch den Dachverband manifestiert, nicht dazu führt, die Kompetenzkompetenz der Mitgliedsvereine zu verneinen. Die den Mitgliedsvereinen durch den DFB vorgegebene Satzungsgestaltung im Hinblick auf die Vorstandsbestellung ist daher vereinsrechtlich zulässig. Die Machtstellung des Dachverbands findet in der Weise Berücksichtigung, daß die Regelung des Dachverbands, die die Änderung des Verfahrens der Vorstandsbestellung von den Mitgliedsvereinen verlangt, einer Inhaltskontrolle nach § 242 BGB unterliegt.

Es bleibt die Frage zu beantworten, ob der DFB ein schutzwürdiges Interesse an dem in § 7 Nr. 1 f vorgesehenen Satzungsinhalt der Mitgliedsvereine hat und – wenn dies der Fall sein sollte – ob dieses Interesse an einem einheitlichen Verfahren der Vorstandswahl in allen Lizenzvereinen gegenüber den Interessen der Mitgliedsvereine an einer autonomen Satzungsgestaltung überwiegt.

Ein schutzwürdiges Interesse des DFB wird bisweilen mit dem Vorwurf an die Mitgliedsvereine begründet, die bisherigen Vorstandswahlen durch die Mitgliederversammlungen der Vereine seien reine Zufallswahlen gewesen.[412] Eine Reform der Organisation der Vereine durch Einführung eines Aufsichtsrats sei daher dringend erforderlich. Es

---

[408] Siehe oben § 11 IV 1.

[409] Siehe oben § 8 VII 4 a).

[410] Anhang 7 zum Lizenzspielerstatut des DFB.

[411] Siehe oben § 8 II 4 c) cc).

[412] Der Spiegel, 1995, Heft 44, S. 205: „Der Wahlmodus soll verhindern, daß Zufallskandidaten wie bisher nach einer flammenden Rede auf den Präsidentenstuhl gehievt werden". Ablehnend äußert sich auch der Dortmunder Manager *Michael Meier*: „Die Bundesliga kann sich nicht länger Profilneurotiker leisten, die ihr Amt vorwiegend dem Alkoholpegel der Mitgliederversammlung verdanken", Der Spiegel, 1995, Heft 44, S. 205. Die Diskussion um adäquate Führungsstrukturen im Berufsfußball war im Jahr 1994 wieder aufgeflammt angesichts der (Stimmungs-) Wahl *Helmut Kremers* zum Präsidenten von Schalke 04, vgl. Der Spiegel, 1994, Heft 44, S. 204 ff; FAZ vom 27. 10. 1994; vgl. auch *Hemmerich*, S. 160 f; *Fuhrmann*, SpuRt 1995, S. 12, 14 f.

sei davon auszugehen, daß sich nun respektable Persönlichkeiten als Kandidaten für die Wahl des Vorstands fänden, die es bisher abgelehnt hätten, vor einer „bierseligen" Versammlung zu kandidieren.[413] Dadurch werde gewährleistet, daß die Vereine seriöser geführt werden und daß das Ansehen der Vereine gestärkt werde. Als weitere Vorteile des neuen Wahlmodus werden größere Kontinuität in der Vereinsführung und ein effizienteres Arbeiten der Vorstandsmitglieder genannt.[414]

Es ist jedoch keineswegs garantiert, daß die von den Wahlgremien getroffenen Entscheidungen letztlich für den Verein besser sind als die Entscheidungen der Mitgliederversammlung. Selbst wenn man unterstellt, durch den neuen Wahlmodus werde die Tauglichkeit der Vorstandsmitglieder und damit die Qualität der Vorstandsarbeit gesteigert, so bleiben Zweifel, ob es Aufgabe des Dachverbands ist, die Mitgliedsvereine vor einem schlechten Vorstand zu schützen. In erster Linie sind es die Vereine selbst, die unter einem solchen Vorstand zu leiden haben. Die wohl eher als gering einzustufende Gefahr, daß durch einen von den Mitgliedern gewählten Vorstand der Verein „zugrunde" gerichtet wird und infolgedessen aus dem Bundesligabetrieb ausscheidet, rechtfertigt keinen so weitreichenden Eingriff des DFB in die Autonomie der Mitgliedsvereine und in die Mitwirkungsrechte der Mitglieder der angeschlossenen Vereine. Die Regelung im Lizenzspielerstatut des DFB ist daher im Vergleich zu dem für die Mitglieder der angeschlossenen Vereine eintretenden Verlust an Mitwirkung in den Angelegenheiten des Vereins nicht angemessen.[415]

Der mit § 7 Abs. 1 f des Lizenzspielerstatuts verbundene Eingriff in die Autonomie der Mitgliedsvereine hält somit einer Inhaltskontrolle nicht stand. Die Regelung ist unwirksam und für die Mitgliedsvereine nicht verbindlich.

II. Vorgaben bezüglich des Vereinsnamens

1. Rechtstatsächliche Grundlagen

Viele Dachverbände greifen in die Autonomie der Mitgliedsvereine ein, indem sie die Namenswahl der Vereine beeinflussen. So müssen die Namen der Mitgliedsvereine regelmäßig der ideellen Zwecksetzung des Dachverbands und seiner Mitgliedsvereine entsprechen. Änderungen, Ergänzungen oder Neugebungen von Vereinsnamen und Vereinszeichen zum Zweck der Werbung sind unzulässig. Beispielhaft seien folgende Regelungen genannt:

> § 12 Nr. 2 Satzung DHB: „Die Vereine sind Träger des Handballsports mit seinen ideellen Zielsetzungen. Ihre Namen haben dieser Bedeutung zu entsprechen".
> Klausel I. 6. Werberichtlinie DHB: „Die Aufnahme eines Sponsornamens im Vereinsnamen ist unzulässig. Vereine und Spielgemeinschaften sind nicht berechtigt, in

---

413 FAZ vom 28. 4. 1996, S. 25.

414 So Liga-Sekretär *Holzhäuser*, FAZ vom 27. 4. 1996, S. 68.

415 FAZ vom 28. 4. 1994, S. 25; *Josef Wolf*, Wahlausschußmitglied der Frankfurter Eintracht, meinte zur anstehenden Satzungsänderung: „Dieses Papier steht unter dem Motto: Brecht den Mitgliedern die Gräten, alle Macht den Räten", FAZ vom 29. 4. 1996, S. 58; ähnliche Bedenken gegenüber der Einführung eines Aufsichtsrats äußert *Voormann*, S. 27.

den beim Registergericht eingetragenen Vereinsnamen einen Sponsornamen aufzunehmen".
§ 13 a Abs. 2 Satzung DFB: „Änderungen, Ergänzungen oder Neugebungen von Vereinsnamen und Vereinszeichen zum Zwecke der Werbung sind unzulässig".[416]

2. Rechtliche Würdigung

a) Formelle Anforderungen

Die freie Wahl des Namens ist ein wesentlicher Teil der Vereinsautonomie. Der Vereinsname ist notwendiger Bestandteil der Satzung (§ 57 Abs. 1 BGB), und er erfüllt für den Verein wichtige Funktionen. Er ist die Bezeichnung, unter der sich die Mitglieder sammeln, als Verein in der Öffentlichkeit auftreten und durch die sich der Verein von anderen Vereinen unterscheidet.[417] Die Einschränkung der freien Namenswahl durch den Dachverband hat weitreichende Bedeutung für die Mitgliedsvereine. Sie bedarf daher einer Regelung in der Satzung des Dachverbands. Ein Eingriff in das Namensrecht der Mitgliedsvereine auf der Regelungsebene der Vereinsordnung wäre daher unwirksam. Die aufgeführten Beispiele entsprechen diesen Anforderungen. Sowohl der DHB als auch der DFB haben die Bestimmungen, die das Namensrecht der Mitgliedsvereine betreffen, in der Satzung verankert. Die Werberichtlinie des DHB ist insoweit als eine zulässige Konkretisierung der satzungsmäßigen Vorgaben zu verstehen.

b) Materielle Anforderungen

Die Mitgliedsvereine haben ein schutzwürdiges Interesse daran, ihren Namen frei zu wählen. Andererseits besteht auch auf seiten der Dachverbände ein schutzwürdiges Interesse daran, die Maßnahmen zu ergreifen, die erforderlich sind, um die Verfolgung des ideellen Zwecks durch den Dachverband zu gewährleisten. Ein schutzwürdiges Interesse an dem Eingriff in die Freiheit der Namenswahl wäre dementsprechend anzunehmen, wenn die Namensänderung der Mitgliedsvereine (z.B. zu Werbezwecken) die Verfolgung des Verbandszwecks durch den Dachverband erschweren oder vereiteln würde. Die Dachverbände sehen eine derartige Gefahr als gegeben an, weil durch eine Umbenennung nach den Wünschen des Sponsors die wirtschaftliche Abhängigkeit der Mitgliedsvereine angeblich in einem solchen Ausmaß steigt, daß die Vereine zum bloßen Objekt wirtschaftlicher Interessen werden. Damit einhergehend werde die Funktionsfähigkeit des Spielbetriebs der jeweiligen Ligen gefährdet, weil ein Rückzug des Sponsors zur Insolvenz des Vereins und damit zum Ausscheiden aus dem Ligawettbewerb führen könne.[418] Des weiteren wird befürchtet, ein wegen eines Sponsorwechsels häufig wechselnder Vereinsname erschwere die Veranstaltung des Ligabetriebs und verhindere die Identifikation der Anhänger mit ihrem Verein.[419]

---

416 Vgl. auch § 8 Abs. 4 Satzung BFV; § 8 Abs. 4 Satzung DVV, der allerdings eine Genehmigung durch den Dachverband ermöglicht.
417 BVerfGE 30, 277 ff = BVerfG, NJW 1971, 1123, 1124.
418 OLG Frankfurt, WRP 1985, 500, 504.
419 OLG Frankfurt, WRP 1985, 500, 504.

Dieser Argumentation ist entgegenzuhalten, daß die Vereine den Vereinsnamen bereits aus eigenem Interesse nicht jede Saison ändern werden. Allein die damit verbundene Umgestaltung der Fanartikel würde einen zu großen finanziellen Aufwand erfordern. Darüber hinaus zeigen die Erfahrungen aus anderen Ländern, in denen die Vereinsnamen häufig von Sponsoren mitbestimmt werden, daß die Befürchtung eines Verlusts der Identifikation der Anhänger mit dem Verein unbegründet ist.[420] Das Verbundenheitsgefühl richtet sich viel häufiger nach lokalen Gegebenheiten als nach dem Vereinsnamen. Auch die Gefahr der finanziellen Abhängigkeit von einem Sponsor besteht nicht. Heutzutage stehen den Vereinen eine Vielzahl von Finanzierungsquellen zur Verfügung. Man denke nur an die Veräußerung von Übertragungsrechten an die Fernsehanstalten, die Verträge über die Bandenwerbung und die Einnahmen aus den Eintrittsgeldern. Folglich sind die Vereine nicht in dem Maße von dem namensgebenden Sponsor abhängig, daß dessen Rückzug die sofortige Insolvenz des Vereins bewirken würde.

Die Dachverbände haben somit kein überwiegendes schutzwürdiges Interesse, das es ihnen erlauben würde, den Mitgliedsvereinen eine Änderung des Namens zu Werbezwecken zu verbieten.[421] Die genannten Beispiele aus den Satzungen der Dachverbände sind nicht wirksam.

III. Übertragung der Strafgewalt

1. Rechtstatsächliche Grundlagen

Die Dachverbände verpflichten die Mitgliedsvereine zum Teil dazu, daß diese die Strafgewalt über ihre Mitglieder auf den Dachverband übertragen. Die entsprechenden Vorschriften lauten in der Regel folgendermaßen:

> § 4 Abs. 2 Satzung CTB: „Mit ihrer Mitgliedschaft unterwerfen sich die Mitglieder der CTB deren Strafgewalt und übertragen die ihnen zustehende Vereinsstrafgewalt auf die CTB zur Ausübung innerhalb deren Zuständigkeit nach den Ordnungen des Hauptverbandes".
>
> § 13 Abs. 1 d) Satzung DFB: „Die Mitgliedsverbände sind verpflichtet, ihre eigene und die ihnen von ihren Mitgliedern überlassene Vereinsstrafgewalt dem DFB zur Ausübung im Rahmen seiner Zuständigkeit zu übertragen, die der DFB durch seine Rechtsorgane ausübt".[422]

2. Rechtliche Würdigung

a) *Formelle Anforderungen*

Ausgehend von der mitgliederschützenden Funktion der Satzung müssen sowohl die Tatbestände für eine Vereinsstrafe als auch die Strafen nach Art und Höhe in der Satzung

---

[420] *Grunsky*, S. 13, 20.

[421] Ebenso *Reichert* in *Reichert/v. Look*, Rdnr. 2729 c; *Grunsky*, S. 13 ff.

[422] Ähnlich § 7 Abs. 2 Satz 2 Satzung HVT.

verankert werden.[423] Verfahrensregeln für das Vereinsstrafeverfahren können dagegen in einer Vereinsordnung niedergelegt werden. Die Übertragung der Strafgewalt auf einen Dritten zählt nicht zu den bloßen Verfahrensregeln, sondern zu den Grundentscheidungen des Vereinslebens, die einer Regelung in der Satzung des übertragenden Vereins bedürfen.[424] Wenn ein Dachverband von seinen Mitgliedsvereinen die Übertragung der Strafgewalt verlangt, verpflichtet er diese zu einer Satzungsänderung. Auch aus der Sicht der Mitgliedsvereine handelt es sich daher um eine einschneidende Regelung, die in der Satzung des Dachverbands verankert werden muß.[425] Die genannten Beispiele genügen insoweit diesen Anforderungen.

b) *Materielle Anforderungen*

Materielle Bedenken gegen die Übertragung der Strafgewalt auf einen außenstehenden Dritten wären begründet, wenn eine derartige Satzungsgestaltung vereinsrechtlich unzulässig wäre. Das ist jedoch nicht der Fall, weil den Mitgliedsvereinen zwingend die Satzungsautonomie verbleibt. Die Mitgliedsvereine können also auch nach dem Eintritt in einen Dachverband im Wege der Satzungsänderung die Kompetenzübertragung wieder rückgängig machen (sog. Kompetenzkompetenz) und die Strafgewalt wieder an sich ziehen.[426]

Die Frage, ob für die Übertragung der Strafgewalt auf einen Dachverband ein berechtigtes Interesse auf seiten der Dachverbände besteht, kann nicht einheitlich für alle Bereiche des Vereinslebens beantwortet werden. Ein berechtigtes Interesse besteht, wenn und soweit Sachverhalte betroffen sind, die über das rein interne Geschehen in den Mitgliedsvereinen hinausgehen und dementsprechend von überregionaler Bedeutung sind. So kann z.B. nur durch eine einheitliche Anwendung und Überwachung der Regelungen betreffend den Wettkampf zwischen den Mannschaften und den Sportlern der verschiedenen Vereine ein einheitlicher Spielbetrieb und damit ein gerechter Wettkampf gesichert werden. Es kann nicht sein, daß bei Wettkämpfen auf derselben Ebene (z.B. Fußball-Bundesliga) von Verein zu Verein unterschiedliche Spielregeln gelten. Insoweit ist es auch angemessen, die Strafbefugnis auf einen Dachverband zu übertragen.

Nicht erkennbar ist dagegen ein schutzwürdiges Interesse des Dachverbands an der Kontrolle rein vereinsinterner Sachverhalte. Sofern Disziplinarmaßnahmen ein Verhalten eines Mitglieds betreffen, das in seinen Auswirkungen nicht über den Mitgliedsverein hinausgeht, besteht kein Bedürfnis, den Verein zu verpflichten, die Strafgewalt auf den Dachverband zu übertragen. Allerdings kann im Einzelfall die Entscheidung schwierig sein, inwieweit sich das Verhalten eines Mitglieds über seinen Verein hinaus auswirkt.

Als Ergebnis läßt sich festhalten, daß die in den zitierten Satzungen der Dachverbände verankerte pauschale Verpflichtung der Mitgliedsvereine, ihre Strafbefugnis auf den Dachverband zu übertragen, einer Inhaltskontrolle nach § 242 BGB partiell nicht Stand hält.

---

423 BGHZ 47, 172, 177; 88, 314, 316; 105, 306, 313.

424 *Röhricht*, Sportgerichtsverfahren, S. 19, 27.

425 Vgl. zu dieser Argumentation oben § 12 I 2 a u. II 2 a.

426 Siehe oben § 8 VI. Die Tatsache, daß der Verein aus Angst vor Sanktionen von seiner Kompetenzkompetenz evtl. keinen Gebrauch macht, spielt an dieser Stelle keine Rolle, vgl. oben § 8 II 4 c) cc).

IV. Verpflichtung zur Selbstorganschaft

1. Rechtstatsächliche Grundlagen

In den Satzungen einiger Dachverbände finden sich Regelungen, die den Mitgliedsvereinen hinsichtlich der Besetzung von Vereinsämtern Selbstorganschaft vorschreiben. So lautet

> § 13 Abs. 5 b) Satzung BFV: „Die Vereine und deren Mitglieder sind verpflichtet, Vereinsämter und Vereinsfunktionen im weitesten Sinne nur Personen zu übertragen, die Mitglied des Vereins sind".

2. Rechtliche Würdigung

a) Formelle Anforderungen

Möchte ein Verein seine Ämter nach dem Prinzip der Selbstorganschaft besetzen, so trifft er eine das Vereinsleben bestimmende Grundentscheidung. Es bedarf daher einer Regelung in der Satzung. Folglich muß auch die Verpflichtung zu einer solchen Satzungsbestimmung, die weitreichend in die Selbstbestimmung des Mitgliedsvereins eingreift, in der Satzung des Dachverbands geregelt werden.[427] Das ist in dem obigen Beispiel geschehen.

b) Materielle Anforderungen

Ein Verein kann in seiner Satzung vorsehen, daß die Bestellung einer Person zum Vorstand oder zum Mitglied eines anderen Organs nur zulässig ist, wenn die Person auch Mitglied im Verein ist (vgl. § 58 Nr. 3 BGB).[428] Vereinsrechtlich ist daher gegen eine Organisation entsprechend dem Grundsatz der Selbstorganschaft nichts einzuwenden. Es stellt sich jedoch die Frage, ob die zwingende Anordnung der Selbstorganschaft durch einen Dachverband zulässig ist. Das ist nur der Fall, wenn die Regelung des Dachverbands angemessen ist, d.h. wenn der Dachverband an einer derartigen Regelung ein schutzwürdiges Interesse hat, das dem Interesse der Mitgliedsvereine an einer autonomen Regelung über die Besetzung von Vereinsorganen vorgeht.

Dachverbände verpflichten die Mitgliedsvereine zur Selbstorganschaft, damit die Mitgliederversammlung nicht Vereinsfremde zu Vorstandsmitgliedern wählt, bei denen die Gefahr besteht, daß sie die Interna des Vereins nicht kennen. Ein solcher Vorstand sei, so die Ansicht der Dachverbände, für das Amt nicht geeignet. Dem ist jedoch entgegenzuhalten, daß Vereinsfremde sehr wohl ausreichend Fachkunde besitzen können, um Aufgaben in einem Verein zu übernehmen, in dem sie nicht Mitglied sind. Darüber hinaus greifen hier die gleichen Erwägungen ein, die schon im Zusammenhang mit den Vorgaben des DFB bezüglich des Verfahrens der Vorstandswahl angestellt wurden. Es sind in erster Linie die Vereine selbst, die ein Interesse an einem ordnungsgemäß arbeitenden Vorstand und anderen Vereinsorganen haben. Sie sollen daher auch über die Besetzung der entsprechen-

---

[427] Vgl. zu dieser Argumentation oben § 12 I 2 a u. II 2 a.

[428] *Reichert* in *Reichert/v. Look*, Rdnr. 719; *Sauter/Schweyer*, Rdnr. 253; RGRK-*Steffen*, § 27 BGB Rdnr. 2; *Soergel-Hadding*, § 27 BGB Rdnr. 3.

den Positionen entscheiden. Das Interesse der Dachverbände, diese Wahl entsprechend ihren Vorstellungen zu beeinflussen, tritt dahinter zurück. § 13 Abs. 5 b der Satzung des BFV verstößt daher gegen § 242 BGB.

V. Genehmigungsvorbehalt im Hinblick auf die Trikotwerbung

1. Rechtstatsächliche Grundlagen

Die Satzungen der Dachverbände sehen zum Teil ein Verbot für bestimmte Arten der Werbung vor. Beispielhaft wird hier die Werberichtlinie des DHB herangezogen. Sie regelt die Werbung der Vereine der Bundesligen.

> Klausel I. 5. Werberichtlinie DHB: „Unzulässig ist eine Werbung, die geltenden Rechtsvorschriften widerspricht, gegen die guten Sitten verstößt, sowie für politische und religiöse Gruppen, mit politischen und religiösen Aussagen, für Tabakwaren und deren Hersteller und Händler. Werbung auf Spielerkleidung ist auch dann unzulässig, wenn sie die Erkennbarkeit der Trikotnummer beeinträchtigt".

2. Rechtliche Würdigung

a) Formelle Anforderungen

Für die Vereine hat die Werbung eine große Bedeutung. Ein Eingriff in die Freiheit der Mitgliedsvereine zum Abschluß von Werbeverträgen muß daher eine Grundlage in der Satzung des Dachverbands haben.[429] Soweit die durch den Dachverband vorgenommenen Einschränkungen der Autonomie des Mitgliedsvereins in einer Spielordnung oder in einer Werberichtlinie ihre Grundlage haben, sind sie aus formellen Gründen unwirksam.

b) Materielle Anforderungen

Die Mitgliedsvereine haben i.d.R. ein Interesse daran, ihre Werbepartner frei auszusuchen und mit ihnen Inhalt und Umfang der Werbung eigenständig festzulegen. Nur so sind die Vereine in der Lage, die lukrativsten Angebote möglicher Werbepartner wahrzunehmen.[430] Andererseits haben die Dachverbände ein Interesse daran, die Werbung der Mitgliedsvereine in gewisser Hinsicht zu beschränken. So ist z.B. in den Satzungen der Dachverbände häufig ein sog. Neutralitätsgebot[431] verankert, das ihr Bestreben ausdrückt, den Sport ohne Rücksicht auf politische Gesinnung, Rasse und Religion zu fördern.[432] Eine Werbung der

---

[429] *Reichert* in *Reichert/v. Look*, Rdnr. 2729 e; *Grunsky*, S. 13, 14; vgl. zu dieser Argumentation oben § 12 I 2 a u. II 2 a.

[430] Zu den Interessen der einzelnen Sportler vgl. ausführlich *Krogmann*, S. 113 ff.

[431] § 2 Satzung DFB.

[432] Eine Trikotwerbung wie die des ECD Iserlohn Senioren e.V., dessen Mannschaft mit einer Trikotwerbung für das „Grüne Buch" (Werbung für ein schriftstellerisches Werk des lybischen Staatspräsidenten Gaddafi) zu einem Mannschaftsspiel angetreten war, gerät mit diesem Gebot in Konflikt, vgl. hierzu *Reichert* in *Reichert/v. Look*, Rdnr. 2729 b.

Mitgliedsvereine, die gegen das Neutralitätsgebot verstößt, widerspricht den Interessen der Dachverbände. Es stellt sich aber die Frage, ob die Dachverbände deswegen Inhalt und Umfang der Werbung verbindlich festlegen dürfen oder ob es nicht doch den Vereinen obliegt, darüber zu entscheiden, wieviel und welche Werbung sie in einer Sportveranstaltung zulassen.

Ohne weiteres zulässig ist das Verbot von Werbung, die gegen gesetzliche Vorschriften verstößt. So ist Werbung für Tabakerzeugnisse nach § 22 LMBG verboten. Ein weiteres Verbot für Tabakerzeugnisse findet sich in Art. 13 der EG-Fernsehrichtlinie.[433] Insoweit ist die Anordnung durch den Dachverband nur deklaratorisch.

Zulässig sind auch Werbebeschränkungen, die allein auf sportlichen Erwägungen beruhen. So darf die Werbung am Sportler oder auf dem Spielfeld nicht den ungestörten Spielablauf behindern.[434]

Im Hinblick auf gesetzlich zulässige Werbung ist zu unterscheiden, ob es sich um eine Veranstaltung handelt, die zu den Einrichtungen des Dachverbands zählt oder um eine Veranstaltung, die zu den Einrichtungen der Mitgliedsvereine gehört. Bei Veranstaltungen, die zu den Einrichtungen des Dachverbands gehören (z.B. ein Spiel zwischen Mannschaften der 1. Fußball-Bundesliga), ist das Interesse des Dachverbands, einen gewissen Einfluß auf den Inhalt der Werbung der Mitgliedsvereine auszuüben, schützenswert. Auch wenn eigentlicher Werbeträger die Vereine sind, wird deren Werbung von der Öffentlichkeit auch dem Dachverband unmittelbar zugerechnet. Allerdings müssen auch hier die Beschränkungen der Werbefreiheit dem Gebot der Verhältnismäßigkeit entsprechen. Dieses Erfordernis ist erfüllt, wenn der Dachverband eine Werbung verbietet, die gegen das in seiner Satzung verankerte Neutralitätsgebot verstößt.[435] Sachlich gerechtfertigt und damit angemessen ist auch das Verbot von Werbung, die den Spielablauf behindert, weil etwa übergroße Werbung auf den Trikots die Spielernummern verdeckt oder Werbung auf dem Spielfeld den Spielablauf behindern kann. Allein die Tatsache, daß der Verband die Werbung als geschmacklos empfindet, stellt dagegen keinen sachlichen Grund dar. Dementsprechend kann ein Dachverband beispielsweise nicht die Trikotwerbung für Kondome verbieten.[436]

Handelt es sich allerdings um Veranstaltungen, die zu den Einrichtungen der Vereine gehören (z.B. Freundschaftsspiel zwischen Mannschaften von Fußballvereinen außerhalb des Ligabetriebs), überwiegt das Interesse der Mitgliedsvereine, eigenständig darüber zu entscheiden, ob und inwieweit sie Werbung zulassen. Für einen Eingriff durch den Dachverband besteht insoweit kein schutzwürdiges Interesse.

---

433 Richtlinie des Rates zur Koordinierung bestimmter Rechts- und Verwaltungsvorschriften der Mitgliedstaaten über die Ausübung der Fernsehtätigkeit (89/552/EWG) in der Fassung vom 30.7.1997 (Amtsblatt der Europäischen Gemeinschaft, Nr. L 202/60).

434 *Reichert* in *Reicher/v. Look*, Rdnr. 2729; *Krogmann*, S. 124

435 *Rauste*, SpuRt c) Satzung BFV; § 11 Abs. 5 Satzung DHB.

436 Damit warb der FC 08 Homburg bei einem Spiel der Fußball-Bundesliga.

VI. Informations- und Einsichtsrechte; Teilnahmerecht an der Mitgliederversammlung

1. Rechtstatsächliche Grundlagen

Fast alle Satzungen von Dachverbänden sehen verschiedene Mitteilungspflichten der Mitgliedsvereine vor. Sie betreffen die aktuellen Mitgliederzahlen,[437] Mitgliederlisten,[438] die Namen der Vorstandsmitglieder,[439] den Wechsel in der Vereinsleitung,[440] den Ausschluß eines Mitglieds[441] und rechtskräftige Vereinsstrafen[442]. Teilweise werden die Mitteilungspflichten begleitet von einem Recht der Dachverbände auf Einsicht in Unterlagen der Mitgliedsvereine.[443] Außerdem räumen sich einige Dachverbände in ihren Satzungen das Recht ein, an den Mitgliederversammlungen der angeschlossenen Vereine teilzunehmen und gegebenenfalls auch das Wort zu ergreifen.[444]

2. Rechtliche Würdigung

a) Formelle Anforderungen

Die Informations- und Einsichtsrechte der Dachverbände sind für die Mitgliedsvereine kaum belastend. Sie begründen für diese keine Pflicht zur Satzungsänderung und sie greifen auch ansonsten nicht maßgeblich in die Selbstbestimmung der Mitgliedsvereine ein. Als die Grundentscheidungen des Vereinslebens betreffend können sie daher nicht bezeichnet werden. Eine Regelung derartiger Rechte in einer Vereinsordnung des Dachverbands wäre daher durchaus möglich. In der Praxis werden diese Rechte allerdings – soweit ersichtlich – ausschließlich in den Satzungen der Dachverbände niedergelegt.

b) Materielle Anforderungen

Dachverbände haben zumeist ein berechtigtes Interesse an den von den Mitgliedsvereinen angeforderten Informationen. So muß ein Dachverband die Vorstandsmitglieder der Mitgliedsvereine namentlich kennen, damit er seine Ansprechpartner bei den Mitgliedsvereinen kennt. Auch für die Bewältigung gemeinsamer Sachaufgaben kann ein Dachverband auf Informationen aus den Mitgliedsvereinen angewiesen sein. Z.B. ist eine wirksame Dopingbekämpfung durch Maßnahmen des Dachverbands nur möglich, wenn der Dachverband auch Kenntnis über Anzahl und Art der in den Mitgliedsvereinen vorkommenden Dopingfälle hat. Demgegenüber berühren die Mitteilungspflichten die Autonomie der

[437] § 13 Abs. 5 c) Satzung BFV; § 11 Abs. 5 Satzung DHB.
[438] § 15 Abs. 1 Satzung LSB Hessen.
[439] § 13 Abs. 5 d) Satzung BFV.
[440] § 10 Satzung BVRP; § 4 Abs. 9 DEB.
[441] § 15 Abs. 4 Satzung BFV.
[442] § 10 Satzung BVRP.
[443] § 13 Abs. 5 f) Satzung BFV.
[444] § 13 Abs. 5 e) Satzung BFV; § 10 Abs. 1 b) Satzung DBV; § 12 Abs. 1 e) Satzung DHB; § 9 Satzung HVT.

Mitgliedsvereine nur wenig, sofern sie die Mitgliedsvereine zeitlich und finanziell nicht überlasten.

Schließlich haben die Dachverbände ein schutzwürdiges Interesse daran, an den Mitgliederversammlungen der angeschlossenen Vereine teilzunehmen und auch das Wort zu ergreifen. Die Dachverbände verfügen aufgrund der Informationen aus den einzelnen Mitgliedsvereinen über größere Kenntnis in einzelnen, insbesondere vereinsübergreifenden Fragen. Es ist daher sinnvoll, wenn sie vor einer Abstimmung in einem Mitgliedsverein ihre Stellungnahme zu einer konkret anstehenden Entscheidung abgeben können und so den Willensbildungsprozeß im Mitgliedsverein beeinflussen können. Da die Mitglieder der angeschlossenen Vereine immer noch frei abstimmen können, werden die Vereine in ihrer Autonomie nicht unangemessen beeinträchtigt. Auch Teilnahmerechte für Vertreter der Dachverbände sind daher zulässig.

§ 13 Zusammenfassung der wesentlichen Ergebnisse

1. Die Vereinsautonomie umfaßt die Freiheit der Vereinsmitglieder, bei der Bildung und organisatorischen Gestaltung des Vereins den Inhalt der Satzung frei zu bestimmen. Im Rahmen dieser Gestaltungsfreiheit haben die Mitglieder die Möglichkeit, außenstehenden Dritten Einfluß auf die Organisation und die Willensbildung des Vereins einzuräumen. Allerdings bedeutet Vereinsautonomie auch, daß den Mitgliedern ein Mindestmaß an Selbstbestimmung verbleiben muß. Folglich ist eine unbeschränkte Übertragung von Kompetenzen auf einen Dritten nicht mit der Vereinsautonomie vereinbar.

2. Das Mindestmaß an Vereinsautonomie, verstanden als körperschaftliche Selbstbestimmung, findet seine dogmatische Grundlage in § 138 BGB. Das für natürliche Personen geltende Verbot der Selbstentmündigung ist auch auf Vereine übertragbar, weil das Interesse der einzelnen Mitglieder, vor übermäßiger Fremdbestimmung geschützt zu werden, im Vereinsinteresse fortwirkt.

3. Werden einem außenstehenden Dritten statutarische Einflußrechte eingeräumt, so kann der Dritte zum Mitglied eines Organs des Vereins werden. Die Rechte können dem Dritten aber ebenso unmittelbar, d.h. „ad personam", eingeräumt werden. Diese unmittelbare Zuordnung hat zur Folge, daß das Recht „ad personam" erlischt, wenn sein Inhaber nicht mehr zur Verfügung steht. Ein weiterer Unterschied zu einer Organstellung besteht darin, daß der Inhaber eines Rechts „ad personam" nicht von der Mitgliederversammlung abberufen werden kann. Zur Beseitigung seiner Rechtsstellung ist eine Satzungsänderung erforderlich. Ein Beispiel für die Begründung von Rechten „ad personam" sind die Rechtsverhältnisse zu einem Dachverband. Werden einem Dachverband in der Satzung eines Mitgliedsvereins Mitwirkungsrechte bei der Willensbildung oder bei der Organisation eingeräumt, so wird der Dachverband nicht zum Organ des Mitgliedsvereins, sondern er erhält die Rechte „ad personam".

4. Der Übertragung von Kompetenzen auf einen Dritten werden durch die Vereinsautonomie Grenzen gezogen. Mit der Vereinsautonomie ist es nicht vereinbar, wenn die Mitglieder das Recht zur Änderung der Satzung des Vereins auf einen Dritten übertragen. Ebensowenig darf die Wirksamkeit eines Satzungsänderungsbeschlusses von der Zustim-

mung eines Dritten abhängig gemacht werden. Eine Ausnahme hinsichtlich des Zustimmungsrechts gilt für den Fall, daß der Mitgliederversammlung die Kompetenzkompetenz verbleibt. Die Mitgliederversammlung muß also in der Lage sein, die Kompetenz des Dritten ohne dessen Zustimmung im Wege der Satzungsänderung wieder zu beseitigen. Die Wirksamkeit dieses Beschlusses darf nicht an Voraussetzungen geknüpft werden, die in tatsächlicher Hinsicht unerfüllbar sind (z.B. zu hohe Anforderungen an die Beteiligungsquote in der Mitgliederversammlung). Allein der Umstand, daß die Mitglieder in ihrer Entscheidungsfreiheit eingeschränkt sind, weil sie die Kompetenz des Dritten aus Angst vor Sanktionen nicht beseitigen, führt nicht zur Unzulässigkeit des Zustimmungsrechts.

5. Die Möglichkeit der Mitglieder, die Kompetenz des Dritten wieder zu beseitigen, führt auch im Hinblick auf andere Mitwirkungsrechte des Dritten in der Regel dazu, daß die Selbstbestimmung der Mitglieder gewahrt ist. So ist es zulässig, einem Dritten die Kompetenz zum Erlaß von Vereinsordnungen zu übertragen. Auch kann die Wirksamkeit eines Auflösungsbeschlusses der Mitgliederversammlung von der Zustimmung eines Dritten abhängig gemacht werden, oder es kann dem Dritten das Recht zu Bestellung und zur Abberufung des Vorsands übertragen werden. Des weiteren verbietet die Vereinsautonomie es nicht, die Entscheidung über die Ausschließung eines Mitglieds oder über die Verhängung einer Vereinsstrafe auf einen Dritten zu übertragen. Anzeigepflichten und Einsichtsrechte sind ebenso zulässig wie das Recht eines Dritten zur Teilnahme an der Mitgliederversammlung. Auch ein Stimmrecht kann dem Dritten eingeräumt werden, sofern das Stimmrecht nicht auch die Entscheidung über Satzungsänderungen umfaßt.

6. In Ausnahmefällen genügt die Kompetenzkompetenz der Mitgliederversammlung nicht, um die Vereinsautonomie zu wahren. In einzelnen Bereichen muß die Entscheidung bei den Mitgliedern verbleiben. Zu den Zuständigkeiten, die zwingend bei der Mitgliederversammlung verbleiben müssen, gehört – neben dem Recht zur Satzungsänderung – das Recht, den Verein durch Beschluß aufzulösen. Das Auflösungsrecht kann weder auf einen Dritten übertragen werden, noch kann dem Dritten eine konkurrierende Zuständigkeit zur Auflösung des Vereins eingeräumt werden. Darüber hinaus kann das Recht zur Aufnahme neuer Mitglieder nicht auf einen Dritten übertragen werden.

7. Die unter 5. und 6. dargestellten Grundsätze gelten nicht für kirchliche Religionsgemeinschaften in der Rechtsform des Vereins. Ihnen hat das Gesetz ausdrücklich eine Sonderstellung eingeräumt, die es ihnen ermöglicht, sich weitergehendem Dritteinfluß zu unterwerfen. Auch politische Parteien und konzessionierte Vereine nehmen eine Sonderstellung ein.

8. Die Dachverbände haben ihren Einfluß auf die Mitgliedsvereine zumeist in ihrer eigenen Satzung geregelt. Als statutarischer Einfluß aus Sicht des Mitgliedsvereins können die Rechte der Dachverbände daher nur dann qualifiziert werden, wenn sie Eingang in das Regelwerk des Mitgliedsvereins finden. Hierfür stehen zwei Wege zur Verfügung. Zum einen kann die Satzung des Dachverbands in die Satzung des Mitgliedsvereins inkorporiert werden. Zum anderen kann der Satzung des Dachverbands ein Geltungsvorrang zukommen.

9. Eine Inkorporation der Satzung des Dachverbands in die Satzung des Mitgliedsvereins kann entweder durch wörtliche Übernahme der Satzung des Dachverbands in die Satzung des Mitgliedsvereins oder durch eine statische Verweisung bewirkt werden. Eine Verweisung ist nur wirksam, wenn der verweisende Verein nicht pauschal auf das Regelwerk des Dachverbands Bezug nimmt, sondern wenn der Inhalt der Verweisung hinsicht-

lich der Bestimmungen, auf die verwiesen wird, hinreichend bestimmt ist und die Verweisung widerspruchsfrei und verständlich gefaßt ist. Es darf kein Zweifel darüber aufkommen, welche Satzungsregelungen des Dachverbands auch für den Mitgliedsverein gelten sollen. Eine dynamische Verweisung auf die Satzung des Dachverbands ist unzulässig.

10. Für Vereinsordnungen gelten im wesentlichen die gleichen Ergebnisse. Die Verweisung auf eine Vereinsordnung des Dachverbands muß ebenso widerspruchsfrei und bestimmt gefaßt sein. Allerdings ist neben der statischen auch eine dynamische Verweisung auf Vereinsordnungen des Dachverbands zulässig.

11. Ein Geltungsvorrang der Satzung des Dachverbands vor der Satzung des Mitgliedsvereins als „quasi höherrangiges" Recht ist abzulehnen. Ein Geltungsvorrang kommt der Satzung des Dachverbands nur dann zu, wenn die Satzung des Dachverbands die Satzung des Mitgliedsvereins überlagert. Insoweit sind konzernrechtliche Grundsätze auf das Verhältnis zwischen Dachverband und Mitgliedsverein übertragbar, weil die Satzung des Dachverbands – ebenso wie ein Beherrschungsvertrag – als Organisationsvertrag zu qualifizieren ist. Unter Rückgriff auf konzernrechtliche Grundsätze kann eine satzungsüberlagernde Wirkung nur erreicht werden, wenn erhöhte Wirksamkeitsanforderungen erfüllt sind. Die Mitgliederversammlung muß mit satzungsändernder Mehrheit ihre Zustimmung zum Beitritt in den Dachverband erklären und der Beitritt muß in das Vereinsregister des eintretenden Vereins eingetragen werden. Aus der Eintragung müssen der Name des Dachverbands ersichtlich sein sowie die Bestimmungen aus der Satzung des Dachverbands, die die Satzung des Mitgliedsvereins überlagern sollen.

12. Da in der vereinsrechtlichen Praxis in der Regel weder die Voraussetzungen für eine Inkorporation noch die Voraussetzungen für eine Überlagerung erfüllt sind, entfaltet die Satzung des Dachverbands regelmäßig keine statutarische Wirkung im Mitgliedsverein. Beschlüsse, die unter Verstoß gegen das Regelwerk des Dachverbands gefaßt werden, sind daher wirksam und ziehen allenfalls vereinsrechtliche Sanktionen durch den Dachverband nach sich.

13. Eine schuldrechtliche Bindung des Mitgliedsvereins besteht nur, wenn die Bestimmungen im Regelwerk des Dachverbands wirksam sind. Grundsätzlich unterliegen alle Vereinssatzungen einer Rechtskontrolle nach §§ 134, 138 BGB und nach den Wertungen des Vereinsrechts. Vereinsordnungen müssen sich darüber hinaus an § 25 BGB messen lassen. Eine Inhaltskontrolle von Vereinsatzungen und Vereinsordnungen nach § 242 BGB ist nur bei Vereinen zulässig, bei denen die Funktionsvoraussetzungen der Vereinsautonomie typischerweise gestört sind.

14. Funktionsvoraussetzungen der Vereinsautonomie sind zum einen die Austrittsfreiheit der Mitglieder (§ 39 BGB) und zum anderen die Mitwirkungsbefugnis der Mitglieder bei der Willensbildung. Die Austrittsfreiheit fehlt typischerweise bei Vereinen mit einer Machtstellung in einem sozialen oder wirtschaftlichen Bereich. Die Mitwirkungsbefugnis der Mitglieder ist bei Großvereinen mit mehr als 3000 Mitgliedern und bei Vereinspyramiden nicht mehr gegeben. Bei diesen Vereinen ist eine Inhaltskontrolle nach § 242 BGB zulässig.

15. Maßstab für eine Inhaltskontrolle nach § 242 BGB ist der Grundsatz der Verhältnismäßigkeit. Das Regelwerk des Vereins muß geeignet, erforderlich und angemessen im Hinblick auf die Verfolgung des Vereinszwecks sein. Im Rahmen der Angemessenheitsprüfung sind die Interessen des Vereins mit den Interessen der Mitglieder abzuwägen. Bei einer Inhaltskontrolle von Satzungen von Dachverbänden sind die Interessen der Dachver-

bände den Interessen der Mitgliedsvereine gegenüber zustellen. Hierbei ist zu berücksichtigen, daß dem Dachverband grundsätzlich eine dienende Funktion zukommt. Dementsprechend genießt im Zweifel das Interesse des Mitgliedsvereins an einer autonomen Regelung den Vorrang vor dem Interesse des Dachverbands daran, eine einheitliche – für alle dem Dachverband angeschlossenen Vereine verbindliche – Regelung zu treffen.

Verzeichnis der verwendeten Satzungen und Vereinsordnungen

Das in Klammern angegebene Datum gibt den Stand der Satzung bzw. Vereinsordnung wieder.

Badmintonverband Rheinhessen-Pfalz e.V., (BVRP)
(Satzung März 1990)

Bayerischer Fußball-Verband e.V., (BFV)
(Satzung August 1994)

Commission für Traberzucht und -Rennen in Bayern e.V., (CTB)
(Satzung Mai 1994)

Deutsche Reiterliche Vereinigung e.V., Hauptverband für Zucht und Prüfung deutscher Pferde – Fédération Equestre Nationale –, (FN)
(Satzung April 1993)

Deutscher Badminton-Verband e.V., (DBV)
(Satzung Juli 1991)

Deutscher Eishockey-Bund e.V., (DEB)
(Satzung Juli 1994; Spielordnung Juli 1994)

Deutscher Eissport-Verband e.V., (DEV)
(Satzung nicht ersichtlich)

Deutschter Handball-Bund e.V., (DHB)
(Satzung Mai 1993; Spielordnung November 1994;
Werberichtlinie April 1994)

Deutscher Hockey-Bund e.V., (DHockeyB)
(Satzung Mai 1995)

Deutscher Fußball-Bund e.V., (DFB)
(Satzung September1995; Lizenzspielerstatut September 1995)

Deutscher Leichtathletik-Verband e.V., (DLV)
(Satzung April 1995)

Deutscher Sportbund e.V., (DSB)
(Satzung Dezember 1994)

Deutscher Tischtennis-Bund e.V., (DTTB)
(Satzung nicht ersichtlich; Wettspielordnung Juni 1995)

Deutscher Volleyball-Verband e.V., (DVV)
(Satzung November 1993)

Eintracht Frankfurt e.V.
(Satzung Juli 1996)

Hessischer Badminton-Verband e.V., (HBV)
(Satzung Mai 1991)

Hessischer Handball-Verband e.V., (HHV)
(Satzung August 1994; Spielordnung August 1994)

Hessischer Tischtennis-Verband e.V., (HTTV)
(Satzung Mai 1994)

Hauptverband für Traber-Zucht und -Rennen e.V., (HVT)
(Satzung August 1994)

Hessischer Volleyballverband e.V., (HVV)
(Satzung Juni 1995)

Landessportbund Rheinlandpfalz e.V., (LSB Rheinland Pfalz)
(Satzung April 1994)

Landessportbund Hessen e.V., (LSB Hessen)
(Satzung Oktober 1994)

Leichtathletik-Verband Nordrhein e.V., (LVNordrhein)
(Satzung Mai 1995)

Mustersatzung für Mitgliedsvereine des LSB Hessen

Rheinlandpfälzischer Eis- und Rollsport-Verband e.V., (RPERV)
(Satzung Mai 1990)

Turn- und Sportverein Taunusstein-Bleidenstadt e.V., (TSV Bleidenstadt)
(Satzung Juni 1986)

Württembergischer Tennis-Bund e.V., (WTB)
(Satzung Oktober 1994; Wettspielordnung März 1994)

Zentralverband für Traberzucht e.V., (ZVT)
(Satzung Juli 1994)

Literaturverzeichnis

Adomeit, Klaus/Spinti, Henning, Anmerkung zum Urteil des BVerfG vom 23.4.1980, JZ 1987, 873 ff.

Alternativkommentar zum bürgerlichen Gesetzbuch, Band 1: Allgemeiner Teil (§§ 1-240), Neuwied u.a. 1987, (zitiert: AK-Verfasser).

Baddeley, Margareta, L`association Sportive Face au Droit, Les limites de son autonomie, Basel 1994.

Baecker, Wolfgang, Zur Nachprüfung von Vereinsstrafen, NJW 1984, 906 ff.

–, Grenzen der Vereinsautonomie im deutschen Sportverbandswesen, Berlin 1985.

Bälz, Ulrich, Einheit und Vielfalt im Konzern, in: Funktionswandel der Privatrechtsinstitutionen, Festschrift für Ludwig Raiser, Tübingen 1974, S. 286 ff.

Bär, Fred G., Die Schranken der inneren Vereinsautonomie – historisch-dogmatische Überlegungen zu einem Vereinsgesetz, Berlin 1996.

Bär, Hanns, Anmerkung zum Urteil des Landgerichts Stuttgart vom 22.4.1993, SpuRt 1995, 73 ff.

Ballerstedt, Kurt, Handels- und gesellschaftsrechtliche Probleme der Organschaft, DB 1956, 837 ff.

– Die Verfassung der Aktiengesellschaft und der Organschaftsvertrag, DB 1957, 837 ff.

Bartodziej, Peter, Ansprüche auf Mitgliedschaft in Vereinen und Verbänden, ZGR 1991, 517 ff.

Bauernfeid, Heinz, Anmerkung zum Urteil des BGH vom 18.9.1958, NJW 1959, 379 ff.

Baumann, Horst/Reiß, Wilhelm, Satzungsergänzende Vereinbarungen und Nebenverträge im Gesellschaftsrecht – Eine rechtstatsächliche und rechtsdogmatische Untersuchung, ZGR 1989, 157 ff.

Baumbach, Adolf/Hopt, Klaus, Kommentar zum Handelsgesetzbuch mit GmbH & Co., Handelsklauseln, Bank- und Börsenrecht, Transportrecht, 29. Auflage, München 1995, (zitiert: Baumbach/Hopt-Verfasser).

Baumbach, Adolf/Hueck, Alfred, Kommentar zum GmbH-Gesetz, 16. Auflage, München 1996, (zitiert: Baumbach/Hueck-Verfasser).

Bayer, Michael, Die liquidationslose Fortsetzung rechtsfähiger Idealvereine – Zur formwechselnden Umwandlung rechtsfähiger Idealvereine auf der Grundlage eigener Rechtssubjektivität des nichtrechtsfähigen Vereins, Berlin 1984.

Beinert, Stefanie, Die Konzernhaftung für die satzungsgemäß abhängig gegründete GmbH, Köln 1995.

Beitzke, Günther, Die Gleichbehandlung von Mann und Frau, RdA 1953, 281 ff.

–, Rück- und Weiterverweisung im internationalen Deliktsrecht?, in: Festschrift für Walter Wilburg, Graz 1975, S. 31 ff.

Beuthien, Volker, Die richterliche Kontrolle von Vereinsstrafen und Vertragsstrafen, BB 1968, Beilage 12.

–, Mehrheitsprinzip und Minderheitenschutz im Vereinsrecht, BB 1987, 6 ff.

–, Genossenschaft und Verbandszweck, in: Beuthien, Volker (Hrsg.), Genossenschaftsrecht: woher-wohin? Hundert Jahre Genossenschaftsgesetz 1889-1989, Göttingen 1989, S. 74 ff (zitiert: Beuthien, woher-wohin).

–, Zweitmitgliedschaft wider Willen, ZGR 1989, 255 ff.

–, Anmerkung zum Urteil des BGH vom 24.10.1988, WuB II L § 25 BGB 1. 89.

–, Die eingetragene Genossenschaft als verbundenes Unternehmen, in: Mestmäcker/Behrens (Hrsg.), Das Gesellschaftsrecht der Konzerne im internationalen Vergleich, Baden Baden 1991, S. 133 ff, (zitiert: Beuthien, Gesellschaftsrecht der Konzerne).

–, Konzernbildung und Konzernleitung kraft Satzung, ZIP 1993, 1589 ff.

Beuthien, Volker/Gätsch, Andreas, Vereinsautonomie und Satzungsrechte Dritter, ZHR 156 (1992), 459 ff.

–, Einfluß Dritter auf die Organbesetzung und Geschäftsführung bei Vereinen, Kapitalgesellschaften und Genossenschaften, ZHR 157 (1993), 483 ff.

Biedenkopf, Kurt, Das Verhältnis von Staat und gesellschaftlichen Gruppen, in: Festschrift für Kurt Ballerstedt, Berlin 1975, S. 13 ff.

Birk, Rolf, Der Aufnahmezwang von Vereinen und Verbänden, JZ 1972, 343 ff.

Bleckmann, Albert, Neue Aspekte der Drittwirkung der Grundrechte, DVBl 1988, 938 ff.

Blomeyer, Wolfgang, Rechtliche Grenzen der einzelgenossenschaftlichen Autonomie, Protokoll der Podiumsdiskussion, in: Erik Boettcher (Hrsg.), Autonomie und Verbunddisziplin in der Genossenschaftsorganisation, Tübingen 1982, S. 58 ff, (zitiert: Blomeyer: Podiumsdiskussion).

Böttcher, Roland, Die Beendigung des rechtsfähigen Vereins, Rpfleger 1988, 169 ff.

Bötticher, Eduard, Gestaltungsrecht und Unterwerfung im Privatrecht, Berlin 1964.

–, Wesen und Arten der Vertragsstrafe sowie deren Kontrolle, ZfA 1970, S. 3 ff.

Bondi, Felix, Übertragung des Rechts zur Besetzung gesellschaftlicher Ämter an dritte, außerhalb der Gesellschaft stehende Personen, in: Festgabe für Otto Liebmann, Berlin 1920, S. 278 ff.

Brandner, Hans Erich, Anmerkung zum Urteil des BGH vom 24.10.1988, EWiR § 33 1/89.

Brockhaus, dtv Lexikon in 20 Bänden, München 1989.

Buchner, Herbert, Die Rechtsverhältnisse im deutschen Lizenzfußball, RdA 1982, 1 ff.

Bürkle, Annegret, Rechte Dritter in der Satzung der GmbH, Frankfurt am Main 1991.

Bunte, Hermann-Josef, Ausschließung und Abfindung von Gesellschaftern einer Personengesellschaft, ZIP 1983, 8 ff.

–, Richterliche Inhaltskontrolle von Verbandsnormen, ZGR 1991, 316 ff.

Burmeister, Joachim, Sportverbandswesen und Verfassungsrecht, DÖV 1978, 1 ff.

Bydlinski, Franz, Juristische Methodenlehre und Rechtsbegriff, Wien 1982.

Canaris, Claus-Wilhelm, Grundrechtswirkungen und Verhältnismäßigkeitsprinzip in der richterlichen Anwendung und Fortbildung des Privatrechts, JuS 1989, 161 ff.

Coester-Waltjen, Dagmar, Die Inhaltskontrolle von Verträgen außerhalb des AGB, AcP 190 (1990), 1 ff.

Coing, Helmut, Das Privatrecht und die Probleme der Ordnung des Verbandswesens, in: Festschrift für Werner Flume, Band I, Köln 1978, S. 429 ff.

Daigfuß, Rainer, Das Verhältnis von Vereinsmitgliedern und Nichtvereinsmitgliedern gegenüber Verbänden. Dargestellt unter besonderer Berücksichtigung des Sportbereichs, Bayreuth 1995.

Detten, Knut van, Die eingetragene Genossenschaft im Recht der verbundenen Unternehmen, Göttingen 1995.

Dütz, Wilhelm, Tendenzaufsicht im Vereinsrecht, in: Festschrift für Wilhelm Herschel, München 1982, S. 55 ff.

Edenfeld, Stefan, Die Rechtsbeziehungen des bürgerlich-rechtlichen Vereins zu Nichtmitgliedern, Berlin 1996.

Emmerich, Volker/Sonnenschein, Jürgen, Konzernrecht – Das Recht der verbundenen Unternehmen bei Aktiengesellschaft, GmbH und Personengesellschaft, 5. Auflage, München 1993, (zitiert: Emmerich/Sonnenschein, Konzernrecht).

Enneccerus, Ludwig/Nipperdey, Hans Carl, Allgemeiner Teil des Bürgerlichen Gesetzbuches, Erster Halbband, 15. Auflage, Tübingen 1959, (zitiert: Enneccerus/Nipperdey, Allg. Teil).

Erichsen, Hans-Uwe, Staats- und Verfassungsgerichtsbarkeit, 14. Auflage, Heidelberg 1992, (zitiert: Erichsen, Verfassungsgerichtsbarkeit).

Erk, Gerhard, Pflichtmitgliedschaft und Aufnahme im genossenschaftlichen Prüfungswesen unter besonderer Berücksichtigung des Referentenentwurfes eines Genossenschaftsgesetzes vom 23.2.1962, Würzburg 1965.

Erman, Walter, Bürgerliches Gesetzbuch, 1. Band (§§ 1-853), 9. Auflage, Münster 1993, (zitiert: Erman-Verfasser).

Exner, Werner, Beherrschungsvertrag und Vertragsfreiheit. Ein Beitrag zur Gestaltungsfreiheit des aktienrechtlichen Beherrschungsvertrags, Frankfurt am Main 1984.

Fastrich, Lorenz, Richterliche Inhaltskontrolle im Privatrecht, München 1992.

Fessler, Peter/Keller, Christine, Österreichisches Vereinsrecht, Wien 1990.

Fischer, Curt Eduard, Die Reform des Aktienrechts, AcP 154 (1955), 204 ff.

Fischer, Robert, Die Grenzen bei der Ausübung gesellschaftlicher Mitgliedschaftsrechte, NJW 1954, 777 ff.

–, Zur Methode revisionsrechtlicher Rechtsprechung auf dem Gebiet des Gesellschaftsrechts – dargestellt an Hand der Rechtsprechung zu den Stimmbindungsverträgen, in: Recht und Rechtsleben in der sozialen Demokratie, Festgabe für Otto Kunze, Berlin 1969, S. 95 ff.

–, Vertragsfreiheit und Sozialbindung, DRiZ 1974, 209 ff.

Fleck, Hans-Joachim, Stimmrechtsabspaltung in der GmbH?, in: Festschrift für Robert Fischer, Berlin, New York 1979, S. 107 ff.

–, Schuldrechtliche Vereinbarungen im Entscheidungsbereich der Gesellschafter, ZGR 1988, 104 ff.

Fleischer, Fred, Die Befugnis der GmbH-Gesellschafter zur Einrichtung eines Zusatzorgans. Eine Betrachtung des GmbH-Beirates als Beitrag zum Organisationsrecht der GmbH, Wiesbaden 1984.

Flume, Werner, Die Vereinsstrafe, in: Festschrift für Eduard Bötticher, Berlin 1969, S. 101 ff.

–, Gesellschaft und Gesamthand, ZHR 136 (1972), 177 ff.

–, Allgemeiner Teil des Bürgerlichen Rechts, Erster Band, Erster Teil: Die Personengesellschaft, Berlin u.a. 1977, (zitiert: Flume, Allg. Teil Band I/1).

–, Die Vereinsautonomie und ihre Wahrnehmung durch die Mitglieder hinsichtlich der Selbstverwaltung der Vereinsangelegenheiten und der Satzungsautonomie, in: Festschrift für Helmut Coing, Band II, München 1982, S. 97 ff.

–, Allgemeiner Teil des Bürgerlichen Rechts, Erster Band, Zweiter Teil: Die juristische Person, Berlin u.a. 1983, (zitiert: Flume, Allg. Teil Band I/2).

–, „Hinauskündigung“ aus der Personengesellschaft und Abfindung, DB 1986, 629 ff.

–, Der Gewinn- und Verlustübernahmevertrag im GmbH-Recht, DB 1989, 665 ff.

–, Allgemeiner Teil des Bürgerlichen Rechts, Zweiter Band: Das Rechtsgeschäft, 4. Auflage, Berlin u.a. 1992, (zitiert: Flume, Allg. Teil Band II).

–, Vereinsautonomie und kirchliche oder religiöse Vereinigungsfreiheit und das Vereinsrecht, JZ 1992, 238 ff.

Föhr, Anforderungen des Grundgesetzes an den Aufbau von Verbänden, NJW 1973, 617 ff.

Friauf, Karl Heinrich, Die negative Vereinigungsfreiheit als Grundrecht – ein Beitrag zum Problem wirtschaftlicher Zwangszusammenschlüsse, in: Festschrift für Rudolf Reinhardt, Köln 1972, S. 389 ff.

Fuhrmann, Claas, Idealverein oder Kapitalgesellschaft im bezahlten Fußball, SpuRt 1995, 12 ff.

Gaedertz, Carl Alfred, Anmerkung zum Urteil des BGH vom 26.6.1979, GRUR 1979, 788 ff.

Gaugler, Eduard/Heimburger, Wolfgang, Beiräte mittelständischer Unternehmen, Aufgaben – Kompetenzen – Arbeitsweise – Vergütung, Freiburg 1985.

Gerkan, Hartwig von, Gesellschafterbeschlüsse, Ausübung des Stimmrechts und einstweiliger Rechtsschutz, ZGR 1985, 167 ff.

Gerlein, Markus, Die BGH-Rechtsprechung zur Überprüfung von Vereins- und Parteiausschlüssen, ZIP 1994, 852 ff.

–, Gerichtlicher Prüfungsmaßstab für die Wirksamkeit von Vereinsausschlüsse, ZIP 1997, 1912 ff.

Gernhuber, Joachim, Die verdrängende Vollmacht, JZ 1995, 381 ff.

Geßler, Ernst, Besprechung von: Arndt Teichmann, Gestaltungsfreiheit in Gesellschaftsverträgen, ZHR 135 (1971), 90 ff.

–, Nichtigkeit von Hauptversammlungsbeschlüssen und Satzungsbestimmungen, ZGR 1980, 427 ff.

Geßler, Ernst/Hefermehl, Wolfgang/Eckardt, Ulrich/Kropff, Bruno, Kommentar zum Aktiengesetz, Band II (§§ 76-147), 2. Lieferung, München 1974, (zitiert: Geßler/Hefermehl/Eckardt/Kropff-Verfasser).

Gierke, Otto von, Deutsches Privatrecht, Erster Band, Allgemeiner Teil und Personenrecht, Leipzig 1895, (zitiert: Gierke, Allg. Teil).

–, Das Wesen der menschlichen Verbände, Rektoratsrede, Leipzig 1902, (zitiert: Gierke, Rektoratsrede).

Godin, Reinhard von, Verhandlungen des zweiundvierzigsten Deutschen Juristentages, Band II, Tübingen 1959, F 65, (zitiert: Godin, Vhdlg. des 42. Dt. Juristentags, Band II).

Göhner, Reinhard, Verfassungsrechtliche Voraussetzungen für die Willensbildung privatrechlicher Interessenverbände, DVBl 1980, 1033 ff.

Groschuff, Hans, Staatsaufsicht und Reichsführung im Handelsregisterrecht, DR 1939, 2128 ff.

Grossfeld, Bernhard/Noelle, Thomas, Stellung und Funktion der genossenschaftlichen Verbandsprüfung, BB 1985, 2145 ff.

Grossfeld Bernhard/Brondics, Klaus, Die Stellung des fakultativen Aufsichtsrates (Beirat) in der Gesellschaft mit beschränkter Haftung und in der GmbH & Co. KG, AG 1987, 293 ff.

Großkommentar zum Aktiengesetz, Band I/2 (§§ 76-147), 3. Auflage, Berlin u.a. 1973; Band III (§§ 179-290), 3. Auflage, Berlin u.a. 1973 (zitiert: Großkomm.-Verfasser).

Großkommentar zum Handelsgesetzbuch, 12. Lieferung (§§ 105-113), 4. Auflage, Berlin November 1988 (zitiert: Großkomm.-Verfasser).

Grunewald, Barbara, Vereinsaufnahme und Kontrahierungszwang, AcP 182 (1982), 181 ff.

–, Der Ausschluß aus Gesellschaft und Verein, Köln u.a. 1987, (zitiert: Grunewald, Aussschluß).

–, Anmerkung zum Urteil des OLG Celle vom 5.10.1987, WM 1988, 497 ff.

–, Vereinsordnungen, ZHR 152 (1988), 242 ff.

–, Gesellschaftsrecht, 2. Auflage, Tübingen 1996, (zitiert: Grunewald, Gesellschaftsrecht).

Grunsky, Wolfgang, Die Befugnis der Sportverbände zur Regelung der Werbetätigkeit durch die Mitgliedsvereine, in: Grunsky, Wolfgang, (Hrsg.), Werbetätigkeit und Sportvermarktung, Heidelberg 1985, S. 13 ff.

Gutbrod, Karl, Wirksamkeitsvoraussetzungen für den Ergebnisabführungsvertrag der GmbH, BB 1980, 288 ff.

Haak, Hansjörg, Der Beirat der GmbH & Co KG, BB 1993, 1607 ff.

Haas, Ulrich/Prokop, Clemens, Die Athletenvereinbarung – Der Athlet als stilles Mitglied des Verbandes, SpuRt 1996, 109 ff u. 187 ff.

–, Zu den formellen Grenzen der vereinsrechtlichen Disziplinargewalt im Rahmen von Unterwerfungsvereinbarungen, SpuRt 1998, 15 ff.

Haas, Ulrich/Aldophsen, Jens, Verbandsmaßnahmen gegenüber Sportlern, NJW 1997, 2146 ff.

Habersack, Mattias, Richtigkeitsgewähr notariell beurkundeter Verträge, AcP 189 (1989), 403 ff.

–, Unwirksamkeit „zustandsbegründender" Durchbrechungen der GmbH-Satzung sowie darauf gerichteter schuldrechlicher Nebenabreden, ZGR 1994, 354 ff.

–, Die Mitgliedschaft – subjektives und sonstiges Recht, Tübingen 1996.

Habscheid, Walther J., Vereinsautonomie, Vereinsgerichtsbarkeit und ordentliche Gerichtsbarkeit, in: Schroeder, Friedrich Christian/Kauffmann, Hans (Hrsg.), Sport und Recht, Berlin/NewYork 1972, S. 158 ff.

Hachenburg, Max, Gesetz betreffend die Gesellschaft mit beschränkter Haftung (GmbH), Großkommentar, Band 2 (§§ 35-52), 8. Auflage, Berlin 1977; Band 3 (§§ 53-85), 8. Auflage, Berlin 1997 (zitiert: Hachenburg-Verfasser).

Hadding, Walther, Korporationsrechtliche oder rechtsgeschäftliche Grundlagen des Vereinsrechts?, in: Festschrift für Robert Fischer, Berlin/New York 1979, S. 165 ff.

–, Zum Erlangen von Rechtsfähigkeit nach deutschem Zivilrecht, in: Festschrift für Alfons Kraft, 1998, S. 137 ff

Hadding, Walther/van Look, Frank, Zur Ausschließung aus Vereinen des bürgerlichen Rechts – Besprechung der Entscheidung BGH WM 1987, 1422 –, ZGR 1988, 270 ff.

–, „Benutzungssperre“ gegen Vereinsmitglieder durch den Vermieter von Vereinseinrichtungen, – Besprechung der Entscheidung BGH NJW-RR 1992, 507–, ZGR 1996, 326 ff.

Hammen, Horst, Zur Begründung von (organschaftlichen) Rechten Dritter im Gesellschaftsvertrag einer GmbH – Zugleich ein Beitrag zur Anwendung von § 328 Abs. 1 BGB im Kapitalgesellschaftsrecht, WM 1994, 765 ff.

Hannamann, Isolde/Vieweg, Klaus, Soziale und wirtschaftliche Machtpositionen im Sport – Rechtstatsächliche Situation und (kartell)rechtliche Grenzen, in: Württembergischer Fußballverband e.V. (Hrsg.), Sport, Kommerz und Wettbewerb, Stuttgart 1998.

Härer, Ralf-Dietmar, Erscheinungsformen und Kompetenzen des Beirats in der GmbH, Frankfurt am Main 1991.

Handbuch des gesamten Handelsrechts, Ehrenberg, Victor (Hrsg.), Dritter Band, III. Abteilung, Leipzig 1929.

Handbuch des Staatskirchenrechts der Bundesrepublik Deutschland, Listl, Joseph/Pirson, Dietrich (Hrsg.), Erster Band, 2. Auflage, Berlin 1994, (zitiert: Handbuch des Staatskirchenrechts-Verfasser).

Handwörterbuch der Organisation, Frese, Erich, (Hrsg.), Band 2, 3. Auflage, Stuttgart 1992.

Harde, Hans-Ernst, Die Abberufung des Geschäftsführers der GmbH von der Geschäftsführung und Vertretung, München 1971.

Heckelmann, Dieter, Der Idealverein als Unternehmer, AcP 179 (1979), 1 ff.

Hedemann, Justus Wilhelm, Ausstoßung aus Vereinen, Archiv für bürgerliches Recht 38 (1913), 132 ff.

Heermann, Peter W., Der Deutsche Fußballbund (DFB) im Spannungsfeld von Kartell- und Konzernrecht, ZHR 161 (1997), 665 ff.

Heid, Peter, Mehrheitsbeschluß und Inhaltskontrolle als Instrumentarien des Kapitalanlegerschutzes in der Publikums-GmbH & Co KG, Marburg 1984.

–, Die Inhaltskontrolle des Vertrages der Publikumsgesellschaft nach AGB-Grundsätzen, DB 1985, Beilage Nr. 4.

Heissmann, Ernst, Betriebliche Unterstützungskassen, 3. Auflage, Köln 1966.

Hemmerich, Hannelore, Möglichkeiten und Grenzen wirtschaftlicher Betätigung von Idealvereinen, Heidelberg 1982.

Hennerkes, Brun-Hagen/Binz, Mark/May, Peter, Die Steuerungsfunktion des Beirats der Familiengesellschaft, DB 1987, 469 ff.

Hennrichs, Joachim, Treupflichten im Aktienrecht, AcP 195 (1995), 221 ff.

Herfs, Achim, Einwirkung Dritter auf den Willensbildungsprozeß der GmbH. Eine Untersuchung von Mitwirkungsrechten Dritter im Entscheidungsbereich der Gesellschafter aufgrund von Satzungsrechten, Stimmbindungsverträgen oder Verpflichtungen der GmbH, Baden-Baden 1994.

Hesse, Joachim, Jens/Ellwein, Thomas, Das Regierungssystem der Bundesrepublik Deutschland, Band 1: Texte, 8. Auflage, Opladen 1997.

Hesse, Konrad, Grundzüge des Verfassungsrechts, 20. Auflage, Heidelberg 1995 (zitiert: Hesse, Verfassungsrecht).

Hölters, Wolfgang, Der Beirat in der GmbH – Verantwortlichkeit, Haftung und Rechtsschutz, insbesondere unter dem Gesichtspunkt des Minderheitenschutzes, BB 1977, 105 ff.

–, Der Beirat der GmbH und GmbH & Co. KG, Köln 1979.

–, Freiwillige Gesellschaftsorgane bei der mitbestimmten GmbH und GmbH & Co. KG, GmbHR 1980, 50 ff.
Hönn, Günther, Kompensation gestörter Vertragsparität, München 1982.
–, Inhaltskontrolle von Gesellschaftsverträgen, JA 1987, S. 337 ff.
Hoffmann-Becking, Michael, Gelöste und ungelöste Fragen zum Unternehmensvertrag der GmbH, WiB 1994, 57 ff.
Hohl, Michael, Rechtliche Probleme der Nominierung von Leistungssportlern, Ein rechtstatsächlicher und -dogmatischer Beitrag zur rechtlichen Behandlung der deutschen Sportverbände, Bayreuth 1992.
Hommelhoff, Peter/Priester, Hans-Joachim, Bilanzrichtliniengesetz und GmbH-Satzung – Gestaltungsmöglichkeiten und Gestaltungsgrenzen –, ZGR 1986, 463 ff.
Huber, Ulrich, Der Ausschluß des Personengesellschafters ohne wichtigen Grund, ZGR 1980, 177 ff.
Hublé, Jörn, Die statutarische Übertragung der Geschäftsführerbestellungsbefugnis auf ein mit Nichtgesellschaftern besetztes Organ, Mainz 1996.
Hüffer, Uwe, Die Publikumspersonengesellschaft und das Problem des Anlegerschutzes, JuS 1979, 457 ff.
–, Der Aufsichtsrat in der Publikumsgesellschaft, ZGR 1980, 320 ff.
–, Kommentar zum Aktiengesetz, 3. Auflage, München 1997.
Immenga, Ulrich/Mestmäcker, Ernst-Joachim, Kommentar zum GWB, 2. Auflage, München 1992.
Jacobs, Horst Heinrich/Schubert, Werner, Die Beratungen des Bürgerlichen Gesetzbuchs in systematischer Zusammenstellung der unveröffentlichten Quellen, Allgmeiner Teil (§§ 1-240), 1. Teilband, Berlin 1985.
Jäger, Wilhelm, Genossenschaftsdemokratie und Prüfungsverband, Zur Frage der Funktion und Unabhängigkeit der Geschäftsführungsprüfung, ZfgG 1985, 21 ff.
Jötten, Wolfgang Jürgen, Vereinsautonomie und Grundrechtsschutz der Vereinsmitglieder, Köln 1976.
Kaskel, Walter, Anmerkung zum Urteil des RG vom 25.5.1927, JW 1927, 2363.
Kelsen, Hans, Reine Rechtslehre, 2. Auflage, Wien 1960.
Kilger, Joachim/Schmidt, Karsten, Kommentar zur Konkursordnung mit Gesamtvollstreckungsordnung, 16. Auflage, München 1993.
Kirberger, Wolfgang, Anmerkung zum Beschluß des BayOblG vom 16.7.1974, Rpfleger, 1975, 18.
–, Die Nebenordnungen im Vereins- und Verbandsrecht, Marburg 1981.
Kirchhof, Ferdinand, Private Rechtsetzung, Berlin 1987.
Kittner, Michael, Unternehmensverfassung und Information – Die Schweigepflicht von Aufsichtsratsmitgliedern, ZHR 136 (1972), 208 ff.
Kleinert, Heinz, Statutarische Bindung sämtlicher Satzungsänderungen einer (Genossenschafts-) Bank an die Zustimmung Dritter?, ÖBA 1991, 337 ff.
Klippel, Diethelm, Der zivilrechtliche Persönlichkeitsschutz von Verbänden, JZ 1988, 625 ff.
Köhler, Helmut, BGB-Allgemeiner Teil, 23. Auflage, München 1996, (zitiert: Köhler, Allg. Teil).
König, Hans-Joachim, Der Verein im Verein. Eine Untersuchung zur Rechtsnatur der nachgeordneten Organisationseinheiten von Großvereinen, Frankfurt am Main 1992.

Kohler, Stefan, Mitgliedschaftliche Regelungen in Vereinsordnungen, Heidelberg 1992.

Koller, Arnold, Grundfragen der Typuslehre im Gesellschaftsrecht, Freiburg/Schweiz 1967.

Koller, Ingo, Der Ausschluß ohne wichtigen Grund zum Buchwert bei Familiengesellschaften, DB 1984, 545 ff.

Konzen, Horst, Besprechung von: Arndt Teichmann, Gestaltungsfreiheit in Gesellschaftsverträgen, AcP 172 (1972), 92 ff.

–, Geschäftsführung, Weisungsrecht und Verantwortlichkeit in der GmbH und GmbH & Co. KG, NJW 1989, 2977 ff.

Kort, Michael, Der Abschluß von Beherrschungs- und Gewinnabführungsverträgen im GmbH-Recht, Übergang vom faktischen zum Vertragskonzern, Köln 1986.

Kraft, Alfons, Interessenabwägung und gute Sitten im Wettbewerb, Berlin 1963.

– Die Rechtsprechung des Bundesgerichtshofs zur Publikums-KG zwischen Vertragsauslegung und Rechtsfortbildung, in: Festschrift für Robert Fischer, Berlin/New York 1979, S. 321 ff.

–, Gedanken zum allgemeinen Persönlichkeitsrecht juristischer Personen, in: Festschrift für Heinrich Hubmann, Frankfurt am Main 1985, S. 201 ff.

Kreutz, Peter, Hinauskündigungsklauseln im Recht der Personengesellschaften, ZGR 1983, 109 ff.

Krogmann, Mario, Grundrechte im Sport, Berlin 1998.

Kronstein, Heinrich, Die abhängige juristische Person, Berlin 1931.

Kübler, Friedrich, Privatrecht und Demokratie, in: Festschrift für Ludwig Raiser, Tübingen 1974, S. 697 ff.

–, Gesellschaftsrecht, 4. Auflage, Heidelberg 1994, (zitiert: Kübler, Gesellschaftsrecht).

Kuhn, Georg/Uhlenbruck, Wilhelm, Kommentar zur Konkursordnung, 10. Auflage, München 1986.

Kunath, Rainer, Die Rechtsform der gewerkschaftlichen Unterorganisationen und ihre Rechtsstellung im Tarifvertragsrecht, Mainz 1994.

Lang, Johann/Weidmüller, Ludwig/Metz, Egon/Schaffland, Hans-Jürgen, Kommentar zum Genossenschaftsgesetz, 33. Auflage, Berlin 1997 (zitiert: Lang/Weidmüller/Metz/Schaffland-Verfasser).

Larenz, Karl, Lehrbuch des Schuldrechts, Band I: Allgemeiner Teil, 11. Auflage, München 1976 (zitiert: Larenz, Schuldrecht I).

Larenz, Karl/Wolf, Manfred, Allgemeiner Teil des Bürgerlichen Gesetzbuches, 8. Auflage, München 1997, (zitiert: Larenz/Wolf, Allg. Teil).

Leipold, Dieter, Richterliche Kontrolle vereinsrechtlicher Disziplinarmaßnahmen, Besprechung der Entscheidung BGHZ 87, 337, ZGR 1985, 113 ff.

Leisner, Walter, Grundrechte und Privatrecht, München 1960.

Leßmann, Herbert, Die öffentlichen Aufgaben und Funktionen privatrechtlicher Wirtschaftsverbände. Sozialer Befund, rechtliche Einordnung, Kontrolle, Köln u.a. 1976.

–, Die Verbände in der Demokratie und ihre Regelungsprobleme, NJW 1978, 1545 ff.

Lieb, Manfred, Sonderprivatrecht für Ungleichgewichtslagen? Überlegungen zum Anwendungsbereich der sog. Inhaltskontrolle privatrechtlicher Verträge, AcP 178 (1978), 196 ff.

Look, Frank van, Anmerkung zum Urteil des BGH vom 17.11.1986, WuB II L. § 32 BGB 1. 87.
–, Anmerkung zum Urteil des OLG Celle vom 5.10.1987, WuB II L. § 38 BGB 2.88.
–, Anmerkung zum Urteil des BGH vom 10.10.1988, WuB II L. § 32 BGB 1. 89.
–, Anmerkung zum Urteil des BGH vom 10.7.1989, WuB II L. § 39 BGB 1. 89.
–, Vereinsstrafen als Vertragsstrafen. Ein Beitrag zum inneren Vereinsrecht, Berlin 1990.
–, Anmerkung zum Urteil des BGH vom 15.10.1990, WuB II L. § 39 BGB 1. 91.
–, Anmerkung zum Urteil des BGH vom 25.3.1991, WuB II L. § 39 BGB 2. 91.
–, Anmerkung zum Urteil des BGH vom 27.9.1993, WuB II L. § 39 BGB 1. 94.
–, Anmerkung zum Urteil des BGH vom 28.11.1994, EWiR § 25 1/95, 221.
–, Individualschutz im Vereinsrecht, in: WM-Festgabe für Thorwald Hellner, 1994, S. 46 ff.
Loritz, Karl-Georg, Vertragsfreiheit und Individualschutz im Gesellschaftsrecht, JZ 1986, 1073 ff.
–, Arbeitnehmerbeteiligung und Verbandssouveränität – Ein Beitrag zu den Möglichkeiten und Grenzen unternehmerischer Mitspracherechte kapitalbeteiligter Belegschaftsangehöriger ohne Gesellschafterstellung, ZGR 1986, 310 ff.
Lukes, Rudolf, § 315 BGB als Ausgangspunkt für die Inhaltskontrolle allgemeiner Geschäftsbedingungen, NJW 1963, 1897 ff.
–, Der Satzungsinhalt beim eingetragenen Verein, NJW 1972, 121 ff.
–, Erstreckung der Vereinsgewalt auf Nichtmitglieder durch Rechtsgeschäft, in: Festschrift für Harry Westermann, Karlsruhe 1974, S. 51 ff.
Lutter, Marcus, Theorie der Mitgliedschaft, AcP 180 (1980), 84 ff.
–, Anmerkung zum Urteil des OLG Hamm vom 8.7.1985, ZIP 1986, 1195 ff.
– Die entschlußschwache Hauptversammlung, in: Festschrift für Karl-Heinz Quack, Berlin/NewYork 1991, S. 301 ff.
Lutter, Marcus/Hommelhoff, Peter, Formerfordernisse für Unternehmensverträge im GmbH-Recht, NJW 1988, 1240 ff (zitiert: Lutter/Hommelhoff).
–, Kommentar zum GmbH-Gesetz, 14. Auflage, Köln 1995.
Maier, Frank, Rechtsfragen der Organisation und Autonomie im Verbands- und Berufssport – Dargestellt am Beispiel des Deutschen Fußball-Bundes und der National Football League in den USA –, Bayreuth 1995.
Marcus, Bernd, Die Pflichtmitgliedschaft bei den Genossenschaftsverbänden, Münster 1985.
Maunz, Theodor/Dürig, Gunter, Kommentar zum Grundgesetz, Band 1, 7. Auflage, 32. Lieferung, München 1997, (zitiert: Maunz/Dürig-Verfasser).
Maurer, Hans, Allgemeines Verwaltungsrecht, 11. Auflage, München 1997, (zitiert: Maurer, Verwaltungsrecht).
Meinberg, Martin/Olzen, Dirk/Neumann, Steffen, Gutachten über die rechtlichen Möglichkeiten zur Verhinderung von Doping-Mißbrauch, in: Schild, Wolfgang (Hrsg.), Rechtliche Fragen des Dopings, Heidelberg 1986, S. 63 ff.
Menke, Thomas, Die wirtschaftliche Betätigung nichtwirtschaftlicher Vereine, Berlin 1998.

Mertens, Hans-Joachim, Die Einmann GmbH & Co KG und das Problem der gesellschaftsrechtlichen Grundtypenmischung, NJW 1966, 1049 ff.

–, Der Beirat in der GmbH – besonders der mitbestimmten, in: Festschrift für Walter Stimpel, Berlin/New York 1985, S. 417 ff.

–, Satzungs- und Organisationsautonomie im Aktien- und Konzernrecht, ZGR 1994, 426 ff.

Metz, Egon, Genossenschaftsautonomie und externe Verbandsprüfung, in: Erik Boettcher (Hrsg.), Autonomie und Verbunddisziplin in der Genossenschaftsorganisation, Tübingen 1982, S. 7 ff.

Meyer-Cording, Ulrich, Die Vereinsstrafen, Tübingen 1957.

–, Betriebsstrafe und Vereinsstrafe im Rechtsstaat, NJW 1966, 255 ff.

Michels, Robert, Zur Soziologie des Parteiwesens in der modernen Demokratie. Untersuchungen über die oligarchischen Tendenzen des Gruppenlebens, Neudruck Stuttgart 1957.

Möschel, Wernhard, Monopolverband und Satzungskontrolle, Tübingen 1978.

Molitor, Erich, Die Bestellung zum Vorstandsmitglied einer Aktiengesellschaft, ihre Voraussetzungen und Folgen, in: Festschrift für Viktor Ehrenberg, Leipzig 1927, S. 41 ff.

Motive zu dem Entwurf eines Bürgerlichen Gesetzbuchs für das Deutsche Reich, Band 1: Allgemeiner Theil, Berlin/Leipzig 1888.

Mudgan, Benno, Die gesamten Materialien zum Bürgerlichen Gesetzbuch für das Deutsche Reich, 1. Band, Berlin 1899.

Müller, Klaus, Kommentar zum Gesetz betreffend die Erwerbs- und Wirtschaftsgenossenschaften, Dritter Band, 2. Auflage, Bielefeld 1998.

Müller-Freienfels, Wolfram, Die Vertretung beim Rechtsgeschäft, Tübingen 1955.

–, Zur Lehre vom sogenannten Durchgriff bei der juristischen Person, AcP 156 (1957), 522 ff.

Müller-Thoma, Frank, Der halbstaatliche Verein, Berlin 1987.

Münch, Ingo von, Kommentar zum Grundgesetz, Band 1, 4. Auflage, München 1992, (zitiert: v. Münch-Verfasser).

Münchner Kommentar zum Bürgerlichen Gesetzbuch, Band 1: Allgemeiner Teil (§§ 1-240), 3. Auflage, München 1993; Band 2: Schuldrecht Allgemeiner Teil (§§ 242-432), 3. Auflage, München 1994; Band 5: Schuldrecht Besonderer Teil III (§§ 705-853), 3. Auflage, München 1997 (zitiert: Müko-Verfasser).

Mummenhoff, Winfried, Gründungssysteme und Rechtsfähigkeit, Köln/Berlin 1979.

Nicklisch, Fritz, Gesetzliche Anerkennung und Kontrolle von Verbandsmacht – Zur rechtspolitischen Diskussion um eine Verbändegesetz, in: Festschrift für Gerhard Schiedermair, München 1976, S. 459 ff.

–, Der verbandsrechtliche Aufnahmezwang und die Inhaltskontrolle satzungsmäßiger Aufnahmevorschriften, JZ 1976, 105 ff.

–, Inhaltskontrolle von Verbandsnormen, Heidelberg 1982.

Nitschke, Manfred, Die körperschaftlich strukturierte Personengesellschaft, Bielefeld 1970.

Oellers, Bernhard, Turnierreiter und Doppelfehler, ZIP 1995, 701.

Oertmann, Paul, Die rechtliche Natur der Vereinssatzung, ArchRWiPhil (1913/14), 127 ff.

Oetker, Hartmut, Der Wandel vom Ideal- zum Wirtschaftsverein, NJW 1991, 385 ff.

Ott, Walter, Die Problematik einer Typologie im Gesellschaftsrecht, dargestellt am Beispiel des schweizerischen Aktienrechts, Bern 1972.

Palandt, Otto, Bürgerliches Gesetzbuch, 57. Auflage, München 1998.

Paulick, Heinz, Die eingetragene Genossenschaft als Beispiel gesetzlicher Typenbeschränkung, Tübingen 1954.

Pfister, Bernard, Autonomie des Sportes, sport-typisches Verhalten und staatliches Recht, in: Festschrift für Werner Lorenz, Tübingen 1991, S. 171 ff.

–, Anmerkung zum Urteil des BGH vom 28.11.1994, JZ 1995, 464 ff.

–, Bindung an das Verbandsrecht in der Verbandshierarchie, SpuRt 1996, 48 ff.

Praxishandbuch Sportrecht, Jochen Fritzweiler, Bernhard Pfister, Thomas Summerer, München 1998.

Priester, Hans-Joachim, Drittbindung des Stimmrechts und Satzungsautonomie, in: Festschrift für Winfried Werner, Berlin/New York 1984, 657 ff.

–, Satzungsänderung und Satzungsdurchbrechung – Voraussetzungen und Grenzen satzungsdurchbrechender Beschlüsse, ZHR 151 (1987), 40 ff.

Prokop, Clemens, Zum Urteil des BGH vom 28.11.1994, JA 1995, 353.

Raiser, Thomas, Das Unternehmensinteresse, in: Festschrift für Reimer Schmidt, Karlsruhe 1976, S. 101 ff.

Rauste, Olli, Werbebeschränkungen bei Sportveranstaltungen und europäisches Kartellrecht, SpuRt 1998, S. 7 ff.

Redeker, Konrad, Anmerkung zum Urteil des BGH vom 26.6.1979, NJW 1980, 187 ff.

Reemann, Jörg Ludwig, Die Verfassung des Vereins. Notwendiger Inhalt und Individualschutz, Münster 1988.

Reichert, Bernard/van Look, Frank, Handbuch des Vereins- und Verbandsrechts, 6. Auflage, Neuwied u.a. 1995, (zitiert: Verfasser in Reichert/v. Look).

Reichert, Bernard/Dannecker, Franz J., Handbuch des Vereins- und Verbandsrechts, 5. Auflage, Neuwied u.a. 1992, (zitiert: Reichert/Danneker).

Reichsgerichtsrätekommentar, Das Bürgerliche Gesetzbuch mit besonderer Berücksichtigung der Rechtsprechung des Reichsgerichts und des Bundesgerichtshofs, Band 1 (§§ 1-240), 12. Auflage, Berlin/New York 1982, (zitiert: RGRK-Verfasser).

Reuter, Dieter, Privatrechtliche Schranken der Perpetuierung von Unternehmen – Ein Beitrag zum Problem der Gestaltungsfreiheit im Recht der Unternehmen, Frankfurt am Main 1973 (zitiert: Reuter, Perpetuierung).

–, Stimmrechtsvereinbarungen bei treuhänderischer Abtretung eines GmbH-Anteils, ZGR 1978, 633 ff.

–, Richterliche Kontrolle der Satzung von Publikumspersonengesellschaften?, AG 1979, 321 ff.

–, Grenzen der Verbandsstrafgewalt, ZGR 1980, 101 ff.

–, Probleme der Mitgliedschaft beim Idealverein, ZHR 145 (1981), 273 ff.

–, Die Verfassung des Vereins gem. § 25 BGB, ZHR 148 (1984), 523 ff.

–, 100 Bände BGHZ: Vereins- und Genossenschaftsrecht, ZHR 151 (1987), 355 ff.

–, Voraussetzungen und Grenzen der Verbindlichkeit internationalen Sportrechts für Sportvereine und Sportler, in: Reuter, Dieter (Hrsg.), Einbindung des nationalen Sportrechts in internationale Bezüge, Heidelberg 1987, S. 53 ff, (zitiert: Reuter, Verbindlichkeit internationalen Sportrechts).

–, Der Beirat der GmbH, in: Festschrift 100 Jahre GmbH-Gesetz, Köln 1992, S. 631 ff.

–, Das selbstgeschaffene Recht des internationalen Sports im Konflikt mit dem Geltungsanspruch des nationalen Rechts, DZWir 1996, 1 ff.

Rittner, Fritz, Die werdende juristische Person, Tübingen 1973.

–, Über das Verhältnis von Vertrag und Wettbewerb, AcP 188 (1988), 101 ff.

Röhricht, Volker, Inhaltskontrolle verbandsrechtlicher Entscheidungen. Bestandsaufnahme und Ausblick, in: Württembergischer Fussballverband e.V. (Hrsg.), Verbandsrechtsprechung und staatliche Gerichtsbarkeit, Stuttgart 1988, S. 75 ff, (zitiert: Röhricht, Inhaltskontrolle).

–, Besprechung von Barbara Grunewald, Der Ausschluß aus Gesellschaft und Verein, AcP 189 (1989), 386 ff.

–, Satzungsrechtliche und individualrechtliche Absicherung von Zulassungssperren als wesentlicher Bestandteil des DSB Sanktionskataloges, in: Führungs- und Verwaltungsakademie des Deutschen Sportbundes Berlin (Hrsg.), Verbandsrechtsprechung und Zulassungssperren, Frankfurt am Main 1994, S. 12 ff, (zitiert: Röhricht, Verbandsrechtsprechung).

–, Chancen und Grenzen von Sportgerichtsverfahren nach deutschem Recht, in: Röhricht, Volker (Hrsg.), Sportgerichtsbarkeit, Stuttgart 1997, S. 19 ff, (zitiert: Röhricht, Sportgerichtsverfahren).

Rohleder, Michael, Die Übertragbarkeit von Kompetenzen auf GmbH-Beiräte, Köln 1991.

Roth, Edgar, Verbandsrechtliches Prüfungsverfahren – Zulässigkeit, Methode und Auswirkungen –, in: Grunsky, Wolfgang (Hrsg.), Der Sportverein in der wirtschaftlichen Krise, Heidelberg 1990, S. 25 ff.

Rowedder, Heinz, Gesetz betreffend die Gesellschaft mit beschränkter Haftung, 3. Auflage, München 1997.

Sack, Rolf, Typusabweichungen und Institutsmißbrauch im Gesellschaftsrecht, DB 1974, 369 ff.

Säcker, Franz Jürgen, Probleme der Repräsentation von Großvereinen. Überlegungen zum Urteil des OLG Frankfurt vom 19. Dezember 1984 zu gewerkschaftlichen Delegiertenversammlungen, München 1986.

Sauter, Eugen/Schweyer, Gerhard, Der eingetragene Verein, 16. Auflage, München 1997.

Schaible, Jörg, Der Gesamtverein und seine vereinsmäßig organisierten Untergliederungen, Baden-Baden 1992.

Scharf, Ulrich, Anmerkung zum Urteil des BGH vom 26.6.1979, NJW 1980, 1844 ff.

Scheuerle, Wilhelm A., Vom Wesen des Wesens, AcP 163 (1964), 429 ff.

Schlosser, Peter, Vereins- und Verbandsgerichtsbarkeit, München 1972.

Schmidt, Karsten, Konzernrecht, Minderheitenschutz und GmbH-Innenrecht – Zu einer Bestandsaufnahme des inneren GmbH-Konzernrechts, GmbHR 1979, 121 ff.

–, Verbandszweck und Rechtsfähigkeit im Vereinsrecht. Eine Studie über Erwerb und Verlust der Rechtsfähigkeit nichtwirtschaftlicher und wirtschaftlicher Vereine, Heidelberg 1984 (zitiert: K. Schmidt, Verbandszweck).

–, Erlöschen eines eingetragenen Vereins durch Fortfall aller Mitglieder, JZ 1987, 394 ff.

–, Wege zum Insolvenzrecht der Unternehmen. Befunde, Kritik, Perspektiven, Köln 1990 (zitiert: K. Schmidt, Insolvenzrecht).

–, Anmerkung zum Urteil des KG vom 5.5.1992, JuS 1993, 420.

–, Gesellschaftsrecht, 3. Auflage, Köln (u.a.) 1997, (zitiert: K. Schmidt, Gesellschaftsrecht).

Schmidt, Uwe, Die Mitgliedschaft in Verbänden, Frankfurt am Main 1989.

Schmidt, Walter, Die „innere Vereinigungsfreiheit“ als Bedingung der Verwirklichung von Grundrechten durch Organisation, ZRP 1977, 255 ff.

Schmidt-Rimpler, Walter, Grundfragen einer Erneuerung des Vertragsrechts, AcP 147 (1941), 130 ff.

–, Zum Vertragsproblem, in: Festschrift für Ludwig Raiser, Tübingen 1974, S. 3 ff.

Schmölders, Gunter, Selbstbildnis der Verbände, Berlin 1965.

Schneider, Uwe H., Die Haftung von Mitgliedern des Beirats einer Personengesellschaft – Ein Beitrag zur rechtlichen Stellung des Beirats und seiner Mitglieder, DB 1973, 953 ff.

–, Das Verhältnis von obligatorischem Aufsichtsrat und Beirat bei der GmbH, BB 1973, 1464 ff.

–, Die Personengesellschaft als verbundenes Unternehmen – Prolegomena zu einem Konzernrecht für Personengesellschaften –, ZGR 1975, 253 ff.

–, Die Inhaltskontrolle von Gesellschaftsverträgen, ZGR 1978, 1 ff.

–, Die Fortentwicklung des Handelsregisters zum Konzernregister, WM 1986, 181 ff.

Schockenhoff, Martin, Der Grundsatz der Vereinsautonomie. Inhalt und Geltung eines ungeschriebenen Tatbestandsmerkmals, AcP 193 (1993), 35 ff.

Scholz, Franz, Kommentar zum GmbH-Gesetz, Band 1 (§§ 1-44), Anhang Konzernrecht, 8. Auflage, Köln 1993; Band 2 (§§ 45-85), 8. Auflage, Köln 1993, (zitiert: Scholz-Verfasser).

Schulte, Hans, Besprechung der Entscheidung BGHZ 64, 238, ZGR 1976, 97 ff.

Schultze, Alfred, Organisationsrechte als Sonderrechte, JherJb 75 (1925), 45 ff.

Schultze-v. Lasaulx, Hermann, Zur Frage der Gestaltungsfreiheit für Gesellschaftsverträge. Eine Bestandsaufnahme. Abschied von Illusionen, ZfgG 1971, 325 ff.

Schwabe, Jürgen, Die sog. Drittwirkung der Grundrechte, München 1971.

Schwerdtner, Peter, Das Persönlichkeitsrecht in der deutschen Zivilrechtsordnung, Berlin 1977.

Seifert, Karl-Heinz, Die politischen Parteien im Recht der Bundesrepublik Deutschland, Köln 1975.

Simon, Thomas, Die Rechtsprechung des 19. und beginnenden 20. Jahrhunderts zur Möglichkeit gerichtlicher Nachprüfung von Vereinsentscheidungen – Eine historische Analyse richterlicher Entscheidungsfindung –, Leipzig 1972.

Soergel, Hans Theodor, Kommentar zum Bürgerlichen Gesetzbuch, Band 1: Allgemeiner Teil (§§ 1-240), 12. Auflage, Stuttgart 1988; Band 3: Schuldrecht III (§§ 705-853), 11. Auflage, Stuttgart 1985, (zitiert: Soergel-Verfasser).

Staatshandbuch – Verbände, Becker-Birck, Hans Henning/Diekmann, Jochen/ Heinrichs, Friedrich Wilhelm/Limbach, Jutta/Schoser, Franz/Sendler, Horst/ Werthebach, Ekkart (Hrsg.), München 1996, (zitiert: Staatshandbuch).

Staatslexikon, Görres-Gesellschaft (Hrsg.), Band 1, 7. Auflage, Freiburg u.a. 1985, Band 5, 7. Auflage, Freiburg u.a. 1989, (zitiert: Staatslexikon).

Staudinger, Julius von, Kommentar zum Bürgerlichen Gesetzbuch mit Einführungsgesetz und Nebengesetzen; Buch 1: Allgemeiner Teil (§§ 21-103), 12. Auflage, Berlin 1979; 13. Bearbeitung, Berlin 1995, (zitiert: Staudinger-Verfasser).

Steinbeck, Anja, Die Übertragbarkeit von Gestaltungsrechten, Berlin 1994.

–, Der Anspruch auf Aufnahme in einen Verein, WuW 1996, 91 ff.

Stöber, Kurt, Vereinsrecht, 7. Auflage, Köln 1997.

Stopper, Martin, Ligasport und Kartellrecht, Berlin 1997.

Sudhoff, Heinrich, Rechte und Pflichten des Geschäftsführers einer GmbH, 14. Auflage, Köln 1994.

Summerer, Thomas, Internationales Sportrecht vor dem staatlichen Richter in der Bundesrepublik Deutschland, Schweiz, USA und England, München 1990.

Teichmann, Arndt, Gestaltungsfreiheit in Gesellschaftsverträgen, München 1970.

Teubner, Gunther, Ziele und Methoden der verbandsrechtlichen Reformdiskussion, Rechtsmodelle für politisch relevante Verbände, ZGR 1975, 459 ff.

–, Organisationsdemokratie und Verbandsverfassung, Tübingen 1978.

–, Der Beirat zwischen Verbandssouveränität und Mitbestimmung – Zu den Schranken der Beiratsverfassung in der GmbH, ZGR 1986, 565 ff.

Timm, Wolfram, Die Mitwirkung des Aufsichtsrats bei unternehmensstrukturellen Entscheidungen, DB 1980, 1201 ff.

–, Der Abschluß des Ergebnisübernahmevertrags im GmbH-Recht, BB 1981, 1491 ff.

–, Unternehmensverträge im GmbH-Recht – Eine Bestandsaufnahme im Anschluß an die „Supermarkt"-Entscheidung des BGH vom 24.10.1988, GmbHR 1989, 11 ff.

Traub, Fritz, Verbandsautonomie und Diskriminierung, WRP 1985, 591 ff.

Tuhr, Andreas von, Der Allgemeine Teil des Deutschen Bürgerlichen Rechts, Erster Band: Allgemeine Lehren und Personenrecht, Berlin 1910, Neudruck ebenda 1957, (zitiert: v. Tuhr, Allg. Teil).

Ullrich, Hanns, Formzwang und Gestaltungsgrenzen bei Sonderrechten und Nebenleistungspflichten in der GmbH, ZGR 1985, 235 ff.

Ulmer, Peter, Wirksamkeitsschranken gesellschaftsvertraglicher Abfindungsklauseln, NJW 1979, 81 ff.

–, Begründung von Rechten für Dritte in der Satzung einer GmbH? in: Festschrift für Winfried Werner, Berlin, New York 1984, S. 915 ff.

Ulmer, Peter/Brandner, Hans Erich/Hensen, Horst-Dieter/Schmidt, Harry, AGB-Gesetz, 8. Auflage, Köln 1997 (zitiert: Ulmer/Brandner/Hensen/Schmidt-Verfasser).

Venrooy, Gerd J. van, Beeinträchtigung der dienstvertraglichen Freistellung des GmbH-Geschäftsführers von Weisungen durch den GmbH-Gesellschaftsvertrag und durch Gesellschafterbeschlüsse?, GmbHR 1982, 175 ff.

Verhoeven, Thomas, Nochmals: Minderheitenschutz und Beirat in der GmbH, BB 1978, 335 ff.

Vieweg, Klaus, Gleichschaltung und Führerprinzip – Zum rechtlichen Instrumentarium der Organisation des Sports im Dritten Reich, in: Peter Salje (Hrsg.), Recht und Unrecht im Nationalsozialismus, Münster 1985, S. 244 ff (zitiert: Vieweg, Recht und Unrecht).

–, Zur Inhaltskontrolle von Verbandsnormen, in: Festschrift für Rudolf Lukes, Köln u.a. 1989, S. 809 ff.

–, Normsetzung und -anwendung deutscher und internationaler Verbände. Eine rechtstatsächliche und rechtliche Untersuchung unter besonderer Berücksichtigung der Sportverbände, Berlin 1990 (zitiert: Vieweg, Normsetzung).

–, Doping und Verbandsrecht, NJW 1991, 1411 ff.

–, Zivilrechtliche Probleme der Sicherung von Teilnahmerechten und -pflichten von Athleten an Veranstaltungen der internationalen und nationalen Verbände, in: Führungs- und Verwaltungsakademie des Deutschen Sportbundes Berlin (Hrsg.), Verbandsrechtsprechung und Zulassungssperren, Frankfurt am Main 1994, S. 36 ff, (zitiert: Vieweg, Verbandsrechtsprechung).

–, Disziplinargewalt und Inhaltskontrolle – Zum „Reiter-Urteil" des Bundesgerichtshofs, SpuRt 1995, 97 ff.

Vogel, Wolfgang, Gesellschafterbeschlüsse und Gesellschafterversammlung, 2. Auflage, Köln 1986.

Vollmer, Lothar, Die Entwicklung partnerschaftlicher Unternehmensverfassungen, Köln u.a. 1976.

–, Die mitbestimmte GmbH – Gesetzliches Normalstatut, mitbestimmungsrechtliche Satzungsgestaltungen und gesellschaftsrechtlicher Minderheitenschutz, ZGR 1979, 135 ff.

Voormann, Volker, Die Stellung des Beirats im Gesellschaftsrecht, 2. Auflage, Köln u.a. 1990.

Wessing, Kurt/Max, Dietrich H., Zur Rückfallkompetenz der Gesellschafterversammlung bei Funktionsunfähigkeit des Beirats, in: Festschrift für Winfried Werner, Berlin 1984, S. 975 ff.

Westermann, Harry, Zweck der Gesellschaft und Gegenstand des Unternehmens im Aktien- und Genossenschaftsrecht, in: Festschrift für Schnorr von Carolsfeld, Köln u.a. 1973, S. 517 ff.

Westermann, Harm Peter, Vertragsfreiheit und Typengesetzlichkeit im Recht der Personengesellschaften, Berlin u.a. 1970, (zitiert: Westermann, Vertragsfreiheit).

–, Kautelarjurisprudenz, Rechtsprechung und Gesetzgebung im Spannungsfeld zwischen Gesellschafts- und Wirtschaftsrecht, AcP 175 (1975), 375 ff.

–, Zum Vertragsrecht im bezahlten Fussballsport, JA 1984, 394 ff.

–, Anmerkung zum Urteil des BGH vom 19.10.1987 – WuB II L. § 25 BGB 1. 88.

–, Verbandsautonomie und staatliches Rechtsprechungsmonopol, in: Württembergischer Fussballverband e. V. (Hrsg.), Verbandsrechtsprechung und staatliche Gerichtsbarkeit, Stuttgart 1988, S. 41 ff, (zitiert: Westermann, Verbandsautonomie).

Westphalen, Friedrich von, Richterliche Inhaltskontrolle von Standardklauseln bei einer Publikums-KG und der Prospekthaftung, DB 1983, 2745 ff.

–, Das Recht des Stärkeren und seine grundgesetzliche Beschränkung, MDR 1994, 5 ff.

Wiedemann, Herbert, Die Übertragung und Vererbung von Mitgliedschaftsrechten bei Handelsgesellschaften, München und Berlin 1965, (zitiert: Wiedemann, Übertragung).

–, Juristische Person und Gesamthand als Sondervermögen, WM 1975, Sonderbeilage 4.

–, Verbandssouveränität und Außeneinfluß. Gedanken zur Errichtung eines Beirats in einer Personengesellschaft, in: Festschrift für Wolfgang Schilling, Berlin, New York 1979, S. 105 ff.

–, Inhaltskontrolle vorformulierter Verträge, in: Festschrift für Max Kummer, Bern 1980, S. 175 ff.

–, Rechtsethische Maßstäbe im Unternehmens- und Gesellschaftsrecht, ZGR 1980, 147 ff.

–, Gesellschaftsrecht, Band I: Grundlagen, München 1980, (zitiert: Wiedemann, Gesellschaftsrecht).

–, Anmerkung zum Beschluß des BVerfG vom 7.2.1990, JZ 1990, 695 ff.

Wimmer, Riemund, Brauchen wir ein Verbändegesetz?, DVBl 1977, 401 ff.

Winter, Martin, Inhaltskontrolle von Arbeitsverträgen am Beispiel der Befristung einzelner Arbeitsbedingungen, RdA 1988, 270 ff.

–, Organisationsrechtliche Sanktionen bei Verletzung schuldrechtlicher Gesellschaftervereinbarungen? – Eine Skizze zur Abgrenzung von Organisationsrecht und „satzungsergänzendem" Schuldrecht bei der Kapitalgesellschaft, ZHR 154 (1990), 259 ff.

Wolf, Ernst, Allgemeiner Teil des bürgerlichen Rechts, 2. Auflage, Köln u.a. 1976, (zitiert: Wolf, Allg. Teil).

Wolf, Manfred, Anmerkung zum Urteil des BGH vom 18.11.1994, LM zu § 25 Nr. 34.

Wolf, Manfred/Horn, Norbert/Lindacher, Walter F., Kommentar zum AGB-Gesetz, 3. Auflage, München 1994 (zitiert: Wolf/Horn/Lindacher-Verfasser).

Wolff, Hans J., Organschaft und juristische Person, Untersuchungen zur Rechtstheorie und zum öffentlichen Recht, Band 2: Theorie der Vertretung, Aalen 1968.

Wolff, H.J./Bachof, Otto, Verwaltungsrecht Band II, 5. Auflage, München 1987, (zitiert: Wolff/Bachof, Verwaltungsrecht Band II).

Würdinger, Hans, Verhandlungen des zweiundvierzigsten Deutschen Juristentages, Band II, Tübingen 1959, F 15. (zitiert: Würdinger, Vhdlg. des 42. Dt. Juristentages, Band II)

Wüst, Günther, Gestaltungsfreiheit und Typenkatalog im Gesellschaftsrecht, in: Festschrift für Konrad Duden, München 1977, S. 749 ff.

Zeuner, Bodo, Innerparteiliche Demokratie, Berlin 1969.

Zöllner, Wolfgang, Die Schranken mitgliedschaftlicher Stimmrechtsmacht bei den privatrechtlichen Personenverbänden, München und Berlin 1963, (zitiert: Zöllner, Stimmrechtsmacht).

–, Privatautonomie und Arbeitsverhältnis, Bemerkungen zur Parität und Richtigkeitsgewähr beim Arbeitsvertrag, AcP 176 (1976), 221 ff.

– Zivilrechtswissenschaft und Zivilrecht im ausgehenden 20. Jahrhundert, AcP 188 (1988), 85.

–, Die formellen Anforderungen an Beherrschungs- und Gewinnabführungsverträge bei der GmbH, DB 1989, 913 ff.

–, Inhaltsfreiheit bei Gesellschaftsverträgen, in: Festschrift 100 Jahre GmbH-Gesetz, Köln 1992, S. 85 ff.

–, Inhalt und Wirkungen von Beherrschungsverträgen bei der GmbH, ZGR 1992, 173 ff.

Sachregister

Bei Fragen zur Produktsicherheit wenden Sie sich bitte an:
If you have any questions regarding product safety,
please contact:

Walter de Gruyter GmbH
Genthiner Straße 13
10785 Berlin
productsafety@degruyterbrill.com